Leibnizens Mathematische Schriften, Herausgegeben Von C.I. Gerhardt...

Gottfried Wilhelm Leibniz, Karl Immanuel Gerhardt

Leibnizens

gesammelte Werke

aus den Handschriften

der Königlichen Bibliothek zu Hannover

herausgegeben

von

Georg Heinrich Pertz.

———

Dritte Folge
Mathematik.
Fünfter Band.

———

HALLE,

Druck und Verlag von H. W. Schmidt.

1858.

Leibnizens

mathematische Schriften

herausgegeben

von

C. I. Gerhardt.

Zweite Abtheilung.

Die mathematischen Abhandlungen Leibnizens enthaltend.

Band I.

HALLE,

Druck und Verlag von H. W. Schmidt.

1858.

٤٥١٥٣

Mit dem vorliegenden Bande beginnt die zweite Abtheilung der mathematischen Schriften Leibnizens, sie enthält die mathematischen Abhandlungen, die gedruckten sowohl, als von den bisher ungedruckten diejenigen, welche entweder von Leibniz selbst zur Veröffentlichung bestimmt waren oder durch eine sorgfältigere Behandlung des Gegenstandes als zum Druck geeignet unter seinen Manuscripten auf der Königlichen Bibliothek zu Hannover sich vorfinden.

Was die Aufeinanderfolge der Abhandlungen betrifft, so hat der Herausgeber es vorgezogen, der bessern Uebersicht wegen die dem Inhalte nach zusammengehörenden in Gruppen zu vereinigen, in den einzelnen Gruppen aber die Abhandlungen nach der Zeit ihrer Abfassung, so weit dieselbe sich ermitteln liess, an einander zu reihen.

———

Inhalt.

Dissertatio de Arte Combinatoria.

Seite

Dissertatio de Arte Combinatoria, in qua ex Arithmeticae fundamentis Complicationum ac Transpositionum Doctrina novis praeceptis exstruitur, et usus
ambarum per universum scientiarum orbem ostenditur, nova etiam Artis
Meditandi seu Logicae Inventionis semina sparguntur. Praefixa est Synopsis
totius Tractatus, et additamenti loco Demonstratio Existentiae Dei ad Mathematicam certitudinem exacta. Autore Gottfredo Guilielmo Leibnüzio Lips-
siensi. Lipsiae a. MDCLXVI   7

De Quadratura Arithmetica Circuli, Ellipseos et Hyperbolae.

  I. Ein Brief — wie es scheint, an den Herausgeber des Journal des Sça-
     vans gerichtet — über die Erfindung der Reihe für die Quadratur des Krei-
     ses (Aus d. Manuscript. der Königl. Biblioth. zu Hannover)   89

 II. Praefatio Opusculi de Quadratura Circuli Arithmetica (Aus d. Manuscript.
     der Königl. Biblioth. zu Hannover)   93

III. Compendium Quadraturae Arithmeticae (Aus d. Manuscript. der Königl.
     Biblioth. zu Hannover)   99

 IV. Aus einem Schreiben Leibnizens — wahrscheinlich an den Freiherrn
     von Bodenhausen in Florenz gerichtet — über Quadraturen nach der Me-
     thode der Alten und mit Hülfe der Analysis des Unendlichen (Aus d.
     Manuscript. der Königl. Biblioth. zu Hannover) 113

  V. Extrait d'une lettre de M. Leibniz écrite d'Hanovre à l'auteur du Journal
     touchant la quadrature d'une portion de la roulette (Journ. des Sçavans
     de l'an. 1678, nach d. Manuscript. der Königl. Biblioth. zu Hannover be-
     richtigt) 116

 VI. De vera proportione Circuli ad Quadratum circumscriptum in Numeris
     rationalibus expressa (Act. Erudit. Lips. an. 1682) 118

VII. De dimensionibus Figurarum inveniendis (Act. Erudit. Lips. an. 1684) . 123

VIII. Quadratura Arithmetica communis Sectionum Conicarum, quae centrum
      habent, indeque ducta Trigonometria Canonica ad quantamcunque in Nu-
      meris exactitudinem a Tabularum necessitudine liberata, cum usu spe-
      ciali ad lineam Rhomborum nauticam, aptatumque illi Planisphaerium
      (Act. Erudit. Lips. an. 1691) 128

Characteristica Geometrica. Analysis Geometrica propria. Calculus situs.

Seite

I. Characteristica Geometrica (Aus d. Manuscript. der Königl. Biblioth. zu Hannover) 141

Beilage: Data basi, altitudine et angulo ad verticem, invenire triangulum 168

II. Die Analysis Geometrica propria und den Calculus situs betreffend (Aus d. Manuscript. der Königl. Biblioth. zu Hannover) 172

III. De Analysi situs (Aus d. Manuscript. der Königl. Biblioth. zu Hannover) 178

IV. In Euclidis ΠΡΩΤΑ (Aus d. Manuscript. der Königl. Biblioth. zu Hannover) 183

Analysis Infinitorum.

I. Nova Methodus pro Maximis et Minimis, itemque Tangentibus, quae nec fractas nec irrationales quantitates moratur, et singulare pro illis calculi genus (Act. Erudit. Lips. an. 1684) 220

II. De Geometria recondita et Analysi Indivisibilium atque infinitorum (Act. Erud. Lips. an. 1686) 226

III. De Linea isochrona, in qua grave sine acceleratione descendit, et de controversia cum Dn. Abbate de Conti (Act. Erudit. Lips. an. 1689) 234

Beilage: Solution du Problème proposé par M. L. dans les Nouvelles de la Republique des Lettres du mois de Septembre 1687 (Article VI des Nouvelles de la Republique des Lettres du mois d'Octobre 1687) 237

Addition de M. L. à la solution de son problème donnée par M. H. D. Z. article VI du mois d'octobre 1687 (Aus d. Manuscript. der Königl. Biblioth. zu Hannover) 238

Analysis des Problems der isochronischen Curve (Aus d. Manuscript. der Königl. Biblioth. zu Hannover) 241

IV. De Linea, in quam flexile se pondere proprio curvat, ejusque usu insigni ad inveniendas quotcunque medias proportionales et Logarithmos (Act. Erudit. Lips. an. 1691) 243

Beilage: Solutio Problematis Funicularis, exhibita a Johanne Bernoulli, Basil. Med. Cand. (Act. Erudit. Lips. an. 1691) . . . 248

Christiani Hugenii, Dynastae in Zeelhem, solutio ejusdem problematis 251

Additamentum ad Problema Funicularium von Jacob Bernoulli 252

V. De solutionibus Problematis Catenarii vel Funicularis in Actis Junii An. 1691, aliisque a Dn. Jac. Bernoullio propositis (Act. Erudit. Lips. an. 1692) 255

VI. De la Chainette, ou solution d'un problème fameux, proposé par Galilei, pour servir d'essai d'une nouvelle Analyse des Infinis, avec son usage pour les Logarithmes, et une application à l'avancement de la navigation (Journ. des Sçavans de l'an. 1692) 258

VII. Solutio illustris problematis a Galilaeo primum proposti de Figura

chordae aut catenae e duobus extremis pendentis, pro specimine novae Analyseos circa infinitum (Giornal. de' Letterati dell' an. 1692) . 263

VIII. De linea ex lineis numero infinitis ordinatim ductis inter se concurrentibus formata eaeque omnes tangente, ac de novo in ea re Analyseos Infinitorum usu (Act. Erudit. Lips. an. 1692) 266

IX. Aenigma Architectonico-Geometricum Florentia transmissum ad G. G. L.
atque ab hoc cum solutione remissum ad Magnum Principem Hetruriae. A. MDCXCII (Nach dem auf der Königl. Biblioth. zu Hannover
befindlichen gedruckten Exemplar) 270

X. Nouvelles Remarques touchant l'Analyse des Transcendantes, différen-
tes de celles de la Géométrie de M. Descartes (Journ. des Sçavans de
l'an. 1692) 278

XI. Generalia de natura linearum, anguloque contactus et osculi, provolutionibus, aliisque cognatis, et eorum usibus nonnullis (Act. Erudit.
Lips. an. 1692) 279

XII. Supplementum Geometriae practicae sese ad problemata transcendentia
extendens, ope novae Methodi generalissimae per series infinitas (Act.
Erudit. Lips. an. 1693) 285

XIII. Ad Problema in Actis Eruditorum an. 1693 mense Majo propositum
(Act. Erudit. Lips. an. 1693) 288

XIII.*) Supplementum Geometriae dimensoriae, seu generalissima omnium Te-
tragonismorum effectio per Motum: similiterque multiplex constructio
lineae ex data Tangentium conditione (Act. Erudit. Lips. an. 1693) . 294

XIV. Nova Calculi differentialis applicatio et usus ad multiplicem linearum
constructionem ex data Tangentium conditione (Act. Erudit. Lips.
an. 1694) 301

XV. Considerations sur la différence qu'il y a entre l'Analyse ordinaire et
le nouveau Calcul des Transcendantes (Journ. des Sçavans de l'an. 1694) 306

XVI. Constructio propria Problematis de Curva isochrona paracentrica, ubi
et generaliora quaedam de natura et calculo differentiali osculorum, et
de constructione linearum transcendentium, una maxime geometrica,
altera mechanica quidem, sed generalissima. Accessit modus reddendi
inventiones Transcendentium Linearum universales, ut quemvis casum
comprehendant, et transeant per punctum datum (Act. Erudit. Lips.
an. 1694) 309

XVII. Notatiuncula ad constructiones lineae, in qua Sacoma, aequilibrium cum
pondere moto faciens, incedere debet, mense Febr. an. 1695 in Actis
datas, et quaedam de Quadraturis (Act. Erudit. Lips. an. 1695) . . 318

XVIII. Responsio ad nonnullas difficultates a Dn. Bernardo Niewentiit circa
Methodum differentialem seu infinitesimalem motas (Act. Erudit. Lips.
an. 1695) 320

XIX. G. G. Leibnitii notatiuncula ad Acta Decembr. 1695, pag. 537 et sqq.
(Act. Erudit. Lips. an. 1696) 329

*) In Folge eines Versehens findet sich Num. XIII zweimal.

Seite

XX. Communicatio suae pariter duarumque alienarum ad edendum sibi primum a Dn. Joh. Bernoullio, deinde a Dn. Marchione Hospitalio communicatarum solutionum Problematis Curvae celerrimi descensus a Dn. Joh. Bernoullio Geometris publice proposti, una cum solutione sua Problematis alterius ab eodem postea proposti (Act. Erudit. Lips. an. 1697) 331

XXI. Animadversio ad Davidis Gregorii Schediasma de Catenaria, quod habetur in Actis Eruditorum an. 1698. Excerpta ex Epistola G. G. Leibnitii ad *** (Act. Erudit. Lips. an. 1699) 336

XXII. G. G. Leibnitii Responsio ad Dn. Nic. Fatii Duillerii imputationes. Accessit nova Artis Analyticae promotio specimine indicata, dum designatione per numeros assumtitios loco literarum, Algebra ex Combinatoria Arte lucem capit (Act. Erudit. Lips. an. 1700) 340

XXIII. Mémoire de Mr. G. G. Leibniz touchant son sentiment sur le Calcul différentiel (Journ. de Trevoux de l'an 1701) 350

XXIV. Specimen novum Analyseos pro Scientia infiniti circa Summas et Quadraturas (Act. Erudit. Lips. an. 1702) 350

XXV. Continuatio Analyseos Quadraturarum Rationalium (Act. Erudit. Lips. an. 1703) 361

XXVI. Quadraturae Irrationalium simplicium (Aus d. Manuscript. der Königl. Biblioth. zu Hannover) 366

XXVII. Symbolismus memorabilis Calculi Algebraici et Infinitesimalis in comparatione potentiarum et differentiarum, et de Lege Homogeneorum Transcendentali (Miscellan. Berolinens.) 377

XXVIII. Epistola ad V. Cl. Christianum Wolfium, Professorem Matheseos Halensem, circa Scientiam infiniti (Act. Erudit. Lips. Supplem. Tom. V. ad an. 1713) 382

XXXIX. Observatio quod rationes sive proportiones non habeant locum circa quantitates nihilo minores, et de vero sensu Methodi infinitesimalis (Act. Erudit. Lips. an. 1712) 387

XXX. Remarques de Mr. Leibniz sur l'Art. V. des Nouvelles de la République des lettres du mois de Février 1706 (Nouvell. de la Républiq. des lettres de l'an. 1706) 389

XXXI. Historia et origo Calculi differentialis (Aus d. Manuscript. der Königl. Biblioth. zu Hannover) 392

Beilage: Fliegendes Blatt, dat. 29 Jul. 1713 411

Zwei Entgegnungen Leibnizens in Bezug auf den Streit mit Newton.

I. Remarques sur la controverse entre M. de Leibniz et M. Newton . . . 414

II Eine zweite Entgegnung in deutscher Sprache. (beide aus d. Manuscript. der Königl. Biblioth. zu Hannover) 416

DISSERTATIO

DE

ARTE COMBINATORIA.

Leibniz wurde durch logische Untersuchungen zum Studium der Mathematik geführt. Er selbst hat es öfters ausgesprochen *), dass er fast noch ein Knabe auf den Gedanken gekommen, ob es nicht möglich sei, ebenso wie es Prädicamente d. h. Klassen der einfachen Begriffe (termini simplices) gebe, eine neue Art von Prädicamenten aufzustellen, worin die zusammengesetzten Ausdrücke (termini complexi, propositiones) in naturgemässer Anordnung classificirt würden; er wusste nämlich damals noch nicht, dass man dergleichen Anordnung in den Beweisen der mathematischen Lehrsätze schon immer befolgt hatte. Anhaltendes Nachdenken führte ihn noch einen Schritt weiter, und er gelangte zu der Ueberzeugung, dass „per Artem Combinatoriam alle Notiones Compositae der ganzen Welt in wenig Simplices als deren Alphabet reducirt, und aus solches alphabets Combination wiederumb alle Dinge, samt ihren theorematibus, und was nur von ihnen zu inventiren müglich, ordinata methodo mit der Zeit zu finden, ein weg gebahnet wird. Welche invention — fährt Leibniz fort — dafern sie wils gott zu werck gerichtet, als mater aller inventionen von mir vor das importanteste gehalten wird, ob sie gleich das ansehen noch zur Zeit nicht haben mag. Ich habe dadurch alles, was erzehlet werden soll, gefunden, und hoffe noch ein mehreres zu wege zu bringen". **)

---

*) Am ausführlichsten verbreitet sich Leibniz über seine jugendlichen Studien in dem Aufsatz: Historia et commendatio linguae characteristicae universalis, quae simul sit ars inveniendi et judicandi. Sieh. Leib. op. philos. omn. ed. Erdmann, pag. 162 sqq.

**) Aus dem Briefe Leibnizens an den Herzog Johann Friedrich von Hannover, höchst wahrscheinlich im September 1671 geschrieben. Sieh. Leibniz-Album, herausgegeben von Dr. Grotefend, Hannover 1846, S. 14 ff.

So kam es, dass Leibnizens Aufmerksamkeit zunächst auf die Combinatorik gelenkt wurde, eine Disciplin, die bisher noch wenig bearbeitet war. Nachdem er ein Bruchstück seiner Studien zum Behuf einer Disputation im März des Jahres 1666 unter dem Titel: Disputatio arithmetica de complexionibus, veröffentlicht hatte, erschien in demselben Jahre seine erste Schrift mathematischen Inhalts: Dissertatio de Arte Combinatoria.

Man hat nicht selten Gelegenheit zu bemerken, dass bereits in den Erstlingsschriften wahrhaft ausgezeichneter Männer die Keime zu den grossen Ideen sich finden, durch deren weiteren Ausbau in den reiferen Mannesjahren sie den Kranz der Unsterblichkeit errangen. Etwas dem Aehnliches gilt von der genannten Schrift Leibnizens. Sie enthält die ersten Grundlinien zu dem riesigen Unternehmen der Scientia generalis oder der Allgemeinen Charakteristik, woran sich als eine nothwendige Forderung die Idee einer Scriptura universalis reihte *). Es ist hier nicht der Ort, über die Ausführbarkeit dieses kolossalen Unternehmens eine umständliche Untersuchung anzustellen; nur das kann nicht unerwähnt bleiben, dass die Sache selbst keineswegs als ein blosses Hirngespinnst des grossen Mannes betrachtet werden darf, dass es vielmehr ein wohlbegründeter, lebensfähiger Gedanke war, dessen Realisirung in seinem ganzen Umfange nur an der Grossartigkeit des Unternehmens, an den äussern Schwierigkeiten scheiterte. Die Idee, dass sich alle Begriffe in eine kleine Anzahl einfache, widerspruchslose Elemente zerlegen lassen und dass, wenn es gelänge, für diese letzteren passende Charaktere aufzufinden, die Möglichkeit gegeben wäre, durch Combination dieser Charaktere nicht allein alle bereits bekannten Wahrheiten sofort für jeden verständlich auszudrücken, sondern auch neue Wahrheiten zu entdecken — diese Idee verfolgte Leibniz unablässig sein ganzes Leben hindurch mit aller Energie seines grossen Geistes. Einzelne Fragmente, die in neuerer Zeit aus seinem Nachlass veröffentlicht worden sind, legen hinreichendes Zeugniss davon ab, dass er wiederholte Versuche zur Ausführung dieses seines Lieblingsplanes gemacht hat. Wenn nun aber auch Leibniz den grossartigen Gedanken in seiner ganzen Allgemeinheit nicht ins Werk gesetzt hat,

*) Sieh. Ueber Leibnizens Entwurf einer allgemeinen Charakteristik. Von A. Trendelenburg. Berlin 1856.

so hat ihm doch die Erkenntniss, wie unendlich viel für die Vervollkommnung und Erweiterung einer jeden Wissenschaft von einer passend gewählten Zeichensprache stets zu erwarten steht, auf dem Gebiet der mathematischen Wissenschaften die schönsten Früchte gebracht. Man hat noch viel zu wenig erkannt, dass der von ihm so glücklich gewählte Algorithmus für die höhere Analysis lediglich als ein Ergebniss dieser Bemühungen zu betrachten ist; er ist ursprünglich nichts anderes — und Leibniz selbst bezeichnet ihn so — als eine Charakteristik, als ein Operationscalcul. Hierher gehören auch Leibnizens Versuche, die übliche Zeichensprache der Arithmetik und Algebra dahin zu vervollkommen, dass, falls den allgemeinen Zeichen geometrische Bedeutung beigelegt würde, die algebraischen Formeln sofort auch die Eigenschaften der dadurch ausgedrückten geometrischen Gebilde erkennen liessen (Charakteristica geometrica). — Als ein Zweites ist hier hervorzuheben, dass in der gedachten Abhandlung De Arte Combinatoria bereits die ersten Andeutungen der Logica inventiva oder der „Erfindungskunst" (ars inveniendi et dijudicandi) gefunden werden, durch die Leibniz die wahrhafte Begründung und Erweiterung der Wissenschaften zu ermöglichen glaubte. Sie fusst auf denselben Voraussetzungen, wie die Scientia generalis, auf der Zurückführung der zusammengesezten Begriffe auf wenige einfache, die aus ihrer Ordnungslosigkeit in eine bestimmte Ordnung gebracht und nach den Regeln der Combinatorik verbunden, alle möglichen Wahrheiten zu Tage fördern würden *). Die Logica inventiva ist demnach die „methodus ordinata" oder der „filus meditandi", wodurch einem jeden Menschen die Möglichkeit geboten wird, zur Erkenntniss der Wahrheit zu gelangen. Auf dem Gebiet der mathematischen Wissenschaften, wo lediglich die Form des Gegebenen zur Betrachtung kommt und deshalb das Aufsteigen von den einfachen Fällen zu den zusammengesetzteren mit nicht so vielen Schwierigkeiten verknüpft ist, wusste Leibniz diese „Erfindungskunst" mit bewundrungswürdiger Meisterschaft zu handhaben und gelangte dadurch zu den schönsten Erfolgen. Alle seine Lösungen der grossen Probleme aus dem Bereich der höheren Analysis liefern dazu die Beweise.

---

*) Sieh. Leibnizens Logik. Nach den Quellen dargestellt von Dr. Kvet. Prag 1857. S. 48 ff.

Leibniz hat zuerst, wie bereits erwähnt worden, die Combinatorik als eine selbstständige Disciplin behandelt. Er sah sich zu dem Ende genöthigt, eine neue Terminologie einzuführen, worüber die vorausgeschickten Definitionen handeln; er nennt „complexiones", was gegenwärtig allgemein durch Combinationen bezeichnet wird, und „exponens", wofür man jetzt Union, Binion, Ternion, überhaupt Classen sagt; unter „Variationes ordinis" versteht er die Permutationen. Hierauf werden in 12 Problemen die elementarsten Regeln über Combinationen und Permutationen gegeben; in einer vorausgeschickten Bemerkung bezeichnet Leibniz ausdrücklich, dass er den zweiten Theil des ersten Problems, so wie das zweite und vierte anderen verdanke, alles übrige habe er selbst gefunden. — Was die mathematische Behandlung des Gegenstandes betrifft, so ist in der ganzen Abhandlung ein Erstlingsversuch nicht zu verkennen; sie ist nach Art der mathematischen Schriften, wie sie im sechzehnten und zu Anfang des siebzehnten Jahrhunderts in Deutschland erschienen, abgefasst. Offenbar ist Leibniz vorzüglich darum zu thun, die ausserordentliche Fruchtbarkeit des Gebrauchs der combinatorischen Regeln in der Logik, Jurisprudenz und in vielfacher anderer Hinsicht zu zeigen.

Ein ähnliches Urtheil, wie das eben vorhergehende, hat Leibniz selbst über die in Rede stehende Abhandlung gefällt, als ohne sein Wissen im Jahre 1690 zu Frankfurt am Main ein unveränderter Abdruck von derselben erschien *). Er hebt namentlich hervor, dass die Lösungen und Beweise der darin behandelten Probleme mangelhaft seien, da er zur Zeit ihrer Abfassung mit der höheren Analysis gänzlich unbekannt gewesen, auch nicht hinlänglich gewusst habe, was von anderen über den fraglichen Gegenstand geleistet worden sei.

---

*) Act. Erudit. Lips. an. 1691 mens. Febr.

DISSERTATIO

DE

ARTE COMBINATORIA,

in qua

ex Arithmeticae fundamentis Complicationum ac Transpositionum
Doctrina novis praeceptis exstruitur, et usus ambarum per uni-
versum scientiarum orbem ostenditur, nova etiam
Artis Meditandi

seu

Logicae Inventionis semina

spärguntur.

Praefixa est Synopsis totius Tractatus, et additamenti loco
Demonstratio

EXISTENTIAE DEI,

ad Mathematicam certitudinem exacta.

Autore

Gottfredo Guilielmo Leibnützio Lipsiensi,

Phil. Magist. et J. U. Baccal.

LIPSIAE,

apud Joh. Simon. Fickium et Joh. Polycarp. Seuboldum

in Platea Nicolaea,

literis Spörelianis.

A. M. DC. LXVI.

Synopsis.

Sedes doctrinae istius Arithmetica. Hujus origo. Complexiones autem sunt Arithmeticae purae, situs figuratae. Definitiones novorum terminorum. Quid aliis debeamus. Problema I: Dato numero et exponente Complexiones et in specie Combinationes invenire. Problema II: Dato numero complexiones simpliciter invenire. Horum usus 1) in divisionis inveniendis speciebus, v. g. mandati, Elementorum, Numeri, Registrorum Organi Musici, Modorum Syllogismi categorici, qui in universum sunt 512 juxta Hospinianum, utiles 88 juxta nos. Novi Modi figurarum ex Hospiniano: Barbari, Celaro, Cesaro, Camestros, et nostri figurae IVtae Galenicae: Fresismo, Ditabis, Celanto, Colanto. Sturmii modi novi ex terminis infinitis, Daropti. Demonstratio Conversionum. De Complicationibus Figurarum in Geometria, congruis, hiantibus, texturis. Ars casus formandi in Jurisprudentia. Theologia autem quasi species est Jurisprudentiae, de Jure nempe Publico in republica DEI super homines; 2) in inveniendis datarum specierum generibus subalternis, de modo probandi sufficientiam datae divisionis. 3) Usus in inveniendis propositionibus et argumentis. De arte combinatoria Lullii, Athanasii Kircheri, nostra, de qua sequentia: Duae sunt copulae in propositionibus: Revera et Non, seu + et —. De formandis praedicamentis artis com2natoriae. Invenire, dato definito vel termino, definitiones vel terminos aequipollentes; dato subjecto, praedicata in propositione UA, item PA, item N; Numerum Classium, Numerum Terminorum in Classibus; dato capite, complexiones; dato praedicato, subjecta in propositione UA, PA et N; datis duobus terminis in propositione necessaria UA et UN argumenta seu medios terminos invenire. De Locis Topicis, seu modo efficiendi et probandi propositiones contingentes. Specimen mirabile praedicamentorum artis com 2 natoriae ex Geometria. Porisma de Scriptura universali cuicunque legenti cujuscunque linguae perito intelligibili. Dni. de Breissac specimen artis com2natoriae seu meditandi in re bellica, cujus beneficio omnia consideratione digna Imperatori in mentem veniant. De Usu rotarum concentricarum chartacearum in arte hac. Serae hac arte constructae sine clavibus aperiendae, Mahl-Schlösser, Mixturae Colorum. Probl. III: Dato numero classium et rerum in singulis, complexiones classium invenire. Divisionem in divisionem ducere, de vulgari Conscientiae divisione. Numerus sectarum de summo Bono e Varrone apud Augustinum. Ejus examen. In dato gradu consanguinitatis numerus 1) cognationum juxta l. 1 et 3 D. de Grad. et Aff.; 2) personarum juxta l. 10. D. eod. singulari artificio inventus. Probl. IV: Dato numero rerum variationes ordinis invenire. Uti hospitum in mensa 6 Drexelio, 7 Harsdörffero, 12 Henischio. Versus Protei, v. g. Bauhusii, Lansii, Ebelii, Riccioli, Harsdörfferi. Variationes literarum Alphabeti, comparatarum atomis; Tesserae Grammaticae. Probl. V: Dato numero rerum variationem vicinitatis invenire. Locus honoratissimus in rotundo. Circulus Syllogisticus. Probl. VI: Dato numero rerum variandarum, quarum aliqua vel aliquae repetuntur, variationem ordinis invenire. Hexametrorum species 76; Hexametri 26, quorum sequens antecedentem litera excedit Publii Porphyrii Optatiani: quis ille. Diphtongi ae scriptura. Probl. VII: Reperire dato capite variationes. Probl. VIII: Variationes alteri dato capiti communes. Probl. IX: Capita variationes communes habentia. Probl. X: Capita variationum utilium et inutilium. Probl. XI: Variationes inutiles. Probl. XII: Utiles. Optatiani Proteus versus, J. C. Scaligeri (Virgilii Casualis), Bauhusii (Ovidii Casualis), Kleppisii (praxis computandi Variationes inutiles et utiles), Caroli a Goldstein, Reimeri. Cl. Daumii 4, quorum ultimi duo plusquam Protei. Additamentum: Demonstratio Existentiae DEI.

DEMONSTRATIO
EXISTENTIAE DEI.
Praecognita:

1. Definitio 1. Deus est Substantia incorporea infinitae virtutis.

2. Def. 2. Substantiam autem voco, quicquid movet aut movetur.

3. Def. 3. Virtus infinita est Potentia principalis movendi infinitum. Virtus enim idem est quod potentia principalis; hinc dicimus Causas secundas operari in virtute primae.　　　—

4. Postulatum. *Liceat quotcunque res simul sumere, et tanquam unum totum supponere.* Si quis praefractus hoc neget, ostendo. Conceptus *partium* est, ut sint Entia plura, de quibus omnibus si quid intelligi potest, quoniam semper omnes nominare vel incommodum vel impossibile est, excogitatur unum nomen, quod in ratiocinationem pro omnibus partibus adhibitum compendii sermonis causa, appellatur *Totum.* Cumque datis quotcunque rebus etiam infinitis, intelligi possit, quod de omnibus verum est, quia omnes particulatim enumerare infinito demum tempore possibile est, licebit unum nomen in rationes ponere loco omnium, quod ipsum erit *Totum.*

5. Axioma 1. Si quid movetur, datur aliud movens.

6. Ax. 2. Omne corpus movens movetur.

7. Ax. 3. Motis omnibus partibus movetur totum.

8. Ax. 4. Cujuscunque corporis infinitae sunt partes, seu ut vulgo loquuntur, Continum est divisibile in infinitum.

9. Observatio. Aliquod corpus movetur.

Ἔκθεσις.

1) Corpus A movetur per praecog. 9. 2) ergo datur aliud movens per 5. 3) et vel incorporeum, 4) quod infinitae virtutis est (per 3. 5, quia A ab eo motum habet infinitas partes per 8.) 6) et Substantia per 2. 7) ergo Deus per 1, q. e. d. 8) vel Corpus, 9) quod dicamus B; 10) id ipsum et movetur per 6. 11) et recurret, quod de corpore A demonstravimus, atque ita vel aliquando dabitur incorporeum movens, 12) nempe ut in A ostendimus ab ἐκϑ. 1 ad 7. Deus q. e. d. 13) vel in omne infinitum existent corpora continue se moventia, 14) ea omnia simul, velut unum totum, liceat apellare C per 4. 15) Cumque hujus omnes partes moveantur per ἐκϑ. 13. 16) movebitur ipsum per 6. 17) ab alio per 5. 18) incorporeo, quia (omnia corpora in infinitum retro, jam comprehendimus in C per ἐκϑ.14, nos autem requirimus aliud a C per ἐκϑ.17.) 19) infinitae virtutis (per 3, quia quod ab eo movetur, nempe C, est infinitum per ἐκϑ.13 + 14.) 20) Substantia per 2. 21) ergo DEO per 1. Datur igitur Deus. Q. E. D.

Proœmium.

Cum Deo!

1   Metaphysica, ut altissime ordiar, agit tum de Ente, tum de Entis affectionibus; ut autem corporis naturalis affectiones non sunt corpora, ita Entis affectiones non sunt Entia. Est
2 autem Entis affectio (seu modus) alia absoluta, quâe dicitur *Qualitas*, alia respectiva, eaque vel rei ad partem suam, si habet, *Quantitas*, vel rei ad aliam rem, *Relatio*, etsi accuratius loquendo, supponendo partem quasi a toto diversam, etiam quan-
3 titas rei ad partem relatio est. Manifestum igitur, neque Qualitatem, neque Quantitatem, neque Relationem Entia esse, earum vero tractationem in actu signato ad Metaphysicam pertinere.
4 Porro omnis Relatio aut est *Unio* aut *Convenientia*. In unione autem Res, inter quas haec relatio est, dicuntur *partes*, sumtae cum unione, *Totum*. Hoc contingit, quoties plura simul tanquam Unum supponimus. *Unum* autem esse intelligitur, quicquid uno actu intellectus seu simul cogitamus, v. g. quemadmodum numerum aliquem quantumlibet magnum saepe *Caeca* quadam *cogitatione* simul apprehendimus, cyphras nempe in charta legendo, cui explicate intuendo ne Mathusalae quidem aetas suffectura sit.
5 Abstractum autem ab uno est *Unitas*, ipsumque totum abstractum ex unitatibus seu totalitas dicitur *Numerus*. *Quantitas* igitur est Numerus partium. Hinc manifestum, in re ipsa Quantitatem et Numerum coincidere, illam tamen interdum quasi extrinsece, relatione seu Ratione ad aliud, in subsidium nempe quamdiu numerus partium cognitus non est, exponi. Et haec origo est ingeniosae
6 Analyticae Speciosae, quam excoluit inprimis *Cartesius*, postea in praecepta collegere *Franc. Schottenius*, *et Erasmius Bartholinus*, hic *elementis Matheseos universalis*, ut vocat. Est igitur *Analysis* doctrina de Rationibus et Proportionibus, seu Quantitate non exposita; *Arithmetica* de Quantitate exposita seu Numeris; falso autem Scholastici credidere, Numerum ex sola divisione continui oriri nec ad incorporea applicari posse. Est enim numerus quasi figura quaedam incorporea, orta ex Unione Entium quorumcunque,
7 v. g. DEI, Angeli, Hominis, Motus, qui simul sunt quatuor. Cum igitur Numerus sit quiddam Universalissimum, merito ad Metaphysicam pertinet, si Metaphysicam accipias pro doctrina eorum, quae

omni entium generi sunt communia. Mathesis enim (ut nunc nomen illud accipitur) accurate loquendo non est una disciplina, sed ex variis disciplinis decerptae particulae quantitatem subjecti in unaquaque tractantes, quae in unum propter cognationem merito coaluerunt. Nam uti Arithmetica atque Analysis agunt de Quantitate Entium, ita Geometria de Quantitate corporum, aut spatii quod corporibus coextensum est. Politicam vero disciplinarum in professiones divisionem, quae commoditatem docendi potius, quam ordinem naturae secuta est, absit ut convellamus. Caeterum Totum ipsum (et ita Numerus vel Totalitas) discerpi in partes tanquam minora tota potest, id fundamentum est *Complexionum*, dummodo intelligas dari in ipsis diversis minoribus totis partes communes, v. g. Totum sit A B C, erunt minora tota, partes illius, AB, BC, AC: et ipsa minimarum partium, seu pro minimis suppositarum (nempe Unitatum) dispositio inter se et cum toto, quae appellatur situs, potest variari. Ita oriuntur duo Variationum genera, *Complexionis* et *Situs*. Et tum *Complexio*, tum *Situs* ad Metaphysicam pertinet, nempe ad doctrinam de Toto et partibus, si in se spectentur; si vero intueamur *Variabilitatem*, id est Quantitatem variationis, ad numeros et Arithmeticam deveniendum est. Complexionis autem doctrinam magis ad Arithmeticam puram, situs ad figuratam pertinere crediderim, sic enim unitates lineam efficere intelliguntur. Quamquam hic obiter notare volo, unitates vel per modum lineae rectae vel circuli aut alterius lineae linearumve in se redeuntium aut figuram claudentium disponi posse, priori modo in situ absoluto seu partium cum toto, *Ordine*; posteriori in situ relato seu partium ad partes, *Vicinitate*, quae quomodo differant infra dicemus def. 4 et 5. Haec prooemii loco sufficiant, ut qua in disciplina materiae hujus sedes sit, fiat manifestum.

Definitiones.

1. *Variatio* h. l. est mutatio relationis. Mutatio enim alia substantiae est, alia quantitatis, alia qualitatis; alia nihil in re mutat, sed solum respectum, situm, conjunctionem cum alio aliquo.

2. *Variabilitas* est ipsa quantitas omnium Variationum. Termini enim potentiarum in abstracto sumti quantitatem earum denotant, ita enim in Mechanicis frequenter loquuntur, potentias machinarum duarum duplas esse invicem.

3. *Situs* est localitas partium.

4. Situs est vel absolutus vel relatus: ille partium cum tote, hic partium ad partes. In illo spectatur numerus locorum et distantia ab initio et fine, in hoc neque initium neque finis intelligitur, sed spectatur tantum distantia partis a data parte. Hinc ille exprimitur linea aut lineis figuram non claudentibus neque in se redeuntibus, et optime linea recta; hic linea aut lineis figuram claudentibus, et optime circulo. In illo prioritatis et posterioritatis ratio habetur maxima, in hoc nulla. Illum igitur optime *Ordinem* dixeris;

5. Hunc *vicinitatem*, illum dispositionem, hunc compositionem. Igitur ratione ordinis differunt situs sequentes: abcd, bcda, cdab, dabc. At in vicinitate nulla variatio, sed unus situs esse intelli-

$$\begin{array}{c} b \\ \text{gitur, hic nempe: a} \quad \text{c.} \\ d \end{array}$$

Unde festivissimus Taubmannus, cum Decanus Facultatis philosophicae esset, dicitur Witebergae in publico programmate seriem candidatorum Magisterii circulari dispositione complexus, ne avidi lectores intelligerent, quis suillum locum teneret.

6. Variabilitatem ordinis intelligemus fere, quando ponemus *Variationes* $\varkappa\alpha\tau'$ $\dot\epsilon\xi o\chi\dot\eta\nu$ v. g. Res 4 possunt transponi modis 24.

7. Variabilitatem complexionis dicimus *Complexiones*, v. g. Res 4 modis diversis 15 invicem conjungi possunt.

8. Numerum rerum variandarum dicemus simpliciter *Numerum*, v. g. 4 in casu proposito.

9. *Complexio* est Unio minoris Totius in majori, uti in prooemio declaravimus.

10. Ut autem certa Complexio determinetur, majus totum dividendum est in partes aequales suppositas ut minimas (id est quae nunc quidem non ulterius dividantur), ex quibus componitur et quarum variatione variatur Complexio seu Totum minus; quia igitur totum ipsum minus, majus minusve est, prout plures partes una vice ingrediuntur, numerum simul ac semel conjungendarum partium seu unitatum dicemus *Exponentem*, exemplo progressionis geometricae. V. g. sit totum ABCD. Si tota minora constare debent ex 2 partibus, v. g. AB, AC, AD, BC, BD, CD, exponens erit 2; sin ex tribus, v. g. ABC, ABD, ACD, BCD, exponens erit 3.

11. Dato exponente complexiones ita scribemus: si exponens

est 2, *Con 2 nationem* (combinationem); si 3, *Con 3 nationem* (conternationem); si 4, *Con 4 nationem* etc.

12. *Complexiones simpliciter* sunt omnes complexiones omnium exponentium computatae, v. g. 15 (de 4 Numero) quae componuntur ex 4 (Unione), 6 (con 2 natione), 4 (con 3 natione), 1 (con 4 natione).

13. *Variatio utilis (inutilis)* est quae propter materiam subjectam locum habere non potest, v. g. 4 Elementa com 2 nari possunt 6 mahl; sed duae com 2 nationes sunt inutiles, nempe quibus contrariae Ignis, aqua; aër, terra com 2 nantur.

14. *Classis rerum* est totum minus, constans ex rebus convenientibus incerto tertio, tanquam partibus, sic tamen ut reliquae classes contineant res contradistinctas, v. g. infra probl. 3, ubi de classibus opinionum circa summum Bonum ex B. Augustino agemus.

15. *Caput Variationis* est positio certarum partium; *Forma variationis*, omnium, quae in pluribus variationibus obtinet, v. infra probl. 7.

16. *Variationes communes* sunt, in quibus plura capita concurrunt, v. infra probl. 8 et 9.

17. *Res homogenea* est quae est aeque dato loco ponibilis salvo capite, *Monodica* autem quae non habet homogeneam, v. probl. 7.

18. *Caput multiplicabile* dicitur, cujus partes possunt variari.

19. *Res repetita* est quae in eadem variatione saepius ponitur, v. probl. 6.

20. Signo ╺┼╸ designamus additionem, ╺╸ subtractionem, ⌒ multiplicationem, ⌣ divisionem, f. facit seu summam, ₌ aequalitatem. In prioribus duobus et ultimo convenimus cum Cartesio, Algebraistis, aliisque; alia signa habet Isaacus Barrowius in sua editione Euclidis, Cantabrig. 8vo, anno 1655.

Problemata.

Tria sunt quae spectari debent: *Problemata, Theoremata, usus*; in singulis problematis usum adjecimus, sicubi operae pretium videbatur, et theoremata. Problematum autem quibusdam rationem solutionis addidimus. Ex iis partem posteriorem primi, secundum et quartum aliis debemus, reliqua ipsi eruimus. Quis illa primus detexerit, ignoramus, Schwenterus Delic. l. l. sect. 1.

prop. 32 apud Hieronymum Cardanum, Johannem Buteonem et Nicolaum Tartaleam extare dicit. In Cardani tamen Practica Arithmetica, quae prodiit Mediolani anno 1539, nihil reperimus. Inprimis dilucide, quicquid dudum habetur, proposuit Christoph. Clavius in Com. supra Joh. de Sacro Bosco Sphaer. edit. Romae forma 4ta anno 1585 p. 33 seqq.

Probl. I.

DATO NUMERO ET EXPONENTE COMPLEXIONES INVENIRE.

1   Solutionis duo sunt modi, unus de omnibus complexiones, alter de com 2 nationibus solum: ille quidem est generalior, hic vero pauciora requirit data, nempe numerum solum et exponentem, cum ille etiam praesupponat inventas complexiones antecedentes. 2 Generaliorem modum nos deteximus, specialis est vulgatus. Solutio illius talis est: „Addantur complexiones exponentis antecedentis et „dati de numero antecedenti, productum erunt complexiones quaesi-„tae"; v. g. esto numerus datus 4, exponens datus 3, addantur de numero antecedente 3 com 2 nationes 3 et con 3 natio 1 (3 + 1 f. 4), 3 productum 4 erit quaesitum.   Sed cum praerequirantur complexiones numeri antecedentis, construenda est tabula N, in qua linea suprema a sinistra dextrorsum continet *Numeros* a 0 usque ad 12 utrimque inclusive, satis enim esse duximus huc usque progredi, quam facile est continuare; linea extrema sinistra a summo deorsum continet *Exponentes* a 0 ad 12, linea infima a sinistra 4 dextrorsum continet *Complexiones simpliciter*.   Reliquae inter has lineae continent complexiones dato *numero* qui sibi in vertice directe respondet, et *exponente* qui e regione sinistra. *Ratio solutionis*, et fundamentum Tabulae patebit, si demonstraverimus, *Complexiones dati numeri et exponentis oriri ex summa complexionum de numero praecedenti exponentis et praecedentis et dati*. Sit enim numerus datus 5, exponens datus 3, erit numerus antecedens 4; is habet con 3 nationes 4 per Tabulam N, com 2 nationes 6. Jam numerus 5 habet omnes com 3 nationes quas praecedens (in toto enim et pars continetur) nempe 4, et praeterea tot quot praecedens habet com 2 nationes, nova enim res qua numerus 5 excedit 4, addita singulis com 2 nationibus hujus, facit totidem novas con 3 nationes, nempe 6 + 4 f. 10. Ergo Complexiones dati numeri etc. Q. E. D.

Tabula ℵ.

Exponentes			1	2	3	4	5	6	7 n	8 u	9 m	10 e	11 r	12 i	Complexiones
0	1	1	1	1	1	1	1	1	1	1	1	1	1	1	
1	0	1	2	3	4	5	6	7	8	9	10	11	12	
2	0	0	1	3	6	10	15	21	28	36	45	55	66	
3	0	0	0	1	4	10	20	35	56	84	120	165	220	
4	0	0	0	0	1	5	15	35	70	126	210	330	495	
5	0	0	0	0	0	1	6	21	56	126	252	462	792	
6	0	0	0	0	0	0	1	7	28	84	210	462	924	
7	0	0	0	0	0	0	0	1	8	36	120	330	792	
8	0	0	0	0	0	0	0	0	1	9	45	165	495	
9	0	0	0	0	0	0	0	0	0	1	10	55	220	
10	0	0	0	0	0	0	0	0	0	0	1	11	66	
11	0	0	0	0	0	0	0	0	0	0	0	1	12	
12	0	0	0	0	0	0	0	0	0	0	0	0	1	
*	0	1	3	7	15	31	63	127	255	511	1023	2047	4095	
+	1	2	4	8	16	32	64	128	256	512	1024	2048	4096	

Complexiones simpliciter * (seu summa Complexionum dato exponente) addita unitate, quae coincidunt cum terminis progressionis geometricae duplae †.

Majoris lucis causa apponimus Tabulam ℶ, ubi lineis transversis distinximus Con3nationem de 3 et de 4 et de 5, sic tamen ut con3nationes priores sint sequenti communes, et per consequens tota tabula sit con3nationum numeri 5, utque manifestum esset, quae con3nationes numeri sequentis ex com2nationibus antecedentis addito singulis novo hospite orirentur, linea deorsum tendente combinationes a novo hospite distinximus.

Tab. ℶ

Numerus Con3nationum.		Rerum	Numerus
1 ab	c	3	
2 ab	d		
3 ac	d		
4 bc	d	4	
5 ab	e		
6 ac	e		
7 ad	e		
8 bc	e		
9 bd	e		
10 cd	e	5	

Adjiciemus hic *Theoremata* quorum τὸ ὅτι ex ipsa tabula ℵ manifestum est, τὸ διότι ex tabulae fundamento : 1) si exponens est major Numero, Complexio est 0. 2) Si aequalis, ea est 1. 3) Si exponens est Numero unitate minor, Complexio et Numerus sunt idem. 4) Generaliter: Exponentes duo, in quos numerus bisecari potest, seu qui sibi invicem complemento sunt ad numerum, easdem de illo numero habent complexiones. Nam cum in minimis exponentibus 1 et 2, in quos bisecatur numerus 3, id ve-

rum sit quasi casu, per tab. N, et vero caeteri ex eorum additione oriantur per solut. probl. 1, si aequalibus (3 et 3) addas aequalia (superius 1 et inferius 1), producta erunt aequalia (3 + 1 f. 4=4), et idem
eveniet in caeteris necessitate. 5) Si numerus est impar, dantur in
medio duae complexiones sibi proximae aequales; sin par, id non
evenit. Nam numerus impar bisecari potest in duos exponentes
proximos unitate distantes, v. g. 1 + 2 f. 3; par vero non potest,
sed proximi, in quos bisecari par potest, sunt iidem. Quia igitur
in duos exponentes impar numerus bisecari potest, hinc duas habet
Complexiones *aequales* per th. 4, quia illi unitate distant, *proximas*. 6) Complexiones crescunt usque ad exponentem numero ipsi
dimidium aut duos dimidio proximos, inde iterum decrescunt. 7)
Omnes numeri primi metiuntur suas complexiones *particulares* (seu
dato exponente). 8) Omnes complexiones simpliciter sunt numeri
impares *).

---

*) Hier endigte das Bruchstück, das Leibniz unter dem Titel:
Disputatio arithmetica de complexionibus, quam in illustri Academiâ
Lipsiensi indultu amplissimae facultatis philosophicae pro loco in ea
obtinendo prima vice habebit M. Gottfredus Guilielmus Leibnüzius
Lipsiensis, J. U. Baccal. d. 7. Mart. 1666. H. L. Q. C. — veröffentlichte. Der akademischen Sitte gemäss hatte er zum Behuf der Disputation die folgenden Corollarien hinzugefügt:

Corollaria.

I. *Logica.* 1. Duae sunt propositiones primae, una, principium
omnium theorematum seu propositionum necessarium: Quod est (tale),
id est seu non est (tale), vel contra; altera, omnium observationum
seu propositionum contingentium: Aliquid existit. 2. Dantur demonstrationes perfectae in omnibus disciplinis. 3. Si disciplinas in se
spectemus, omnes sunt theoreticae; si usum, omnes practicae. Eae
tamen, ex quibus usus magis immediate fluit, merito practicae κατ'
ἐξοχὴν dicuntur. 4. Methodus etsi in omni disciplina omnis adhiberi
potest, ut vel vestigia inquisitionis nostrae vel producentis naturae
in tradendo sequamur, tamen in practicis fit, ut coincidat et naturae
et cognitionis ordo, quia in iis ipsa rei natura a cogitatione et productione nostra oritur. Nam finis et nos movet ad media producenda
et ducit ad cognoscenda, quod in iis, quae cognoscere tantum, non
etiam efficere possumus, secus est. Praeterea etsi omnis methodus
licita est, non tamen omnis expedit. 5. Syllogismus non est finis
Logicae, sed contemplatio simplex; propositio vero est medium ad
hanc, syllogismus ad propositionem.

II. *Metaphysica.* 1. Infinitum aliud alio majus est. *Cardan.*
Arithmet. Pract. c. 66. n. 165 et 260. Dissentire dicitur *Sethus*

Restat hujus Problematis altera pars quasi specialis: ,,Dato 7 ,,Numero (A) com2nationes (B) invenire. *Solutio.* Ducatur numerus in proxime minorem, facti dimidium erit quaesitum,

---

Wardus in Arithmetica infinitorum. 2. Deus est substantia, Creatura accidens. 3. Necesse est dari disciplinam de creatura in genere, sed ea fere hodie in Metaphysica comprehenditur. 4. Vix est probabile, terminum causae univocum conceptum dicere ad efficientem, materialem, formalem, finalem. Nam vox influxus itidem quid nisi vox est?

III. *Physica.* Cum observandum sit, alia mundi corpora moveri circa proprium axem, idem de terra absurdum non est, quemadmodum nec contrarium. 2. Cum corporum summa differentia sit densum et rarum, manifestum est quatuor primas qualitates ita illustrari posse: Humidum est rarum, Siccum est densum, Calidum est rarefactivum, Siccum condensativum. Omne autem rarum facile alienis terminis continetur, difficulter suis; densum contra. Et omne rarefaciens copiam facit in raro homogeneis ad se invicem properandi, et heterogeneis se separandi, quibus in denso via interclusa est. Unde definitionum Aristotelicarum ratio redditur. Neque ignis, qui rarus esse videtur, cum tamen siccus esse debeat, obstat. Nam respondeo: Aliud dicendum de igne per se, aliud de igne alii corpori inhaerente, nam ejus naturam sequitur. Ita patet, flammam, quae nihil aliud est quam aër ignitus, fluidam esse debere, quemadmodum et aër ipse; contra ignem in ferro ignito consistentem, quemadmodum et ferrum ipsum. 3. Vim Magnetis ab Adamante sisti fictum est.

IV. *Practica.* 1. Justitia (particularis) est virtus servans mediocritatem circa affectus hominis erga hominem juvandi et nocendi, seu favorem et odium, regula mediocritatis est, licere eo usque alterum (me) juvare, quo usque (alteri) tertio non nocetur. Hoc observare necesse est, ut tueamur *Aristotelem* contra cavillum *Grotii*, qui de J. B. et P. Prolegom. ** 4 fac. a. ita dicit: ,,Non recte autem ,,universaliter positum hoc fundamentum (quod virtus posita sit in ,,mediocritate) vel ex justitia apparet, cui oppositum nimium et parum ,,cum in affectibus et sequentibus eas actionibus invenire non posset ,,(Aristoteles), in rebus ipsis, circa quas justitia versatur, quaesivit, ,,quod ipsum primum est desilire de genere in genus alterum, quod in aliis merito culpat." Vult nempe *Grotius* incongrue in speciebus divisionis alicujus aliquam interseri, quae ex alio prorsus dividendi fundamento derivetur (quod vocet minus Philosophice μεταβαίνειν εἰς ἄλλο γένος), et certe aliud prorsus est mediocritas affectuum, aliud rerum. Virtutes quoque non rerum, sed animorum habitus sunt. Quare ostendimus, justitiam et ipsam in affectuum moderatione esse positam. 2. Non inepte dicit *Thrasymachus* apud *Platonem* de Republ. lib. 1. fol. 379: Justum esse potentiori utile. Nam Deus proprie et simpliciter est caeteris potentior (homo enim homine absolute potentior non est, cum fieri possit, ut quantumcunque robustus ab

a *

A ⌒ A — 1 „ ⌣ 2 = B. Esto v. g. Numerus 6, 6 ⌒ 5 f. 30 ⌣ 2
f. 15" Ratio solutionis: Esto Tab. ꝫ, in qua enumerantur 6 rerum abcdef

Tab. ꝫ   com2nationes possibiles; prima autem res a ducta
ab ac ad ae af   per caeteras facit com 2 nationes 5, nempe ipso
bc bd be bf   numero unitate minores; secunda b per caeteras
cd ce cf   ducta tantum 4, non enim in antecedentem a
de df   duci potest, rediret enim prior com 2 natio ba vel
ef   ab (haec enim in negotio combinationis nihil dif-
ferrunt), ergo solum in sequentes quae sunt 4; similiter tertia c
in sequentes ducta facit 3; quarta d facit 2; quinta e cum ultima
f facit 1. Sunt igitur com 2 nationes · 5. 4. 3. 2. 1. +. f. 15. Ita
patet, numerum com 2 nationum componi ex terminis progressionis
arithmeticae, cujus differentia 1, numeratis ab 1 ad numerum numero rerum proximum inclusive, sive ex omnibus numeris Numero
rerum minoribus simul additis. Sed quia, uti vulgo docent Arithmetici, tales numeri hoc compendio adduntur, ut maximus numerus ducatur in proxime majorem, facti dimidius sit quaesitus, et
vero proxime major h. l. est ipse Numerus rerum, igitur perinde
est ac si dicas, Numerum rerum ducendum in proxime minorem,
facti dimidium fore quaesitum.

Probl. II.

DATO NUMERO COMPLEXIONES SIMPLICITER INVENIRE.

8   Datus Numerus quaeratur inter Exponentes progressionis
Geometricae duplae, numerus seu terminus progressionis ei e regione respondens, demta Unitate, erit *quaesitum*. *Rationem*
seu τὸ διότι difficile est vel concipere, vel si conceperis explicare;
τὸ ὅτι ex tabula ℵ manifestum est. Semper enim complexiones
particulares simul additae, addita unitate, terminum progressionis
geometricae duplae constituent, cujus exponens sit numerus datus.
Ratio tamen, siquis curiosius investiget, petenda erit ex discerptione

—————————————

infirmo occidatur). Caeterum Dei utilitas non in lucro, sed honore
consistit. Igitur Gloriam Dei mensuram omnis juris esse manifestum
est. Et qui Theologos, Moralistas et casuum conscientiae Scriptores
consulet, videbit eo plerumque discursus suos in hac fundare. Constituto igitur certo principio, doctrina de justo scientifice conscribi
poterit, quod hactenus factum non est.

in Practica Italica usitata, vom Zerfällen. Quae talis esse debet, ut 9 datus terminus progressionis geometricae discerpatur in una plures partes, quam sunt unitates exponentis sui, id est numeri rerum, quarum semper aequalis sit prima ultimae, secunda penultimae, tertia antepenultimae etc., donec vel, si in parem discerptus est numerum partium, exponente seu Numero rerum impari existente, in medio duae correspondeant partes per probl. 1 th. 5 (v. g. 128 de 7 discerpantur in partes 8 juxta tabulam ℵ: 1, 7, 21, 35, 21, 7, 1), vel si in imparem, exponente pari existente, in medio relinquatur unus nulli correspondens (v. g. 256 de 8 discerpantur inpartes 9 juxta Tab. ℵ: 1, 8, 28, 56, 70, 56, 28, 8, 1). Putet igitur aliquis, ex eo manifestum esse novum modum eumque absolutum solvendi probl. 1, seu dato exponente inveniendi Numerum complexionum, si nimirum ope Algebrae inveniatur discerptio Complexionum simpliciter seu termini progr. geom. duplae juxta modum datum; verum non sunt data sufficientia, et idem numerus in alias atque alias partes, eadem tamen forma, discerpi potest.

Usus Probl. I et II.

Cum omnia quae sunt aut cogitari possunt, fere componantur 10 ex partibus aut realibus aut saltem conceptualibus, necesse est, quae specie differunt aut eo differre, quod alias partes habent, et hic *Complexionum* usus, vel quod alio situ, hic *Dispositionum*, illic materiae, hic formae diversitate censentur. Imo Complexionum ope non solum species rerum, sed et attributa inveniuntur, ut ita tota propemodum Logicae pars *inventiva* illic circa terminos simplices, hic circa complexos fundetur in complexionibus, uno verbo et doctrina divisionum et doctrina propositionum. Ut taceam, quantopere partem logices Analyticam seu judicii diligenti de modis syllogisticis scrutatione exemplo 6. illustrare speremus. In divisionibus triplex usus est complexionum: 1, dato fundamento unius divisionis 11 inveniendi species ejus; 2, datis pluribus divisionibus de eodem Genere, inveniendi species ex diversis divisionibus mixtas, quod tamen servabimus problemati 3.; 3, datis speciebus inveniendi genera subalterna. Exempla per totam philosophiam diffusa sunt, imo nec Jurisprudentiae deesse ostendemus, apud Medicos vero omnis varietas medicamentorum compositorum et φαρμακοποιητικὴ ex variorum ingredientium mixtione oritur, at in eligendis mixtionibus utilibus summo opus judicio est. Primum igitur exempla dabimus specie-

12 rum hac ratione inveniendarum: I. apud ICtos *l. 2. D. Mandati, et pr. I. de Mandato* haec divisio proponitur: *Mandatum* contrahitur 5 modis: mandantis gratia, mandantis et mandatarii, tertii, mandantis et tertii, mandatarii et tertii. Sufficientiam divisionis hujus sic venabimur: Fundamentum ejus est finis $\tilde{\omega}$ seu persona cujus gratia contrahitur, ea est triplex: mandans, mandatarius et tertius. Rerum autem trium complexiones sunt 7: Uniones tres: cum solius 1) *mandantis,* 2) *mandatarii,* 3) *tertii* gratia contrahitur. Com2nationes totidem; 4) *Mandantis et Mandatarii,* 5) *Mandantis et Tertii,* 6) *Mandatarii et Tertii* gratia. Con3natia una, nempe 7) et *mandantis* et *mandatarii* et *tertii* simul gratia. Hic ICti Unionem illam, in qua contrahitur gratia mandatarii solum, rejiciunt velut inutilem, quia sit consilium potius quam mandatum; remanent igitur species 6, sed cur 5 reliquerint, omissa con3-

13 natione, nescio. II. Elementorum numerum, seu corporis simplicis mutabilis species Aristoteles libr. 2. de Gen. cum Ocello Lucano Pythagorico deducit ex numero Qualitatum primarum, quas 4 esse supponit, tanquam fundamento, his tamen legibus, ut 1) quodlibet componatur ex duabus qualitatibus et neque pluribus neque paucioribus; hinc manifestum est Uniones, con3nationes et con4-nationem esse abjiciendas, solas com2nationes retinendas, quae sunt 6; 2) ut nunquam in unam com2nationem veniant qualitates contrariae, hinc iterum duae com2nationes fiunt inutiles, quia inter primas has qualitates dantur duae contrarietates, igitur

14 remanent com2nationes 4, qui est numerus Elementorum. Apposuimus Schema (vide paginam titulo tractatus proximam), quo origo Elementorum ex primis Qualitatibus luculentur demonstratur. Porro uti ex his illa Aristoteles, ita ex illis 4 temperamenta Galenus, horumque varias mixtiones medici posteriores elicuere, quibus omnibus jam superiori seculo se opposuit Claud. Campensius Animadvers. natural. in Arist. et Galen. adject. ad Com. ej. in Aph.

15 Hippocr. ed. 8. Lugduni anno 1576. III. *Numerus* communiter ab Arithmeticis distinguitur in *Numerum* stricte dictum ut 3, *Fractum* ut $^2/_3$, *Surdum* ut Rad 3, id est numerum qui in se ductus efficit 3, qualis in rerum natura non est, sed analogia intelligitur, et *denominatum,* quem alii vocant figuratum, v. g. quadratum, cubicum, pronicum. Ex horum commixtione efficit Hier. Cardanus Pract. Arith. c. 2. Species mixtas 11. Sunt igitur in universum complexiones 15, nempe Uniones 4, quas diximus, Com2nationes 6:

Numerus et Fractus v. g. ²/₂ aut 1¹/₂; *Numerus et Surdus* v. g. 7, ⌒ R. 3; *Numerus et Denominatus* v. g. 3 + cub. de A; *Fractus et Surdus* ¹/₂ + R. 3; *Fractus et Denominatus* v. g. ¹/₂ ⌒; cub. de A; *Surdus et Denominatus* v. g. cub. de 7; Con3nationes 4: *Numerus et Fractus et Surdus, Numerus et Fractus et Denominatus, Numerus et Surdus et Denominatus, Fractus et Surdus et Denominatus;* Con4natio 1: *Numerus et Fractus et Surdus et Denominatus.* Loco vocis: Numerus, commodius substituetur vox: *Integer.* Jam 4. 6. 4. 1+f. 15. IV. Registrum, Germanice ein Zug, dicitur in Organis Pneumaticis ansula quaedam, cujus apertura variatur sonus, non quidem in se melodiae aut elevationis intuitu, sed ratione canalis, ut modo tremebundus, modo sibilans etc. efficiatur. Talia recentiorum industria detecta sunt ultra 30. Sunto igitur in organo aliquo tantum 12 simplicia, ajo fore in universum quasi 4095; tot enim sunt 12 rerum Complexiones simpliciter per tab. א, grandis organistis, dum modo plura, modo pauciora, modo haec, modo illa simul aperit, variandi materia. V. Th. Hobbes Element. de Corpore p. I. c. 5 Res, quarum dantur termini in propositionem ingredientes, seu suo stylo, Nominata, quorum dantur nomina, dividit in *Corpora* (id est substantias, ipsi enim omnis substantia corpus) *Accidentia, Phantasmata* et *Nomina,* et sic nomina esse vel *Corporum* v. g. homo, vel *Accidentium* v.g. omnia abstracta, rationalitas, motus, vel *Phantasmatum,* quo refert spatium, tempus, omnes qualitates sensibiles etc., vel *Nominum,* quo refert secundas intentiones. Haec cum inter se sexies com2nentur, totidem oriuntur genera propositionum, et additis iis, ubi termini homogenei com2nantur (corpusque attribuitur corpori, accidens accidenti, phantasma phantasmati, notio secunda notioni secundae), nempe 4, exsurgunt 10. Ex iis solos terminos homogeneos utiliter combinari arbitratur Hobbes. Quod, si ita est, uti certe et communis philosophia profitetur, abstractum et concretum, accidens et substantiam, notionem primam et secundam male invicem praedicari, erit hoc utile ad artem inventivam propositionum, seu electionem com2nationum utilium ex innumerabili rerum farragine, observare; de qua infra. VI. Venio ad exemplum complexionum haud paulo implicatius: determinationem numeri *Modorum Syllogismi Categorici.* Qua in re novas rationes iniit Joh. Hospinianus Steinanus, Prof. Organi Basileensis, vir contemplationum minime vulgarium, libello paucis noto, edito in 8. Basileae an. 1560 hoc titulo: *Non esse tantum 36 bonos malosque categorici syllogismi modos, ut Aristot. cum interpretibus docuisse videtur, sed 512,* 18 *quorum quidem probentur 36, reliqui omnes rejiciantur.* Incidi postea in controversias dialecticas ejusdem, editas post obitum autóris Basileae 8. anno 1576, ubi quae in Erotematis Dialecticis libelloque de Modis singularia statuerat, velut quadam Apologia, ex 23 problematibus constante, tuetur; promitit ibi et libellum de inveniendi judicandique facultatibus, et Lectiones suas in universum Organon cum latina versione, quas ineditas arbitror fortasse ab autore conceptas potius, quam perfectas. Etsi autem variationem ordinis adhibere necesse est, quae spectat ad probl. 4, quia tamen potissimae partes complexionibus debentur, huc referemus. Cum libri hujus de Modis titulus primum se obtulit, antequam introspeximus, ex nostris traditis calculum subduximus hoc modo: *Modus* est dispositio seu forma syllogismi ratione quantitatis et qualitatis simul: Quantitate autem propositio est vel Universalis vel Particularis vel Indefinita vel Singularis; nos brevitatis causa utemur literis initialibus: U, P, I, S; Qualitate vel Affirmativa vel Negativa, A, N. Sunt autem in Syllogismo tres propositiones, igitur ratione quantitatis Syllogismus vel est aequalis vel inaequalis: *aequalis,* seu habens propositiones ejusdem quantitatis 4 modis: 1) Syllogismus talis est: U, U, U. 2, P, P, P. 3, I, I, I. 4, S, S, S, ex quibus 19 sunt utiles: 2) 1 mus et 4 tus; inaequalis vel ex parte vel in totum: ex parte, quando duae quaecunque propositiones sunt ejusdem quantitatis, tertia diversae. Et in tali casu duo genera quantitatis sunt in eodem Syllogismo, etsi unum bis repetitur: id toties diversimode contingit, quoties res 4 id est genera haec quantitatum U, P, I, S diversimode sunt com2nabilia, 6maḥl, et in singulis 2 sunt casus, quia jam hoc bis repetitur, jam illud, altero simplici existente; ergo 6 ⌒ 2 f. 12. Atque ita rursus in singulis, ratione ordinis, sunt variationes 3, nam v. g. hoc U, U, P, vel ponitur uti jam, vel sic: P, U, U, vel sic: U, P, U; ergo 12 ⌒ 3 f. 36. Ex quibus utiles 18: 2 U(S)U(S)S(U), 2 U(S)S(U)U(S), 2S(U)U(S) U(S), 4 U(S)U(S)P vel I, 4 UI(P)I(P) vel loco U, S, 4 I(P)UI(P) 20 et S loco U. *In totum inaequalis,* quando nulla cum altera est ejusdem magnitudinis, et ita quemlibet Syllogismum ingrediuntur genera 3, toties alia quoties 4 res possunt con4nari, nempe 4maḥl. Tria autem ratione ordinis variantur 6maḥl, v. g. U, P, I; U, I, P; P, U, I; P, I, U; I, U, P; I, P, U; ergo 4 ⌒ 6 f. 24.

Ex quibus utiles 12: 2 U P (I) I (P), 2 I (P) U P (I); totidem si
pro U ponas S, 4+4 f. 8; 2 U (S) S (U) P; totidem si pro P ponas I, 2+2 f. 4. Addamus jam: 4+36+24 f. 64. Hae sunt variationes Quantitatis solius. Ex quibus sunt utiles: 2+18+12 f. 32. Caeteri
cadunt per Reg. 1, Ex puris particularibus nihil sequitur; 2, Conclusio nullam ex praemissis quantitate vincit; etsi fortasse interdum
ab utraque vincatur, uti in Barbari. Porro cum Qualitatis duae 21
solum sint diversitates A et N, propositiones vero 3, hinc repetitione opus est, et vel Modus est *similis*, id est ejusdem qualitatis,
vel *dissimilis*: hujus nulla ulterius est variatio, quia nunquam ex
toto, sed semper ex parte est dissimilis, nunquam enim omnes
propositiones sunt dissimiles, quia solum 2 sunt diversitates. Similis species sunt 2: A, A, A; N, N, N; dissimilis 2: A, A, N,
vel N, N, A; dissimilis singulae variantur ratione ordinis 3 mahl,
v. g. A, A, N; N, A, A; A, N, A. Ergo 2 ⌒ 3 f. 6+2 f. 8. Toties
variatur Qualitas. Ex quibus utiles Variationes sunt 3: A A A;
N A N; A N N, per reg. 1, Ex puris negativis nihil sequitur;
2) Conclusio sequitur partem in qualitate deteriorem. Sed quia
modus est variatio Qualitatis et Quantitatis simul, et ita singulae
variationes Quantitatis recipiunt singulas Qualitatis, hinc 64 ⌒ 8
f. 512, numerum omnium Modorum utilium et inutilium. Ex 22
quibus utiles sic repereris: duc variationes utiles quantitatis in
qualitatis, 32 ⌒ 3 f. 96; de producto subtrahe omnes modos, qui
continentur in Frisesmo, id est qui ratione Qualitatis quidem sunt
A N N, ratione quantitatis vero Major prop. est I vel P, Minor
autem U vel S, et conclusio I vel P, quales sunt 8. Frisesmo
enim etsi modus est per se quodammodo subsistens, tamen est in
nulla figura, v. infra; jam 96—8 f. 88, numerum utilium Modorum. Hospiniano, cui nostra methodus ignota, aliter, sed per am-
bages procedendum erat. Primum igitur cap. 2. 3. Aristotelicos
modos 36 investigat ex complicatione U P I omisso S et conclusione; ex quibus utiles sunt 8: - UA, UA in Barbara vel Darapti,
UA, PA in Darii et Datisi, PA, UA in Disamis, UA, UN in Camestres,
UN, UA in Celarent, Cesare, Felapton, UA, IN in Baroco, UN, IA
in Ferio, Festino, Ferison, IN, UA in Bocardo. Quibus addit cap. 4.
singulares similes aequales SA, SA, SN, SN, 2 inaequales 3ium
generum singulis inversis, et quibuslibet vel A vel Neg. 3 ⌒ 2 ⌒ 2
f. 12+2 f. 14. Ex quibus Hospinianus solum admittit UA, PA,
et ponit in Darii, quia singulares ait particularibus' aequipollere

cum communi Logicorum schola, quod tamen mox falsum esse ostendemus. C. 5 addit singulares dissimiles totidem, nempe 14, ex quibus Hosp. solum admittit SN, UA in Bocardo; item UN, SA in Ferio. C. 6 addita conclusione quasi denuo incipiens enumerat modos similes aequales 4 ⌐ 2 f. 8, ex quibus utiles solum UA, UA, UA. in Barbara. Juxta Hospin. similes inaequales sunt vel ex toto inaequales, de quibus infra, vel ex parte, de quibus nunc, ubi duae propositiones sunt ejusdem quantitatis, tertia quaecunque diversae; et tunc modo duae sunt universales, una indefinita, quo casu sunt modi 6 (nam una vel initio vel medio vel fine ponitur 3, semperque aut omnes sunt A aut N. 3 ⌐ 2 fac. 6) vel contra etiam 6 per cap. 7. fac. 12. Ex solis prioribus 6 utilis est UA, IA, IA in Darii et Datisi; item IA, UA, IA in Disamis; item UA, UA, IA in Darapti, et, ut Hospinianus non inepte, in Barbari. Certe cum ex propositione UA sequantur duae PU, una conversa, hinc oritur modus indirectus Baralip; alterna subalterna 1, v. g. Omne animal est substantia. Omnis homo est animal. Ergo quidam homo est substantia. Hinc oritur iste: *Barbari*. Totidem, nempe 12, sunt modi per caput 8, si duae U et una P jungantur, vel contra; et iidem sunt modi utiles, qui in proxima mixtione, si pro I substituas P. Totidem, nempe 12, sunt modi per c. 8, si jungantur duae U et una S per c. 9, et quia Hospin. habet S pro P, putat solum modum utilem esse in Darii UA, SA, SA; v. infra. Item 12 IIP vel PPI; omnes inutiles per c. 10. Item 12 IIS vel SSI, omnes, ut ille putatur, inutiles per c. 11. Item 12 PPS vel SSP, omnes, ut ille putatur, inutiles per c. 12. Jam 6 ⌐ 12 f. 72+8 fac. 80, numerum modorum similium additis variationibus Conclusionis. Dissimiles modi sunt vel aequales vel inaequales. Aequales sunt ex meris vel U vel P vel I vel S, 4 genera quae singula variantur ratione qualitatis sic: NNA, ANN etc. 6mahl, uti supradiximus n. 20; jam 6 ⌐ 4 f. 24, v. cap. 13. Utilis est: UA, UN, UN in

23 Camestres. Dissimiles inaequales sunt vel ex toto inaequales, ut nulla propositio alteri sit aequalis, de quibus infra, vel ex parte, ut duae sint aequales, una inaequalis, de quibus nunc. Et redeunt omnes variationes quantitatis, de quibus in similibus ex c. 7. 8. 9. 10. 11. 12. in singulis de binis contrariis diximus; modi autem hic fiunt plures quam illic, ob variationem qualitatis accedentem. Erat igitur in c. 7. UUI vel contra IIU. Ordo quantitatis variatur 3mahl, quia v. g. I modo initio, modo medio, modo fine ponitur,

Qualitatis tum complexus variatur 2maħl, NNA vel AAN, tum ordo 3maħl, uti supra dictum, ponendo A vel N initio aut medio aut fine, ergo 3 ⌢ 2 ⌢ 3 f. 18 de UUI, et contra etiam 18 de IIU f. 36, per c. 14. In prioribus 18 utiles sunt modi: UA, UN, IN; vel loco IN, PN aut SN, et sunt in modo Camestros, uti supra Barbari; UN, UA, I(PS)N similiter in modo Celaro et Cesaro et Felapton; UA, I(PS)N, I(PS)N in Baroco; UN, I(PS)A, I(PS)N in Ferio, Festino et Ferison, qui ultimus tamen in S locum non habet; I(PS)N, UA, I(PS)N in Bocardo. Similiter UUP vel PPU 36 modos habent. Utiles designavimus proxime per P in ( ). Similiter UUS vel SSU faciunt simul modos 36 per c. 15. Modos utiles proxime signavimus per S. IIP vel PPI faciunt similiter 36 per c. 16; modi omnes sunt inutiles. IIS et SSI et PPS et SSP faciunt modos 2 ⌢ 36 = 72 per c. 17, qui omnes sunt inutiles. Huc usque distulimus inaequales ex toto, ubi nulla propositio in eodem syllogismo est ejusdem quantitatis, sunt autem vel similes, vel dissimiles; inaequales ex toto similes sunt: UIP, quae forma habet modos 12, nam 3 res variant ordinem 6maħl, qualitas autem variatur 2maħl; ergo 6 ⌢ 2 f. 12 per c. 18, ubi sunt inutiles: UA, I(PS)A, P(IS)A, UA, P(IS)A, I(PS)A in Darii et Datisi; I(PS)A, UA, P(IS)A, P(IS)A, UA, I(PS)A in Disamis, nisi quod S non ingreditur Minorem in Figura Tertia; UPS et UIS, quae habent modos 24 per c. 10. Utiles signavimus proxime per S. IPS, quae habet modos 12 per c. 20; omnes autem sunt inutiles juxta Hosp. Dissimiles omnino inaequales sunt 24 eodem modo, uti similes: UIP quae variant ordinem 6maħl. Qualitas autem variatur 6maħl; ergo 6 ⌢ 6 f. 36 per c. 21. Modi utiles sunt: UA, I(PS)N, P(IS)N in Baroco; UN, I(PS)A, P(IS)N in Ferio, Festino et Ferison. I(PS)N, UA, P(IS)N in Bocardo. UIS et UPS, 36 ⌢ 2 f. 72 per c. 22. Modos utiles signavimus proxime per S et P et I in ( ). IPS habet modos 36 per c. 23, omnes inutiles juxta hypothesin Hosp. Addemus jam omnes modos a cap. 6 incl. ad c. 23 computatos (nam anteriores in his rediere) + 80. 24. 36. 36. 36. 36. 72. 12. 24. 12. 36. 72. 36. seu 80 + 12 ⌢ 36, f. 512. In his Hospiniani speculationibus quaedam laudamus, quaedam desideramus. Laudamus inventionem novorum modorum: Barbari, Camestros, Celaro, Cesaro; laudamus quod recte observavit, modos, qui vulgo nomen invenere, v. g. Darii etc. habere se ad modos a se enumeratos velut genus ad speciem; sub Darii enim hi novem continentur ex ejus hypothesi: UA, IA, IA; UA, SA, SA; UA, PA, PA; UA, IA, SA; UA, SA, IA; UA, IA, PA; UA, PA, IA; UA, SA, PA; UA, PA, SA. Sed non aeque probare possumus, quod Singulares aequavit particularibus, quae res omnes ejus rationes conturbavit, effecitque ei modos utiles justo pauciores, ut mox apparebit. Hinc ipse in controversiis dialect. c. 22. p. 430 erasse se fatetur et admittit modos utiles 38. nempe 2 praeter priores 36, 1, in Darapti, cum ex meris UA concluditur SA, quoniam Christus ita concluserit Luc. XXIII. v. 37. 38; 2, in Felapton, cum ex UN et UA concluditur, SN quia ita concluserit Paulus Rom. IX. v. 13. Nos etsi scimus ita vulgo sentiri, arbitramur tamen alia omnia veriora. Nam haec: Socrates est Sophronisci filius, si resolvatur fere juxta modum Joh. Rauen, ita habebit: Quicunque est Socrates, est Sophronisci filius. Neque male dicitur: Omnis Socrates est Sophronisci filius, etsi unicus sit, (neque enim de nomine, sed de illo homine loquimur) perinde ac si dicam: Titio omnes vestes quas habeo, do lego, quis dubitet, etsi unicam habeam, ei deberi? Imo secundum ICtos universitas quandoque in uno substitit I. municipium 7. D. quod cujusque univers. nom. Magnif. Carpzov. p. 11. c. VI. def. 17. Vox enim: omnis, non infert multitudinem, sed singulorum comprehensionem. Imo supposito quod Socrates non habuerit fratrem, etiam ita recte loquor: Omnis Sophronisci filius est Socrates. Quid de hac propositione dicemus: Hic homo est doctus? Ex qua recte concludemus: Petrus est hic homo, ergo Petrus est doctus. Vox autem: Hic, est *signum singulare*. Generaliter igitur pronunciare audemus: omnis Propositio singularis ratione modi in syllogismo habenda est pro universali, uti omnis indefinita pro particulari. Hinc etsi Modos utiles solum 36 numerat, sunt tamen 88, de quo supra, omissa nihilominus variatione, quae oritur ex figuris. Nam modi diversarum figurarum *correspondentes*, id est quantitate et qualitate convenientes, sunt unus simplex v. g. Darii et Datisi. *Simplices* autem modos voco, non computata figurarum varietate, *Figuratos* contra tales sunt modi figurarum, quos vulgo recensent. Age igitur, ne quid mancum sit, et ad hoc descendamus, dum servet impetus. Ad figuram requiruntur termini tres: Major, quem signabimus graece μ; minor quem latine M; medium quem germanice 𝔐, et singuli bis. Ex his fiunt com2nationes 3, quae hic dicuntur propositiones, quarum ultima conclusio est, priores praemissae. Regulae com2-

nandi generales cuique figurae sunt: 1, nunquam com2nentur duo termini iidem, nulla enim propositio est: MM seu minor minor. 2, M et $\mathfrak{M}$ solum com2nentur in Conclusione, ita ut semper praeponatur M hoc modo: M$\mathfrak{M}$. 3) in praemissarum 1ma com2nentur $\mathfrak{M}$ et M, in secunda M et μ. Neque enim pro variatione figurae habeo, quando aliqui praemissas transponunt, et loco hujus: B est C, A est B, ergo A est C, ponunt sic: A est B, B est C, lergo A est C, uti collocant P. Ramus, P. Gassendus, nescio quis I. C. E. libello peculiari edito, et jam olim Alcinous lib. 1. Doct. Plat. qui semper Majorem prop. postponunt, Minorem prop. praeponunt. Sed id non variat figuram, alioqui tot essent figurae, quot variationes numerant Rhetores, dum in vita communi conclusionem nunc initio, nunc medio, nunc fine quam observant. Manifestum 25 igitur, figurarum varietatem oriri ex ordine medii in praemissis, dum modo in majore praeponitur, in minore postponitur, quae est Aristotelica I, modo in majore et minore postponitur, quae est Arist. II, modo utrobique praeponitur, quae est III, modo in Majore postponitur, in Minore praeponitur quae est IV Galeni (frustra ab Hospiniano contr. Dial. Probl. 19. tributa Scoto, cum ejus meminerit Aben Rois) quam approbat Th. Hobbes Elem. de Corp. P. I. c. 4. art. 11. Designabuntur sic: I. $\mathfrak{M}\mu$, M$\mathfrak{M}$, Mμ, II. μM, M$\mathfrak{M}$, Mμ. III. $\mathfrak{M}\mu$, $\mathfrak{M}$M, Mμ. IV. $\mu\mathfrak{M}$, $\mathfrak{M}$M, Mμ. IVtae figurae hostibus unum hoc interim oppono: Quarta figura aeque bona est ac ipsa prima; imo si modo, non praedicationis, ut vulgo solent, sed subjectionis, ut Aristotees, eam enunciemus, ex IV fiet I, et contra. Nam Arist. ita solet hanc v. g. propositionem: omne α est β, enunciare: β inest omini α. IVtae igitur figurae designatio orietur talis: $\mathfrak{M}$ inest $\tau\tilde{\varphi}$ μ, M, inest $\tau\tilde{\varphi}$ $\mathfrak{M}$, ergo M est μ; vel ut conclusio etiam sic enuncietur, transponendae praemissae, et conclusio erit: Ergo μ inest $\tau\tilde{\varphi}$ M. Idem in aliis fieri figuris potest, quod reducendi artificium nemo observavit hactenus. Caeterum secunda oritur ex prima, transposita propositione 26 majore; 3tia, transposita minore; 4ta, transposita conclusione, sed hic alius efficitur syllogismus, quia alia conclusio. Unde modi hujus 4tae sunt designandi modis indirectis primae figurae ut vulgo vocant, dummodo praeponas majorem propositionem minori, non contra, ut vulgo contra morem omnium figurarum hanc unicam ob causam, ut vitaretur quarta Galeni, factum est, v. g. sit Syllogismus in Baralip: omne animal est substantia, omnis homo est animal, ergo quaedam substantia est homo. Certe substantia est minor

terminus, igitur praemissa in qua ponitur, est minor, et per consequens propositio haec: Omne animal est substantia, non est ponenda primo secundo loco, tum prodibit ipsissima IVta figura.

27 Propter hanc transpositionem propositionum, quos vulgo Syllogis-
mos in Celantes ponunt, sunt in *Fapesmo*, loco Frisesmo dicendum *Fresismo*, loco Dabitis *Ditabis*; Baralip manet. Hi sunt modi
figurae IVtae, quibus addo *Celanto* et *Colanto*. Erunt simul 6 Modi:
Imae sunt 6: *Barbara, Celarent, Darii, Ferio, Barbari, Celaro*;
Modi IIdae 6: *Cesare, Camestres, Festino, Baroco, Cesaro, Camestros*; Modi IIItiae etiam 6: *Darapti, Felapton, Disamis, Datisi,
Bocardo, Ferison*. Ita ignota hactenus figurarum harmonia dete-
gitur, singulae enim modis sunt aequales; 1) Imae autem et 2dae
figurae semper Major propositio est U; 2) Imae et IIItiae semper
Minor A; 3) in IIda semper conclusio N; 4) in IIItia Conclusio
semper est P; in IVta conclusio nunquam est UA, Major nunquam
PN, etsi minor N, major UA. Propter has regulas fit, ut non
quilibet 88 modorum utilium in qualibet figura habeat locum;
alioqui essent Modi utiles: 4 ⌢ 96 f. 348. Modi autem figurati in
universum utiles et inutiles 512 ⌢ 4 f. 2084. Qui autem in qua
figura sint utiles, praesens schema docebit:

```
8 UA, UA, UA.|SA, SA, SA.|UA, UA, SA.|UA, SA, UA.|SA, UA, UA.
8 UN, UA, UN.|SN, SA, SN.|UN, UA, SN.|UN, SA, UN.|SN, UA, UN.
8 UA, UN, UN. SA, SN, SN. UA, UN, SN. UA, SN, UN. SA, UN, UN.

8 UA, UA, PA. UA, UA, IA. SA, SA, PA. SA, SA, IA. UA, SA, IA.
8 UN, UA, PN. UN, UA, IN. SN, SA, PN. SN, SA, IN. UN, SA, IN.
8 UA, UN, PN. UA, UN, IN. SA, SN, PN. SA, SN, IN. UA, SN, IN.

8 UA, IA, IA. UA, PA, PA. UA, PA, IA. UA, IA, PA. SA, IA, IA.
8 UN, IA, IN. UN, PA, PN. UN, PA, IN. UN, IA, PN. SN, IA, IN.
8 UA, IN, IN. UA, PN, PN. UA, PN, IN. UA, IN, PN. SA, IN, IN.

8 IA, UA, IA. PA, UA, PA. IA, UA, PA, PA. PA, UA. IA, SA, IA.
8 IN, UA, IN. PN, UA, PN. IN, UA, PN. PN, PA, UN. IN, SA, IN.
```

                            Restat.

```
8 IA, UN, IN. PA, UN, PN. IA, UN, PN. PA, UN, IN. IA, SN, IN.
```

	0	4	3	2	1
SA, SA, UA. SA, UA, SA. UA, SA, SA.1 …		—	—	—	*Barbara.*
SN, SA, UN. SN, UA, SN. UN, SA, SN.2 …		—	—	*Cesare.*	*Celarent.*
SA, SN, UN. SA, UN, SN. UA, SN, SN.3 …		—	—	*Camestres.*	—
UA, SA, PA. SA, UA, IA. SA, UA, PA.4 …		*Baralip.*	*Darapti.*	—	*Barbari.*
UN, SA, PN. SN, UA, IA. SN, UA, PN.5 …		*Gelanto.*	*Felapt.*	*Cesaro.*	*Cetaro.*
UA, SN, PN. SA, UN, IN. SA, UN, PN.6 …		*Fapesmo.*	—	*Camestros.*	—
SA, PA, PA. SA, PA, IA. SA, IA, PA.7 …		—	*Dalisi.*	—	*Darii.*
SN, PA, PN. SN, PA, IN. SN, IA, PN.8 …		*Fresismo.*	*Ferison.*	*Festino.*	*Ferio.*
SA, PN, PN. SA, PN, IN. SA, IN, PN.9 …		—	—	*Baroco.*	
PA, SA, PA. IA, SA, PA. PA, SA, IA.10 …		*Ditabis.*	*Disamis.*	—	—
PN, SA, PN. IN, SA, PN. PN, SA, IN.11 …		*Calerent.*	*Camestres.*	—	
Restat.					
PA, SN, PN. IA, SN, PN. PA, SN, IN.12 …		*Frisesmo.*	—	—	—

In quo descripti sunt omnes modi utiles, ex quibus octo semper constituunt *modum figuratum generalem*, tales autem voco illos
vulgo appellatos, in quibus U et S, item I et P habentur pro
iisdem. Ipsae lineae modorum constant ex quatuor trigis, in qualibet lineae quantitate conveniunt, differunt pro tribus illis utilibus
qualitatis differentiis. Ipsae autem trigae inter se differunt quantitate, positae eo ordine quo supra variationes ejus invenimus, in
quarum quatuor reducuntur omnes supra inventae, quia hic U et S,
item I et P reducuntur ad eandem. Cuilibet lineae ad marginem
posuimus modos figuratos generales, in quos quilibet ejus modus
specialis cadit. In summo signavimus numeris figuram. Ex eodem 28
autem manifestum est, modos figuratos generales esse vel Monadicos,
vel correspondentes, et hos vel 2 vel 3 vel 4, prout plures pau-
cioresve uni lineae sunt appositi. Singulae porro lineae habent
unum modum simplicem generalem, quem explicare possumus
sumtis vocalibus, uti vulgo, ut A sit UA (vel SA), E sit UN (vel
SN), I sit P (vel I) A, O sit P(I)N (ita omittendae sunt 4 praeterea vocales U pro IA; Y pro IN; OY seu *ov* pro SA; *ω* pro
SN; quas ad declarandum Hospinianum posuit Joh. Regius, quem
vid. Disp. Log. lib. 4 probl. 5, et ita modus lineae 1. est AAA,
2. EAE, 3. AEE, 4. AAI, 5. EAO, 6. AEO, 7. AII, 8. EIO, 9. AOO,
10. IAI, 11. AEE; 12. IEO, abjectis nempe consonantibus ex vocibus vulgaribus, in quibus Scholastici per consonas figuram, per
vocales modos simplices designarunt. Ultimus vero modus: IEO,
quem diximus Frisesmo, et collocavimus in figura nulla, propterea

est inutilis, quia major est P (hinc locum non habet in 1 et 2), minor vero N (hinc locum non habet in 1 et 3), etsi ex regulis modorum non sit inutilis. Quod vero in 4 locum non habeat, exemplo ostendo: Quoddam Ens est homo, nullus homo est brutum, ergo quoddam brutum non est Ens. Atque hic obiter consilium suppeditabo utile, quod vel ipso exemplo hoc comprobatur, in quo consistit proba, ut sic dicam, seu ars examinandi modum propositum, et sicubi non formae, sed materiae vi concludit, celeriter instantiam reperiendi, qualem apud Logicos hactenus legere me non memini. Breviter: Pro UA sumatur propositio, quam materia non patitur converti simpliciter, v. g. sumatur haec potius: Omnis homo est animal, quam: Omnis homo est animal rationale, et quo remotius genus sumitur, hoc habebis accuratius. Pro UN eligatur talis, qua negentur de se invicem species quam maxime invicem vicinae sub eodem genere proximo, v. g. homo est brutum, et quae non sit convertibilis per contrapositionem in UA seu cujus neque subjectum neque praedicatum sit terminus infinitus. Pro P(I)A sumatur semper talis, quae non sit subalterna alicujus UA, sed in qua de genere quam maxime generali dicatur species particulariter. Pro (I)PN sumatur, quae non sit subalterna alicujus UN, et cujus neuter terminus sit infinitus, et in qua negetur de genere maxime remoto species. Quod diximus de terminis infinitis vitandis, ejus ratio nunc patebit. Prodiit cujusdam Joh. Christoph. Sturmii Compendium Universalium seu Metaphisicae Euclideae ed. 8. Hagae anno 1660 apud Adrian. Vlacq. Cui annexuit novos quosdam modos syllogisticos a se demonstratos, qui omnes videntur juxta communem sententiam inpingere in alteram vel utramque harum duarum regularum qualitatis: Ex puris negativis nihil sequitur; et: Conclusio sequitur qualitatem debilioris ex praemissis. Ut tamen recte procedat argumentum, vel assumit propositionem affirmativam infiniti subjecti, quae stet pro negativa finiti, aut contra, v. g. aequipollent: Quidam non lapis est homo, et: quidam lapis non est homo (verum annoto, non procedere in universali contra, v. g. omnis lapis non est homo, ergo omnis non lapis est homo); vel assumat negativam infiniti praedicati pro affirmativa finiti, vel contra, v. g. aequipollent: omnis philosophus non est non homo, et: est homo; vel 3 assumat loco datae conversam ejus per contrapositionem. Jam UA convertitur per contrap. in UN, U et PN in PA, ita facile illi est elicere ex puris neg.

affirmantem, si negativae ejus tales sunt, ut stent pro affirmativis; item ex A et N elicere affirmantem, si ista stet pro negativa. Ita patet, omnes illas 8 variationes qualitatis fore utiles, et per consequens modos utiles fore 32 ⌢ 8 f. 256 juxta nostrum calculum. Similis fere ratio est syllogismi ejus, de quo Logici disputant: Quicunque non credunt, damnantur, Judaei non credunt, ergo damnantur. Sed ejus expeditissima solutio est, minorem esse affirmantem, quia medius terminus affirmatur de minore. Medius terminus autem non est: credere, sed: non credere, id enim praeexstitit in majori prop. Non possum hic praeterire modum Daropti ex ingenioso invento Cl. Thomasii nostri. Is observavit ex Ramo Schol. Dialect. lib. 7. c. 6. pag. m. 214, Conversionem posse demonstrari per syllogismum adjiciendo propositionem identicam, v. g. UA in PA sic: omne α est γ, omne α est α (si in 3tiae modo Darapti velis, vel omne γ est γ, si in 4tae modo Baralip), ergo quoddam γ est α. Item PA in PA sic: Quoddam α est γ, omne α est α (si in 3tiae modo Disamis velis, vel omne γ est γ, si in 4tae modo Ditabis), ergo quoddam γ est α. Item UN in UN (in Cesare 2dae) sic: Nullum α est γ, omne γ est γ, ergo nullum γ est α. Item PN vel in Baroco 3tiae sic: omne α est α, quoddam α non est γ, ergo quoddam γ non est α (vel in Colanto 4tae: Quoddam α non est γ, omne γ est γ, ergo quoddam γ non est α). Idem igitur ipse in Conversione per Contrapositionem tentavit, v. g. hujus PN: Quidam homo non est doctus, in hanc PA infiniti subjecti: quoddam non doctum est homo. Syllogismus in Daropti erit talis: Omnis homo est homo, quidam homo non est doctus, ergo quoddam quod non est doctum est homo. Observari tamen, hic duo debent, Minorem juxta Sturmianam doctrinam videri quasi pro alia positam: Quidam homo est non doctus; deinde omnium optime sic dici: propositionis hujus: Quidam homo non est doctus, conversam per contrapositionem proprie hanc esse etiam negativam: Quoddam doctum non est non non homo, et in conversione per contrapositione identicam ipsam debere esse contrapositam, id ostendit syllogismus jam non amplius in Daropti, sed Baroco: Omnis homo est non non homo (id est, omnis homo est homo), quidam homo non est doctus, ergo quoddam doctum non est non non homo (id est, quoddam non doctum est homo). Caeterum Sturmianos 33 illos modos arbitror non formae, sed materiae ratione concludere, quia quod termini vel finiti vel infiniti sint, non ad formam pro-

positionis seu copulam aut signum pertinet, sed ad terminos. Desinemus tandem aliquando modorum, nam etsi minime pervulgata attulisse speramus, habet tamen et novitas taedium in per se taediosis. Ab instituto autem abiisse nemo non dicet, qui omnia ex intima variationum doctrina erui viderit, quae sola prope per omne infinitum obsequentem sibi ducit animum, et harmoniam mundi et intimas constructiones rerum seriemque formarum una complectitur, cujus incredibilis utilitas perfecta demum philosophia, aut prope 34 perfecta recte aestimabitur. Nam VIImus est in complicandis figuris geometricis usus, qua in re glaciem fregit Joh. Keplerus lib. 2. Harmonicῶν. Istis complicationibus non solum infinitis novis theorematibus locupletari geometria potest, nova enim complicatio novam figuram compositam efficit, cujus jam contemplando proprietates, nova theoremata, novas demonstrationes fabricamus, sed et (si quidem verum est, grandia ex parvis, sive haec atomes sive moloculas voces, componi) unica ista via est in arcana naturae penetrandi, quando eo quisque perfectius rem cognoscere dicitur, quo magis rei partes et partium partes, earumque figuras positusque percepit. Haec figurarum ratio primum abstracte in geometria ac stereometria pervestiganda: inde ubi ad historiam naturalem existentiamque, seu id quod revera invenitur in corporibus, accesseris, patebit Physicae porta ingens, et elementorum facies, et qualitatum origo et mixtura, et mixturae origo et mixtura mixturarum, et 35 quicquid hactenus in natura stupebamus. Caeterum brevem gustum dabimus, quo magis intelligamur: Figura omnis simplex aut rectilinea aut curvilinea est. Rectilineae omnes symmetrae, commune enim omnium principium: Triangulus. Ex cujus variis complicationibus congruis omnes Figurae rectilineae coeuntes (id est non hiantes) oriuntur. Verum curvilinearum neque circulus in ovalem etc. neque contra reduci potest, neque ad aliquid commune. Neutra vero triangulo et triangulatis symmetros. Porro quilibet circulus cuicunque circulo est symmetros, nam quilibet cuilibet aut concentricus est aut esse intelligitur; Ovalis vero vel Elliptica ea tantum symmetros quae concentrica intelligitur; ita neque omnis ovalis ovali symmetros est etc. Haec de simplicibus; jam ad complicationes. 36 Complicatio est aut congrua aut hians: congrua tum, cum figurae compositae lineae extremae seu circumferentiales nunquam faciunt angulum extrorsum, sed semper introrsum. *Extrorsum* autem fit angulus, cum portio circuli inter lineas angulum facientes descripta ex puncto concursus tanquam centro, cadit extra figuram, ad cujus circumferentiam lineae angulum facientes pertinent: *introrsum*, cum intra. *Hians* est *complicatio*, cum aliquis angulus fit extrorsum. *Stella* autem est complicatio hians, cujus omnes *radii* (id est lineae stellae circumferentiales angulum extrorsum facientes) sunt aequales, ita ut si circulo inscribatur, ubique eum radiis tangat. Caeterum hiantes figurarum complicationes *texturas* voco, congruas proprie *figuras*. Sunt tamen et quaedam *Texturae figuratae*, quas et *figuras hiantes* ad oppositionem *coeuntium* voco. Jam sunt theoremata: 1) Si duae figurae asymmetrae sunt conti-37 guae (complicatio enim vel immediata est *contiguitas*, vel mediata, inter tertium et primum, quoties tertium contiguum est secundo, et secundum vel mediate vel immediate primo), complicatio fit hians. 2) Curvilinearum inter se omnis contiguitas est hians, nisi alteri circumdetur Zona alterius symmetri dato concentrici. 3) Curvilineae cum rectilinea omnis contiguitas est hians, nisi in medio Zonae ponatur rectilinea. *Zonam* autem voco residuum in figura curvilinea majori, exempta concentrica minori. In contiguitate rectilinearum autem aut angulus angulo, aut angulus lineae, aut linea lineae imponitur. 4) Si angulus angulo imponitur aut lineae, contiguitas est in puncto. 5) Omnis curvilinearum inter se contiguitas hians est in puncto. 6) Omnis earum cum rectis contiguitas etiam non hians, itidem. 7) Linea lineae nonnisi ejusdem generis imponi potest, v. g. recta rectae, curvilinea ejusdem generis et sectionis. 8) Si linea lineae aequali imponatur, contiguitas est congrua, si inaequali, hians. Observandum autem est plures figuras ad unum 38 punctum suis angulis componi posse, quae est textura omnium maxime hians. Sed et hoc fieri potest, ut duae vel plures contiguae sint hiantes, accedat vero tertia vel plures, et efficiatur una figura, seu complicatio congrua. Unde nova contemplatio oritur, quae figura vel textura quibus addita faciat ex textura figuram, quod nosse magni momenti est ad rerum hiatus explendos. Restat ut computationem ex nostris praeceptis instituamus, ad quam requiritur ut determinetur numerus figurarum ad conficiendam texturam, et determinentur figurae complicandae; utrumque enim alias infinitum est. Sed hoc facile cuilibet juxta enumeratos casus et theoremata praestare; nobis ad alia properantibus satis est prima lineamenta duxisse tractationis de Texturis hactenus fere neglectae. Decebat fortasse doctrinam hanc illustrare schematibus, sed intelligentes non indigebunt; imperiti,

39 uti fieri solet, nec intelligere tanti aestimabunt. VIIIvus Usus est in casibus apud Jureconsultos formandis. Neque enim semper exspectandum est praecipue legislatori, dum casus emergat, et majoris est prudentiae leges quam maxime initio sine vitiis ponere, quam restrictionem ac correctionem fortunae committere. Ut taceam, rem judiciariam in qualibet republica hoc constitutam esse melius, quo minus est in arbitrio judicis. Plato lib. 9. de Leg.

40 Arist. 1. Rhet. Menoch. Arbitr. Jud. lib. 1. prooem. n. 1.— Porro Ars casuum formandorum fundatur in doctrina nostra de Complexionibus. Jurisprudentia enim cum in aliis geometriae similis est, tum in hoc quod utraque habet Elementa, utraque casus. Elementa sunt simplicia, in geometria figurae: triangulus, circulus etc. in Jurisprudentia: actus, promissum, alienatio etc. Casus: complexiones horum, qui utrobique variabiles sunt infinities. Elementa Geometriae composuit Euclides, Elementa juris in ejus Corpore continentur, utrobique tamen admiscentur Casus insigniores. Terminos autem in jure simplices, quorum mixtione caeteri oriuntur, et quasi Locos communes, summaque genera colligere instituit Bernhardus Lavintheta, Monachus ordinis Minorum, Com. in Lullii Artem magnam, quem vide. Nobis sic visum: Termini quorum complicatione

41 oritur in Jure diversitas casuum, sunt: Personae, Res, Actus, Jura. *Personarum* genera sunt tum naturalia, ut: mas, foemina, hermaphroditus, monstrum, surdus, mutus, caecus, aeger, embryo, puer, juvenis, adolescens, vir, senex, atque aliae differentiae ex physicis petendae, quae in jure effectum habent specialem; tum artificialia, nimirum genera vitae, corpora seu collegia et similia. Nomina officiorum huc non pertinent, quia complicantur ex potestate et obli-

42 gatione; sed ad jura. RES sunt mobiles, immobiles, dividuae (homogeneae), individuae, corporales, incorporales, et speciatim: Homo, animal cicur, ferum, rabiosum, noxium; Equus, aqua, fundus, mare etc., et omnes omnino res, de quibus peculiare est jus. Hae dif-

43 ferentiae petendae ex physicis. ACTUS (aut non actus seu status) considerandi qua naturales: ita dividui, individui, relinqunt $\dot{\alpha}\pi o\tau\dot{\epsilon}$ $\lambda\epsilon\sigma\mu\alpha$ vel sunt facti transeuntis; detentio quae est materiale possessionis, traditio, effractio, vis, caedes, vulnus; noxa, huc temporis et loci circumstantia, hae differentiae itidem petendae ex physicis; qua morales: ita sunt actus spontanei, coacti, necessarii, mixti, significantes, non significantes; inter significantes verba, consilia, mandata, praecepta, pollicitationes, acceptationes, conditiones.

Haec omnis verborum varietas et interpretatio ex Grammaticis. Denique actus sunt vel juris effectum habentes, vel non habentes, et illi quidem pertinent ad catalogum jurium quae efficiunt, hi ex politicis ethicisque uberius enumerandi. JURIUM itidem enumerandae vel spe- **44** cies vel differentiae. Et bae quidem sunt v. g. realia, personalia; pura, dilata, suspensa; mobilia vel personae aut rei affixa etc. Species v. g. dominium, directum, utile; servitus, realis, personalis; ususfructus, usus, proprietas, jus possidendi, usucapiendi conditio; Potestas, obligatio (active sumta); Potestas administratoria, rectoria, coercitoria. Tum actus judiciales sumti pro jure id agendi tales sunt: postulatio, seu jus exponendi desiderium in judicio, cujus species pro ratione ordinis: actio, exceptio, replica etc. nempe in termino; tum in scriptis aut alias extra terminum; supplicatio pro impetranda citatione pro monitorio etc. Jurium autem catalogus ex sola Jurisprudentia sumitur. Nos hic festini quicquid in men- **45** tem venit attulimus, saltem ut mens nostra perspiceretur; alii termini simplices privata cujusque industria suppleri possunt, sed ita ut eos tantum ponat terminos, qui revera sunt simplices, id est quorum conceptus ex aliis homogeneis non componitur, quanquam in locis communibus, quorum disponendorum artificium potissimum huc redit, licebit terminos complexos simplicibus valde vicinos etiam tamquam peculiarem titulum collocare, v. g. compensationem, quae componitur ex *obligatione* Titii Cajo, et ejusdem Caji Titio in *rem dividuam, homogeneam* seu *commensurabilem,* quae utraque *dissolvitur in summam concurrentem.* Ex horum terminorum **46** simplicium, tum cum se ipsis aliquoties repetitis, tum cum aliis com2natione, con3natione etc. et in eadem complexione, variatione situs prodire casus prope infinitos quis non videt? Imo qui accuratius haec scrutabitur, inveniet regulas eruendi casus singulariores etc., nos talia quaedam concepimus, sed adhuc impolitiora, quam ut afferre audeamus. Par in Theologia terminorum ratio est, quae **47** est quasi Jurisprudentia quaedam specialis, sed eadem fundamentalis ratione caeterarum. Est enim velut doctrina quaedam de Jure publico, quod obtinet in Republica DEI in homines, ubi *Infideles* quasi rebelles sunt, *Ecclesia* velut subditi boni, *personae Ecclesiasticae,* imo et *Magistratus Politicus* velut Magistratus subordinati, *Excommunicatio* velut Bannus, Doctrina de *Scriptura sacra* et *verbo DEI* velut de ligibus et earum interpretatione; de *Canone,* quae leges authenticae, de *Erroribus fundamentalibus* quasi de delictis capitalibus, *de Judicio extremo et novissima die* velut de Processu Judiciario et Termino praestituto, de *Remissione Peccatorum* velut de jure aggratiandi, de *Damnatione aeterna* velut de poena capi-

48 tali etc. Hactenus de usu complexionum in speciebus divisionum inveniendis; sequitur IXmus usus: Datis speciebus divisionis, praedivisiones seu genera et species subalternas inveniendi. Ac siquidem divisio, cujus species datae sunt, est διχοτομία, locum problema non habet, neque enim ea est ulterius reducibilis; sin πολυτομία;

49 omnino. Esto enim τριχοτομία inter πολυτομίας minima, seu dati generis species 3: a, b, c; con3natio igitur earum tantum 1 est in dato genere summo; Uniones vero 3; illic ipsum prodit genus summum, hic ipsae species infimae, inter con3nationem autem et Unionem sola restat com2natio. Trium autem rerum com-2nationes sunt 3, hinc oriuntur 3 genera intermedia, nempe abstractum seu genus proximum τῶν a b, item τῶν b c, item τῶν a c. Ad genus autem requiritur tum ut singulis competat, tum ut cum

50 omnibus disjunctive sumtis sit convertibile. Exemplo res fiet illustrior. Genus datum sit respublica, species erunt 3, loco A *Monarchia,* loco B *Oligarchia Polyarchica* seu optimatum, loco C *Panarchia;* his enim terminis utemur commodissime, ut apparebit, et voce Panarchiae, etsi alio sensu; usus est Fr. Patritius Tomo inter sua opera peculiari ita inscripto, quo Hierarchias coelestes explicuit. *Polyarchiae* voce tanquam communi oligarchiae et panarchiae usus est Boxhornius lib. 2. c. 5. Inst. Polit. Igitur 1) Genus subalternum τῶν AB seu Monarchiae et regiminis Optimatum erit Oligarchia; imperant enim vel non omnes: *Oligarchia,* sed vel unus: *Monarchia,* vel plures: *Oligarchia, Polyarchia;* vel omnes: *Panar-*

51 *chia.* 2) Genus subalternum τῶν B C erit Polyarchia; imperat enim vel unus: *Monarchia,* vel plures: *Polyarchia* (in qua iterum vel non omnes: *Polyarchia Oligarchia,* vel omnes: *Panarchia*).

52 3) Genus subalternum τῶν A C est Respublica extrema. Nam species reipublicae alia *intermedia* est optimatum (hinc et nomen duplex: *Oligarchia polyarchica*), alia *Extrema.* Extremae autem sunt, in quibus imperat *unus,* item in quibus *omnes.* Ita in minima τῶν πολυτομιῶν, τριχοτομία, usum complexionum manifestum fecimus, quantae, amabo, in divisione virtutum in 11 species, similibusque aliis erunt varietates? ubi non solum singulas com-2nationes, sed et con3nationes etc. usque ad con11nationes, erunt que computato genere summo et speciebus infimis in universum

complicationes seu genera speciesque possibiles 2047. Nam pro- 53
fecto tam est in abstrahendo foecundus animus noster, ut datis.
quotcunque rebus, genus earum, id est conceptum singulis communem et extra ipsas nulli, invenire possit. Imo etsi non inve-
niat, sciet Deus, invenient angeli; igitur praeexistet omnium ejusmodi
abstractionum fundamentum. Haec tanta varietas generum subal- 54
ternorum facit, ut in praedivisionibus seu tabellis construendis,
invenienda etiam datae alicujus in species infimas divisionis sufficientia, diversas vias ineant autores, et omnes nihilominus ad easdem
infimas species perveniant. Deprehendet hoc, qui consulet Scho-
lasticos numerum praedicamentorum, virtutum cardinalium, virtutum
ab Aristotele enumeratarum, affectuum etc. investigantes. X. A 55
divisionibus ad propositiones tempus est ut veniamus, alteram partem Logicae inventionis. Propositio componitur ex subjecto et
praedicato, omnes igitur propositiones sunt com2nationes. Logicae
igitur inventivae propositionum est hoc problema solvere: 1) dato
subjecto praedicata; 2) dato praedicato subjecta invenire, utraque
tum affirmative, tum negative. Vidit hoc Raym. Lullius Kabbalae 56
Tr. 1. c. fig. 1. p. 46, et ubi priora repetit pag. 239 Artis magnae.
Is ut ostendat, quot propositiones ex novem illis suis terminis
universalissimis: *Bonitas*, *magnitudo*, *duratio* etc. quas singulas de
singulis praedicari posse dicit, oriantur, describit circulum, ei in-
scribit ἐννεάγωνον figuram regularem, cuilibet angulo ascribit terminum, et a quolibet angulo ad quemlibet ducit lineam rectam.
Tales lineae sunt 36, tot nempe quot com2nationes 11 rerum.
Cumque variari situs in qualibet com2natione possit bis, seu propositio quaelibet converti simpliciter, prodibit 36 ⌒ 2 f. 72, qui
est numerus propositionum Lullianarum. Imo talibus complexionibus omne artificium Lullii absolvitur, vide ejusdem operum Ar-
gentorati in 8. anno 1598 editorum pag. 49. 53. 68. 135, quae
repetuntur p. 240. 244. 245. Idem tabulam construxit ex 84
columnis constantem, quarum singulae continent 20 complexiones,
quibus enumerat com4nationes suarum regularum literis alphabeticis
denominatarum; ea tabula occupat pag. 260. 261. 262. 263. 264. 265.
266. Con3nationum vero tabulam habes apud Henr. Corn. Agrip-
pam Com. in artem brevem Lullii, quae occupat 9 paginas, a pag.
863 usque 871 inclusive. Eadem ex Lullio pleraque exequitur,
sed brevius Joh. Heinr. Alstedius in Architectura Artis Lullianae,
inserta Thesauro ejus Artis Memorativae pag. 47 et seqq. Sunt 57

autem termini simplices hi: I. *Attributa absoluta*: Bonitas, Magnitudo, Duratio, Potestas, Sapientia, Voluntas, Virtus, Veritas, Gloria; II. *Relata*: Differentia, Concordantia, Contrarietas, Principium, Medium, Finis, Majoritas, Aequalitas, Minoritas; III. *Quaestiones*: Utrum, Quid, de Quo, Quare, Quantum, Quale, Quando, Ubi, Quomodo (cum Quo); IV. *Subjecta*: Deus, Angelus, Coelum, Homo, Imaginatio, Sensitiva, Vegetativa, Elementativa, Instrumentativa; V. *Virtutes*: Justitia, Prudentia, Fortitudo, Temperantia, Fides, Spes, Charitas, Patientia, Pietas; VI. *Vitia*: Avaritia, Gula, Luxuria, Superbia, Acedia, Invidia, Ira, Mendacium, Inconstantia. Etsi Jan. Caecilius Frey Via ad Scient. et art. part. XI. c. 1. classem 3tiam 58 et 6tam omittat. Cum igitur in singulis classibus sint 9 res, et 9 rerum sint complexiones simpliciter 511, totidem in singulis classibus complexiones erunt, porro ducendo classem in classem per prob. 3. 511. 511. 511. 511. 511. ⌒511. f. 17804320388674561, Zensicub. de 511, ut omittam omnes illas variationes, quibus idem terminus repetitur, item quibus una classis repetitur, seu ex una 59 classe termini ponuntur plures. Et hae solum sunt complexiones, quid dicam de Variationibus Situs, si in complexiones ducantur. Atque hic explicabo obiter problema hoc: „Variationes situs seu „dispositiones ducere in complexiones, seu datis certis rebus om- „nes variationes tam complexionis seu materiae, quam situs seu „formae reperire. Sumantur omnes complexiones particulares dati „numeri (v. g. de numero 4: uniones 4, com2nationes 6, con3na- „tiones 4, con4natio 1) quaeratur variatio dispositionis singulorum „exponentium per probl. 4. infra (v. g. 1 dat 1, 2 dat 2, 3 dat „6, 4 dat 24), ea multiplicetur per complexionem suam particu- „larem, seu de dato exponente (v. g. 1⌒4 f. 4, 2⌒6 f. 12, „4⌒6 f. 24, 1⌒24 f. 24). Aggregatum omnium factorum erit „factus ex ductu dispositionum in complexiones, id est quaesitum „(v. g. 4. 12. 24. 24.+f. 64)." Verum in terminis Lullianis multa 60 desidero. Nam tota ejus methodus dirigitur ad artem potius ex tempore disserendi, quam plenam de re data scientiam consequendi, si non ex ipsius Lullii, certe Lullistarum intentione. Numerum Terminorum determinavit pro arbitrio, hinc in singulis classibus sunt novem. Cur praedicatis absolutis, quae abstractissima esse debent, commiscuit Voluntatem, Veritatem, Sapientiam, Virtutem, Gloriam, cur Pulchritudinem omisit, seu Figuram, cur Numerum? Praedicatis relatis debebat accensere multo plura, v. g. Causam, totum, partem, requisitum etc. Praeterea Majoritas, Aequalitas, Minoritas est nihil aliud, quam concordantia et differentia magnitudinis. Quaestionum tota classis ad praedicata pertinet: Utrum sit, est existentiae, quae durationem ad se trahit; Quid, essentiae; Quare, caussae; de Quo, objecti; Quantum, magnitudinis; Quale, qualitatis, quae est genus praedicatorum absolutorum; Quando, temporis; Ubi, loci; Quommodo, formae; Cum Quo, adjuncti: omnes terminorum sunt, qui aut relati sunt inter praedicata, aut referendi. Et cur Quamdiu omisit, anne durationi coincideret? cur igitur alia aeque coincidentia admiscet; denique Quomodo et cum Quo male confunduntur. Classes vero ultimae Vitiorum et Virtutum sunt prorsus ad scientiam hanc tam generalem ἀπροσδιόνυσοι. Ipsa quoque earum recensio quam partim manca, partim superflua! Virtutum recensuit priores 4 cardinales, mox 3 theologicas, cur igitur addita Patientia, quae in fortitudine dicitur contineri; cur Pietatem, id est amorem DEI, quae in Charitate? scilicet ut novenarii hiatus expleretur. Ipsa quoque Vitia cur non Virtutibus opposita recensuit? An ut intelligeremus in virtute vitia opposita, et in vitio virtutem? at ita vitia 27 prodibunt. Subjectorum census placet maxime. Sunt enim hi inprimis Entium gradus: DEUS, Angelus, Coelum (ex doctrina peripatetica Ens incorruptibile), Homo, Brutum perfectius (seu habens imaginationem), imperfectius (seu sensum solum, qualia de ζωοφύτοις narrant), Planta. Forma communis corporum (qualis oritur ex commixtione Elementorum, quo pertinent omnia inanima). Artificalia (quae nominat instrumenta). Haec sunt quorum complexu Lullius utitur, de quo judicium, maturum utique, gravis viri Petri Gassendi Logicae suae Epicureae T. 1. operum capite peculiari. Quare artem Lullii dudum com2natorium appellavit Jordan. Brunus Nolanus Scrutin. praefat. p. m. 684. Atque hinc esse judico, quod 62 immortalis Kircherus suam illam diu promissam artem magnam sciendi, seu novam portam scientiarum, qua de omnibus rebus infinitis rationibus disputari, cunctorumque summaria cognitio haberi possit (quo eodem fere modo suam Syntaxin artis mirabilis inscripsit Petr. Gregor. Tholosanus) Com2natoriae titulo ostentaverit. Unum hoc opto, ut ingenio vir vastissimo altius quam vel Lullius vel Tholosanus penetret in intima rerum, ac quae nos praeconcepimus, quorum lineamenta duximus, quae inter desiderata ponimus, expleat, quod de fatali ejus in illustrandis scientiis felicitate desperandum non est. Ac nos profecto haec non tam Arithmeticae augendae, et si et hoc fecimus, quam Logicae inventivae recludendis fontibus destinavimus, fugientes praeconis munere, et quod in catalogo desideratorum suis augmentis Scientiarum Verulamius fecit, satis habituri, si suspicionem tantae artis hominibus faciamus, quam

63 cum incredibili fructu generis humani alius producat. Quare age tandem artis complicatoriae (sic enim malumus, neque enim omnis complexus com2natio est) uti nobis constituenda videatur, lineamenta prima ducemus. Profundissimus principiorum in omnibus rebus scrutator Th. Hobbes merito posuit omne opus mentis nostrae esse *computationem*, sed hac vel summam addendo vel subtrahendo differentiam colligi; Elem. de Corp. p. 1. c. 1. art. 2. Quemadmodum igitur duo sunt Algebraistarum et Analyticorum primaria signa + et —, ita duae quasi copulae *est* et *non-est*: illic componit mens, hic dividit. In tali igitur sensu τὸ Est non est proprie copula, sed pars praedicati; duae autem sunt copulae, una nominata, *non*, altera innominata, sed includitur in τῷ est, quoties ipsi non additum: non, quod ipsum fecit, ut τὸ Est habitum sit pro copula. Possemus adhibere in subsidium vocem: *revera*, v. g. Homo *revera*

64 est animal. Homo *non* est lapis. Sed haec obiter. Porro ut constet ex quibus omnia conficiantur, ad constituenda hujus artis praedicamenta et velut materiam analysis adhibenda est. Analysis haec est: 1) Datus quicunque terminus resolvatur in partes formales, seu ponatur ejus definitio; partes autem hae iterum in partes, seu terminorum definitionis definitio, usque ad partes simplices seu terminos indefinibiles. Nam οὐ δεῖ παντὸς ὅρον ζητεῖν; et ultimi illi termini non jam amplius definitione, sed analogia intelligantur.

65 2) Inventi omnes termini primi ponantur in una classe, et desig-
66 nentur notis quibusdam; commodissimum erit numerari. 3) Inter terminos primos ponantur non solum res, sed et modi sive respec-
67 tus. 4) Cum omnes termini orti varient distantia a primis, prout ex pluribus terminis primis componuntur, seu prout est exponens Complexionis, hinc tot classes faciendae, quot exponentes sunt, et in eandem classem conjiciendi termini, qui ex eodem numero primorum componuntur. 5) Termini orti per com2nationem scribi
68 aliter non poterunt, quam scribendo terminos primos, ex quibus componuntur, et quia termini primi signati sunt numeris, scribantur
69 duo numeri duos terminos signantes. 6) At termini orti per com3nationem aut alias majoris etiam exponentis Complexiones, seu termini qui sunt in classe 3tia et sequentibus, singuli toties varie

scribi possunt, quot habet complexiones simpliciter exponens ipsorum, spectatus non jam amplius ut exponens, sed ut numerus
rerum. Habet hoc suum fundamentum in Usu IX, v. g. sunto
termini primi his numeris signati 3, 6, 7, 9; sitque terminus ortus
in classe tertia, seu per con3nationem compositus, nempe ex 3bus
simplicibus 3, 6, 9, et sint in classe 2da combinationes hae: (1) 3.
6, (2) 3. 7, (3) 3. 9, (4) 6. 7, (5) 6. 9, (6) 7. 9; ajo terminum illum datum classis 3tiae scribi posse vel sic: 3. 6. 9, ex-
primiendo omnes simplices; vel exprimendo unum simplicem, et
loco caeterorum duorum simplicium scribendo com2nationem, v. g.
sic: $^1/_2$. 9. vel $^3/_2$. 6, vel sic: $^5/_2$. 3. Hae quasi-fractiones quid
significant, mox dicetur. Quo autem classis a prima remotior, hoc
variatio major. Semper enim termini classis antecedentis sunt
quasi genera subalterna ad terminos quosdam variationis sequentis.
7) Quoties terminus ortus citatur extra suam classem, scribatur per 70
modum fractionis, ut numerus superior seu numeratori sit numerus
loci in classe; inferior seu nominator, numerus classis. 8) Commodius
est, in terminis ortis exponendis non omnes terminos primos, sed inter-
medios scribere, ob multitudinem, et ex iis eos qui maxime cogitanti de
re occurrunt. Verum omnes primos scribere est fundamentalius. 9) His 71
ita constitutis possunt omnia subjecta et praedicata inveniri, tam affirmativa quam negativa, tam universalia quam particularia. Dati enim
subjecti praedicata sunt omnes termini primi ejus; item omnes orti
primis propiores, quorum omnes termini primi sunt in dato. Si igitur
terminus datus, qui subjectum esse debet, scriptus est terminis
primis, facile est eos primos, qui de ipso praedicantur, invenire;
ortos vero etiam invenire dabitur, si in complexionibus disponendis
ordo servetur. Sin terminus datus scriptus est ortis, aut partim
ortis, partim simplicibus, quicquid praedicabitur de orto ejus, de
dato praedicabitur. Et haec quidem omnia praedicata sunt latioris
de angustiori, praedicatio vero aequalis de aequali est, quando definitio de termino, id est vel omnes termini primi ejus simul, vel
orti, aut orti et simplices, in quibus omnes illi primi continentur,
praedicantur de dato. Eae sunt tot, quot modis nuperrime diximus, unum Terminum scribi posse. Ex his jam facile erit, nu- 72
meris investigare omnia praedicata, quae de omni dato subjecto
praedicari possunt, seu omnes UA, Propositiones de dato subjecto,
nimirum singularum classium a prima usque ad classem dati inclusive; numeri ipsas denominantes seu exponentes ponantur ordine

v. g. 1. (de classe prima) 2, (de 2da) 3. 4. etc. Unicuique tamquam non jam amplius exponenti, sed numero assignetur sua complexio simpliciter, v. g. 1. 3. 7. 15; quaerantur complexiones particulares numeri classis ultimae seu de qua est terminus datus, v. g. de 4, cujus complexio simpliciter 15, uniones 4, com2nationes 6, con3nationes 4, con4natio 1; singulae complexiones simpliciter classium multiplicentur per complexionem particularem classis ultimae, quae habeat exponentem eundem cum numero suae classis, v. g. 1⌒4 f. 4, 3⌒6 f. 18, 4⌒7 f. 28, 15⌒1 f. 15; aggregatum omnium factorum erit numerus omnium praedicatorum de dato subjecto, ita ut propositio sit UA, v. g. 4. 18. 28. 15. + f. 65.

73 Praedicata per propositionem PA seu numerus propositionum particularium affirmativarum ita investigabitur: inveniantur praedicata UA dati termini, uti nuper dictum est, et subjecta UA, uti mox dicetur; addatur numerus uterque, quia ex UA propositione oritur PA, tum per conversionem simpliciter, tum per subalternationem;

74 productum erit quaesitum. Subjecta in propositione UA dati termini sunt tum omnes termini orti, in quibus terminus datus totus continetur, quales sunt solum in classibus sequentibus, et hinc oritur subjectum angustius, tum omnes termini orti qui eosdem cum dato habent terminos simplices, uno verbo ejusdem termini definitiones, seu variationes eum scribendi invicem. sunt sibi subjecta aequalia.

75 Numerum subjectorum sic computabimus: *inveniatur numerus omnium classium*. Eae autem sunt tot, quot termini sunt primi in prima classe, v. g. sunt termini in prima classe tantum 5, erunt classes in universum 5, nempe in 1ma uniones, in 2da com2nationes, in 3tia con3nationes, in 4ta con4nationes, in 5ta con5nationes. *Ita erit inventus etiam numerus omnium classium sequentium*, subtrahendo numerum classis termini dati, v. g. 2 de numero classium in universum 5 remanebit 3. Numerum autem classium seu terminorum primorum supponamus pro numero rerum, numerum classis pro exponente, erit numerus terminorum in classe idem cum complexionibus particularibus dato numero et exponente, v. g. de 5 rebus uniones sunt 5, com2.3nationes 10, con4nationes 5, con5natio 1; tot igitur erunt in singulis classibus exponenti correspondentibus termini, supposito quod termini primi sint 5. Praeterea Terminus datus, cujus subjecta quaeruntur, respondebit capiti complexionum; Subjecta angustiora ipsis complexionibus quarum datum est caput. Igitur dati termini subjecta angustiora invenie-

mus, si problema hoc solvere poterimus: „Dato capite complexiones 76
„invenire, partim *simpliciter* (ita inveniemus subjecta angustiora
„omnia) partim *particulares,* seu *dato exponente* (ita inveniemus
„ea tantum quae sunt in data classe). Problema hoc statim im-
„praesentiarum solvemus, ubi manifestus ejus usus est, ne ubi
„seorsim posuerimus, novis exemplis indigeamus. Solutio igitur
„haec est: Subtrahatur de numero rerum, v. g. 5: a. b. c. d. e.
„exponens capitis dati, v. g. a. b, 2—5 f. 3 aut a, 1—5 f. 4.
„Sive supponamus datum caput unionem sive com2nationem esse;
„complexio enim ut sit necesse est. Propositio item exponente
„subtrahatur, de eo itidem exponens capitis dati. Igitur si datus
„sit quicunque exponens, in cujus complexionibus quoties datum
„caput reperiatur invenire sit propositum, quaeratur complexio ex-
„ponentis tanto minoris dato, quantus est exponens capitis dati,
„in numero rerum, qui sit itidem tanto minor dato, quantus est
„exponens capitis dati per tabella ℵ probl. 1, inventum erit quod
„quaerebatur. At si Complexiones simpliciter capitis dati in om-
„nibus complexionibus dati numeri quocunque exponente, quaerere
„propositum sit, complexio numeri rerum, numero dato tanto mi-
„noris, quantus est exponens capitis dati, erit quaesitum." E. g. 77
in 5 rerum a. b. c. d. e. unionibus datum caput a reperitur 1
vice (quae est nullio, seu 0llio de 4); datum caput a. b. 0lla vice
(quae est super0llio, ut ita dicam, de 3); in com2nationibus earundem illud reperitur vicibus 4 (quae sunt uniones de 4) hoc 1 (quae
est 0llio de 3), in con3nationibus illud 6 (com2natio de 4) hoc 3,
(unio de 3), in con4nationibus illud 4 (con3natio de 4) hoc 3
(com2natio de 3), in con5nationibus utrobique 1 vice, (illic con4-
natio, hic con3natio de 3). Hae complexiones sunt dato exponente,
ex quarum aggregatione oriuntur complexiones simpliciter, sed et
sic: in 5 rerum complexionibus simpliciter (quae sunt 31) a reperitur vicibus 15 (complexio simpliciter de 4), ab 7 (complexio 78
simpliciter de 3) vicibus. Hae complexiones sunt numerus subjectorum angustiorum dati termini. Subjecta aequalia, quando definitiones definitionibus subjiciuntur, eadem methodo inveniuntur
qua supra praedicata aequalia. Termini enim aequales sunt servata
quantitate et qualitate convertibiles, igitur ex praedicatis fiunt subjecta et contra, praedicata autem tot sunt, quot dati termini (cujus
subjecta quaeruntur) termini primi habent complexiones simpliciter,
v. g. + a 1, ab 2. Additis jam subjectis aequalibus ad angustiora

1+15 f. 16, 2+7 f. 9, prodibit numerus subjectorum omnium
79 dati termini, quem erat propositum invenire. Subjecta hactenus
universalia, restant particularia, ea tot sunt quot praedicata particularia. Praedicata et subjecta negativa sic invenientur: compu-
tentur ex datis certis terminis primis tanquam numero rerum omnes
termini tam primi quam orti, tanquam complexiones simpliciter,
v. g. si termini primi sint 5, erunt 31; de producto detrahantur
omnia praedicata affirmativa universalia et subjecta angustiora affirmativa universalia: residuum erunt omnia praedicata negativa. De
subjectis contra. Particularia negativa ex universalibus computen-
tur, uti supra PA ex UA computavimus. Omisimus vero propositiones identicas UA, quarum sunt tot quot complexiones simpliciter Terminorum primorum, seu quot sunt omnino termini et
primi et orti, quia quilibet terminus vel primus vel ortus de se
dicitur. Caeterum inter complexiones illas omisimus, in quibus
idem terminus repetitur, quae repetitio in nonnullis producit va-
80 riationem in infinitum, ut in numeris et figuris geometriae. Methodus
porro argumenta inveniendi haec est: Esto datus quicunque terminus tanquam subjectum A et alius quicunque tanquam praedicatum B, quaeratur medium: Medium erit praedicatum subjecti et
subjectum praedicati, id est terminus quicunque continens A et
contentus a B. Continere autem terminus terminum dicitur, si
omnes ejus termini primi sunt in illo. Fundamentalis autem demonstratio est, si uterque terminus resolvatur in primos, manifestum
erit alterum alterius aut partem esse, aut partium earundem. Mediorum autem numerum sic inveniemus: Subjectum et praedicatum
vel sunt in eadem classe, vel diversa. Si in eadem, necesse est
utrumque terminum esse ortum, et variationem scriptionis saltem
seu definitionis ejusdem termini, poterunt igitur duae definitiones
ejusdem termini non nisi per tertiam de se invicem probari. Igitur
de numero definitionum ejusdem termini orti, quem investigavimus
supra n. 69 subtrahatur 2, residuum erit numerus mediorum pos-
81 sibilium inter terminos aequales. Sin non sunt in eadem classe,
erit praedicatum in classe minoris exponentis, subjectum in classe
majoris. Jam supponatur Praedicatum velut caput complexionis,
exponens classis subjecti supponatur pro numero rerum. Inveniantur
omnes complexiones dati capitis particulares per singulas classes a
classe praedicati ad classem subjecti inclusive; in singulis classibus
complexiones dati capitis particulares ducantur in complexiones

simpliciter exponentis ipsius classis pro numero rerum suppositi. Aggregatum omnium factorum, subtracto 2, erit quaesitum. Prae-82 dicatum autem de subjecto negari facile inveniemus, si utroque termino in primos resoluto manifestum est neutrum altero contineri. Probari tamen negativa sic poterit: inveniantur omnia praedicata subjecti, cum de omnibus negetur praedicatum, totidem erunt media probandi negativam. Inveniantur omnia subjecta praedicati, cum omnia negentur de subjecto, etiam erunt totidem media probandi negativam. Utrisque igitur computatis numerum mediorum probandi negativam habebimus. Admovendum denique est, totam 83 hanc artem complicatoriam directam esse ad theoremata, seu propositiones quae sunt aeternae veritatis, seu non arbitrio DEI, sed sua natura constant. Omnes vero propositiones singulares quasi *historicae*, v. g. Augustus fuit Romanorum Imperator, aut *observationes*, id est propositiones universales, sed quarum veritas non in essentia, sed existentia fundata est, quaeque verae sunt quasi casu, id est DEI arbitrio, v. g. omnes homines adulti in Europa habent cognitionem DEI. Talium non datur demonstratio, sed inductio, nisi quod interdum observatio per observationem interventu Theorematis demonstrari potest. Ad tales observationes pertinent omnes 84 propositiones particulares, quae non sunt conversae vel subalternae universalis. Hinc igitur manifestum est, quo sensu dicatur singularium non esse demonstrationem, et cur profundissimus Aristoteles locos argumentorum posuerit in Topicis, ubi et propositiones sunt contingentes et argumenta probabilia, Demonstrationum autem unus locus est: definitio. Verum cum de re dicenda sunt ea quae non ex ipsius visceribus desumuntur, v. g. Christum natum esse Bethleemi, nemo huc definitionibus deveniet, sed historiae materiam, loci reminiscentiam suppeditabunt. Haec jam locorum Topicorum origo, et in singulis maximarum, quibus omnibus qui sint fontes, ostenderemus itidem, nisi timeremus ne in progressu sermonis cupiditate declarandi omnia abriperemur. Uno saltem verbo indigita-85 bimus, omnia ex doctrina metaphysica relationum Entis ad Ens repetenda esse, sic ut ex generibus quidem relationum Loci, ex theorematis autem singulorum maximae efformantur. Hoc vidisse arbitror, praeter morem compendiographorum solidissimum Joh. Henr. Bisterfeld in Phosphoro Catholico seu Epitome artis meditandi ed. Lugd. Bat. anno 1657, quae tota fundatur in immeatione et περιχορήσει, ut vocat, universali omnium in omnibus, similitu-

dine item et dissimilitudine omnium cum omnibus, quarum principia:
Relationes. Eum libellum qui legerit, usum artis complicatoriae
86 magis magisque perspiciet. Ingeniosus ille, quem saepe nominavi-
mus, Joh. Hospinianus, libellum promisit de inveniendi et judicandi
facultatibus, in quo emendationem doctrinae Topicae paraverat, lo-
cosque recensuerat 180, maximas 2796, vide controvers. dial. p. 442.
Hunc ego insigni rei logicae damno nunquam editum arbitror.
Abibimus hinc, cum primum γεῦμα quoddam praxeos artis com2-
87 natoriae dederimus. Commodissima Mathesis extemporaneo conatui visa est: hinc non a primis simpliciter terminis orsi sumus,
sed a primis in mathesi; neque omnes posuimus, sed quos ad
producendos complicatione sua terminos ortos propositos sufficere judicabamus. Potuissemus eadem methodo omnes definitiones ex Elementis Euclidis exponere, si tempus superfuisset.
Quoniam autem non a primis simpliciter terminis orti sumus, hinc
necessarium erat signa adhibere, quibus casus vocabulorum aliaque ad sermonem complendum necessaria intelligentur. Nam siquidem a primis simpliciter terminis incepissimus, pro ipsis casuum
variationibus, quorum ex relationibus et metaphysica originem exposuit Jul. Caesar Scaliger lib. de Caus. l. 1, terminos posuissemus.
Adhibuimus autem articulos graecos. Numerum pluralem signavi-
88 mus adscripto in ( ), 15 si quidem indefinitus, 2, 3 etc. si determinatus. Esto igitur Classis I, in qua termini primi: 1. punctum,
2. spatium, 3. intersitum, 4. adsitum seu contiguum, 5. dissitum
seu distans, 6. terminus seu quae distant, 7. insitum, 8. inclusum
(v. g. centrum est insitum circulo, inclusum peripheriae), 9. pars,
10. totum, 11. idem, 12. diversum, 13. unum, 14. numerus, 15.
plura, v. g. 1. 2. 3. 4. 5 etc., 16. distantia, 17. possibile, 18.
omne, 19. datum, 20. Fit, 21. regio, 22. dimensio, 23. longum,
24. latum, 25. profundum, 26. commune, 27. progressio seu con-
tinuatum. Classis II. 1, *Quantitas* est 14 τῶν 9 (15), 2, *Inclu-
dens* est 6. 10. III. 1, *Intervallum* est 2. 3. 10. 2, *Aequale*
A τῆς 11. ¼. 3, ·*Continuum* est A ad B, si τοῦ A ἡ 9 est 4 et
7 τῷ B. IV. 1, *Majus* est A habens τὴν 9. ¾ τῷ B. 2, *Minus*,
B ¾ τῇ 9 τοῦ A. 3, *Linea*, ⅓ τῶν 1 (2). 4, *Parallelum*, ¾
ἐν τῇ 16. 5, *Figura*, 24. 8, ab 18. 21. V. 1, *Crescens*, quod 20.
¼. 2, *Decrescens*, 20. ¾. 3, ·*Implexum* est ½ in τῇ 11. 22. 4,
Secans, ½ in τῇ 12. 22. VI. 1, *Convergens*, ¾ ἐν τῇ 16. 2, *Di-
vergens*, ⅓ ἐν τῇ 16. VII. 1, *Superficies*, ⅓ τῶν ¼. 2, *Infinitum*,

$\frac{1}{4}$ quam 18. 19. 17. 3, *Peripheria*, $\frac{1}{3}$. 13. $\frac{2}{2}$. 4, A dicitur *Mensura* seu metitur B si 10 ex A (15) $\frac{3}{3}$ est $\frac{2}{3}$ τῷ B. VIII. 1, *Maximum* est $\frac{1}{4}$ non $\frac{2}{4}$. 2, *Minimum*, $\frac{2}{4}$ non $\frac{1}{4}$. 3, *Recta*, $\frac{3}{4}$. $\frac{2}{3}$. τῇ 16. τῷν 6 (2). 4, quae non talis, *Curva*. 5, *Arcus*, 9 τῆς $\frac{1}{3}$. IX. 1, *Ambitus* est $\frac{1}{4}$. $\frac{2}{2}$. X. 1, *Commensurabilia* sunt, quorum $\frac{1}{4}$. 26 est et 1 et 2. XI. 1, *Angulus* est quem faciunt $\frac{3}{4}$ (2). 4, $\frac{2}{3}$. XII. 1, *Planum* est $\frac{1}{4}$. $\frac{2}{3}$. τῇ 16 τῷν 6. XIII. 1, *Gibbus*, $\frac{1}{4}$. $\frac{1}{4}$. τῇ 16 τῷν 6. XIV. 1, *Rectilineum* est $\frac{5}{4}$ cujus $\frac{2}{2}$ est τῷν $\frac{3}{8}$ (15). 2, quae dicuntur *Latera*. 3, si $\frac{3}{8}$ (3), *Triangulum*. 4, Si $\frac{3}{8}$ (4), *Quadrangulum* etc. XV. 1, *Lunula* est $\frac{1}{3}$ τῶν $\frac{5}{8}$ (2), non $\frac{2}{3}$ 4 (2). [subintelligo autem tam lunulam gibbosam, qua arcus arcui concavitatem obvertit, quam falcatam qua interior alterius concavitati suam convexitatem] XVI. 1, *Angulus rectus* est $\frac{1}{11}$. $\frac{2}{3}$. in τῷ 18. 21. 2, *Segmentum* est 3 τὸν $\frac{2}{2}$ et $\frac{3}{8}$. 7 τῇ $\frac{5}{4}$. XVII. 1, *Aequilaterum* est $\frac{5}{4}$ cujus $\frac{2}{2}$ est 8 τῷν $\frac{3}{8}$ (15). 2, *Triangulum aequicrurum* est $\frac{5}{4}$ cujus $\frac{2}{2}$ est τῷν $\frac{3}{8}$ (3) $\frac{2}{3}$ (2). 3, *Scalenum* est $\frac{5}{4}$ cujus $\frac{2}{2}$ est τῶν $\frac{3}{8}$ (3) non $\frac{2}{3}$ (3). XVIII. 1, *Angulus contactus* est quem faciunt $\frac{3}{4}$ (2). 4 $\frac{2}{6}$ non $\frac{4}{5}$. 27. modo 17. XIX. 1, *Inscriptum* est $\frac{4}{5}$. 7 cujus $\frac{1}{11}$ (15) sunt 4 τῷ $\frac{2}{2}$. 2, *Circumscripta* vero est ea figura cui inscripta est. XX. 1, *Angulus obtusus* est $\frac{1}{4}$ quam $\frac{1}{18}$. 2, *Acutus*, $\frac{2}{4}$ quam $\frac{1}{16}$. XXI. 1, *Diameter* est $\frac{3}{8}$. $\frac{1}{8}$. 7. τῇ $\frac{5}{4}$. XXII. 1, *Circulus* est $\frac{1}{12}$. 8. ab 18. 21. habens τὴν 16. $\frac{3}{3}$ τοῦ 19 alicujus 1 (quod dicitur 2 *centrum circuli*) ab 18. 6. 2, *Triangulum rectangulum* est $\frac{5}{4}$ cujus $\frac{1}{11}$ (3) sunt omnes, sed 13, est $\frac{2}{3}$ in τῷ 18. 21. XXIII. 1, *Centrum Figurae* est 1. 26 τοῖς $\frac{1}{21}$ (15). XXIV. 1, *Semifigura* data v. g. semicirculus etc. est 3, τὸν $\frac{1}{22}$ et (dimidium τοῦ) $\frac{2}{2}$. Hinc facile erit definitiones conficere, si observetur, quod n. 70 diximus in iis notis, quae per fractiones scriptae sunt: *nominatorem* designare numerum classis, *numeratorem*, numerum termini in classe, v. g. *centrum est* 1. (punctum) 26 (commune) τοῖς $\frac{1}{21}$ (diametris) 15 pluribus. *Diameter* est $\frac{3}{8}$ (recta) $\frac{1}{8}$ (maxima) 7 (insita) τῇ $\frac{5}{4}$ (figurae). Ex his, quae de 89
Arte complicatoria Scientiarum, seu Logica inventiva disseruimus, cujus quasi praedicamenta ejusmodi Terminorum tabula absolverentur, fluit velut Porisma seu usus XI: Scriptura Universalis, id est cuicunque legenti, cujuscunque linguae perito intelligibilis, qualem hodie complures viri eruditi tentarunt, quorum diligentissimus Caspar Schottus hos recenset lib. 7. Techn. Curios., primo Hispanum quendam, cujus meminerit Kenelm. Digbaeus tr. de Nat. Corp. c.

28. n. 8. quique fuerit Romae anno 1653, ejus methodus haec ex ipsa natura rerum satis ingeniose petita: distribuebat res in varias classes, in qualibet classe erat certus numerus rerum. Ita meris numeris scribebat, citando numerum classis et rei in classe, adhibitis tamen notis quibusdam flexionum grammaticarum et orthographicarum. Idem fleret per classes a nobis praescriptas fundamentalius, quia in iis fundamentalior digestio est. Deinde Athanasium Kircherum, qui Polygraphiam suam novam et universalem dudum promisit, denique Joh. Joachimum Becherum, Archiatrum Moguntinum, opusculo primum Francofurti latine edito, deinde germanice anno 1661; is requirit, ut construatur Lexicon Latinum, tanquam fundamentum, et in eo disponantur voces ordine pure alphabetico et numerentur; flant deinde Lexica, ubi voces in singulis linguis dispositae non alphabetice, sed quo ordine Latinae dispositae sunt ipsis respondentes. Scribantur igitur quae ab omnibus intelligi debent, numeris, et qui legere vult, is evolvat 'in lexico suo vernaculo vocem dato numero signatam, et ita interpretabitur. Ita satis erit legentem vernaculam intelligere et ejus Lexicon evolvere, scribentem necesse est (nisi habeat unum adhuc Lexicon suae linguae alphabeticum ad numeros se referens) et vernaculam et latinam tenere, et utriusque lexicon evolvere. Verum et Hispani illius et Becheri artificium et obvium et impracticabile est ob synonyma, ob vocum ambiguitatem, ob evolvendi perpetuum taedium (quia numeros nemo unquam memoriae mandabit), ob

90 ἑτερογένειαν phrasium in linguis. Verum constitutis Tabulis vel praedicamentis artis nostrae complicatoriae majora emergent. Nam termini primi, ex quorum complexu omnes alii constituuntur, signentur notis, hae notae erunt quasi alphabetum. Commodum autem erit notas quam maxime fieri naturales, v. g. pro uno punctum, pro numeris puncta, pro relationibus Entis ad Ens lineas, pro variatione angulorum aut terminorum in lineis genera relationum. Ea si recte constituta fuerint et ingeniose, scriptura haec universalis aeque erit facilis quam communis, et quae possit sine omni lexico legi, simulque imbibetur omnium rerum fundamentalis cognitio. Fiet igitur omnis talis scriptura quasi figuris geometricis, et velut picturis, uti olim Aegyptii, hodie Sinenses, verum eorum picturae non reducuntur ad certum Alphabetum seu literas, quo fit ut incredibili memoriae afflictione opus sit, quod hic contra est. Hic igitur est Usus XI complexionum, in construenda nempe polygra-

phia universali. XIImo loco constituemus jucundas quasdam partim 91
contemplationes, partim praxes ex Schwenteri Deliciis Mathematicis
et supplementis G. P. Harsdörfferi, quem librum publice interest
continuari, haustas. P. 1. sect. 1. prop. 32 reperitur numerus complexionum simpliciter, quem faciunt res 23, v. g. literae Alphabeti,
nempe 8388607. P. 2 sect. 4. prop. 7 docet dato textu melodias
invenire, de quo nos infra probl. 6. Harsdörfferus parte ead. sect. 92
10. prop. 25 refert ingeniosum repertum Dni. de Breissac, qua nihil
potest arti scientiarum complicatoriae accommodatius reperiri. Is,
quaecunque in re bellica attendere bonus imperator debet, ita complexus est: facit classes novem, in Ima quaestiones et circumstan-
tias, in IIda status, in III. personas, in IV. actus, in V. fines, in
VI. instrumenta exemtae actionis, seu quibus uti in nostra potestate
est, facere autem ea, non est; VII. instrumenta quae et facimus
et adhibemus; VIII. instrumenta quorum usus consumtio est; IX.
actus finales seu proximos executioni, v. g.

1. An.	Cum quo.	Ubi.	Quando.	Quomodo.	Quantum.
2. Bellum.	Pax.	Induciae.	Colloquium.	Foedus.	Transactio
3. Patriotae.	Subditi.	Foederati.	Clientes.	Neutrales.	Hostes.
4. Manere.	Cedere.	Pugnare.	Proficisci.	Expeditio.	Hyberna.
5. Decus.	Luorum.	Obedientia.	Honestas.	Necessitas.	Commoditas.
6. Sol.	Aqua.	Ventus.	Itinera.	Angustiae.	Occasio.
7. Cursus.	Scalae.	Pontes.	Ligones.	Palae	Naves.

(Schauffeln.)

8. Pecunia. Commeatus. PulvisTorm. GlobiTorm. Equi. Medicamenta.
9. Excubiae. Ordo. Impressio. Securitas. Agressio. Consilia.

Fiant novem rotae ex papyro, omnes concentricae et se invi- 93
cem circumdantes, ita ut quaelibet reliquis immotis rotari possit.
Ita promota leviter quacunque rota nova quaestio, nova complexio
prodibit. Verum cum hic inter res ejusdem classis non detur
complexio atque ita accurate loquendo non sit complexio terminorum cum terminis, sed classium cum classibus, pertinebit
computatio variationis ad probl. 3. Quoniam tamen complexio
etiam, quae hujus loci est, potest repraesentari rotis, ut mox dicemus, fecit cognatio, ut praeoccuparemus. Sic igitur inveniemus:
multiplicetur 6 in se novies: 6. 6. 6. 6. 6. 6. 6. 6. ⌒ 6. seu
quaeratur progressio geometria sextupla, cujus exponens 9, aut cu-
bicubus de 6. f. 10077696; tantum superest, ut sint solum 216
quaestiones, quod putat Harsdörfferus. Caeterum quoties in com- 94

4 *

plexionibus singuli termini in singulos ducuntur, ibi necesse est tot fieri rotas, quot unitates continet numerus rerum : deinde necesse est singulis rotis inscribi omnes res. Ita variis rotarum conversionibus complexiones innumerabiles gignentur, eruntque omnes complexiones quasi jam scriptae seorsim, quibus revera scribendis 95 vix grandes libri sufficient. Sic ipsemet doctissimus Harsdörff. P. 13. sect. 4. prop. 5. machinam 5 rotarum concentricarum construxit, quam vocat Fünffachen Denkring der teutschen Sprache, ubi in rota intima sunt 48 Vorsylben, in penintima 60 Anfangs- und Reimbuchstaben, in media 12 Mittel-Buchstaben, vocales nempe vel diphthongi, in penextima 120 End-Buchstaben, in extima 24 Nachsylben. In has omnes voces germanicas resolvi contendit. Cum hic similiter classes sint in classes ducendae, multiplicemus: 48. 60. 12. 120. 24, factus ex prioribus per sequentem f. 97209600, qui est numerus vocum germanicarum hinc orientium utilium seu 96 significantium et inutilium. Construxit et rotas Raym. Lullius, et in Thesauro artis memorativae Joh. Henr. Alstedius, cujus rotis, in quibus res et quaestiones, adjecta est norma mobilis, in qua loci Topici, secundum quos de rebus disseratur, quaestiones probentur; et fraternitas Roseae Crucis in fama sua promittit grandem librum titulo Rotae Mundi, in quo omne scibile contineatur. Orbitam quandam pietatis, ut vocat, adjecit suo Veridico Christiano Joh. Davidius Soc. J. Ex eodem principio complicationum est Rhabdologia Neperi, et pensiles illae Serae, die Vorleg-Schlösser, quae sine clave mirabili arte aperiuntur, vocant Mahl-Schlösser, nempe superficies serae armillis tecta est, quasi annulis gyrabilibus, singulis annulis literae alphabeti inscriptae sunt. Porro serae certum nomen impositum est, v. g. Ursula, Catharina, ad quod nisi casu qui nomen ignorat, annulorum gyrator pervenire non potest. At qui novit nomen, ita gyrat annulos invicem, ut tandem nomen prodeat, seu literae alphabeti datum nomen conficientes sint ex diversis annulis in eadem linea, justa serie. Tum demum ubi in tali statu annuli erunt, poterit facillime sera aperiri. Vide de his Seris armillaribus Weckerum in Secretis, Illustrissimum Gustavum Selenum in Cryptographia fol. 449, Schwenterum in Deliciis sect. 15. prop. 25. Desinemus Usus problematis 1 et 2 enumerare, cum coroni- 97 dis loco de coloribus disseruerimus. Harsdörfferus P. 3. Sect. 3. prop. 16 ponit colores primos hos 5: Albus, flavus, rubeus, caeruleus, niger. Eos complicat ita tamen ut extremi: albus et niger,

nunquam simul coëant. Oritur igitur ex AF subalmus, AR carneus
AC cinereus; FR aureus, FC viridis, FN fuscus; RC purpureus, RN
subrubeus; CN subcaeruleus. Sunt igitur 9, quot nempe sunt com2-
nationes 5 rerum, demta una, extremorum. Quid vero si tertii ordinis colores addantur, seu con3nationes primorum et com2nationes
secundorum, et ita porro, quanta multitudo exsurget? Hoc tamen
admoneo, ipsos tanquam primos suppositos non esse primos, sed
omnes ex albi et nigri, seu lucis et umbrae mixtione oriri. Ac 98
recordor legere me, etsi non succurrit autor, nobilem acupictorem
nescio quem 80 colores contexuisse, vicinosque semper vicinis
junxisse, ex filis tamen non nisi nigerrimis ac non nisi albissimis,
porro varias alternationes alborum nigrorumque filorum, et imme-
diationes modo plurium alborum, modo plurium nigrorum, varietatem colorum progenuisse; fila vero singula per se inermi oculo
invisibilia paene fuisse. Si ita est, fuisset hoc solum experimentum
satis ad colorum naturam ab ipsis incunabulis repetendam.

Probl. III.
DATO NUMERO CLASSIUM ET RERUM IN CLASSIBUS, COM-
PLEXIONES CLASSIUM INVENIRE.

„*Complexiones* autem *classium* sunt, quarum exponens cum 1
numero classium idem est; et qualibet complexione ex qualibet
„classe res una. Ducatur numerus rerum unius classis in numerum
„rerum alterius, et si plures sunt, numerus tertiae in factum ex
„his, seu semper numerus sequentis in factum ex antecedentibus;
„factus ex omnibus continue, erit quaesitum." Usus hujus proble- 2
matis fuit tam in usu 6. probl. 1 et 2, ubi modos syllogisticos
investigabamus, tum in usu 12, ubi et exempla prostant. Hic aliis
utemur. Diximus supra, Complexionum doctrinam versari in divisionem generibus subalternis inveniendis, inveniendis item speciebus unius divisionis, et denique plurium in se invicem ductarum.
Idque postremum huic loco servavimus. *Divisionem* autem *in-* 3
divisionem ducere est unius [divisionis membra alterius membris
subdividere, quod interdum procedit vice versa, interdum non.
Interdum omnia membra unius divisionis omnibus alterius subdividi
possunt, interdum quaedam tantum, aut quibusdam tantum. Si

vice versa, ita signabimus A $\left\{ \begin{matrix} a \\ b \end{matrix} \right\} \left\{ \begin{matrix} c \\ d \\ e \end{matrix} \right.$; si quaedam tantum, ita:

$$A \begin{cases} a \\ b \end{cases} \begin{cases} c \\ d \\ e \end{cases}; \text{ si quaedam quibusdam tantum, ita:} \quad A \begin{cases} a \\ b \end{cases} \begin{cases} c \\ d \\ \cdot\cdot e \end{cases}. \text{ Ad no-}$$

stram vero computationem primus saltem modus pertinet, in quo exemplum suppetit ex Politicis egregium. A esto Respublica, *a* recta, *b* aberrans, quae est divisio moralis; *c* Monarchia, *d* Aristocratia, *e* Democratia, quae est divisio numerica: ducta divisione numerica in moralem, orientur species mixtae 2 ⌢ 3 f. 6, ac. ad. 4 ae. bc. bd. be. Hinc origo formulae hujus: divisionem in divisionem ducere, manifesta est, ducendus enim numerus specierum unius in numerum specierum alterius. Numerum autem in numerum ducere est numerum numero multiplicare, et toties ponere datum, quot alter habet unitates. Origo est ex geometria, ubi si linea aliam extremitate contingens ab initio ad finem ipsius movetur, si eat eam radat, spatium omne, quod occupabit linea mota, constituet figuram quadrangularem, si ad angulos rectos alteram contingit, ἑτερόμηκες aut quadratum: sin aliter, rhombum aut rhomboeides; si alteri aequalis, quadratum aut rhombum; sin aliter, ἑτερόμηκες aut rhomboeides. Hinc et spatium ipsum quadrangulare facto ex multiplicatione lineae per lineam aequale est. Caeterum ejusmodi divisionibus complicabilibus pleni sunt libri tabularum, oriunturque nonnunquam confusiones ex commixtione diversarum divisionum in unum, quod dividentibus conscientiam in rectam, erroneam, probabilem, scrupulosam, dubiam, factum videtur. Nam ratione veritatis in rectam et erroneam dispescitur, ratione firmitatis in apprehendendo incertam, probabilem, dubiam; quid autem aliud dubia, quam scrupulosa? Hujus problematis etiam propria investigatio Varronis apud B. Augustinum lib. 19 de Civ. Dei cap. 1, numeri sectarum circa summum bonum possibilium. Primum igitur calculum ejus sequemur, deinde ad exactius judicium revocabimus. Divisiones sunt VI, 1ma quadrimembris, 2da et 6ta trimembris, reliquae bimembres. I. *Summum Bonum* esse potest vel *Voluptas*, vel *Indoloria*, vel *utraque*, vel *prima naturae*, 4. II. horum quodlibet vel *propter virtutem* expetitur, vel virtus *propter ipsum*, vel et *ipsum et virtus propter se*, 4 ⌢ 3. f. 12. III. S. B. aliquis vel *in se* quaerit, vel *in societate* 12 ⌢ 2. f. 24. IV. Opinio autem de S. B. constat vel *apprehensione certa*, vel *probabili Academica*, 24 ⌢ 2 f.

V. 48. Vitae item genus *cynicum* vel *cultum*, 48 ⌢ 2 f. 96. VI. *Otiosum, negotiosum* vel *temperatum*, 96 ⌢ 3 f. 288. Haec apud

B. Augustinum Varro cap. 1; at c. 2 accuratiorem retro censum instituit. Divisionem ait 3, 5 et 6 facere ad modum prosequendi, 4 ad modum apprehendendi S. B.; corruunt igitur divisiones ultimae et varietates 276, remanent 12. Porro capite 3. voluptatem, indoloriam et utramque ait contineri in Primis naturae. Remanent igitur 3 (corruunt 9): Prima naturae propter se, virtus propter se, utraque propter se. Postremam autem sententiam et quasi 9 cribratione facta in fundo remanentem amplectitur Varro. Ego in his noto, Varronem non tam possibiles seutentias colligere voluisse, quam celebratas, hinc axioma ejus: qui circa summum bonum differrant, secta differre; et contra. Interim dum divisionem instituit, non potuit, quin quasdam ἀδεσπότους admisceret. Alioqui cur divisiones attulit, quas postea summi boni varietatem non facere agnoscit; an ut numero imperitis admirationem incuteret? Praeterea si genera vitae admiscere voluit, cur non plura? nonne alii scientias sectantur, alii minime; alii professionem faciunt ex sapientia, creduntque hac imprimis summum Bonum obtineri? Etiam hoc ad S. B. magni momenti est, in qua quis republica vivat: alii vitam rusticam urbanae praetulere, suntque genera variationum infinita fere, in quibus singulis aliqui fuere, qui hac sola via crederent ad S. B. iri posse. Porro quando prima divisio ducitur in 10 1mum membrum secundae, facit 4 species: 1. voluptas, 2. indoloria, 3. utraque, 4. prima naturae, propter virtutem, cum tamen in omnibus sit unum summum Bonum, Virtus; qui prima naturae, is et caetera; qui voluptatem, is et indolóriam ad virtutem referet. Adde quod erat in potestate Varronis, non solum 2dam et 6tam, sed et 3 et 4 et 5 trimembrem facere, addendo 3tiam speciem, semper mixtam ex duabus; v. g. in se vel in societate, vel utraque; apprehensione certa, probabili, dubia; cynicum, cultum, temperatum. Fuit et sententia, quae negaret dari S. B. constans, sed faciendum 11 quod cuique veniret in mentem, ad quod ferretur motu puro animi et irrefracto. Huc fere Academia nova, et hodiernus Anabaptistarum spiritus inclinabat. Ubi vero illi qui negant in hac vita culmen hoc ascendi posse? quod Solon propter incertitudinem pronunciandi dixit, Christiani philosophi ipsa rei natura moti. Valentinus vero Weigelius nimis enthusiastice, beatitudinem hominis esse Deificationem. Apud illos quoque, quibus collocatur beatitudo 12 in aeterna vita, alii asserunt, alii negant Visionem substantiae Dei beatificam. Hoc reformatos recordor facere, et exstat de hoc ar-

gumento dissertatio inter Gisb. Voetii selectas; illud nostros, ac
pro hac sententia scripsit Matth. Hoë 'ab Hoënegg peculiarem li-
13 bellum contra Dnum. Budowiz a Budowa. In hac quóque vita
omnes illos omisit Varro, qui bonum aliquod externum, eorum
quae fortunae esse dicunt, summum esse supponunt, quales fuisse,
ipsa Aristotelis recensio indicio est. Corporis bona sane pertinent
ad prima naturae, sed fieri potest ut aliquis hoc potissimum genus
voluptatis sequatur, alius aliud. Et bonum animi jam aut habitus
aut actio est, illud Stoicis, hoc Aristoteli visum. Stoicis hodie se
applicuit accuratus sane vir, Eckardus Leichnerus, Medicus Er-
phordiensis, tr. de apodictica scholarum reformatione et alibi.
14 Quin et voluptatem animi pro S. B. habendam censet Laurentius
Valla in lib. de Vero Bono, et ejus Apologia ad Eugenium IV, Pon-
tificem Maximum, ac P. Gassendus in Ethica Epicuri, idque et
Aristoteli excidisse VII. Nicomach. 12 et 13 observavit Cl. Thoma-
sius Tab. Phil. Pract. XXX. lin. 58. Ad voluptatem animi gloriam,
id est triumphum animi internum, sua laude sibi placentis, reducit
Th. Hobbes initio librorum de cive. Fuere qui contemplationem
actioni praeferrent, alii contra, alii utramque aequali loco posuere.
Breviter quotquot bonorum imae sunt species, quotquot ex illis
complexiones, tot sunt summi boni possibiles sectae numerandae.
15 Ex hoc ipso problemate origo est numeri personarum in singulis
gradibus Arboris Consanguinitatis, eum nos, ne nimium a studiorum nostrorum summa divertisse videamur, eruemus. Computio-
16 nem autem, canonica neglecta, civilem sequemur. Duplex personarum in singulis gradibus enumeratio est, una generalis, altera specialis. In illa sunt tot personae quot diversi flexus cognationis,
eadem tamen distantia. *Flexus* autem *cognationis* voco ipsa velut itinera in arbore consanguinitatis, lineas angulosque, dum modo
sursum deorsumve, modo in latus itur. In hac non solum flexus
cognationis varietatem facit, sed et sexus tum intermediarum, tum
personae, cujus distantia quaeritur a data. In illa enumeratione
Patruus, Amita, id est Patris frater sororve; Avunculus, Matertera,
id est Matris frater sororque, habentur pro eadem persona, et
convenientissime intelliguntur in voce *Patrui*, quia masculinus dig-
nior foemininum comprehendit; sed in enumeratione speciali habentur pro 4 diversis personis. Igitur illic *cognationes*, hic *personae* numerantur (sic tamen ut plures fratres vel plures sorores,
quia ne sexu quidem variant, pro una utrobique persona habean-

tur), illa generalis computatio est Caji in l. 1 et 3 (quanquam specialis nonnunquam mixta est), haec specialis Pauli in grandi illa l. 10. D. de Grad. et Affinibus. Etsi autem prior fundata est in prob. 1 et 2, quia tamen posterioris fundamentum est, quae huc pertinet, praemittemus. *Cognatio* est formae linea vel linearum a cognata persona ad datam ductarum, ratione rectitudinis et inflexionis, et harum alternationis. *Persona* h. l. est persona datae cognationis et dati gradus, sexusque tum sui, tum *intermediarum*, inter cognatam scilicet et datam. *Datum* autem voco personam, eum eamve, de cujus cognatione quaeritur ut appellant JCti veteres; Joh. Andreae *Petrucium* nomine sui Bidelli fertur nominasse Fr. Hottomannus lib. de Gradib. Cognationum, ὑποθετιχὸν, latine *Propositum*. *Terminus* est persona vel cognatio, quae est de conceptu complexae, v. g. *frater* est patris filius. Igitur *Patris* et *Filius* sunt termini, ex quibus conceptus Fratris componitur. Termini autem sunt vel *primi*, tales accurate loquendo sunt hi solum: Pater et filius, nos tamen commodioris computationis causa omnes personas lineae rectae vel supra vel infra supponemus pro primis, vel *orti*: accurate loquendo omnes qui plus uno gradu remoti sunt a dato, laxius tamen, omnes transversales tantum. Omnes autem transversales componuntur ex duobus terminis lineae rectae; hinc et facillimum prodit artificium data quacunque cognata numerum gradus complecti, v. g. in simplicissima transversalium persona, *Fratre* seu Patris filio, quia pater est in 1, filius etiam in gradu 1+1 f. 2, in quo est Frater. Caeterum Schemate opus est. Esto igitur hoc: [18] [19]

Gr. Cognationes		Datus		Personae Gr.	
1. Patris 2				4 Filius	1
	Patris	FR AT ER	Filius		
2. Avi 3		1. 1.		12 nepos	2
		Pa-tru-us	Pa-tru-elis		
3. Proavi 4		2. 1.	1. 2.	32 pronepos	3
	Patru-us Mag-nus	Con-sobri-nus	Patru-elis parvus		

Gr. Cognationes	Datus				Personae Gr.
4. Abavi 5	3. 1.	2. 2.	1. 3.		80 Abnepos 4
	Propatruus	Subpatruus Magnus	Subconsobrinus	Propatruelis	
5. Atavi 6	4. 1.	3. 2.	2. 3.	1. 4.	192 Atnepos 5
	Abpatruus	Subpropatruus	Prosubpatruus Magnus vel *) *	Prosubconsobrinus	Abpatruelis
6. Tritavi 7 5. 1.	4. 2.	3. 3.	2. 4.	1. 5.	448 Trinepos 6

*) * Consobrinus secundus.

20 Sunt in hoc schemate infinita propemodum digna observatione. Nos pauca stringemus. Personae eo loco intelligantur, ubi puncta sunt. Numeri puncta includentes designant terminos seu gradus lineae rectae (antecedens ascendentis, sequens descendentis) ex quibus datus gradus transversalis componitur. In eadem linea transversa directa sunt ejusdem gradus cognationes: oblique a summo ad imum dextrorsum ordinem generationis, at sinistrorsum complectuntur cognationes homogeneas gradu differentes. Linea perpendicularis unica a vertice ad basin, triangulum dividens, continet cognationes, quarum terminus et ascendens et descendens sunt ejusdem gradus; tales voco *aequilibres*, et dantur solum in gradi-**21** bus pari numero signatis, in uno non nisi unus. Nam si libra esse fingatur, cujus trutina sit linea gradus primi, brachia vero sint, dextrum quidem, linea perpendicularis a summa persona descendentium; sinistrum vero, perpendicularis a summa ascendentium ducta ad terminum vel ascendentem vel descendentem datam cognationem componentem; tum brachiis aequalibus, si utrinque 3. 3. aut 2. 2. etc. cognatio erit aequilibris et ponenda in medio trianguli; in inaequalibus, cognatio talis ponenda in eo latere quod lineae rectae vel ascendenti vel descendenti, ex qua brachium **22** longius sumtum est, est vicinum. Hic jam complexionum vis apertissime relucet. Componuntur enim omnes personae transversae ex 2 terminis, una cognatione recta ascendenti, altera descendenti, semper autem sic, ut ascendens in casu obliquo, descendens in casu recto conjungantur, v. g. frater, id est patris filius. At si contra, redibit persona data, nam qui patrem filii sui nominat, se nominat, quia unus pater plures filios habere potest, non contra.

Ex his jam datur: *proposito quocunque gradu cognationum, tum numerum, tum species reperire*; *numerus* transversalium semper erit unitate minor gradu (numerus omnium semper unitate major, quia addi debent duae cognationes lineae rectae, una sursum, altera deorsum) cujus ratio ex inventione *specierum* patebit. „Nam „com2nationes partium, oder Zerfällungen in zwey Theil, dati nu-„meri cujuscunque sunt tot, quot unitates habet numeri dati paris „dimidium, imparis demta unitate dimidium, v. g. 6 habet has: „5, 1; 4, 2; 3, 3; ejusque rei ratio manifesta est, quia sem-„per numerus antecedens proximus dato cum remotissimo, paene „proximus cum paene remotissimo complicatur etc." Sed cum hic non solum complexionis, sed et situs habenda ratio sit, v. g. alia cognatio est 5, 1, nempe Abpatrui, quam 1, 5, nempe Abpa-truelis, hinc cum 2 res situm varient 2 vicibus, ergo duplicentur discerptiones, redibit numerus datus si par fuerat; sed cum in ejus discerptionibus detur una homogenea, v. g. 3. 3, in qua nihil dis-positio mutat, hinc subtrahatur de numero dato, seu duplo discerp-tionum, iterum 1; si vero numerus datus fuerat impar, redibit numerus unitate minor. Ex hoc manifestum est generaliter: (1) Subtrahatur de numero gradus unitas, productum erit numerus cog- 24 nationum transversalium; (2) duo numeri, qui sibi sunt comple-mento ad datum, seu quorum unus tantum distat ab ſ, quantum alter a dato, complicati dabunt *Speciem* cognationis. si quidem praecedens intelligatur significare ascendentem, sequens descendentem sui gradus. Hac occasione obiter explicandum est, quae sint dati 25 numeri discerptiones, Zerfällungen, possibiles. Nam omnes quidem discerptiones sunt complexiones, sed complexionum eae tantum discerptiones sunt, quae simul toti sunt aequales. Instigari simi-liter possunt tum com2nationes, tum con3nationes, tum discerptio-nes simpliciter, tum dato exponente. Quot factores vel divisores exactos numerus aliquis datus habeat, scio solutum vulgo. Et hinc est quod Plato numerum civium voluit esse 5040, quia hic numerus plurimas recipit divisiones civium pro officiorum generi-bus, nempe 60, lib. 5. de Legib. fol. 845. Et hoc quidem in multiplicatione et divisione, sed qui additione datum numerum pro-ducendi varietates, et subtractione discerpendi collegerit, quod utrum-que eodem recidit, mihi notus non est. Viam autem colligendi com2nationes discerptionum ostendimus proxime. At ubi plures partes admittuntur, ingens panditur abyssus discerptionum, in qua

videmur nobis aliquod fundamentum computandi agnoscere, nam semper discerptiones in 3 partes oriuntur ex discerptionibus in 2, praeposita una; exsequi vero hujus loci fortasse, temporis autem
27 non est. Caeterum antequam in Arbore nostra a computatione generali ad specialem veniamus, unum hoc admonendum est, Definitiones cognationum a nobis assignatas in populari usu non esse. Nam v. g. Patruum nemo definit avi filium, sed potius patris fratrem. Quicunque igitur has definitiones ad popularem efformare morem velit, si quidem persona transversalis ascendit, in termino descendenti loco filii substituat fratrem; nepotis patruum etc. loco Descen-
27 dentem ponat uno gradu minorem; sin descendit, contra. Nunc igitur cum ostendimus cognationes in quolibet gradu, gradus numero unitate majores esse, age et personas cognationum numeremus, quae est *Specialis Enumeratio.* Diximus autem in eadem cognatione diversitatem facere tum sexum cognatae, tum intermediarum inter cognatam et datam personarum. Sexus autem duplex est. Igitur semper continue numerus personarum est duplicandus, v. g. non solum et pater et mater sexu variant, 2, sed iterum pater habet patrem vel matrem. Et mater quoque; hinc 4. Avus quoque a patre habet patrem vel matrem, et avia a patre, et avus a matre aviaque similiter; hinc 8 etc. Igitur regulam colligo: „2 ducatur toties in se, quotus est gradus cujus personae quae-
„runtur, vel quod idem est, quaeratur numerus progressionis geo-
„metricae duplae, cujus exponens sit numerus gradus. Is ducatur
„in numerum cognationum dati gradus; productum erit numerus
28 personarum dati gradus." Et hac methodo eundem numerum personarum erui, quem Paulus JCtus in d. l. 10. excepto gradu 5. Gr. I. 2⌢2 f. 4. consentit Paulus d. l. 10. §. 12. Gr. II. 2⌢2 f. 4⌢3 f. 12, §. 13. Gr. III. 2. 2. 2⌢ f. 8⌢4 f. 32, §. 14. Gr. IV. 2. 2. 2. 2⌢ f. 16⌢5 f. 80, §. 15. Gr. V. 2. 2. 2. 2. 2⌢ f. 32⌢6 f. 192, dissentit Paulus §. 16. et ponit: 184, cujus tamen calculo errorem inesse necesse est. Gr. VI. 2. 2. 2. 2. 2. 2⌢ f. 64⌢7 f. 447, consentit Paulus §. 17. Gr. VII. 2. 2. 2. 2. 2. 2⌢f. 128⌢8 f. 1024, §. fin. 18.

Probl. IV.

DATO NUMERO RERUM, VARIATIONES ORDINIS INVENIRE.

1 „Solutio: Ponantur omnes numeri ab unitate usque ad Nu-
„merum rerum inclusive in serie naturali, factus ex omnibus con-

tinue erit quaesitum;" ut esto tabula п, quam ad **24** usque con-
tinuavimus. Latus dextrum habet exponentes, seu numeros rerum,
qui hic concidunt;

Tab. п.

1	1
2	2
6	3
24	4
120	5
720	6
5040	7
40320	8
362880	9
3628800	10
39916800	11
479001600	12
6227020800	13
87178291200	14
1307874368000	15
20922789888000	16
355687428096000	17
6402373705728000	18
121645100408832000	19
2432902008176640000	20
51090942171709440000	21
1124000727777607680000	22
25852016738884976640000	23
620448401733239439360000	24

in medio sunt ipsae Variationes. Ad sinistrum posita est differentia
variationum duarum proximarum, inter quas est posita. Quemadmodum exponens in latere dextro, est ratio variationis datae ad
antecedentem. Ratio solutionis erit manifesta, si demonstraverimus
*Exponentis dati variationem esse factum ex ductu ipsius in varia-
tionem exponentis antecedentis*, quod est fundamentum Tabulae п.

Tab. 4.

A	b	cd
·	·	dc
·	c	bd
·	·	db
·	d	bc
·	·	cb
B	a	cd
·	·	dc
·	c	ad
·	·	da
·	d	ac
·	·	ca
C	b	ad
·	·	da
·	a	bd
·	·	db
·	d	ba
·	·	ba
D	b	ca
·	·	ac
·	c	ba
·	·	ab
·	a	bc
·	·	cb

In hunc finem esto aliud Schema 4. In eo 4 rerum ABCD 24 variationes ordinis oculariter expressimus. Puncta significant rem praecedentis lineae directe supra positam. Methodum disponendi secuti sumus, ut primum quam minimum variaretur, donec paulatim omnia. Caeterum quasi limitibus distinximus variationes exponentis antecedentis ab iis quas superaddit sequens. Breviter igitur: Quotiescunque varientur res datae, v. g. tres 6 mahl; addita una praeterea poni poterit servatis variationibus prioris numeri jam initio, jam 2do, jam 3tio, jam ultimo seu 4to loco, seu toties poterit prioribus varie adjungi, quot habet unitates: et quotiescunque prioribus adjungetur, priores variationes omnes ponet; vel sic: quaelibet res aliquem locum tenebit semel, cum interim reliquae habent variationem antecedentem inter se, conf. problem. 7. Patet igitur variationes priores in exponentem sequentem ducendas esse. *Theoremata* hic observo sequentia: (1) omnes numeri variationum sunt pares; (2) omnes vero quorum exponens est supra 5, in cyphram desinunt, imo in tot cyphras, quoties exponens 5narium continet; (3) omnes summae variationum (id est aggregata variationum ab 1 aliquousque) sunt impares et desinunt in 9 ab exponente 4 in infinitum; (4) quaecunque variatio antecedens, ut et exponens ejus, omnes sequentes variationes metitur; (5) Numeri variationum conducunt ad conversionem progressionis arithmeticae in harmonicam. Esto enim progressio arithmetica 1. 2. 3. 4. 5 convertenda in harmonicam. Maximi numeri h. l. 5 quaeratur variatio: 120; ea dividatur per singulos, prodibunt: 120. 60. 40. 30. 24, termini harmonicae progressionis. Per quos si dividatur idem numerus 120, numeri progressionis illius arithmeticae redibunt. (6) Si data quaecunque variatio duplicetur, a producto subtrahatur factus ex ductu proxime antecedentis in suum exponentem, residuum erit summa utriusque variationis, v. g. 24⌢2 f. 48—6⌢3, 18 f. 30 = 6+24 f. 30. (7) Variatio data ducatur in se, factus dividatur per antecedentem, prodibit differentia inter datam et sequentem, v. g. 6⌢6 f. 36. ⌣2 f. 18=24—6 f. 18. Inprimis autem duo haec

postrema theoremata non facile obvia crediderim. *Usus* etsi multiplex est, nobis tamen danda opera, ne caeteris problematibus omnia praeripiamus. Cumque serias·inprimis applicationes Complexionum doctrinae miscuerimus (saepe enim necesse erat ordinis Varietates in Complexiones duci), erunt hic pleraque magis jucunda,
quam utilia. Igitur quaerunt, quoties datae quotcunque personae 5
uni mensae alio atque alio ordine accumbere possint. Drexelius
in Phaëthonte orbis seu de vitiis linguae p. 9. c. 1, ubi de lingua
otiosa, ita fabulam narrat : Paterfamilias nescio quis 6 ad coenam
hospites invitaverat. Hos cum accumbendi tempus esset, *προσόριον*
sibi mutuo deferentes, ita increpat: quid? an stantes cibum capie-
mus? imo ne sic quidem, quia et stantium necessarius ordo est.
Nisi desinitis, tum vero ego vos, ne conqueri possitis, toties ad
coenam vocabo, quoties variari ordo vester potest. Hic antequam
loqueretur, ad calculos profecto non sederat, ita enim comperisset
ad 720 variationes (tot enim sunt de 6 exponente, uti Drexelius
illic 12 paginis, et in qualibet pagina 3 columnis et in qualibet
columna 20 variationibus oculariter monstravit) totidem coenis
opus esse; quae etsi continuarentur, 720 dies, id est 10 supra
biennium absument. Harsdörfferus Delic. Matth. p. 2. sect. 1. prop. 6
32 hospites ponit 7 ; ita variationes, coenae, dies erunt 5040, id
est anni 14 septimanae 10. At Georg. Henischius, Medicus Augu-
gustanus, Arithmeticae perfectae lib. 7. pag. 399 hospites vel
convictores ponit 12; variationes, coenae, dies prodeunt 479001600;
ita absumentur anni 1312333 et dies 5. Imo si quis in hoc exponente tentare vellet, quod Drexelius in dimidio ejus effecit, nempe
variationes oculariter experiri, annos insumeret 110, demto quadrante, et si singulis diebus 12 horis laboraret et hora qualibet
1000 variationes effingeret. Pretium operae si Diis placet! Alii, 7
ut cruditatem nudae contemplationis quasi condirent, versus ela-
borarunt, qui salvo et sensu et metro et verbis variis modis ordinari possunt. Tales primas Jul. Caes. Scaliger lib. 2. Poëtices
Proteos appellat. Horum alii minus artis habent, plus variationis,
ii nempe quorum omnis est a monosyllabis variatio; alii contra,
in·quibus temperatura est monosyllaborum caeterorumque. Et
quoniam in *his* plurimae esse solent inutiles variationes, de quibus
problemate 11 et 12 erit contemplandi locus, de *illis* solis nunc
dicemus. Bernhardus Bauhusius, Societatis Jesu, Epigrammatum 8

insignis artifex, tali Hexametro Salvatoris nostri velut titulos μo-
$\nu o \sigma \upsilon \lambda \lambda \acute{\alpha} \beta o \upsilon \varsigma$ complexus est:

Rex, Dux, Sol, Lex, Lux, Fons, Spes, Pax, Mons, Petra
CHRISTUS.

Hunc Eryc. Puteanus Thaumat. Pietat. Y. pag. 107, aliique ajunt
variari posse vicibus 362880, scilicet monosyllabas tantum respi-
cientes, quae 9; ego numerum prope decies majorem esse arbitror,
nempe hunc 3628800. Nam accedens decima vox CHRISTUS
etiam ubique potest poni, dummodo Petra maneat immota, et post
petram vel vox Christus vel 2 monosyllaba ponantur. Erunt igitur
variationes inutiles, quibus post Petram ponitur 1 monosyllaba
proxime antecedente Petram Christo; id contingit quoties caeterae
8 monosyllabae sunt variabiles, nempe 40320 maþí, cum ultima
possit esse quaecunque ex illis, 9. 40320 $\frown$ 9 f. 362880 — 3628800
f. 3265920, qui est numerus utilium versus hujus Bauhusiani va-
9 riationum. Thomas Lansius vero amplius progressus praefatione
Consultationum tale quid molitus est:

Lex, Rex, Grex, Res, Spes, Jus, Thus, Sal, Sol (bona),
Lux, Laus.

Mars, Mors, Sors, Lis, Vis, Styx, Pus, Nox, Fex (mala),
Crux, Fraus.

10 Hic singuli versus, quia 11 monosyllabis constant, variari possunt vicibus 39916800. Horum exemplo Joh. Philippus Ebelius
Giessensis, Scholae Ulmensis quondam Rector, primum hexametrum,
deinde elegiacum distichon commentus est. Ille exstat praefat.
n. 8; hoc, quia et retrocurrit, in ipso opere pag. 2 Versuum Pa-
lindromorum, quos in unum fasciculum collectos Ulmae anno 1623
in 12mo edidit. Hexameter ita habet:

DIs, VIs, LIs, LaUs, fraUs, stIrps, frons, Mars, regnat In orbe.

Ubi eadem opera annus quo et compositus est, et verissimus
erat, a Christo nato 1620mus, exprimitur. Cujus cum monosyllabae
sint 8, 40320 variationes necesse est nasci. At Distichon ad Sal-
vatorem tale est:

Dux mihi tu, mihi tu Lux, tu Lex, Jesule, tu Rex:
Jesule tu Pax, tu Fax mihi, tu mihi Vox.

Variationes ita computabimus: tituli Salvatoris $\mu o \nu o \sigma \acute{\upsilon} \lambda \lambda \alpha \beta o \iota$ sunt
7; hi inter se variantur 5040 vicibus. Cumque singulis adjecta
sit vox Tu, quae cum titulo suo variatur 2 vicibus, quia jam ante,
jam post poni potest, idque contingat vicibus septem, ducatur

2 narius septies in se, 2. 2. 2. 2. 2. 2 ⌢ 2 ſ. 128 seu Bissur-
desolidum de 2, factus ducatur in 5040 ⌢ 128 f. 645120; productum erit Quaesitum.   Hos inter nomen suum voluit et Joh.
Bapt. Ricciolus legi , ut alieniori in opere Poëtica facultas professoris quondam sui tanto clarius reluceret.   Symbola ejus Almagest. 12
nov. P. 1. lib. 6. c. 6, Scholio 1, fol. 413 talis:

> Hoc metri tibi en me nunc hic, Thety, Protea sacro:
> Sum Stryx, Glis, Grus, Sphynx, Mus, Lynx, Sus , Bos,
> Caper et Hydrus.

cujus 9 monosyllabae variantur 362880 vicibus.   Si loco postre-
marum vocum : et Hydrus, substituisset monosyllabas, v. g. Lar,
Grex, ascendisset ad Lansianas varietates.   Hic admonere cogor,
ne me quoque contagio criminis corripiat, primam in Thety correptam
non legi.   Et succurrit opportune Virgilianus ille, Georg. lib. 1.
v. 31:

> Teque sibi generum Thetys emat omnibus undis.

Nam alia Thetys, Oceani Regina, Nerei conjux; alia Thetys, nym-
pha marina vilis, Peleo mortali nupta, Achillis parens, nec digna
cui se Proteus sacret.   Ea sane corripitur:

> Vecta est frenato caerula pisce Thetys.

Caeterum Ricciolus Scaligerum imitari voluit, utriusque enim de
Proteo Proteus est.   Hujus autem iste:

> Perfide sperasti divos te fallere Proteu.

De cujus variationibus infra probl. fin.   Ne vero Germani inferiores
viderentur, elaborandum sibi Harsdörfferus esse duxit, cujus Delic.
Math. P. 3. sect. 1. prop. 14 distichon exstat:

> Ehr, Kunſt, Geld, Guth, Lob, Weib und Kind
> Man hat, ſucht, fehlt, hofft und verſchwind.

Cujus 11 monosyllaba habent variationes 39916800.   Tantum de
versibus.   Quanquam autem et *Anagrammata* huc pertinent, quae
nihil sunt aliud, quam variationes utiles literarum datae orationis,
nolumus tamen vulgi scrinia compilare.   Unum e literaria re vel 14
dissensu computantium quaeri dignum est: quoties situs literarum
in alphabeto sit variabilis.   Clav. Com. in Sphaer. Joh. de Sacro
Bosco cap. 1. pag. 36.   23 literarum linguae latinae dicit variationes esse 25852016738884976640000, cui nostra assentitur computatio; 24 literarum Germanicae linguae variationes Lauerember-
gius assignavit 620448397827051993, Erycius Puteamus dicto
libello , 620480173323939439360000, at Henricus ab Etten:

6204485934388606133360000, omnes justo pauciores. Numerus verus, ut in tabula П, manifestum, est hic: 62044840173323943936000. Omnes in eo conveniunt, quod numeri initales sint 620448. Puteaneae computationis error non mentis, sed calami vel typorum esse videtur, nihil aliud enim, quam loco 7mo numerus 4 est omissus.

15 (Aliud autem sunt variationes, aliud numerus vocum ex datis literis componibilium. Quae enim vox 23 literarum est? Imo quantacunque sit, inveniantur omnes complexiones 23 rerum, in singulas ducantur variationes suae juxta probl. 2 num. 59, productum erit numerus omnium vocum nullam literam repetitam habentium. At habentes reperire docebit problema 6.) Porro tantus hic numerus est, ut, etsi totus globus terraqueus solidus circumquaque esset, et quilibet spatiolo homo insisteret, et quotannis, imo singulis horis, morerentur omnes surrogatis novis, summa omnium ab initio mundi ad finem usque multum abfutura sit, ut ait Harsdörff. d. l.

16 Hegiam Olynthium Graecum dudum censuisse. His contemplationibus cum nuper amicus quidam objieret, ita sequi, ut liber esse possit, in quo omnia scripta scribendaque inveniantur, tum ego: et fateor, inquam, sed legenti grandi omnino fulcro opus est, ac vereor ne orbem terrarum opprimat. Pulpitum tamen commodius non inveneris cornibus animalis illius, quo Muhamed in coelum vectus arcana rerum exploravit, quorum magnitudinem et distan-

17 tiam Alcorani oracula dudum tradiderunt. Vocum omnium ex paucis literis orientium exemplo ad declarandam originem rerum ex atomis usus est ex doctrina Democriti ipse Aristot. 1. de Gen. et Corr. text. 5. et illustrius lib. 1. Metaph. c. 4, ubi ait ex Democrito, Atomos differe σχήματι, id est figura, uti literas A et N; θέσει, id est situ, uti literas N et Z, si enim a latere aspicias, altera in alteram commutabitur; τάξει, id est ordine, v. g. Syllabae AN et NA. Lucret. quoque lib. 2 ita canit:

Quin etiam refert nostris in versibus ipsis
Cum quibus (complexiones) et quali sint ordine (variatio situs) quaeque locata
Namque eadem coelum, mare, terras, flumina, Solem
Significant: eadem fruges, arbusta, animantes:
Si non omnia sint, at multo maxima pars est
Consimilis; verum positura discrepitant haec.
Sic ipsis in rebus item jam materiai
Intervalla, viae, connexus, pondera, plagae,

Concursus, motus, ordo, positura figura
Cum permutantur, mutari res quoque debent.
Et Lactant. Divin. Inst. lib. 3. c. 19. pag. m. 163: *Vario, inquit*
(*Epicurus*), *ordine ac positione conveniunt atomi sicut literae,*
quae cum sint paucae, varie tamen collocatae innumerabilia verba
conficiunt. Add. Pet. Gassend. Com. in lib. 10. Laërtii ed. Lugduni
anno 1649 fol. 227, et Joh. Chrysost. Magnen. Democrit. redivivo
Disp. 2 de Atomis c. 4. prop. 32. p. 269. Denique ad hanc lite- 18
rarum transpositionem pertinet ludicrum illud docendi genus, cujus
meminit Hieronymus ad Paulinam tesserarum usu literas syllabasque
puerulis imprimens. Id Harsdörfferus ita ordinat Delic. Math. P. 2·
sect. 13. prop. 3: sunt 6 cubi, quilibet cubus sex laterum est,
eruntque inscribenda 36, haec nempe: I. a. e. i. o. u. ŋ. II. b. c.
d. f. g. h. III. k. l. m. n. p. q. IV. r. ſ. ß. t. w. r. V. v. j. s. t. d. o. VI.
ff. ſſ. ß. ſch. ch. z. Alphabetum autem lusus unius tesserae, syllabas
(das Buchſtabiren) duarum docebit: inde paulatim voces orientur.

Probl. V.

DATO NUMERO RERUM, VARIATIONEM SITUS MERE RELATI SEU VICINITATIS INVENIRE.

„Quaeratur Variatio situs absoluti, seu ordinis, de numero 1
„rerum unitate minori quam est datus, juxta probl. 4, quod inve-
„nietur in Tab. ⊓ erit quaesitum." Ratio solutionis manifesta est 2
ex schemate 7, quo rationem solutionis problematis praecedentis
dabamus, v. g. in variationibus vicinitatis, variationes hae: Abcd.
Bcda. Cdab. Dabc. habentur pro una, velut in circulo scripta. Et
ita similiter de caeteris; omnes igitur illae 24 variationes divi-
dendae sunt per numerum rerum, qui hoc loco est 4, prodibit
variatio ordinis de numero rerum antecedenti, nempe 6. Finge tibi 3
hypocaustum rotundum in omnes 4 plagas januas habens, et in
medio positam mensam (quo casu quis sit locus honoratissimus
disputat Schwenter, et pro janua orientem spectante decidit, e cujus regione collocandus sit honoratissimus hospes. Delic. Math.
sect. VII. prop. 28.) atque ita hospitum situm variari cogita prioritatis posterioritatisque consideratione remota. Hic obiter aliquid 4
de Circulo in demonstratione perfecta dicemus. Ejus cum omnes
Propositiones sint convertibiles, prodibunt syllogismi sex, circuli
tres. Ut esto demonstratio: I. O. rationale est docile. O. homo est
rationalis. E. O. homo est docilis. II. O. homo est docilis. O. ra-

5*

rationale est homo. E. O. rationale est docile. 2. III. O. homo est rationalis. O. docile est homo. E. O. docile est rationale. IV. O. docile est rationale. O. homo est docilis. E. O. homo est rationalis. 3. V. O. homo est docilis. O. rationale est homo. E. O. rationale est docile. VI. O. rationale est docile. O. homo est rationalis. E. O. homo est docilis.

Probl. VI.
DATO NUMERO RERUM VARIANDARUM, QUARUM ALIQUA VEL. ALIQUAE REPETUNTUR, VARIATIONEM ORDINIS INVENIRE.

1 .   „Numerentur res simplices et ex iisdem repetitis semper una „tantum, et ducantur in variationem numeri numero variationum dato unitate minoris; productum erit quaesitum." V. g. sint sex: a, b. c. c. d. e, sunt simplices 4 + 1 (duo illa c. habentur pro 1) f. 5 ⌒ 120 (120 autem sunt variatio numeri 5 antecedentis da-
2 tum 6) f. 600. Ratio manifesta est, si quis intueatur schema. ꜧ; corruent enim omnes variationes, quibus data res pro se ipsa po-
3 nitur. Usum nunc monstrabimus. Esto propositum: dato textu omnes melodias possibiles invenire. Id Harsdörfferus quoque Delic. Math. sect. 4. prop. 7. tentavit. Sed ille in textu 5 syllabarum melodias possibiles non nisi 120 esse putat, solas variationes ordinis intuitus. At nobis necessarium videtur etiam complexiones
4 adhibere, ut nunc apparebit. Sed altius ordiemur: Textus est vel simplex, vel compositus. Compositum voco in lineas, Reimzeilen, distinctum. Et compositi textus variationem discemus melodiis simplicium in se continue ductis per probl. 3. Textus simplex vel excedit 6 syllabas, vel non excedit. Ea differentia propterea necessaria est, quia 6 sunt voces: Ut, Re, Mi, Fa, Sol, La (ut omittam 7 mam: Bi, quam addidit Eryc. Puteanus in Musathena). Si non
5 excedit, aut sex syllabarum, aut minor est. Nos in. exemplum. de. Textu hexasyllabico ratiocinabimur, poterit harum rerum. intelligens. idem in quocunque praestare. Caeterum in omnibus plusquam hexasyllabicis necesse est vocum repetitionem esse. Porro in textu hexasyllabico capita variationum sunt haec:

I. ut re mi fa sol la Variatio ordinis est . . . . **720**.

II. ut ut re mi fa sol Variatio ordinis est
720—120. f. 600. Non solum autem *ut*, sed
et quaelibet. 6 vocum potest repeti 2. mahl,
ergo 6 ⌒ 600. f. 3600; et reliquarum 5 vocum .

semper 5 mahl, aliae 4 possunt poni post
ut ut, nempe: re, mi, fa, sol. re, mi, fa, la,
re, mi, sol, la. re, fa, sol, la. mi, fa, sol, la;

seu 5 res habent 5 con4nationes: 5⌢3600 f.		18000
III. ut ut re re mi fa, 480⌢15 f. 7200⌢6 f.		43200
IV. ut ut re re mi mi, 360⌢20 f.		7200
V. ut ut ut re mi fa, 360⌢6 f. 2160⌢20 f.		43200
VI. ut ut ut re re mi, 360⌢6⌢5⌢4 f.		43200
VII. ut ut ut re re re, 240⌢15 f.		3600
VIII. ut ut ut ut re mi, 360⌢6⌢10 f.		21600
IX. ut ut ut ut re re, 240⌢6⌢5 f.		7200

Summa 187920

Quid vero si septimam vocem Puteani Si, si pausas, si inaequali- **6**
tatem celeritatis in notis, si alios characteres musicos adhibeamus
computationi, si ad textus plurium syllabarum quam 6, si ad compositos progrediamur, quantum erit mare melodiarum, quarum
pleraeque aliquo casu utiles esse possint? Admonet nos vicinitas **7**
rerum, posse cujuslibet generis carminum possibiles species seu
flexus, et quasi Melodias inveniri, quae nescio an cuiquam hactenus vel tentare in mentem venerit. Age in 'Hexametro conemur
Cum hexametro sex sint pedes, in caeteris quidem dactylus spon- **8**
daeusque promiscue habitare possunt, at penultimus non nisi dac-
tylo, ultimus spondaeo aut trochaeo gaudet. Quod igitur 4 priores
attinet, erunt vel meri dactyli: 1, vel meri spondaei: 1, vel tres
dactyli, unus spondaeus, vel contra: 2, vel 2 dactyli, 2 spondaei:
1, et ubique variatio situs 12, 2+1 f. 3⌢12 f. 36+1+1 f. 38.
In singulis autem his generibus ultimus versus vel spondaeus
vel trochaeus est, 2⌢38 f. 76. Tot sunt genera hexametri, si
tantum metrum spectes. Ut taceam varietates, quae ex vocibus **9**
veniunt, v. g. quod vel ex monosyllabis vel dissyllabis etc. vel his
inter se mixtis constat; quod vox modo cum pede finitur, modo
facit caesuram eamque varii generis; quod crebrae intercedunt
elisiones aut aliquae aut nullae. Caeterum et multitudine literarum **10**
hexametri differunt, quam in rem exstat carmen Publilii Porphyrii
Optatiani (quem male cum Porphyrio Graeco, philosopho, Christia-
norum hoste, Caesar Baronius confudit) ad Constantinum Magnum,
26 versibus heroicis constans, quorum primus est 25 literarum,
caeteri continue una litera crescunt, usque ad 26tum qui habet 50;

ita omnes organi Musici speciem exprimunt. Meminere Hieron. ad
Paulinam, Firmicus in Myth., Rab. Maurus, Beda de re metrica.
Edidit Velserus ex Bibliotheca sua Augustae cum figuris An. 1591.
Adde de eo Eryc. Puteanum in Thaum. Pietatis lit. N, qui ait hoc
carmine revocari ab exilio meruisse; Gerh. Joh. Vossium syntag.
de Poët. Latinis v. Optatianus; item de Historicis Graecis, L. 16.
Casp. Barthium Commentariolo de Latina Lingua, et Aug. Buch-
nerum Notis in Hymnum Venantii Fortunati (qui vulgo Lactantio
ascribitur) de Resurrect. ad v. 29. pag. 27, qui observat Hexame-
tros fistulis, versum per medium ductum: *Augusto victore* etc.
regulae organi, jambos anacreonticos dimetros omnes 18 literarum,
epitoniis respondere. Versus ipsos, quia ubique obvii non sunt,
expressimus :

25	O si diviso Metiri Limite Clio
26	Una Lege Sui Uno Manantia Fonte
27	Aonio Versus, Heroi Jure Manente
28	Ausuro Donet Metri Felicia Texta
29	Augeri Longo Patiens Exordia, Fine
30	Exiguo Cursu Parvo Crescentia Motu
31	Ultima Postremo Donec Vestigia Tota
32	Ascensus Jugi Cumulato Limite Cludat
33	Uno, Bis Spatio Versus Elementa Prioris
34	Dinumerans Cogens Aequali Lege Retenta
35	Parva Nimis Longis Et Visu Dissona Multum
36	Tempore Sub Parili Metri Rationibus Isdem
37	Dimidium Numero Musis Tamen Aequiparantem
38	Haec Erit In Varios Species Aptissima, Cantus
39	Perque Modos Gradibus Surget Fecunda Sonoris
40	Aere Cavo Et Tereti Calamis Crescentibus Aucta
41	Quis Bene Suppositis Quadnatis Ordine Plectris
42	Artificis Manus Innumeros Clauditque Aperitque
43	Spiramenta Probans Placitis Bene Consona Rythmis
44	Sub Quibus Unda Latens Properantibus Incita Ventis
45	Quas Vicibus Crebris Iuvenum Labor Haud Sibi Discors
46	Hinc Atque Hinc Animaeque Agitant Augetque Reluctans
47	Compositum Ad Numeros Propriumque Ad Carmina Praestat
48	Quodque Queat Minimum Admotum Intremefacta Frequenter
49	Plectra Adaperta Sequi Aut Placitos Bene Claudere Cantus
50	Jamque Metro Et Rythmis Praestringere Quicquid Ubique Est

Augusto Victore juvat rata reddere vota:

25 Post martios labores,
26 Et Caesarum parentes
27 Virtutibus, per orbem
28 Tot laureas virentes,
29 Et Principis trophaea;
30 Felicibus triumphis
31 Exsultat omnis aetas,
32 Urbesque flore grato
33 Et frondibus decoris
34 Totis virent plateis.
35 Hinc ordo veste clara
36 In purpuris honorum
37 Fausto precantur ore,

38 Feruntque dona laeti.
39 Jam Roma culmen orbis
40 Dat munera et coronas
41 Auro ferens coruscas
42 Victorias triumphis,
43 Votaque jam theatris
44 Redduntur et Choreis.
45 Me sors iniqua laetis
46 Solemnibus remotum
47 Vix haec sonare sivit
48 Tot vota fronte Phoebi
49 Versuque comta sola,
50 Augusta rite seclis.

Ex quibus multa circa scripturam Veterum observari possunt, inprimis Diphthongum Æ duabus literis exprimi solitam; qui tamen mos non est, cur rationem vincat, unius enim soni una litera esse debet. Sed de hoc Optatiano vel propterea fusius diximus, ut infra dicenda praeoccuparemus, ubi versus Proteos ab eo compositos allegabimus.

Probl. VII.

DATO CAPITE, VARIATIONES REPERIRE.

Hoc in complexionibus solvimus supra. De situs variationibus 1 nunc. Sunt autem diversi casus. Caput enim Variationis hujus aut constat una re, aut pluribus: si una, ea vel monadica est, vel dantur inter Res (variandas) alia aut aliae ipsi homogeneae. Sin pluribus constat, tum vel intra caput dantur invicem homogeneae, vel non, item extrinsecae quaedam intrinsecis homogeneae sunt, vel non. „Primum 2 „igitur capite variationis fixo manente, numerentur res extrinsecae, „et quaeratur variatio earum inter se (et si sint discontiguae seu „caput inter eas ponatur) praeciso capite, per prob. 4, productum „vocetur A. Si caput multiplicabile non est, seu neque pluribus „rebus constat, et una ejus res non habet homogeneam, *productum* „*A erit quaesitum*. Sin caput est multiplicabile, et constat 1 re 3 „habente homogeneam, productum A multiplicetur numero homo- „genearum aeque in illo capite ponibilium, et *factus erit quaesitum*. „Si vero caput constat pluribus rebus, quaeratur variatio earum 4 „inter se (etsi sint discontiguae seu res extrinsecae interponantur)

„per probl. 4, ea ducatur in productum A, quodque ita producitur,
„dicemus B. Jam si res capitis nullam habet homogeneam extra
5 „caput, *productum B erit quaesitum.* Si res capitis habet homoge-
„neam tantum extra caput, non vero intra, productum B multipli-
„cetur numero rerum homogenearum, si saepius sunt homogeneae,
„factus ex numero homogenearum priorum multiplicetur numero
„homogenearum posteriorum continue, et *factus erit quaesitum.*
6 „Sin res capitis habet homogeneam intra caput et extra, numeren-
„tur primo res homogeneae intrinsecae et extrinsecae simul, et sup-
„ponantur pro Numero complicando; deinde res datae homogeneae
„tantum intra caput supponantur pro exponente. Dato igitur nu-
„mero et exponente quaeratur complexio per probl. 1, et si sae-
„pius contingat homogeneitas, ducantur complexiones in se invicem
„continue. Complexio vel factus ex complexionibus ducatur in pro-
7 ductum B, et *factus erit quaesitum.*" Hoc problema casuum multitudo operosissimum effecit, ejusque nobis solutio multo et labore
et tempore constitit. Sed aliter sequentia problemata ex artis
principiis nemo solvet. In illis igitur usus hujus apparebit.

Probl. VIII.
VARIATIONES ALTERI DATO CAPITI COMMUNES REPERIRE.

8   „Utrumque caput ponatur in eandem variationem, quasi esset
„unum caput compositum (etsi interdum res capitis compositi sint
„discontiguae) et indagentur variationes unius capitis compositi per
„probl. 10, productum erit quaesitum."

Probl. IX.
CAPITA VARIATIONES COMMUNES HABENTIA REPERIRE.

9   „Si plura capita in variatioue ordinis in eundem locum inci-
„dunt vel ex toto, vel ex parte, non habent variationes communes. 2,
„Si eadem res monadica in plura capita incidit, ea non habent va-
„riationes communes. Caetera omnia habent variationes communes.

Probl. X.
CAPITA VARIATIONUM UTILIUM AUT INUTILIUM REPERIRE.

10   *Capita in universum reperire expeditum est.* Nam quaelibet
res per se, aut in quocunque loco per se, aut cum quacunque

. alia aliisve', quocunque item loco cum alia aliisve, breviter omnis complexio aut variatio proposita minor et earundem rerum, seu quae tota in altera continetur, est caput. Methodus autem in disponendis capitibus utilis, ut a minoribus ad majora progrediamur, quando v. g. propositum nobis est omnes variationes oculariter proponere, quod Drexelius loco citato, Puteanus et Kleppisius et Reinerus citandis factitarunt. Caeterum ut *Capita utilia vel inutilia reperiantur*, adhibenda disciplina est, ad quam res variandae, aut totum ex iis compositum pertinet. Regulae ejus inutilia quidem elident, utilia vero relinquent. Ibi videndum, quae cum quibus et quo loco conjungi non possint, item quae simpliciter quo loco poni non possint v. g. primo, tertio etc. Inprimis autem primo et ultimo. Deinde videndum, quae res potissimum causa sit anomaliae (v. g. in versibus hexametris proteis syllabae breves). Ea ducenda est per omnes caeteras, omnia item loca, si quando autem de pluribus idem judicium est, satis erit in uno tentasse. — 11

Probl. XI.
VARIATIONES INUTILES REPERIRE.

„Duae sunt viae: (1) per probl. 12 hoc modo: Inventa „summa variationum utilium et inutilium per probl. 4, subtrahatur „summa utilium per probl. 12 viam secundam; residuum erit quae-„situm; (2) absolute hoc modo: Inveniantur capita variationum „inutilium per probl. 10, quaerantur singulorum capitum variatio-„nes per probl. 7, si qua capita communes habent variationes per „probl. 9, numerus earum inveniatur per probl. 8, et in uno so-„lum capitum variationes communes habentium relinquatur, de „caeterorum variationibus subtrahatur; aut si hunc laborem subtra-„hendi subterfugere velis, initio statim capita quam maxime com-„posita pone, conf. probl. 8; Aggregatum omnium variationum de „omnibus complexionibus, subtractis subtrahendis, erit quaesitum." — 12

Probl. XII.
VARIATIONES UTILES REPERIRE.

Solutio est ut in proxime antecedenti, si haec saltem mutes, in via 1. loco problem. 12 pone 11 etc. et subtrahatur summa inutilium per probl. 11 viam secundam. In via 2. inveniantur capita variationum utilium. Caetera ut in probl. proximo. — 13

Usus Problem. 7. 8. 9. 10. 11. 12.

14 Si cui haec problemata aut obvia aut inutilia videntur, cum ad praxin superiorum descenderit, aliud dicet. Rarissime enim vel natura rerum vel decus patitur, omnes variationes possibiles utiles esse. Cujus specimen in argumento minus fortasse fructuoso, in 15 exemplum tamen maxime illustri daturi sumus. Diximus supra *Proteos versus* esse *pure* proteos, id est in quibus pleraeque variationes possibiles utiles sunt, ii nimirum qui toti propemodum monosyllabis constant; vel *mixtos*, in quibus plurimae incidunt 16 inutiles, quales sunt qui polysyllaba, eaque brevia continent. In hoc genere inter veteres, qui mihi notus sit, tentavit tale quiddam idem ille, de quo probl. 6, Publilius Porphyrius Optatianus, et Erycius Puteanus Thaumat. Piet. lit. N. pag. 92 ex aliis ejus de Constantino versibus hos refert:

Quem divus genuit Constantius Induperator
Aurea Romanis propagans secula nato.

Ex illis primus est Torpalius, vocibus continue syllaba crescentibus constans, alter est Proteus sexiformis, si ita loqui fas est:

Aurea Romanis propagans secula nato
Aurea propagans Romanis secula nato
Secula Romanis propagans aurea nato
Propagans Romanis aurea secula nato
Romanis propagans aurea secula nato.

17 Verum plures habet primus ille Virgilianus:

Tityre tu patulae recubans sub tegmine fagi,

quem usus propemodum in jocum vertit. Ejus variationes sunt hae: pro *tu, sub* 2, pro *patulae, recubans* 2, et *Tityre* jam initio, ut nunc, jam *tegmine* initio, jam *Tityre tegmine* fine, jam *tegmine Tityre* fine, 4 ⌒ 2 ⌒ 2 f. 16. Verum in Porphyrianaeis non singuli Protei, sed omnes, neque unus versus, sed carmen totum talibus plenum admirandum est. Ejusmodi versus composituro danda 18 opera, ut voces consonis aut incipiant aut finiant. Alter qui et nomen Protei indidit, est Jul. Caes. Scaliger, vir si ingenii ferocia absit, plane incomparabilis, Poët. lib. 2. c. 30 pag. 185. Is hunc composuit, formarum, ut ipse dicit, innumerabilium, ut nos, 64:

Perfide sperasti divos te fallere Proteu.

Plures non esse facile inveniet, qui vestigia hujus nostrae computationis leget. Pro *Perfide fallere* 2, pro *Proteus, divos,* 2 ⌒ 2 f. 4. *Sperasti divos te* habet variationes 6 ⌒ 4 f. 24. *Divos perfide Te sperasti* habet var. 2. *Dives Te sperasti perfide* habet 6+2+2 f. 10⌒4 f. 40+24 f. 64. Observavimus ex Virgilio aeque, imo plus variabilem Aen. lib. 1. v. 282: *Queis* (pro *His*) *ego nec metas rerum nec tempora pono.* Nam *perfide* una vox est; *queis ego* in duas discerpi potest. Venio ad ingeniosum illum **19** Bernhardi Bauhusii, Jesuitae Lovaniensis, qui inter Epigrammata ejus exstat, utque superior, vid. probl. 4, de Christo, ita hic de Maria est:

> Tot tibi sunt dotes virgo, quot sidera coelo.

Dignum hunc peculiari opera esse duxit vir doctissimus Erycius Puteanus libello, quem *Thaumata Pietatis* inscripsit, edito Antverpiae anno 1617, forma 4ta, ejusque variationes utiles omnes enumerat a pag. 3 usque ad 50 inclusive, quas autor, etsi longius porrigantur; intra cancellos numeri 1022 continuit, tum quod totidem vulgo stellas numerant Astronomi, ipsius autem institutum est ostendere dotes non esse pauciores quam stellae sunt; tum quod nimia propemodum cura omnes illes evitavit, qui dicere videntur, tot sidera coelo, quot Mariae dotes esse, nam Mariae dotes esse multo plures. Eas igitur variationes si assumsisset (v. g. Quot tibi sunt dotes virgo, tot sidera coelo) totidem, nempe 1022 alios versus ponendo *tot* pro *quot*, et contra, emersuros fuisse manifestum est. Hoc vero etiam in praefatione Puteanus annotat pag. 12; interdum non sidera tantum, sed et dotes coelo adhaerere, ut coelestes esse intelligamus, v. g.

> Tot tibi sunt coelo dotes, quot sidera virgo.

Praeterea ad variationem multam facit, quod ultimae in *Virgo* et *Tibi* ambigui quasi census, et corripi et produci patiuntur, quod artificium quoque infra in Daumiano illo singulari observabimus. Meminit porro Thaumatum suorum et Protei Bauhusiani aliquoties **20** Puteanus in apparatus Epistolarum cent. I. ep. 49 et 57 ad Gisbertum Bauhusium, Bernardi Patrem; add. et ep. 51. 52. 53. 56 ibid. Editionem autem harum epistolarum habeo in 12. Amstelodami anno 1647; nam in editione epistolarum iu 4to, quia jam anno 1612 prodiit, frustra quaeres. Caeterum Joh. Bapt. Ricciol. **21** Almag. nov. P. 1. lib. 6. c. 6. schiol. h. f. 413 peccato μνημονικῷ Versus Bauhusiani Puteanum autorem praedicavit his verbis: *quoniam vero vetus erat opinio a Ptolemaeo usque propagata, stellas omnes esse 1022, Erycius Puteanus pietatis et ingenii sui monumentum posteris reliquit, illo artificiosissimo carmine, Tot tibi.*

etc. qui tamen non autor, sed commentator commendatorque est.

22 Denique · similem prorsus versum in Ovidio, levissima mutatione, observavimus hunc Metam. XII. fab. 7. v. 594:

Det mihi se, faxo triplici quid cuspide possim .
Sentiat etc.

Is talis fiet:

Det mihi se faxo trina quid cuspide possim.

23 Nam etiam ultima in *mihi* et *faxo* anceps est. Exstat in eodem genere Georg. Kleppisii, nostratis Poëtae laureati, versus hic:

Dant tria jam Dresdae, ceu sol dat, lumina lucem,

cujus variationes peculiari libro enumeravit 1617; occasionem dedere tres soles, qui anno 1617 in coelo fulsere, quo tempore Dresdae convenerant tres soles terrestres ex Austriaca domo: Matthias Imperator, Ferdinandus Rex Bohemiae, et Maximilianus Archidux, supremus ordinis Teutonici Magister. Libellum illis dedicatum titulo Protei Poëtici eodem anno edidit, quem variationum numerus sig-

24 nat. Omnino vero plures sunt variationes quam 1617, quod ipse tacite confitetur autor, dum in fine inter Errata ita se praemunit: fieri potuisse, ut in tanta multitudine aliquem bis posuerit, supplendis igitur lacunis novos aliquot ponit quos certus sit nondum habuisse. Nos ut aliquam praxin proximorum problematum exhibeamus, variationes omnes utiles computabimus. Id sic fiet, si inveniemus omnes inutiles. Capita variationum expressimus notis quantitatis, sic tamen ut pro pluribus transpositis unum assumserimus, v. g. — —.—.—.◡◡. etiam continet hoc: —.——. —.◡◡ etc. Punctis designamus et includimus unam vocem.

25   Summa omnium variationum utilium et inutilium . . 362880

Catalogus Variationum inutilium:

1. ◡◡. v. g. *tria* dant jam Dresdae ceu sol dat lumina lucem	40320
2. — —.◡◡. *Dresdae tria* dant jam ceu sol etc.	10080
3. —.—.◡◡. *dant jam tria.*	14400
4. — —.—.—.◡◡. *Dresdae dant jam tria.*	28800
5. — —.——.◡◡. *Dresdae lucem tria.*	1440
6. —.—.—.—·◡◡. *dant jam ceu ·sol tria.*	2880
7. ——.——.—.—·◡◡. *Dresdae lucem ceu sol tria.*	28800
8. — —.——.—.—.—.◡◡. *Dresdae dant jam ceu sol tria*	7200
9. —.——.——.—.—.—.—.◡◡. *Dresdae lucem dant jam ceu sol tria*	7200

10. in fine ⌣⌣. v. g. *tria*   40320

Summa variationum ob vocem *Tria* inutilium, quae   26
exacte constituit dimidium summae Variationum possibilium 181440

11. ab initio: —.—⌣⌣. *dant lumina*   1800

12. —.——.—⌣⌣. *dant Dresdae lumina.*   9600

13. —.—.—.—⌣⌣. *dant jam ceu lumina.*   4320

14. —.—.—.—.—⌣⌣. *dant jam ceu sol dat lumina.*   240

15. —.——.——.—⌣⌣. *dant Dresdae lucem lumina.*   2160

16. —.—.—.——.—⌣⌣. *dant jam ceu lucem lumina.*   5760

17. —.—.—.—.——.—⌣⌣. *dant ceu jam sol dat lucem lumina.*   0

18. —.—.—.——.——.—⌣⌣. *dant ceu jam Dres-dae lucem lumina.*   1200

19. —.—.—.—.——.——.—⌣⌣. *dant ceu jam sol dat lucem Dresdae lumina.*   0

20. fine —⌣⌣. v. g. *lumina*   11620

Summa variationum ob solam vocem   27
Lumina inutilium 52900

21. ubicunque: —⌣⌣.⌣⌣. *lumina tria.*   40320

22. —⌣⌣.—.⌣⌣. *lumina Dresdae tria.*   14440

23. —⌣⌣.—.—.⌣⌣. *lumina ceu jam tria.*   4800

24. —⌣⌣.—.—.—.⌣⌣. *lumina ceu jam sol dat tria*   1440

25. —⌣⌣.——.——.⌣⌣. *lumina Dresdae lucem tria*   480

26. —⌣⌣.—.—.——.⌣⌣. *lumina ceu jam Dresdae tria*   4800

27. —⌣⌣.—.—.——.——.⌣⌣. *lumina ceu jam Dresdae lucem tria*   4080

28. —⌣⌣.—.—.—.——.⌣⌣. *lumina ceu jam dat sol lucem tria*   532

29. —⌣⌣.—.—.—.——.⌣⌣. *lumina ceu jam dat sol lucem Dresdae tria.*   2978

Summa variationum inut. ob complicationem   28
Lumina et *Tria*, illo praeposito. . . . 59870

30. —.⌣⌣.—.—.⌣⌣. *dant tria jam lumina.*   2400

31. —.⌣⌣.—.——.—⌣⌣. *dant tria jam Dresdae lumina.*   3840

32. ⏑ . ⌣⌣ . ⏑ . ⏑ . ⏑ . ⏑⌣ . *ceu sol.* 1440

33. ⏑ . ⌣⌣ . ⏑ . ⏑ . ⏑ . ⏑ . ⏑⌣ . *dant tria jam*

ceu sol lucem lumina 5760

34. ⏑ . ⌣⌣ . ⏑ . ⏑ . ⏑ . ⏑ . ⏑ . ⏑⌣ . *dant tria*

jam ceu sol lucem Dresdae lumina 9360

Summa variationum inut. ob complic. *Tria*

et *Lumina,* illo praeposito 22800

59870

52900

181440

Summa summarum Var. inut. . . . 317010

subtrahatur de summa universali . . 362880

remanet

29　　Summa utilium variationum versus Kleppisii

admissis spondaicis . . . 45870

Spondaicos reliquimus ne laborem compu-

tandi augeremus, quot tamen inter omnes

variationes utiles et inutiles existant spon-

daici, sic invenio:

1. si in fine ponitur —.——. v. g. dant lucem 100800

2.　　　　　　　　——.——. v. g. Dresdae lucem 10080

3.　　　　　　　　—.——.—. v. g. dant seu sol 43200

Summa omnium spondaicorum util. et inut. 154080

30 Exstat praeterea versus nobilissimi herois Caroli a Goldstein:

Ars non est tales bene structos scribere versus, '

in arte sibi neganda artificiosus, qui 1644 variationes continere

dicitur. Aemulatione horum, Kleppisii inprimis, prodiit Henr. Rei-

merus Lüneburgensis, Scholae patriae ad D. Johannis Collega,

Proteo instructus tali:

DapIe ChrIste UrbI bona paX sIt teMpore nostro.

qui idem annum 1619, quo omnes ejus variationes uno libello in 12.

31 Hamburgi edito inclusi prodierunt, continet. Laboriosissimus quoque

Daumius, vir in omni genere poematum exercitatus, nec hoc qui-

dem intentatum voluit a se relinqui. Nihil de ejus copia dicam,

qua idem termillies aliter carmine dixit (hic enim non alia verba,

sed eorundem verborum alius ordo esse debet) quod in hac sen-

tentia: fiat justitia aut pereat mundus, Vertumno poetico Cygneae

anno 1646. 8. edito praestitit. Hoc saltem adverto, quod et autori annotatum, in Millenario 1. num. 219 et 220 versus Proteos esse. Hi sunt igitur:

 v. 219. Aut absint vis, fraus, ac jus ades, aut cadat aether.

 v. 220. Vis, fraus, lis absint, aequum gerat, aut ruat orbis.

Nacti vero nuper sumus, ipso communicante, alium ejus versum 32 invento sane publice legi digno, quem merito *plus quam Protea* dicas, neque enim in idem tantum, sed alia plurima carminis genera convertitur. Verba enim haec: *O alme* (sc. Deus) *mactus Petrus* (sponsus) *sit lucro duplo*; varie transposita dant Alcaicos 8, Phaleucios 8, Sapphicos 14, Archilochios 42, in quibus omnibus intercedit elisio. At vero sine elisione facit pentametros 32, Jambicos senarios tantum 20, Scazontes tantum 22, Scazontes et Jambos simul 44 (et ita Jambos omnes 64, Scazontes omnes 66); si syllabam addas fit Hexameter, v. g.

 Fac duplo Petrus lucro sit mactus, o alme!

variabilis versibus 480. Caeterum artificii magna pars in eo consistit, quod plurimae syllabae, ut prima in *duplo, Petrus, lucro,* sunt ancipites. Elisio autem efficit, ut eadem verba, diversa genera carminis syllabis se excedentia efficiant. Alium jam ante anno 1655 dederat, sed variationum partiorem, nempe Alcaicum hunc:

 Faustum alma sponsis da Trias o torum!

convertibilem in Phaleucios 4, Sapphicos 5, Pentametros 8, Archilochios 8, Jambicos senarios 14, Scazontes 16.

 Sed jam tempus equum spumantia solvere colla: 34 si quis tamen prolixitatem nostram damnat, is vereor, ne cum ad praxin ventum erit, idem versa fortuna de brevitate conqueratur.

DE

QUADRATURA ARITHMETICA

CIRCULI, ELLIPSEOS ET HYPERBOLAE.

Leibniz hat zu jeder Zeit offen bekannt, dass er erst während seines Aufenthaltes in Paris in den Jahren 1672 bis 1676 die höhere Mathematik, durch Hugens dazu ermuntert und angeleitet, zu studiren begonnen habe. Er vertiefte sich in die Cartesianische Geometrie, die er bisher nur sehr oberflächlich kannte; besonders aber erregte die Synopsis Geometrica des Honoratus Fabri, die Schriften des Gregorius a S. Vincentio, die Briefe Pascal's über die Cycloide seine Aufmerksamkeit: sie eröffneten ihm das bis dahin ganz unbekannte Gebiet der höheren Mathematik und machten ihn mit den damals üblichen Methoden der Quadraturen und Cubaturen zuerst bekannt. Indess dem von Jugend auf gehuldigten Grundsatze getreu, zugleich mit der Erweiterung des Umfanges seines Wissens immer auch die Bereicherung der Wissenschaft anzustreben, versuchte Leibniz sofort auf neuen Wegen zu neuen Resultaten zu gelangen. Bisher war man gewohnt, zum Behuf der Quadraturen die krummlinig begränzten Ebenen durch parallele Ordinaten in Rechtecke zu theilen, deren Summe die gesuchte Quadratur darstellte; Leibniz verfiel darauf, eine krummlinig begränzte Ebene von einem Punkte aus in Dreiecke zu theilen, die auf irgend eine Weise mit einander verbunden, eine andere ebene Figur hervorbrachten, deren Inhalt der in Rede stehenden Figur gleich sein musste. War nun das Verhältniss eines solchen Dreiecks zur gegebenen krummlinig begränzten Ebene bekannt, oder was dasselbe ist, war der Inhalt eines solchen Dreiecks durch die Coordinaten der Curve ausgedrückt, so war auch der Inhalt der aus der Zusammensetzung der Dreiecke entstandenen Figur bestimmt. Dies Verfahren nannte Leibniz die Methode der Transformation.

Die erste Frucht dieser Studien war, dass es Leibniz gelang, den Inhalt des Kreises, dessen Durchmesser $=1$, durch die unendliche Reihe $\frac{1}{1}-\frac{1}{3}+\frac{1}{5}-\frac{1}{7}$ etc. auszudrücken. Sie trägt noch gegenwärtig seinen Namen, wie Hugens, dem Leibniz die Entdeckung zuerst mitheilte, es ihm sofort voraussagte *).

Es konnte Leibniz nicht entgehen, dass dasselbe Princip auf die übrigen Kegelschnitte, so wie auch auf die Cycloide, mit Erfolg sich anwenden liess, und in der That er fand, dass, wenn man von dem Scheitel eines Kegelschnitts aus einen beliebigen Curvenbogen abschneidet, die Endpunkte mit dem Mittelpunkt verbindet und durch dieselben Endpunkte Tangenten legt, der entstandene Sector einem Rechtecke gleich ist, welches aus der halben grossen Axe (semilatus transversum) und einer geraden, durch die unendliche Reihe $t + \frac{1}{3} t^3 + \frac{1}{5} t^5 + \frac{1}{7} t^7$ etc. ausgedrückt, construirt werden kann, wo t das Stück der Tangente des Scheitels bezeichnet, das zwischen dem Scheitel und dem Durchschnittspunkte der Tangente des andern Endpunkts des Curvenbogens liegt, und das Rechteck aus der halben grossen und halben kleinen Axe der Einheit gleich gesetzt ist. Durch die bedeutende Tragweite des in Rede stehenden Princips wurde Leibniz ohne Zweifel veranlasst, dieses ganze Gebiet, das für die damalige Zeit den grössten Theil der Lehre von der Quadratur der ebenen Curven enthielt, einer eingehenden und umfassenden Durcharbeitung zu unterwerfen und den Stoff mit Benutzung aller Hülfsmittel, welche die Analyse der damaligen Zeit darbot, zum Gegenstand einer selbstständigen Schrift zu formen.

Dies ist der Ursprung der Schrift über die arithmetische Quadratur des Kreises, deren Leibniz so oft in späterer Zeit gedenkt. Ihr vollständiger Titel ist: De Quadratura Arithmetica Circuli, Ellipseos et Hyperbolae, cujus corollarium est Trigonometria sine Tabulis. Autore G. G. L. L. Sie war vollendet und druckfertig, als Leibniz im Jahre 1676 Paris verliess, um nach Deutschland zurückzukehren. Er übergab das Manuscript einem Agenten, welcher den Druck in Paris überwachen sollte. Der sofortigen Ausführung traten indess, wie es scheint, Hindernisse entgegen, so dass der Beginn des Druckes sich verzögerte. Da nun auch der darin behandelte Gegenstand in Folge des von Leibniz entdeckten

---

*) Siehe die Correspondenz zwischen Leibniz und Hugens (Leibniz math. Schriften, Theil 2. S. 16): vous ne laisserez pas, schreibt ihm Hugens, d'avoir trouvé une proprieté du cercle tres remarquable, ce qui sera celebre à jamais parmi les geometres.

Algorithmus der höhern Analysis von Tag zu Tag an Umfang zu-
nahm, besonders aber weil die ursprüngliche Anlage der ganzen
Schrift und die darin zu Grunde gelegte Behandlung sich noch auf
die alten, durch die Entdeckung des Algorithmus der höhern Analysis beseitigten Methoden stützte, so hielt Leibniz nach Verlauf
weniger Jahre es nicht mehr an der Zeit, die in Rede stehende
Abhandlung durch den Druck zu veröffentlichen *). Einen Augen-
blick scheint er den Gedanken gehabt zu haben, die ganze Schrift
in kürzerer Fassung, bloss die darin vorkommenden Lehrsätze zum
Theil mit Benutzung der höhern Analysis als ein "Compendium
Quadraturae Arithmeticae" bekannt zu machen; indess auch dieser
Plan blieb unausgeführt. Als späterhin die Acta Eruditorum Lipsiensium zu erscheinen anfingen, hat er den wesentlichsten Inhalt
in den Abhandlungen: De vera proportione Circuli ad quadratum
circumscriptum in numeris rationalibus, und: Quadratura Arithmetica communis Sectionum Conicarum, quae centrum habent, indeque
ducta Trigonometria Canonica ad quantamcunque in numeris exac-
titudinem a Tabularum necessitate liberata etc. veröffentlicht.

Obwohl Leibnizens Entdeckung der Reihe für die Quadratur
des Kreises nur der erste Schritt auf der Bahn voll der glänzend-
sten Triumphe war, und obwohl die dadurch veranlasste Abhandlung nur als ein Erstlingsversuch zu betrachten ist, so bildet die
letztere dennoch ein nicht unwichtiges Moment in dem mathematischen Entwickelungsgange ihres Verfassers. Vor allem ist zu bemerken, dass Leibniz dadurch veranlasst wurde, die damals üblichen
Methoden zur Quadratur der Curven nicht allein zu studiren, sondern auch in Betreff ihrer Brauchbarkeit und ihres wissenschaftlichen Werthes mit einander zu vergleichen. Auf diese Weise wurde
Leibniz mit den Lehren der höheren Mathematik auf's innigste
vertraut, was bisher von allen denen viel zu wenig beachtet worden ist, die auf das hartnäckigste fortfahren, in Bezug auf die

---

*) Jam anno 1675 compositum habebam Opusculum Quadraturae
Arithmeticae ab amicis illo tempore lectum, sed quod materia sub
manibus crescente limare ad editionem non vacavit, postquam aliae
occupationes supervenere: praesertim cum nunc prolixius exponere
vulgari more, quae Analysis nostra nova paucis exhibet, non satis pretium operae videatur. Leibniz zu Anfang der Abhandlung: Quadratura Arithmetica communis Sectionum Conicarum etc.

Entdeckung der höheren Analysis in Leibniz nur einen Plagiarius zu sehen. Sie halten Leibniz, wie er so oft selbst von sich erzählt, für einen Neuling in der Wissenschaft, der wenige Monate vor jener Entdeckung noch ganz unwissend in der Mathematik war, ohne zu bedenken, dass er eben durch diese Durchgangsperiode auf's gründlichste dazu vorbereitet wurde.

Von den folgenden Nummern erscheinen die unter I bis IV hier zum ersten Mal gedruckt. Sie enthalten ausser der oben erwähnten grössern Abhandlung Leibnizens alles das, was über die arithmetische Quadratur des Kreises unter den Leibnizischen Manuscripten auf der Königlichen Bibliothek zu Hannover als zum Druck geeignet sich vorfindet.

Nr. I, ein Brief, höchst wahrscheinlich an den Herausgeber des Journal des Savans gerichtet, ist insofern von besonderem Interesse, als Leibniz sich darin über den Ursprung seiner Entdeckung offen und ohne Rückhalt ausspricht.

In Nr. II folgt die Vorrede zu der grössern Abhandlung, die Leibniz während seines Aufenthaltes in Paris zum Druck vorbereitet hatte; es ist daraus zu ersehen, wie er über das Verhältniss seiner Entdeckung zu dem bisher Bekannten dachte, und welches die Tendenz der Abhandlung war.

Nr. III enthält unter der Aufschrift: Compendium Quadraturae Arithmeticae, den von Leibniz selbst verfassten Auszug aus der grössern Abhandlung. Es finden sich darin alle Lehrsätze der letztern wieder, nur einige wenige in anderer Fassung, wie es an den betreffenden Stellen bemerkt ist. Die Zeit der Abfassung dieses Auszuges ist nicht angegeben; sie fällt vielleicht in die Jahre 1678 oder 1679, in welchen die Ausbildung des Algorithmus der höheren Analysis bereits bedeutend vorgeschritten war.

Nr. IV enthält eine Zuschrift an einen Leibniz eng befreundeten Gelehrten und eifrigen Verehrer der mathematischen Wissenschaften, der, obwohl sein Name nicht genannt wird, kein anderer sein kann, als der Freiherr von Bodenhausen, den Leibniz während seines Aufenthaltes in Italien kennen gelernt hatte. Derselbe war deutscher Herkunft; er stammte aus einer hessischen Familie und lebte, nachdem er Convertit geworden, unter dem Namen eines Abbé Bodenus als Erzieher des Erbprinzen von Toskana in Florenz.

Jedenfalls war in den Unterhaltungen zwischen ihm und Leibniz die Rede auf die höhere Analysis gekommen, und Leibniz versucht nun in dieser Zuschrift das Wesen derselben an einem Beispiel ihm klar zu machen. Er wählt hierzu die Quadratur eines cycloidischen Abschnitts, und indem er dieselbe an das Fundamentaltheorem anlehnt, durch welches er die Quadratur des Kreises gefunden hatte, reproducirt er zunächst das Verfahren nach Art der Exhaustionsmethode der alten Geometrie, mittelst dessen er in seiner grössern Abhandlung den Beweis jenes Theorems geführt hatte; alsdann folgt dasselbe mit Hülfe des Algorithmus der höheren Analysis. Leibniz bedient sich hierbei sehr bezeichnend des Ausdruckes „Characteristica mea"; es fällt dadurch ein Streiflicht auf den Ursprung des Algorithmus der höheren Analysis. — Obwohl die Abfassung dieser Nummer offenbar in ein späteres Jahr fällt, als die folgenden bereits gedruckten, so schien es doch angemessen, dieselbe an dieser Stelle einzureihen, insofern sie sich an das Vorausgegangene unmittelbar anschliesst.

Die folgenden Nummern V bis VIII sind sämmtlich bereits gedruckt. In Bezug auf das Bruchstück V ist zu bemerken, dass der Schluss desselben, so wie er im Journal des Savans sich vorfindet, unverständlich ist; er ist hier in der ursprünglichen Gestalt nach dem Originalmanuscript abgedruckt.

I.

Monsieur

La quadrature Arithmetique du Cercle et de ses segments ou secteurs, que j'ay trouvée et communiquée à plusieurs excellens Geometres il y a déjà quelques années, leur a paru assez extraordinaire, et ils m'ont exhorté d'en faire part au public. Mais comme je n'aime pas d'écrire un volume farci d'un grand nombre de propositions repassées pour donner une seule qui soit nouvelle et considerable, j'ay recours à Vostre Journal qui nous donne le moyen de publier un theoreme sans faire un livre.

Quadrature Arithmetique est, qui exprime la grandeur de la figure proposée par un rang infini de nombres rationaux ou commensurables à une grandeur donnée, ce qui suffit pour l'Arithmetique lorsqu'on ne le sçauroit faire par un nombre rationel fini, car l'arithmetique ne connoist les nombres irrationaux qu'autant qu'elle les peut exprimer par les rationels soit finis soit infinis. Et il n'est pas difficile de donner même un rang infini de nombres rationaux égal à une racine sourde, ce que je croy d'avoir fait le premier, en......*) la division dans une extraction continuée.

La quadrature Arithmetique du Cercle et de ses parties peut estre comprise dans ce theoreme: Le rayon du Cercle estant l'unité, et la tangente BC de la moitié BD d'un arc donné BDE estant appellée b, la grandeur de l'arc sera: $\dfrac{b}{1} - \dfrac{b^3}{3} + \dfrac{b^5}{5} - \dfrac{b^7}{7} + \dfrac{b^9}{9} - \dfrac{b^{11}}{11}$ etc. Or les arcs estant trouvez, il est aisé de trouver les espaces, et le corollaire de ce theoreme est que le Diametre et son quarré estant 1, le Cercle est $\frac{1}{1} - \frac{1}{3} + \frac{1}{5} - \frac{1}{7} + \frac{1}{9} - \frac{1}{11}$ etc. L'usage de cette quadrature est qu'outre la beauté d'un theoreme aussi simple et aussi surprenant que celuy-ci, vous avez un moyen de trouver les angles par les costez et à rebours; item les espaces ou portions des Cercles, Ellipses, Cones, Spheres, Spheroides et de leur sur-

---

*) Ein unleserliches Wort.

faces, le tout par une simple addition de nombres rationaux ou grandeurs commensurables au defaut même de tables toutes calculées, et sans polygones, dont le calcul demande une extraction perpetuelle de racines, outre qu'ainsi on approchera bien viste; car si b par exemple ou BC estoit $\frac{1}{10}$ du rayon, b^{11} seroit $\frac{1}{100000000000}$ et par consequent toutes les puissances plus hautes pourront negligées hardiment. Ce qui serviroit à continuer les tables, et à les rendre plus exactes sans beaucoup de peine.

Or comme il n'y a rien de si important que de voir les origines des inventions qui valent mieux à mon avis que les inventions mêmes, à cause de leur fecondité et par ce qu'elles contiennent en elles la source d'une infinité d'autres qu'on en pourra tirer par une certaine combinaison (comme j'ay coûtume de l'appeler) ou application à d'autres sujets lors qu'on s'avisera de la faire comme il faut; j'ay crû estre obligé de faire part au public de l'origine de celle-cy. J'ay donc consideré, que les quadratures que nous avons trouvées jusqu'icy par l'analyse ordinaire, dependent des regles Arithmetiques de trouver les sommes des rangs reglés, ou des progressions de nombres rationaux. Mais les ordonnées du cercle estant irrationelles, j'ay taché de transformer le cercle en une autre figure, du nombre de celles que j'appelle rationelles, c'est à dire dont les ordonnées sont commensurables à leurs abscisses. Pour cet effect j'ay fait le dénombrement de quantité de Metamorphoses, et les ayant essayées par une combinaison tres aisée (car je pourrois par ce moyen écrire en une heure de temps une liste de plus de 50 figures planes ou solides, differentes, et neantmoins dependentes de la circulaire) j'ay trouvé bientost le moyen que je m'en vays expliquer. J'ay crû cependant à propos de remarquer cecy en passant pour justifier ce que j'avois dit autrefois de l'utilité des combinaisons pour trouver des choses que l'algebre et si vous voulez, l'analyse même telle que nous l'avons ne sçauroit donner. Or le moyen que les combinaisons m'ont offert sert à trouver un nombre infini de figures commensurables à une figure donnée. Pour cet effect je me suis servi de ce lemme: Trois paralleles BC, GE, HF (fig. 1), passant par les trois angles d'un triangle BEF et un des costez EF estant prolongé jusqu'à la rencontre d'une des paralleles en C, le rectangle sous l'intervalle BC entre le point de rencontre C et l'angle B, par lequel passe cette parallele, et sous GH, la distance des deux autres paralleles

GE, HF, c'est à dire le rectangle PGH (en supposant BGH normale à BC, et CP égale et parallele à BG) sera le double du Triangle BEF. De même, si HQ égale à BM, le rectangle QHN sera égal au double Triangle BFL. Et si ces bases EF, FL etc. sont infiniment petites, et continuées pour remplir*) tout l'Espace EB((E))LFE à la courbe EFL((E)), et de même si GH, HN etc. sont infiniment petites afin que les rectangles BGH, QHN etc. remplissent tout l'espace PG((G))((P))QP à la courbe PQ((P)), tout cet espace sera le double de l'autre espace. Et puisque FEC, LFM, ((E))((C)) seront les touchantes de la première courbe, le theoreme se pourra enoncer generalement ainsi: Si d'une courbe E((E)) on mene à un costé AB d'un angle droit ABC les ordonnées EG, ((E))((G)), à l'autre costé BC les touchantes EC, ((E))((C))), alors la somme des interceptées BC, ((B))((C)) entre le point de l'angle B et le point de la rencontre des touchantes C ou ((C)) appliquées normalement à l'axe AB ou GP, ((G))((P)), c'est à dire la figure PG((G))((P))QP sera le double de l'espace EB((E))E compris entre une portion de la première courbe et les droites qui joignent les extremités de cette portion au point B.

Ce theoreme est un des plus considerables et des plus universels de la Geometrie. Et j'en ay tiré quelques consequences qui meritent d'estre touchées en passant. Premierement par ce theoreme on peut demonstrer Geometriquement et sans induction de nombres (que Mons. Wallis a donnée dans son excellent ouvrage de l'Arithmetique des infinis) toutes les quadratures parfaites que nous avons jusqu'icy. Car nous n'avons que celles des Paraboles, sçavoir de celles dont les equations sont $x^z a^v \sqcap y^{x+v}$, et celles des Hyperboloeides dont les equations sont $x^z y^v \sqcap a^{z+v}$, supposant x et y ordonnée et abscisse, a grandeur constante, z et v exponents des puissances de ces grandeurs, car il est aisé de faire voir par les methodes que nous avons *de maximis et minimis ou des touchantes*, que dans toutes les Paraboles et Hyperboles, les interceptées BC ou GP gardent une raison constante à leurs ordonnées GE (comme par exemple dans la parabole ordinaire GP est la moitié de GE) donc la figure B((G))((P))PB ou sa moitié, sçavoir le segment B((E))EB aura une raison connue à l'espace B((G))((E))EB, c'est à dire au segment même plus une grandeur

---

*) Es scheint hier zu fehlen: par les Triangles BEF, BFL etc.

connue, sçavoir le triangle B((G))((E)), donc ce segment sera connu aussi bien que cet espace.

L'autre Corollaire que je dire du Theoreme general est la dimension absolue d'un certain segment de la Cycloeide, sans supposer la quadrature du cercle, [sçavoir si une droite AV parallele au plan RT, sur lequel roule le cercle generateur RBER, passe par le centre du cercle A, et coupe la cycloeide en V, joignant BV, le segment cycloeidal BVB, dont la base joint le sommet de la cycloeide B et le point d'intersection V, sera égal à la moitié du quarré du rayon du cercle ou au triangle BAE]. *)

Le troisieme Corollaire est la quadrature Arithmetique du Cercle. Car la courbe E(E)((E)) estant un arc de cercle, la courbe des interceptées, sçavoir BP(E)((P)), se pourra rapporter a l'angle droit RBC par cette equation $\frac{2az^2}{a^2+z^2}$ ⊓ x, appellant BG ou CP, x et BC ou GP, z, c'est à dire RB sera à BG en raison doublée de AC à BC, comme il est aisé de demonstrer. D'ou il s'ensuit premierement que celuy qui trouvera une regle de donner par abregé la somme d'un tel rang, quoyque fini, de nombres rationaux: $\frac{2,1}{1+1}$ ou $\frac{2}{2}$, $\frac{2,4}{1+4}$ ou $\frac{8}{5}$, $\frac{2,9}{1+9}$ ou $\frac{18}{10}$, $\frac{2,16}{1+16}$ ou $\frac{32}{17}$ etc. sans estre obligé de les adjouter ensemble l'un apres l'autre, aura achevé la quadrature du cercle, parceque c'est la progression des ordonnées CP de la figure BCPB, dont la quadrature donneroit celle du Cercle. Mais à present ce n'est pas encor la quadrature Arithmetique. Et pour y arriver il faut se servir de la belle methode de Nicolaus Mercator, selon laquelle, puisque a estant l'unité et $\frac{x}{2}$ égal à $\frac{z^2}{1+z^2}$, la même x sera égale à $z^2 - z^4 + z^6 - z^8$ etc. à l'infini, et la somme de toutes les x égale à la somme de toutes les $z^2 - z^4$ etc. Or la premiere de toutes les z estant infiniment petite, et la derniere estant d'une certaine grandeur, comme BC que nous appellerons b, la somme de toutes les z^2 sera $\frac{b^3}{3}$, et la

---

*) Leibniz pflegte die Stellen, die in der Reinschrift seiner Briefe wegbleiben sollten, in Klammern einzuschliessen.

somme de toutes z^4 sera $\dfrac{b^5}{5}$ etc. (par la quadrature des paraboles),
donc la somme de toutes les x ou l'espace BCPB, ou la différence
du rectangle CBG et du double segment du cercle BEB sera $\dfrac{b^3}{3}$

$- \dfrac{b^5}{5} + \dfrac{b^7}{7} - \dfrac{b^9}{9}$ etc. donc (par une suite assez aisée de la Geometrie ordinaire) l'arc BDE sera $\dfrac{b}{1} - \dfrac{b^3}{3} + \dfrac{b^5}{5} - \dfrac{b^7}{7}$ etc. le
rayon estant 1 et BC, touchante de la moitié de l'arc, estant ap-
pellée b. Ce qu'il falloit demonstrer. J'avoue que cette demonstration ne pourra pas estre entendue de tout le monde, parce-
qu'elle suppose bien des choses qui ne sont connues qu'à ceux qui
sont versez dans les nouvelles decouvertes et qui sçavent manier
les characteres ou symboles. Mais il n'y en a que trop pour
ceux-cy: et il faudroit un volume pour satisfaire aux autres. On
pourroit prouver aussi le rapport qu'il y a entre la figure des
interceptées B((G))((P))PB et le cercle, en supposant la quadrature
de la Cissoeide trouvée par Mons. Hugens, comme il m'a fait remarquer. Mais la demonstration que je viens de donner m'a servi
de principe d'invention et est feconde en theoremes nouveaux.
S'il y a lieu d'esperer qu'on pourra jamais arriver à une raison
analytique, exprimée en termes finis, du Diametre à la circonference,
je croy que ce sera par cette voye, car quoyque les expressions
soyent infinies, nous ne laissons pas quelques fois d'en trouver les
sommes; et pour cet effect je donneray pour conclusion l'observa-
tion suivante, qui me paroist tres curieuse:

$\frac{1}{1} \frac{1}{3} \frac{1}{15} \frac{1}{24} \frac{1}{35} \frac{1}{48} \frac{1}{63} \frac{1}{80} \frac{1}{99} \frac{1}{120}$ etc. dont la somme $\sqcap \frac{3}{4}$ la progression
estant conti-
nuée à l'infini

$\frac{1}{1} \cdot \frac{1}{15} \cdot \frac{1}{35} \cdot \frac{1}{63} \cdot \frac{1}{99} \cdot$ etc. $\cdot \quad \cdot \quad \cdot \quad \cdot \quad \sqcap \frac{2}{4}$

$\cdot \frac{1}{3} \cdot \frac{1}{24} \cdot \frac{1}{48} \cdot \frac{1}{80} \cdot \frac{1}{120}$ etc. $\cdot \quad \cdot \quad \cdot \quad \sqcap \frac{1}{4}$

$\frac{1}{1} \cdot \quad \cdot \frac{1}{15} \cdot \quad \cdot \frac{1}{99} \cdot$ etc. $\bullet \quad \cdot \quad \cdot \quad \sqcap$ pendet ex quad.
circl.

$\frac{1}{1} \cdot \quad \cdot \quad \cdot \frac{1}{35} \cdot \quad \cdot \quad \cdot \frac{1}{120}$ etc. $\cdot \quad \cdot \quad \cdot \quad \sqcap$ pendet ex quad.
hyperbol.

II.

PRAEFATIO OPUSCULI DE QUADRATURA CIRCULI ARITHMETICA.

· Quoniam Problema de Quadratura Circuli in omnium ore versatur et ardentibus quaerentium studiis etiam apud homines Geometriae prorsus expertes celebre redditum est, operae pretium erit naturam quaestionis paucis exponere, ut appareat quid ab omni aevo quaesitum sit, quid ante nos praestitum, quid a nobis adjectum quidque agendum supersit posteritati.

Cum Pythagoras ejusque discipuli Geometriae rectilinea Elementa absolvissent, quae postea ab Euclide in unum corpus redacta sunt, jamque id effectum esset, ut cuilibet figurae rectilineae planae datae exhiberi posset quadratum aequale, quod scilicet omnium figurarum rectilinearum simplicissimum et quodammodo caeterorum mensura est; cogitari coepit an non posset circulo exhiberi aequalis figura rectilinea, adeoque et aequale quadratum. Et hoc est illud, quod Circuli quadratura vulgo vocatur; nam si Triangulum quoddam aut aliud Polygonum quodcunque Circulo aequale describi posset, utique et quadratum ei aequale esset in potestate. Et quoniam Archimedes ostendit, Triangulum rectangulum, cujus altitudo sit radius, basis autem sit circumferentia in rectam extensa, fore circuli duplum, ideo si quis inveniet rectam quandam circumferentiae circuli aequalem, daret nobis quadraturam.

Hic nonnullis, qui explicationem audiunt, mirari subit, an rem, ut ipsis videtur, facillimam tamdiu quaesierint Geometrae; quid enim facilius quam rectam circumferentiae aequalem invenire, circulo materiali filum circumligando idque postea in rectum extendendo ac mensurando. Eodem jure dicere possent, facile quadrari circulum, si cerea massa primum circularis, postea ad quadratam figuram redigatur, aut si aqua ex cylindro cavo in trabem quadratam excavatam transfundatur, nam ex aquae altitudine apparebit, quomodo circulus, qui est basis cylindri, sit ad quadratum, quod est basis trabis sive prismatis excavati, et si eadem aqua duplo vel triplo altius assurgat in prismate quam in cylindro, erit quadratum circuli dimidium vel triens, adeoque aliud quadratum, quod hujus duplum triplumve sit, quale per Geometriam nullo negotio invenitur, erit circulo aequale. Verum sciendum est, tale quiddam a Geometris non quaeri, sed viam ab illis investigari, per quam sine

ullo circulo materiali ejusve transformatione aut ad planum applicatione, certa arte ac regula instrumentove quod dirigere sit in
potestate, qualia sunt, quibus Circulus aut Ellipsis aliave linea describitur, inveniri ac designari possit recta circumferentiae aequalis,
vel etiam latus quadrati circulo aequalis. Itaque per filum in rectum extensum, aut etiam per rotam in plano provolutam aut regulam circumferentiae materialis partibus successivo contactu applicatam non quaeritur quadratura circuli. Hinc etiam quadratura
circuli per contactum Helicis ab Archimede exhibita non est illa
quae quaeritur, neque pro tali eam venditavit Archimedes. Nimirum Helix est curva linea, quae describitur a stylo, qui per radium
circa centrum euntem a centro versus circumferentiam incedit et
planum subjectum immobile apice suo attingit inque eo vestigium
motus sui, ex recto circularique composti, relinquit; modo intelligatur motum radii circa centrum et styli in radio esse uniformes
aut proportionales. Talis autem linea non est in potestate, neque
enim (sine circulo materiali) effici hactenus a nobis potest, ut
aequali aut proportionali velocitate moveantur semper radius circa
centrum et stylus in radio. Deinde si descripta jam esset, deberet
huic helici materialiter ex plano excisae regula quaedam tangens
applicari, cujus ope recta circulo aequalis determinaretur.

Porro Problemati de Quadratura Circuli connexum est problema de sectione Angulorum universali, sive Trigonometria Geometrica, cujus ope scilicet Anguli tractari possint instar linearum
rectarum, ut possit inveniri angulus, qui ad alium datum habeat
rationem datam numeri ad numerum, vel etiam rectae ad rectam,
item ut ex datis lateribus Trianguli inveniri possit quantitas anguli
seu arcus eum subtendentis ratio ad circumferentiam suam totam,
et ut vicissim uno angulo et duobus lateribus, vel duobus angulis
et uno latere dato, caetera in Triangulo geometrice inveniantur.
Haec autem omnia praestari sine Tabulis possent, si plena Circuli
daretur Quadratura, *plena*, inquam, id est circuli et omnium ejus
partium, segmentorum scilicet, ut CEFC (fig. 2), atque sectorum ut
ABDC, ita enim etiam cuilibet circumferentiae portioni sive arcui,
ut BDC, aequalis inveniri posset recta, quemadmodum ostendit Archimedes, ac proinde arcus (et qui illis respondent anguli) instar
linearum rectarum tractari possent, quod longe utilius foret, quam
ipsamet circuli quadratura sola. Hoc enim modo sine ullis Sinuum
Tabulis omnia problemata Trigonometrica efficere possemus; Trigo-

nometriae autem quantus sit in omni re mathematica usus, nemo ignorat.

Porro plena pariter ac minus plena Circuli Quadratura vel empirica est vel rationalis: Empirica, quae filo extenso aliisque transformationibus ac tentamentis fieret, et hanc jam rejecimus; Rationalis, quae arte quadam invenitur et secundum regulam ex rei natura ortam procedit. Rationalis autem est vel exacta vel appropinquans, utraque vel per calculum vel per ductum Linearum: per calculum vel finitum vel infinitum, et vel per numeros rationales vel per irrationales. Omnis quadratura appropinquans appellatur *Mechanica*, sive fiat per ductum linearum, quales ingeniosissimae Willebrordi Snellii et imprimis Christiani Hugenii aliaeque nonnullae, sive fiat per calculum, quemadmodum Archimedes, Metius, Ludolphus a Colonia, Jac. Gregorius Scotus, aliique fecere. Et Archimedes quidem vidit ope Polygonorum inscriptorum et circumscriptorum, quantumvis ad circuli magnitudinem accedi posse. Si enim Polygona duo similia, qualia delineare docet Euclides, ut Trigonum, Hexagonum, aliave circulo inscribantur, poterunt angulis quos comprehendunt bisectis (bisectio enim anguli per Elementa fieri potest) alia duo duplum laterum vel angulorum numerum habentia inscribi ac circumscribi, idque in infinitum continuari, circulo semper inter ultimum inscriptum et circumscriptum cadente. Nempe si a trigono incipias, sequetur hexagonum, dodecagonum, 24gonum, 48gonum, 96gonum, inscriptum pariter et circumscriptum. Et hoc modo procedi potest, quousque voles, et quoniam cujuslibet polygoni geometrice per has bisectiones inventi area semper haberi potest in numeris satis exactis, ideo semper duae habebuntur areae, intra quas circulus cadet, quae propius semper accedent, et ita fieri potest, ut error sit minor quovis dato, id est si quis a me postulet numerum, qui rationem circumferentiae ad diametrum tam prope exprimat, ut non differat a vero centesima millesima, aliave unitatis parte, id continuatis bisectionibus efficere possum. Hanc methodum Archimedes coepit, Metius longius, sed longissime omnium incredibili labore produxit Ludolphus a Colonia, qui si scivisset compendia hodie nata, utique magna laboris parte fuisset levatus. Ex proportionibus autem inventis ad usum in minimis sufficit Archimedea, quod scilicet circumferentia sit ad diametrum ut 22 ad 7, in mediis Metiana, quod sit ut 355 ad 113, in magnis satis est adhiberi partem Ludolphinae, quod sit ut . . . .

ad . . . . Inventa autem ratione diametri ad circumferentiam potest facile omnis alius arcus quilibet mensurari ope Tabulae Sinuum. Nam si quis ex tabulis excerpserit sinum dimidii minuti ac duplicaverit, habebit chordam minuti, seu ipsius arcus qui sit 21600ma pars circumferentiae, quae chorda, cum mediocris exactitudo desideratur, potest arcui suo aequalis poni, adeoque ad arcus exempli causa septem graduum inveniendam longitudinem, quoniam is 420 minuta continet, suffecerit chordae unius minuti longitudinem ex Tabulis inventam per 420 multiplicari. Si quis exactius adhuc procedere velit, sinu minuti secundi eodem modo uti potest.

Et haec quidem Circuli ejusque partium quadratura, etsi Rationalis sit, Mechanica tamen appellatur. Exacta autem est, quae quaesitam Circuli aut arcus magnitudinem exacte exhibet, eaque aut *Linearis* aut *Numerica* est, scilicet vel ductu linearum, vel expressione valoris. Valor exprimi potest exacte, vel per quantitatem, vel per progressionem quantitatum, cujus natura et continuandi modus cognoscitur: per quantitatem, ut si quis numerum aliquem sive rationalem, sive irrationalem, sive etiam Algebraicum, aequationi cuidam inclusum daret, quo valor arcus circuli exprimeretur; per progressionem, si quis ostendat progressionem quandam, cujus continuandae in infinitum regula datur, totam simul sumtam arcus vel circuli valorem exacte exprimere. Prior expressio a me vocatur *Analytica*, posterior vero, cum progressio procedit in numeris rationalibus, jure *Quadraturae Arithmeticae* titulo censeri posse videtur, ut cum dico: Si quadratum diametri sit I, circulum aequari toti progressioni fractionum sub unitate imparium alternis affirmatarum et negatarum, nempe $\frac{1}{1} - \frac{1}{3} + \frac{1}{5} - \frac{1}{7} + \frac{1}{9} - \frac{1}{11}$ etc. in infinitum, ut in hoc opusculo demonstrabitur, ubi negari non potest, exactum quendam circuli valorem expressionemque magnitudinis ejus aliquam omnino veram esse repertam. Ipsa enim series horum numerorum tota utique non est nihil, potest enim augeri ac minui, possunt multa de ea theoremata evinci. Et quomodo, obsecro, possibile est, eam esse nihil, si valorem circuli exprimit, nisi hunc quoque nihil esse putemus. Quodsi ergo est aliquid, utique aliquem circuli valorem exactum deprehendimus. Et si quis aliquando reperiret progressionem characterum, qua semel cognita Ludolphi expressio sine novo calculo continuari posset in infinitum (qualem progressionem utique regula quadam certa constare necesse est) quod foret pulcherrimum, is haberet quadraturam circuli Arithmeticam in integris, quemadmodum nos dedimus in fractis. Sed hanc regulam et difficillimam fore arbitror, et valde compositam, et minus pulchrum theorema exhibituram, ac nostra, in qua mira quaedam naturae simplicitas elucet, uti illi ipsi numeri, qui sunt differentiae omnium ordine quadratorum, circuli ad quadratum a diametro rationem exprimant, ut adeo vix ipsa analytica circuli expressio una quantitate facienda, si quando reperietur, pulchrior futura videatur. Praeterquam quod eadem regula non circulus tantum, sed et quaelibet ejus portio, nec circumferentia tantum, sed et quilibet arcus inveniatur, quod expressione analytica aequabili fieri impossibile est. Regula nostra generalis, adeoque *Quadratura Arithmetica plena* huc redit, ut Tangente, quae radio non major sit, posita b, radio Unitate, arcus ipse scil. quadrante non major sit $\frac{b}{1} - \frac{b^3}{3}$

$+ \frac{b^5}{5} - \frac{b^7}{7} + \frac{b^9}{9} - \frac{b^{11}}{11}$ etc. Unde Trigonometrica problemata sine tabulis efficienda oriuntur. De quo postea.

Supersunt adhuc Quadraturae exactae duae, altera Linearis sive Geometrica, altera Analytica. Equidem nec omne Analyticum Geometricum est; possunt enim exprimi magnitudines quaedam, quae per cognitas artes non possunt ductis lineis exhiberi, contra lineae designari possunt instrumentis, quarum expressio nondum sit in potestate. Ostendam enim aliquando esse Lineas Geometricas, quae non minus facile ac Cartesianae motibus regularum certa quadam ratione incedentium describantur et aeque geometricae sint ac parabolae et hyperbolae, et ad certa quaedam problemata solvenda unice necessariae sint, calculo tamen ad aequationes quasdam certasque dimensiones revocari nequeant. Perfecta autem quadratura illa erit, quae simul sit Analytica et linearis, sive quae lineis aequabilibus, ad certarum dimensionum aequationes revocabilibus, construatur. Hanc impossibilem esse asseruit ingeniosissimus Gregorius in libro *de Vera Circuli Quadratura*, sed demonstrationem tunc quidem, ni fallor, non absolvit. Ego nondum video, quid impediat circumferentiam ipsam aut aliquam determinatam ejus portionem mensurari, et cujusdam arcus rationem ad suum sinum, certae dimensionis aequatione exprimi. Sed *relationem arcus ad sinum in universum aequatione certae dimensionis explicari impossibile est*, quemadmodum in ipso opusculo demonstrabo, unde

V. 7

et Corollarium hoc ducam: „Quadraturam plenam, analyticam, „aequatione expressam, cujus terminorum dimensiones sint nu- „meri rationales, perfectiorem quam dedimus, cum arcum quadrante „non majorem diximus esse $\frac{b}{1} - \frac{b^3}{3} + \frac{b^5}{5} - \frac{b^7}{7} + \frac{b^9}{9} - \frac{b^{11}}{11}$ etc. „posita tangente ejus b et radio 1, reperiri non posse." Qualis- cunque enim dabitur, utique progredietur in infinitum, nam alioqui, ut ostensum est, vel non erit plena sive non quemlibet arcum ex- hibebit, vel erit certae ad summum dimensionis, quod absurdum esse demonstravimus. Quodsi jam progredietur in infinitum, haec utique, quam dedimus, perfectior non est. Commodiorem nostra ac simpliciorem esse forte possibile est, sed id parum moramur, praesertim cum ne verisimile quidem fiat, simpliciorem atque na- turaliorem et quae mentem afficiat magis, salva generalitate, re- periri posse expressionem. Quod facile sic demonstratur. Esto aequatio illa inventa gradus cujuscunque certi, verbi gratia, cubica, quadrato-quadratica, surdesolida seu gradus quinti, gradus sexti, et ita porro, ita scilicet ut maxima aliqua sit aequationis inventae dimensio, exponentem habens numerum finitum. Hoc posito, linea curva ejusdem gradus delineari poterit, ita ut abscissa exprimente sinus, ordinata exprimat arcus, vel contra. Hujus ergo lineae ope poterit arcus vel angulus in data ratione secari, sive arcus, qui ad datam rationem habeat datam, inveniri sinus; ergo problema sectionis anguli universalis certi erit gradus, solidum scilicet, aut sursolidum, aut alterius gradus altioris, quem scilicet natura vel aequatio hujus lineae dictae ostendet. Sed hoc absurdum est; constat enim tot esse varios gradus problematum, quot sunt nu- meri (saltem impares) sectionum: nam bisectio anguli est pro- blema planum, trisectio problema solidum sive conicum, quinque sectio est problema surdesolidum, et ita porro in infinitum; altius fit problema prout major est numerus partium aequalium, in quas dividendus est angulus, quod apud Analyticos in confesso est, et facile probari posset universaliter, si locus pateretur. Impossibile est ergo relationem arcus ad sinum, in universum certa aequatione determinati gradus exprimi. Q. E. D.

III.

COMPENDIUM QUADRATURAE ARITHMETICAE.

Prop. 1. *) Si per Trianguli (ABC) tres Angulos totidem transeant rectae parallelae interminatae (AD, BE, CF), triangulum erit dimidium rectanguli comprehensi sub intervallo (CE) duarum parallelarum et portione tertiae (AG) intercepta inter occursus ejus cum angulo trianguli et latere opposito, si opus, producto (fig. 3).

Hoc facile demonstrabitur, posita ex hoc angulo (A) in latus oppositum (BC) agi normalem (AH); ita triangula similia (AHG, CEB) habentur.

Prop. 2. Series differentiarum inter quantitates ordine perturbato dispositas major est serie differentiarum inter quantitates easdem ordine naturali aut minus perturbato collocatas.

Sint tres quantitates ordine naturali dispositae A, A+B, A+B+C
$$\text{differentiae} \quad B \qquad C$$
summa differentiarum est B + C;

sint rursus eaedem perturbate dispositae A+B, A, A+B+C
$$\text{differentiae} \qquad B \quad B+C$$
fiet summa differentiarum 2B + C, quae major quam ante. Idemque in serie longiore saepius perturbata saepius fiet.

Prop. 3. In serie quotcunque quantitatum differentia extremarum non potest esse major, quam summa differentiarum omnium intermediarum sive continuarum:

$$A \quad E \mid A \quad B \quad C \quad D \quad E$$
$$m \quad\quad\mid\; f \quad g \quad h \quad l$$

ajo m non esse majorem, quam f + g + h + l. Nam si ordine naturali sint positae, m est aequalis huic summae, ut constat; sin ordo sit perturbatus, major est summa differentiarum, quam differentia maximi et minimi, hoc est primi et ultimi in ordine naturali, per praeced. prop.; ergo et major quam differentia inter eos, qui non sunt maximus et minimus (quippe quorum differentia minor est quam maximi et minimi) quales utique in ordine perturbato non sunt A et E.

---

*) Im Manuscript fehlen bis zu Prop. 9 die Figuren; ich habe sie, so wie die betreffenden Buchstaben, in den Lehrsätzen ergänzt.

Prop. 4. Differentia duarum quantitatum non potest esse major, quam summa differentiarum tertiae a singulis:

$$\begin{matrix} A & E & A & C & E & C \\ & f & & b & & d \end{matrix}$$

ajo f non excedere $b + d$; nam (per praeced.) si sit $\begin{matrix} A & & C & & E \\ & b & & d & \end{matrix}$,

non potest f esse major quam $b + d$. Idem tamen brevius et per se poterat demonstrari.

Prop. 5. Differentia duarum quantitatum minor est, quam summa duarum aliarum, quarum una unius, altera alterius priorum differentiam a tertia excedit:

Quantitates	A	C	E, ergo ipsarum		A		E
differentiae verae		b	d	differentia vera		f	
minores quam		g	h	minor quam		$g+h$.	

Nam g est major quam b, et h quam d ex hypothesi; ergo $g + h$ major quam $b + d$; at f non est major, quam $b + d$ per praeced.; ergo f est minor quam $g + h$.

Prop. 6. In curvis puncta ($_1C$, $_2C$, $_3C$, $_4C$, $_5C$ etc.) tam vicina assumi possunt, ut spatium rectilineum gradiforme ($_5N$ $_1B$ $_5B$ $_4P$ $_4N$ $_3P$ $_3N$ $_2P$ $_2N$ $_1P$ $_1N$) a spatio curva et rectis comprehenso ($_5D$ $_1B$ $_5B$ $_5D$ $_4D$ $_3D$ $_2D$ $_1D$) differat quantitate minore quavis data (fig. 4).

Hic obiter, quid sint *puncta Rerversionum* in curva, nempe in quibus coincidit ordinata et tangens. *Punctum flexus contrarii* est, ubi curva ex concava fit convexa vel contra, adeoque non est tota ad easdem partes cava. Curva habet aut non habet puncta reversionum, prout ad diversos axes refertur, sed puncta flexus sunt absoluta.

Prop. 7. Si a quolibet curvae puncto (C) ad unum anguli recti in eodem plano positi latus (AB) (quod vocabo *directricem*) ducantur ordinatae normales (CB), ad alterum (quod voco *condirectricem*) tangentes (CT) et ex punctis occursus (T) tangentium ducantur perpendiculares (TD) ad ordinatas, si opus, productas, et transeat curva nova ($_1D$ $_2D$ etc.) per intersectiones perpendicularium et ordinatarum, erit *Zona* ($_1D$ $_1B$ $_4B$ $_4D$ $_3D$ $_2D$ $_1D$) seu spatium inter axem, duas ordinatas extremas et curvam novam comprehensum, sectoris spatii ($_4CA$ $_4C$ $_3C$ $_2C$ $_1C$) inter curvam primam et rectas, ejus extrema cum anguli recti propositi centro jungentes, comprehensi duplum (fig. 4).

Hic obiter explico, *abscissam* esse intervallum ordinatae ab angulo recto, *resectam* esse intervallum tangentis ab eodem angulo, utrumque sumtum in latere anguli, cui occurrit abscissa in directrice, resecta in condirectrice. Curva nova est *figura resectarum*, quia ejus ordinatae sunt resectis aequales.

Demonstrat. Ponatur zona figurae resectarum non esse dupla sectoris figurae prioris; dupli sectoris zonaeque simplae differentia sit Z. Sectori circumscribantur polygona ope tangentium et chordarum, et ex occursu tangentium ad condirectricem ductae normales ad ordinatas dabunt spatium rectilineum gradiforme, idque continuetur (per prop. 7), donec polygonum a sectore, et spatium gradiforme a zona minus differat quantitate data, adeoque minus quam ¼ Z. Spatium gradiforme autem est duplum polygoni (per prop. 1). Zona seu spatium quadrilineum vocetur Q, spatium gradiforme seu duplum polygonum P, sector seu trilineum T. Jam diff. inter Q et P minor est quam ¼ Z, et diff. inter P et duplum T est minor quam ¼ Z; ergo ob schema quantitatum Q   P   T, quarum differentiae minores quam   ¼ Z ¼ Z, erit per prop. 5 diff. inter Q et T minor quam ¾ Z, adeoque minor quam Z, adeoque minor data quacunque quantitate, adeoque nulla est haec differentia.

Segmentum est spatium duabus lineis, una curva, altera recta, comprehensum; *sector* est trilineum duabus rectis et una curva comprehensum. Si sectores sint circuli ex centro, figura resectarum eadem est cum *figura angulorum*. Parallelae condirectrici sunt *ordinatae*, partes directricis inde ab angulo communi sunt *abscissae*. Condirecticem voco et directricem conjugatam. Si angulus rectus, directrix dicitur *axis*, ordinatae ad condirectricem sunt *ordinatae conjugatae*. Spatium sub axe, ordinata et curva voco *Trilineum orthogonium*; portio axis est *altitudo*, ordinata terminans dicitur *basis*; quod ad rectangulum circumscriptum trilineo orthogonio deest, vocatur ejus *complementum*.

Prop. 8. Si coincidant initia curvarum, propositae et novae (prop. 7 explicatae) cum angulo recto, zona abit in trilineum orthogonium, et sector in segmentum, manente eadem proportione dupla.

Prop. 9. Si **AD** linea resectarum, erit retorta **ADCKA** = **AGCKA** (fig. 5).

Nam. AVCKA = ABDA (per prop. 8); jam ABCKA — AVCA = ABCVA = AGCKA, et ABCKA — ABDA = ADCKA; ergo. ADCKA = AGCKA.

Prop. 10. AEDLA = AECKA dupl. (fig. 5).

Nam triang. AEC dimidium est rectanguli BE; jam BE — ABDLA = AEDLA et AEC — ACKA (id est minus dimid. ABDLA) = AECKA; ergo AECKA = dimid. AEDLA.

Prop. 11. A figura curvilinea utcunque exigua portionem abscindere, cujus duplo exhibeatur aequalis figura longitudinis infinitae, infinitis modis (fig. 6).

Semper enim abscindi potest trilineum orthogonium μBC, cujus axis Bμ sit normalis ad tangentem $\lambda\mu$, et ex punctis curvae L ducendo tangentes LT ad ipsam BC erit figura resectarum (ipsis BT aequalium) infinita, nunquam occurrens ipsi λ et tamen non plus quam duplo major trilineo, per prop. 8.

Prop. 12. Retorta Cycloidis ABCA (quae est trilineum bicurvilineum, comprehensum arcu cycloidis AC, arcu circuli generatoris AB et BC ordinata cycloidis ad basin rotationis DE parallela) est duplum segmenti cycloidis (ACA) (fig. 7).

Nam ducta tangente CT est AT aequ. BC, unde per prop. 8 constat propositum. *)

Prop. 13. Si BC, ordinata cycloidis, transeat per centrum circuli generatoris, segmentum ACA aequatur dimidio quadrato radii.

Nam aequatur retortae per praecedentem, sed constat ex aliorum inventis, retortam in hoc casu aequari quadrato radii. Sed (sine aliorum inventis) sic ratiocinari licet: AFCSA = triang. AFB + triang. ABC (seu + quadrant. AFBHA) + segm. ACSA; rursus AFCSA = quadrant. AFBHA + retort. AHBCSA (seu + dupl. segm. ACSA, per prop. 12) ergo duos valores aequando fit triang. AFB = segm. ACSA.

---

*) Leibniz hat bemerkt: Prop. 12, etiam demonstrari potest sine ope nostri theorematis novi ex satis jam notis: AFCSA = AFB + ABC + ACSA = AFBHA + AHBCSA (1) ex figura; ABC = AFBHA (2) ut constat (quia BC = AHB), AHBCSA = bis AFB (3), ergo in aequ. 1 explicata per aequationes 2 et 3 sublatis aequalibus restat ACSA = AFB, q. e. d.

Prop. 14. Figuram Angulorum exhibere, cujus scilicet zonae sint ut anguli, modo portiones ab axe abscissae (quae latitudinem zonae faciunt) sint ut sinus (fig. 8).

DE, AB (radius circuli) et EF sint continue proportionales, et GAB etc. FG erit figura angulorum, et erunt zonae GAEFG ut arcus circulares CD seu ut anguli CAD. Sunt enim zonae GAEFG duplae respondentium sectorum CADC, nam ducta tangente DT est AT = EF, nam ob triangula similia ADT et DEA est ED ad DA ut DA ad AT.

Coroll. Hinc spatium infinitum figurae angulorum aequatur semicirculo.

Haec figura Angulorum respondet Hyperbolae, quae est figura Rationum. Ut enim secantibus compl. AL radio AB applicatis seu AL translatis in EH oritur Hyperbola, in qua zonae MBEHM sunt ut logarithmi rationum AB ad AE, sinus totius ad sinum ang. CAD, ita secantibus AT translatis in EF, zonae GAEFG sunt ut anguli CAD.

Curva Analytica est, cujus natura aequatione certi gradus, exhiberi potest. *Parameter* est recta constans, aequationem ingrediens. *Curva analytica simplex* est, cujus relatio inter ordinatam et abscissam explicari potest aequatione duorum tantum terminorum, ubi et ordinatae sunt in ratione abscissarum secundum certum numerum multiplicata aut sub-multiplicata, directa aut reciproca. Si directa, tunc curvae vocantur *Paraboloeides*, sin reciproca, *Hyperboloeides*. Sit parameter a, abscissa x, ordinata y, erit aequatio generalis pro Paraboloeide $a^{m-n}x^n = y^m$, eruntque y in ratione abscissarum x $m$plicata sub $n$plicata (ut si esset n = 2 et m = 3, forent y in ratione triplicato-subduplicata ipsarum x); at pro Hyperboloeide fiet $a^{m+n} = x^n y^m$, ubi ipsae y erunt in ipsarum x ratione $m$plicata sub $n$plicata reciproca. *Curva rationalis* est, cum ordinatae valor in numeris haberi potest ex data in numeris abscissa, posito parametros in numeris esse datas. Duae tantum dantur lineae rationales simplices, recta et Hyperbola. Unde Hyperbola est curvarum simplicissima quoad expressionem analyticam, sed circulus quoad constructionem Geometricam. Logarithmica quoque Transcendentium simplicissima esse videtur quoad analysin, cycloeidalis linea quoad constructionem.

Prop. 15. In curva analytica simplice portio axis inter occursum tangentis et ordinatae est ad abscissam ut m, exponens dignitatis ab ordinatis, est ad n, exponentem dignitatis ab abscissa, in directis occursus tangentis Θ ab occursu ordinatae B sumendus versus verticem A, in reciprocis seu Hyperboloeidibus in partem contrariam (fig. 9).

Prop. 16. Si figura generans sit Analytica simplex, etiam figura Resectarum est Analytica simplex ejusdem speciei, ordinatas habens respondentibus ordinatis prioris proportionales ut exponentium potestates ordinatae et abscissae, summa in directis, differentia in reciprocis, est ad exponentem potestatis ordinatae.

Coroll. Hinc et areae eodem modo.

Prop. 17. Ergo in omni figura analytica simplice duplum sectoris $_1CA_2C_1C$ est ad zonam $_1C_1B_2B_2C$, ut in praecedente diximus esse resectam ad ordinatam, per praecedentem juncta prop. 7 (fig. 9).

Prop. 18. In figura Analytica simplice zona $_1C_1B_2B_2C_1C$ est ad zonam conjugatam $_1C_1G_2G_2C_1C$, ut exponens dignitatum ab ordinatis est ad exponentem dignitatum (proportionalium) ab ordinatis conjugatis (fig. 9).

Haec, ni fallor, nova et optima ad memoriam expressio est. Non difficulter demonstratur ex praecedente. Nam per praecedentem duplus sector est ad zonam, ut summa vel differentia inter m et n est ad m, et pari jure ad zonam conjugatam, ut eadem summa vel differentia est ad n; ergo zonae sunt inter se, ut m ad n.

Prop. 19. Sit Ω ad rectangulorum $_2B_1B_1C$ et $_1C_2G_1G$ summam in directis, differentiam in reciprocis, ut m ad m + n in directis, diff. m, n in reciprocis, erit Ω aequalis zonae $_1C_1B_2B_2C_1C$ (fig. 9).

Prop. 20. Si V + X ad V + Z rationem habeat inaequalitatis finitam sintque X et Z finitae, erit et V finita; quod si alterutra ipsarum X et Z sit infinita, erit V infinita.

Prop. 21. Rectangulum sub abscissa infinite parva et ordinata ad Hyperboloeidem infinita est infinitum, finitum ordinarium, infinite parvum, prout exponens ordinatarum habet ad exponentem abscissarum rationem inaequalitatis, aequalitatis, majoritatis.

Prop. 22. In qualibet Hyperboloeide praeter omnium primam (seu praeter ipsam Hyperbolam Conicam) spatium infinite longum ad unam Asymptoton est area infinitum, ad alteram finitum, infinitum ad illam, in quam demissae ordinatae exponentem habent abscissarum exponente minorem, finitum, cum majorem (fig. 10).

Hoc ita demonstro: $_0C_0B_1B_1C_0C$ (id est spatium longitudine infinitum $_0CP_1C_0C$ plus rectan. finit. $P_1C_1B_0B$, seu V + X, posito spatio V, rectangulo X) est ad $_0C_0G_1G_1C_0C$ (id est $_0CP_1C_0C$ plus rectang. $_0G_0CP_1G$ altitudinis $_0G_0C$ infinite parvae, baseos $_0G_1G$ infinite longae, !seu ad V + Z) ut m ad n, quae est ratio inaequalitatis (nam Hyperbolam Conicam exclusimus) finita; ergo per 20. sit Z infinita, erit et V infinita. Iam si V et Z finita vel infinita, etiam V + X, imo V + X + Z finita vel infinita erit. Nam X semper finita nil mutat, idem est si ad V + X + Z, id est ad $_0CP_1C_0C + P_1C_1B_0B + _0C_0G_1GP$ addatur rectangulum infinite parvum P_1GA_0B (quippe baseos ordinarie finitae, altitudinis infinite parvae) ut compleatur quinquelineum infinitum $_0C_0GA_1B_1C_0C$. Sed cum minor est exponens ordinatarum, quam abscissarum, tunc Z est infinitum (per prop. 21); sin major, contra. Idem ergo de quinquelineo dicendum est.

Schol. Per infinitam quantitatem intelligimus hic incomparabiliter magnam.

Prop. 23. Quadratura figurarum analyticarum simplicium completarum generalis: Figura analytica simplex completa est ad rectangulum sub ultima abscissa et ultima ordinata seu sub altitudine et basi, ut m ad m + n in Paraboloeidibus, seu ut m ad differentiam inter m et n seu ut m ad m — n (quia m major quam n, ut area sit finita) in Hyperboloeidibus.

Figuram completam voco, quae incipit ab abscissa minima seu nulla; oportet autem in Hyperboloeidibus ordinatas assumere secundum eum axem, quo fit dignitas ordinatarum major, quam abscissarum, seu m major quam n, per praeced.

Prop. 24. 25*). In Quadratura simplicium rationalium, speciatim in Paraboloeidibus, posita abscissa x, ordinata y, parametro unitate et adeo exponente abscissae n, ordinatae 1, seu ita ut sit

---

*) In dem ursprünglichen Tractat haben die Lehrsätze 24 und 25 eine andere Fassung, als Leibniz hier giebt.

$y=x^n$, fiet area completa paraboloeidalis: $x^{\frac{n+1}{n}}$: $\overline{n+1}$,

seu omnium $\quad x^1 \quad x^2 \quad x^3 \quad x^4 \quad x^5$ etc.

summa $\quad \dfrac{x^2}{2} \quad \dfrac{x^3}{3} \quad \dfrac{x^4}{4} \quad \dfrac{x^5}{5} \quad \dfrac{x^6}{6}$ etc.

in Hyperboloeidibus $y=1 : x^{\frac{n-1}{n}}$, fiet area completa: $-1 : \overline{n-1}x^{\frac{n-1}{n}}$

seu $x^{\frac{1-n}{n}} : \overline{1-n}$,

seu omnium $\quad \dfrac{1}{x^2} \quad\bigg|\quad \dfrac{1}{x^3} \quad\bigg|\quad \dfrac{1}{x^4} \quad\bigg|\quad \dfrac{1}{x^5}$ etc.

summa $\dfrac{1}{0} \quad\bigg|\quad \dfrac{1}{x}\bigg|\dfrac{1}{0^2} \quad\bigg|\quad \dfrac{1}{2x^2}\bigg|\dfrac{1}{0^3} \quad\bigg|\quad \dfrac{1}{3x^3}\bigg|\dfrac{1}{0^4} \quad\bigg|\quad \dfrac{1}{4x^4}$

Generaliter $\displaystyle\int x^n\, dx = \dfrac{\text{diff. } 0^{\frac{n+1}{}} \quad , \quad x^{\frac{n+1}{}}}{n+1}$

et in figura non completa

$$\int x^n\, dx = \dfrac{\text{diff. } (x)^{\frac{n+1}{}} \quad , \quad x^{\frac{n+1}{}}}{n+1}$$

In *Scholio* annotatur cautio necessaria circa ratiocinationes de infinito; v. g. posset quis ita ratiocinari in Antiparabola, ubi ordinatae BC sunt reciproce ut quadrata abscissarum AB, exit per prop. 18 zona quaevis $_1C_1B_2B_2C_1C$ dimidia respondentis conjugatae zonae $_1C_1G_2G_2C_1C$, ergo spatium infinitum $_2C_2BA$ etc. $_1C_2C$ completum ab omnibus zonis erit dimidium spatii $_2C_2G$ etc. $_1C_2C$ completi ab omnibus conjugatis; ergo totum erit dimidium partis. In Hyperbola Conica, quia zona aequalis zonae conjugatae, fiet totum aequale parti. Unde patet rem reducendam ad demonstrationes apagogicas.

Prop. 26. Summa progressionis Geometricae in infinitum decrescentis est ad terminum primum, ut terminus primus ad differentiam primi a secundo.

Prop. 27. Diameter circuli est ad sinum versum in duplicata ratione secantis arcus dimidii ad ejus tangentem. Est autem tangens arcus dimidii ipsa resecta. Unde si sit HB diameter, BF resecta, FG sinus versus, fit $FG = \dfrac{HB \cdot BF^2}{AB^2 + BF^2} = \dfrac{HB \cdot CB^2}{AC^2}$ (fig. 11).

Prop. 28. $\frac{1}{2}$ FG $=\dfrac{BF^2}{AB^1}-\dfrac{BF^4}{AB^3}+\dfrac{BF^6}{AB^5}-\dfrac{BF^8}{AB^7}$ etc. oportet autem AB non esse minorem BF.

Prop. 29. Spat. BFGB dimid. seu spatium BCDB $=\dfrac{BC^2}{3AB}-$
$\dfrac{BC^5}{5AB^4}+\dfrac{BC^7}{7AB^5}$ etc. oportet autem AB non esse minorem quam BC.

Prop. 30. Si a dimidio rectangulo CBE sub BE sinu verso arcus integri BOD et BC tangente semiarcus BO comprehenso, seu si a triangulo BCD auferatur series $\dfrac{BC^3}{3AB}-\dfrac{BC^5}{5AB^2}$ etc., restabit segmentum circuli DBOD arcu integro et ejus subtensa contentum; oportet autem arcum BOD non esse quadrante majorem.

Prop. 31. Si radius circuli sit 1, et arcus propositi semiquadrante minoris BO tangens BC vel t, fiet arcus ipse $t-\frac{1}{3}t^3$ $+\frac{1}{5}t^5-\frac{1}{7}t^7+$ etc.

Prop. 32. Circulus est ad quadratum circumscriptum seu arcus quadrantis ad diametrum, ut $1-\frac{1}{3}+\frac{1}{5}-\frac{1}{7}+\frac{1}{9}-\frac{1}{11}$ etc. ad unitatem.

Prop. 33. Series fractionum, quarum numerator constans, nominatores vero progressionis arithmeticae, est progressionis harmonicae.

Prop. 34. Posito quadrato diametri 1, circulus est differentia duarum serierum progressionis harmonicae $\frac{1}{3}+\frac{1}{7}+\frac{1}{9}+\frac{1}{13}$ etc. et $\frac{1}{5}+\frac{1}{9}+\frac{1}{11}+\frac{1}{15}$ etc.

Prop. 35. Circulus est ad quadratum inscriptum ut $\dfrac{1}{4-1}$ $+\dfrac{1}{36-1}+\dfrac{1}{100-1}+\dfrac{1}{196-1}$ etc. ad $\frac{1}{2}$, seu ut $\dfrac{1}{1-\frac{1}{4}}+\dfrac{1}{9-\frac{1}{4}}$ $+\dfrac{1}{25-\frac{1}{4}}+\dfrac{1}{49-\frac{1}{4}}$ etc. ad I.

Prop. 36. Summa seriei infinitae $\frac{1}{3}+\frac{1}{15}+\frac{1}{35}+\frac{1}{63}$ etc. $=\frac{1}{2}$.

Prop. 37. 38. Quadratum circumscriptum est ad circulum, ut $\frac{1}{2}+\frac{1}{15}+\frac{1}{35}+\frac{1}{99}$ etc. est ad $\frac{1}{3}+\frac{1}{35}+\frac{1}{99}$, etc.

Prop. 39. Summa seriei infinitae $\frac{1}{1}+\frac{1}{3}+\frac{1}{6}+\frac{1}{10}$ etc. $=2$; nominatores sunt numeri triangulares.

Prop. 40.

Triangulum Arithmeticum

1	1	1	1	1	1	1	etc.
1	2	3	4	5	6	etc.	
1	3	6	10	15	etc.		
1	4	10	20	etc.			
1	5	15	etc.				
1	6	etc.					
1							
	numeri naturales	trigonales	pyramidales	trigono-trigonales	trigono-pyramidales	pyramido-pyramidales	trigono-trigono-trigonales

Triangulum Harmonicum

$\frac{1}{1}$	$\frac{1}{1}$	$\frac{1}{1}$	$\frac{1}{1}$	$\frac{1}{1}$	$\frac{1}{1}$	etc.
$\frac{1}{2}$	$\frac{1}{3}$	$\frac{1}{4}$	$\frac{1}{5}$	$\frac{1}{6}$	etc.	
$\frac{1}{3}$	$\frac{1}{6}$	$\frac{1}{10}$	$\frac{1}{15}$	etc.		
$\frac{1}{4}$	$\frac{1}{10}$	$\frac{1}{20}$	etc.			
$\frac{1}{5}$	$\frac{1}{15}$	etc.				
$\frac{1}{6}$	etc.					
naturalium	trigonalium	pyramidalium	trigono-trigonalium	trigono-pyramidalium	pyramido-pyramidelium	Reciproci
summae $\frac{1}{0}$	$\frac{2}{1}$	$\frac{3}{2}$	$\frac{4}{3}$	$\frac{5}{4}$	$\frac{6}{5}$	etc.

Prop. 41.

Summa serierum infinitarum

$$\frac{1}{3}+\frac{1}{8}+\frac{1}{15}+\frac{1}{24}+\frac{1}{35}+\frac{1}{48}+\frac{1}{63} \text{ etc.} = \frac{3}{4}$$

$$\frac{1}{8}+\frac{1}{24}+\frac{1}{48} \text{ etc.} = \frac{1}{4}$$

Prop. 42. Symbolismus quadraturae Circuli et Hyperbloae.

$$\frac{1}{3}+\frac{1}{8}+\frac{1}{15}+\frac{1}{24}+\frac{1}{35}+\frac{1}{48}+\frac{1}{63}+\frac{1}{80}+\frac{1}{99}+\frac{1}{120} \text{ etc.} = \frac{3}{4} \text{ per prop. 41}$$

$$\frac{1}{3} \quad +\frac{1}{15} \quad \frac{1}{35} \quad \pm\frac{1}{63} \quad +\frac{1}{99} \text{ etc.} = \frac{2}{4} \text{ per prop. 36}$$

$$\frac{1}{8} \quad +\frac{1}{24} \quad +\frac{1}{48} \quad +\frac{1}{80} \quad +\frac{1}{120} \text{ etc.} = \frac{1}{4} \text{ per prop. 41}$$

$$\frac{1}{3} \quad +\frac{1}{35} \quad +\frac{1}{99} \text{ etc.} = \text{circulo p. prop. 35}$$

$$\frac{1}{8} \quad +\frac{1}{48} \quad +\frac{1}{120} \text{ etc.} =$$

Hyperbolicae areae CBMC, logarithmo binarii si unitatis ... cujus quadratum inscriptum seu potentia est $^1/_4$.

Schol. In Hyperbola (fig. 12) sit AB, 1, BE, x, EH $= \frac{1}{1-x}$, fit CBEHC $= \frac{1}{1}x + \frac{1}{2}x^2 + \frac{1}{3}x^3 + \frac{1}{4}x^4$ etc. et si BM, x et ML $= \frac{1}{1+x}$, fit CBMLC $= \frac{1}{1}x - \frac{1}{2}x^2 + \frac{1}{3}x^3 - \frac{1}{4}x^4$ etc. Et quia zona Hyperbolica conjugata HQDCH aequalis zonae CBEHC, hinc ejusdem spatii Hyperbolici valor bis obtinetur, semel per signa + et — alternantia, altero modo per sola affirmantia. Potest etiam pro AB seu AD seu 1 alia quaelibet assumi, ut AQ, ponendo AF = AQ + QF, erit FG $= AB^2 : \overline{AQ + QF}$, et spatium Hyperbolicum HQFGH erit ad AB^2, ut $\frac{QF}{1AQ} - \frac{FQ^2}{2AQ^2} + \frac{QF^3}{3AQ^3} - \frac{QF^4}{4AQ^4}$ etc. ad unitatem. Unde spatium

Hyperbolicum haberi potest infinitis modis et est generaliter: $\dfrac{DF}{1DA}$ —

$\dfrac{DF^2}{2AD^2} + \dfrac{DF^3}{3AD^3} - \dfrac{DF^4}{4AD^4}$ etc. $= \dfrac{DQ+QF}{1AQ} + \dfrac{DQ^2-QF^3}{2AQ^2} + \dfrac{DQ^3+QF^3}{3AQ^3}$

$+ \dfrac{DQ^4-QF^4}{4AQ^4}$ etc. posito $DF = DQ+QF$ et $AQ = AD+DQ$ et puncto

Q pro arbitrio sumto. Quae memorabilis est aequatio inter duas series infinitas.

Prop. 43. Quadratura generalis sectionis Conicae centrum E assignabile habentis sive sectoris EAGC Circuli, Ellipseos aut Hyperbolae cujuscunque, cujus vertex A et axis AB (fig. 13). Regula autem haec est: Si AT (resecta ex AL tangente verticis per CT tangentem alterius puncti extremi C) vocetur t, rectangulum sub semilatere recto in semilatus transversum (seu quadratum semiaxis conjugati) vocetur unitas, erit sector EAGC aequalis rectangulo sub EA semilatere transverso et recta, cujus longitudo sit $\frac{1}{1}t \pm \frac{1}{3}t^3 + \frac{1}{5}t^5 \pm \frac{1}{7}t^7$ etc. ubi $\pm$ valet $+$ in Hyperbola, — in Circulo vel Ellipsi. Nam in omni sectione est resecta AT ad latus rectum NP ut abscissa seu sagitta AB ad ordinatam seu chordam FC. Unde porro facile demonstratur esse AB seu $x = 2AE.t^2 : \overline{1 \pm t^2}$, ubi $\pm$ est $+$ in Hyperbola et — in Ellipsi vel Circulo. Unde trilin. ATDA (figurae resectarum complementale) vel per prop. 10 trilin. CTAGC est $\frac{1}{3}t^3 \pm \frac{1}{5}t^5 + \frac{1}{7}t^7 \pm \frac{1}{9}t^7$ etc. ductum in AE; porro triang. EAL $\pm$ triang. CTL = trapez. EATC (quod sectori circumscriptum in Ellipsi, inscriptum in Hyperbola) = rectang. EAT, et AL in EA ad EA² :: BC : EB, ut patet. Jam est TL ad TD vel AB ut rq *) ad EB in BC (nam TL = AL — AT, et AL = EA . BC : EB et AT = r AB : CB, ergo TL = EA . BC² — r AB . $\overline{AE \pm AB}$, : CB . $\overline{AE \pm AB}$; jam BC² = 2r . AE $\pm \dfrac{r}{AE}$ AB²; ergo fiet TL = EA . r . AB . : CB . EB seu TL : AB :: r . EA (seu rq) : $\overline{EB . BC}$, ut asserebatur). Est ergo rectang. EAL = AE² . BC : EB, et bis triang. CTL seu TL in AB $= \dfrac{EA . r . AB^2}{EB . CB}$, et EBL $\pm$ 2CTL = BE² .

BC² $\pm$ AE . r . AB², : CB . EB, seu fiet EAL $\pm$ 2CTL = AE, $\overline{AE . 2r . AB}$ $+ 2r . AB^2$, : CB . EB; ergo fit 2EAL $\pm$ 2CTL = 2AE . AT, seu tri-

---

*) Aus einer Randbemerkung geht hervor, dass Leibniz AE = q, $\frac{1}{2}$NP = r setzt.

ang. EAL ± triang. CTL id est Trapez. EATC = AE in AT seu AE . t,
cui si addatur in Hyperbola, dematur in Ellipsi trilineum CTAGC,
fiet sector EAGC = rectangulo sub AE et recta $\frac{1}{1}$ 1 ± $\frac{1}{3}$1³ + $\frac{1}{5}$t⁵
± $\frac{1}{7}$t⁷ etc. Ita tandem generalis habetur quadratura Arithmetica
sectionis Conicae centrum habentis, pulcherrimaque Circuli Ellip-
seosve cum Hyperbola quacunque analogia. Nunc ad Logarithmos
aliaque cognata progrediamur.

Hic primum in antecessum explicantur *Logarithmi*: Si sint
duae series sibi ordine respondentes fiantque numeri unius ex se
invicem additione, ut numeri alterius multiplicatione, ista erit Logarithmorum, haec Numerorum *). *Curvam logarithmicam* ita explico:
Si sit curva RAK (fig. 14), axis CDAX, ordinatae RD, KX, abscissae CD, CX, sitque ratio CX ad CA multiplicata rationis CD
ad CA (CA, CD, CX Numerorum) in ratione KX ad RD (Logarithmorum) curva dicetur logarithmica.

Prop. 44. $\frac{n}{1} - \frac{n^2}{2b} + \frac{n^3}{3b^2} - \frac{n^4}{4b^3}$ etc. sunt ut logarithmi rationum b + n ad n. Et logarithmi rationum sunt summis hujus-
modi proportionales. Nam omnes logarithmi rationum sunt proportionales inter se, evanescente scilicet communi additamento per
subtractionem logarithmi consequentis a logarithmo antecedentis.

Prop. 45. Spatium Hyperbolae Conicae est infinitum, seu $\frac{1}{1}$
+ $\frac{1}{2}$ + $\frac{1}{3}$ + $\frac{1}{4}$ + $\frac{1}{5}$ + $\frac{1}{6}$ etc. est quantitas infinita.

Cum curvae logarithmicae ordinatae XK sint proportionales
spatiis Hyperbolicis VAXγV, et ultima C etc. sit proportionalis spatio
Hyperbolico infinite longo VAC etc. V, sit autem C etc. infinita,
erit et spatium hoc Hyperbolicum infinitum.

Prop. 46. Quadratura figurae logarithmicae. Respondeat ita
Hyperbola Vγ (cujus Asymptoti C etc. et CX) ut sit Xγ in AV
aequalis areae hyperbolicae VAYγV . CA = a = AV, AX = x, γX =
$\frac{a}{a+x}$, $\int \frac{a}{a \pm x}$ dx = y = KX, et dy = dx. a : $\overline{a \pm x}$, et ady ± xdy
= adx, et ax — ay = ± $\int$ xdy = A'KA. Porro dy : dx :: a :
a ± x :: ℧ : ℧R; jam ℧R = a ± x, ergo ℧ = a constans,
estque aa potentia Hyperbolae, cujus areae sunt proportionales logarithmis seu ordinatis curvae in a ductis, posito ipsius a logarithmo

---

*) Haec definitio non placet, quia non ostendit generationem
nec possibilitatem. Bemerkung von Leibniz.

= a. Eademque a est intervallum tangentis et ordinatae in axe, et potest haec a dici *numerus primarius*.

Prop. 47. Si sit AX = x, et XK = y et CA = a, et cum AX = CA, tunc log = 0 et a numerus primarius et y adeo logarithmus ipsius a + x ad a vel a ad a — x, rationis semper majoris termini ad minorem, fiet $x = \frac{y}{1} \pm \frac{y^2}{1 \cdot 2a} + \frac{y^3}{1 \cdot 2 \cdot 3a^2} \pm \frac{y^4}{1 \cdot 2 \cdot 3 \cdot 4a^3}$ etc.

Sit ax = 10 a + 11 ay + 12 ay² + 13 ay³ + 14 ay⁴ etc.

— ay = — ay

$= \pm \int x \, dy = \pm \frac{1}{1} \cdot 10y \pm \frac{1}{2} \cdot 11 y^2 \pm \frac{1}{3} \cdot 12y^3 \pm \frac{1}{4} \cdot 13y^4$ etc.

ergo fit 10 a = 0 et 11 = 1 et 12 = $\pm \frac{1}{1 \cdot 2a}$ et 13 = $\frac{1}{1 \cdot 2 \cdot 3a^2}$ et 14 = $\pm \frac{1}{1 \cdot 2 \cdot 3 \cdot 4 a^3}$ etc. adeoque $x = \frac{1}{1} y \pm \frac{1}{1 \cdot 2} y^2 + \frac{1}{1 \cdot 2 \cdot 3} y^3 \pm \frac{1}{1 \cdot 2 \cdot 3 \cdot 4} y^4$ etc. posito a = 1, et 1 + x = 1 + $\frac{1}{1}$ y + $\frac{1}{1 \cdot 2}$ y² + $\frac{1}{1 \cdot 2 \cdot 3}$ y³ etc. = num., posito y logarithme rationis ipsius numeri ad unitatem cujus log. est 0.

Prop. 48. Si arcus sit a, radius 1, sinus versus v, erit

$$v = \frac{a^2}{1 \cdot 2} - \frac{a^4}{1 \cdot 2 \cdot 3 \cdot 4} + \frac{a^6}{1 \cdot 2 \cdot 3 \cdot 4 \cdot 5 \cdot 6} \text{ etc.}$$

Coroll. 1. Iisdem positis, sinus complementi c = 1 = $\frac{a^2}{1 \cdot 2}$ + $\frac{a^4}{1 \cdot 2 \cdot 3 \cdot 4}$ + $\frac{a^6}{1 \cdot 2 \cdot 3 \cdot 4 \cdot 5 \cdot 6}$ etc.*)

Coroll. 2. et sinus rectus s = $\frac{a}{1}$ — $\frac{a^3}{1 \cdot 2 \cdot 3}$ + $\frac{a^5}{1 \cdot 2 \cdot 3 \cdot 4 \cdot 5}$ etc.

Coroll. 3. et segmentum circulare duplum = $\frac{a^3}{1 \cdot 2 \cdot 3}$ — $\frac{a^5}{1 \cdot 2 \cdot 3 \cdot 4 \cdot 5}$ + $\frac{a^7}{1 \cdot 2 \cdot 3 \cdot 4 \cdot 5 \cdot 6 \cdot 7}$ etc.

Coroll. 4. $\int s \, da = \frac{a^2}{1 \cdot 2}$ — $\frac{a^4}{1 \cdot 2 \cdot 3 \cdot 4}$ etc. ergo area si-

*) c = 1 — $\frac{a^2}{2}$ + $\frac{a^4}{24}$ etc. satis apta ad praxin, quia error minor quam $\frac{a^6}{720}$, unde etiam, cum arcus aequatur radio, error est minor quam $\frac{1}{720}$. Bemerkung von Leibniz.

nuum rectorum ad arcum aequalis rectangulo sub sinu verso et radio.

$$\int vda = \frac{a^3}{1.2.3} - \frac{a^5}{1.2.3.4.5}$$ etc. seu area sinuum versorum ad arcum aequalis rectangulo sub radio et differentia inter arcum et sinum.

De sinubus complementi non est opus dicere separatim, non enim dant aliam quam sinuum versorum figuram; praestat autem adhibere sinus versos, quia crescunt cum arcu, secus sinus complementi.

Prop. 49. Si quantitas a sit aequalis seriei infinitae b — c + d — e + f — g etc. erit b, b — c + d, b — c + d — e + f etc. major quam a, excessu existente minore quam c, e, g etc.; b — c b — c + d — e, b — c + d — e + f — g etc. minor quam a, defectu existente minore quam d, f, h etc.

Prop. 50. Ex datis angulis latera, ex datis lateribus angulos, ex rationibus logarithmos, ex logarithmis rationes invenire.

Prop. 51. Problemata prop. 50 quadraturaque generalis sectionum Conicarum centro praeditarum non possunt magis Geometrice inveniri.

Aus so vielen Lehrsätzen besteht der ursprüngliche Tractat. Zu dem vorstehenden Compendium hat Leibniz noch Folgendes hinzugefügt: Supplendum adhuc foret, quomodo sinus et tangentes artificiales possint haberi ex arcubus, et contra arcus ex ipsis. Nach einer längeren Untersuchung giebt er folgendes Resultat: Sit arcus a, sinus rectus r, radius 1, fiet $a = r + \frac{1}{6}r^3 + \frac{3}{40}r^5 + \frac{5}{112}r^7$

etc. seu $a = r + \frac{1.1}{2.3}\overset{A}{rr\ A} + \frac{3.3}{4.5}\overset{B}{rr\ B} + \frac{5.5}{6.7}\overset{C}{rr\ C}$ etc. Sit arcus a, sinus versus x, diameter 1, fiet $a = x^{1:2} + \frac{1}{6}x^{3:2} + \frac{3}{40}x^{5:2}$ etc. Si arcus capiendus in ratione data ad alium arcum, sit diameter 1, chorda arcus dati σ, et arcus quaesitus ad arcum datum ut n ad 1, et erit arcus quaesiti chorda $n\sigma + \frac{1-nn}{2.2}\overset{A}{\sigma\ A}$ $\overset{B}{}$

$+ \frac{9-nn}{4.5}\overset{C}{\sigma^2\ B} + \frac{25-nn}{6.7}\sigma^2 C$ etc. ubi si n sit numerus impar, series desinit esse infinita, et prodit aequatio eadem, quae prodit per vulgarem Algebram. Sit radius 1, arcus a, tangens artificialis n, quadrantis arcus q et $2a - q = e$, et fiet

$$n = e + \frac{1}{6} e^3 + \frac{5}{24} e^5 + \frac{61}{5040} e^7 + \frac{277}{72576} e^9 \text{ etc.}$$

IV.

Ad proferendum aliquid plausibile specimen nostrorum inventorum Geometricorum, quod ad captum sit eorum, qui veterum Methodis unice assueti sunt, non incommodum erit theorema generale, cui Tetragonismum Circuli Arithmeticum inaedificavi, et ex quo statim sequuntur areae omnium Paraboloeidum et Hyperboloeidum, cujus etiam ope segmentum quoddam Cycloeidis vestrae Florentinae (haec enim, ni fallor, ei patria est, si res aeterna patriam habere potest) absolute quadravi, non supposita circuli dimensione, aliaque multa praestare possum.

Theorema ipsum ita se habet: *Si ex curvae cujusque puncto quocunque in duas condirectrices indefinitas ducantur rectae, ordinata ad unam, tangens ad aliam, et in ordinatis (si opus productis) sumantur inde ab axe partes aequales respondentibus resectis per tangentes ab altera indefinitarum, quae partes jam sint ordinatae ad curvam novam per earum terminos transeuntem, quam vocabimus curvam resectarum, erit zona curvae novae aequalis duplo respondenti sectori curvae prioris, comprehenso rectis ad extrema arcus in curva priore sumti ab intersectione condirectricium ductis;* seu ut ope figurae rem explicemus: Si ex curvae CC (fig. 15) puncto C quocunque in duas condirectrices indefinitas ABB, AEE ducantur rectae CB, CE, ex quibus CB sint ordinatae et CE tangentes, et in ipsis CB (si opus productis) sumantur inde ab axe AB ipsae BF aequales ipsis AE respondentibus resectis ab indefinita AEE per tangentes CE, et per puncta F transeat linea nova FF, cujus ordinatae jam erunt BF, ajo zonam $_1F_1B_3B_3F_2F_1F$ aequari duplo segmento $_1CA_3C_2C$ etc. Hoc facile demonstrari potest per inscriptas et circumscriptas Methodo Archimedea, accedente hoc *lemmate* (si jungas rectam $_1C_2C$), quod in omni triangulo A_1C_2C, per cujus tres angulos transeant tres rectae parallelae A_1E_2E, $_1B_1F_1C$, $_2B_2F_2C$, rectangulum sub $_1B_2B$ et A_1E seu sub intervallo duarum rectarum et portione tertiae inter angulum A, per quem transit', et productum latus oppositum $_1C_2C$ interceptae comprehensum aequetur duplo triangulo A_1C_2C. Hinc enim propositum non difficulter demonstratur Methodo Archimedea: Sumantur puncta quotlibet in curva proposita (fig. 16), nempe $_1C, _2C, _3C, _4C$ etc. iisque totidem respondentia $_1F, _2F, _3F, _4F$ etc. in curva resectarum, et ipsae CE tangant curvam propositam; jungatur A_1C occurrens ipsi $_2C_2E$ in $_1K$; similiter jungatur A_2C occurrens ipsi $_3C_2E$ in $_2K$, et ita porro; ducantur ex K ad axem ABB normales $_1K_1\beta, _2K_2\beta$ etc. et ex $_2E$ ducatur parallela axi $_2E_1F$, occurrens ipsi $_1B_1C$ in $_1F$, ipsi $_1\beta_1K$ in $_1\varphi$, ipsi $_2B_2C$ in $_1H$; similiter ducatur $_3E_2F$ occurens ipsi $_2B_2C, _2\beta_2K, _3B_3C$ in $_2F, _2\varphi$, $_2H$, et ita porro. Ex *lemmate* patet, triangulum A_1K_2C aequari dimidio rectangulo $_1\varphi_1\beta_2B_1H$, et similiter triangulum A_2K_3C aequari dimidi rectangulo $_2\varphi_2\beta_3B_2H$, itaque et summa omnium hujusmodi triangulorum aequatur dimidiae summae omnium hujusmodi rectangulorum. Sed differentia summae triangulorum $(A_1K_2C + A_2K_3C + A_3K_4C +$ etc.) a sectore $(_1CA_4C_1C)$ est minor data, si satis vicina sibi sumantur puncta $_1C, _2C, _3C$ etc.; [differentia enim haec consistit in exiguis triangulis simul sumtis $_1C_1K_2C + _2C_2K_3C$ etc. quorum quodlibet, ut $_1C_1K_2C$, ad respondens triangulum A_1C_2C minorem data rationem accipere potest, ergo et summa omnium illorum ad summam horum]. Similiterque et differentia summae rectangulorum $(_1\varphi_1\beta_2B_1H + _2\varphi_2\beta_3B_2H +$ etc.) a zona $_1F_1B_4B_4F_1F$ fiet minor data, [consistit enim haec differentia in summa exiguorum rectangulorum $_1F_1B_1\beta_1\varphi, _2F_2B_2\beta_2\varphi$ etc. et in summa exiguorum trilineorum $_1F_1H_2F_1F, _2F_2H_3F_2F$ etc. quae summae etiam erunt minores data quantitate, respectu summae rectangulorum $_1\varphi_1\beta_2B_1H$ etc. quum quodlibet exiguorum rectangulorum aut trilineorum ad tale respondens rectangulorum minorem data rationem accipiat]. Itaque differentia dimidiae zonae sectorisque erit minor data, adeoque sector est dimidiae zonae aequalis. Q. E. D.

Fateor autem me Theorematis hujusmodi opus non habere, nam quicquid ex illis duci potest, jam in calculo meo comprehenditur; libenter tamen iis utor, quia calculum imaginationi quodammodo conciliant. Hoc certe theorema quomodo ex mea *Characteristica* derivetur, annotare placet. Compendii causa exhibeamus rem nunc in casu, quo initium curvae $_1C$ (fig. 17) incidit in ipsum punctum A, quo casu sector abit in segmentum, et zona in trilineum, adeoque trilineum $A_3B_3F_2FA$ aequatur duplo segm

A_3C_2CA. Jam AB seu EF sit x, BC, y, AE seu BF sit z, erit
FC $= y - z$, et ob tangentem EC est dx ad dy ut EF ad FC, seu
dx : dy $= x : \overline{y - z}$ (1), ergo ydx $-$ zdx $=$ xdy (2), vel 2ydx $-$ zdx
$=$ xdy $+$ ydx (3). Jam $\int$xdy $+$ $\int$ydx vel $\int\overline{xdy + ydx} = xy$ (4)
(ut constat ex nostro calculo differentiali, quia d, xy $=$ xdy $+$ ydx
(5)), ergo ex aeq. 3 ope aeq. 4 fit 2 $\int$ydx $-$ $\int$zdx $= xy$ (6) seu
$\int$ydx $- \frac{1}{2}$ xy $= \frac{1}{2} \int$zdx (7). Est autem $\frac{1}{2} \int$zdx nihil aliud quam
dimidium trilinei $A_3B_2F_2FA$ et $\frac{1}{2}$ xy est triangulum A_3B_3C et $\int$ydx
est trilineum $A_3B_3C_2CA$, unde $\int$ydx $- \frac{1}{2}$ xy est segmentum A_3C_2CA,
et proinde ex aeq. 7 fit dimid. Trilin. $A_3B_3F_2FA =$ segm. A_3C_2CA
(8), quod demonstrandum proponebatur.

Ex his jam demonstratis in trilineo et segmento, sequitur
idem in zona et sectore, si scilicet resecemus minora aequalia,
trilineum A_2B_2FA et segmentum A_2CA, a majoribus aequalibus
A_3B_3FA et A_3CA, remanent aequalia, nempe zona $_2F_2B_3B_2F_2F$ et
sector $_3CA_3C_2C$.

Hoc porro Theoremate demonstrato, sequuntur quadraturae
omnium Paraboloeidum et Hyperboloeidum, seu omnium figurarum,
ubi resectae AE (fig. 18) ad ordinatas BC habent rationem eandem
constantem, quae in Parabola communi est ut 1 ad 2, in cubica
ut 1 ad 3, in quadratico-cubica ut 2 ad 3 seu ut 1 ad 3 : 2 etc.
Sit scilicet figura talis quadranda, ubi ratio resectae AE ad ordinatam BC sit ut 1 ad r, ergo erit ABFA ad ABCA ut 1 ad r, seu
ABCA $= r$. ABFA (1); rursus ABFA $=$ bis segm. ACA (2), seu
quia segm. ACA $=$ ABCA $-$ triang. ABC (3), ideo ex aeq. 2 per
aeq. 3 fiet ABFA $=$ bis ABCA $-$ bis ABC (4) seu ABFA $=$ bis
ABCA $-$ rectang. AB in BC (5), quo valore ipsius ABFA substituto
in aeq. 1 fit ABCA $= 2r$. ABCA $- r$ rectang. AB in BC (6). Ergo denique ABCA $= r : \overline{2r - 1}$ rectang. AB in BC (7), hoc est ABCA est
ad rectangulum circumscriptum ut r ad $\overline{2r - 1}$. Idem locum suo
modo habet non tantum in Paraboloeidibus, ubi potentiae ordinatarum sunt ut quaedam potentiae abscissarum, sed in Hyperboloeidibus,
ubi potentiae ordinatarum sunt reciproce ut potentiae abscissarum.
Unus tamen casus excipitur, ubi fit r $-$ 1 $= 0$, quod contingit in
Hyperbola Conica, quae utique talem quadraturam non admittit.
Nempe generaliter si y $= x^n$, fiet zona CB(B)(C)C (fig. 19) ad diff.
inter rectang. ABC et A(B)(C) ut 1 ad 1 $+$ n, at in Hyperbola
Conica haec differentia $= 0$, et quia n $= - 1$, fit 1 $+$ n etiam
$= 0$. Sed haec omnia, ut verum fatear, non sunt nisi ad populum

phalerae pro illis, qui analysin nostram non intelligunt, nam qua draturae talium figurarum ex nostro calculo immediate deducuntur.

Nunc subjiciam propositionem a me inventam circa Cycloeidem, quae ex eodem theoremate statim derivatur. Nempe segmentum cycloeidale ACcA (fig. 20), quod abscinditur recta AC ducta a vertice A ad punctum C, quo basi parallela BC ducta per B, circuli generatoris centrum, curvae occurrit, aequatur semiquadrato radii circuli generatoris seu triangulo ABN. Nam (per theorema nostrum) segmentum hoc ACcA aequatur dimidiae summae omnium AE axi ordinatim applicatarum, id est (quia in Cycloeide AE aequatur semper ipsi nc) dimidiae summae omnium nc axi ordinatim applicatarum, quae summa aequatur retortae AnNCcA. Hinc jam ita ratiocinor: Triang. ABN + triang. ANC + segm. ACcA = trilin. cycloeidal. ABCcA = quadrant. ABNnA + Retort. AnNCcA. Jam triang. ANC = quadrant. ABNnA (quia trianguli ANC altitudo est radius AB, et basis NC aequalis quadrantis arcui AnN) et retorta AnNCcA = duplo segmento ACcA (per hic demonstrata). Ergo in duobus valoribus trilinei cycloeidalis, sublatis utrobique aequalibus, fit segm. ACcA = triang. ABN; ergo segmentum ACcA aequatur semiquadrato radii. Q. E. D.

V.

EXTRAIT D'UNE LETTRE DE M. LEIBNIZ ÉCRITE D'HANOVRE A L'AUTEUR DU JOURNAL TOUCHANT LA QUADRATURE D'UNE PORTION DE LA ROULETTE. *)

Il n'y a que deux portions purement cycloidales et simples, c'est à dire segmens compris entre la courbe de la cycloide et une droite, dont on ait trouvé jusqu'icy la quadrature absolue, sans supposer celle du cercle. *La première quadrature* est de l'invention de Mons. Hugens, sçavoir que (fig. 21) la droite KGE (parallele au plan MI, sur lequel le cercle generateur ACHNA roule, et éloignée du sommet A de la distance AG, quatrieme partie du diametre AH) retranche de la cycloide MIEAK le *segment horizontal* KEAK égal à AOPH, *demyhexagone* inscrit dans le cercle generateur. *L'autre*

---

*) Journal des Sçavans de l'an 1678 p. 219 sq.

quadrature m'est veuue dans l'esprit à l'occasion d'un theoreme fort general que je donneray ailleurs. Je l'ay communiquée à plusieurs à Paris: mais comme je puis juger de ce que Mons. de la Hire n'en fait point de mention, qu'elle n'est pas encor assez connue, je vous la donne icy enoncée et demonstrée.

Theoreme.

AFEA *segment incliné* de la cycloide, compris entre AEF portion de la courbe cycloidale et AF droite menée du sommet A au point F qui répond à B, centre du cercle generateur ACHNA, est égal au Triangle rectangle ABC, c'est à dire au demyquarré du rayon.

Pour en donner la demonstration, je suppose

1) que le triangle ACF est égal au quadrant ABCDA, parce que la base de ce triangle CF est égale à ADC arc du quadrant et sa hauteur est le rayon AB;

2) que la Retorte ADCFEA est égale au quarré du rayon, ou au double triangle ABC, ce qui se trouve chez les Peres Fabry et Lalouere, chez Mons. Wallis, Mons. de la Hire et autres.

D e m o n s t r a t i o n.

AFEA égal à .... + ACFEA .... — ACF par la figure
segment cycloidal   triligne   triangle

        + ACFEA .... — ABCDA par la 1. supposit.
        triligne   quadrant

+ ADCFEA ... + ACDA .. — ABCDA par la figure
retorte   segment de cercle quadrant

+ 2 ABC ..... + ACDA .. — ABCDA par la 2. supposit.
triangles   segment de cercle quadrant

+ ABC + ABC ... + ACDA .. — ABCDA cela s'entend
triangle triangle segment de cercle quadrant

+ ABC .... + ABCDA . — ABCDA par la figure
triangle   quadrant   quadrant

donc AFEA égal à ABC .... ± rien
segment cycloidal   triangle

        ce qu'il falloit demonstrer.

———

VI.

DE VERA PROPORTIONE CIRCULI AD QUADRATUM CIRCUM-
SCRIPTUM IN NUMERIS RATIONALIBUS EXPRESSA. *)

Proportiones curvilineorum ad Rectilinea investigare Geometrae semper sunt conati, et tamen nunc quoque, etiam post
Algebram adhibitam, nondum ea res satis in potestate est secundum methodos quidem hactenus publicatas: neque enim haec problemata ad aequationes Algebraicas revocari possunt, et usum tamen pulcherrimum habent, inprimis in Mechanica ad purae Geometriae terminos reducenda, quod norunt, qui talia profundius in-
spexere, pauci quidem, sed maxime eximii Mathematicorum. Primus
Archimedes, quantum constat, invenit, quae sit ratio inter conum,
sphaeram et cylindrum ejusdem altitudinis et basis, nempe qualis
est numerorum 1, 2, 3, ita ut cylinder sit triplus coni et sesqui-
alter sphaerae; unde sphaeram et cylindrum etiam sepulcro suo
insculpi jussit: idem invenit quadraturam Parabolae. Nostro seculo
repertus est modus metiendi figuras curvilineas innumerabiles, inprimis quando ordinatae BC (fig. 22) sunt in ratione utcunque multiplicata aut submultiplicata, directa aut reciproca abscissarum AB
vel DC; erit enim figura ABCA ad rectangulum circumscriptum
ABCD, ut unitas ad numerum rationis multiplicationem exprimentem,
unitate auctum. Exempli gratia, quia in Parabola abscissis AB sive
DC existentibus ut numeris naturalibus 1, 2, 3 etc. ordinatae BC
sunt ut eorum quadrata 1, 4, 9 etc. seu in duplicata ratione numerorum, tunc numerus rationis multiplicationem exprimens erit 2;
ergo erit figura ABCA ad rectangulum circumscriptum ABCD, ut
1 ad 2 + 1 seu ut 1 ad 3, sive figura erit tertia pars rectanguli.
Si AB vel CD maneant numeri naturales, et BC fiant cubi 1, 8,
27 etc. (nempe in Paraboloide cubica), foret ratio ordinatarum triplicata rationis abscissarum; ergo figura ad rectangulum, ut 1 ad
3 + 1 sive 4, seu pars quarta. Sin DC sint quadrata, BC cubi,
sive ratio ipsarum BC rationis ipsarum DC triplicata subduplicata,
erit figura (Paraboloides cubico-subquadratica) ABCA ad rectangulum ABCD, ut 1 ad $\frac{3}{2}$ + 1 seu duas quintas rectanguli constituet.
In reciprocis numero rationis multiplicationem exprimenti praefigitur signum — sive minus.

---

*) Zuerst gedruckt in den Act. Erudit. Lips. an. 1682.

Sed circulus nondum hactenus cogi potuit sub hujusmodi leges, quamvis ab omni retro memoria a Geometris exercitus. Nondum enim inveniri potuit numerus exprimens rationem circuli A ad quadratum circumscriptum BC (fig. 23), quod est quadratum diametri DE. Nec inveniri potuit ratio circumferentiae ad diametrum, quae est quadrupla rationis circuli ad quadratum. Archimedes quidem polygona circulo inscribens et circumscribens, quoniam major est inscriptis et minor circumscriptis, modum ostendit exhibendi limites, inter quos circulus cadat, sive exhibendi appropinquationes: esse scilicet rationem circumferentiae ad diametrum majorem quam 3 ad 1 seu quam 21 ad 7, et minorem quam 22 ad 7. Hanc methodum alii sunt prosecuti, Ptolemaeus, Vieta, Metius, sed maxime Ludolphus Coloniensis, qui ostendit esse circumferentiam ad diametrum ut 3.14159265358979323846 etc. ad 1.00000000000000000000.

Verum hujusmodi appropinquationes, etsi in Geometria practica utiles, nihil tamen exhibent, quod menti satisfaciat avidae veritatis, nisi progressio talium numerorum in infinitum continuandorum reperiatur. Multi quidem perfectum Tetragonismum professi sunt, ut Cardinalis Cusanus, Orontius Finaeus, Josephus Scaliger, Thomas Gephyrander, Thomas Hobbes, sed omnes falso: calculis enim Archimedis vel hodie Ludolphi refellebantur.

Sed quoniam video, multos non satis percepisse, quid desideretur, sciendum est, Tetragonismum sive conversionem circuli in aequale quadratum aliamve rectilineam figuram (quae pendet a ratione circuli ad quadratum diametri, vel circumferentiae ad diametrum) posse intelligi quadruplicem, nempe vel per calculum, vel per constructionem linearem, utrumque vel accurate vel propemodum. Quadraturam per calculum accuratum voco *Analyticam*; eam vero quae per constructionem accuratam fit, voco *Geometricam*, per calculum prope verum habetur *appropinquatio*, per constructionem prope veram *Mechanismus*. Appropinquationem longissime produxit Ludolphus; Mechanismos egregios Vieta, Hugenius aliique dedere.

Constructio Geometrica accurata haberi potest, qua non tantum circulum integrum, sed et quemlibet sectorem sive arcum metiri liceat motu exacto atque ordinato, sed qui curvis transcendentibus competat, quae per errorem alioqui Mechanicae censentur, cum tamen aeque sint Geometricae ac vulgares, licet Algebraicae non sint nec ad aequationes Algebraicas seu certi gradus reduci queant; suas enim proprias, etsi non-algebraicas, tamen analyticas habent. Sed ista hic pro dignitate exponi non possunt. *Quadratura Analytica* seu quae per calculum accuratum fit, iterum in tres potest dispesci: in Analyticam transcendentem, Algebraicam et Arithmeticam. Analytica *transcendens* inter alia habetur per aequationes gradus indefiniti, hactenus a nemine consideratas, ut si sit $x^x + x$ aeq. 30, et quaeratur x, reperietur esse 3, quia $3^3 + 3$ est $27 + 3$ sive 30: quales aequationes pro circulo dabimus suo loco. *Algebraica* expressio fit per numeros, licet irrationales, vulgares seu per radices aequationum communium: quae quidem pro quadratura generali circuli sectorisque impossibilis est. Superest *Quadratura Arithmetica*, quae saltem per series fit, exhibendo valorem circuli exactum progressione terminorum, inprimis rationalium, qualem hoc loco proponam.

Inveni igitur (fig. 23)

Quadrato Diametri existente 1,

Circuli aream fore $\frac{1}{1} - \frac{1}{3} + \frac{1}{5} - \frac{1}{7} + \frac{1}{9} - \frac{1}{11} + \frac{1}{13} - \frac{1}{15} + \frac{1}{17} - \frac{1}{19}$ etc., nempe quadratum diametri integrum demta (ne nimius fiat valor) ejus tertia parte, addita rursus (quia nimium demsimus) quinta, demtaque iterum (quia nimium re-adjecimus) septima, et ita porro, eritque

valor justo major 1   errore tamen existente infra $\frac{1}{3}$

     minor $\frac{1}{1} - \frac{1}{3}$ . . . . $\frac{1}{5}$

     major $\frac{1}{1} - \frac{1}{3} + \frac{1}{5}$ . . . . $\frac{1}{7}$

     minor $\frac{1}{1} - \frac{1}{3} + \frac{1}{5} - \frac{1}{7}$ . . . . $\frac{1}{9}$

         etc.   etc.

Tota ergo series continet omnes appropinquationes simul sive valores justo majores et justo minores: prout enim longe continuata intelligitur, erit error minor fractione data, ac proinde et minor data quavis quantitate. Quare tota series exactum exprimit valorem. Et licet uno numero summa ejus seriei exprimi non possit, et series in infinitum producatur, quoniam tamen una lege progressionis constat, tota satis mente percipitur. Nam siquidem circulus non est quadrato commensurabilis, non potest uno numero exprimi, sed in rationalibus necessario per seriem exhiberi debet, quemadmodum et diagonalis quadrati, et sectio extrema et media ratione facta, quam aliqui divinam vocant, aliaeque multae quantitates, quae sunt irrationales. Et quidem si Ludolphus potuisset regulam dare, qua in infinitum continuarentur numeri 3. 14159 etc.

dedisset nobis quadraturam Arithmeticam exactam in integris, quam nos exhibemus in fractis.

Ne quis autem in his parum versatus putet, seriem ex infinitis terminis constantem non posse aequari circulo, qui est quantitas finita, sciendum est, multas series numero terminorum infinitas esse in summa quantitates finitas. Exempli facillimi loco sit series ab unitate decrescens progressionis geometricae duplae $\frac{1}{2} +$ $\frac{1}{4} + \frac{1}{8} + \frac{1}{16} + \frac{1}{32} + \frac{1}{64}$ etc. in infinitum, quae tamen non facit plus quam 1. Nam in adjecta linea recta AB (fig. 24) quae sit 1, erit AC $\frac{1}{2}$, et residuum (CB) bisecando in D, habebis CD $\frac{1}{4}$; et residuum (DB) bisecando in E, habebis DE $\frac{1}{8}$; et residuum (EB) bisecando in F, habebis EF $\frac{1}{16}$; et ita continuando sine fine, nunquam egredieris terminum B. Idem in fractionibus numerorum figuratorum seu triangulo Harmonico fieri a me alibi ostensum est.

Multa notari possent circa hanc Quadraturam, sed quae nunc persequi non vacat; hoc tamen praeteriri non oportet, terminos seriei nostrae $\frac{1}{1}$, $\frac{1}{3}$, $\frac{1}{5}$, $\frac{1}{7}$, $\frac{1}{9}$ etc. esse progressionis harmonicae sive in continua proportione harmonica, ut experienti patebit; quin et per saltum $\frac{1}{1}$, $\frac{1}{5}$, $\frac{1}{9}$, $\frac{1}{13}$, $\frac{1}{17}$ etc. est etiam series progressionis harmonicae, et $\frac{1}{3}$, $\frac{1}{7}$, $\frac{1}{11}$, $\frac{1}{15}$, $\frac{1}{19}$ etc. est itidem series harmonice proportionalium. Itaque cum circulus sit $\frac{1}{1} + \frac{1}{5} + \frac{1}{9} + \frac{1}{13} + \frac{1}{17}$ etc. $- \frac{1}{3} - \frac{1}{7} - \frac{1}{11} - \frac{1}{15} - \frac{1}{19}$ etc., posteriorem seriem partialem a priori subtrahendo, erit magnitudo circuli differentia duarum serierum progressionis harmonicae. Et quoniam quotcunque terminorum numero finitorum progressionis harmonicae summa compendio aliquo iniri potest, hinc appropinquationes compendiosae (si post Ludolphinam illis esset opus) duci possent.

Si quis in serie nostra terminos signo — affectos tollere volet, is duos proximos $+ \frac{1}{1} - \frac{1}{3}$, item $+ \frac{1}{5} - \frac{1}{7}$, item $+ \frac{1}{9} - \frac{1}{11}$, et $+ \frac{1}{13}$ $- \frac{1}{15}$, et $+ \frac{1}{17} - \frac{1}{19}$, et ita porro, in unum addendo, habebit seriem novam pro magnitudine circuli, nempe $\frac{2}{3}$ (id est $\frac{1}{1} - \frac{1}{3}$) $+ \frac{2}{35}$ (id est $\frac{1}{5} - \frac{1}{7}$) $+ \frac{2}{99}$ (id est $\frac{1}{9} - \frac{1}{11}$), itaque

Quadrato inscripto existente $\frac{1}{2}$,

erit Area Circuli $\frac{1}{3} + \frac{1}{35} + \frac{1}{99} + \frac{1}{195} + \frac{1}{323}$ etc.

Sunt autem numeri 3, 35, 99, 195, 323 etc. excerpti per saltum ex serie numerorum quadratorum (4, 9, 16, 25 etc.) unitate minutorum, unde fit series 3, 8, 15, 24, 35, 48, 63, 80, 99, 120, 143, 168, 195, 224, 255, 288, 323, 360, 399 etc., ex cujus seriei numeris quartus quisque post primum noster est. Inveni autem (quod memorabile est) seriei infinitae $\frac{1}{3}+\frac{1}{8}+\frac{1}{15}+\frac{1}{24}+\frac{1}{35}+\frac{1}{48}+\frac{1}{63}$ $+\frac{1}{80}+\frac{1}{99}$ etc. summam esse $\frac{3}{4}$; quin et simplici saltu excerpendo, nempe $\frac{1}{3}+\frac{1}{15}+\frac{1}{35}+\frac{1}{63}+\frac{1}{99}$ etc., ejus seriei infinitae summa facit $\frac{2}{4}$ seu $\frac{1}{2}$. Sed si ex hac iterum simplici saltu terminos excerpamus, nempe $\frac{1}{3}+\frac{1}{35}+\frac{1}{99}$ etc., ejus seriei infinitae summa erit Semicirculus, posito quadratum diametri esse 1.

Quoniam autem eadem opera quadratura *Hyperbolae arithmetica* habetur, placet totam harmoniam oculis subjicere:

1:	2	3	4	5	6	7	8	9	10	11₂	12	13	14	15	16	17	18	19	20		
1	4	9	16	25	36	49	64	81	100	121	144	169	196	225	256	289	324	361	400		
0	3	8	15	24	35	48	63	80	99	120	143	168	195	224	255	288	323	360	399		
$\frac{1}{3}$	$\frac{1}{8}$	$\frac{1}{15}$	$\frac{1}{24}$	$\frac{1}{35}$	$\frac{1}{48}$	$\frac{1}{63}$	$\frac{1}{80}$	$\frac{1}{99}$	$\frac{1}{120}$	$\frac{1}{143}$	$\frac{1}{168}$	$\frac{1}{195}$	$\frac{1}{224}$	$\frac{1}{255}$	$\frac{1}{288}$	$\frac{1}{323}$	$\frac{1}{360}$	$\frac{1}{399}$	etc.	aequatur	$\frac{3}{4}$
$\frac{1}{3}$	.	$\frac{1}{15}$	.	$\frac{1}{35}$	.	$\frac{1}{63}$	.	$\frac{1}{99}$	.	$\frac{1}{143}$	.	$\frac{1}{195}$	.	$\frac{1}{255}$	.	$\frac{1}{323}$	.	$\frac{1}{399}$	etc.	aequatur	$\frac{2}{4}$
$\frac{1}{3}$	.	.	.	$\frac{1}{35}$	.	.	.	$\frac{1}{99}$	.	.	.	$\frac{1}{195}$	.	.	.	$\frac{1}{323}$	.	.	etc.	aequatur	$\frac{1}{4}$

Sit in fig. 25 Asymptotis AF, AE sibi normalibus Hyperbolae curva descripta GCH, cujus vertex C, potentia vero Hyperbolae inscripta sive quadratum, quod rectangulo sub ordinata quacunque EH in suam abscissam AE semper aequale est, sit ABCD; circa hoc quadratum describatur circulus, et ponatur Hyperbola ita continuata a C usque ad H, ut sit AE dupla ipsius AB. Tunc posito AE esse unitatem, erit AB $\frac{1}{2}$, et ejus quadratum ABCD erit $\frac{1}{4}$, et Circulus, cujus potentia inscripta est ABCD, erit ... Hyperbolae vero (cujus potentia inscripta est idem quadratum $\frac{1}{4}$) portio CBEHC, quae logarithmum rationis ipsius AE ad AB (sive binarii) repraesentat, erit $\frac{1}{2}+\frac{1}{12}+\frac{1}{90}$ etc.

circulo ABCD, cujus potentia inscripta Hyperbolae CBEHC, cujus quadratum ABCD } est $\frac{1}{4}$

VII.

DE DIMENSIONIBUS FIGURARUM INVENIENDIS. *)

Signum est perfectae Analyseos, quando aut solvi problema potest, aut ostendi ejus impossibilitas: quod cum nemo hactenus praestiterit circa transmutationes curvilineorum in rectilinea, patet in hac parte imperfectio Geometriae, et ipsius Algebrae, quae uti hactenus tractata est, ad talia problemata non porrigitur. Excogitavi tamen jam a multis annis subsidium Analyticum, et amicis ostendi, quod huc redit: notum est interioris Geometriae peritis, (fig. 26) data qualibet curva AFC (ex illarum numero, quarum natura seu relatio inter ordinatam et abscissam per aequationem Algebraicam seu certi gradus exprimi potest, quas *Cartesius* appellat Geometricas, ego ob graves rationes potius Algebraicas appellare soleo) posse aliam inveniri curvam AGD etiam Algebraicam, cujus figura ope prioris possit quadrari; idque fieri potest multis modis, exempli causa data curva AFC, potest inveniri curva AGD talis naturae, ut rectangulum sub FE ordinata prioris curvae et recta constante H semper aequetur trilineo curvae posterioris seu figurae AEGA, vel ut rectangulum sub FE ordinata curvae prioris et abscissa ejus AF aequetur eidem trilineo, vel aliis modis infinitis. Priorem curvam AFC voco *Quadratricem*, posteriorem AGD *Quadrandam*. Sed hoc opus, hic labor est, data Quadranda Figura, invenire Quadratricem ejus aliquam, praesertim cum aliquando quadratricem invenire (Algebraice quidem exprimendam) sit impossibile. Ut ergo praestarem, quicquid in hoc genere fieri potest, talem methodum excogitavi, antea quod sciam non usurpatam, sed quae maximum et in aliis usum habere potest. Adhibeo aequationes Curvarum generales, quarum unaquaeque omnes curvas ejusdem gradus exprimit. Et talis curvae generalis, consideratae tanquam quadratricis, quaero quadrandam generalem secundum aliquem ex modis supra dictis, quem semper eundem servo, quia demonstrare possum, si non datur quadratrix secundum unum modum, nec eam secundum alium dari. Oblatae jam quadrandae specialis aequatio comparanda est cum aliqua ex formulis generalibus, quadrandarum naturam exprimentibus; sed si nulli comparari possit, manifestum

---

*) Zuerst gedruckt in den Act. Erudit. Lips. an. 1684.

est, eam sub ipsis non comprehendi, adeoque nullam habere quadratricem, scilicet Algebraicam. Eadem methodo invenire possum, quam habeat quadratricem, si non Algebraicam, saltem transcendentem, hoc est Circuli aut Hyperbolae aut alterius figurae quadraturam supponentem, ut scilicet saltem dimensiones reliquas ad has simpliciores reducamus. Multa hujusmodi habeo, quibus Geometria in immensum ultra terminos a Vieta et Cartesio positos promovetur. Nam Veteres nolebant uti lineis altiorum graduum, et solutiones, quae earum ope fiebant, Mechanicas. Cartesius id reprehendit et omnes curvas in Geometriam recipit, quarum natura aequatione aliqua Algebraica seu certi alicujus gradus exprimi possit. Recte quidem; sed in eo peccavit non minus quam Veteres, quod alias infinitas, quae tamen etiam accurate describi possunt, ex Geometria exclusit et Mechanicas vocavit, quia scilicet eas ad aequationes revocare et secundum suas regulas tractare non poterat. Verum sciendum est, istas ipsas quoque, ut Cycloidem, Logarithmicam, aliasque id genus, quae maximos habent usus, posse calculo et aequationibus etiam finitis exprimi, at non Algebraicis seu certi gradus, sed gradus indefiniti sive transcendentis, et ita eodem modo posse calculo subjici ac reliquas, licet ille calculus sit alterius naturae, quam qui vulgo usurpatur. Hujusmodi cogitationum mearum, quas alibi non observavi, participem feci Amicum ingeniosissimum, qui etiam eas multis de suo inventis auxit et suo tempore praeclara dabit; idem calculum inveniendi quadratrices algebraicas supra dicta methodo aggressus aliquot theoremata dedit. Unum tamen cogit me monere amor veritatis, hanc ipsam methodum meam quaerendi quadratrices, insignes quidem usus habere, sed non sufficere ad inveniendas quadraturas quascunque, neque ex ea probari posse impossibilitatem Quadraturae Circuli aut Hyperbolae. Fieri enim potest, ut aliqua certa portio quadrantis circuli vel etiam totus quadrans ABDGA quadrari possit, licet non detur quadratura indefinita et generalis cujuslibet portionis datae secundum unam aliquam legem communem seu calculum algebraicum generalem, qui exprimat relationem inter spatium AEGA et rectang. AEF; unde nec dari poterit semper aequatio quaedam algebraica exprimens relationem inter AE et EF, abscissam et ordinatam quadratrices AFC; ac proinde quadratrix non erit Algebraica seu certi gradus, sed transcendens. Et quidem circulum esse incapacem quadraturae indefinitae facile multis modis demonstrari potest, sed nulla hactenus extat demonstratio, a paralogismo libera, quae ostendat impossibilitatem specialis quadraturae circuli totius. Placet autem ascribere exemplum figurae, ubi succedit quadratura specialis sine generali. Sit in quadrato AEBZ (fig. 27) trilineum orthogonium AENMA; jam secentur latera quadrati opposita AE, ZB in punctis G, R, curva vero in puncto M per rectas GR, reliquis quadrati lateribus AZ, EB parallelas. Abscissa BR appelletur v, et ordinata RM appelletur y, et latus quadrati h, et aequatio naturam curvae exprimens sit $y^4 - 6hhyy + 4yyvv + h^4 = 0$. GM appelletur x, et AG appelletur z, fiet $y = h - x$ et $v = h - z$, quos valores substituendo in aequatione praecedenti fiet: $h^4 - 4h^3x + 6hhxx - 4hx^3 + x^4 - 6h^4 + 12h^3x - 6hhxx + 4h^4 - 8h^3z + 4hbzz - 8h^3x + 16hhxz - 8hxzz + 4hhxx - 8hxxz + 4xxzz + h^4 = 0$, seu destructis destruendis: $4hhzz - 8hxzz + 4xxzz - 8h^3z + 16hhxz - 8hxxz + 4hhxx - 4hx^3 + x^4 = 0$, quam aequationem dividendo per $hh - 2hx + xx$ habebitur: $4zz - 8hz$

$+ \dfrac{4hh - 4hx + xx \text{ multiplic. in } xx}{hh - 2hx + xx} = 0$. Itaque si figura nostra

est quadrabilis methodo superdicta, deberet haec aequatio secundum libi proposita conferri posse cum ista:

$$0 = \begin{cases} bzz + caz + eaa \\ \quad + 2dxz + 2fax + \dfrac{dde + ccg + bff - cdf - 4beg \text{ mltpl. in } aaxx}{+ 4beaa + 4bfax + 4bgxx} \\ \quad + 4gxx \qquad - ccaa - 2cdax - ddxx. \end{cases}$$

Sed manifestum est, collationem non procedere, si vel solus numerator fractionis utrobique existens comparetur, deberet enim $4hh - 4hx + xx$ coincidere cum aa, in $dde + ccg + bff - cdf - 4beg$, indeterminatum cum determinato: ut taceam, ex reliquis comparationibus literas d, e, f, g fieri aequales nihilo: unde in aequatione quaesita ad curvam quadratricem, quae est

$$\begin{rcases} byy + cay + eaa \\ \quad + dxy + fax \\ \quad + gxx \end{rcases} = 0$$

restaret tantum $byy + cay = 0$, quae est aequivocatio non ad lineam, sed ad punctum. Itaque linea curva Quadratrix haberi hoc modo non potest. Et tamen aliunde scimus, trilineum propositum esse quadrabile: itaque ista methodus, licet maximi sit momenti, tamen ad omnes quadraturas inveniendas non sufficit, sed opus est alias adhuc artes adhiberi, quas quidem alias exponam; res enim omnino in potestate est.

Additio

ad Schedam de Dimensionibus Figurarum inveniendis. *)

Cum eximiae eruditionis Mathematicus, Joh. Christophorus Sturmius, in Actis nuperi mensis Martii publicaverit methodum, qua dimensiones figurarum ab Euclide, Archimede aliisque datae directius et compendiosius, quam vulgo fieri solet, demonstrantur, reducendo scilicet ad series infinitas continua abscissarum seu partium axis bisectione et parallelogrammorum semper aliorum atque aliorum (pro altitudine partes axis, pro basi ordinatas habentium) circumscriptione, ac de ea re meam nominatim aliorumque Geometrarum sententiam desideraverit; officii mei putavi, quid sentiam paucis expromere, etsi serius fortasse quam facturus eram, si illum Actorum locum maturius animadvertissem. Et quidem non possum non agnoscere methodum hanc demonstrandi probam esse et laudandam. Sentio autem et hanc et alias hactenus adhibitas omnes deduci posse ex generali quodam meo dimentiendorum curvilineorum principio, *quod figura curvilinea censenda sit aequipollere Polygono infinitorum laterum;* unde sequitur, quicquid de tali Polygono demonstrari potest, sive ita ut nullus habeatur ad numerum laterum respectus, sive ita ut tanto magis verificetur, quanto major sumitur laterum numerus, ita ut error tandem fiat quovis dato minor, id de curva posse pronuntiari. Unde duae oriuntur methodorum species, ex quibus meo judicio pendet, quicquid vel hactenus inventum est circa dimensionem curvilineorum, vel imposterum poterit inveniri. Idque hactenus non satis consideratum reperio. Caeterum hortor Virum Clarissimum, ut tentet methodum suam ad eas promovere figuras, quarum dimensio nondum datur, ut scilicet non tantum ad demonstrandum, sed etiam ad inveniendum serviet, quod variis modis praestari posse video. Licet autem generaliores methodos dudum habeam, qualis illa est, quam in scheda mensis Maji Actorum hujus anni publicavi, non tamen tales contemno vias magis restrictas, quia saepe sunt compendiosiores in quibusdam casibus, et variare Methodos ad perfectionem

---

*) Zuerst gedruckt in den Act. Erudit. Lips. an. 1684.

scientiae pertinet, et aliae methodi aliis problematis sunt aptiores ac quasi a natura assignatae, praesertim cum generalis illa Methodus mea comparata sit ad inveniendas quadraturas indefinitas seu figurae toti pariter et partibus ejus quibuscunque communes, pro definitis vero portionibus vel totis figuris solis nondum mihi sufficere, sed alia plane adhibenda esse videatur.

Qua tamen occasione non dissimulabo, alium Virum Eximium, qui in iisdem Actis mense Octobri anni praeteriti 1683 etiam quadraturas definitas aut earum possibilitatem et speciatim circa dimensionem totius circuli exhibere voluit (quod mihi ex iis, quae affert, nondum sequi videbatur) nuper mihi significasse, inventum se habere modum satisfaciendi huic difficultati. Id inventum si legitimum est, lubens, quae in Actis proximi mensis Martii contra scripsi, retractabo et fatebor, eum aliquid magni momenti mihique secundum hanc investigandi rationem ignotum et insperatum praestitisse, magnumque illud Problema Tetragonismi Circularis quoad eum quadrandi modum, qui vulgo quaeritur, absolvisse demonstrata ejus impossibilitate, quod hactenus publice fecit nemo. Ait enim, se posse demonstrare, quandocunque figurae alicujus linea algebraica (ut ego loqui soleo) terminatae non datur quadratura algebraica indefinita sive generalis (seu quando ejus non datur quadratrix Algebraica), tunc nec posse dari alicujus portionis ejus quadraturam algebraicam definitam seu specialem. (Alibi autem explicui me *Algebraicam* vocare quantitatem vel lineam, cujus natura per aequationem certi gradus exprimi potest). Ego sane me fateor hactenus in alia fuisse sententia; quoniam tamen pomittentis amici ingenium maximi facio, ideo nondum desperare volo de successu, hortorque magnopere, ut illam demonstrationem edat, unde plurimum lucis accedet Geometriae.

VIII.

QUADRATURA ARITHMETICA COMMUNIS SECTIONUM CONICARUM, QUAE CENTRUM HABENT, INDEQUE DUCTA TRIGONOMETRIA CANONICA AD QUANTAMCUNQUE IN NUMERIS EXACTITUDINEM A TABULARUM NECESSITATE LIBERATA, CUM USU SPECIALI AD LINEAM RHOMBORUM NAUTICAM, APTATUMQUE ILLI PLANISPHAERIUM *).

Jam anno 1675 compositum habebam Opusculum Quadraturae Arithmeticae amicis ab illo tempore lectum, sed quod materia sub manibus crescente limare ad edititionem non vacavit, postquam aliae occupationes supervenere, praesertim cum nunc prolixius exponere vulgari more, quae Analysis nostra nova paucis exhibet, non satis pretium operae videatur. Interim insignes quidam Mathematici, quibus veritas primariae nostrae propositionis dudum in his Actis publicatae innotuit, pro humanitate sua nostri qualiscunque inventi candide meminere. Quos inter Ill. Hugenius etiam analogum aliquid in Hyperbola eleganter adjecit, a nostri olim schediasmatis analogia diversum. Ut enim nos dederamus seriem $\frac{1}{1} t - \frac{1}{3} t^3 + \frac{1}{5} t^5$ etc. per circulum, ita ipse $\frac{1}{1} t + \frac{1}{3} t^3 + \frac{1}{5} t^5$ etc. per Hyperbolam primariam exhiberi notavit, de quo adde dicta ad Schediasma hic praecedens **). Et sane etiam in Opusculo nostro inedito, nec ipso viso, inter alias propositiones una continebatur satis memorabilis ob generalitatem ambasque illas et plura complexa: *Sectorem, curva conica a vertice incipiente et radiis ex centro eductis comprehensum, arithmetice quadrare.* AT (fig. 28) portio rectae in vertice tangentis, comprehensa inter verticem A et T occursum tangentis alterius extremi, vocetur t, et CB semiaxis conjugatus (seu recta, quae potest rectangulum sub dimidiis lateribus recto et transverso) sit unitas, erit sector CAFEC aequalis rectangulo comprehenso sub AC semilatere transverso et recta, cujus longitudo sit $\frac{1}{1} t \pm \frac{1}{3} t^3 + \frac{1}{5} t^5 \pm \frac{1}{7} t^7$ etc. Ita exprimitur non solum area sectoris circularis, aut sectoris Hyperbolae primariae aequilaterae, cum angulus Asymptotarum est rectus, sed et alterius

---

*) Zuerst gedruckt in den Act. Erudit. Lips. an. 1691.

**) Es ist dies die in den Act. Erudit. vorhergehende Additio ad schediasma De Medii Resistentia.

sectoris Elliptici aut Hyperbolici cujuscunque. Caeterum ex seriebus
infinitis a me aliisque, ut Mercatore, Newtono, Gregorio exhibitis
sequitur Trigonometriae Canonicae sine Tabulis praxis quantum
licet exacta. Neque enim semper Tabulas per maria et terras cir-
cumferre in potestate est. Nempe sit radius unitas, arcus a, tangens
t, sinus rectus s, sinus versus v, logarithmus l, numerus $1 + n$
(logarithmo ipsius unitatis existente 0) fiet

(1)
$$a = \tfrac{1}{1}t - \tfrac{1}{3}t^3 + \tfrac{1}{5}t^5 - \tfrac{1}{7}t^7 + \tfrac{1}{9}t^9 \text{ etc.}$$

(2)
$$s = a - \frac{a^3}{1.2.3} + \frac{a^5}{1.2.3.4.5} - \frac{a^7}{1.2.3.4.5.6.7} \text{ etc.}$$
id est $a - \tfrac{1}{6}a^3 + \tfrac{1}{120}a^5$ etc.

(3)
$$v = \frac{a^2}{1.2} - \frac{a^4}{1.2.3.4} + \frac{a^6}{1.2.3.4.5.6} - \frac{a^8}{1.2.3.4.5.6.7.8} \text{ etc.}$$

(4)
$$l = \tfrac{1}{1}n - \tfrac{1}{2}n^2 + \tfrac{1}{3}n^3 - \tfrac{1}{4}n^4 + \tfrac{1}{5}n^5 \text{ etc.}$$

(5)
$$n = \frac{l}{1} + \frac{l^2}{1.2} + \frac{l^3}{1.2.3} + \frac{l^4}{1.2.3.4} + \frac{l^5}{1.2.3.4.5} \text{ etc.}$$

Semper autem quantitas, cujus potentiae in serie infinita adhibentur, debet esse minor unitate, ut in progressu fiant quantumvis
parvae. Hujusmodi series dari possunt plures, et efficere etiam
per series licet, ut ex arcu deutur sinus et tangentes artificiales seu
logarithmici (non suppositis naturalibus) et vicissim arcus ex ipsis;
sed placuit eas tantum adscribere series, quae tam simplicis sunt
compositionis, ut facillime memoria retineri et ubivis defectum
librorum ac tabularum supplere possint. Itaque unam tantum ob
suam simplicitatem et quia hujus schediasmatis occasionem prae-
buit, adde, si sinus complementi sint c, logarithmos sinuum rectorum vel potius (quod eodem redit) reciprocorum ab his sinubus,

(6)
fore = ut $\tfrac{1}{2}c^2 + \tfrac{1}{4}c^4 + \tfrac{1}{6}c^6 + \tfrac{1}{8}c^8$ etc., quemadmodum sequitur
ex his, quae innuimus in schediasmate de Resistentia Medii Act.
Januarii 1689 pag. 4 artic. 5 prop. 6; unde rursus patet, etiam
pendere a quadratura Hyperbolae. Nec abludunt quae dederat Nic.
Mercator, unde ad meum Circuli Tetragonismum secundo mense
primi anni horum Actorum editum duxeram Analogiam cum Hyper-

V. 9

bola 'non inelegantem. Inveneram scilicet circulum esse ad quadratum circumscriptum ut $\frac{1}{1} - \frac{1}{3} + \frac{1}{5} - \frac{1}{7}$ etc. ad unitatem, seu circulum esse ad quadratum inscriptum ut $\frac{1}{4-1} + \frac{1}{36-1} + \frac{1}{100-1}$ etc. ad $\frac{1}{1}$, ubi numeri 4, 36, 100 etc. sunt quadrati a paribus quaternario differentibus 2, 6, 10 etc. Similiter ex supradictis, cum Numerus, cujus logarithmus quaeritur, $1 + x$ est 2, tunc x est 1, adeoque $\frac{1}{1} - \frac{1}{2} + \frac{1}{3} - \frac{1}{4}$ etc. est Logarithmus Hyperbolicus binarii. Eadem series facit $\frac{4}{9-1} + \frac{4}{49-1} +$ $\frac{1}{1} - \frac{4}{121-1}$ etc. (nam $\frac{4}{9-1}$ est aeq. $\frac{1}{1} - \frac{1}{2}$, et $\frac{4}{49-1}$ est aeq. $\frac{1}{3}$ $- \frac{1}{4}$, et ita porro), ergo Logarithmus Hyperbolicus binarii est ad unitatem, ut $\frac{1}{9-1} + \frac{1}{49-1}$ etc. est ad $\frac{1}{4}$, ubi numeri 9, 49, 121 etc. sunt quadrati a 3, 7, 11 etc. qui sunt impares unitate excedentes supra dictos pares quaternario differentes; unde origo patet analogiae olim a nobis exhibitae in his Actis, ut dictum est. Esse autem $\frac{1}{2}cc + \frac{1}{4}c^4 + \frac{1}{6}c^6$ etc. log. de $1 : \sqrt{1 - cc}$, sic demonstratur: log. de $1 + c = \frac{1}{1}c - \frac{1}{2}cc + \frac{1}{3}c^3$ etc. et log. de $1 - c = -\frac{1}{1}c - \frac{1}{2}cc - \frac{1}{3}c^3$ etc. utrumque per aeq. 4; ergo log. $\overline{1 + c}$ + log. $\overline{1 - c}$ id est log. $\overline{1 - cc} = -\frac{2}{2}cc - \frac{2}{4}c^4 - \frac{2}{6}c^6$ etc. et proinde $\frac{1}{2}$ log. $\overline{1 - cc}$ id est log. $\sqrt{1 - cc} = -\frac{1}{2}cc - \frac{1}{4}c^4 - \frac{1}{6}c^6$ etc.

Sed quo magis horum usus appareat, ostendere operae pretium erit, eundem calculum prodesse ad lineam Rhombicam in superficie sphaerica a navigantibus descriptam recte aestimandam atque in plano projiciendam, quae vulgo parum accurate tractantur. Rem usu amplissimam paucis explicemus. Sit Polus P (fig. 29), Aequator Aqq, Meridiani PA, Pq etc., Linea Rhombica $A_1l_2l_3l$ etc. quae describitur, quamdiu eadem plaga seu venti rhombus tenetur. Per puncta l, l ducantur paralleli Hl, nempe $_1H_1l$, $_2H_1d_2l$, $_3H_2d_3l$ etc. Quod si jam punctorum q, q intervalla sint incomparabiliter parva, portiones arcuum quippe inassignabiles erunt pro rectis, et triangula $_1l_1d_2l$, $_2l_2d_3l$ etc. erunt similia, ob angulum lineae Rhombicae semper eundem ad loci meridianum. Ergo $_1l_2l$ *quantitas Rhombicae percursae seu itineris in eodem rhombo est ad $_1H_3H$, differentiam latitudinis extremorum, ut sinus totus ad anguli rhombici sinum.* Itaque ex dato angulo rhombico et differentia latitudinum datur quantitas itineris, vel contra. Huc usque res pervulgata est, sed ut ex iisdem differentia longitudinum calculo aestimetur, negotium est Geometriae transcendentis, quam pauci recte tractaverunt. Id ergo supplere nostrae methodi est. Radius seu sinus totus sit unita s, et tangens anguli rhombici constantis sit b, patet esse $_1d_2l$ ad $_1l_1d$ seu ad $_1H_2H$ vel $_2d_2l$ ad $_2l_2d$ seu ad $_2H_3H$, ut b ad 1. Sed $_2q_3q$ est ad $_2d_3l$, ut AC (sinus totus seu sphaerae radius) ad $_3HM$ sinum anguli $_3HCP$ (fig. 30) cujus arcus $_3HP$ est latitudinis A$_3$H complementum, seu $_2q_3q$ ad $_2d_3l$, ut C$_3$H ad $_3HM$, seu ut CE secans anguli latitudinis ad AC sinum totum. Latitudo seu arcus meridiani AH sit h, et $_2H_3H$ erit dh. Jam CE secans sit n, et $_2d_3l$ erit bdh, et $_2q_3q$ erit bndh, et portio tota aequatoris A$_3$q erit $b\int ndh$, et $\int ndh$ est area secantium arcui applicatorum. Jam angulo CEN recto educta EN ipsi CA occurrat in N, sumtaque $_3$H Q particula ipsius $_3$HM et normaliter ex Q educta ad circulum QF, ob triangula similia nempe ordinarium NEC et characteristicum inassignabile $_3$HQF erit rectangulum CE in $_3$HF seu ndh aequale rectangulo CN in QF. Si jam CM sinus latitudinis sit e, QF erit de, et CN vel MV (sumta in M$_3$H continuata) reperietur esse $1 : \overline{1 - ee}$, ductaque linea per AVV, erit $\int ndh$ seu area ACMVA aeq. $\int$, de: $\overline{e - ee}$ et $b\int$, de: $\overline{1 - ee}$ seu $\dfrac{b.e}{1} + \dfrac{b.c^3}{3} + \dfrac{b.e^5}{5}$ etc. erit A$_3$q arcus aequatoris inter A (initium lineae rhombicae A$_3$l in aequatore) et meridianum P$_3$l$_3$q, ad quem pervenit, interceptus: posito e esse sinum latitudinis extremi $_3$l, et b esse numerum qui sit ad unitatem, ut tangens constantis anguli rhombici cum meridiano est ad sinum totum. Unde si quaeratur $_1q_3q$ differentia longitudinis duorum rhombicae lineae $_1l_2l_3l$ punctorum $_1$l et $_3$l ex data $_1H_3H$ differentia latitudinis eorundem, oportet tantum invenire A$_1$q et A$_3$q, eritque differentia $_1q_3q$, adeoque si sinus latitudinis puncti $_3$l sit e, et puncti $_1$l sit (e), tantum opus $\dfrac{e - (e)}{1} + \dfrac{e - (e)^3}{3} + \dfrac{e - (e)^5}{5}$ etc. multiplicare per b tangentem anguli rhombici ad meridianum, posito sinum totum esse unitatem, et productum erit differentia longitudinis quaesita. Denique ex superioribus re ad logarithmos redacta ad modum artic. 5 prop. 4 nostri schediasmatis De Resistentia Medii, erunt differentiae longitudinum punctorum $_3$l et $_1$l, ut logarithmi rationis $\overline{1 + e} : \overline{e - e}$ ad $\overline{1 + (e)} : \overline{1 - (e)}$, posito radium sphaerae esse unitatem et sinus latitudinum dictorum punctorum respective esse e et (e). Ex his jam canones practicos facile ducet peritus, veluti si data differentia longitudinis et latitudinis locorum quaeras rhombum seu angulum rhombicae lineae ab uno ad alium ducentis: nam *tangens anguli, quem Rhombus quaesitus facit ad meridianum est ad sinum totum, ut arcus differentiae longitudinum est ad logarithmum hyperbolicum dictae rationis seu ad* $\dfrac{e-(e)}{1} + \dfrac{e^3-(e)^3}{3} + \dfrac{e^5-(e)^5}{5}$ etc. Quod si meridiani in planisphaerio projiciantur rectis parallelis, quod cautionibus debitis adhibitis plerumque commode satis fieri potest salva exactitudine, tunc etiam lineae Rhombicae erunt rectae. Si jam gradus longitudinis horumque partes projiciamus aequalibus intervallis, oportet gradus latitudinis assumi inaequales, et sic quidem ad mappam Geometrice construendam, ut ducta ad libitum recta omnes meridianos oblique secante, latitudines punctorum intersectionis habeant, ut ex dictis patet, numeros, qualis est $\overline{1+e}$: $\overline{1-e}$, geometrica progressione incedentes; id enim si una recta praestet, praestabunt omnes. Unde comparando cum numeris scalae latitudinis facillimum erit in ipsa mappa mensurare ex vero rectam quamvis in ea ducibilem seu quantitatem Rhombicae datae. His mappis si alias jungas, ubi sphaericae superficiei partes projiciuntur ex centro in plana tangentia, omnesque arcus circulorum magnorum adeoque viae brevissimae exhibentur rectis, pleraque in praxi probe satis praestari possunt.

CHARACTERISTICA GEOMETRICA.

ANALYSIS GEOMETRICA PROPRIA.

CALCULUS SITUS.

Obwohl die von Vieta angebahnte, von Descartes weiter ausgeführte grosse Revolution in der Behandlung geometrischer Probleme mittelst der Algebra vorerst das Mögliche leistete und vielseitig befriedigte, so verhehlten sich doch die einsichtigen Mathematiker des 17. Jahrhunderts keineswegs, dass die Darstellung der algebraisch gewonnenen Resultate durch Construction in Vergleich zu den durch Einfachheit und Eleganz mustergültigen Leistungen der Geometer des Alterthums noch weit zurückstand. Um in dieser Hinsicht der Analysis zu Hülfe zu kommen, hatten Desargues und Pascal den Plan gefasst, ein bestimmt abgegränztes Gebiet der Geometrie, die Curven des zweiten Grades hinsichtlich ihrer allgemeineren Eigenschaften synthetisch zu durchforschen; sie hofften, dass sie dadurch wenigstens für die Lösungen derjenigen Probleme, welche von den genannten Linien abhängen, allgemeinere Gesichtspunkte würden aufstellen können. Indess der geometrische Weg, den sie hierbei einschlugen, und die rein synthetische Behandlung boten zu viele Schwierigkeiten, so dass sie das vorgesteckte Ziel nicht erreichten. So fand Leibniz den Stand der Sache, als er in Paris mit allem Feuer jugendlicher Begeisterung dem Studium der Mathematik sich widmete. In Folge einer Unterredung mit Carcavi*) war seine Aufmerksamkeit auf diese Lücke gelenkt worden, und er erkannte sofort, dass hier ein Feld sich bot, auf dem Neues zu schaffen und Ruhm und Ehre zu ernten war. Leibniz fasste den Gegenstand, nicht wie seine oben genannten Vorgänger, von der entgegengesetzten Seite, er blieb im Bereich der Cartesianischen Geometrie und versuchte die Gleichungen zu verallgemeinern,

---

*) Pierre de Carcavi (gest. 1681 zu Paris) war zuerst Parlamentsrath in Toulouse, dann Conservator der Königlichen Bibliothek in Paris. Er gehörte zu den Stamm-Mitgliedern der Akademie und stand mit Descartes, Fermat, Pascal in Briefwechsel.

um eine Gleichung zu finden, die alle Curven des zweiten Grades repräsentirte. Die Hülfsmittel, deren er sich hierzu bediente, waren zunächst den Ideen entlehnt, mit denen er sich seit längerer Zeit in Betreff des grossen Problems der allgemeinen Charakteristik beschäftigte: neue Charaktere, die mehrere Operationszeichen zugleich ausdrückten und sogleich äusserlich erkennen liessen, aus welchen Zeichen sie entstanden seien; ferner die Einführung der untheilbaren Grössen (indivisibilia) Cavaleri's, so wie des Unendlichen, wovon Descartes keinen Gebrauch gemacht hatte. Indess waren die Ausdrücke, die Leibniz auf diesem Wege erhielt, zu weitläufig und nicht zu bewältigen. Daher begann er, bevor er den Anlauf noch einmal wiederholte, mit einer genauen Zurechtlegung der Principien und der Hauptgesichtspunkte, welche das Fundament des Ganzen bildeten. Bei dieser speculativen Untersuchung kam Leibniz zu der Ansicht, dass obwohl die Geometrie dem algebraischen Calcul untergeordnet sei, sie dennoch eine ihr eigenthümliche Analysis habe, durch welche ihre Theoreme dargethan und die Constructionen, nachdem der Calcul so viel als möglich vereinfacht und zusammengezogen, zuletzt mittelst Linien bewirkt würden. Diese der Geometrie eigenthümliche Analysis besassen nach Leibnizens Meinung die Geometer des Alterthums, und er bemerkt, dass die Neueren mit Hülfe ihrer Methoden die Lehrsätze vergeblich suchen würden, welche die Alten aufgestellt haben. Leibniz glaubt jedoch, dass er die Grundzüge dieser Kunst (prima lineamenta hujus artis) gefunden habe; mit Hülfe von passenden Symbolen und nach Feststellung einiger Grundsätze soll alles Weitere nach Art des Calculs geschehen, so dass die Vorstellung der geometrischen Grösse ganz bei Seite gelassen werden kann.

Das Vorstehende bildet den wesentlichen Inhalt der Einleitungen, die Leibniz zu den beiden Abhandlungen „De Constructione" und „De la Methode de l'Universalité" vorausschickt. In diesen Abhandlungen erläutert er, wie man mit Hülfe mehrdeutiger Symbole (signa ambigua, caractères ambigus) zwei und mehrere Gleichungen in eine zusammenfassen kann. Er hebt zugleich hervor, dass diese Symbole keineswegs willkührlich, vielmehr dem, was sie ausdrücken sollen, möglichst entsprechend gewählt werden müssen, und er erwähnt, dass er in seinem ersten Versuche, um die Richtung auszudrücken, die Buchstaben des griechischen Alphabets gebraucht habe, und zwar so, dass die ersten Buchstaben das $+$, die letzten

das — ausdrückten. Sollten z. B. zwei Gleichungen von der Form
$a = + b + c$ und $a = + b — c$ in eine zusammengefasst werden,
so schrieb er $a = + b \overline{(\alpha\omega)} c$*). Eine solche Gleichung nennt Leibniz „première ambiguité." Sind ferner zwei Gleichungen von der
Form $a = + b — c$, $a = — b + c$ in eine zusammenzuziehen, so
schreibt er $a = \overline{(\beta\psi)} b \overline{(\psi\beta)} c$; dies ist die „seconde ambiguité." Die
allgemeine Gleichung aus drei Gleichungen von der Form $a = + b$
$+ c$, $a = — b + c$, $a = + b — c$ ist die folgende: $a = (\gamma\varphi\gamma) b$
$\overline{(\gamma\gamma\varphi)} c$; sie bildet die „troisième ambiguité" u. s. w. Später vertauschte Leibniz die griechischen Buchstaben mit Symbolen, die
aus + und — vielfach zusammengesetzt waren; er gab jedoch für
sehr zusammengesetzte Zeichen den ersteren den Vorzug, da sie
die Genesis bestimmter ausdrückten; waren die Zeichen weniger
zusammengesetzt, so behielt er die Bildung aus + und — bei.

Leibniz überzeugte sich indess sehr bald, dass auf diese Weise
das gewünschte Ziel nicht zu erreichen war; die Constructionen,
die er mittelst der algebraischen Behandlung der Probleme erhielt,
waren in Vergleich zu denen, die sich auf unmittelbar geometrischem
Wege ergaben, wunderbar geschroben und unbequem, wie er beispielsweise an der Aufgabe: Aus der Grundlinie, der Höhe und
dem Winkel an der Spitze ein Dreieck zu construiren, darthut,
Die Behandlung dieser Aufgabe bietet zugleich die Beläge für die
im Vorhergehenden dargestellten Versuche rücksichtlich der Ausführung seiner Ideen.

Durch diese wenig günstigen Erfolge wurde Leibniz bewogen,
auf das Gebiet der Geometrie zurückzugehen. Er bemerkte, dass
nicht allein die Quantität der Figur, sondern auch die Qualität d. h.
die Form zu berücksichtigen sei; denn das sei die wahre geometrische Analysis, die nicht bloss die Gleichheit und Proportionalität
in Betracht ziehe, sondern auch die Ähnlichkeit, die aus der Form
der Figur entspringt, und die Congruenz, die durch die Verbindung der Gleichheit und Ähnlichkeit hervorgeht. Da nun nach der
allgemein angenommenen Sitte, die Eckpunkte der Figuren zu bezeichnen, durch die dazu gebrauchten Buchstaben allein theilweise
schon die Eigenschaften der Figuren ausgedrückt werden, so wurde

---

*) Leibniz schliesst die griechischen Buchstaben in Klammern
ein, um sie dadurch von den andern, welche Grössen bezeichnen, zu
unterscheiden.

Leibniz hierdurch veranlasst, darüber nachzudenken, 'ob nicht lediglich durch blosse Nebeneinanderstellung und Umstellung dieser Buchstaben alle Eigenschaften, der ganze Charakter der Figuren dargestellt werden könne; möglicherweise würde sich alsdann ein Calcul ergeben, der mit und an den Buchstaben allein ausgeführt, nicht nur die Definitionen in ihrer ganzen Eigenthümlichkeit produciren, sondern auch die Auflösungen der Probleme finden lassen würde, und zwar nicht nach der bisherigen Willkühr, sondern vielmehr nach einer bestimmten Methode.

Da bisher Niemand dergleichen versucht hatte, so sah sich Leibniz genöthigt, den Gegenstand von den ersten Anfängen an zu erörtern. Er geht hierbei von dem absoluten Raum aus, betrachtet die Lage eines Punktes in demselben, und entwickelt, wie durch Bewegung aus dem Punkt die Linie, aus der Linie die Fläche, aus der Fläche der Körper entsteht. Da nun durch zwei Punkte die gerade Linie, sowohl ihrer Lage nach, als auch, falls jene zwei Punkte zugleich die Endpunkte sind, ihrer Grösse nach bestimmt ist d. h. alle Punkte der Linie lediglich durch diese beiden Punkte gegeben sind, so werden diese zwei Punkte den Charakter der Linie ausdrücken und demnach vollständig bestimmen; es reicht aus, anstatt der Linie die beiden bestimmenden Punkte in Betracht zu ziehen. Sind demnach zwei Punkte A, B zweien andern C, D congruent, so sind auch die dadurch bestimmten Linien congruent; und sind die drei Punkte A, B, C, die nicht in einer geraden Linie liegen, drei andern D, E, F congruent, so ist auch die durch die drei ersten Punkte bestimmte Kreisperipherie der durch die drei letzten bestimmten congruent. Allgemein drückt dies Leibniz so aus: Wenn das Bestimmende congruent ist, so wird es auch das dadurch Bestimmte sein, vorausgesetzt dass ein und derselbe Modus des Bestimmens bleibt.

Was nun die Charakteristik betrifft, deren Leibniz zur Verwirklichung seiner Ideen über die wahre geometrische Analysis sich bediente, oder um seinen eigenen Ausdruck zu gebrauchen, was den „calculus situs" anlangt, so hat er sich vorzugsweise auf die Bestimmungsform der Congruenz beschränkt, indess wie es scheint, nur um mittelst dieses Begriffs zu zeigen *), was sich dadurch für

---

*) Nunc autem ad explicandam rem situs non nisi *congruentia* utemur, sepositis in alium locum *similitudine* et *motu*.

die in Rede stehende Disciplin gewinnen lässt. Es ist bereits von einem competenten Mathematiker nachgewiesen *), dass dieser Begriff für die einfachsten Relationen, namentlich wenn es sich nur um die Bestimmung eines Punktes oder einer Ebene handelt, ausreicht, dagegen für complicirtere Fälle zu eng ist. Leibniz hat dies selbst gefühlt, denn er wollte ausserdem noch die Aehnlichkeit und die Bewegung in Betracht ziehen. Besonders scheint er zuletzt ein vorzügliches Augenmerk auf den Begriff der Aehnlichkeit als den weitesten gehabt zu haben, wie aus der „Analysis situs" hervorgeht.

Demnach hat Leibniz über diese neue geometrische Analysis nur Anfänge hinterlassen; sie sind jedoch von der Art, dass sich daraus von Leibnizens Ideen eine vollkommene Vorstellung gewinnen lässt. Uebrigens hat er den Gedanken an die Möglichkeit einer vollständigen Ausführung derselben niemals aufgegeben, wenn auch das Urtheil von Hugens, das Leibniz nach der ersten Durcharbeitung seiner Ideen einholte, ungünstig ausfiel. **) Wiederholt hat er in der spätern Zeit seines Lebens solche, die für die Mathethematik sich interessirten, für die Ausführung seiner Ideen über die geometrische Analysis zu gewinnen gesucht, unter andern den Freiherrn von Bodenhausen und einen gewissen Overbeck, der Conrector am Gymnasium zu Wolfenbüttel war. Von der Hand des letztern ist unter den Leibnizischen Manuscripten eine kurze Abhandlung: De calculo situum, vorhanden, die nach Leibnizens Angaben gearbeitet ist.

––––––––––

Von den folgenden Abhandlungen bildet die unter Nr. I weniger ein abgerundetes Ganze, als vielmehr eine Zusammenstellung alles dessen, was Leibniz in Betreff der Analysis Geometrica und des Calculus situs bis zum Jahre 1679 gefunden hatte. Fragmente hiervon sind sowohl der „Essay", welchen Leibniz unter dem 8. September desselben Jahres an Hugens sandte, um dessen Urtheil über

––––––––––

*) Geometrische Analyse, geknüpft an die von Leibniz erfundene geometrische Charakteristik, von H. Grassmann. Leipzig 1847.

**) Leibniz. Correspondenz mit Hugens, S. 19 ff. in Leibnizens math. Schriften, Th. 2.

die neue Analysis zu vernehmen *), als das unter Nr. II Enthaltene, welches jedoch zugleich ein in sich abgegränztes Ganze ist. Einer vorhandenen Notiz zufolge wurde Nr. II von Leibniz im Jahre 1698 entworfen, um den Freiherrn von Bodenhausen über die Analysis Geometrica und den Calculus situs zu instruiren.

Nr. IV unter dem Titel: In Euclidis $\pi\varrho\tilde{\omega}\tau\alpha$, ist hier angereiht worden, insofern sowohl die darin enthaltenen Erörterungen über die Principien der Geometrie, als auch die Anwendungen des Calculus situs zu Nr. II in offenbarem Zusammenhange stehen.

---

*) Leibniz. mathematische Schriften, Th. 2. S. 20 ff.

I.

CHARACTERISTICA GEOMETRICA. *)

(1) *Characteres* sunt res quaedam, quibus aliarum rerum inter se relationes exprimuntur, et quarum facilior est quam illarum tractatio. Itaque omni operationi, quae fit in characteribus, respondet enuntiatio quaedam in rebus: et possumus saepe ipsarum rerum considerationem differe usque ad exitum tractationis. Invento enim quod quaeritur in characteribus, facile idem invenietur in rebus per positum ab initio rerum characterumque consensum. Ita machinae exhiberi possunt modulis, corpora solida repraesentari possunt in plana tabula, ita ut nullum sit punctum corporis, cui non respondens aliud designari possit in tabula secundum leges perspectivae. Itaque si quam operationem geometricam scenographica ratione in tabula plana super imagine rei peregerimus, poterit eventus illius operationis exhibere punctum aliquod in Tabula, cui facile sit invenire punctum respondens in re. Ac proinde solutio problematum stereometricorum in plano peragi poterit.

(2) Quanto autem characteres sunt exactiores, id est quo plures rerum relationes exhibent, eo majorem praestant utilitatem, et si quando exhibeant omnes rerum relationes inter se, quemadmodum faciunt characteres Arithmetici a me adhibiti, nihil erit in re, quod non per characteres deprehendi possit: Characteres autem Algebraici tantum praestant quantum Arithmetici, quia significant numeros indefinitos. Et quia nihil est in Geometria, quod non possit exprimi numeris, cum scala quaedam partium aequalium exposita est, hinc fit, ut quicquid Geometricae tractationis est, etiam calculo subjici possit.

(3) Verum sciendum est, easdem res diversis modis in characteres referri posse, et alios aliis esse commodiores. Ita Tabula, in qua corpus arte perspectiva delineatur, potest et gibba esse, sed praestat tamen usus tabulae planae; et nemo non videt, charac-

---

*) Das Manuscript ist datirt: 10. Augusti 1679.

teres numerorum hodiernos, quos Arabicos vel Indicos vocant, aptiores esse ad calculandum, quam veteres Graecos et Romanos, quanquam et his calculus peragi potuerit. Idem et in Geometria usu venit; nam characteres Algebraici neque omnia, quae in spatio considerari debent, exprimunt (Elementa enim jam inventa et de- monstrata supponunt) neque situm ipsum punctorum directe signi- ficant, sed per magnitudines multa ambage investigant. Unde fit, ut difficile sit admodum, quae figura exhibentur exprimere calculo; et adhuc difficilius, calculo inventa efficere in figura: itaque et con- structiones, quas calculus exhibet, plerumque sunt mire detortae et incommodae; quemadmodum alibi ostendi exemplo problematis hujus: Data basi, altitudine et angulo ad verticem invenire Trian- gulum. *)

(4) Equidem animadverto, Geometras solere descriptiones quasdam figuris suis adjicere, quibus explicentur figurae, ut quae ex figura ipsa satis cognosci non possunt, ut linearum aequalitates ac proportionalitates, saltem ex verbis adjectis intelligantur: ple- rumque et longius progrediuntur, et multa verbis exponunt, etiam quae ex figura ipsa sunt manifesta, tum ut ratiocinatio sit severior nihilque a sensu atque imaginatione pendeat, sed omnia rationibus transigantur, tum ut figurae ex descriptione delineari aut, si forte amissae sint, restitui possint. Hoc autem quamvis non satis exacte observent, praebuere tamen nobis Characteristicae Geometricae velut vestigia quaedam, ut cum Geometrae dicunt (fig. 31) rectang. ABC, intelligunt factum ex ductu AB super BC ad angulos rectos; cum dicunt AB aequ. BC aequ. AC, exprimunt Triangulum aequilaterum; cum dicunt ex tribus AB, BC, AC duo quaedam aequari tertio, designant omnia tria A, B, C esse in eadem recta.

(5) Ego vero cum animadverterem, hoc solo literarum puncta figurae designantium usu nonnullas figurae proprietates posse de- signari, cogitare porro coepi, an non omnes punctorum figurae cujusque relationes iisdem literis ita designari possint, ut tota figura characteristice exhibeatur, et quae crebris linearum ductibus vix ac ne vix quidem praestantur, sola harum literarum collocatione ac transpositione inveniantur. Nam plerumque confusio oritur in figura ex multiplicibus linearum ductibus, praesertim cum adhuc tentandum est, cum contra tentamenta characteribus impune fiant

---

*) Siehe die Beilage zu dieser Abhandlung.

Sed subest aliquid majus, nam poterimus characteribus istis veras definitiones omnium exprimere, quae sunt Geometricae tractationis, et analysin ad principia usque, nempe axiomata et postulata, continuare, cum Algebra sibi non sufficiat, sed propositionibus per Geometriam inventis uti cogatur, et dum omnia ad duas illas propositiones, quarum una duo quadrata in unum addit, altera vero triangula similia comparat, referre conatur, pleraque a naturali ordine detorquere cogatur.

(6) Nos vero ubi semel Elementa characteribus nostris demonstraverimus, facile poterimus modum deprehendere inveniendi problematum solutiones, quae statim eadem opera exhibeant constructiones et demonstrationes lineares, cum contra Algebraici, inventis valoribus incognitarum, de constructionibus adhuc soliciti esse debeant, et constructionibus repertis demonstrationes lineares quaerant. Itaque miror homines non considerasse, si demonstrationes et constructiones esse possunt lineares, omni calculo exutae, multoque breviores, profecto etiam inventionem dari debere linearem: nam in lineari non minus quam algebraica Synthesi regressum dari necesse est. Causa autem, cur analysis linearis nondum deprehensa fuerit, haud dubie nulla alia est, quam quod Characteres nondum inventi sunt, quibus ipse situs punctorum directe repraesentaretur, nam in magna rerum multitudine et confusione sine characteribus expedire sese difficile est.

(7) Quod si jam semel figuras et corpora literis exacte repraesentare poterimus, non tantum Geometriam mirifice promovebimus, sed et opticen, et phoronomicam, et mechanicam, in universum quicquid imaginationi subjectum est, certa methodo et veluti analysi tractabimus, efficiemusque arte mirifica, ut machinarum inventiones non sint futurae difficiliores quam constructiones problematum Geometricae. Ita etiam nullo negotio sumtuque machinae etiam valde compositae, imo et res naturales delineari poterunt sine figuris, ita ut posteritati transmittantur, et quandocunque lubebit, figurae ex descriptione summa cum exactitudine formari possint, cum nunc quidem ob delineandarum figurarum difficultatem sumtusque multa pereant, hominesque a rerum sibi exploratarum atque reipublicae utilium descriptione deterreantur, verba etiam neque satis exacta neque satis apta hactenus ad descriptiones concinnandas habeantur, quemadmodum vel ex botanicis et armorum insigniumque explicatoribus patet. Poterunt enim caeterae

quoque qualitates, quibus puncta, quae in Geometria ut similia considerantur, inter se differunt, facile sub characteres vocari. Ac profecto tum demum aliquando spes erit penetrandi in naturae arcana, cum id omne, quod alius vi ingenii et imaginationis ex datis extorquere potest, nos ex iisdem datis certa arte securi et tranquilli educemus.

(8) Cum vero nihil tale cuiquam hominum, quod sciam, in mentem venerit, nec ulla uspiam praesidia apparerent, coactus sum rem a primis initiis repetere, quod quam difficile sit nemo credit nisi expertus. Itaque diversis temporibus plus decies rem aggressus sum diversis modis, qui omnes erant tolerabiles et praestabant aliquid, sed scrupulositati meae non satisfaciebant. Tandem multis resectis ad simplicissima me pervenisse agnovi, cum nihil aliunde supponerem, sed ex propriis characteribus omnia ipse demonstrare possem. Diu autem haesi etiam reperta vera characteristicae hujus ratione, quia ab Elementis per se facilibus atque aliunde notis incipiendum mihi videbam, quae tanta scrupulositate ordinare minime gratum esse poterat; perrexi tamen et molestia hac superata denique ad majora sum eluctatus.

(9) Verum ut omnia ordine tractemus, sciendum est primam esse considerationem ipsius *Spatii*, id est Extensi puri absoluti: *puri*, inquam, a materia et mutatione, *absoluti* autem, id est illimitati atque omnem extensionem continentis. Itaque omnia puncta sunt in eodem spatio, et ad se invicem referri possunt. An autem spatium hoc a materia distinctum res quaedam sit, an solum apparitio constans seu phaenomenon, nihil refert hoc loco.

(10) Proxima est consideratio *Puncti*, id est ejus quod inter omnia ad spatium sive extensionem pertinentia simplicissimum est; quemadmodum enim Spatium continet extensionem absolutam, ita punctum exprimit id quod in extensione maxime limitatum est, nempe simplicem situm. Unde sequitur punctum esse minimum et partibus carere, et omnia puncta congruere inter se (sive coincidere posse) adeoque et similia atque si ita loqui licet, aequalia esse.

(11) Si duo puncta simul existere sive percipi intelligantur, eo ipsa consideranda offertur relatio eorum ad se invicem, quae in aliis atque aliis binis punctis diversa est, nempe relatio loci vel situs quem duo puncta ad se invicem habent, in quo intelligitur eorum distantia. Est autem *distantia* duorum nihil aliud, quam

quantitas minima unius ad alterum viae, et si bina puncta A . B servato situ inter se, binis aliis punctis C . D etiam situm inter se servantibus simul congruant aut succedere possint, utique situs sive distantia horum duorum eadem erit, quae distantia illorum. Nam congrua sunt quorum unum alteri coincidere potest, nulla intra alterutrum mutatione facta. Coincidentium autem A . B itemque C . D eadem distantia est, ergo et congruorum, quippe quae sine distantiae intra A . B vel intra C . D mutatione facta, possunt coincidentia reddi.

(12) *Via* autem (qua et distantiam definivimus) nihil aliud est quam locus continuus successivus. Et via puncti dicitur *Linea*. Unde et intelligi potest, extrema lineae esse puncta, et quamlibet lineae partem esse lineam sive punctis terminari. Est autem via continuum quoddam, quia quaelibet ejus pars extrema habet cum alia anteriori atque posteriori parte communia. Unde consequitur, ut hoc obiter addam, si linea quaedam in aliqua superficie ducatur, non posse aliam lineam in eadem superficie continue progredientem inter duo prioris lineae extrema transire, quin priorem secet.

(13) Via lineae ejusmodi, ut puncta ejus non semper sibi invicem succedant, *Superficies* est; et via superficiei, ut puncta ejus non semper sibi invicem succedant, est *Corpus*. Corpus autem moveri non potest, quin omnia ejus puncta sibi succedant (quemadmodum demonstrandum est suo loco) et ideo novam dimensionem non producit. Hinc apparet nullam esse partem corporis, cujus ambitus non sit superficies, nullamque esse partem superficiei, cujus ambitus non sit linea. Patet etiam extremum superficiei pariter atque corporis in se redire sive esse *ambitum* quendam.

(14) Assumtis jam duobus punctis, eo ipso determinata est via puncti per unum pariter atque alterum simplicissima possibilis: alioqui eorum distantia non esset determinata, adeoque nec situs. Haec autem linea quae a duobus solis punctis, per quae transit, determinata est ita nimirum, ut posito eam per duo data puncta transire, ipsa sola hinc consideranda offeratur, ea inquam linea dicitur *recta*, et licet utcunque producatur, dicitur una eademque recta. Ex quibus sequitur, non posse duo eadem puncta duabus rectis communia esse, nisi eae duae rectae quantum satis est productae coincidant: ac proinde duas rectas non habere segmentum commune (alioqui et duo segmenti hujus extrema haberent com-

munia) nec spatium claudere sive componere ambitum in se redeuntem, alioqui recta una ab altera digressa ad ea rediret, adeoque
in binis punctis ei occurreret. Pars quoque rectae est recta, nam
et ipsa determinatur per duo illa puncta sola, per quae sola determinatur totum: determinatur, inquam, id est omnia ejus puncta
consideranda seu percurrenda ex sola duorum punctorum consideratione offeruntur. Ex his patet, si A. B. C et A. B. D congrua
sint, et A. B. C in una recta esse dicantur, coincidere C et D. Seu
si punctum tantum unicum sit, quod eam habeat ad duo puncta
relationem, quam habet, erunt tria puncta in una recta. Contra
si plura duobus sint puncta eodem modo se habentia ad tria vel
plura puncta data, erunt haec quidem in eadem recta, illa extra
eam, cujus rei ratio est, quod quae ad determinantia eodem modo
se habent, eo ipso ad determinata eodem modo se habent, itaque
tria plurave puncta in eadem recta haberi possunt pro duobus.
Puncta autem eodem modo se habentia requiro plura duobus (nam
si sint duo tantum, res procedit, modo tria, ad quae unumquodque duorum eodem modo se habet, sint in eodem plano, licet non
sint in eadem recta).

Recta quoque uniformis est ob simplicitatem, seu partes habet
toti similes. Et omnis recta rectae similis est, quia pars unius
alteri congrua est; pars autem rectae toti similis. Et in recta
distingui non potest concavum a convexo, sive recta non habet duo
latera dissimilia, vel quod idem est, si duo puncta sumantur extra
rectam, quae eodem modo se habeant ad extrema rectae vel ad
duo quaelibet puncta in recta, ea sese etiam eodem modo habebunt
ad totam rectam, seu ad quodlibet punctum in recta, a quocunque
demum latere rectae illa duo extra rectam puncta sumantur. Cujus
rei ratio est, quia quae ad puncta determinantia aliquod extensum
eodem se habent modo, ea etiam ad totum extensum eodem modo
se habere necesse est. Denique recta a puncto ad punctum minima est, ac proinde distantia punctorum nihil aliud est quam
quantitas rectae interceptae. Nam via minima utique magnitudine
determinata est a solis duobus punctis; sed et positione determinata. est, neque enim in spatio absolute plures minimae a puncto
ad punctum esse possunt (ut in sphaerica superficie plures sunt
viae minimae a polo ad polum). Nam si minima est absolute,
extrema non possunt diduci manente lineae quantitate, ergo nec
Partium extrema (nam et partes inter sua extrema minimas esse

necesse est) salva singularum partium quantitate, ergo nec. salva totius quantitate. Jam si lineae duo extrema maneant immota et linea ipsa transformetur, necesse est puncta ejus aliqua a se invicem diduci. Itaque extremis rectae immotis, salva quantitate minima inter duo puncta, in aliam transformari non potest, itaque non dantur plures minimae incongruae dissimiles inter duo puncta. Quare si duae inter duo puncta essent minimae, essent congruae inter se. Jam una aliqua minima est recta (ut supra ostendimus), ergo et alia minima erit recta; at duae rectae inter duo puncta coincidunt; itaque minima inter duo puncta non nisi unica. est.

(15) Modus generandi lineam rectam simplicissimus hic est. Sit corpus aliquod, cujus duo puncta sint immota et fixa, ipsum autem corpus nihilominus moveatur, tunc omnia puncta corporis quiescentia incident in rectam, quae per duo puncta fixa transit. Manifestum enim est, ea puncta eundem locum habere ex datis duobus punctis fixis determinatum, seu manentibus duobus punctis fixis et toto solido existente, moveri non posse, cum caetera extra rectam, eadem servata ad duo puncta fixa relatione, locum mutare possint. Unum hic incommodum est, quod ea recta hoc modo descripta non est permanens. Aliter generari potest linea recta, si qua detur linea flexilis, sed quae in majorem longitudinem extendi non possit. Nam si extrema ejus diducantur quousque id fieri potest, linea flexilis in rectam erit transmutata. Eodem modo et plani ac Circuli et Trianguli proprietates ex constitutis definitionibus naturali quodam meditandi ordine duci possent. Nam de linea recta in specimen tantum disseruimus.

(16) Haec omnia animo consequi non difficile est, etsi neque figurae nisi imaginatione delineentur, neque characteres adhibeantur alii quam verba, sed quia in ratiocinationibus longe productis neque verba, ut hactenus concipi solent, satis exacta sunt, nec imaginatio satis promta, ideo figuras hactenus adhibuere Geometrae. Sed praeterquam quod saepe delineantur difficulter, et cum mora quae cogitationes optimas interea effluere sinit, nonnunquam et ob multitudinem punctorum ac linearum schemata confunduntur, praesertim cum tentamus adhuc et inquirimus; ideo characteres sequenti modo cum fructu adhiberi posse putavi.

(17) Spatium ipsum seu extensum (id est continuum cujus partes simul existunt) non aliter hic quidem designari commode posse video quam punctis. Quoniam figurarum delineationes exacte

10 ***

exacte exprimere propositum est, et in his nonnisi *puncta* et *tractus quidam continui* ab uno puncto ad aliud spectantur, in quibus puncta infinita pro arbitrio sumi possunt, ideo puncta quidem certa exprimemus literis solis ut A, item B (fig. 32).

(18) Tractus autem continuos exprimemus per puncta quaedam incerta sive arbitraria, ordine quodam assumta, ita tamen ut appareat semper alia tum intra ipsa tum ultra citraque semper posse sumi. Ita $_3b_6b_9b$ (fig. 33) significabit nobis totum tractum, cujus quodlibet punctum appellatur b, et in quo pro arbitrio assumsimus partes duas, unam cujus extrema sunt puncta $_3b$, $_6b$, alteram cujus extrema sunt puncta $_6b$, $_9b$. Unde patet illas duas partes continuas esse, cum habeant commune punctum $_6b$, et divisio earum sit facta pro arbitrio. Hic tractus, in quo duarum partium commune extremum nullum aliud est quam punctum, dicitur *Linea* et repraesentari etiam potest motu puncti b, quod viam quandam percurrit, sive vestigia tot quot puncta diversa $_3b$, $_6b$, $_9b$ etc. relinquere intelligitur. Hinc linea dici potest via puncti. Via autem est locus puncti continuus successivus. Potest et per compendium designari hoc modo: Linea $\overline{y}b$, designando per literam $\overline{y}$ vel aliam numeros ordinales pro arbitrio sumtos collective; cum vero scribemus: $_yb$ sine nota supra y, intelligemus quodcunque lineae $\overline{y}b$ punctum distributive.

Eodem modo tractus quidam fingi possunt, quorum partes cohaerent lineis, vel qui describi intelliguntur motu lineae tali ut puncta ejus non succedant sibi, sed ad nova loca deveniant. Hic tractus sive via lineae dicitur *superficies*. Ponamus nimirum (fig. 34) lineam supradictam $_3b_6b_9b$ moveri, ejusque locum unum appellari $_{33}b$ $_{36}b$ $_{39}b$, locum alium sequentem $_{63}b$ $_{66}b$ $_{69}b$ et rursus alium sequentem $_{93}b$ $_{96}b$ $_{99}b$, fiet superficies $_{33}b$ $_{36}b$ $_{39}b$, $_{63}b$ $_{66}b$ $_{69}b$, $_{93}b_{96}b$ $_{99}b$, quam et per compendium sic designabimus: $\overline{zy}b$.

(19) Ubi patet etiam, quemadmodum motu lineae $\overline{y}b$ secundum puncta $\overline{z}b$ describitur superficies $\overline{zy}b$, ita vicissim motu lineae $\overline{z}b$ secundum puncta $\overline{y}b$ describi eandem superficiem $\overline{yz}b$. At zyb significabit unaquaeque loca puncti b non collective, sed distributive, et $z\overline{y}b$ significat unam aliquam lineam $\overline{y}b$ in superficie $\overline{zy}b$ sumtam quamcunque etiam non collective, sed distributive.

(20) Neque refert, cujus figurae sint ipsae lineae quae moventur, aut etiam secundum quas fit motus, sive quas unum ex lineae motae punctis describit; inspiciatur fig. 35. Potest etiam

fieri, ut durante motu ipsa linea mota figuram mutet, ut linea $\overline{z}$b in dicta fig. 35, quod clarius intelligi potest, si quis cogitet quam superficiem descripturus esset arcus, qui durante explosione ut-cunque moveretur totus, exempli causa si caderet in terram. Po-test etiam linea mota durante motu partes aliquas amittere, quae ab ea sive re sive animo separantur, ut patet ex fig. 36. Fieri etiam potest, ut punctum unum plurave, exempli gratia $_3$b in linea mota durante motu quiescat, et loca ejus expressa velut plura, exempli gratia 3_3b, 6_3b, 9_3b, inter se coincidant, ut intelligitur inspecta fig. 37. Sed hae varietates omnes multaeque aliae plures etiam characteribus designari poterunt, quemadmodum suo loco patebit.

(21) Quemadmodum autem lineae motu describitur Tractus ille quem vocant superficiem, ita superficiei motu (tali ut partes ejus vel puncta sibi non ubique succedant) describitur Tractus quem vocant Solidum sive corpus. Quod exemplo uno satis intel-ligi potest (fig. 38), ut si immota manente linea (recta) (nempe 3_3b 6_3b 9_3b) in superficie (rectangulo) $\overline{z}$yb (nempe $\begin{cases} 3_3\text{b } 6_3\text{b } 9_3\text{b} \\ 3_6\text{b } 6_6\text{b } 9_6\text{b} \\ 3_9\text{b } 6_9\text{b } 9_9\text{b} \end{cases}$

moveatur haec ipsa superficies, motu suo describet solidum
$\begin{cases} 33_3\text{b } 33_6\text{b } 33_9\text{b}, & 36_3\text{b } 36_6\text{b } 36_9\text{b}, & 39_3\text{b } 39_6\text{b } 39_9\text{b} \\ 63_3\text{b } 63_6\text{b } 63_9\text{b}, & 66_3\text{b } 66_6\text{b } 66_9\text{b}, & 69_3\text{b } 69_6\text{b } 69_9\text{b} \\ 93_3\text{b } 93_6\text{b } 93_9\text{b}, & 96_3\text{b } 96_6\text{b } 96_9\text{b}, & 99_3\text{b } 99_6\text{b } 99_9\text{b} \end{cases}$

ubi tamen notandum, hoc loco ob rectam $\overline{z}_3$b immotam puncta 33_3b, 63_3b, 93_3b (ideoque loco omnium in figura reperitur solum $_3$b) coincidere, itemque puncta 36_3b, 66_3b, 96_3b, unde etiam figura habetur tantum 6_3b; ac denique cum eodem modo hic coincidant puncta 39_3b, 69_3b, 99_3b, tantum per 9_3b expressa sint. Hoc soli-dum autem per compendium exprimemus hoc modo: $\overline{\overline{xzy}}$b, et aliquam ejus superficiem seu locum aliquem ipsius $\overline{z}$yb exprimemus hoc modo $\overline{z}$yb (ita exhibetur sectio cylindricae portionis seu solidi hu-jus facta plano per axem): potest etiam aliqua ejus superficies as-sumi hoc modo z$\overline{xy}$b (ita exhibetur sectio hujus portionis cylindricae secundum basin seu plano basi parallelo); item hoc modo y$\overline{xz}$b (ita exhibetur sectio hujus cylindricae portionis per alium cylindrum axem cum isto communem habentem). Aliae quoque sectiones ejusdem Figurae intelligi possunt, quia infiniti etiam fingi possunt modi eam generandi per motum vel etiam resolvendi in partes secundum certam aliquam legem. Caeterum omnes varietates, quas in superficiei productione vel resolutione paulo ante indicavimus, multo magis in solido locum habere manifestum est. Denique dimensionem aliquam altiorem solido seu tractum ipsius solidi motu tali descriptum, ut puncta ejus sibi ubique non succedant, reperiri non posse, suo loco demonstrandum est.

(22) Porro tractus ipsi seu loca punctorum quorundam indefinitorum determinantur punctis quibusdam certis, itemque Legibus quibusdam, secundum quas ex paucis illis punctis certis caetera puncta indefinita ordine in considerationem venire, et tractus ipsi generari sive describi possint. Quod antequam exponamus, signa quaedam explicabimus, quibus in sequentibus utendum erit. Primum itaque fieri potest, ut duo vel plura nomina in speciem diversa non sint revera nisi unius rei sive loci, id est puncti vel lineae alteriusve tractus, atque ita *eadem esse* sive *coincidere* dicentur. Ita (fig. 39) si sint duae lineae AB et CD, sintque puncta A et C unum idemque, hoc ita designabimus: $A \infty C$, id est A et C coincidunt. Hoc maxime usum habebit in designandis punctis aliisque extremis communibus diversorum Tractuum. Idem enim punctum sive extremum suas denominationes habebit, tam secundum unum tractum, quam secundum alterum. Quod si dicatur (fig. 40) $A.B \infty C.D$, sensus erit simul esse $A \infty C$ et $B \infty D$, idemque est in pluribus; ab utraque enim enunciationis parte idem ordo est observandus.

(23) Quodsi duo non quidem coincidant, id est non quidem simul eundem locum occupent, possint tamen sibi applicari, et sine ulla in ipsis per se spectatis mutatione facta alterum in alterius locum substitui queat, tunc duo illa dicentur esse *congrua*, ut A.B et C.D in fig. 39; itaque fiet: $A.B \, 8 \, C.D$; item A.B 8 C.D in fig. 40, id est servato situ inter A et B, item servato situ inter C et D, nihilominus C.D applicari poterit ipsi A.B, id est simul applicari poterit C ipsi A et D ipsi B.

(24) Si duo extensa non quidem congrua sint, possint tamen congrua reddi sine ulla mutatione molis sive *quantitatis*, id est retentis omnibus iisdem punctis, facta tantum quadam si opus est transmutatione sive transpositione partium vel punctorum; tunc dicentur esse *aequalia*. Ita in fig. 41 Quadratum ABCD et Triangulum isosceles EFG basin habens EG lateri AB quadrati duplam, aequalia sunt: nam transferatur FHG in EGF, quia EGF 8 FHG, fiet EFG aequ. EHFG; jam EHFG 8 ABCD, ergo EFG aequ. ABCD.

Hinc generalius, si a ℒ b et b ℒ d, erit a + b ⊓ (sive aequ.) c + d;
imo amplius: si a8c, b8f, c8g, d8h, fiet a + b — c + d ⊓
e + f — g + h; sive si duae fiant summae ex quibusdam partibus uno eodemque modo addendo vel subtrahendo, partesque unius
sint congruae partibus alterius eodem modo ad totum constituen-
dum concurrentibus, quaelibet unius summae uni alterius summae
sibi ordine respondenti; tunc duae summae quae inde fient, non
quidem semper congruae erunt, erunt tamen semper aequales.
Atque ita argumentatio a congruis ad aequalia ipsa aequalium definitione constituitur; sunt quidem alias *aequalia*, quorum eadem
est magnitudo. Verum ipsa partium congruentium cuidam rei sive
mensurae multitudo est magnitudo, ut si sint in fig. 42 duo magnitudinem habentia a et b, et detur res tertia c, quae sit bis a
+ ter b, patet ejus magnitudinem multitudine partium tum ipsi
a tum ipsi b congruentium exprimi, itaque quae congrua reddi
possunt nullo addito vel detracto, utique aequalia esse necesse est.

(25) Verum ut rem istam altius repetamus, explicandum est,
quid sit pars et totum, quid homogeneum, quid magnitudo, quid
ratio. *Pars* nihil aliud est quam requisitum totius diversum (seu
ita ut alterum de altero praedicari nequeat) immediatum, in recto
cum correquisitis. Ita AB (fig. 43) requisitum est ipsius AC, id
est si non esset AB, neque foret AC; diversum quoque est, neque
enim AC est AB; alioqui enim rationalis est requisitum hominis,
sed quia homo est rationalis, ideo rationalis (qui hominis requisitum est) et homo idem est, etsi enim expressione differant, re
tamen conveniunt. Pars immediatum est requisitum, neque enim
connexio inter AB et BC pendet a quadam consequentia sive con-
nexione causarum, sed ipsa per se patet, ex hypothesi assumti
totius. Est autem in recto cum correquisitis, semper enim convenire debent secundum certum quendam considerandi modum,
nam et quae ut Entia tantum, imo et ut cogitabilia spectamus,
verbi gratia DEUM, hominem, virtutem, possumus considerare velut
partes unius totius ex ipsis compositi. Excluduntur ergo requisita
immediata quidem et diversa, ut rationalitas in abstracto, quae requisitum est hominis immediatum diversum; neque enim nec homo
est rationalitas, attamen non hic spectatur ut conveniens cum homine, sed ut attributum: alioqui sane negari non potest, etiam ex
his duobus: homo et rationalitas, fingi posse unum totum, cujus
hae partes. At rationalitas hominis pars non erit, requiritur enim

ad hominem, in obliquo, seu non convenienti quadam ratione cum aliis, quae ad hominem praeterea requiruntur. Sed haec sunt magis metaphysica nec nisi in eorum gratiam adducuntur, qui notionum intima intelligere desiderant. Simplicius ita definiemus: *Partes* sunt quae requiruntur ad unum quatenus cum eo conveniunt.

(26) *Numerus* est, cujus ad unitatem relatio est quae inter partem et totum vel totum et partem, quare fractos etiam et surdos comprehendo.

(27) *Magnitudo* Rei distincte cognita est numerus (vel compositum ex numeris) partium rei cuidam certae (quae pro mensura assumitur) congruentium. Ut si sciam esse lineam, quae bis aequetur lateri, ter aequetur diagonali cujusdam quadrati certi mihique satis cogniti, ut ad ipsum cum lubet recurrere possim, ejus lineae magnitudo mihi cognita esse dicetur, quae erit binarius partium lateri congruentium, ternarius partium diagonali congruentium. Diversis autem licet assumtis mensuris, quibus eadem res diversimode exprimitur, tamen semper eadem prodit magnitudo, quia ipsis mensuris iterum resolutis ad idem denique semper devenitur, adeoque mensurae diversae illum ipsum numerum eundem resolutione prodeuntem jam involvunt. Quemadmodum unus idemque est numerus tres quartae et sex octavae, si quartam iterum in duas partes resolvas. Atque talis est Magnitudo distincte cognita. Alioquin *Magnitudo* est attributum rei, per quod cognosci potest, utrum aliqua res proposita sit illius pars, vel aliud homogeneum ad rem pertinens et quidem tale ut maneat, licet partium habitudo inter se mutetur. Vel etiam Magnitudo est attributum, quod iisdem manentibus homogeneis ad rem pertinentibus aut substitutis congruis, manet idem. Homogenea autem ad rem aliquam pertinentia intelligo non partes solum, sed et extrema atque minima sive puncta Nam puncti repetitione quadam continua sive motu fit linea. Saepe autem res ita transmutantur, ut ne unica quidem pars figurae posterioris, prioris parti congruat. Aliter Magnitudinem infra definio, ut sit id, quo duae res similes discerni possunt, sive quod in rebus sola compergeptione discernitur. Sed omnia haec eodem recidunt.

(28) *Ratio ipsius A ad B* nihil aliud est quam numerus, quo exprimitur magnitudo ipsius A, si magnitudo ipsius B ponatur esse unitas. Unde patet, Magnitudinem a ratione differre ut numerum concretum a numero abstracto; est enim magnitudo numerus rerum, nempe partium, ratio vero est numerus unitatum

Patet etiam rei magnitudinem eandem manere, quacunque assumta mensura per quam eam exprimere volumus; rationem vero aliam atque aliam fieri pro alia atque alia mensura assumta. Patet etiam (ex definitione divisionis) si numerus magnitudinem exprimens ipsius A et alius numerus magnitudinem exprimens ipsius B (modo utrobique eadem mensura seu unitas adhibita sit) dividatur, provenire numerum qui est ratio unius ad alterum.

(29) *Aequalia* sunt quorum eadem est magnitudo, seu quae nullo amisso vel accepto congrua reddi possunt. *Minus* dicitur quod alterius parti aequale est, id vero quod partem habet alteri aequalem, dicitur *Majus*. Hinc pars minor toto, quia parti ipsius, nempe sibi, aequalis est. Signis autem his utemur:

$$a \sqcap b \qquad a \text{ aequ. } b$$
$$a \sqcap b \qquad a \text{ maj. quam } b$$
$$a \sqcap b \qquad a \text{ min. quam } b$$

Si pars unius alteri toti aequalis est, reliquae partis in majore magnitudo dicitur *differentia*. Magnitudo autem totius est *summa* magnitudinum partium, vel aliorum partibus ejus aequalium.

(30) Si duo sint homogenea (sive si in uno partes assumi possint utcunque partibus alterius aequales, et idem fieri semper possit et in residuis) neque differentia ulla sit inter ipsa, id est si neque a sit majus quam b, neque b majus quam a, necesse est esse aequalia. Transmutentur enim ut congruant quoad licet, utique aut in uno eorum supererit aliquid, aut congruent, adeoque erunt aequalia. Itaque in his consequentia haec valebit:

$$a \text{ non } \sqcap b. \quad a \text{ non } \sqcap b. \quad \text{Ergo } a \sqcap b.$$

(31) *Similia* sunt quae singula per se considerata discerni non possunt, velut duo triangula aequilatera (in fig. 44), nullum enim attributum, nullam proprietatem in uno possumus invenire, quam non etiam possimus reperire in altero; et unum ex ipsis appellando a, alterum b, *similitudinem* ita notabimus: $a \sim b$. Si tamen simul percipiantur, statim discrimen apparet, unum alio esse majus. Idem fieri potest, etsi non simul percipiantur, modo aliquod velut medium assumatur sive mensura quae primum applicetur uni, aut aliquo in ipso, notatoque quomodo prius vel pars ejus cum mensura vel ejus parte congruat, postea eadem mensura etiam applicetur alteri. Itaque dicere soleo, *similia* non discerni nisi per comperceptionem. At, inquies, ego etsi successive videam duo Triangula aequilatera inaequalia, ea nihilominus probe discerno.

Sed sciendum est', me hoc loco loqui de intelligentia, ut nimirum mens aliquid notare possit in uno, quod non procedat in altero, non de sensu et imaginatione. Ratio autem, cur oculi duas res similes, sed inaequales discernant, manifesta est; nam supersunt nobis rerum prius perceptarum imagines, quae rei nove perceptae imaginibus applicatae discrimen ipsa comperceptione harum duarum imaginum ostendunt. Et ipse fundus oculi, cujus partem majorem minoremque occupat imago, mensurae cujusdam officium facit. Denique alias res semper simul percipere solemus, quas etiam cum prioribus percepimus, unde rem novissime perceptam ad eas referendo, ut priorem ad easdem retulimus, discrimen non difficulter notamus. Si vero fingeremus, DEUM omnia in nobis ac circa nos in aliquo cubiculo apparentia proportione eadem servata minuere, omnia eodem modo apparerent neque a nobis prior status a posteriore posset discerni, nisi sphaera rerum proportionaliter imminutarum, cubiculo scilicet nostro egrederemur; tunc enim comperceptione illa cum rebus non imminutis oblata discrimen appareret. Hinc manifestum est etiam, *Magnitudinem* esse illud ipsum quod in rebus distingui potest sola comperceptione, id est applicatione vel immediata, sive congruentia actuali sive coincidentia, vel mediata, nempe interventu mensurae, quae nunc uni nunc alteri applicatur, unde sufficit res esse congruas, id est actu congruere posse.

(32) Ex his autem intelligi potest, similia et aequalia simul esse congrua. Et quia similitudinem hoc signo notare placet: $\backsim$ nempe $a \backsim b$, id est a est simile ipsi b, vid. fig. 44, hinc consequentia erit talis:

$$a \backsim b \ et \ a \sqcap b, \ ergo \ a \vartriangleleft b.$$

(33) Sunt et aliae consequentiae:

$$a \vartriangleleft b, \ ergo \ a \sqcap b.$$
$$a \vartriangleleft b, \ ergo \ a \backsim b.$$
$$a \infty b, \ ergo \ a \vartriangleleft b$$
$$\ldots \ldots \ a \sqcap b$$
$$\ldots \ldots \ a \backsim b$$

(34) Nam quae reapse coincidunt, utique congrua sunt; quae congrua sunt, utique similia, item aequalia sunt. Hinc videmus, tres esse modos ac velut gradus res extensione praeditas neque alias qualitatibus diversas discernendi. Maximus ille est, ut sint dissimiles; ita enim singulae per se spectatae ipsa proprieta-

tum quae in ipsis observantur diversitate facile discernuntur: ita triangulum isosceles facile discernitur a scaleno, etsi non simul videantur. Si quis enim me jubeat videre, an triangulum quod offertur sit isosceles an scalenum, nihil forinsecus assumere necesse habeo, sed sola latera ejus comparo inter se. At vero si jubear, ex duobus Triangulis aequilateris eligere majus, collatione Triangulorum cum aliis opus habeo, sive comperceptione, ut explicui, neque notam aliquam discriminis in singulis spectabilem assignare possum. Si vero duae res non tantum sint similes, sed et aequales, id est si sint congruae, etiam simul perceptas non discernere possum, nisi loco, id est nisi adhuc aliud assumam extra ipsas, et observem ipsas diversum habere situm ad tertium assumtum. Denique si ambo simul in eodem sint loco, jam nihil habere me amplius quo discriminentur. Atque haec est vera cogitationum quam de his rebus habemus Analysis, cujus ignoratio fecit, ut characteristica geometriae vera hactenus non sit constituta. Ex his denique intelligitur, ut magnitudo aestimatur, dum res congruere aut ad congruitatem reduci posse intelliguntur, ita rationem aestimari similitudine, seu dum res ad similitudinem reducuntur; tunc enim omnia fieri necesse est proportionalia.

(35) Ex his explicationibus coincidentium, congruorum, aequalium ac similium consequentiae quaedam duci possunt. Nempe quae sunt eidem aequalia, similia, congrua, coincidentia, sunt etiam inter se, ideoque

$$a \infty b \text{ et } b \infty c, \text{ ergo } a \infty c$$
$$a \, 8 \, b \qquad b \, 8 \, c \qquad a \, 8 \, c$$
$$a \sim b \qquad b \sim c \qquad a \sim c$$
$$a \sqcap b \qquad b \sqcap c \qquad a \sqcap c$$

Non tamen consequentia haec valet:

$$a \text{ non } \infty b \text{ et } b \text{ non } \infty c, \text{ ergo } a \text{ non } \infty c,$$

prorsus ut in Logica ex puris negativis nihil sequitur.

(36) Si coincidentibus sive iisdem ascribas coincidentia, prodeunt coincidentia, ut

$$a \infty c \text{ et } b \infty d, \text{ ergo } a \cdot b \infty c \cdot d.$$

Sed in congruis hoc non sequitur, exempli causa si A.B.C.D sint puncta, semper verum est esse A 8 C, et B 8 D; quodlibet enim punctum cuilibet congruum est, sed non ideo dici potest A.B 8 C.D, id est simul congruere posse A ipsi C et B ipsi D, servato nimirum tum situ A.B, tum situ C.D. Quanquam vice-versa ex positis A . B 8 C . D sequatur A 8 C et B 8 D ex significatione characterum nostrorum, idque etiam verum est, licet A.B.C.D non sint puncta, sed magnitudines. At si congrua sibi ascribantur, inde oriuntur aequalia, ita:

$a + b - c \sqcap d + e - f$, *posito esse* $a \, 8 \, d$, *et* $b \, 8 \, e$, *et* $c \, 8 \, f$, *quia congrua semper aequalia sunt.*

(37) Verum si congrua congruis similiter addanturque, fient congrua. Cujus rei ratio est, quia si congrua congruis similiter addantur, similia similibus similiter addentur (quia congrua sunt similia), ergo fient similia, fiunt autem etiam aequalia (nam congrua congruis addita faciunt aequalia); jam similia et aequalia sunt congrua, ergo *si congrua congruis similiter addantur, fient congrua.* Idem est, si adimantur.

(38) An autem similiter aliqua tractentur, intelligi potest ex characteristicis nostris modoque unumquodque describendi aut determinandi, in quo si sigillatim nullum discrimen notari potest, utique semper omnia similia prodire necesse est. Illud quoque notandum est, *si qua sint similia secundum unum determinandi* (distincte cognoscendi, describendi) *modum, eadem fore similia etiam secundum alium modum.* Nam unusquisque determinandi modus totam rei naturam involvit.

(39) Axiomata autem illa, quibus Euclides utitur, si aequalibus addas aequalia, fient aequalia, aliaque id genus, facile ex eo demonstrantur, quod aequalium eadem est magnitudo, id est quod substitui sibi possunt salva magnitudine. Nam sint $a \sqcap c$ et $b \sqcap d$, fiet $a + b \sqcap c + d$, nam si scribatur $a + b$ et in locum ipsorum a, b substituantur aequalia c, d, ea substitutio fiet salva magnitudine, ac proinde eorum quae prodibunt $+ c + d$ eadem erit magnitudo quae priorum $+ a + b$. Sed haec ad calculum Algebraicum potius pertinent, satisque explicata habentur, itaque regulis magnitudinum ac rationum atque proportionum non immorabor; sed ea maxime explicare nitar, quae situm involvunt.

(40) Redeo nunc ad ea quae §. 22 interrupta sunt, et primum de punctis, inde de tractibus agam. Omne punctum puncto congruum adeoque aequale (si ita loqui licet), et simile est:

$$A \, 8 \, B, \quad A \sqcap B, \quad A \sim B.$$

(41) $A . B \, 8 \, C . D$ significat, simul esse $A \, 8 \, C$ et $B \, 8 \, D$, manente situ A . B et C . D (fig. 40).

(42) $A . B \, 8 \, B . A$ est Propositio cujus est sensus, positis

duobus punctis A . B ac situm eundem inter se retinentibus, posse loca eorum permutari, seu poni A in locum B, et contra (fig. 45). Quod ex eo manifestum est, quia relatio situs quam habent ad ambo eodem modo pertinet, nec nisi externis assumtis discrimen ullum notari potest facta permutatione.

(44) *Si A . B 8 D . E, et B . C 8 E . F, et A . C 8 D . F, erit A . B . C 8 D . E . F* (fig. 47). Nam nihil aliud significat A . B 8 D . E, quam simul esse A 8 D et B 8 E, situ A . B et D . E servato; eodem modo ex B . C 8 E . F sequitur B 8 E et C 8 F, situ B . C et E . F servato; et ex A . C 8 D . E sequitur A 8 D et C 8 F, situ A . C et D . E servato. Habemus ergo simul A . B . C 8 D . E . F, servato situ A . B et B . C et A . C, itemque servato situ D . E et E . F et D . F, cum alias ex solis A . B 8 D . E et B . C 8 E . F sequatur quidem simul A 8 D et B 8 E et C 8 F, sed servatis tantum sitibus A . B et B . C, item D . E et E . F, non vero exprimetur servari et situs A . C et D . F, nisi addatur A . C 8 D . F.

Hinc jam principium habemus ratiocinationem ad plura etiam puncta producendi.

(43) *A . B 8 X . Y* est Propositio significans, datis duobus punctis A et B posse reperiri alia duo X et Y, quae eundem inter se situm habeant quem illa duo, sive ut haec simul illis duobus servato situ utrobique congruere possint. Quod ex eo demonstratur, quia L . M moveri possunt servato situ inter se, eaque respondere poterunt primum ipsis A . B, deinde ipsis X . Y, nempe $_3L . _3M$ 8 $_4L . _4M$; sit A ∞ $_3L$, B ∞ $_3M$, X ∞ $_4L$, Y ∞ $_4M$, fiet A . B 8 X . Y. Nihil autem prohibet esse X ∞ A: unde fiet *A . B 8 A . Y*; potest etiam esse X ∞ C datae, unde A . B 8 C . Y.

(45) *Si sit A . B 8 B . C 8 A . C, erit A . B . C 8 B . A . C,* vel alio ordine quocunque (fig. 48). Nam si congruentibus A . B et (B) . (A) ascribas congruentia C et (C) congruenti modo, quia A . C 8 (B) . (C) et B . C 8 (A) . (C), fient congruentia A . B . C 8 (B) (A) (C) sive A . B . C 8 B . A . C per praecedentem; parentheses enim tantum confusionis ex repetitione vitandae causa ascripsi. Hinc patet, quid sit congruenti modo ascribi, cum scilicet omnes combinationes ab una parte enuntiationis sunt congruentes omnibus ab altera parte. Unde patet, *si A . B 8 B . C 8 A . C, fore A . B . C 8 A . C . B 8 B . C . A 8 B . A . C 8 C . A . B 8 C . B . A.*

(46) *Si A . B . C 8 A . C . B, sequitur (tantum) A . B 8 A . C* (fig. 49) [sive triangulum esse isosceles], nam sequitur:

A.B.C, A.B 8 A.C, B.C 8 C.B, A.C 8 A.B
A.C.B

ex quibus B.C 8 C.B per se patet; reliqua duo A.B. 8 A.C
et A.C 8 A.B eodem recidunt; hoc unum ergo inde duximus A.B
8 A.C.

(47) *Si A.B.C 8 B.C.A, sequitur A.B 8 B.C 8 A.C,*
[seu triangulum esse aequilaterum]. Nam fit A.B 8 B.C, B.C
8 C.A.

(48) *Si A.B.C 8 A.C.B et B.C.A 8 B.A.C, fiet*
A.B 8 B.C 8 A.C. Nam ob A.B.C 8 A.C.B fit A.B 8 A.C,
eodemque modo ob B.C.A 8 B.A.C fit B.C 8 B.A sive A.B
8 B.C.

[Itaque quandocunque in transposito punctorum ordine unum
ex tribus eundem in utroque ordine locum servat, situsque posterior priori congruus est, inde tantum probari potest Triangulum
esse isosceles, sed si nullum ex punctis servat locum, et nihilominus situs posterior priori congruit, Triangulum est aequila-
terum].

(49) *Si sit A.B 8 B.C 8 C.D 8 D.A et A.C 8 B.D,*
erit A.B.C.D 8 B.C.D.A 8 C.D.A.B 8 D.A.B.C 8 D.C.B.A
8 A.D.C.B 8 B.A.D.C 8 C.B.A.D (fig. 50).

Hoc ex praecedentibus facile demonstratur, multaque alia
hujusmodi, quae sufficiet demonstrari, cum ipsis indigebimus. Nunc
satis habebimus principium dedisse inveniendi haec solo calculo,
sine inspectione figurae.

(50) Si tria puncta A.B.C (fig. 51) dicantur esse *sita in*
directum, tunc posito A.B.C 8 A.B.Y, erit C ∞ Y. Haec Propositio est definitio punctorum, quae in directum sita dicuntur.
Nimirum inspiciatur fig. 51, ubi C aliquem situm habet ad A et B;
sumatur jam aliquod punctum Y eundem ad A . B situm habens;
id si diversum ab ipso C, assumi potest puncta A.B.C non sunt
in directum sita, si vero necessario cum ipso C coincidit, in directum sita dicentur.

(51) Datis punctis duobus semper assumi potest tertium,
quod cum illis sit in directum, sive si A.B.Y 8 A.B.X, erit
Y ∞ X.

Nam datis punctis duobus A.B semper assumi potest tertium Y, quod servato ad ipsa situ moveri potest ipsis immotis. Sed via, quam motu suo describit, potest esse semper minor ac minor, prout aliter atque aliter assumitur punctum Y, adeoque tandem sumi poterit tale, ut spatium motus evanescat, et tunc tria puncta erunt in directum. Melius forte sic enuntiabimus: A.B.$_2$Y 8 A.B.$_4$Y, erit $_3$Y ∞ $_4$Y, id est aliquod assignari posse Y, quod servato situ ad A.B moveri seu locum mutare nequeat. Aliter ista videor demonstrare posse hoc modo: Sit aliquod extensum, quod moveatur servato punctorum ejus situ inter se et duobus in eo sumtis punctis immotis. Nam si quis id neget moveri posse, eo ipso fatetur, puncta ejus servato ad puncta duo sumta situ moveri nequire, et adeo cum eo sita esse in directum per definitionem. Sed nulla ratio est, cur puncta illa A.B immota durante eodem motu sumi possint haec sola, et non alia etiam, sive nulla ratio est, cur puncta extensi, quod his duobus immotis movetur, servent situm ad haec duo solum immota, et non etiam ad alia, nam situs, quem ipsa A.B inter se obtinent, nihil ad rem facit; itaque potuisset sumi aliquod Y loco ipsius B alium obtinens situm ad A quam ipsum B obtinet. Verum quaecunque sumi possunt ut immota, ea manente eodem extensi motu sunt immota. Et quia sumtis duobus A.B immotis motus extensi est determinatus, seu determinatum est, quaenam puncta ejus moveantur aut non moveantur; hinc duobus punctis sumtis immotis, determinata sunt alia plura, quae servato ad ipsa situ moveri non possunt, seu quae cum ipsis jacent in directum.

(52) *Si sit* **E.A.B 8 F.A.B**, *et* **E.B.C 8 F.B.C**, *erit* **E.A.C 8 F.A.C**, vid. fig. 52.

Nam per E.A.B 8 F.A.B erit E.A 8 F.A,
et per E.B.C 8 F.B.C erit E.C 8 F.C.
Jam si sit E.A 8 F.A et E.C 8 F.C, erit

$\overset{\frown}{\text{E.A}}$ C 8 F$\overset{\frown}{\text{.A}}$.C per prop. 44. (est enim
E.A 8 F.A. et E.C 8 F.C et A.C 8 A.C);
ergo si sit E.A.B 8 F.A.B et E.B.C 8 F.B.C, erit E.A.C 8 F.A.C. Quod erat demon.

(53) *Hinc etiam erit* **E . A . B . C 8 F . A . B . C**, *posito* **E . A . B 8 F . A . B** *et* **E . B . C 8 F . B . C**. Nam etiam E.A.C 8 F.A.C per praeced.; habemus ergo: E.A.B 8 F.A.B.

et E.A.C ∞ F.A.C et E.B.C ∞ F.B.C et A.B.C ∞ A.B.C, id est habemus omnia, quae ex hoc: E.A.B.C∞F.A.B.C duci possunt; ergo habemus etiam E.A.B.C ∞ F.A.B.C [est egregius modus regrediendi, nimirum ex consequentibus omnibus totam naturam antecedentis exhaurientibus ad antecedens.]

(54) *Si sit E.A ∞ F.A, E.B ∞ F.B, E.C ∞ F.C,*

erit *E.$\widehat{A.B}$.C ∞ F.$\widehat{A.B}$.C*; nam quae supersunt combinationes utrinque comparandae A.B et B.C et A.C, utrobique coincidunt.

(55) *A.B.X ∞ A.B.Y* seu datis duobus punctis A.B, inveniri possunt duo alia X.Y, ita ut X et Y eodem modo se habeant ad A.B, vid. fig. 53. Potest enim reperiri A.X ∞ A.Y, et B.Z ∞ B.V per prop. 43. Ponatur Z ∞ X (hoc enim fieri potest per prop. 43, seu Z potest esse data seu jam assumta X, quia A.B ∞ A.V) itemque ponatur A.X ∞ B.X. (nam et in A.X ∞ A.Y potest X esse data, quia datur A.C ∞ A.Y per prop. 43), erit V.B (∞ B.Z ∞ B.X ∞ A.X) ∞ A.Y; ergo V.B.X ∞ Y.A.X ∞ X.B.V, in quo omnia hactenus determinata continentur. Ergo potest poni V ∞ Y, nihil enim in hactenus determinatis obstat, fiet

Y.B.X ∞ Y.A.X; ergo Y.B ∞ Y.A, B.X ∞ A.X.
Rursus Y.B.X ∞ X.B.Y, ergo Y.B ∞ X.B.
Ergo fit: Y.B∞X.B∞Y.A∞A.X; ergo A.B.X ∞ A.B.Y.

(56) Si tria puncta E.F.G sumta distributive eodem modo se habeant ad tria puncta A.B.C sumta collective, erunt tria priora in eodem arcu circuli, tria posteriora in eadem recta seu jacebunt in directum.

Hanc propositionem annotare placuit; ratio patebit ex sequentibus.

(57) Si sit E.A.B.C ∞ F.A.B.C ∞ G.A.B.C, et sit E non ∞ F, E non ∞ G, F non ∞ G, dicentur *puncta quotcunque A.B.C. sita esse in directum* seu esse in eadem recta (fig. 54).

(58) Omisso licet puncto C, si sit: E.A.B∞F.A.B∞G.A.B, erunt puncta E.F.G in *eodem plano.*

(59) Iisdem positis erunt puncta E.F.G in eodem *arcu circuli.*

(60) Inter duo quaevis congrua assumi possunt infinita alia congrua, nam unum in locum alterius servata forma sua transire non posset, nisi per congrua.

(61) Hinc a quolibet puncto ad quodlibet punctum duci potest linea. Nam punctum puncto congruum est.

(62) Hinc et a quolibet puncto per quodlibet punctum duci potest linea.

(63) Linea duci potest, quae transeat per puncta quotcunque data.

(64) Eodem modo ostendetur, per lineas quotcunque datas transire posse superficiem. Nam si congruae sunt, patet lineam generantem successive in omnibus esse posse. Si congruae non sunt, patet lineam generantem, durante motu, ita augeri, minui et transformari posse, ut dum illuc venit, congrua fiat.

(65) Unumquodque in spatio positum potest servata forma sua, seu cuilibet in spatio existenti infinita alia congrua assignari possunt.

(66) Unumquodque servata forma sua moveri potest infinitis modis.

(67) Unumquodque ita moveri potest servata forma sua, ut incidat in punctum datum. Generalius: unumquodque servata forma sua ita moveri potest, ut incidat in aliud, cui congruum in ipso designari potest. Nam congruum unum transferri potest in locum alterius, nec quicquam prohibet id, in quo congruum illud est quod transferri debet, simul cum ipso transferri, quia ratio separationis nulla est: et quod uni congruorum aptari potest, poterit et alteri congruorum similiter aptari.

(68) A ♉ B, id est assumto puncto quodlibet aliud congruum est.

(69) A.B ♉ B.A, ut supra.

(70) A.B ♉ X.Y; eodem modo A.B.C ♉ X.Y.Z, et A.B.C.D ♉ X.Y.Z.Ω, et ita porro. Hoc enim nihil aliud est, quam quotcunque puncta posse moveri servato situ inter se; situm autem eorum inter se servari intelligi potest, si ponatur esse extrema lineae cujusdam rigidae qualiscunque.

(71) A.B ♉ C.X, A.B.C ♉ D.X.Y etc. Hoc enim nihil aliud est, quam quotcunque puncta, ut A.B.C, posse moveri servato situ inter se, ita ut unum ex ipsis A incidat in punctum

aliquod datum D, reliquis duobus B.C in alia quascunque X.Y incidentibus.

(72) Si A.B.C non ४ A.B.Y, nisi C ∞ Y, tunc puncta A.B.C dicuntur *sita in directum* (vid. fig. 51) seu *C erit situm in directum cum ipsis A.B*, si unicum sit quod eum situm ad A.B habeat. An autem talis punctorum situs reperiatur, postea inquirendum erit. Linea autem, cujus omnia puncta sita sunt in directum, dicetur *recta*. Sit enim A.B.$_z$Y ४ A.B.$_z$X, atque ideo $_z$Y ∞ $_z$X, erit $\overline{z}$Y (∞ $\overline{z}$X) *Linea recta*, id est, si punctum Y ita moveatur, ut situm semper ad puncta A.B servet, qui ipsi uni competere possit, sive determinatum minimeque varium ac vagum, describi ab eo lineam rectam.

(73) Si A.B.C ४ A.B.D, erit ४ A.B.$_z$Y, vid. fig. 55. Nam erit C ∞ $_3$Y et D ∞ $_6$Y, nempe C et D erunt loca ipsius Y moti ita ut servet situm eundem ad A.B, inter quae necessario erunt indefinita, nempe designanda per $_z$Y. Linea autem $\overline{z}$Y vocetur *circularis*. Notandum autem, hanc Lineae circularis descriptionem ea priorem esse, quam dedit Euclides; Euclidea enim indiget recta et plano. A nostra procedit, qualiscunque assumatur rigida linea, modo in ea duo sumantur puncta, quibus immotis ipsa linea vel saltem aliquod ejus punctum moveatur; hoc enim punctum ad puncta duo assumta eundem servabit situm, cum omnia sint in linea rigida. Id ergo punctum describet lineam circularem per hanc definitionem nostram. Si quis vero neget, in Linea rigida tale punctum inveniri posse, quod datis duobus immotis moveatur, necesse erit per definitionem praecedentem prop. 72. omnia Lineae rigidae puncta in directum esse sita, sive necesse erit dari Lineam rectam. Alterutrum ergo hoc modo admittere necesse est, lineam rectam possibilem esse, vel circularem. Alterutra autem admissa, alteram postea inde ducemus. Hic obiter notandum, quia, ut suo loco patebit, per tria quaelibet data puncta transire potest arcus circularis, hinc tribus datis punctis inveniri unum posse, quod ad tria illa eodem se habeat modo, nempe X.C ४ X.D ४ X.E, idque saepius fieri posse seu diversa reperiri posse X pro iisdem C.D.E, omniaque X in unam rectam cadere, quae transeat per circuli centrum, sitque ad planum ejus ad angulos rectos.

(74) Sit Linea quaelibet $\overline{z}$Y, vid. fig. 55, in ea poterunt sumi quotcunque puncta $_3$Y.$_6$Y.$_9$Y.$_{12}$Y etc. ita ut sit

$_1$Y.$_4$Y 8 $_6$Y.$_9$Y 8 $_9$Y.$_{12}$Y etc. Nam generaliter, si qua sit linea satis parva, cujus unum extremum sit in alia linea, poterit prior ita moveri, extremo ejus duabus lineis communi immoto, ut altero quoque extremo posteriori lineae occurrat, itaque hoc motu partem unam abscindet, jamque novo puncto invento immoto manente rursus aliam, et ita porro. Sed jam observo, ne id quidem necesse esse, et sufficere Unam lineam eidem lineae suis extremis applicari saepius quomodocunque, ita ut plures ejusdem lineae partes assignentur, quarum extrema aliorum extremis sint congrua, ut in fig. 56 linea rigida LM suis extremis L et M ipsi lineae $\overline{z}$Y aliquoties in $_1$Y.$_2$Y et $_3$Y.$_4$Y et $_5$Y.$_6$Y, quae coincident ipsis $_1$L.$_1$M et $_2$L.$_2$M et $_3$L.$_3$M, nam si semel L.M ipsi TV applicari possit, infinitis modis applicari potest, si posteriores applicationibus quantumvis parum distent. Jam ex L et M educantur duae lineae congruae eodem modo se habentes, ea quae ex L educitur ad L, quo illa quae ex M educitur ad M, quae sibi occurrant in X, sitque $_1$LX $_1$M 8 $_2$LX $_2$M, et ita porro, id est quae ex $_1$L et $_1$M educuntur, eousque producantur ut non ante sibi occurrant, quam ubi ex $_2$L, $_2$M eodem modo eductae sibi occurrunt. Unde patet, puncta X eodem modo se habere ad omnia Y assignata, et si quidem linea talis est, ut ejusmodi punctum habeat, quod ad omnia ejus puncta eodem sit modo, id hoc modo inveniri. Si autem circularis sit linea, ut hoc loco, sufficit punctum aliquod ad tria lineae circularis puncta se eodem modo habens inveniri, id enim eodem modo se habebit ad alia omnia. Cujus rei ratio est, quia ex tribus punctis datis C.D.E, vid. fig. 55, posito esse C.D 8 D.E, methodo paulo ante dicta ad fig. 56, punctum aliquod certum determinari, ac proinde aliis tribus punctis quibuslibet in circulo assumtis, prioribus tribus congruentibus, eodem modo lineas concurrentes congruas ducendo, necesse esse deveniri semper ad idem X. Hinc cum ex tribus datis punctis D.C.E modo diverso inveniri possint puncta X, prout lineae congruentes aliter atque aliter ducuntur, seu citius tardiusque convergunt, patet etiam alia utique inveniri posse puncta X, eaque omnia in unam lineam cadere.

(75) Sed eadem sine circulo simplicius consequi possumus. Sint tria puncta A.B.C (fig. 57), ita ut sit A.B 8 B.C 8 A.C, invenianturque puncta X, ita ut sit A.X 8 B.X 8 C.X, idque quoties libet, sive quod idem est, moveatur punctum X, ita ut

quivis ejus locus, ut $_2$X, eodem modo se habeat ad A.B.C, id est
ut sit A.$_2$X ꝸ B.$_3$X ꝸ C.$_2$X, tunc puncta $_2$X erunt in directum
posita, sive $\overline{z}$X erit linea recta. Atque ita apparet, quid velit Euclides, cum ait, Lineam rectam ex aequo sua interjacere puncta,
id est non subsultare in ullam partem, seu non aliter ad punctum
A quam B vel C durante motu se habere. Hinc autem modus
quoque habetur puncta X rectae $\overline{z}$X inveniendi. Nimirum si ex
A linea educatur quaecunque eodem modo se habens ad B et C,
itemque alia per B priori congruens et congruenter posita, id est,
ut punctum hujus puncto illius respondens eodem modo se habeat
ad B.A.C, ut punctum illius ad A.B.C, eaeque lineae producantur, donec sibi occurrant, occurrent sibi necessario in puncto X, quod
se habet eodem modo ad A.B.C. Et si per punctum C etiam
talis linea ducta fuisset congrua congruenterque prioribus, ea ipsis
occurrisset in puncto eodem X. Hinc autem quotvis ejusmodi puncta
inveniri possunt adeoque et Linea recta describi poterit per puncta.

(76) Resumamus aliqua: A puncto quolibet ad quodlibet
ducta intelligi potest linea, eaque rigida.

(77) A.B significat situm ipsorum A et B inter se, id est
tractum aliquem rigidum per A et B, quem tractum nobis sufficit
esse lineam. Ita A.B.C significat tractum alium rigidum per A.B.C.

(78) Quicquid in spatio ponitur, id moveri potest, sive punctum sit sive linea, sive alius tractus, sive cuilibet in extenso assignari potest aliud congruum. Hinc AꝸX, A.BꝸX.Y, A.B.CꝸX.Y.Z,
vel A.B.Cꝸω$\overline{X.Y.Z}$.

(79) Datis duobus diversis in extenso poni potest unum
quiescere, alterum moveri.

(80) Si aliquod eorum, quae sunt in tractu rigido, moventur,
ipse tractus rigidus movetur.

(81) Omnis tractus ita moveri potest, ut punctum ejus datum incidat in aliud datum, A.B.C ꝸ D.X.Y.

(82) Omnis tractus moveri potest uno ejus puncto manente
immoto, A.B.CꝸA.X.Y.

(83) *Recta* est tractus qui moveri non potest, duobus punctis
in eo quiescentibus, sive si quidam tractus moveatur duobus punctis
manentibus immotis, si alia praeterea in eo puncta ponantur manere quiescentia, omnia ea puncta dicentur in directum sita, sive
cadere in tractum, qui dicitur recta, seu si A.B.C ꝸ A.B.Y (fig. 58),
necesse est esse C ∝ Y, hoc est si punctum aliquod reperiatur C

situm in directum cum punctis A.B, non potest tractus A.B.C
(vel A.C.B) ita moveri manentibus A.B immotis, ut C transferatur in Y, atque ita congruat tractus A.B.Y priori A.B.C, sive
quod idem est, non potest praeter punctum C aliud adhuc reperiri Y, quod ad puncta fixa A.B eundem quem ipsum C situm
habeat, sed necesse est, si tale quod Y assumatur, ipsum ipsi C
coincidere seu esse Y ⋊ C. Unde dici potest, punctum C sui ad
puncta A.B situs esse exemplum unicum. Et punctum, quod ita
moveatur, ut ad duo puncta fixa situm servet in sua specie unicum, movebitur in recta. Nempe si sit A.B.Y ꝏ A.B.X, sitque ideo
Y ⋊ X, erit $\overline{\omega}$X (⋊ $\overline{\omega}$Y) linea recta. An autem dentur hujusmodi
puncta in directum sita, et an tractum componant, et utrum tractus
ille linea sit, non sumendum, sed demonstrandum est. Via autem
puncti ita moti utique *linea recta* erit, quae quidem si per omnia
puncta hujusmodi transit, utique locus omnium punctorum duobus
punctis in directum sumtorum, non alius tractus quam linea erit.

(84) Si duobus in tractu A.C.B punctis A.B manentibus
immotis moveatur ipse tractus, linea, quam punctum ejus motum
C describet, dicetur *circularis*. An autem possit tractus aliquis
moveri duobus punctis manentibus immotis, etiam non sumendum,
sed demonstratione definiendum est. A.C.B ꝏ A.Y.B (fig. 59),
dicetur $\overline{\omega}$Y linea *circularis*, et si sint quotcunque puncta C.D.E.F,
sitque A.B.C ꝏ A.B.D ꝏ A.B.E ꝏ A.B.F, dicentur esse in una
eademque circulari. Haec definitio lineae circularis non praesupponit dari rectam et planum, quod facit Euclidis definitio.

(85) Locus omnium punctorum, quae eodem modo se habent
ad A, quemadmodum ad B, appellabitur *planum*. Sive si sit
A.Y ꝏ B.Y, erit $\overline{Y}$ *planum*.

(86) Hinc si sit A.C.B ꝏ A.Y.B, sitque A.C ꝏ C.B (adeoque
et A.Y ꝏ B.Y), erit Linea $\overline{\omega Y}$ circularis in plano. An autem omnis circularis sit in plano, postea definiendum est.

(87) Si sint A.B ꝏ B.C ꝏ A.C, sitque A.Y ꝏ B.Y ꝏ C.Y, erit
$\overline{\omega Y}$ Linea recta.

(88) Si sit A.Y ꝏ A.(Y), erit $\overline{Y}$ superficies *sphaerica*.

[ꝏ significat congruitatem, ⋊ coincidentiam. Cum dico
A.B ꝏ A.Y, possem quidem dicere distantiam AB aequari distan-
tiae AY, sed quia postea cum tria vel plura adhibentur, ut
A.B.C ꝏ A.B.Y, non hoc tantum volumus triangulum ABC trian-

gulo ABY aequari, sed praeterea simile esse, id est congruere, ideo signo ४ potius utor.]

(89) Si sit Y ४ (Y), erit Locus omnium Y seu ॒Y extensum absolutum, sive *Spatium*. Nam locus omnium punctorum inter se congruentium est locus omnium punctorum in universum. Omnia enim puncta congrua sunt.

(90) Idem est si sit Y ४ A; nam (ex characterum significatione) si Y ४ A, erit (Y) ४ A, ergo Y ४ (Y). Nimirum locus omnium punctorum Y dato puncto A congruorum utique est etiam spatium ipsum interminatum, omnia enim puncta cuilibet dato congruunt.

(91) Proximum est: A.Y ४ A.(Y), locus omnium Y seu ॒Y dicatur *Sphaerica*, quae est locus omnium punctorum ejusdem ad datum punctum situs existentium. Datum autem punctum dicitur *Centrum*.

(92) Idem est si sit A.B ४ A.Y. Nam ideo erit et A.B ४ A.(Y) ac proinde A.Y ४ A.Y, ubi nota, ipsum B esse ex numerorum Y seu esse ₄Y. Si enim Y omnia puncta comprehendit, quae eum habent situm ad A, quem B habet, utique ipsum B comprehendet, quod eum utique situm ad A habet quem habet. Sphaerica est locus omnium punctorum dati ad punctum datum situs (id est dati puncti situi congrui situs) existentium.

(93) Si sit A.Y ४ B.Y, locus omnium Y seu ॒Y dicatur *planum*, sive locus punctorum ut Y, quorum unumquodque ad unum ex duobus datis punctis A eodem modo situm est, quemadmodum ad alterum B, est *planum*. Notandum est, Loci expressionem in aliam converti non posse, in qua simul sint Y et (Y).

(94) Si sit A.B ४ C.Y, erit ॒Y *sphaerica*. Nam erit A.B ४ C.Y. ४ C.₄Y; sit ₄Y ∞ D, fiet C.D ४ C.Y, adeoque locus erit sphaerica per prop. 91.

(95) Y et (Y) significant quodcunque punctum loci alicujus, et quodcunque aliud praeter prius ₄Y significat quodlibet punctum loci seu omnia loci puncta distributive. Idem etiam significat Y absolute positum. ₄Y significat unum aliquod peculiare punctum loci. ॒Y significat omnia puncta loci collective, seu totum locum. Si locus sit linea, hoc ita significo $\overline{\omega Y}$; si sit superficies, ita: $\overline{\omega \psi Y}$; si solidum, ita: $\overline{\omega \psi \varphi Y}$.

(96) Si sit A.B.C ४ A.B.Y (sive si sit A.B.Y ४ A.B.(Y)), tunc locus omnium Y seu ॒Y dicetur *circularis*, id est si plurium

punctorum idem sit situs (vel datus) ad duo data puncta, Locus erit *circularis*.

(97) Si sit A.Y 8 B.Y 8 C.Y, tunc Locus omnium Y seu $\overline{Y}$ dicetur *recta*.

(98) Si sit A.B.C.Y 8 A.B.D.Y, erit $\overline{Y}$ *Planum*, seu si C.D duo puncta eodem modo sint ad tria A.B.Y, erunt haec tria in eodem plano, et si duobus ex his datis A.B quaeratur tertium Y, locus omnium Y erit planum. Ubi patet, ipsa A.B sub Y comprehendi. Demonstrandum est, hunc locum cum altero, qui est prop. 93, coincidere. Hoc ita fiet: C.Y 8 D.Y(1) locus est ad planum per prop. 91. Sint $_2$Y ꝏ A et $_1$Y ꝏ B, erit C.A 8 D.A(2) et C.B 8 D.B(3) Ergo fiet A.B.C.Y 8 A.B.D.Y. *) Nam 1 patet per se, et 2 per (3), et 3 per (1), et 4 per (2), et 5 per se, et 6 per se.

(99) Si sit A.Y 8 B.Y 8 C.Y, locus $\overline{Y}$ erit *punctum*, sive Y satisfaciens non erit nisi unicum, sive erit Y ꝏ (Y). Haec propositio demonstranda est.

(100) Habemus ergo loca ad Punctum, ad Rectam, ad Circularem, ad Planum, ad Sphaericam, solis congruentiis mira simplicitate expressa, sed haec partim vera, partim possibilia esse, et cum aliis definitionibus coincidere nostras demonstrandum est.

(101) Si tractus sive extensum quodcunque moveatur uno puncto existente immoto, aliud quodcunque ejus punctum movebitur in Sphaerica. Pono autem ipsum extensum esse rigidum, seu partes situm eundem servare. Habebimus ergo modum inveniendi Sphaericae puncta quotcunque. Potest etiam A.B 8 A.Y esse data, si tractus transeat per duo puncta A.B. Tractum autem aliquem (sive linea sit sive superficies sive solidum) per duo data puncta ducere, et tractum movere uno puncto immoto, utique in potestate est.

(102) Si per duo data puncta transeant duo tractus congrui

---

*) Leibniz hat A und B, B und C, C und Y, ebenso A und B, B und D, D und Y durch Bogen verbunden und bezeichnet die ersten Verbindungen durch 1, die zweiten durch 2, die dritten durch 3. Ferner hat er A und C, B und Y, ebenso A und D, B und Y durch Bogen verbunden und bezeichnet die ersten Verbindungen durch 4, die letztern durch 5. Endlich hat er noch A und Y auf beiden Seiten durch einen Bogen verbunden, und nennt die Verbindung 6. Auf auf diese Zahlen bezieht er sich im Folgenden.

congruenter, id est ita ut puncta respondentia in duobus tractibus situs habeant ad duo puncta data, unumquodque ad suum, congruos, moveanturque aut etiam si opus sit crescant congruenter, donec sibi occurrant, loca, in quibus puncta eorum respondentia sibi occurrent, erunt puncta plani illius, quod ad duo puncta data eodem modo se in quolibet puncto suo habere definivimus. Posse autem congruenter moveri, posse congrue ac congruenter produci, donec occurrant, postulo.

(103) Si jam Sphaericam Sphaerica aut plano secemus, habebimus circularem; si planum plano, habebimus rectam; si rectam recta, punctum. Ostendendum autem est has sectiones fieri posse, et punctorum Sphaericae et Sphaericae, vel plano et plano, vel plano et Sphaericae communium esse tractum. Si sphaerica planum vel sphaericam tangat, locus etiam est punctum, cum scilicet circularis fit minima seu evanescit.

Beilage.

Data basi, altitudine et angulo ad verticem, invenire triangulum.

Hoc problema esse potest specimen discriminis inter constructiones per figurae considerationem et constructiones per Algebram inventas.

Sit data basis AB (fig. 60), altitudo CF aequalis datae BD, angulusque ad verticem etiam magnitudine datus, nempe aequalis dato E.

Problema per Algebram ita quaeremus: Ex puncto C quaesito demissa intelligatur perpendicularis CF, ipsi AB basi productae si opus, occurrens in F. Similiter ex aliquo extremo baseos A ducatur AG perpendicularis ad latus oppositum BC, si opus productum.

Ipsas	AB	BD seu CF	BC	AC	BG	CG	AG	BF
vocabimus	b	d	m	n	x	z	v	y

Denique quia ob angulum C datum ratio $\underset{n}{AC}$ ad $\underset{z}{CG}$ data est,

hanc ponamus esse eandem quae q ad r; erit z aequ. $\dfrac{r}{q}n(1)$

eritque A C ad A G ut q ad $\sqrt{q^2-r^2}$, sive erit v aeq. $\dfrac{q}{\sqrt{q^2-r^2}}$ n (2).

Porro ob triangula similia BFC, BGA erit AB ad AG ut CB ad CF,

ergo erit v aequ. $\dfrac{b\,d}{m}$ (3) et duos valores aequando fiet m n aequ.

$\dfrac{\sqrt{q^2-r^2}}{q}$ b d (3).

Porro x + z aequ. m (4), quanquam signa variari possint, prout G cadit intra B et C vel extra in alterutrum latus, quod tamen, ut mox patebit, nullam producit in calculo varietatem. Ob Triangula rectangula erit $\dfrac{b^2\,d^2}{m^2}$ aequ. b^2-x^2 (5) et $\dfrac{b^2\,d^2}{m^2}$ aequ. n^2-z^2 (6); ergo aequando duos valores fiet b^2-n^2 aequ. x^2-z^2 (7), sive per (4) fiet b^2-n^2 aequ. $\overline{x-z}$ m (8), vel x—z aequ. $\dfrac{b^2-n^2}{m}$ (9). Unde aequationes (4) et (9) sibi invicem addendo, et a se invicem subtrahendo fiet

2x aequ. $+ m + \dfrac{b^2-n^2}{m}$ (10) et 2z aequ. $+ m + \dfrac{-b^2+n^2}{m}$ (11)

sive z aequ. $\dfrac{m^2-b^2+n^2}{2m}$, quem valorem aequando valori ex aequ.(1)

fiet $m^2 +n^2 - \dfrac{2r}{q} m n$ aequ. b^2 (13), unde ob aequ. (3) fiet

$$m^2+n^2-\frac{2r}{q}mn+\frac{2r}{q}mn\pm 2mn \text{ aequ. } b^2 \mp \frac{2r\sqrt{q^2-r^2}}{q^2}\,b\,d$$

$$\pm\frac{2\sqrt{q^2-r^2}}{q}\,b\,d\ (14)$$

sive m + n aequ. $\mp\sqrt{b^2 \dfrac{+2r+2q\sqrt{q^2-r^2}}{q^2}}\,b\,d$ (15)

et m—n aequ. $\mp\sqrt{b^2 + \dfrac{2r-2q\sqrt{q^2-r^2}}{q^2}}\,b\,d$ (16)

et quia nihil refert, quaenam sit longitudo ipsius q, modo ratio r ad q sit data, faciamus q aequ. $\sqrt{b\,d}$ (17) et fiet

2 m aequ. $\mp\sqrt{b^2+2r+2q\sqrt{q^2-r^2}}$ $(\mp)$ $\sqrt{b^2+2r-2q\sqrt{q^2-r^2}}$

(18)

2 n aequ. $\mp\sqrt{b^2+2r+2q\sqrt{q^2-r^2}}$ $(\mp)$ $\sqrt{b^2+2r-2q\sqrt{q^2-r^2}}$

(19)

et scribendo per compendium

m aequ. $\mp \odot (\pm) \,\mathfrak{D}$ (20) et n aequ. $\mp \odot (\perp) \,\mathfrak{D}$ (21)

faciendoque $+ \odot + \mathfrak{D}$ aequ. φ (22) itemque $+ \odot - \mathfrak{D}$ aequ. φ (23),

patet fore

vel m aequ. $+ \odot$ et n aequ. $+ \mathfrak{D}$

vel m aequ. $+ \mathfrak{D}$ et n aequ. $+ \odot$

vel m aequ. $- \odot$ et n aequ. $- \mathfrak{D}$

vel m aequ. $- \mathfrak{D}$ et n aequ. $- \odot$

adeoque aequatio quatuor quidem habebit radices, sed tamen non nisi unicum erit triangulum, quod satisfaciet quaestioni, permutatis tantum laterum significationibus itemque sumendo ab utraque baseos parte. Quatuor itaque Triangula satisfacientia quaestioni super eadem basi positione data collocari possunt, omnia congrua inter se AB_1C, AB_2C, AB_3C, AB_4C (fig. 61). Quod clarius patet rudi exemplo in numeris; sit b basis aequ. 14, altitudo d aequ. $6\frac{1}{4}$, erit q seu $\sqrt{b\,d}$ aequ. circiter $9\frac{1}{4}$; et r sit $2\frac{1}{4}$, fiet $\sqrt{q^2-r^2}$ aequ. 9, $2r+2q$ aequ. $23\frac{1}{4}$, $\overline{2\,r+2q}\sqrt{q^2-r^2}$ sit 213, $\sqrt{\overline{2r+2q}\sqrt{q^2-r^2}}$ aequ. $14\frac{1}{2}$ seu $\sqrt{213}$, $2r-2q$ aequ. $-13\frac{1}{4}$, $\overline{2r-2q}\sqrt{q^2-r^2}$ aequ. -123, $\sqrt{2r-2q\sqrt{q^2-r^2}}$ aequ. 11 seu $\sqrt{123}$, $m+n$ seu $\sqrt{b^2+\overline{2r+2q}\sqrt{q^2-r^2}}$ aequ. $\mp 20\frac{1}{2}$,

$m-n$ seu $\sqrt{b^2+2r-2q\sqrt{q^2-r^2}}$ aequ. $(\pm)\,8\frac{1}{2}$. Hinc jam si $\mp$ sit $+$ et $(\pm)$ sit $+$, erit m aequ. $14\frac{1}{2}$ n aequ. 6

$\mp$	$+$	$(\pm)$	$-$,	m	6	n	$14\frac{1}{2}$
$\mp$	$-$	$(\pm)$	$-$,	m	$-14\frac{1}{2}$	n	-6
$\mp$	$-$	$(\pm)$	$+$,	m	-6	n	$-14\frac{1}{2}$

Constructio ipsa ita absolvetur. Basi AB (fig. 62) producta in D, ut sit BD aequalis altitudini, describatur semicirculus circa ABD, cujus peripheriae ex B erecta ad angulos rectos BQ occurrat in Q, erit BQ, q aequ. $\sqrt{bd}$. Ponatur jam angulo ad verticem datus esse aequalis BQR, et ex B in QR demittatur perpendicularis BR, erit RQ, r. Sit recta (fig. 63), in qua hoc ordine designentur puncta P, H, γ, E, W, sitque PH aequ. HW aequ. $q+r$ et HE aequ. $q-r$. Circa diametrum PE describatur semicircumferentia, cui ex H normaliter erecta occurrat $H\alpha$, quae erit $\sqrt{q^2-r^2}$ seu media proportionalis inter PH (seu $q+r$) et HE (seu $q-r$). Porro recta WP producatur ultra P usque ad β, ut fiat $P\beta$ aequ. $H\alpha$ seu $\sqrt{q^2-r^2}$. Et cum ex constructione sint PH aequ. q+r, et HE aequ. q—r, erit PE aequ. 2q; unde detrahatur Eγ aequ. 2r, restabit Pγ aequ. 2q—2r. Jam rectis $\beta\gamma$ et βW velut diametris imponantur ad easdem partes semicircumferentiae $\beta\Theta\gamma$, $\beta\delta$W, quae secabunt rectam P$\Theta\delta$ ex P normaliter eductam in punctis Θ et δ, erit PΘ med. prop. inter βP seu $\sqrt{q^2-r^2}$, et Pγ seu 2q—2r, id est erit PΘ aequ. $\sqrt{2q-2r\sqrt{q^2-r^2}}$, et similiter erit P$\delta$ media prop. inter βP seu $\sqrt{q^2-r^2}$ et PW seu 2q+2r, id est erit Pδ aequ. $\sqrt{2q+2r\sqrt{q^2-r^2}}$. Jam ipsa P$\delta$ transferatur in Bλ sumtam in BQ, si opus producta jungaturque Aλ, quae erit $\sqrt{b^2+2q+2r\sqrt{q^2-r^2}}$ aequ. m+n, cujus punctum medium sit π. Rursus basi AB velut diametro imponatur semicircumferentia AμB, et ejus arcui Aμ subtendatur recta Aμ aequalis ipsi PΘ; jungatur Bμ, quae erit $\sqrt{b^2+2r-2q\sqrt{q^2-r^2}}$ aequ. m—n. Hujus parti dimidiae sumantur in recta Aλ aequales $\pi\omega$ versus A et $\pi\xi$ versus λ, eritque Aξ aequ. m et Aω aequ. n, vel contra, habenturque latera Trianguli quaesita m seu BC et n seu AC. Quod faciendum erat.

Atque haec est constructio, qualem hic Algebra recte ordine tractata offert, satis adhuc commoda prae aliis, quae ex Algebra plerumque prodire solent. Sed ipsa Geometria, quae figuris contemplandis immoratur, primo intuitu exhibet constructionem, qua simplicior ne quidem aptari potest et cui prior comparari indigna est. Nimirum Angulo dato E (fig. 64) subtendatur basis data AB et per tria puncta A, E, B describatur arcus circuli; ex AB educatur normaliter BD ad partes E, quae sit altitudo Trianguli quaesiti data, et per D ducatur parallela ipsi BA secans arcum in punctis C et (C), eruntque Triangula ACB, A(C)B quaesita.

Facile autem praevidere possumus, problema, si per Algebram tractetur, necessario assurgere debere ad gradum quartum; sunt enim quatuor Triangula (etsi omnia congrua inter se), duo ab uno latere rectae AB totidemque ab altero, quae satisfaciunt. At si quis quaereret ipsam C (C), ei nasceretur tantum aequatio quadratica. Denique si quis quaerat RC radium circuli, is difficulter quidem ad aequationem perveniet, sed aequatio non nisi unicam habebit radicem pro omnibus quatuor Triangulis, adeoque hoc modo fiet omnium simplicissima, sed haec omnia tamen ad constructionem nostram recta non ducunt.

II.

Analysin Geometricam propriam eique connexum *calculum situs*, hic attentabimus nonnihil speciminis gratia, ne forte pereat cogitatio, quae aliis quod sciam in mentem non venit, et usus longe alios ab iis dabit, quos Algebra praestat. Sciendum enim est diversae considerationis esse magnitudinem et situm. Magnitudo datur etiam in illis quae situm non habent, ut numerus, proportio, tempus, velocitas, ubicunque scilicet partes existunt, quarum numero seu repetitione aestimatio fieri potest. Itaque eadem est doctrina magnitudinis et numerorum, Algebraque ipsa vel si mavis Logistica, tractans de magnitudine in universum, revera agit de numero incerto vel saltem innominato. Sed situs magnitudini vel partium multitudini formam quandam superaddit, ut in numeris figuratis. Hinc patet, Algebram continere Analysin proprie et per se ad Arithmeticam pertinentem, etsi ad Geometriam et situm transferatur, quatenus linearum et figurarum magnitudines tractantur. Sed tunc necesse est, Algebram multa supponere propria Geometriae vel situs, quae et ipsa resolvi debebant. Analysis igitur nostra resolutionem illam effectui dat nihil amplius assumens aut supponens nec tam magnitudini, quam ipsi per se situi accommodata. Nunc autem ad explicandam rem situs non nisi *congruentia* utemur, sepositis in alium locum *similitudine* et *motu*.

(1) *Congrua* sunt quae sibi substitui possunt in eodem loco, ut ABC et CDA (fig. 65), quod sic designo ABC $\backsim$ CDA. Nam $\backsim$ mihi est signum similitudinis, et $=$ aequalitatis, unde congruentiae signum compono, quia quae simul et similia et aequalia sunt, ea congrua sunt.

(2) *Eodem modo se habere* hic censentur vel *congruenter*, ea quae in congruis sibi respondent. Exempli causa AB.ABC$\backsim$CD.CDA, nempe AB est ad ABC, ut CD ad CDA; ita et AB.AC$\backsim$CD.CA et A.BC$\backsim$C.DA, id est punctum A eodem modo se habet ad rectam BC, ut punctum C ad DA. Neque enim hic tantum de ratione aut proportione agitur, sed de relatione quacunque.

(3) *Axioma*: Si determinantia sint congrua, talia erunt etiam determinata, posito scilicet eodem determinandi modo. Exempli gratia si A.B.C$\backsim$D.E.F, etiam circumferentia circuli per A.B.C

congruet circumferentiae circuli per D.E.F, quia datis tribus punctis circumferentia circuli est determinata. Et in universum in calculo congruentiarum substitui possunt determinata pro determinantibus sufficientibus, prorsus ut in vulgari calculo aequalia aequalibus substituuntur. Vid. infra § 26. § 30. § 32.

(4) Ut autem calculus melius intelligatur, notandum est, cum dicitur A.B.C ≈ D.E.F, idem esse ac si simul diceretur A.B ≈ D.E et B.C ≈ E.F et A.C ≈ D.F, ita ut haec ex illo fieri possint *divellendo*, et illud ex his *conjungendo*. Vid. infra § 26. 27. § 29. § 30. § 31. § 32.

(5) *Terminus communis* est locus qui inest duobus locis, ita ut pars eorum non sit. Sic punctum E est locus, qui inest rectis AE, CE, pars autem est neutrius. Itaque terminus earum communis esse dicetur.

(6) *Sectio* est duarum partium totum constituentium nec partem communem habentium terminus communis totus. Ita AC est terminus communis totus triangulorum ABC, CDA constituentium totum ABCD nec habentium partem communem.

(7) Hoc ita calculo exprimemus, per quem Geometria ad Logicam refertur. Punctum omne in proposito loco existens communi nota vel litera designetur (exempli gratia) X, et ipse locus designetur per $\overline{x}$, lineam super litera ducendo. Si quaevis loci puncta sint Y et Z, loca erunt $\overline{y}$ vel $\overline{z}$. Sit ergo totum $\overline{x}$, partes constituentes sint $\overline{y}$ et $\overline{z}$, et sectio sit $\overline{v}$, formari poterunt hae propositiones: Omne Y est X, omne Z est X, quia $\overline{y}$ et $\overline{z}$ *insunt* ipsi $\overline{x}$. Sed et quod non est Y nec Z, id non est X, posito $\overline{y}$ et $\overline{z}$ esse *partes constituentes* seu exhaurientes totum $\overline{x}$. Porro omne V est Y, et omne V est Z, quia $\overline{v}$ est ipsis $\overline{y}$ et $\overline{z}$ *commune*, seu utrique inest. Denique quod est Y et Z simul, id etiam est V, quia $\overline{v}$ est *sectio* seu terminus communis totus, scilicet qui continet quicquid utrique commune est, partem enim (seu aliquid praeter terminum) non habent communem. Hinc omnes Logicae subalternationes, conversiones, oppositiones et consequentiae hic locum interdum cum fructu habent, cum alias a realibus proscriptae fuerint visae, hominum vitio, non propria culpa.

(8) *Coincidunt* loca x et $\overline{y}$, si omne X sit Y, et omne Y sit X. Hoc ita designo: $\overline{x}$ ⊠ Y.

(9) *Punctum* est locus, in quo nullus alius locus assumi

potest, itaque si in puncto ⊙ assumatur locus ☽, coincidet ☽ ipsi ⊙, et vicissim si ☽ insit in ⊙ et ex hoc solo concludatur coincidere ⊙ et ☽, erit ⊙ punctum.

Spatium absolutum est contrarium puncto; nam in spatio omnis alius locus assumi potest, ut in puncto nullus, ut ita punctum sit simplicissimum in situ, et velut minimum, spatium vero sit diffusissimum et velut maximum.

(10) *Corpus* (mathematicum scilicet) seu *solidum* est locus, in quo plus est quam terminus. Atque hoc scilicet volumus, cum solido tribuimus profunditatem. Contra quicquid in superficie aut linea est, terminus intelligi potest, et commune esse alicui cum alio partem communem cum ipso non habente. Analogia hic etiam est inter punctum et solidum, quod quicquid puncto inest, punctum est; contra cui solidum inest, id solidum est. Item, punctum non potest cuiquam inesse ut pars; at solidum nulli aliter inesse potest quam ut pars.

(11) *Planum* est sectio solidi utrinque eodem modo se habens ad ea, quae solidi terminos non attingunt, seu utrinque eodem modo se habens ad ea, quae fiant in una parte ut in alia. Si pomum plano secas, duorum segmentorum extrema, quibus cohaerebant, distingui invicem non possunt.

(12) Itaque si solidum interminatum sit, absolute verum est, planum secans utrinque eodem se modo habere. Sin terminatum sit solidum, sufficit terminos in rationes non venire. Et utrinque eodem modo facta etiam ad sectionem se eodem modo habebunt.

(13) *Recta* est sectio plani utrinque eodem modo se habens ad ea, quae terminos plani non attingunt. *)

(14) Sit planum interminatum AA (fig. 66), ejusque sectio BB utrinque se habens eodem modo, erit BB recta interminata.

(15) Sed et si planum sit terminatum CC (fig. 67), quaecunque ejus figura sit, si tamen tegamus terminos ut non appareant, vel rationem eorum nullam habeamus, reperiemus rectam

---

*) Hierbei macht Leibniz die folgende Bemerkung: quid si quis dubitet an planum ita secari possit? an praestat ergo rectam formare sectione duorum planorum?

secantem DD utrinque se eodem modo habere, eaque erit terminata.

(16) Curva vero diversimode se habet utrinque, cum ab uno latere sit concava, ab alio convexa.

Quae sequentur, nunc quidem omnia in plano intelligantur.*)

(17) Si sit recta (fig. 68), in qua puncta A et B, et extra eam punctum C ab uno latere, tunc oportet dari posse aliud D ab altero latere, quod eodem modo se habeat ad A et B, quo C se ad ea habet. Nam alioqui cum puncta haec sint in recta ex hypothesi, unum latus non ita ut alterum ad rectam se haberet, contra rectae definitionem. Dato igitur C.A.B inveniri potest D, ut sit C.A.B ≈ D.A.B.

(18) Itaque si detur punctum X suae ad duo puncta A.B relationis unicum, id non poterit esse ab alterutro latere rectae per A.B; alioqui contra hypothesin daretur aliud ei geminum, per praecedentem. Hinc necesse est ut cadat in ipsam rectam, ubi gemina alibi in unum coëunt, cum recta sit utriusque lateris terminus communis. **)

(19) Recta igitur (terminata scilicet) est locus omnium punctorum suae ad duo in ipsa puncta relationis unicorum. Sit X.A.B ≈ Z.A.B, atque ideo X coincidat ipsi Z, erit $\overline{x}$ recta (interminata) per A.B. ***)

---

*) Necessarium videtur, plani proprietatem aliquam ratiocinationem ingredi, qualis, quod congruae sunt duae figurae planae eorundem terminorum, seu quod intus uniforme. Randbemerkung von Leibniz.

**) Leibniz hat bemerkt: Demonstranda adhuc conversa, nempe omne punctum in recta esse suae relationis ad duo in ea puncta unicum.

Rursus omne punctum in recta per A.B est suae ad duo illa puncta relationis unicum. Id punctum sit X; si non est unicum, ergo dabitur Ω ad A.B ut X ad A.B; quia X in recta per A.B ex hyp.; ergo et Ω; erit ergo aliquis in recta linea ordo inter quatuor puncta A.B.X.Ω, ergo non ≈ A.B.X et A.B.Ω. Supponitur locum esse lineam, in (recta?) linea non est omnium punctorum ordo. Ergo dantur in ea duo puncta eodem modo se habentia ad duo puncta in ipsa, itaque locus ad duo determinatus est linea.

***) Generaliter omne punctum in linea non in se redeunte est suae ad duo in ea sumta puncta relationis unicum. Bemerkung von Leibniz.

(20) Unde jam colligitur, duas rectas non posse sibi occurrere nisi in uno puncto, seu duas rectas, quae habeant duo puncta A et B communia, productas coincidere inter se, cum utraque sit locus omnium (atque adeo eorundem) punctorum suae ad puncta A et B relationis unicorum. Atque ita datis duobus punctis determinata est recta, in quam cadunt.

(21) Hinc porro duae rectae, quae scilicet productae non coincidunt, non possunt habere segmentum commune. Nam si segmentum commune AB (fig. 69) habeant, duo etiam puncta minimum habebunt communia A.B, ergo productae coincident.

(22) Similiter duae rectae non possunt claudere spatium, alioqui bis sibi occurrerent, adeoque duo puncta communia haberent (fig. 70).

(23) Ita ex nostra rectae definitione demonstrantur Axiomata, quae Euclides sine demonstratione circa rectam assumsit.

(24) *Circulus* fit rectae circa unum punctum quiescens motu in plano. Extremum quiescens erit centrum, linea ab altero extremo descripta erit circumferentia.

(25) Itaque (fig. 71) omnia circumferentiae puncta, ut X, sese eodem modo habebunt ad centrum C, seu omnia X se habebunt ad C, ut A ad C. Quod ut calculo nostro exprimatur, si sit $X.C \backsim A.C$, erit $\overline{x}$ *circuli circumferentia*.

(26) Locus omnium punctorum eodem modo se ad duo puncta habentium est *recta*. Sint duo puncta C et D (fig. 72), sitque locus $\overline{x}$, cujus quodlibet punctum X eodem modo se habeat ad C quo ad D; dico $\overline{x}$ esse rectam. Quod ut demonstretur, in loco $\overline{x}$ sumantur duo puncta A et B, ducatur recta $\overline{z}$ per A et B; ea determinata est ex ipsis A.B per § 20. Jam $A.B.C \backsim A.B.D$ ex hypothesi, quia A et B cadunt in $\overline{x}$; ergo (per axioma § 3) etiam recta per A.B seu $\overline{z}$ eodem modo se habebit ad C ut ad D, seu erit $\overline{z}.C \backsim z.D$; jam etiam $X.C \backsim X.D$ ex hypothesi, ergo conjungendo $X.\overline{z}.C \backsim X.\overline{z}.D$. Ergo punctum X non potest esse ab uno latere rectae z, veluti (si placet) a latere D; ita enim se aliter haberet ad rectam $\overline{z}$ et ad D, quam ad rectam $\overline{z}$ et ad C, itaque necesse est X cadere in $\overline{z}$ seu omne X erit Z, unde et $\overline{x}$ cadet in $\overline{z}$, quod erat demonstrandum.

(27) Hic ergo specimen calculi habuimus non inelegans ad praescriptum § 4. Nempe quia $X.\overline{z} \backsim X.\overline{z}$, quod est identicum, et $X.C \backsim X.D$ ex hypothesi, et $\overline{z}.C$ $\overline{z}.D$, quod probatum de-

dimus ex natura rectae, ex his binionibus omnibus singulatim respective congruentibus sequitur congruere et conflatas inde terniones seu conjungendo esse $X \cdot \overline{Z} \cdot C \approx X \cdot \overline{Z} \cdot D$.

(28) Hinc si $X \cdot C \approx X \cdot D$, erit X *recta*, quae congruentia permagnae est utilitatis in calculo nostro. Et vicissim si $\overline{X}$ sit recta, oportet existere puncta qualia C et D, ut locum habeat congruentia.

(29) Fieri nequit, ut recta eodem modo se habeat ad tria plani puncta seu ut sit $X \cdot C \approx X \cdot D \approx X \cdot E$ (fig. 73). Nam si hoc esset, foret conjungendo $X \cdot C \cdot E \approx X \cdot D \cdot E$, ergo E non potest esse ab alterutro latere. Sed idem E non potest esse in $\overline{X}$, ita enim etiam C et D forent in X, et hoc amplius, coinciderent cum E, alioqui punctum aliquod rectae (nempe ipsum E) se aliter haberet ad C et ad D quam ad E, ergo punctum E praeter C et D nuspiam reperiri potest.

(30) Circulus circulo non occurrit in pluribus quam duobus punctis. Sint duae circumferentiae circulares $\overline{X}$ et $\overline{Z}$ (fig. 74), dico eas non posse secare nisi in duobus punctis, velut L et M. Nempe ipsius $\overline{X}$ centrum sit A, ipsius $\overline{Z}$ centrum sit B. Quia jam L est X et M est X, erit $L \cdot A \approx M \cdot A$, et quia L est Z et M est Z, erit $L \cdot B \approx M \cdot B$, utrumque ex natura circumferentiarum, quibus puncta sunt communia per § 25. Ergo conjungendo $L \cdot A \cdot B \approx M \cdot A \cdot B$. Sit $\overline{Y}$ recta per $A \cdot B$, utique etiam $L \cdot Y \approx M \cdot \overline{Y}$ per axiom. § 3; sed si daretur praeterea aliud duabus circumferentiis commune punctum N, haberemus $L \cdot \overline{Y} \approx M \cdot \overline{Y} \approx N \cdot \overline{Y}$, seu recta $\overline{Y}$ se eodem modo haberet ad tria puncta L, M, N, quod fieri nequit per praecedentem. Hinc sequitur, tribus datis punctis circumferentiam, cui insint, esse determinatam, cum pluribus simul inesse non possint.

(31) Si circulus circulum tangat (fig. 75), punctum contactus in eadem est recta cum centris. Centra sunto A et B, et punctum contactus C, ubi scilicet duo puncta occursus coalescunt. Itaque (per praecedentem) circulus circulo praeterea non occurrit, alioqui forent puncta occursus tria. Punctum ergo contactus duobus circulis solum commune est. Ajo, id esse in recta per $A \cdot B$. Quod patebit per § 19, si ostendatur, esse suae ad $A \cdot B$ relationis unicum. Esto aliud, si fieri potest, F et debet esse $F \cdot A \cdot B \approx C \cdot A \cdot B$; ergo divellendo et $F \cdot A \approx C \cdot A$, itemque $F \cdot B \approx C \cdot B$; ergo F cadet

V.   12

in ambas circumferentias, atque adeo vel coincidet cum C, vel C non erit solum commune, quod est absurdum.

(32) Recta et circulus non possunt sibi occurrere in plus quam duobus punctis. Sint L et M (fig. 76) in recta $\overline{x}$, itemque in circumferentia $\overline{z}$ circa C, dico praeter L et M non posse dari punctum N. Sumatur D eodem modo se habens ad rectam $\overline{x}$, ut C ab altera parte per § 17. Ob circulum est L.C ∾ M.C ∾ N.C, ergo quia puncta L, M, N sunt in recta eodem modo se habente ad D, quo ad C, etiam erit L.D ∾ M.D ∾ N.D; ergo conjungendo L.C.D ∾ M.C.D ∾ N.C.D. Sit $\overline{y}$ recta per C.D, ergo (per axiom. § 3.) fiet L.$\overline{y}$ ∾ M.$\overline{y}$ ∾ N.$\overline{y}$, seu recta $\overline{y}$ se eodem modo habebit ad tria puncta L, M, N, quod fieri nequit per § 29.

Atque ita fundamentalia rectae et circuli exposuimus, quomodo scilicet occurrere sibi possint haec loca: recta rectae, circulus circulo, recta circulo, quorum occursibus caetera determinantur. Unde consequens est, caetera quoque calculo nostro tractari posse.

III.

DE ANALYSI SITUS.

Quae vulgo celebratur *Analysis Mathematica*, est *magnitudinis*, non *situs*; atque adeo directe quidem et immediate ad Arithmeticam pertinet, ad Geometriam autem per circuitum quendam applicatur. Unde fit, ut multa ex consideratione situs facile pateant, quae calculus Algebraicus aegrius ostendit. Problemata Geometrica ad Algebram, id est quae figuris determinantur ad aequationes revocare, res non raro satis prolixa est, et rursus alia prolixitate difficultateque opus est, ut ab aequatione ad constructionem, ab Algebra ad Geometriam redeatur, saepeque hac via non admodum aptae prodeunt constructiones, nisi feliciter in quasdam non praevisas suppositiones assumtionesve incidamus. Hoc ipse Cartesius tacite fassus est, cum lib. 3 Geometriae suae problema quoddam Pappi resolvit. Et sane Algebra sive numerica sive speciosa addit, subtrahit, multiplicat, dividit, radices extrahit, quod utique arithmeticum est. Nam ipsa Logistica, seu scientia magnitudinis proportionisve in universum, nihil aliud tractat quam numerum generalem seu indeterminatum et has in eo species operandi, quoniam *Magnitudo* revera determinatarum partium multitudine aestimatur, quae tamen manente re variat, prout alia aut alia mensura vel unitas assumitur. Unde mirum non est, Scientiam Magnitudinis in universum esse Arithmeticae genus, cum agat de numero incerto.

Habebant Veteres aliud Analyseos genus, ab Algebra diversum, quod magis ad situs considerationem accedit, tractans de *Datis* et de *Sedibus* quaesitorum seu *Locis.* Et huc tendit Euclidis libellus de Datis, in quem Marini Commentarius extat. De Locis vero planis, solidis, linearibus actum est cum ab aliis, tum ab Apollonio, cujus propositiones Pappus conservavit, unde recentiores Loca plana solidaque restituerunt, sed ita, ut veritatem magis quam fontem doctrinae veteris ostendisse videantur. Hoc tamen Analyseos genus neque ad calculum rem revocat, neque etiam producitur usque ad prima principia atque elementa situs, quod ad perfectam Analysin necesse est.

Vera igitur Situs Analysis adhuc supplenda est, idque vel ex eo constat, quod omnes Analytici, sive Algebram exerceant novo more, sive data et quaesita ad veterem formam tractent, multa ex Geometria elementari assumere debent, quae non ex magnitudinis, sed figurae consideratione deducuntur neque determinata quadam via hactenus patent. Euclides ipse quaedam axiomata satis obscura sine probatione assumere coactus est, ut caetera procederent. Et Theorematum demonstratio solutioque Problematum in Elementis magis aliquando apparet laboris opus quam methodi et artis, quanquam et interdum artificium processus suppressum videatur.

Figura in universum praeter quantitatem continet qualitatem seu formam; et quemadmodum *aequalia* sunt quorum eadem est magnitudo, ita *similia* sunt quorum eadem est forma. Et similitudinum seu formarum consideratio latius patet quam mathesis, et ex Metaphysica repetitur, sed tamen in mathesi quoque multiplicem usum habet, inque ipso Calculo algebraico prodest, sed omnium maxime similitudo spectatur in sitibus seu figuris Geometriae. Itaque Analysis vere geometrica non tantum aequalitates spectat et proportionalitates, quae revera ad aequalitates reducuntur, sed similitudines etiam, et ex aequalitate ac similitudine conjunctis natas congruentias adhibere debet.

Causam vero cur similitudinis consideratione non satis usi sunt Geometrae, hanc esse arbitror, quod nullam ejus notionem

generalem haberent satis distinctam aut ad mathematicas disquisi-
tiones accommodatam, vitio philosophorum, qui definitionibus vagis
et definito obscuritate paribus, in prima praesertim philosophia
contenti esse solent, unde mirum non est sterilem esse solere doctrinam illam et verbosam. Itaque non sufficit similia dicere, quorum eadem forma est, nisi *formae* rursus generalis notio habeatur.
Comperi autem, instituta qualitatis vel formae explicatione, rem
tandem eo devenire, ut *similia* sint, quae singulatim observata discerni non possunt. Quantitas enim sola rerum compraesentia seu
applicatione actuali interveniente deprehendi potest, qualitas aliquid
menti objicit, quod in re separatim agnoscas et ad comparationem
duarum rerum adhibere possis, actuali licet applicatione non interveniente, qua res rei vel immediate vel mediate tertio tanquam
mensura confertur. Fingamus duo templa vel aedificia exstructa
esse haberi ea lege, ut nihil in uno deprehendi queat, quod non
et in alio observes: nempe materiam ubique eandem esse, marmor
Parium candidum, si placet; parietum, columnarum, caeterorumque
omnium easdem utrobique esse proportiones, angulos utrobique
eosdem seu ejusdem rationis ad rectum; itaque qui in haec bina
templa ducetur clausis oculis, sed post ingressum apertis, et nunc
in uno, nunc in altero versabitur, nullum indicium ex ipsis inveniet, unde alterum ab altero discernat. Et tamen magnitudine
differre possunt, atque adeo discerni poterunt, si simul spectentur
ex loco eodem, vel etiam (licet remota sint invicem) si tertium aliquod translatum nunc cum uno, nunc cum altero comparetur, veluti si mensura aliqua, qualis ulna aut pes aut aliud quiddam ad
metiendum aptum, nunc uni nunc alteri accommodetur, nam tum
demum discernendi ratio dabitur inaequalitate deprehensa. Idem
est, si ipsum spectatoris corpus aut membrum, quod utique cum
ipso de loco in locum transit mensuraeque officium praestat, his
templis applicetur; tunc enim magnitudo diversa, et per hanc discernendi modus apparebit. Sed si spectatorem non nisi ut mentem oculatam consideres, tanquam in puncto constitutam, nec ullas
secum magnitudines aut re aut imaginatione afferentem, eaque sola
in rebus considerantem, quae intellectu consequi licet, velut numeros, proportiones, angulos, discrimen nullum occurret. Similia
igitur dicentur haec templa, quia non nisi hac coobservatione vel
inter se, vel cum tertio, minime autem sigillatim et per se spectata
discerni potuere.

Haec evidens et practica et generalis similitudinis descriptio nobis ad demonstrationes geometricas proderit, ut mox patebit. Nam duas figuras oblatas similes dicemus, si aliquid in una singulatim spectata notari nequeat, quod in altera non aeque deprehendatur. Itaque eandem utrobique ingredientium rationem sive proportionem esse debere consequitur, alioqui per se sigillatim seu nulla licet amborum coobservatione instituta, discrimen apparebit. At Geometrae cum generali similitudinis notione carerent, figuras similes ex aequalibus respondentibus angulis definierunt, quod speciale est, non ipsam naturam similitudinis in universum aperit. Itaque circuitu opus fuit, ut demonstrarentur, quae ex nostra notione primo intuitu patent. Sed ad exempla veniamus.

Ostenditur in Elementis, triangula similia seu aequiangula latera habere proportionalia, et vicissim; sed hoc multis ambagibus Euclides quinto demum libro conficit, cum primo statim ostendere potuisset Elemento, si nostram notionem fuisset secutus. Demonstrabimus primum, *triangula aequiangula esse similia.* Esto triangulum ABC (fig. 77) et aliud rursus LMN, sintque anguli A, B, C ipsis L, M, N respective aequales, dico triangula esse similia. Utor autem hoc *axiomate novo: Quae ex determinantibus* (seu datis sufficientibus) *discerni non possunt, ea omnino discerni non posse,* cum ex determinantibus caetera omnia oriantur. Jam data basi BC datisque angulis B et C (adeoque et angulo A) datum est triangulum ABC; itemque data basi MN datisque angulis M, N (adeoque et angulo L) datum est triangulum LMN. Sed ex his datis sufficientibus singulatim discerni triangula non possunt. Nam in uno quoque data sunt basis et duo ad basin anguli; jam basis angulis conferri nequit; nihil aliud ergo superest quod in triangulo alterutro ex determinantibus sigillatim spectato examinari possit, quam ratio anguli cujusque dati ad rectum vel duos rectos, id est anguli ipsius magnitudo. Quae ipsa cum utrobique eadem reperiantur, necesse est triangula sigillatim discerni non posse, adeoque similia esse. Nam ut in Scholii modum addam, etsi magnitudine triangula discerni possint, tamen magnitudo nisi per coobservationem vel triangulorum amborum simul, vel utriusque cum aliqua mensura agnosci non potest, sed ita jam non tantum spectarentur singulatim, quod postulatur.

Vicissim manifestum est, *triangula similia etiam aequiangula esse*; alioqui si esset angulus aliquis ut A in triangulo ABC, cui nullus reperiretur aequalis angulus in triangulo LMN, utique daretur angulus in ABC, habens rationem ad duos rectos (seu ad omnium trianguli angulorum summam), quam non habet ullus in LMN, quod sufficit ad triangulum ABC a triangulo LMN singulatim distinguendum. Constat etiam *triangula similia habere latera proportionalia.* Nam si dentur duo aliqua latera, velut AB, BC, habentia rationem inter se, quam nulla trianguli LMN latera inter se habeant, jam poterit alterum triangulum ab altero singulatim discerni. Denique *si latera proportionalia sint, triangula similia erunt;* quoniam enim datis lateribus data sunt triangula, sufficit (per axioma nostrum) ex laterum ratione discrimen haberi non posse, ut ex nullo in triangulis his singulatim spectatis alio haberi posse judicemus. Ex his vero etiam patet, *triangula aequiangula habere latera proportionalia, et vicissim.*

Eodem modo primo statim mentis obtutu ex nostra similitudinis notione directe ostenditur, *circulos esse ut quadrata diametrorum,* quod Euclides demum decimo libro ostendit, et quidem per inscripta et circumscripta, rem reducendo ad absurdum, cum tamen nullis ambagibus esset opus. Diametro AB (fig. 78) descriptus sit circulus, eique circumscriptum diametri quadratum CD; eodemque modo diametro LM descriptus sit circulus, eique circumscriptum diametri quadratum NO. Determinatio utrobique est similis, circulus circulo, quadratum quadrato, et accommodatio quadrati ad circulum, itaque (per axioma supradictum) figurae ABCD et LMNO sunt similes. Ergo (per definitionem similitudinis) erit circulus AB ad quadratum CD, ut circulus LM ad quadratum NO; ergo etiam circulus AB ad circulum LM est ut quadratum CD ad quadratum NO, quod affirmabatur. Pari ratione *sphaerae* ostendentur esse *ut cubi diametrorum.* Et in universum in similibus lineae, superficies, solida homologa erunt respective ut longitudines, quadrata, cubi laterum homologorum, quod hactenus generaliter assumtum magis quam demonstratum est.

Porro haec consideratio, quae tantam praebet facilitatem demonstrandi veritates alia ratione difficulter demonstrandas, etiam novum calculi genus nobis aperuit, a calculo algebraico toto coelo diversum, notisque pariter et usu notarum operationibusve novum. Itaque Analysin situs appellare placet, quod ea situm recta et immediate explicat, ita ut figurae etiam non delineatae per notas in animo depingantur, et quicquid ex figuris imaginatio intelligit empirica, id ex notis calculus certa demonstratione derivet, caeteraque etiam omnia consequatur, ad quae imaginandi vis pertingere non potest: imaginationis ergo supplementum, et ut ita dicam perfectio in hoc, quem proposui, calculo situs continetur, neque tantum ad Geometriam, sed etiam ad machinarum inventiones, ipsasque machinarum naturae descriptiones usum hactenus incognitum habebit.

IV.

IN EUCLIDIS ΠΡΩΤΑ.

Ad Libri primi Definitiones.

I. *Punctum* est cujus pars nulla est.

Addendum est, *situm habens*. Alioqui et temporis instans, et Anima punctum foret. Sit locus $\overline{x}$; si jam quicquid est in loco $\overline{x}$, sit X, dicetur X esse punctum, quale A.

II. *Linea* est longitudo latitudinis expers.

(1) Debebat definiri, quid longitudo latitudoque esset, ne obscurum per aeque obscurum explicari videretur. Malim ergo sic definire: *Linea* est magnitudo, cujus sectio non est Magnitudo. Et haec magnitudo dicetur latitudine carere, cum *latitudo* nihil aliud sit quam quantitas sectionis, *longitudo* autem ea secundum quam sectio non fit. Sit magnitudo, cujus duae partes quaecunque sint $\overline{z}$ et $\overline{y}$, sectio autem eorum communis erit $\overline{Z}$ et $\overline{Y}$. Si jam Z et Y semper est punctum, magnitudo est linea. Voco autem $\overline{z}$ locum omnium punctorum Z, et $\overline{y}$ locum omnium punctorum Y, et $\overline{Z}$ et $\overline{Y}$ locum eorum punctorum quae simul sunt Z et Y, seu quae simul sunt in $\overline{z}$ et in $\overline{y}$.

(2) Linea etiam per motum definiri potest, sed tunc adhibendum est tempus. Sit $\overline{z}$ ad $\overline{T}$, et $\overline{T}$ tempus, erit $\overline{z}$ linea; porro $\overline{z}$ ad $\overline{T}$ significat, puncta Z et instantia T *coordinata* esse sive cuivis Z proprium esse T (unde sequitur, et ob continuam mutationem cuivis T proprium esse Z) seu Z esse locum puncti lineam motu describentis. Nam si describatur superficies, plura puncta loci eodem instanti tempore describuntur. Quicquid autem eodem instanti describitur, commune est ei quod prius et quod posterius describitur, seu duabus descripti partibus, atque adeo est sectio, de quo mox. Itaque si quovis momento non nisi unum punctum

describitur, sectio magnitudine caret, ac proinde quod producitur linea est.

Magnitudo ita definienda est, ut comprehendat lineam, superficiem et solidum, non tamen angulum, quod ita nos consequi posse arbitror: *Magnitudo* est continuum, quod habet situm; Angulus autem continuum non est. Porro ad continuum duo requiruntur, unum ut duae quaevis ejus partes totum aequantes habeant aliquid commune, quod adeo pars non est; alterum ut in continuo sint partes extra partes, ut vulgo loquuntur, id est ut duae ejus partes assumi possint (sed non aequantes), quibus nihil insit commune, ne minimum quidem. Ita rectae AB (fig. 79) duae partes assumi possunt AC et BD, nihil plane quod ipsi rectae insit commune habentes, ne punctum quidem. Sed duae quaevis partes aequantes, ut AC et BC, commune habent, nempe C. At anguli AEB (fig. 80) tales partes sumi nequeunt, nam AEC et BED anguli, qui sunt ejus partes, saltem habent punctum E commune; imo revera Anguli in ipso sunt puncto, vel saltem ad ipsum, cum idem sit angulus, quantulaecunque sint rectae, sitque adeo nihil aliud quam inclinatio exeuntium linearum, uti velocitas spectatur in statu mobilis loco suo exire jam tendentis, etsi nullos adhuc fecerit progressus.

(3) Sed opus est, ut etiam explicemus quid sit sectio. Eam ita definio: *Sectio* magnitudinis est quidquid est commune duabus Magnitudinis partibus partem communem non habentibus. Esto Magnitudo AB (fig. 81), ejusque partes AD, BC, quibus communis recta CD, quae est et in AD et in BC, etsi hae partes non habent partem communem. Nam CD *non est* pars ipsius AD nec ipsius BC. Hujus indicium est, quod AD + BC + CD non est majus quam AD + BC, seu non habet ad ipsum rationem majoris ad minus, cum AD et BC sint partes aequantes totum. Sed si partes *partem communem haberent*, uti ex. gr. AF et BC partes ipsius AB habent partem communem CF, tunc AF + CB majus foret quam AB (cum sint partes complentes quidem totum AB, ut faciunt AD et BC, sed non aequantes, ut etiam faciunt AD et BC), et tamen AF (+) CB seu AF et CB simul sumta, non sunt plus quam AB. Quod discrimen inter additionem quantitatum, et simul-sumtionem rerum probe notandum est. Et ut additio mentalis *quantitatum* designatur per +, ita additionem realem *magnitudinum*, seu ipsorum quantorum designo per (+), donec aliquid commodius occurrat.

III. **Lineae Termini** sunt puncta.

(1) Haec positio non recte inter definitiones collocatur, neque enim apparet definitum. Est potius conclusio, quae ex praecedentibus duci potest. *Terminus* est quod commune est magnitudini cum alia, partem priori communem non habente. Itaque cadit in sectionem totius ex ambabus magnitudinibus compositi, adeoque Terminus vel ipsa erit sectio (cum intelligatur id omne quod commune est) vel saltem sectioni inerit. Sed sectio lineae non est magnitudo; itaque nec terminus magnitudo erit, et proinde, cum situm habeat, erit punctum.

IV. *Recta Linea* est quae ex aequo sua interjacet puncta.

(1) Haec definitio nullius momenti est, neque uspiam ab Euclide in demonstrando adhibetur, neque satis intelligitur. Itaque Archimedes rectam definit, quae est minima inter duo puncta. Sed si haec mens fuisset etiam Euclidis, ut Clavius interpretatur, non fuisset aggressus demonstrare, in triangulo duo quaecunque latera esse tertio majora; id enim ex tali definitione statim consequebatur.

(2) Ego varias lineae rectae definitiones habeo: veluti *Recta* est linea, cujus pars quaevis est similis toti, quanquam Recta non solum inter lineas, sed etiam inter magnitudines hoc sola habeat. Sit locus $\overline{x}$ (fig. 82), et locus alius quicunque $\overline{Y}$, qui insit priori, seu cujusque punctum quodvis Y sit X; si jam $\overline{Y}$ est simile ipsi $\overline{x}$, erit $\overline{x}$ recta. Simul autem hinc patet, Y esse *partem* ipsius $\overline{x}$, nam omne quod inest si simile sit, *pars* est.

(3) Definio etiam *rectam*, locum omnium punctorum ad duo puncta sui situs unicorum. Et hinc si quaecunque magnitudo moveatur duobus punctis immotis, mota quidem puncta arcum circuli describent, quiescentia autem omnia cadent in rectam, in quam cadent omnium illorum Circulorum centra. Et haec recta erit Axis Motus. Ita generationem rectae et circuli una eademque constructione habemus. At punctum extra rectam positum, circumferentiam describens, infinita percurrit puncta, eodem modo sita ad duo illa puncta immota et ad rectam per ea transeuntem. Calculo situs rem ita exprimo: Si sit X . A . B unic., erit $\overline{x}$ recta, vel si sit X . A . B ∞ (X) . A . B et ideo X $\cong$ (X), erit $\overline{x}$ recta, ubi ∞ mihi similitudinem significat, $\cong$ congruentiam, $|\cong|$ coincidentiam.

(4) Sed ad Euclideas demonstrationes perficiendas deprehendi hac opus esse definitione, ut *recta* sit sectio plani utrinque se habens eodem modo, ut latus A (fig. 83) et latus B, cum in *curva*

differat latus (A) a latere (B), quorum illud *convexum* appellatur, hoc vero *concavum*, in quod cadit recta jungens extrema. Sumatur folium chartae et secetur: si sectio est linea recta, novus terminus sectione factus in uno segmento non potest ab eo distingui, qui factus est in alio segmento; si vero sectio sit non recta, sed quam curvam vocant, terminus unius segmenti erit convexus, alter concavus.

(5) Calculo rem ita exprimimus. Sint plani segmenta $\overline{X}$ et $\overline{Y}$, et sit $\overline{Z}$ sectio communis, ita $\overline{Z}$ est in $\overline{X}$ et in $\overline{Y}$, seu quod eodem redit, omne Z est X et omne Z est Y. Si jam $\overline{Z}.\overline{X} \approx \overline{Z}.\overline{Y}$, erit $\overline{Z}$ recta. Itaque si A sit quoddam X, dabitur quoddam Y, quod vocabimus L (ita ut L sit quoddam Y) eodem modo se habens ad $\overline{Z}$, ut A se habet ad $\overline{Z}$, ut adeo sit $A.\overline{Z} \approx L.\overline{Z}$. Sed etsi sint quotcunque assumta X, quomodocunque se inter se habentia et ad $\overline{Z}$, veluti $A.B.C$, dabuntur his respondentia puncta Y, ita ut sit $A.B.C.\overline{Z} \approx L.M.N.\overline{Z}$.

(6) Hinc sequitur, in quo plano sunt puncta rectae, in eo etiam esse rectam. Ac proinde si linea aut lineae sint in uno aliquo plano, rectas omnes, quae puncta lineae aut linearum jungunt, esse in eodem plano et figuram constituere, quae sit pars plani, et non posse partem rectae esse in plano partem in sublimi, quia recta in plano cui inest semper continuari potest, ergo non etiam extra planum, alioqui duae rectae haberent segmentum commune, quod de rectis, quales § 4. definivimus, impossibile esse infra ostendetur. Unde patet etiam coincidere duas figuras planas, quarum termini (in eodem plano scilicet positi) coincidunt, quia coincidunt rectae intra figuram cadentes ab uno puncto termini ad aliud ductae, sive non nisi unica duci potest. Porro hae rectae figuram constituunt, cum constituant omnia ejus puncta. Nam per quodvis punctum intra figuram recta ducta occurret figurae (planae scilicet) in duobus punctis, ut infra ostendemus definit. 17. § 1. Sed haec in Circulo suo loco maxime patebunt.

V. *Superficies* est quae longitudinem latitudinemque tantum habet.

(1) Uti dictum erat, lineam habere longitudinem sine latitudine, ita dicendum erat, superficiem habere longitudinem et latitudinem sine profunditate.

(2) Sed definiendum erat quid sit profunditas, quod cum factum non sit, eum defectum supplebimus, uti definivimus, quid

sit Latitudo. *Profundum* esse illud invenio, in quo est quod ab externo attingi non potest; ita nullum quidem est circuli punctum, vel alterius superficiei, quod non ab alio minime licet in eam superficiem penetrante attingi possit. At vero profundum habet partes undique tectas. Itaque *profunditatem* habet Magnitudo, in qua aliquid sumi potest, quod non potest ei esse commune cum alio nisi *penetrante* seu partem in eadem magnitudine habente.

(3) Hinc sequitur, *Solidum* seu profunditate praeditum non posse esse sectionem alterius sive sectionis partem, vel in sectione existens, adeoque non posse esse Terminum. Nam quicquid Terminus est, ab extraneo attingi totum potest. Unde intelligitur, solido altiorem dimensionem non dari. Nec solidum ita moveri potest, quin vestigia ejus partem habeant communem, quod secus est in his, quae profunditate carent; add. defin. 2. § 2. Patet etiam, superficiem, etsi a superficie *secari* possit ita ut *sectio* longitudinem habeat, non posse tamen a linea ita trajici, ut trajectio longitudinem habeat. At omnis solidi trajectio magnitudinem habet. Notandum, differre sectionem a trajectione, quod illa non nisi homogeneis communis est, lineae et lineae, superficiei et superficiei, solido et solido; trajectio autem etiam lineae et solido communis esse potest; quod secat, trajicit, non contra. Trajicit autem cujus aliquod medium est intra trajectum, caetera, inter quae medium, sunt extra.

(4) Ex his, cum omnis in magnitudinibus varietas oriatur a terminis, manifestum est omne solidum intus uniforme esse, ut unum punctum ab alio discerni non possit, nisi ad terminos referantur.

(5) Sed imperfecta est haec doctrina, antequam demonstretur, tres tantum esse dimensiones, seu id omne quod profunditate caret et latitudinem habet seu quod medium est inter lineam et solidum, esse unius ejusdemque dimensionis. Ostendendum igitur est, sectionem solidi esse superficiem, id est magnitudinem cujus sectio sit linea, vel quod eodem redit, motu superficiei describi solidum. Caeterum ea res demonstrata est, quantum memini, a Ptolemaeo de Analemmate, ex eo quod tres tantum dantur rectae perpendiculares inter se ad idem punctum.

(6) Ex his etiam patet, superficiem non esse sufficienter definitam, neque enim constat ut dixi, an omne quod latitudinem habet et profunditate caret, sit ejusdem dimensionis. Nam si *super-*

ficies descendendo definiatur, est Magnitudo cujus sectio sectionem non potest habere, quae rursus sit magnitudo (quo posito omnis superficiei sectio vel erit linea vel punctum). Quaeri poterit an ascendendo possit dari dimensio media inter superficiem et solidum, cujus sectio sit superficies, quae adeo dimensio summa non sit, sed possit rursus alterius constituere sectionem. Similiter si *superficies* definiatur ascendendo, quod sit sectio solidi, jam quaeri potest descendendo, an non detur medium inter talem superficiem et lineam; quod si demonstretur, ambas definitiones coincidere, seu quod est sectio solidi, id sectionem habere lineam, jam demonstratum erit, non nisi tres esse dimensiones, sane ponendo planum esse sectionem solidi, et plani sectionem esse rectam, et ubi jam constitui rectam a recta non nisi in puncto secari posse, adeoque rectam esse lineam, res confecta erit.

VI. Superficiei autem extrema sunt lineae.

(1) Ad hunc articulum eadem notari possunt quae ad quartum, non esse definitionem, cum careat definito, et ex ipsa superficiei notione derivari, sed qualis a nobis correcta est, in articuli praecedentis § 6.

(2) Dicendum tamen erat, superficiei extrema non tantum esse posse lineas, sed et puncta.

VII. *Plana* est superficies, quae ex aequo suas interjicit lineas.

(1) Haec quoque definitio nullius momenti est ob eas causas, quas allegavimus ad definitionem lineae rectae.

(2) Quidam planum definiunt superficiem minimam inter eadem extrema, quod verum est, sed non est commodum demonstrationibus. Nec male Heroni *planum* est superficies, cujus quibuslibet partibus recta accommodari potest, seu in qua duci potest linea recta a puncto quocunque versus partem seu plagam quamcunque, quanquam in hac definitione videatur aliqua esse subreptio pleonastica, et dubitari posse, an talis superficies detur; uti in definitione rectae ad planum perpendicularis apud Euclidem subreptio pleonastica est.

(3) Ego quoque aliquas plani definitiones commentus sum. Una est, ut sit superficies, in qua pars similis toti, tunc cum extrema partis similia sunt extremis totius, ita cum circumferentia circuli sit alteri circumferentiae circuli similis, etiam circulus circulo similis erit, quia est in plano. In hoc ergo differt a recta, cujus absolute pars quaevis est similis toti. Atque ita etiam duo

diversa plana, quorum extrema sunt similia, erunt inter se similia. Nempe plana intus uniformia sunt, nec nisi extremis distinguuntur. Illud solius planae superficiei proprium non est, ut congrua sint, quorum extrema sunt congrua, nam et superficiei sphaericae et cylindricae partes congruis circumferentiis inclusae congruae sunt.

(4) Alia *plani* definitio mihi est, ut sit locus omnium punctorum sui ad tria puncta in eandem rectam non cadentia situs unicorum. Haec respondet paulo ante positae definitioni rectae. Et hinc statim colligitur, positis duabus rectis se secantibus omnes rectas, quae per duo quaevis unius et alterius puncta transeunt, esse in eodem plano.

(5) Sit $\overline{Y}$ planum, erit Y . A . B . C unic. Et haec puncta sunt ipsa in plano. Nam utique A est quoddam Y, quia A ad A . B . C est unic.; idemque est de B et C. Et idem quod de A . B . C, intelligi potest de tribus quibuscunque plani punctis, in eandem rectam non cadentibus, ut caetera sint ad ipsa unica. Sit jam in recta $\overline{Z}$ et puncta ejus duo L . M in plano, erit Z . L . M unic., sed L . A . B . C unic. et M . A . B . C unic., ergo pro L et M substituendo ea, per quae determinantur, fiet Z ad A . B . C . A . B . C unic., id est Z ad A . B : C unic.; nam hic nihil facit reduplicatio. Unde constat, rectam cujus duo puncta sunt in plano, cadere in planum.

(6) Sed tandem superiori rectae definitioni ad Euclideas demonstrationes accommodatae, haec respondet nostra definitio plani, ut sit sectio solidi utrinque habens se eodem modo; ut si pomum secem in duo frusta, ut extremum novum unius segmenti non possit distingui ab extremo novo alterius segmenti, sectio erit planum. Sin distingui possint, tunc unus terminus vocatur *convexus seu gibbus*, alter, in quem planum cadit, *concavus*.

(7) Habet et hic locum calculus. Esto solidum infinitum seu quantum satis productum, sectum in duo segmenta $\overline{X}$ et $\overline{Y}$, et secans sit $\overline{Z}$, ita ut omne Z sit X, et omne Z sit Y; si jam sectio sit planum, oportet esse $\overline{X} . \overline{Z} \approx \overline{Y} . \overline{Z}$. Et omnia locum habebunt in plano secante solidum, ut supra in recta secante planum.

(8) Ex his patet etiam; solidum, planum et rectam esse magnitudines intus uniformes, ita ut nullum discrimen offeratur, cum termini non attinguntur. Cum enim solidum sit intus uniforme ex natura profunditatis et sectione ejus per planum nulla oriatur diversificatio, etiam planum erit intus uniforme. Eodem modo et plani sectio, quae nullam diversificationem habet, nempe per rectam,

intus uniformis erit, quanquam rectae etiam termini nullam offerant varietatem, cum sint puncta; unde fit etiam, ut partes rectae sint similes inter se aut toti. At plani et solidi terminos multum varietatis habere posse patet, cum sit magnitudines; vid. def. 2. § 1. et def. 4. § 1. Itaque etsi uniformia sint omnia, cum nulla terminorum ratio habetur, in plano tamen vel solido partes inter se similes non sunt, nisi termini sint similes. Illud autem solido, plano, rectae commune est, ut congrua sint ommino, quorum termini prorsus congrui sunt.

VIII. *Planus Angulus* est duarum linearum in plano se mutuo tangentium et non in directum jacentium alterius ad alteram inclinatio.

(1) Lineae intelliguntur in plano ductae, sibique occurrentes. Nam hic *tangentes* idem significant quod *obtingentes,* non id quod appellare solemus contactum. Lineae *in directum* jacentes non tantum possunt esse duae rectae unam constituentes, sed etiam duo arcus circuli aut alii, v. g. cum duo arcus circuli eundem arcum componunt seu cum constituunt unam circularem lineam continuatam. Porro eadem linea continuatur a duabus partibus, cum utraque pars in puncto communi eandem habet rectam tangentem, eundem circulum osculantem, aliasque etiam communes lineas plus quam osculantes; de quo alibi. Sed tales esse intelligi potest ex aliqua proprietate vel generatione communi quae ambigua sit, quae non det modum eandem lineam continuandi bis vel saepius.

(2) Quid sit inclinatio linearum in Angulo, jam nonnihil attigimus ad def. 2. § 2. Sed hoc loco considerandum est, cum Angulo quantitas tribuitur, opus esse aliqua ejus mensura, quae quidem pro angulo plano rectilineo habetur in circuli circumferentia, nempe Anguli (fig. 84) BAC, CAD, BAD sunt ut arcus circumferentiae in eodem plano centro A descriptae rectas AB, AC, AD secantis, seu ut arcus BC, BD, CD. Cumque arcus sint inter se ut rectae iis aequales seu in quas extendi possunt, erunt anguli rectilinei inter se ut rectae. Sed in curvis inclinatio seu directio rectae, tangentis curvam, habetur pro directione curvae; ex gr. arcus circuli ABC (fig. 85) in puncto C habet directionem, quam recta tangens DCE; quam in rem curvam concipimus ut polygonum velut MLHCNO (fig. 86), cujus latera sunt portiones rectarum tangentium. Ex. gr. CH erit portio tangentis DE, sed eae portio-

nes in polygonis veris designabiles, in ipsa curva una cum polygono evanescunt in punctum tangenti cum curva commune. Atque hoc sensu angulus, quem vocant semicirculi ABCR (fig. 85), seu angulus arcus circuli ABC ad rectam CR curvae perpendicularem seu ad radium, idem est cum angulo DCR aut ECR, quem facit recta CE vel DC ad rectam RC; et sic angulus contactus DCBA quantitatem non habet, alioqui ejus quantitas foret differentia inter quantitates angulorum DCR et ABCR: quantitatem, inquam, non habet quae per mensuram anguli rectilinei aestimari possit. Si qua vero est ratio aestimandi angulos contactus comparandique inter se, oritur ex diverso plane principio et ad aliam plane mensuram refertur. Si quis vero ex eo saltem angulum contactus contendat esse quantitatem, et quidem minorem quovis rectilineo ut FCD, quia DCB cadit intra DCF, is crassius loquitur, et recurrit ad quantitatis genus imperfectum, quod nullam habet mensuram continuam, ubi etiam non habet locum ratio vel proportionalitas. Neque enim assignari recta potest, quae sit ad rectam, ut est angulus contingentiae DCB ad angulum contingentiae DCG, quod in Angulis rectilineis fieri posse jam ostendimus. Porro Angulum contactus non habere quantitatem mediam inter angulum rectilineum nullum et aliquem ut FCD, ex eo patet, quod movendo rectam FC circa punctum C, donec recta FC incidat in rectam DC, seu angulus evanescat, patet per angulos omnes medios transiri inter Angulum nullum, cum FC incidit in DC, et rectilineum FCD, quoniam continuus est transitus, ergo necesse est angulum contingentiae non esse medium quantitate inter angulum nullum et aliquem rectilineum. Ac proinde plane est diversi generis, et respectu anguli rectilinei ne quidem ut infinite parvus considerari potest, qui utique inter nullum et assignabilem collocatur. Itaque hac in re Peletario contra Clavium assentior; et Euclides cum angulum contactus dixit minorem quovis rectilineo, locutus est paulo laxius, per minorem intelligens, cujus initia intra prioris spatium cadunt. Non autem ideo perfectam quantitatem angulo contactus respectu rectilinei tribuisse censeri debet. Atque haec est conciliatio Archimedis et Euclidis, quos summus Vir, Franciscus Vieta, sibi opposuisse visus est, et valde peccavit Clavius, cum hoc Axioma negavit, quo affirmatur, quod transit ab uno extremo ad aliud et quidem per omnia intermedia, debere transire per aequale, eaque ratione Thomae Hobbesio occasionem dedit Geometris insultandi. Itaque valde notanda est haec distinctio inter quantitatem vel aestimationem perfectam seu Geometricam, et imperfectam seu popularem, quam hoc loco secutus est Euclides, cum Angulum contactus quovis rectilineo minorem dixit.

(3) Interim aliqua quantitas ascribi potest curvaturae, et licebit eam aestimare ex ipsa magnitudine circumferentiarum, et quod eodem redit radiorum circuli; sunt enim circumferentiae circulares radiis proportionales. Sint circuli aliquot ita collocati ut minor majorem intus tangat, omnes in eodem puncto, cadantque adeo centra in eandem rectam; si jam circuli sint descripti radiis (fig. 87) AD, BD, CD etc., dici potest curvaturas circulorum esse reciproce ut radios, seu curvatura circuli ex centro A erit ad curvaturam circuli ex centro B, ut 1 : AD ad 1 : BD seu ut BD ad AD. Inde cum recta EDF infinities producta fingi possit circumferentia infiniti radii, erit ejus curvatura infinite parva, revera nulla.

(4) Hinc tandem etiam nanciscimur mensuram ipsorum Angulorum contingentiae, sed quos faciunt circuli inter se, nempe per differentias mensurarum, quas curvaturis assignavimus.

Curvatura circuli			
descripti per D centro	A	B	C
mensuratur per radium	AD	BD	CD
Angulus Circulorum qualis	GDH	HDI	GDI
mensuratur differentia radiorum	—AD+BD	—BD+CD	—AD+CD

idque calculo sic formatur: Angul. GDI = Aug. GDH + HDI, id vero succedit mensuris substitutis, nam est —AD+CD = —AD+BD —BD+CD, sed angulus contingentiae quem recta ED facit ad aliquem circulorum, est infinitus, cum recta fingatur esse circulus descriptus radio infinito, cujus curvatura sit infinite parva. Unde quod certa aliqua consideratione pro nihilo habetur, alia habetur pro infinito.

(5) Hinc etiam habemus mensuras tum directionis, tum et curvaturae caeterarum linearum. Nam curvae cujusque ea est directio in puncto quocunque, quae rectae in eo puncto contingentis, habentque adeo eandem directionem lineae quae se contingunt. Sed Lineae curvatura aestimanda est circulo tangente non quovis (nam infiniti sunt Circuli tangentes Curvam in eodem puncto, recta vero non nisi unica), sed eo qui ex circulis maxime ad curvam accedit, et diutissime ei ut sic dicam abrepit, ita ut intra ipsum et curvam alius circulus tangens cadere non possit. Isque est Curvam intus

tangentium maximus, quem olim considerans appellavi osculantem, quia plus quam tangit. Isque hanc habet utilitatem maximam, ut curvae, quam osculatur, tanquam succedaneum substitui possit. Itaque hinc derivavi Focos speculorum aut vitrorum Sphaericorum in Catoptricis et Dioptricis, ut circulus scilicet eum focum habere intelligatur, quem Parabola, Hyperbola vel Ellipsis, quam ille osculatur. Cui observationi postea David Gregorius opusculum synopticum hujus argumenti inaedificavit. Ac vel inde etiam merito ut recta ad determinandam curvae directionem, ita circulus ad determinandam ejus curvaturam adhibetur. Ut enim rectae cujuscunque ubique eadem est directio, ita circuli ejusdem ubique eadem est curvatura. Circulus autem circulum osculari non potest, semperque inter circulos binos, quorum unus ab altero intus tangitur, velut HD potest sumi medius, quia centrum inter horum centra A et C medium sumi potest. Sed de Circulis Osculantibus plura, dicta sunt a nobis et amicis, tum in Actis Eruditorum Lipsiensibus tum in variis scriptis Analyseos infinitesimalis.

IX. Cum quae Angulum continent lineae Rectae fuerint, *Rectilineus* ille *Angulus* appellatur.

(1) Intelligit Rectilineum planum; suo tamen loco demonstrabitur, omnem angulum rectilineum esse planum.

X. Cum linea, super rectam consistens lineam, eos qui sunt deinceps angulos aequales inter se fecerit, *rectus* est uterque aequalium angulorum. Et quae insistit recta linea, *Perpendicularis* vocatur ejus cui insistit.

(1) Explicandum erat, unde *Angulus* alteri aequalis aut eo major aut minor haberi debeat. Ea autem mens Euclidis esse videtur, ut si angulus intra angulum cadit, ille *minor*, hic *major* dicatur, aequalis vero, qui congruens est aut ex congruis componitur, atque hoc quidem assumendo lineas angulum facientes quantumlibet parvas. Porro angulus intra angulum cadit, si recta, minorem faciens angulum, cadat inter spatium interceptum facientibus majorem. Et componitur angulus major, quem faciunt duae lineae extremae, ex angulis duobus minoribus, quos facit intermedia cum duabus extremis. Sed ut jam notavi, haec definitio non sufficit ad quantitates perfectas seu rationes sive proportiones determinandas; in angulo tamen rectilineo, ubi mensura certa aliunde haberi potest, nihil incommodi ex ea nascitur.

(2) Rectas sibi mutuo esse perpendiculares, ex eo patet, quod

suo loco ostendetur angulos oppositos sibi aequales esse, nam **quia** (fig. 88) ABC=CBD ex def. anguli recti, et CBD = ABE, quia sunt oppositi, erunt et ABC et ABE aequales, qui cum sibi sint deinceps, erunt recti.

XI. *Obtusus* Angulus est qui recto major est.

XII. *Acutus* vero qui minor est recto.

Itaque Analysis adhibetur obtusi in rectum et acutum illum, quo rectum excedit. Hinc Tabulae Sinuum solos Angulos acutos exhibent.

XIII. *Terminus* est quod alicujus extremum est.

Haec quoque definitio Euclidis ingenio digna non est, cum nulla hic sit notionis Analysis, sed tantum synonymum definito substituatur. Definivimus autem Terminum supra Artic. 4, cum primum ejus mentio fieret.

XIV. *Figura* est quae sub aliquo vel aliquibus terminis comprehenditur.

Animus Euclidi est, sub figuris comprehendere superficies et corpora, quae undique terminantur, lineas vero non item. Sed definitio nonnihil habet difficultatis; dicet enim aliquis, etiam lineam suis terminis, id est punctis, comprehendi. Responderi potest cum Clavio pro Euclide, includi quidem, sed non comprehendi, nam comprehensionis vocabulo designari terminum ambientem sive in se redeuntem; sed hoc quoque non sufficit, an enim superficies conica truncata (fig. 89) non erit figura, licet termini ejus, nempe Circuli ABC et DEF, non cohaereant? Itaque praestabit *figuram* definire magnitudinem terminatam, latitudine praeditam, postquam scilicet definivimus supra (defin. 2. § 1.) quid sit latitudo; porro etiam solida latitudinem habent, cum ipsa eorum sectio sit latitudine praedita.

XV. *Circulus* est Figura plana, sub una linea comprehensa, quae *Peripheria* appellatur, ad quam ab uno puncto eorum, quae intra figuram sunt posita, cadentes omnes rectae lineae inter se sunt aequales.

XVI. Hoc vero punctum *Centrum Circuli* appellatur.

(1) Poterat Euclides ut peripheriae, ita et Centri definitionem definitioni circuli inserere, poteratque addi, rectas illas *Radios* dici.

(2) Peripheriam esse unam Lineam, pleonasmus est in definiendo, sufficit enim radios omnes ad terminum figurae esse aequales.

Terminum autem figurae circularis unam esse lineam, consequitur ex uniformitate.

(3) Poterat etiam Circulum definire ad eum modum, quo definit Sphaeram, ut recta in plano moveatur centro immoto, donec in priorem locum redeat, ita circulum describet, et altero extremo ejus peripheriam.

(4) Sed si haec definitio per motum Euclidis adhibeatur, supponitur aliquid tacite, quod assumendum foret vel demonstrandum expresse, Rectam ita moveri posse, ut semper maneat intra idem planum; itaque Euclides maluit definitioni circuli inserere, ut sit figura in plano descripta; in sphaera autem describenda haec difficultas aberat. Praeterea ad generationem hanc peripheriae vel opus est substerni radio planum, vel certe binas rectas aut plures auxiliares per centrum non transeuntes, quas recta centro affixa inter movendum radat, et sufficiunt binae rectae auxiliares inter se angulum facientes, modo radius utrinque sit productus quantum opus.

(5) Datur autem alia generatio peripheriae, quae plano aut succedaneis loco plani rectis non indiget, quam attigimus supra ad definit. 4. § 3. Nempe si magnitudo quaevis moveatur duobus punctis immotis, punctum quodvis motum describet propriam peripheriam. Oportet autem magnitudinem illam non esse rectam, nam recta duobus punctis quiescentibus moveri non potest. De caetero nil refert, sitne linea, superficies, an planum. Ita si linea ABCD (fig. 90), sive plana sive in unum planum non cadens, moveatur punctis A et D quiescentibus, punctum B describet peripheriam B(B)B, et punctum C peripheriam C(C)C, dum scilicet linea mobilis gyrando circa Axem AD transit ex ABCD in A(B)(C)D, atque inde continuato motu (non rediens per priora vestigia) restituitur in ABCD. Itaque si sit Y.A.D constans, seu Y.A.D $\approx$ E.A.D, erit $\overline{Y}$ *peripheria*, et recta per A, D axis, et $\overline{Y}$.A D. constans. Hinc infra calculo ostendemus, quomodo hac tam Sphaeram quam Circulum exprimendi ratione ex ipso *Calculo situs* consequatur, duarum sphaericarum superficierum intersectionem esse Circulum. *Intersectionem* appellamus mutuam sectionem.

XVII. *Diameter Circuli* est recta per Centrum ducta et ex utraque parte in peripheriam terminata, quae circulum bifariam secat.

(1) Rectam in plano circuli per centrum ductam utrinque in

peripheriam incidere, assumitur hoc loco. Et satis quidem manifestum videtur; cum tamen alia non minus manifesta demonstren-
tur, intererit ad perfectionem Analyseos, hoc quoque sine demonstratione non relinqui. Assumendum autem erit, rectam quamvis
produci posse utrinque; addo autem: in eodem plano, quod fortasse
ad postulatum Euclidis addi aut certe demonstrari debuisset, quia
passim ab eo tacite assumitur. Sequitur autem ex nostra rectae
definitione, defin. 4. § 4, cum ipsa recta nihil aliud sit, quam
quaedam sectio plani indefiniti. Unde et patet, rectam produc
posse ad distantiam quantamcunque, seu ita ut magnitudo data quantacunque, unum ejus punctum attingens, aliquod ejus punctum attingere non possit. Et sequitur hoc facile ex nostris rectae definitionibus quibuslibet. Hinc cum circulus sit finitus, recta autem
produci possit ad distantiam quantamvis, utique partim intra partim extra circulum in plano cadet. Porro sequitur ex natura continuitatis, omne continuum, quod est partim intra partim extra
figuram, cadere in ejus terminum. Nam *continui* duae partes quaevis totum aequantes habent aliquid commune, etsi partem communem non habeant. Sint ergo duae partes rectae, una intra circulum, altera extra circulum. Hae habent punctum commune. Id
punctum etiam commune est tum circulo, quia est in parte intra
circulum cadente, tum parti plani rectam continentis extra circulum jacenti, quia est in parte extra circulum jacente. Quicquid autem
duabus plani hujus partibus est commune, id in communi earum sectione est, nempe in Peripheria. Ergo punctum rectae in unam partem
productae cadit in peripheriam. Eadem ratiocinatio est, si ab altera
parte producatur; itaque bis peripheriae occurrit. Neque enim duo
occursus puncta coincidere possunt, alioqui recta utrinque producta
se ipsam secaret, cum tamen sectio plani uniformiter progrediatur ad
distantiam quamcunque. Atque haec ratiocinatio locum habet non tantum de recta per centrum, sed etiam de quavis recta intra circulum
cadente, ut scilicet *Recta intra Circulum cadens, producta utrinque, si
opus, circulo bis occurrat.* Itaque locum etiam habebit de ea, quae
transit per centrum; atque adeo diameter circuli datur. Datur,
inquam, in regione aeternarum veritatum seu possibilitatum, vel
quod eodem redit, diametri notio vera est. Haec conclusio generalis enuntiari potest de quavis figura plana, in quam recta cadit,
imo de omni plano vel solido terminato, seu de omni figura intra
sibi simili, nempe *recta, quae est intra planum terminatum vel*

intra solidum terminatum, utrinque producta, ambitum ejus in duobus punctis secat. Sed de quavis superficie terminata hoc verum non est.

(2) Operae autem pretium erit, hanc demonstrationem *Calculo situs* nonnihil accommodare, ut ei paulatim assuescamus. Planum per peripheriam circuli dividitur in duas partes $\overline{X}$ et $\overline{Y}$, unam x circulum, alteram $\breve{Y}$ intra circulum. Peripheria autem erit $\overline{X \text{ et } Y}$ seu locus omnium punctorum, quae simul sunt X et Y. Recta autem ab uno termino producta sit $\overline{Z}$, ejus una pars, *quae intra,* circulum, est $\overline{Z \text{ et } X}$, quae extra circulum, est $\overline{Z \text{ et } Y}$. Punctum ergo utrique commune (ob naturam continuitatis) est Z et X et Y; ergo est X et Y; ergo est in $\overline{X \text{ et } Y}$ seu in peripheria. Idem est de altera productione.

(3) Sed alius est multo major in definitione Euclidaea defectus, et qui non tam facile suppleri potest, vitium nempe obreptionis, seu pleonasmus obreptitius. Suffecerat ad definitionem diametri circuli, ut recta esse diceretur per centrum transiens, utrinque terminata in peripheriam; itaque pleonasmus est, quod additur, hanc rectam bisecare circulum in duas partes aequales, nam sequitur ex jam dicto. Inest etiam vitium obreptionis, quia hoc demonstrari merebatur, nec assumi debebat tanquam contentum in definitione. Atque hoc etiam agnovit Proclus, et demonstrationem affert, sane non spernendam. Quae si Thaletis Melesii est, ut ipse affirmat, oportet Geometriam (certe artem demonstrandi Geometricam) jam Thaletis aevo non mediocriter provectam fuisse. Sed ipsam demonstrationem magni ob ea quae discemus momenti considerare e re erit.

(4) Sit circuli centrum C (fig. 91), diameter AB, segmenta circuli per diametrum ADBA, AEBA. Ponantur esse inaequalia et segmentum quod dicetur minus, quale ponatur esse ADBA, transferatur in plani partem, in qua est segmentum alterum, constituatque A(D)BA; id autem concipi potest fieri, dum ADBA gyratur circa axem AB, donec cadat in alteram plani partem. Quodsi ergo A(D)BA congruat ipsi AEBA, aequalia erunt segmenta, quod volumus. Sin ADBA, atque adeo et A(D)BA sit minus quam AEBA, oportet aliquod arcus ADB punctum, ut (D), cadere intra AEBA. Nam si tota cadat extra AEBA, ipsum AEBA cadet intra A(D)BA, et ADBA foret majus, contra hyp. Jungatur C(D) et producta perve-

niet ad punctum ipsius arcus AEB, per §. praeced. quod ponatur esse E. Est autem tam CE quam CD radius seu recta ex centro ad peripheriam, ergo sunt aequales inter se, pars toti, quod est absurdum.

(5) In hac demonstratione, pulchra sane, notandum est aliquid desiderari. Nempe sciendum est, tacite supponi nostras rectae definitiones, vel proprietates reciprocas allatas ad defin. 4. § 3 et 4, quae non subintelligi, sed diserte assumi debebant ad demonstrationis perfectionem. Nam ut constet quod gyrari possit ADBA circa immotam rectam AB, assumenda erat haec definitio, vel demonstranda haec proprietas rectae, quam dedimus § 3, quod•mota magnitudine ADBA, possit recta AB esse immota. Deinde assumitur (etiamsi omittatur gyratio) plano per rectam AB secto, ei quod est in uno segmento, ut ipsi ADBA, congruum et congruenter ad rectam positum A(D)BA posse constitui in altero segmento, quia recta ita secat planum, ut utrinque se habeat eodem modo, quae est definitio nostra exposita ad def. 4. § 4. Unde cum hinc pateat, gyratione careri posse, at segmentorum congruentia ad rectam perficiendam demonstratione assumti in hac definitione et passim deinde ab Euclide adhibiti careri facile non posse; itaque hanc Rectae definitionem Euclidaeis demonstrationibus perficiendis accommodatissimam censeo.

(5) Etiam calculi situs aliquid hic tentemus. Plani segmentum, in quo ADBA, sit $\overline{X}$, in quo AEBA, sit $\overline{Y}$, AB . $\overline{X} \approx$ AB . $\overline{Y}$. Hinc quia ADBA est in $\overline{X}$, ergo in $\overline{Y}$ poni potest A(D)BA $\approx$ ADBA (thesis a). Si jam A(D)BA $\sqsupset$ AEBA; ergo quoddam (D) est in AEBA (ex natura minoris). Jungatur C(D) et (per § 3 hic) producatur in CE, sed C(D) = CD per thes. a, et CD = CE ob def. circuli; ergo C(D) = CE, pars toti. Q. E. Abs.

(6) Idem demonstrabitur paulo aliter et directius et paucioribus assumtis hoc modo: Iisdem quae ante positis, sit portio circuli ADBA, posito AB esse diametrum. Ea existat in $\overline{X}$, parta segmento plani per rectam; quia autem ex natura rectae AB . $\overline{X} \approx$ AB . $\overline{Y}$, potest sumi in X AEBA $\approx$ ADBA (thesis b). Jam CD est constans ex hyp. et CE = CD per thes. b; ergo et CE est constans. Jam omne punctum ambitus totius ADB (+) AEB est D vel E ex construct. Ergo omnis recta ex C ad peripheriam est CD vel CE, ergo omnis recta a C ad peripheriam est constans. Itaque ADBA (+) AEBA est circulus, qui cum secetur a recta AB in partes

ADBA et AEBA, sequitur (per thes. b) a recta per centrum bi-fariam secari Circulum. Q. E. D.

(7) Caeterum in his supponitur, duas figuras planas congruere, quarum termini congruunt. Et congruentibus terminis totis seu ambitibus ADB (+) BA et AEB (+) BA, congruere ipsa plana ADBA et AEBA. Idem verum est de solido quovis, et ut verbo dicam, de omni figura intus simili. Hae enim solis terminis distingui possunt. Tale autem esse planum, sequitur ex nostra definitione, uti jam supra notavimus def. 7. § 8. Cum enim solidum sit intus uniforme, et planum sit sectio utrinque se habens eodem modo, nihil est in ejus natura, unde intus discrimen oriatur et unus locus ab alio discerni possit, quamdiu ut indefinitum consideratur. Itaque a solis terminis discrimen oriri potest.

(8) Sunt et aliae superficies intus uniformes, nempe sphae-rica et cylindrica, et praeter rectam lineae circularis et helicalis cylindrica. Et a Gemino, antiquo Geometra, demonstratum fuisse legi, non dari plures. Porro hae Magnitudines solido demto id habent, ut pars vel parti congruum totum aut reliquas partes *lam-bere*, seu congruendo super iis moveri possit, quod et in recta et plano verum est. Sed tamen in illis verum non est, quod in recta, solido et plano, ut partes similium terminorum sint inter se similes.

XVIII. *Semicirculus* vero est figura, quae continetur sub diametro et sub ea linea, quae de circuli peripheria aufertur.

Hic Clavius in annotationibus conversam propositionis defin. praeced. art. 3. seqq. demonstratae demonstrare aggreditur. De-monstratum est illic, omnem rectam per centrum bisecare circulum. Hujus conversa est, omnem rectam, bisecantem circulum, transire per centrum seu solam rectam per centrum bisecare circulum, vel rectam non per centrum, quae circulum secat, secare circulum in partes inaequales, eamque esse majorem, in qua est centrum. Uti-tur autem eodem artificio, quo usum Thaletem ferunt, indigetque eodem supplemento; sed ut demonstret, bina segmenta non esse aequalia, ostendit tantum, ea non esse congrua, quod non sufficit. Praeterea utitur perpendicularis ductu, ut verear ne circulum com-mittat. Nam infra utitur segmentorum circularium inaequalitate ad demonstrandum, duas rectas non comprehendere spatium, quo tamen pronuntiato ad demonstranda, quae de perpendicularibus habet Euclides, eget. Sit DE (fig. 92) recta circulum secans, non transiens per centrum C. Ex alterutro ejus extremo D ducatur per C diameter DB, necesse est punctum E, cum non cadet in B (alioqui duae rectae DB et DE se bis secarent) cadere alibi in peripheriam, adeoque in alterutram semiperipheriam, quae sit DEB, et proinde rectam DE totam cadere in semicirculum DEBD, alioqui si partim in hunc partim in alterum semicirculum caderet, communem eorum terminum DB alicubi in circulo secaret, atque ita iterum eandem rectam DB secaret recta DE bis. Itaque portio per DE abscissa DFED pars est semicirculi DEBD, quia DFE pars est semiperipheriae DEB, et DE cadit in DEBD. Ergo totus ambitus ejus DFED cadit in DEBD, non vicissim; itaque DEBD, et pars ipsius DFED eundem ambitum habent, et plana eundem ambitum seu eosdem terminos habentia coincidunt. Itaque DFED pars est ipsius DEBD, adeoque minor. Posuimus autem in ipsa propositione rectam in circulum cadere, seu eam secare. Alioqui si posuissemus solum, rectam peripheriae occurrere in duobus punctis nec transire per centrum, demonstrandum prius fuisset, quod recta, quae transit per duo puncta peripheriae, cadat intra circulum, quod Euclides demum demonstrat lib. 3. prop. 2, quanquam hoc non indigeat, nisi superpositione et natura angulorum.

XIX. *Rectilineae* figurae sunt quae sub rectis lineis continentur. XX. *Trilaterae* quae sub tribus (quae et *Triangula* appellantur), XXI. *Quadrilaterae* quae sub quatuor, XXII. *multilaterae* quae sub pluribus.

(1) Planae intelliguntur, ut angulos rectilineos non nisi planos supra intellexit. Et hoc in libris prioribus ubique Euclides supponit, cum in libro undecimo demum demonstrare aggrediatur, duas rectas esse in eodem plano, item triangulum esse in eodem plano.

XXIII. XXIV. XXV. XXVI. XXVII. XXVIII. definiuntur *Triangula aequilaterum, isosceles, scalenum, rectangulum, amblygonium, oxygonium.*

XXIX. XXX. XXXI. XXXII. XXXIII. definiuntur figurae quadrilaterae: *Quadratum, Heteromeces, Rhombus, Rhomboeides, Trapezium.*

His definitionibus a 23 ad 33 aliquid annotare operae pretium non est.

XXXIV. *Parallelae rectae* lineae sunt, quae cum in eodem sint plano, ex utraque parte in infinitum productae in neutram sibi mutuo incident.

(1) Haec definitio videtur parallelas magis ex proprietate remotiore, quam natura apertiore describere, et dubitare poterit

aliquis an dentur, seu an non omnes rectae in eodem plano tandem conveniant. Demonstratio autem, quae ostendet tales rectas dari posse, naturam earum aperiet ex aliquo priore, de cujus possibilitate dubitari non possit.

(2) Euclidem haec definitio coëgit assumere Axioma, quod in Clavii editione est 13^{mum}, sed quod Veteres jam fassi sunt demonstratione indigere, nec bene locum inter Axiomata tueri.

(3) *Parallelae* possunt definiri rectae, quae se invicem ubique habent eodem modo. Tales notiones possibilitatem suam secum ferunt, nam cum spatium sit ubique uniforme, et recta non minus, manifestum est, punctum, quem situm ad rectam aliquam habet, eundem posse repetere, atque ita in motu eundem posse servare, atque eo vestigium motus seu lineam, quam describat, semper se eodem modo ad eandem rectam habere. Dupliciter autem punctum in motu existens situm ad rectam servare potest, tum eundem servet ad eadam puncta rectae, ut cum punctum circa axem gyratur, tum etiam cum variat situm ad puncta, sed eodem modo se habet ad nova, adeoque situm ad rectam servat, etsi ad puncta non servet.

(4) Posset parallela ad datam sic determinari. Ex punctis A et B (fig. 93), in recta sumtis, determinetur punctum C, et ex punctis L et M, eodem modo sitis inter se, (posita AB = LM) determinetur eodem modo punctum N, puncta C et N eodem modo se habebunt ad rectam indefinitam per A, B; L, M. Cum ut A, B, ita se habeant in recta et L, M, itaque C et N sunt in parallela ad rectam, et quidem erunt etiam in recta, quia recta determinata, transiens per C et N, eodem modo etiam se ad rectam ubique habeat. Sed eodem modo determinata quaevis alia puncta, quotcunque aliis ut A, B vel L, M assumtis, dabunt puncta in parallelam cadentia, quae quidem omnia cadere in rectam, etiam ex eo intelligi potest, quia ex C et N recta determinatur.

(5) Modi determinandi varii intelligi possunt. Ex. gr. si plani considerationem seponamus, potest concipi circa puncta A et B describi sphaeras, quarum superficies sese secent. Sectio duarum superficierum sphaericarum erit circulus. Hujus centrum potest esse punctum C. Sed si planum adhibeamus, possumus concipere in plano describi circa A et B circulos, quorum intersectio ab uno latere rectae est in puncto C. Eodem modo L et M ab eodem latere dabunt punctum N.

(6) Sed quia elegimus, rectam considerare ut plani sectionem,

ponamus in eodem plano moveri rectam mobilem, quae durante motu eundem semper situm servet ad rectam quiescentem, eundem nempe angulum, linea utique, quam describet, etiam ubique se eodem modo ad rectam habebit. Et commodissimum erit assumi angulum rectum.

(7) Sed ostendendum foret, lineam quae describitur etiam esse rectam. Colligemus autem ex eo, quia ad eam, quae ubique uniformis est, se habet ubique eodem modo et ipsam esse ubique uniformem.

(8) Concipi etiam possunt parallelae sine ulla mentione recti, etsi ex eo conceptu sequatur esse rectas. Ponatur duo puncta A et B moveri motu aequiveloce, ita ut vestigia eorum a se invicem discerni non possint, et eandem etiam semper habeant relationem inter se, et has lineas vocari parallelas. Talis definitio non nisi parallelis rectis quadrat. Nam etsi puncta, circulos concentricos describentia eadem celeritate aequali, etiam eundem semper situm servent, una circumferentia ab alia discerni potest.

(9) Possunt etiam parallelae definiri rectae aequidistantes, seu tales ut minima, ab una ad aliam ducta, sit ubique aequalis. Sed de minimis a recta ad rectam nondum actum est.

(10) An ergo parallelas definiemus commodius duas rectas ejusdem plani, quae ad eandem rectam faciunt angulum eundem, quod si eas ponamus hoc modo se habere ad quamcunque rectam. Hinc statim sequitur eas non posse concurrere. Concurrant enim AC et BC (fig. 94) in puncto, dico non esse parallelas, quia recta DC, quae iis occurrit in C, non potest angulum aequalem facere ad ambas. Nam si aequales essent anguli DCA et DCB, aequaretur pars toti.

(11) Sed ostendere oportet, si una recta ad duas aequales angulos facit, quamvis ad eam angulos facere. Multa tentavi, et video ne hoc quidem facile demonstrari posse, si ex recta AB (fig. 95) educantur perpendiculares aequales AC et BD, esse CD rectam aequalem ipsi AB, et angulos ad C et D esse rectos. Quemadmodum ponendo rectam ex C versus D angulo recto educi, non facile demonstrari potest incidere in D et angulo itidem recto. Euclides cum difficultatem in proprietatibus parallelarum demonstrandis reperiret, axioma assumsit 13, quod rectae ex recta eductae, angulis inaequalibus (eo enim res redit) concurrant adeoque non sint parallelae, nam has definivit, quae in plano non concurrunt. Si mauisset definire parallelas, quae aequales angulos faciunt ad rectam,

assumendum fuisset ei axioma, quod tales non concurrant. Itaque res eo redit, ut connexio inter haec duo demonstretur, aequalem angulum facere ad rectam, et non concurrere. Demonstravi paulo ante, si ponatur angulum aequalem fieri ad quamcunque rectam. Ergo hoc ostendendum erat.

(12) Rem omnem consequi posse mihi videor ex altiore principio, nempe rationis determinantis. Ex A, B (fig. 96) angulo recto eductae AC, BD sunt determinatae. Assumantur AC, BD inaequales. Utique ob determinata puncta C et D, determinata est recta DC, eritque angulus ad C aequalis angulo ad D, cum eodem modo determinentur. Quin eodem argumento sequitur, angulum ad D vel ad B esse rectum, quia ex determinatione nulla haberi potest ratio, cur CD se aliter habeat ad partes E quam ad partes D, vel cur AB se aliter habeat ad partes D quam ad partes F, nec ullum est principium determinandi anguli obliquitatem. Itaque anguli ABD et ABF sunt aequales, atque adeo AB est perpendicularis.

(13) Ex his patet, congrua esse (fig. 97) LACN, MBDO et NAL, OBM, angulis A, B, C, D rectis, sive inverti posse posito LA = CN, et BM = DO, ergo congruent etiam rectae LM et NO. Sed LM recta ipsis AL, BM est in directum, ergo NO, aequalis ipsi LM, etiam est ipsis CN, DO, seu CNOD est recta.

(14) Eodem modo ponendo AB (fig. 98) procedere super AC angulo recto servato in CD, nulla ratio esse potest cur angulus DBA et BDC non sint aequales, seu cur plus aut tanto plus inclinetur in alteram partem. Unde patet etiam, si CD = AB et angulus ad A et C rectus, fore et ad B et D rectum. Unde simul probatur, et BD rectam esse, ea enim sola utrinque se habet eodem modo.

(15) Caeterum ex hoc solo, quod demonstravimus § 12 eductis angulo recto ad AB (fig. 99) rectis AC, BD aequalibus, angulos ad C et D rectos esse, sequitur rectas AC et BD non posse concurrere, quia Euclides ostendit propositione 28 primi, si anguli CAB et ABD sint aequales, rectas non posse concurrere. Idem ostendit prop. 27 ejusdem, si recta incidat eodem modo in duas parallelas seu angulos EAC, EBD (fig. 100) faciat aequales, rectas AC, BD concurrere non posse, seu ipsius definitione esse parallelas. Et haec pendent ex 16. primi Euclidis, quod in triangulo angulus externus sit interno opposito major, α ipsi β vel γ (fig. 101). Nos potuissemus aliter ita demonstrare: concipiendo LM (fig. 102)

rectam moveri ad AC angulo eodem quocunque, et extremitate L
ferri per AC, extremitate M per BD, tunc si ponamus, AC existente
recta, etiam BD esse rectam, sequitur eas non concurrere, nam si
concurrerent, velut in H, recta LM eo veniens suo situ $\lambda\mu$, faceret
angulos λHA, λHB aequales, partem toti. Porro si una sit recta,
etiam alteram esse rectam, ex eo sequitur, quod recta LM durante
motu ad ambas, quas describit, se habet eodem modo. Itaque
supererat solum demonstranda inversa, seu quod rectae non concurrentes inter se ab eadem recta ad eosdem angulos secentur,
quae 29. primi; et reapse redit ad axioma 13. Ad hoc demonstrandum Proclus assumsit, duas rectas, quae a communi produ-
cuntur, ad distantiam a se invicem venire quantamcunque; Clavius
autem rem aliter demonstrare conatur, assumens rectam, quae super
alia recta, manente angulo, fertur, describere rectam; id autem nos
ex eo demonstramus in hac ipsa paragrapho, quod recta mobilis
ad ambas, quas extremis percurrit, se habet eodem modo; ergo si
una est recta, etiam altera talis erit.

(16) Ut concludatur, possis parallelas definire vel cum Euclide rectas, quae in eodem plano non concurrunt, vel rectas, quae
ad eandem rectam sunt perpendiculares. Ostendi enim potest,
tum has non concurrere, tum non concurrentes esse ad eandem
rectam perpendiculares. Ostendi etiam potest, rectas binas, quae
ad unam aliquam rectam angulos aequales faciunt, ad quamlibet
aliam cui occurrunt angulos aequales facere, quod parallelae sunt
quae non concurrunt; etsi minus sit causalis, habet tamen hoc
quod nihil eligit. At quae definit parallelas per eas, quae ad eandem rectam sunt normales, eligit angulum rectum; quae vero vult
generatum ut ad eandem rectam faciat eundem angulum, paradoxa
est, seu essentiae dubitabilis, quaeritur enim an aliam quemvis alio
angulo quo......*) Si parallelas quis definiat lineas, quae nec inter
se discerni possunt nec in variis locis respondentibus invicem possint discerni, demonstrare debebit, tales esse rectas.

XXXV. *Parallelogrammum* est, cujus bina opposita latera
sunt parallela seu aeque distantia.

(1) Hic aequidistantia et parallela seu non concurrentia pro
iisdem habentur, credo per anticipationem, quia suo loco demonstrabitur, hoc idem esse.

*) Hier fehlen einige Worte.

(2) Bina opposita, intellige bina quaevis opposita.

(3) Parallelogrammum etiam definiri posset, cujus bina aliqua latera opposita sunt simul aequalia et parallela. Hinc enim sequitur, etiam bina opposita reliqua esse et aequalia et parallela.

XXXVI. In hac definitione nihil est difficultatis.

Ad Libri primi Euclidis Postulata.

Postulat. I. Postuletur ut a quocunque puncto ad quodcunque punctum rectam lineam ducere concedatur.

(1) Haec recta habebitur, si magnitudo aliqua, in qua existent haec duo puncta, ipsis immotis moveri intelligatur, omnia enim puncta magnitudinis durante hoc motu quiescentia cadent in rectam. Item . . .

(2) Potest spatium secari plano per dua data puncta transeunte, cum et per tria data transire possit. Et planum rursus secari potest linea per duo puncta transeunte, utrinque se habente eodem modo.

(3) Possunt et datis duobus punctis inveniri quotcunque puncta, quae in rectam inter ipsa cadant, si punctis tanquam radiis, quorum summa componat distantiam punctorum, in plano, in quo sunt duo puncta, duo describantur circuli, qui se tangent in puncto rectae. Et quot bini tales circuli assumentur, tot etiam puncta rectae habebuntur. Hinc ut obiter dicam, si diversa plana assumantur, in quae cadant eadem puncta, recta tamen prodibit eadem, plana autem sese in ea secabunt. Quodsi plano non utimur, possumus adhibere sphaeras radiis iisdem descriptas, quae se in puncto rectae tangent; circuli autem supra dicti, qui idem punctum deferunt, etsi in diversis planis descripti, omnes in eandem sphaeram cadent. Quodsi rectae utcunque productae, per duo puncta transeuntis, puncta quaevis definire velimus, sufficit duas circumferentias vel duas superficies sphaericas circa duo data puncta descriptas se tangere, et tunc cum distantia punctorum est summa radiorum, punctum cadit intra puncta data; sin vero distantia punctorum sit differentia radiorum, cadet extra, in rectam productam.

Postulat. II. Rectam datam in continuum recta producere.

(1) Hoc ex definitione illa statim sequitur, quae facit rectam esse lineam, cujus pars similis toti. Nam quia pars producta totum fecit, etiam totum poterit produci, ut sit pars majoris totius.

(2) Idem dant constructiones postulat. praecedentis, quo exhibentur puncta non solum intra, sed et extra rectam duobus punctis interceptam.

Postulat. III. Quovis centro et intervallo circulum describere.

(1) Id in plano efficit motus radii uno puncto immoto. Posse autem moveri rectam uno puncto immoto ex eo colligitur, quod spatium planumve uniforme est, et quod versus unam est plagam, potest etiam versus aliam sumi quamcunque.

(2) Sed et extra planum res efficitur, si duobus punctis immotis magnitudo moveatur, adeoque in ea punctum moveatur, cujus distantia ab axe quantacunque esse potest, quia augeri potest utcunque. Hujus autem puncti distantia ab axe radium dabit.

Postulat. IV. Quavis magnitudine data sumi posse majorem vel minorem.

(1) Quod major semper sumi possit, nemo facile dubitavit, sed quod semper minor, nonnullis non adeo manifestum videbitur; colligitur autem ex natura continui, de tali enim magnitudine vel huic proportionali (ut angulo) sermo est. Res autem ita clarior reddi potest: Cum in recta pars sit similis toti, manifestum est, in ea partis rursus esse partem, adeoque recta quavis minorem rectam posse sumi, cum pars utique minor sit eaque rursus sit recta. Porro data quacunque Magnitudine, quae non sit recta, ducatur recta duo ejus puncta jungens; assumatur alia recta priore minor, poterit magnitudo fieri priori similis, ita ut recta minor sit majori homologa, seu eodem modo se habeat in magnitudine nova, ut major se habuit in vetere, quod obtineri potest, si rectis quotcunque in vetere ductis novae similiter positae ducantur, quae sint ad rectam minorem, ut priores ad majorem. Ita etiam magnitudo priori similis erit, et tamen minor.

Ad Libri primi Euclidis Axiomata.

Axiom. I. Quae eidem aequalia, et inter se sunt aequalia. Et quod uno aequalium majus est aut minus, majus quoque est et minus altero aequalium.

Ax. II. Et si aequalibus aequalia adjecta sint, tota sunt aequalia.

Ax. III. IV. V. VI. VII. exscribantur.

(1) Haec omnia demonstrari possunt et definitione aequalium, si scilicet *aequalia* sint, quorum unum alteri salva quantitate sub-

stitui potest. Sint aequalia a et b, et sit c aequale ipsi a, dico c etiam fore aequale ipsi b. Sint enim a = c, quia a = b, hinc b substitui potest ipsi a salva quantitate, et fiet b = c, quod erat demon.

(2) ad Axiom. 2. Sit a = b et b = m, erit a + b = b + m. Nam a + b = a + b; pro a et b in alterutro latere substituitur l et m, fiet a + b = l + m.

(3) Similiter ax. 3. ex a — b = a — b fiet a — b = l — m. Eadem methodo facile erit probare Axiomata 4, 5, 6, 7.

Ax. VIII. Quae congrua sunt, aequalia sunt.

(1) Cum enim unum ab altero discerni non possit, si sibi applicentur, etiam *quantitate* discerni non poterunt; quantitas enim manet, sive sibi applicentur, sive non; quin etiam forma seu *qualitate* discerni non poterunt congrua, atque adeo etiam similia sunt. Sola autem possunt discerni *positione,* alioqui plane coinciderent.

Ax. IX. Totum sua parte majus est.

(1) Hoc quoque axioma demonstravi dudum ex definitione majoris et minoris. Nempe *Minus* est, quod alterius (nempe *Majoris*) parti aequale est. Sed pars est aequalis parti totius, nempe sibi, ergo pars est minor, totum vero est majus.

Ax. X. Duae rectae non possunt habere segmentum commune seu partem communem.

(1) Hoc pronuntiatum Proclus pulchre demonstrat hoc modo: Habeant, si fieri potest, duae rectae AB, AC (fig. 103) partem communem AD. Centro A, intervallo DA describatur circulus secans duas rectas propositas in punctis B et C; quia ergo tam AB, quam AC est diameter transiens per centrum D, erit tam arcus AB semicircumferentia, quam arcus ABC, sed semicircumferentiae aequantur. Ergo aequantur pars AB et totum ABC, quod est absurdum.

(2) Ex hac demonstratione patet, quam necessarium fuerit, ut demonstraretur, quod Euclides definitione 17. subreptione quadam assumserat, rectam per centrum bifariam secare circulum.

Ax. XI. Duae rectae in uno puncto concurrentes, si producantur ambae, necessario se mutuo in eo puncto secabunt.

(1) Hoc etiam non dissimili modo demonstratur. Concurrant AB, CB (fig. 104) in B, producatur AB in D, dico CB productam cadere in E, et esse E ad partes alias ipsius AD, quam ad quas fuit C. Nam aliter CB producta vel cadet in ipsam, sed ita duae

rectae AB, CB haberent segmentum commune BD, vel producta CB caderet in F ad easdem partes, ad quas est C. Centro B radio quovis describatur circulus occurrens ipsis BD et BF in D et F. Quia ergo utraque recta AD et CBF transit per centrum B, erit tam arcus ACFD, quam arcus CF semicircumferentia. Ergo aequales sunt totum et pars, quod est absurdum. Ergo CB producta occurrit circulo ad alteras partes ipsius AD, secat in E, quod erat dem.

Ax. XII. Anguli recti sunt aequales inter se.

(1) Hoc quoque Axioma Proclus egregie demonstrat hoc modo: Sint duo anguli recti ABC, DEF (fig. 105), dico esse aequales. Sint enim inaequales, et sit ABC major. Applicetur E ipsi B, et DE ipsi AB. Si jam angulus DEF vel ABG ei aequalis est minor, quam ABC ex hyp., cadet BG inter AB et BC. Producatur CB in H, et GB producta cadet (per ax. praecedens) ad alteras partes ipsius CH in I; angulus ABH, cum sit aequalis ipsi ABC, erit major ipso ABG; ergo et major ipso IBA, qui ipsi ABG est aequalis. Ergo angulus ABH pars erit major angulo IBA toto, quod est absurdum.

Ax. XIII. Si in duas rectas lineas altera recta incidens, internos ad easdemque partes angulos duobus rectis minores faciat, duae illae rectae lineae in infinitum productae sibi mutuo incident ad eas partes, ubi sunt anguli duobus rectis minores.

(1) Nempe si anguli BEF et DFE (fig. 106) simul sumti sint duobus rectis minores, concurrent rectae AEB, CFD versus B sive D. Hoc pronunciatum potuisset enuntiari clarius hoc modo: Si duae rectae ad eandem non faciant angulos aequales, concurrent. Nam quod concurrant ab ea parte, ubi summa eorum angulorum internorum seu se respicientium est minor, seu ubi ad se inclinantur, facilius demonstrari poterat, nec credo axioma addi opus habebat. Producatur EF ad G et FE ad H; si jam anguli BEF, DFG sunt inaequales, erunt BEF+DFE minores duobus rectis. Si BEF—DFG=0, hinc cum sit DFG=2 rect. —DFE, fiet BEF—2 rect. +DFE=0; ergo cum recta EF aequales facit angulos ad easdem partes ad AB et CD, erunt BEF+DFE interni aequales duobus rectis; sin non facit aequales, etiam haec summa duobus rectis inaequalis erit, ab una parte minor, ab altera major. Ergo si verum est in casu summae duobus rectis inaequalis concursum etiam in casu rectae ad duos rectos angulos inaequales facientes, earum duarum rectarum concursus erit.

(2) Hujus axiomatis demonstrationem dedit Proclus, credo et ante ipsum Geminus; aliam Clavius tentavit. Sed de his agemus, et breviora etiam tentabimus suo loco.

Ax. XIV. Duae rectae lineae spatium non comprehendunt.

(1) Hoc axioma Proclus etiam demonstrat hoc modo: Duae rectae ABC, ADC (fig. 107) claudant spatium, seu coëant in duobus punctis A et C; centro C, radio CA describatur circulus, et producantur rectae ABC, ACD, donec circulo occurrant, illa in E, haec in F. Et quia rectae ACE, ACF transeunt per centrum, erunt semicircumferentiae AE, AEF [aequales, pars toti, quod est absurdum. Huic demonstrationi objicit Clavius, ab adversario responderi posse, fortasse rectas ABC, ADC rursus concurrere in ipsa circumferentia seu puncta F et E coincidere, atque ideo aliam comminiscitur demonstrationem, in qua supponit, quod demonstrare voluit ad defin. 18, rectam, quae non transit per centrum, secare circulum in partes inaequales, centrum autem esse in majore. Sed illa demonstratio habet aliquid difficultatis et circulum committere videtur.

(2) Ego aliam excogitavi ex alio principio ductam, nempe ex nostra rectae definitione, quod secet planum bifariam, seu in segmenta, ita ut se habeat utrinque eodem modo. Sint ergo AB vel ACB (fig. 108) et recta ADB bis concurrentes. Quia ergo posterior planum ita secat, ut utrinque se habeat eodem modo, necesse est ut detur alia recta AKB ad partes K, quae ita se habeat ad ADB, ut ACB ad partes C se habet ad ADB, ita nempe, ut congrua sint ADBCA et ADBKA. Similiter AKB ut ab una parte habet ADB, ita ab altera habebit AδB, ita ut congruant AKBDA et AKδBA. Et ita porro in infinitum. Sint C, D, K, δ etc. puncta media rectarum ACB, ADB, AKB, AδB etc., cumque AC, AD, AK, Aδ sint rectae, erunt DAC, KAD, δAK anguli rectilinei, et quidem aequales inter se, quia congruunt KAD et CAD, itemque DAK et δAK, et ita porro. Utcunque autem continuata sit rectarum repetitio usque ad AφB, erit angulus φAC minor recto EAB, cum recta ex A ad angulos rectos educta non tendit ad B, quoniam utrinque se habet eodem modo. Et cum AE planum supra AB bifariam secet, et B sit intra unam ex hypothesi, non cadet in AE, cujus puncta sunt in confinio utriusque partis. Porro angulus DAC est minor recto in ratione aliqua, ut L ad M; sumatur numerus, cujus major sit ratio ad unitatem, quam rectae M ad rectam L, et quia repetitio rectarum utcunque continuari potest, ponatur esse AφB recta quae

numero respondeat exempl. gr. centesima recta, si ratio M ad L sit minor quam 100 ad 1. Itaque erit anguli φAC ad angulum DAC ratio major, quam anguli recti EAB ratio est ad DAC, ergo erit angulus φAC major recto EAB, pars toto, quod est absurdum.

(3) Eodem fere modo ostendi potest, duas rectas non posse habere segmentum commune. Sit recta AB (fig. 109), quae produci possit in C et in D; cum ergo ABD planum secet bifariam, dabitur recta ABK eodem modo se habens ad ABD, ut ABC se habet ad ABD, eritque adeo angulus KBD angulo CBD aequalis. Eodem modo dabitur recta ABδ, quae sit ad ABK, ut ABD ad ABK. Et ita in infinitum. Porro angulus, ulcunque continueter repetitio, semper est minor recto. Neque enim ABE bifariam secat planum, cum potius hujus quartam partem abscindat, nempe dimidiam ejus quam abscindit ABC; quae bifariam secat, quia utrinque ad partes supra ABC se habeat eodem modo: Et multo minus ABF inter A et E recta esse potest, cum adhuc minus quam quartam partem abscindat, adeoque bifariam planum non secet. Ergo post quotcunque repetitiones, velut usque ad φB, erit φBC minor recto. Sed rectus EBC habet ad DBC rationem finitam, ut M ad L, sed φBC aliquis repetitione angulorum aequalium utcunque continuata, habebit majorem, erit ergo φBC major ipso EBC, pars toto, quod est absurdum.

(4) Idem etiam ex eo patet, quod si AB secat planum totum bifariam, ABD bifariam non secabit; cum cadat supra ABC; sed quae de sectione plani dicimus, intelligi possunt et de sectione circuli. Et ita haec demonstratio revera coincidet superiori.

(5) Caeterum haec etiam ex principio rationis determinantis demonstrare licebit. Nam posito (fig. 110) GACB et HADB, GA et HA rursus concurrere in B, non potest dari ratio definiens, quanta sit distantia per puncta A et B. Dicat aliquis eam crescere angulo GAH vel DAC; sed oportet dari legem relationis, utrum nempe crescat in ratione angulorum, an ut quadrata eorum vel cubi vel in alia relatione quacunque, seu quaenam sit linea, in qua anguli poni possunt ut abscissae, et ipsae distantiae ut ordinatae. Praeterea si angulis variatis variaretur CB, non posset tertia recta AKB occurrere ipsi ACB in B, quia angulus KAC major est angulo DAC, et tamen talis dari debet recta AKB, ut supra ostendimus, nam ipsa ADB planum secat bifariam, itaque debet dari AKB, quae eodem modo se habeat ad ADB, ut ACB se ad ADB habet. Cum ergo

distantia puncti B a puncto A ex angulo rectarum CA et DA definiri non possit, qui tamen determinat rectarum CA et DA situm ad invicem, atque adeo nulla est ratio determinandi distantiam punctorum duplicis concursus.

Ax. XV. XVI. XVII. XVIII. XIX. XX. Haec ex superioribus definitionibus aequalis, majoris, per substitutionem facile derivantur, excepto Ax. 19, quod ait totum esse aequale omnibus suis partibus simul sumtis. Sed addenda est limitatio, ut scilicet partes ipsae non habeant partem communem, alioqui computata partium quantitate ad habendam quantitatem totius, idem bis repetitur. De quo jam dictum est ad defin. 2. § 3.

ANALYSIS

INFINITORUM.

Von den Manuscripten aus den Jahren 1675 bis 1684, die als Beläge dienen, dass Leibniz den Algorithmus und die Rechnungsregeln der höhern Analysis selbstständig gefunden, kann keines in der vorliegenden Sammlung einen Platz finden, insofern sie in ihrer ganzen Haltung zeigen, dass sie nur Studien und erste Entwürfe sind; es fehlt ihnen offenbar die Durcharbeitung und die Vollendung, die den Charakter einer mathematischen Abhandlung ausmachen. Merkwürdigerweise hat eine Leibniz sehr missgünstige Critik an den aus dieser Zeit veröffentlichten Manuscripten dies übersehen und in den darin vorkommenden leichten Verstössen und Fehlern einen Anhalt gesucht, um, man möchte fast sagen, Leibniz der Ignoranz zu zeihen und namentlich die alte Anklage des Plagiats gegen ihn zu erneuern. Der Grund, weshalb dies möglich gewesen, liegt unsers Erachtens lediglich darin, dass Leibniz die Gewohnheit hatte, bei seinen mathematischen Studien und Untersuchungen jedes Wort, das er dachte, hinzuschreiben; sie erhalten dadurch für den, der mit der Beschaffenheit der Leibnizischen Manuscripte nicht vertraut ist, den Schein irgend welcher Vollendung.

Dagegen wird eine kurze zusammenhängende Darstellung der Ergebnisse, die in Betreff der Entdeckung des Algorithmus der höhern Analysis aus jenen Manuscripten folgen, an dieser Stelle gerechtfertigt erscheinen. Zuvörderst muss die Bemerkung vorausgeschickt werden, dass Leibniz seit seinen frühesten wissenschaftlichen Studien klar erkannt hatte, wie viel überall auf eine passend gewählte Zeichensprache ankommt, und dass nicht allein die richtige Darstellung des bereits Bekannten davon abhängt, sondern dass auch die Auffindung neuer Wahrheiten, der Fortschritt der Wissenschaften überhaupt, dadurch bedingt wird. Diesen Gedanken, der ihm unausgesetzt vorschwebte, hat er vielleicht am frischesten und ursprünglichsten auf einem der vielen tausend Zettel, die zwischen seinen Manuscripten zerstreut sich finden und deren Studium hinsichtlich des Ursprungs seiner Ideen eine nicht unwichtige Ausbeute ergeben möchte, ausgedrückt. Leibniz hat nämlich unter dem 26. März 1676, einige Monate also nach jener denkwürdigen Entdeckung, bemerkt: Illustribus exemplis quotidie disco, omnem solvendi pariter problemata et inveniendi theoremata artem, tunc cum res ipsa imaginationi non subjacet aut nimis vasta est, eo redire, ut characteribus sive compendiis imaginationi subjiciatur, atque quae pingi non possunt, qualia sunt intelligibilia, ea pinguntur tamen hieroglyphica quadam ratione, sed eadem et philosophica. Quod fit, si non ut pictores, mystae aut Sinenses similitudines quasdam sectemur, sed rei ipsius ideam sequamur. *)

Nachdem Leibnizens Vorliebe für die Mathematik durch den Umgang mit Hugens und durch dessen Aufmunterung während seines Aufenthaltes zu Paris von neuem erwacht war, vertiefte er sich mit dem ganzen Feuer jugendlicher Begeisterung in das Studium der Cartesianischen Geometrie, welche er bis dahin nur oberflächlich kannte. Es konnte nicht fehlen, dass die Probleme, welche Descartes als die Spitze aller mathematischen Speculation gepriesen hatte, das direkte und das umgekehrte Tangentenproblem, seine Aufmerksamkeit in hohem Grade reizten. Leibniz construirte bereits im Jahre 1673 das von ihm sogenannte „triangulum characteristicum" und fand im Betreff desselben eine grosse Anzahl von Relationen; **) im folgenden Jahre 1674 erkannte er, dass das umgekehrte Tangentenproblem und die Quadratur der Curven im innigsten Zusammenhange ständen. Es lag nun nahe, umgekehrt zu versuchen, ob nicht durch die Quadratur der Curven zur Lösung eben dieses Problems zu gelangen sei. Er unterwarf deshalb die desfallsigen Methoden einer eingehenden Prüfung, und hierbei geschah es, dass er am 29. October 1675 statt der bis dahin üblichen wörtlichen Bezeichnung das Summen- oder späterhin allgemein genannte Integralzeichen einführte. Aus dem Manuscript von dem genannten Tage geht hervor, dass vorhandene Relationen sofort auf

----

*) Fast 20 Jahre später äussert Leibniz in einem Briefe an den Marquis de l'Hospital (28. Avril 1693) denselben Gedanken: Une partie du secret de l'analyse consiste dans la caracteristique, c'est à dire dans l'art de bien employer les notes dont on se sert. Leibniz. mathematische Schriften, Bd. II. S. 240.

**) Leibniz fand diese Sätze, ohne Barrow's Schriften zu kennen; sie werden, zugleich mit andern Beweisstücken, in einem Supplementbande erscheinen.

mehrfache Integrale führten, so wie auch, dass Leibniz durch den Gegensatz auf die Differenz und auf das Differentialzeichen kam. Die bereits feststehenden Lehrsätze über Quadraturen, besonders über die Parabel, dienten, wie bisher, als Prüfungsmittel für die Richtigkeit des neuen Calculs, und liessen ihn sogleich erkennen, dass das Summenzeichen die Dimensionen erhöht, das Differentialzeichen vermindert: die ersten Lehrsätze der Integral- und Differentialrechnung waren gefunden und zwar lediglich durch die eingeführten neuen Operationszeichen. Mit Recht ruft Leibniz aus: Satis haec nova et notabilia, cum novum genus calculi inducant! Der Algorithmus der höhern Analysis tritt demnach in seinem Entstehen als ein Operationscalcul auf, und dass er als solcher sogleich auch von Leibniz erkannt wird, das ist, was seinen Anspruch auf die selbstständige Entdeckung desselben unwiderleglich begründet. — Hiermit in Uebereinstimmung sind denn auch die Versuche, die Leibniz in den folgenden Tagen machte, um die weitern Rechnungsregeln des neuen Calculs zu finden. Insbesondere geht dies aus dem Manuscript vom 11. November 1675 hervor, wo es heisst:

Videndum an dxdy idem sit quod $d\overline{xy}$ et an $\dfrac{dx}{dy}$ idem quod $\dfrac{d\overline{x}}{dy}$. Er

überzeugt sich, dass dxdy etwas anderes ist als $d\overline{xy}$ und dass $\dfrac{dx}{dy}$

nicht mit $\dfrac{d\overline{x}}{dy}$ gleiche Bedeutung hat. Zehn Tage später, in einem Manuscript vom 21. November 1675, erhält Leibniz den Ausdruck für d(xy) und bezeichnet ihn sogleich als ein für alle Curven gültiges Theorem.

Mit diesen Bemühungen zur Aufstellung von Rechnungsregeln für den neuen Calcul gehen die Versuche Hand in Hand, die gewonnenen Resultate auch auf andere Weise zu erhärten, wie es bei jedem Operationscalcul immer der Fall sein muss. Welche Bedeutung den Zeichen dx, dy, dz u. s. w. beizulegen ist, wird von Leibniz auffallend selten berührt; es verdient hervorgehoben zu werden, dass Leibniz sich sträubte, sie als unendlich kleine Grössen aufzufassen. Unter andern findet sich auf einem Blatte, mit 26. März 1676 bezeichnet, folgende Notiz: „Videndum an exacte demonstrari possit in quadraturis, quod differentia non tantum sit infinite parva, sed omnino nulla, quod ostendetur, si constet eousque inflecti semper posse polygonum, ut differentia assumta etiam infinite parva minor fiat error. Quo posito sequitur non tantum errorem non esse infinite parvum, sed omnino esse nullum, quippe cum nullus assumi possit." Später indess änderte Leibniz seine Ansicht; je mehr er von der Zuverlässigkeit seiner neuen Rechnung überzeugt wurde, um so laxer gewissermassen und unbestimmter äusserte er sich über die Bedeutung der Differentiale.

Ueber die unendliche Tragweite seines gefundenen Schatzes hatte Leibniz in der ersten Zeit der Entdeckung noch keine genügende Erkenntniss; nur das leuchtete ihm sehr bald ein, dass die beiden Probleme, das direkte und umgekehrte Tangentenproblem, dadurch allgemein gelöst werden könnten. Das grösste Gewicht legte er auf das letztere, und der Sitte seiner Zeit folgend, eine neue Methode so lange als möglich der Oeffentlichkeit vorzuenthalten, vermied er sorgfältig den Algorithmus der Integralrechnung bekannt werden zu lassen, mit dessen Hülfe er noch Bedeutenderes zu leisten gedachte. *) Daher kommt es denn auch, dass er zuerst nur den Algorithmus der Differentialrechnung bekannt machte in der denkwürdigen Abhandlung: Nova methodus pro maximis et minimis, itemque tangentibus, quae nec fractas nec irrationales quantitates moratur, et singulare pro illis calculi genus, die in den Actis Erudit. Lips. des Jahres 1684 erschien.

In dieser Abhandlung befolgt Leibniz genau den Gang der Entdeckung des Algorithmus der höhern Analysis, und dies ist offenbar der Grund — denn er gab stets unter allen Darstellungen derjenigen den Vorzug, die sich an die Art und Weise des Ursprungs so nahe als möglich anschloss — weshalb er gerade auf diese in hohem Grade abstrakte Weise den Algorithmus der Differentialrechnung veröffentlichte und zwei andere Entwürfe, die sich unter seinen Manuscripten noch vorfinden und die für seine Zeitgenossen minder schwer zu verstehen gewesen wären, bei Seite legte.**)

_____

*) Auf diese Weise geschah es, dass Leibniz nicht nur für seine Zeitgenossen, sondern sogar bis auf unsere Tage der Ehre, der Entdecker der Integralrechnung zu sein, verlustig gegangen ist, und dass allgemein Johann Bernoulli dafür gehalten wird. Vergl. Bd. III. S. 146 f.

**) Der eine dieser Entwürfe ist unter der Aufschrift: Elementa calculi novi pro differentiis et summis, tangentibus et quadraturis, maximis et minimis, dimensionibus linearum, superficierum, solidorum,

Auch findet sich in dieser Abhandlung jene unvermittelte Lücke, auf die bereits oben aufmerksam gemacht ist, wie nämlich die Differentiale in ihrem Verhältniss zu den ursprünglich gegebenen Grössen aufzufassen sind. „Ex cognito, heisst es daselbst, hoc velut Algorithmo, ut ita dicam, calculi hujus, quem voco differentialem, omnes aliae aequationes differentiales inveniri possunt per calculum communem, maximaeque et minimae, itemque tangentes haberi, ita ut opus non sit tolli fractas aut irrationales aut alia vincula, quod tamen faciendum fuit secundum Methodos hactenus editas. Demonstratio omnium facilis erit in his rebus versato, et hoc unum hactenus non satis expensum consideranti, ipsas dx, dy, dv, dw, dz ut ipsarum x, y, v, w, z (cujusque in sua serie) differentiis sive incrementis vel decrementis momentaneis proportionales haberi posse." — Dagegen ist auf der andern Seite hervorzuheben, dass Leibniz bereits in dieser ersten Abhandlung zeigt, wie vielseitig auf die verschiedensten Probleme die neue Rechnung sich anwenden lässt und deren Schwierigkeiten auf leichte Weise überwindet.

Im Folgenden finden sich alle Abhandlungen, die auf die Analysis des Unendlichen sich beziehen, vereinigt. Sie sind nach der Zeit ihres Erscheinens geordnet, jedoch so, dass die, welche auf denselben Gegenstand Bezug haben, zusammengestellt sind. In Betreff derjenigen, welche hier zum ersten Male abgedruckt sind, ist das Nöthige bei jeder einzelnen Abhandlung angemerkt.

------

aliisque communem calculum transcendentibus, im Anhang zu der Schrift: Historia et origo calculi differentialis, a G. G. Leibnitio conscripta, Hannov. 1846, abgedruckt.

NOVA METHODUS PRO MAXIMIS ET MINIMIS, ITEMQUE TANGENTIBUS, QUAE NEC FRACTAS NEC IRRATIONALES QUANTITATES MORATUR, ET SINGULARE PRO ILLIS CALCULI GENUS*).

Sit (fig. 111) axis AX, et curvae plures, ut VV, WW, YY, ZZ, quarum ordinatae ad axem normales, VX, WX, YX, ZX, quae vocentur respective v, w, y, x, et ipsa AX, abscissa ab axe, vocetur x. Tangentes sint VB, WC, YD, ZE, axi occurrentes respective in punctis B, C, D, E. Jam recta aliqua pro arbitrio assumta vocetur dx, et recta, quae sit ad dx, ut v (vel w, vel y, vel z) est ad XB (vel XC, vel XD, vel XE) vocetur dv (vel dw, vel dy, vel dz) sive differentia ipsarum v (vel ipsarum w, vel y, vel z). His positis, calculi regulae erunt tales.

Sit a quantitas data constans, erit da aequalis 0, et $\overline{dax}$ erit aequalis adx. Si sit y aequ. v (seu ordinata quaevis curvae YY aequalis cuivis ordinatae respondenti curvae VV) erit dy aequ. dv. Jam *Additio et Subtractio*: si sit z — y + w + x aequ. v, erit $\overline{dz-y+w+x}$ seu dv aequ. dz — dy + dw + dx. *Multiplicatio*: $\overline{dxv}$ aequ. xdv + vdx, seu posito y aequ. xv, fiet dy aequ. xdv + vdx. In arbitrio enim est vel formulam, ut xv, vel compendio pro ea literam, ut y, adhibere. Notandum, et x et dx eodem modo in hoc calculo tractari, ut y et dy, vel aliam literam indeterminatam cum sua differentiali. Notandum etiam, non dari semper regressum a differentiali Aequatione, nisi cum quadam cautione, de quo alibi.

Porro *Divisio*: $d\dfrac{v}{y}$ vel (posito z aequ. $\dfrac{v}{y}$) dz aequ. $\dfrac{\pm vdy \mp ydv}{yy}$.

Quoad *Signa* hoc probe notandum, cum in calculo pro litera substituitur simpliciter ejus differentialis, servari quidem eadem signa, et pro + z scribi + dz, pro — z scribi — dz, ut ex addi-

---

*) Act. Erud. Lips. an. 1684.

tione et subtractione paulo ante posita apparet; sed quando ad exegesin valorum venitur, seu cum consideratur ipsius z relatio ad x, tunc apparere, an valor ipsius dz sit quantitas affirmativa, an nihilo minor seu negativa: quod posterius cum fit, tunc tangens ZE ducitur a puncto Z non versus A, sed in partes contrarias seu infra X, id est tunc cum ipsae ordinatae z decrescunt crescentibus x. Et quia ipsae ordinatae v modo crescunt, modo decrescunt, erit *dv* modo affirmativa, modo negativa quantitas, et priore casu $_1$V$_1$B tangens ducitur versa A, posteriore $_2$V$_2$B in partes aversas: neutrum autem fit in medio circa M, quo momento ipsae v neque crescunt neque decrescunt, sed in statu sunt, adeoque fit dv aequ. 0, ubi nihil refert, quantitas sitne affirmativa an negativa, nam + 0 aequ. — 0: eoque in loco ipsa v, nempe ordinata LM, est *Maxima* (vel si convexitatem Axi obverteret, *Minima*) et tangens curvae in M neque supra X ducitur ad partes A, ibique axi propinquat, neque infra X ad partes contrarias, sed est axi parallela. Si dv sit infinita respectu ipsius dx, tunc tangens est ad axem recta, seu est ipsa ordinata. Si dv et dx aequales, tangens facit angulum semirectum ad axem. Si crescentibus ordinatis v, crescunt etiam ipsa earum incrementa vel differentiae dv (seu si positis dv affirmativis, etiam ddv, differentiae differentiarum, sunt affirmativae, vel negativis, negativae) curva axi obvertit *concavitatem*, alias *convexitatem* *): ubi vero est maximum vel minimum incrementum, vel ubi incrementa ex decrescentibus fiunt crescentia, aut contra, ibi est *punctum flexus contrarii*, et concavitas atque convexitas inter se permutantur, modo non et ordinatae ibi ex crescentibus fiant decrescentes, vel contra, tunc enim concavitas aut convexitas maneret: ut autem incrementa continuent crescere aut decrescere, ordinatae vero ex crescentibus fiant decrescentes, vel contra, fieri non potest. Itaque punctum flexus contrarii locum habet, quando neque v neque dv existente 0, tamen ddv est 0. Unde etiam problema flexus contrarii non duas, ut problema maximae, sed tres habet radices aequales. Atque haec omnia quidem pendent a recto usu signorum.

Interdum autem adhibenda sunt *Signa ambigua*, ut nuper in *Divisione*, antequam scilicet constet quomodo explicari debeant. Et

---

*) Offenbar findet hier eine Verwechselung der Worte „*convexitatem*" und „*convexitatem*" statt.

quidem si crescentibus x, crescunt (decrescunt) $\frac{v}{y}$, debent signa ambigua in $d\frac{v}{y}$ seu in $\frac{\pm\,vdy\,\mp\,ydv}{yy}$ ita explicari, ut haec fractio fiat quantitas affirmativa (negativa). Significat autem $\mp$ contrarium ipsius $\pm$, ut si hoc sit $+$, illud sit $-$, vel contra. Possunt et in eodem calculo occurrere plures ambiguitates, quas distinguo parenthesibus, exempli causa si esset $\frac{v}{y}+\frac{y}{z}+\frac{x}{v}=w$, foret $\frac{\pm\,vdy\,\mp\,ydv}{yy}$

$+\frac{(\pm)\,ydz\,(\mp)\,zdy}{zz}+\frac{((\pm))\,xdv\,((\mp))\,vdx}{vv}=dw$, alioqui ambiguitates ex diversis capitibus ortae confunderentur. Ubi notandum, signum ambiguum in se ipsum dare $+$, in suum contrarium dare $-$, in aliud ambiguum formare novam ambiguitatem ex ambabus dependentem.

Potentiae: $dx^a = a.x^{a-1}\,dx$, exempli gratia $dx^3 = 3x^2 dx$. $d\frac{1}{x}$ $=-\frac{adx}{x^{a+1}}$, ex. gr. si w sit $=\frac{1}{x^3}$, fiet $dw = -\frac{3dx}{x^4}$.

Radices: $d.\sqrt[b]{x^a} = \frac{a}{b}\,dx\,\sqrt[b]{x^a-b}$ (hinc $d\sqrt[2]{y} = \frac{dy}{2\sqrt[2]{y}}$, nam eo casu est 1, et b est 2; ergo $\frac{a}{b}\sqrt[b]{x^a-b}$ est $\frac{1}{2}\sqrt[2]{y^{-1}}$; jam y^{-1} idem est quod $\frac{1}{y}$, ex natura exponentium progressionis Geometricae, et $\sqrt[2]{\frac{1}{y}}$ est $\frac{1}{\sqrt[2]{y}}$), $d\frac{1}{\sqrt[b]{x^a}} = \frac{-adx}{b\sqrt[b]{x^{a+b}}}$. Suffecisset autem regula potentiae integrae tam ad fractas tam ad radices determinandas, potentia enim sit fracta cum exponens est negativus, et mutatur in radicem cum exponens est fractus: sed malui consequentias istas ipse deducere, quam aliis deducendas relinquere, cum sint admodum generales et crebro occurrentes, et in re per se implicita praestet facilitati consulere.

Ex cognito hoc velut *Algorithmo*, ut ita dicam, calculi hujus, quem voco *differentialem*, omnes aliae aequationes differentiales inveniri possunt per calculum communem, maximaeque et minimae, itemque tangentes haberi, ita ut opus non sit tolli fractas aut irrationales aut alia vincula, quod tamen faciendum fuit secundum

Methodos hactenus editas. Demonstratio omnium facilis erit in his rebus versato et hoc unum hactenus non satis expensum consideranti, ipsas dx, dy, dv, dw, dz, ut ipsarum x, y, v, w, z (cujusque in sua serie) differentiis sive incrementis vel decrementis momentaneis proportionales haberi posse. Unde fit, ut proposita quacunque aequatione scribi possit ejus aequatio differentialis, quod fit pro quolibet *membro* (id est parte, quae sola additione vel subtractione ad aequationem constituendam concurrit) substituendo simpliciter quantitatem membri differentialem, pro alia vero quantitate (quae non ipsa est membrum, sed ad membrum formandum concurrit) ejus quantitatem differentialem ad formandam differentialem quantitatem ipsius membri adhibendo non quidem simpliciter, sed secundum Algorithmum hactenus praescriptum. Editae vero hactenus methodi talem transitum non habent, adhibent enim plerumque rectam ut DX, vel aliam hujusmodi, non vero rectam dy, quae ipsis DX, DY, dx est quarta proportionalis, quod omnia turbat; hinc praecipiunt, ut fractae et irrationales (quas indeterminatae ingrediuntur) prius tollantur; patet etiam methodum nostram porrigi ad lineas transcendentes, quae ad calculum Algebraicum revocari non possunt, seu quae nullius sunt certi gradus, idque universalissimo modo, sine ullis suppositionibus particularibus non semper succedentibus, modo teneatur in genere, *tangentem* invenire esse rectam ducere, quae duo curvae puncta distantiam infinite parvam habentia jungat, seu latus productam polygoni infinitanguli, quod nobis *curvae* aequivalet. Distantia autem illa infinite parva semper per aliquam differentialem notam, ut dv, vel per relationem ad ipsam exprimi potest, hoc est per notam quandam tangentem. Speciatim, si esset y quantitas transcendens, exempli causa ordinata cycloidis, eaque calculum ingrederetur, cujus ope ipsa z, ordinata alterius curvae, esset determinata, et quaereretur dz, seu per eam tangens hujus curvae posterioris, utique determinanda esset dz per dy, quia habetur tangens cycloidis. Ipsa autem tangens cycloidis, si nondum haberi fingeretur, similiter calculo inveniri posset ex data proprietate tangentium circuli.

Placet autem exemplum calculi proponere, ubi notetur, me divisionem hic designare hoc modo: x:y, quod idem est ac x divis. per y seu $\frac{x}{y}$. Sit aequatio *prima* seu data x : y + a + bxc — xx : quadrat. ex + fxx + ax √gg + yy + yy : √hh + lx + mxx aequ. 0, exprimens relationem inter x et y seu inter AX et XY, posito ipsas a, b, c, e, f, g, h, l, m esse datas; quaeritur modus ex dato puncto Y educendi YD, quae curvam tangat, seu quaeritur ratio rectae DX ad rectam datam XY. Compendii causa pro a + bx scribamus n; pro c — xx, p; pro ex + fxx, q; pro gg + yy, r; pro hh + lx + mxx, s; fiet x : y + np : qq + ax $\sqrt{r}$ + yy : $\sqrt{s}$ aequ. 0, quae sit aequatio *secunda*. Jam ex calculo nostro constat d, x : y esse $\pm$ $\overline{xdy}$ $\mp$ ydx : yy; et similiter d, np : qq esse ($\pm$) 2npdq ($\mp$) $\overline{qndp + pdn}$, : q³ et d, ax$\sqrt{r}$ esse + axdr : 2 $\sqrt{r}$ + adx $\sqrt{r}$; et d, yy : $\sqrt{s}$ esse (($\pm$)) yyds (($\mp$)) 4 ysdy : 2s$\sqrt{s}$, quae omnes quantitates differentiales inde ab ipso d, x : y usque ad d, yy : $\sqrt{s}$ in unum additae facient 0, et dabunt hoc modo aequationem *tertiam*, ita enim pro membris secundae aequationis substituuntur quantitates eorum differentiales. Jam dn est bdx, et dp est — 2xdx, et dq est edx + 2fxdx, et dr est 2ydy, et ds est ldx + 2mxdx. Quibus valoribus in Aequatione tertia substitutis habebitur aequatio *quarta*, ubi quantitates differentiales, quae solae supersunt, nempe dx, dy, semper reperiuntur extra nominatores et vincula, et unumquodque membrum afficitur vel per dx, vel per dy, servata semper lege homogeneorum quoad has duas quantitates, quomodocunque implicatus sit calculus: unde semper haberi potest valor ipsius dx : dy seu rationis dx ad dy, hoc est DX quaesitae ad XY datam, quae ratio in hoc nostro calculo (mutando aequationem quartam in Analogiam) erit ut $\mp$ x : yy — axy : $\sqrt{r}$ (($\mp$)) 2y : $\sqrt{s}$ est ad $\mp$ 1 : y ($\pm$) 2npe + 2fx, : q³ ($\mp$) — 2nx + pb : qq + a $\sqrt{r}$ (($\pm$)) $\overline{yyl + 2mx}$: 2s$\sqrt{s}$. Dantur autem x et y ex dato puncto Y. Dantur et valores supra · scripti literarum n, p, q, r, s per x et y. Habetur ergo quaesitum. Atque hoc exemplum satis implicatum ideo tantum ascripsimus, ut modus superioribus regulis in calculo etiam difficiliore utendi appareret. Nunc praestat usum in exemplis intellectui magis obviis ostendere.

Data sint duo puncta C et E (fig. 112), et recta SS in eodem cum ipsis plano; quaeritur punctum F in SS ita sumendum, ut junctis CF, EF, sit aggregatum rectangulorum CF in datam h, et FE in datam r, omnium possibilium minimum, hoc est si SS sit mediorum separatrix, et h repraesentet densitatem medii ut aequae a parte C, et r densitatem medii ut aëris a parte E, quaeritur punctum F tale, ut via a C ad E per F sit omnium possibilium facillima. Ponamus omnia ista rectangulorum aggregata possibilia, vel omnes viarum possibilium difficultates, repraesentari per ipsas KV, curvae VV ordinatas ad rectam GK normales, quas vocabimus ω, quaerique minimam earum NM. Quia dantur puncta C et E, dabuntur et perpendiculares ad SS, nempe CP (quam vocabimus c) et EQ (quam e) et praeterea PQ (quam p), ipsa autem QF, quae sit aequalis ipsi GN (vel AX), vocabimus x, et CF, f, et EF, g; fiet FP, p — x, f. aequ. $\sqrt{cc + pp - 2px + xx}$ seu compendio $\sqrt{l}$, et g aequ. $\sqrt{ee + xx}$ seu compendio $\sqrt{m}$. Habemus ergo ω aequ. h $\sqrt{l}$ + r $\sqrt{m}$, cujus aequationis aequatio differentialis (posito dω esse 0, in casu minimae) est 0 aequ. + hdl : 2 $\sqrt{l}$ + rdm : 2 $\sqrt{m}$ per regulas calculi nostri traditas; jam dl est — 2dx p—x, et dm est 2xdx, ergo fit: h $\overline{p - x}$: f aequ. rx : g. Quodsi jam haec accommodentur ad dioptricam, et ponantur f et g seu CF et EF aequales, quia eadem manet refractio in puncto F, quantacunque ponatur longitudo rectae CF, fiet h p — x aequ. rx, seu h : r :: x : p — x, seu h ad r ut QF ad FP, hoc est sinus angulorum incidentiae et refractionis FP et QF erunt reciproce ut r et h, densitates mediorum, in quibus fit incidentia et refractio. Quae densitas tamen non respectu nostri, sed respectu resistentiae quam radii lucis faciunt, intelligenda est. Et habetur ita demonstratio calculi, alibi a nobis in his ipsis Actis *) exhibiti, quando generale Opticae, Catoptricae et Dioptricae fundamentum exponebamus, cum alii doctissimi Viri multis ambagibus venati sint, quae hujus calculi peritus tribus lineis imposterum praestabit. Quod alio adhuc exemplo docebo. Sit curva 133 (fig. 113) talis naturae, ut a puncto ejus quocunque ut 3 ductae ad sex puncta fixa in axe posita 4, 5, 6, 7, 8, 9, sex rectae 34, 35, 36, 37, 38, 39 simul additae, sint rectae datae g aequales. Sit axis T 14526789, et 12 sit abscissa, 23 ordinata, quaeritur tangens 3 T; dico fore T 2 ad 23 ut

$$\frac{23}{34} + \frac{23}{35} + \frac{23}{36} + \frac{23}{37} + \frac{23}{38} + \frac{23}{39} \text{ est ad} - \frac{24}{34} - \frac{25}{35} + \frac{26}{36} + \frac{27}{37} + \frac{28}{38} + \frac{29}{39}.$$

Eademque erit regula, continuatis tantum terminis, si non sex, sed decem, vel plura puncta fixa supponerentur, qualia secundum methodos tangentium editas calculo praestare sublatis irrationalibus, taediosissimae et aliquando insuperabilis operae foret, ut si rectangula plana vel solida secundum omnes biniones vel terniones possibiles ex rectis illis composita datae quantitati aequari deberent,

---

*) Act. Erudit. Lips. an. 1682.

in quibus omnibus, et multo implicatioribus, methodi nostrae eadem est. opinione multo major rarissimique exempli facilitas. Et haec quidem initia sunt tantum Geometriae cujusdam multo sublimioris, ad difficillima et pulcherrima quaeque etiam mistae Matheseos problemata pertingentis, quae sine calculo nostro differentiali, aut simili, non temere quisquam pari facilitate tractabit. Appendicis loco placet adjicere solutionem Problematis, quod *Cartesius* a *Beaunio* sibi propositum Tom. 3. Epist. tentavit, sed non solvit: Lineam invenire WW talis naturae, ut ducta ad axem tangente WC, sit XC semper aequalis eidem rectae constanti *a*. Jam XW seu *w* ad XC seu *a*, ut dw ad dx; ergo si dx (quae assumi potest pro arbitrio) assumatur constans sive semper eadem, nempe b, seu si ipsae x sive AX crescant uniformiter, fiet w aequ. $\frac{a}{b}$dw, quae erunt ipsae w ordinatae ipsis dw, suis incrementis sive differentiis, proportionales, hoc est si x sint progressionis arithmeticae, erunt w progressionis Geometricae, seu si w sint numeri, x erunt logarithmi: linea ergo WW logarithmica est.

II.

DE GEOMETRIA RECONDITA ET ANALYSI INDIVISIBILIUM ATQUE INFINITORUM. *)

Cum intelligam nonnulla, quae in his Actis ad Geometriae profectum publicavi, non mediocriter a Viris quibusdam doctis probari, quin et paulatim in usum transferri, quaedam tamen sive scribentis vitio sive aliam ob causam ab aliquibus non satis fuisse percepta, ideo pretium operae putavi, hoc loco adjicere, quae illustrare priora possint. Accepi nimirum tractatum *Dn. Craigii De Dimensione figurarum*, Londini anno superiore editum, ex quo sane apparet, autorem non contemnendos in Geometria interiore progressus fecisse. Is quidem valde approbat distinctionem a me aliquoties inculcatam inter dimensiones figurarum generales et speciales, quam pag. 1 ait optime nuper a Geometris fuisse observatam, et neglectioni hujus distinctionis paralogismos complures tetragonismi impossibilitatem probare conantium recte tribuit. Mecum

---

*) Act. Erudit. Lips. an. 1696.

etiam figuras, quas vulgo e Geometria rejiciunt, agnoscit esse
Transcendentes pag. 26. Methodum quoque Tangentium a me in
Actis Octobr. 1684 publicatam pro humanitate sua plurimum lau-
dat pag. 27 et 29 tamquam praestantissimam, et cujus ope methodus dimensionum valde juvetur, optimo contra irrationalitates
remedio suppeditato. Sunt tamen nonnulla, de quibus monere eum
aliosque nec inutile nec ipsi ingratum fore putavi. Nescio enim
quomodo factum sit, ut crediderit, eum qui Schediasma Act. Maji
1684 p. 233 scripsit, retractasse sententiam, et cum initio Act.
Octobr. 1683 proposuisset omnimodam dare demonstrationem
impossibilitatis tetragonismi circularis, postea agnovisse Majo anni
sequentis, nondum satis demonstratam esse impossibilitatem tetragonismi specialis. Cum tamen Schediasma Octobr. 1683 sit
a Dn. D. T.*), Schediasma vero Maji 1684 a me sit profectum, qui
partim eandem methodum et mihi asserebam, ne aliquando rei
alienae usurpatae accusarer, partim ab usu, quem ei tribuebat
Dn. D. T., amice dissentiebam. Nam putabat ille, ex indefiniti tetragonismi impossibilitate sequi et cujusque definiti impossibilitatem:
meum vero constans dogma fuerat (jam tum indicatum, cum
tetragonismum arithmeticum ederem, mense secundo anni primi
Actorum, nempe 1682), ab illa ad hanc non valere consequentiam.
Quod ut probarem, instantiam cujusdam figurae attuli in Actis Maji
1684, quae tetragonismum specialem recipit (quod possum demonstrare), non vero generalem, ut ex ipsis Dn. D. T. theorematis ibi
ostendere susceperam, quamquam festinus et rei certus in modo
probandi per calculum nonnihil aberraverim, quod postea explicabo
et corrigam. Ad haec Dn. D. T. privatim respondit, se methodum
istam non ex meis hausisse, sed in eam proprio Marte devenisse,
et quod ad objectionem attineret, se consequentiam illam a tetra-
gonismis indefinitis ad definitos posse demonstrare, inque eo potissimum methodum suam eminere; instantiam vero meam pravo
calculo niti. Ego vero lubens fassus sum (in Actis Decembr. 1684
p. 587) si eam consequentiam demonstrare possit, facturum quod
hactenus nemo; semper tamen subdubitavi, et correcto calculo postea
instantiam meam roboravi, de quo mox. Quamquam autem ego
hanc methodum jam habuerim ante decennium et amplius, cum
una essemus Parisiis et de rebus Geometricis creberrime loquere-

---

*) Tschirnhaus.

mur, quo tempore ipse per alias plane vias incedebat, mihi vero jam tum familiarissimum erat aequationes generales adhibere pro exprimenda natura lineae quaesitae, progressu calculi determinandas, in quo methodi nervus consistit, quale quid alibi nuspiam animadverteram: attamen candori ejus pariter et ingenio tantum tribuo, ut facile credam, vel ipsum per se in haec incidisse, vel saltem non amplius meminisse, qua olim occasione talium meditationum semina fuerint jacta, praesertim cum sciam, etiam difficiliora ipsum per se praestitisse, et multa praeclara maximique momenti ab ejus ingenio posse expectari.

Quoniam vero in instantiae supradictae calculo erratum a me, ut dixi, admissum est, quod Dn. Craigius Dno. D. T. (cui id tribuerat) tanquam argumentum, opinor, ad hominem objecit, ut ipsam methodum indefinitam refutaret, ideo corrigere calculum debeo. Inspiciatur Actorum anni 1684 pag. 289*), ubi aequationem $4zz - 8hz$ etc. conferendo cum aequatione $bzz + caz$ etc. debent in aequatione posteriore termini, ubi abest z, extra fractionem positi multiplicari per fractionis nominatorem, antequam comparatio instituatur, ut in utraque fractione omnes termini carentes litera z una fractione comprehendantur. Ponatur et $b = 1$, quod semper fieri potest, et quia in aequatione priore terminus xz plane abest, fiat in posteriore $d = 0$, dividatur et aequatio prior seu data per 4, et in posterioris seu supposititiae aequationis fractione tam numerator, quam nominator dividatur per g: ita tam terminus zz utrobique, quam terminus zz in nominatore fractionis utrobique consentient. Caetera comparando, ob terminum z fiet $c = 2h : a$; ob x^4 fiet $g = 1 : 16$ seu $\frac{1}{16}$; ob x^2 fiet $f = -1 : 6a$; ob x in nominatore fiet $f = -h : 8a$. Ergo fit $h = 8 : 6$ seu $\frac{4}{3}$, quod absurdum, nam h est quantitas data. Oriuntur et aliae ex comparatione continuata absurditates, nam fit vel c vel $f = 0$, contra jam conclusa.

Caeterum placet hoc loco, ut magis profutura dicamus, *fontem aperire Transcendentium Quantitatum*, cur nimirum quaedam problemata neque sint plana, neque solida, neque sursolida, aut ullius certi gradus, sed omnem aequationem Algebraicam transcendant. Eademque opera modum ostendemus, quomodo sine calculo demonstrari possit, lineam quadratricem Algebraicam circuli et hyperbolae esse impossibilem. Si enim ista daretur, sequeretur ejus

---

*) Vergl. die Abhandlung De Dimensionibus Figurarum inveniendis.

ope angulum aut rationem sive logarithmum secari posse in data
ratione rectae ad rectam, idque una generali constructione, et proinde problema sectionis anguli vel inventionis quotcunque mediarum proportionalium foret certi gradus, cum tamen pro alio numero partium anguli aut mediarum proportionalium alius atque
alius gradus aequationis Algebraicae requiratur, et ideo problema
intellectum in genere de numero partium aut mediarum quocumque
sit gradus indefiniti et omnem Algebraicam aequationem transcendat.
Quoniam tamen nihilominus talia problemata revera in Geometria
proponi possunt, imo inter primaria haberi debent, et determinata
sunt; ideo necesse utique est, eas quoque lineas recipi in Geometriam, per quales solas construi possunt; et cum ea exacte con-
tinuoque motu describi possint, ut de Cycloide et similibus patet,
revera censendas esse non Mechanicas, sed Geometricas, praesertim
cum utilitate sua lineas communis Geometriae (si rectam circulum-
que exceperis) multis parasangis post se relinquant et maximi momenti proprietates habeant, quae prorsus Geometricarum demonstrationum sunt capaces. *Non minor ergo Cartesii Geometria eas
excludentis, quam Veterum lapsus fuit,* qui loca solida aut linearia
tamquam minus Geometrica rejiciebant.

Quoniam etiam methodus investigandi Tetragonismos indefinitos
aut eorum impossibilitates apud me casus tantum specialis est (et
quidem facilior) problematis multo majoris, quod appello *Methodum
Tangentium inversam*, in quo maxima pars totius Geometriae
transcendentis continetur, et quod si Algebraice semper possit solvi,
omnia reperta haberentur, et vero nihil adhuc de eo extare video
satisfaciens; ideo ostendam quomodo non minus absolvi possit,
quam Tetragonismus ipse indefinitus. Cum igitur antea Algebraistae
assumerent literas seu numeros generales pro quantitatibus quaesitis, ego in talibus problematibus transcendentibus assumsi aequationes generales seu indefinitas pro lineis quaesitis, v. g. abscissa
et ordinata existentibus x et y, aequatio pro linea quaesita mihi est
$0 = a + bx + cy + exy + fxx + gyy$ etc.; ope hujus aequationis
indefinite propositae, revera finitae (semper enim determinari potest, quousque assurgi opus sit) quaero lineae tangentem, et quod
invenio, id cum proprietate tangentium data conferens, reperio
valorem literarum assumtitiarum a, b, c etc. atque adeo aequationem lineae quaesitae definio, ubi tamen interdum quaedam manent
arbitrariae; quo casu etiam innumerae lineae reperiri possunt,

quaesito satisfacientes, quod in causa fuit, ut multi problema non satis definitum a posteriori videntes putarent, nec in potestate esse. Eadem per series quoque praestantur. Ad calculum autem contrahendum multa habeo, de quibus alias. Quodsi comparatio non procedat, pronuntio lineam quaesitam non esse Algebraicam, sed transcendentem.

Quo posito ut ipsam *Transcendentiae speciem* reperiam (aliae enim transcendentes pendent a sectione generali rationis seu a Logarithmis, aliae a sectione generali anguli seu ab arcubus circuli, aliae ab aliis indefinitis quaestionibus magis compositis), ideo praeter literas x et y assumo adhuc tertiam ut v, quae transcendentem quantitatem significat, et ex his tribus formo aequationem generalem ad lineam quaesitam, ex qua lineae tangentem quaero secundum meam methodum tangentium in Actis Octobr. 1684 publicatam, quae nec transcendentes moratur. Deinde id quod invenio comparans cum data proprietate tangentium curvae, reperio non tantum literas assumtitias a, b, c etc., sed et specialem transcendentis naturam. Quamquam autem aliquando fieri possit, ut plures adhibendae sint transcendentes, naturae quandoque inter se diversae, et dentur transcendentes transcendentium, et omnino talia procedant in infinitum, tamen facilioribus et utilioribus contenti esse possumus; et plerumque peculiaribus artificiis uti licet ad calculum contrahendum, problemaque, quoad licet, ad terminos simplices revocandum, quae non sunt hujus loci. Hac autem methodo ad Tetragonismos applicata seu ad inventionem linearum quadratricium (in quibus utique semper tangentium proprietas data est) patet non tantum, quomodo inveniatur, an quadratura indefinita sit Algebraice impossibilis, sed et quomodo impossibilitate hac deprehensa reperiri possit quadratrix transcendens, quod hactenus traditum non fuit, adeo ut videar non vane asseruisse, Geometriam hac methodo ultra terminos a *Vieta* et *Cartesio* positos in immensum promoveri, cum hac ratione Analysis certa et generalis ad ea porrigatur problemata, quae nullius sunt certi gradus, atque adeo Algebraicis aequationibus non comprehenduntur.

Porro quoniam ad problemata transcendentia, ubicunque dimensiones tangentesque occurrunt, calculo tractanda, vix quicquam utilius, brevius, universalius fingi potest *Calculo meo differentiali seu Analysi indivisibilium atque infinitorum*, cujus exiguum tantum velut specimen sive Corollarium continetur in methodo illa mea Tangentium in Actis Octobr. 1684 edita, et *Dn. Craigio* tantopere probata, et ipse *Dn. Craigius* suspicatus est aliquid altius in ea latere, ac proinde pag. 29 sui libelli inde derivare conatus est theorema Barrovianum (quod summa intervallorum inter ordinatas et curvae perpendiculares in axe sumtorum et ad axem applicatorum aequetur, semiquadrato ordinatae ultimae), in cujus executione tamen nonnihil a scopo deflexit, quod in nova methodo non miror: ideo gratissimum ipsi aliisque fore arbitror, *si hoc loco additum rei, cujus tam late patet utilitas, patefecero.* Nam inde omnia hujusmodi theoremata ac problemata, quae admirationi merito fuere, ea facilitate fluunt, ut jam non magis ea disci tenerique necesse sit, quam plurima vulgaris Geometriae theoremata illi ediscenda sunt, qui Speciosam tenet. Sic ergo in casu praedicto procedo. Sit ordinata x, abscissa y, intervallum inter perpendicularem et ordinatam, quod dixi, sit p, patet statim methodo mea fore $pdy = xdx$, quod et *Dn. Craigius* ex ea observavit; qua aequatione differentiali versa in summatricem, fit $\int pdy = \int xdx$. Sed ex iis, quae in methodo tangentium exposui, patet esse $d, \frac{1}{2}xx = xdx$; ergo contra $\frac{1}{2}xx = \int xdx$ (ut enim potestates et radices in vulgaribus calculis, sic nobis summae et differentiae seu $\int$ et d reciprocae sunt). Habemus ergo $\int pdy = \frac{1}{2}xx$, quod erat demonstrandum. Malo autem dx et similia adhibere, quam literas pro illis, quia istud dx est modificatio quaedam ipsius x, et ita ope ejus fit, ut sola quando id fieri opus est litera x cum suis scilicet potestatibus et differentialibus calculum ingrediatur, et relationes transcendentes inter x et aliud exprimantur. Qua ratione etiam lineas transcendentes aequatione explicare licet, verbi gr. sit arcus a, sinus versus x, fiet $a = \int dx : \sqrt{2x - xx}$, et si cycloidis ordinata sit y, fiet $y = \sqrt{2x - xx} + \int dx : \sqrt{2x - xx}$, quae aequatio perfecte exprimit relationem inter ordinatam y et abscissam x, et ex ea omnes cycloidis proprietates demonstrari possunt; promotusque est hoc modo calculus analyticus ad eas lineas, quae non aliam magis ob causam hactenus exclusae sunt, quam quod ejus incapaces crederentur; interpolationes quoque Wallisianae, et alia innumera hinc derivantur.

Quod superest, ne nimium mihi adscribere aut detrahere aliis videar, paucis dicam quid potissimum insignibus nostri saeculi Mathematicis in hoc Geometriae genere mea sententia debeatur. Primi *Galilaeus* et *Cavallerius* involutissimas *Cononis* et *Archimedis* artes detegere coeperunt. Sed Geometria indivisibilium Cavalleriana, scientiae renascentis non nisi infantia fuit. Majora subsidia attulerunt triumviri celebres, *Fermatius* inventa methodo de maximis et minimis, *Cartesius* ostensa ratione lineas Geometriae communis (transcendentes enim exclusit) exprimendi per aequationes, et *P. Gregorius a S. Vincentio* multis praeclaris inventis. Quibus egregiam *Guldini* regulam de motu centri gravitatis addo. Sed et hi intra certos limites consistere, quos transgressi sunt, novo aditu aperto, *Hugenius* et *Wallisius*, Geometrae inclyti. Satis enim probabile est, Hugeniana *Heuratio*, Wallisiana *Neilio* et *Wrennio*, qui primi curvis aequales rectas demonstravere, pulcherrimorum inventorum occasionem dedisse, quod tamen meritissimae laudi inventionum nil detrahit. Secuti hos sunt *Jacobus Gregorius* Scotus et *Isaacus Barrovius* Anglus, qui praeclaris in hoc genere theorematibus scientiam mire locupletarunt. Interea *Nicolaus Mercator* Holsatus, Mathematicus et ipse praestantissimus, primus, quod sciam, quadraturam aliquam dedit per seriem infinitam. At idem inventum non suo tantum Marte assecutus est, sed et universali quadam ratione absolvit profundissimi ingenii Geometra, *Isaacus Newtonus*, qui si sua cogitata ederet, quae illum adhuc premere intelligo haud dubie nobis novos aditus ad magna scientiae incrementa compendiaque aperiret.

Mihi contigit adhuc tironi in his studiis, ut ex uno aspectu cujusdam demonstrationis de magnitudine superficiei sphaericae subito magna lux oboriretur. Videbam enim generaliter figuram factam ex perpendicularibus ad curvam, axi ordinatim applicatis (in circulo radiis) esse proportionalem superficiei ipsius solidi, rotatione figurae circa axem geniti. Quo primo theoremate (cum aliis tale quid innotuisse ignorarem) mirifice delectatus, statim comminiscebar triangulum, quod in omni curva vocabam characteristicum, cujus latera essent indivisibilia (vel accuratius loquendo infinite parva) seu quantitates differentiales; unde statim innumera theoremata nullo negotio condebam, quorum partem postea apud *Gregorios* et *Barrovium* deprehendi. Nec dum vero Algebraico calculo utebar, quem cum adjecissem, mox quadraturam meam Arithmeticam aliaque multa inveni. Sed nescio quomodo non satisfaciebat mihi calculus Algebraicus in hoc negotio, multaque quae analysi voluissem, praestare adhuc cogebar figurarum ambagibus, donec tandem verum Algebrae supplementum pro transcendentibus inveni, scilicet meum Calculum indefinite parvorum, quem et differentialem, aut summatorium, aut tetragonisticum, et ni fallor, satis apte *Analysin indivisibilium et infinitorum* voco, quo semel detecto, jam ludus jocusque visum est quicquid in hoc genere ipse antea fueram admiratus. Unde non tantum insignia compendia, sed et methodum generalissimam paulo ante expositam condere licuit, qua sive quadratrices sive aliae quaesitae lineae Algebraicae vel transcendentes, prout possibile est, determinantur. Antequam finiam, illud adhuc admoneo, ne quis in aequationibus differentialibus, qualis paulo ante erat $a = \int dx : \sqrt{1-xx}$, ipsam dx temere negligat, quia in casu illo, quo ipsae x uniformiter crescentes assumuntur, negligi potest: nam in hoc ipso peccarunt plerique et sibi viam ad ulteriora praeclusere, quod indivisibilibus istiusmodi, velut dx, universalitatem suam (ut scilicet progressio ipsarum x assumi posset qualiscunque) non reliquerunt, cum tamen ex hoc uno innumerabiles figurarum transfigurationes et aequipotentiae oriantur.

Scriptiuncula hac jam absoluta, venere in manus meas, quae Dn. D. T. in Martio hujus anni Actorum pag. 176 communicavit, ubi nonnullas quaestiones elegantes proposuit et solvi dignas[*]). Video autem lineam ACI (fig. 114) esse quandam ex lineis sinuum, semperque rectangulum AH in GD esse aequale spatio ABCA. Et in fig. 115, si quadratum BC in BD seu x semper aequale debeat esse dato cubo ab a, satisfacere paraboloeidem, cujus aequatio est $4\,a^3 yy = 25\,x^5$. Similiter rem determinare licet pro aliis potentiis. Sin AD, DB, BC = cubo dato, res redit ad quadratricem figurae, cujus ordinatae valor est ax^2 divis. per $\sqrt{a^6 - x^6}$; in genere autem data relatione quacunque inter rectas AB, BC, CD, AD, DB in dicta fig. 115 invenire lineam, problema est, quod coincidit cum inventione quadraturarum. Sed si in recta AC assumatur punctum fixum L, novae oriuntur alterius naturae relationes, ut si data sit relatio inter LC et CD, quod problema tamen itidem solutionem recipit.

---

*) Zum bessern Verständniss des Folgenden sollen hier die betreffenden Stellen aus dem Schreiben Tschirnhausens angeführt werden: Sit (fig. 114) curva ACI, et FGH quadrans circuli; fiat jam ut FGH ad arcum GH, sic AH ad HB; porro demissa perpendiculari GD fiat continue quadrans ED aequalis rectae BC, patebitque curvam ACI esse mechanicam. — Curvam determinare, ubi (fig. 115) quadratum BC in lineam BD semper aequale sit cubo datae lineae.— Curvam invenire, ut productum ex tribus lineis AD, DB, BC (fig. 115) semper aequale sit cubo.

III.

DE LINEA ISOCHRONA, IN QUA GRAVE SINE ACCELERATIONE DESCENDIT, ET DE CONTROVERSIA CUM DN. ABBATE DE CONTI. *)

Cum a me in his Actis Martio 1686 editis publicata esset demonstratio contra *Cartesianos*, qua vera virium aestimatio traditur, ostenditurque non quantitatem motus, sed potentiae, a quantitate motus differentem servari, Vir quidam doctus in Gallia, Dn. Abbas *De Conti*, pro Cartesianis respondit, sed, ut post apparuit, vi mei argumenti non satis perspecta. Credidit enim, recepta quaedam alia principia a me impugnari, quae in Novellis Reip. Litterar. mens. Jun. 1687 p. 579 enumerat, et negat p. 519 seq. se agnoscere contradictionem, quam ego in illis invenire mihi videar: cum tamen nunquam mihi de illis dubitare in mentem venerit, quemadmodum ipsum admonui Novell. Reip. Lit. Septemb. 1687. Idem ut eluderet objectionem meam, conjecerat se in diverticulum temporis, quod eo modo, quo conceptus a me erat status controversiae, plane est accidentale. Eadem enim manente altitudine, eadem vis acquiritur aut impenditur a gravibus quocunque tempore indulto, quod pro inclinatione descensus majore minoreve augetur aut minuitur. Ea occasione, quo magis appareret, tempus atque adeo distinctionem inter potentias isochronas vel anisochronas hoc loco nihil ad rem facere, et ut ex disputatione nostra aliquid incrementi scientia caperet, *problema* tale, a me inter scribendum solutum, et, ut videtur, non inelegans, ipsi proposui in dictis Novellis Septembr. 1687: „Invenire lineam isochronam, in qua grave „descendat uniformiter, sive aequalibus temporibus aequaliter acce-„dat ad horizontem, atque adeo sine acceleratione et aequali sem-„per velocitate deorsum feratur.‟ Sed Dn. Abbas *De Conti* nihil ultra reposuit, sive quod problema attingere nollet, sive quod agnita tandem mente mea, satisfactum sibi judicaret. Sed ejus loco problema hoc sua opera dignum judicavit Vir celeberrimus *Christianus Hugenius*, cujus solutio mea prorsus consona extat in Novellis Reip. Lit. Octbr. 1687, sed suppressa demonstratione et explicatione

---

*) Act. Erudit. Lips. an. 1689.

discriminis inter diversas lineas ejusdem, ut ait, generis, quas satisfacere notat. *) Haec igitur ego supplere hoc loco volui, facturus citius, nisi aliquid hic a Dn. Abbatis industria exspectavissem.

Problema. Invenire lineam planam, in qua grave sine acceleratione descendit.

Solutio. Sit (fig. 116) linea paraboloeides quadrato-cubica quaecunque βNe (nempe ubi solidum sub quadrato basis NM et parametro aP aequale est cubo altitudinis βM) ita sita, ut verticis β tangens βM sit perpendicularis horizonti, in cujus lineae puncto quocunque N si ponatur grave ea descendendi ulterius celeritate praeditum, quam potuit acquirere descendendo ex horizonte Aa, cujus elevatio aβ supra verticem β sit $\frac{4}{9}$ parametri curvae, tunc idem grave descendet porro uniformiter per lineam Ne, utcunque continuatam, ut desiderabatur.

Demonstratio. Recta NT curvam βNe tangat in N et ipsi βM occurrat in T. Utique (ex nota proprietate tangentium hujus curvae) erit TM ad NM in subduplicata ratione aβ ad βM. Ergo TM ad TN erit in subduplicata ratione aβ ad aβ+βM seu ad aM. Jam ratio TM ad TN eadem est, quae velocitatis per curvam descendendi (seu horizonti porro in curva appropinquandi), quam grave habet positum in N ad velocitatem, qua idem ex N porro, non per curvam, sed libere descenderet, si posset (ut constat ex natura motus inclinati). Sed velocitas haec libera porro est ad constantem quandam in subduplicata ratione aM ad aβ; sunt enim (ut ex motu gravium constat) velocitates liberae in altitudinum

---

*) In der Beilage zu dieser Nummer folgt Hugens' Lösung des in Rede stehenden Problems, auf die hier Leibniz Bezug nimmt. Derselbe hatte bereits seine grosse Reise nach Italien angetreten (Herbst 1687), als die Nummer der Novelles de la Republique des lettres, welche die Lösung von Hugens enthält, zu seiner Kenntniss gelangte. Voll Freude, dass sein hochverehrter Lehrer und Freund das Problem der Beachtung für werth gehalten, entwarf Leibniz zu Pilsen in Böhmen Zusätze, die er nach dem Vermerk auf dem Manuscripte dem Herausgeber der Nouvelles de la Repub. des lettres übersandte. Es lässt sich nicht ermitteln, ob die Absendung wirklich erfolgte; ich habe in dem auf der Königlichen Bibliothek zu Hannover befindlichen Exemplar des genannten Journals diese Zusätze Leibnizens vergeblich gesucht.

(unde descendendo quaesitae sunt) aM subduplicata ratione: ergo velocitas descendendi per curvam Ne, quam grave habet in quocunque curvae puncto N positum, est ad velocitatem constantem in composita subduplicata ratione aβ ad aM et aM ad aβ, quae est ratio aequalitatis. Ipsamet igitur velocitas illa per curvam descendendi est constans, seu ubique in curva Ne eadem. Quod praestandum erat.

Consectaria: 1) Grave celeritatem habens tamquam lapsum ab altitudine aliqua Aa, descendere potest ex eodem puncto N per curvas isochronas infinitas, sed ejusdem speciei, seu sola magnitudine parametri differentes, ut Ne, N(e), NE, quae omnes sunt paraboloeides quadrato-cubicae, adeoque similes inter se. Imo quaelibet hujusmodi paraboloeidum hic inservit, modo ita collocetur, ut aβ vel (a)(β) distantia verticis ab horizontali a(a), unde descendere incepit grave, sit $\frac{4}{9}$ parametri curvae βe vel (β)(e): neo refert, an grave isochrone descensurum in curva N(e) pervenerit ad N ex a(a) per viam (a)(β)N, an per aliquam aliam, aut sine descensu ullo ob aliam causam eandem celeritatem atque directionem acquisiverit. Ex infinitis tamen istis lineis isochronis, in quibus grave ex N porro sine acceleratione descendere potest, ea celerrimum ipsi descensum praebet, cujus vertex est ipsum punctum N, qualis est NE, quam recta AN horizonti perpendicularis tangit.

2) Tempus descensus per rectam aβ est ad tempus descensus per curvam βN, ut dimidia altitudo βM ad ipsam aβ: ac proinde si βM sit dupla aβ, aequalia erunt tempora descensuum per aβ et per βN. Quorum ratio manifesta est: nam tempora descensus uniformis sunt inter se ut altitudines, et ex demonstratis a *Galilaeo*, tempus quo mobile percurrit altitudinem aβ motu accelerato, est duplum ejus, quo perrurrit aequalem altitudinem βM (ut hoc loco fit, licet per curavm βN) motu uniformi, qui celeritatem habet aequalem ultimae per accelerationem acquisitae in β.

Hoc autem problema fateor me non Geometris primariis proposuisse, qui interiorem quandam Analysin callent, sed his potius, qui cum *erudito illo Gallo* sentiunt, quem mea de *Cartesianis* plerisque hodiernis (Magistri paraphrastis potius, quam aemulatoribus) querela suboffendisse videbatur. Tales enim cum alias receptis inter Cartesianos dogmatibus, tum etiam analysi inter ipsos pervulgatae nimium tribuunt, adeo ut se ipsius ope quidvis in Mathesi (si modo velint scilicet calculandi laborem sumere) praestare posse arbitrentur; non sine detrimento scientiarum, quae falsa jam inventorum fiducia negligentius excoluntur. His materiam exercendae suae Analyseos praebere volueram in hoc problemate, quod non prolixo calculo, sed arte indiget.

Si quis tamen praereptam sibi jam solutionem queratur, poterit *aliam isochronam* huic vicinam quaerere, in qua non, ut hactenus, grave uniformiter recedat ab horizontali (vel ad eam accedat), sed a certo puncto. Unde problema erit tale, *invenire lineam, in qua descendens grave recedat uniformiter a puncto dato, vel ad ipsam accedat.*

Talis foret linea NQR, si ejus esset naturae, ut ex puncto dato seu fixo A, ductis rectis quibuscunque ad curvam ut AN, AQ, AR, esset excessus AR super AQ, ad excessum AQ super AN, ut tempus quo descenditur per arcum QR, ad tempus quo descenditur per arcum NQ.

Beilage.

Solution du Probleme proposé par M. L. dans les Nouvelles de la Republique des Lettres du mois de Septembre 1687.*)

Trouver une ligne de descente dans laquelle le corps pesant descende uniformement et approche egalement de l'horizon en temps egaux.

Solution.

Si l'on vouloit, que le corps pesant commençast à descendre dans cette ligne depuis le repos, elle seroit impossible.

Mais si le corps est supposé avoir quelque moment, quelque petit qu'il soit, comme par ex. celui qu'il aquiert en tombant de la hauteur perpendiculaire AB (fig. 117), alors la ligne courbe BC qui est telle que le cube de CD perpendiculaire sur AB prolongée,

---

*) Article VI des Nouvelles de la Republique des Lettres du mois d'Octobre 1687.

soit egal au solide du quarré de BD et de la hauteur de $\frac{9}{4}$ AB, satisfera au Probleme.

Mais outre cette ligne BC il y en aura une infinité d'autres du même genre et aisées à trouver, qui feront le même effet, c'est à dire, que le corps pesant apres la chute par AB descendant par ces lignes, approchera encore egalement de l'horizon en temps egaux, mais plus lentement, que par BC.

Que si BD est double de BA, le temps de la descente par la portion de courbe BC sera egal au temps de la chute par AB.

H. D. Z.

Addition de M. L. à la solution de son probleme donnée par M. H. D. Z. article VI du mois d'octobre 1687. *)

Je n'avois garde de proposer ce probleme à des Geometres du premier rang, tels que Monsieur H. D. Z., ils doivent plustost juger des prix, à peu prés comme les quarante Academiciens. Cependant puisque M. H. a trouvé ce probleme digne de le resoudre luy même, je tacheray d'adjouter quelque chose.

On demande une ligne BD(D) tracée sur quelque plan, dans laquelle un corps pesant puisse descendre uniformement, et approcher egalement de l'horison en temps egaux, c'est à dire que les temps des descentes par BD, B(D) (fig. 118) soient comme les hauteurs perpendiculaires BC, (BC) et si les hauteurs C(C) et (C)[C] estoient égales, les temps des descentes par D(D) et par (D)[D] seroient aussi egales entre elles.

Je dis que *la Paraboloeide Quadrato-Cubique BD(D)[D] satisfera à la question et sera la Ligne Isochrone demandée dont le sommet sera B, et les quarrés des ordonnées CD comme les cubes des abscisses (de la touchante du sommet) BC.* Par exemple les abscisses BC, B(C) estant 1 et 4, les ordonnées CD, (C)(D) pourront estre $\frac{2}{3}$ et $\frac{16}{3}$, car les cubes de 1 et 4 sont 1 et 64,

---

*) Scrips. 4 Januar. 1688 Pilsnae in Bohemia. Haec missa autori Novellarum Reipublicae-literariae. Bemerkung von Leibniz.

et $\frac{2}{3}$ estant à $\frac{16}{3}$ comme 1 à 8, leurs quarrés seront aussi comme 1 à 64. Cette ligne qu'on pourra maintenant appeller *Isochrone* (apres la decouverte de cette proprieté) est assez connue d'ailleurs aux Geometres, et *a esté la premiere de toutes les lignes courbes de la Geometrie ordinaire, à qui on ait donné une droite exactement egale.* Or il est manifeste que le corps pesant ne sçauroit descendre uniformement dans la ligne BD depuis le repos, car s'il commencoit par le repos, cette même uniformité le feroit continuer ce repos, c'est à dire il n'y auroit point de mouvement. Mais avec quelque vistesse ou tardité qu'il tende de descendre, il y aura moyen de luy assigner une infinité de ces Paraboloeides Quadrato-Cubiques, l'une au sommet B, les autres dans quelque autre point, comme D, depuis lequel ce corps continuera de descendre et d'approcher de l'horison avec cette même vistesse ou tardité. Si la descente uniforme doit commencer depuis le sommet B, le parametre de nostre *Paraboloeide isochrone* sera $\frac{9}{4}$ de la hauteur ou cheute perpendiculaire AB, qui a pû donner au corps pesant la vistesse qu'il a au sommet B.

Pour donner une regle de ce mouvement, supposons que le corps pesant ait acquis la vistesse qu'il a au point B en descendant par la perpendiculaire AB, et pour representer le temps de cette descente, menons à discretion BE normale à AB; puis traçons la parabole AEG dont l'axe soit ABC. De plus soit menée une droite FEH, qui touche la parabole en E et coupera l'axe en F; on sçait que FB est double d'AB. Continuons CG jusqu'en H, et menons EL parallele à BC, coupant CH en L, je dis que LH representera le temps de la descente par BD. On peut se passer de la parabole, si prenant FA egale à AB, on mene FEH, mais la parabole sert à rendre raison de cette operation, car ses ordonnées representent les temps de la cheute droite AC.

Voicy donc la regle: *Le temps LH de la descente uniforme sur une portion BD de la ligne isochrone est au temps BE de la descente perpendiculaire AB, qui a pû donner la vistesse acquise au commencement B de la ligne isochrone qu'elle touche, comme la hauteur BC de la descente isochrone au double de la hauteur AB de la descente perpendiculaire.* Car à cause des triangles semblables ELH et FBE, il est visible que LH est à BE, comme EL ou BC est à FB double d'AB.

Corollaire. Si la hauteur BC de la descente uniforme est double de la hauteur AB de la descente perpendiculaire, les temps LH et BE seront égaux, ce qui convient avec la remarque de Mons. H. Mais si le temps de la dite descente perpendiculaire estoit double de celuy de la descente uniforme, leurs hauteurs seroient egales. Et on peut resoudre de même tous les cas particuliers donnés.

Mais si on ne demande pas que la descente uniforme commence au sommet, alors la vistesse du commencement, ou bien la hauteur de la cheute de cette vistesse aussi bien que la paraboloeide isochrone estant données, il s'agit de trouver le point D où le corps pesant arrivant avec cette vistesse et continuant son mouvement dans la ligne D(D) descendra uniformement.

En voicy la regle generale: „*Lorsque le corps pesant tombe* „*de quelque hauteur ou horisontale qui passe par A, sur quelque* „*point D que ce soit de la ligne isochrone BD qui est touchée au* „*sommet B par AB perpendiculaire à l'horisontale et egale à* $\frac{4}{9}$ *du* „*parametre de la ligne isochrone; il commencera de descendre uni-* „*formement dans la dite ligne depuis ce point D.*" Ce qui suffit à determiner ces questions et à construire aussi les lignes mentionnées dans la figure de Monsieur H., appliquant les points convenables des autres lignes isochrones comme βBδ du sommet B de la principale BD, en sorte qu'A et α points pris au dessus des sommets B et β et determinants la hauteur de la cheute tombent dans une même horisontale Aα. C'est pourquoy le poids tombant d'A sur B pourra depuis B descendre dans toutes les isochrones qui se coupent en B, dont les points α tombent dans l'horisontale Aα. Mais BD à l'egard de la hauteur AB, est *la principale des Isochrones*, qui sert icy depuis le sommet et dans laquelle le poids arrivant de la hauteur AB descendra uniformement avec le plus de vistesse qu'il pourra, et la perpendiculaire AB elevée sur le point de rencontre du poids et de la ligne isochrone touche la principale BD au lieu qu'elle coupe les autres comme βδ.

Il est aisé de donner la demonstration de toutes ces choses, lorsqu'elles sont deja trouvées, c'est pourquoy je ne veux pas m'arrester.

Analysis des Problems der isochronischen Curve.

Quaeritur Linea descensoria isochrona YYEF (fig. 119), in qua grave inclinate descendens isochrone seu uniformiter plano horizontali appropinquet, ita nempe ut aequalibus temporibus, quibus percurrantur arcus BE, EF, aequales sint descensus BR, RS in perpendiculari sumti.

Sit linea quaesita YY, cujus recta Directrix, in qua ascensus perpendiculares metiemur, sit AXX; abscissa AX vocetur x, et ordinata XY vocetur y, et $_1X_2X$ seu $_1Y_1D$ erit $\overline{dx}$ et $_1D_2Y$ vocetur $\overline{dy}$.

AX seu x est altitudo percursa seu descensus, dx est descensus incrementum, tempus ab A usque ad X, quod insumeretur descensu libero, foret ut celeritas eousque acquisita seu ut $\sqrt[2]{x}$, ergo incrementum hujus temporis (seu tempus quo libere percurritur incrementum spatii) erit ut $d\overline{\sqrt[2]{x}}$ seu $dx^{1:2}$ seu $\frac{1}{2}x^{-1:2}dx$ seu $\overline{dx}:2\sqrt[2]{x}$. Jam tempus quo nunc revera percurritur altitudo $_1X_2X$ in lineae inclinatae descensoriae elemento $_1Y_2Y$, quod tempus vocemus dt, est ad tempus quo eadem altitudo percurreretur in descensu libero seu ad $dx:2\sqrt[2]{x}$, ut $_1Y_2Y$ ad $_1X_2X$ seu ut $\sqrt[2]{\overline{dx^2+dy^2}}$ ad $\overline{dx}$, seu fiet $dt:\overline{dx}:2\sqrt[2]{x} :: \sqrt{\overline{dx^2}}:\overline{dy^2}:dx$; cum enim celeritates sint aequales (non obstante inclinatione vel libertate), erunt tempora ut spatia; itaque erit $d\overline{t}\,d\overline{x}=d\overline{x}\sqrt{dx^2+dy^2}:2\sqrt{x}$. Quod verum est in omni linea descensoria, cujuscunque sit naturae, verum in nostra, cum $d\overline{t}$ elementa temporis descensorii debeant esse ut $d\overline{x}$ seu proportionalia descensibus fiet: $d\overline{x}=a\sqrt{dx^2+dy^2}:2\sqrt{ax}$, assumta *a* pro unitate, seu fiet: $4d\overline{x}^2ax=aadx^2+aad\overline{y}^2$ seu $d\overline{y}=d\overline{x}\sqrt{4ax-aa}:a$ et $y=\int dx\sqrt{4ax-aa}:a$. Quae summa ut inveniatur, ponemus $z=4x-a$, fietque $d\overline{x}=d\overline{z}:4$, ergo $y=\int dz\sqrt{az}:4a=\sqrt{a}\int dz\sqrt{z}:4a$. Jam $\int dz\,z^{1:2}=z^{3:2}:\overline{3:2}=2z\sqrt{z}:3$, ergo $y=z\sqrt{az}:6a$ seu $36ayy=z^3$ seu faciendo $b=36a$ fiet $byy=z^3$. Ergo habemus Lineam descensoriam, quae est Paraboloeides quadrato-cubica, in qua quadrata ordinatarum yy sint ut cubi abscissarum z^3; latus autem rectam b seu BR erit 36a et $a=b:36$. Ipsam autem AB sic inveniemus: in casu puncti B est $z=0$, ergo $0=4x-a$ seu $x=a:4$ seu $x=b:144$; est autem in hoc casu AB = x, ergo fiet AB = BR : 144. Itaque si linea paraboloeidis quadrato-cubicae BYY sic erecta sit, ut directrix, cujus portiones abscissae habeant cubos quadratis ordinatarum proportionales, sit perpendicularis ad horizontem, et in verticem ejus B cadat grave ex altitudine AB. quae sit 144ta pars lateris recti, et deinde in B pergat descendere in linea BYY, erunt descensus ejus isochroni, seu grave decurrens in linea BYEF aequali tempore perveniet ex B in E, et ex E in F, posito altitudines BR et RS esse aequales.

Atque haec est Analysis problematis; placet vero Synthesin quoque dare methodo, quae ad communem propius accedat, analysin enim, qua hic usus sum, non nisi illi assequentur, qui principia a me tradita circa Analysin infinitorum intelligunt.

Problema.

Lineam Descensoriam isochronam invenire.

Sit linea BYYEF (fig. 120) paraboliformis quadrato-cubica, cujus vertex B, axis BXXRS, unde ductis ad curvam ordinatis normalibus XY sint cubi abscissarum BX ut quadrata ordinatarum XY, dico eam esse quaesitam. Nempe si linea ita sita sit, ut vertex B summum obtineat, axisque BX sit perpendiculariter erectus et in eo producto supra B sumatur A sic, ut AB sit pars centesima quadragesima quarta lateris recti lineae, tunc grave cadens ex altitudine A (libere vel inclinate) in B, atque ex B porro descendens in linea BYY, descendet in hac linea isochrone sive aequabiliter, ita ut descensus secundum perpendiculum sumti sint temporibus insumtis proportionales, et aequalibus temporibus aequaliter appropinquetur ad basin seu planum horizontale, nempe tempus quo grave ex B in linea BYY decurret ad E, erit ad tempus quo ex E decurret ad F, ut BR ad RS, ac proinde si BR et RS sint aequales, etiam temporis intervalla. quibus ex B descenditur in E et ex E in F, erunt aequalia; atque ita lineae descensoriae peculiaris inclinatio efficiet, ut grave moveatur sine ulla acceleratione descensionis in perpendiculo aestimatae, et vicissim si grave in F positum sursum impellatur in linea FEB ea celeritate, quam acquirere potuisset labendo ex A ad S, ascendet motu aequabili a basi FS usque ad verticem lineae B, licet enim continue decrescat ejus celeritas absoluta, ascensus tamen in perpendiculo aestimati erunt temporibus insumtis proportionales.

Demonstratio.

Sumantur duo Elementa altitudinis seu incrementa momentanea descensus $_3$XR et $_4$XS, quae ponantur inter se aequalia, eisque sint respondentia (licet inaequalia inter se) elementa lineae descensoriae $_3$YE et $_4$YF, dico etiam elementa temporis elementis spatii respondentia seu tempora, quibus elementa spatii transmittuntur, fore aequalia inter se, seu tempus quo percurritur $_3$YE fore aequale tempori, quo percurritur $_4$YF, atque ita erunt incrementa temporum incrementis descensuum perpendicularium ubique proportionalia.

Per A et B ducantur duae rectae horizonti parallelae AGM et BLP, et GL (producta) tangat curvam in E et MP in F. Ex natura motuum tempus, quo percurritur $_3$YE, est ad tempus, quo $_4$YF, in ratione composita, ex directa quidem rectae $_3$YE ad $_4$YF seu GL ad MP, reciproca vero celeritatis in RE ad celeritatem in SF, seu reciproca subduplicatae altitudinum AR et AS. Jam vero (ex natura tangentium hujus curvae) reperietur GL ad MP esse in directa ratione subduplicata AS ad AR; est ergo ratio temporis, quo percurritur $_3$YE, ad tempus, quo $_4$YF percurritur, composita ex ratione directa et reciproca eorundem terminorum, quae est ratio aequalitatis; aequalia ergo sunt haec tempora seu descensus aequalibus temporibus aequaliter crescunt. Quod asserebatur.

IV.

DE LINEA, IN QUAM FLEXILE SE PONDERE PROPRIO CURVAT, EJUSQUE USU INSIGNI AD INVENIENDAS QUOTCUNQUE MEDIAS PROPORTIONALES ET LOGARITHMOS. *)

Problema *Lineae Catenariae* vel *Funicularis* duplicem usum habet, unum ut augeatur ars inveniendi seu Analysis, quae hactenus ad talia non satis pertingebat, alterum ut praxis construendi promoveatur. Reperi enim hanc lineam ut facillimam factu, ita utilissimam effectu esse, nec ulli Transcendentium secundam. Nam suspensione fili vel potius *catenulae* (quae extensionem non mutat) nullo negotio parari et describi potest *physico* quodam *constructio-*

---

*) Act. Erudit. Lips. an. 1691.

nis genere. Et ope ejus ubi semel descripta est, exhiberi possunt quotcunque mediae proportionales, et Logarithmi, et Quadratura Hyperbolae. Primus *Galilaeus* de ea cogitavit, sed naturam ejus assecutus non est: neque enim Parabola est, ut ipse erat suspicatus. *Joachimius Jungius*, eximius nostri saeculi Philosophus et Mathematicus, qui multa ante *Cartesium* praeclara cogitata habuerat circa scientiarum emendationem, calculis initis et experimentis factis parabolam exclusit, veram lineam non substituit. Ex eo tempore a multis tentata quaestio est, a nemine soluta, donec nuper mihi ab eruditissimo Mathematico praebita ejus tractandae occasio est. Nam *Cl. Bernoullius*, cum meam quandam Analysin infinitorum, calculo differentiali, me suadente, introducto expressam, feliciter applicuisset ad quaedam problemata, a me publice petivit Actorum anni superioris mense Majo p. 218 seq., ut tentarem, an nostrum calculi genus etiam ad hujusmodi problemata, quale est lineae catenariae inventio, porrigeretur. Re in gratiam ejus tentata, non tantum successum habui, primusque, ni fallor, illustre hoc problema solvi, sed et lineam egregios usus habere deprehendi, quae res fecit, ut exemplo Blasii Paschalii aliorumque ad eandem inquisitionem invitaverim Mathematicos certo tempore praestituto, experiundarum Methodorum causa, ut appareret, quid illi daturi essent, qui fortasse alias adhiberent ab ea, qua *Bernoullius* mecum utitur. Tempore nondum elapso, duo tantum significarunt rem se consecutos, *Christianus Hugenius*, cujus magna in rem literariam merita nemo ignorat, et ipse cum fratre ingenioso juvene et pererudito *Bernoullius*, qui his, quae dedit, effecit, ut praeclara quaeque porro ab iis speremus. Eum igitur reapse expertum puto quod significaveram, huc quoque porrigi nostram calculandi rationem, et quae antea difficillima habebantur jam aditum admittere. Sed placet exponere, quae a me sunt inventa; quid alii praestiterint, collatio ostendet.

Linea sic construitur Geometrice, sine auxilio fili aut catenae, et sine suppositione quadraturarum, eo constructionis genere, quo pro Transcendentibus nullum perfectius et magis Analysi consentaneum mea sententia haberi potest. Sint duae quaecunque lineae rectae, determinatam quandam et invariabilem inter se habentes rationem, eam scilicet quam D et K (fig. 121) hic expositae, qua ratione semel cognita caetera omnia per Geometriam ordinariam procedunt. Sit recta indefinita ON horizonti parallela, eique perpendicularis OA, aequalis ipsi O_2N, et super $_3N$ verticalis $_3N_3\xi$, quae sit ad OA, ut D ad K. Inter OA et $_3N_3\xi$ quaeratur media proportionalis $_1N_1\xi$; et inter $_1N_1\xi$ et $_3N_3\xi$, itemque inter $_1N_1\xi$ et OA quaeratur rursus media proportionalis, et ita porro quaerendo medias et inventis tertias proportionales, describatur continueturque linea $\xi\xi A(\xi)(\xi)$, quae erit talis naturae, ut ipsis intervallis, verbi gr. $_2N_1N$, $_1NO$, $O_1(N)$, $_1(N)_3(N)$ etc. sumtis aequalibus, sint ordinatae $_3N_3\xi$, $_1N_1\xi$, OA, $_1(N)_1(\xi)$, $_3(N)_3(\xi)$ in continua progressione Geometrica, qualem lineam *Logarithmicam* appellare soleo. Jam sumtis ON, O(N) aequalibus, super N vel (N) erigatur NC vel (N)(C) aequales dimidiae summae ipsarum $N\xi$, $(N)(\xi)$, et C vel (C) erit *punctum lineae catenariae* FCA(C)L, cujus ita puncta quotcunque assignari Geometrice possunt.

Contra si linea catenaria physice construatur ope fili vel catenae pendentis, ejus ope exhiberi possunt quotcunque mediae proportionales, et Logarithmi inveniri datorum numerorum vel numeri datorum Logarithmorum. Sic si quaeratur Logarithmus numeri $O\omega$, posito ipsius OA (tanquam Unitatis, quam et *parametrum* vocabo) Logarithmum esse nihilo aequalem; seu, quod eodem redit, si quaeratur Logarithmus rationis inter OA et $O\omega$, sumatur ipsius $O\omega$ et OA tertia proportionalis $O\psi$, et ipsarum $O\omega$ et $O\psi$ summae dimidiae OB, tamquam abscissae, respondens Lineae Catenariae ordinata BC vel ON erit *Logarithmus quaesitus numeri dati*. Contra, dato Logarithmo ON, inde ductae ad Curvam Catenariam verticalis NC duplam oportet secare in duas partes tales, ut media proportionalis inter segmenta sit aequalis datae (unitati) OA (quod facillimum est) et duo segmenta erunt *respondentes dato Logarithmo Numeri quaesiti*, unus major, alter minor unitate. Aliter: Inventa, ut dictum est, NC seu OR (sumto ita puncto R in horizontali AR, ut habeamus OR aequalem OB vel NC) erunt summa ac differentia rectarum OR et AR duo respondentes Logarithmo dato Numeri, unus major, alter minor unitate. Nam differentia ipsarum OR et AR est $N\xi$, et summa earum est $(N)(\xi)$; ut vicissim OR est semisumma, et AR semidifferentia ipsarum $(N)(\xi)$ et $N\xi$.

Sequuntur *solutiones Problematum primariorum*, quae circa lineas proponi solent. *Tangentem ducere ad punctum lineae datum C.* In AR horizontali per verticem A sumatur R, ut fiat OR aequalis OB datae, et ipsi OR ducta antiparallela CT (occurrens axi AO in T) erit tangens quaesita. *Antiparallelas* compendii causa hic voco ipsas OR et TC, si ad parallelas AR et BC faciant non quidem eosdem angulos, sed tamen complemento sibi existentes ad rectum, ARO et BCT. Et Triangula rectangula OAR et CBT sunt similia.

Rectam invenire arcui catenae aequalem. Centro O radio OB describendo Circulum, qui horizontalem per A secet in R, erit AR aequalis arcui dato AC. Patet etiam ex dictis fore $\psi\omega$ aequalem catenae CA(C). Si catena CA(C) aequalis esset duplae parametro, seu si AC vel AR aequalis OA, foret catenae in C inclinatio ad horizontem seu angulus BCT 45 graduum, adeoque angulus CT(C) rectus.

Quadrare spatium linea catenaria et recta vel rectis comprehensum. Scilicet invento puncto R, ut ante, erit rectangulum OAR aequale Quadrilineo AONCA. Unde alias quasvis portiones quadrare in proclivi est. Patet etiam, arcus esse areis quadrilineis proportionales.

Invenire centrum gravitatis catenae, aut partis ejus cujus-cunque. Arcui AC vel AR, ordinatae BC, parametro OA inventa quarta proportionalis $O\Theta$ addatur abscissae OB, et summae dimidia OG dabit G centrum gravitatis catenae CA(C). Porro Tangens CT secet horizontalem per A in E, compleatur rectangulum GAEP, erit P centrum gravitatis arcus AC. Cujuscunque arcus alterius ut C_1C distantia centri gravitatis ab. axe est AM, posito πM esse perpendicularem in horizontem verticis, demissam ex π consursu tangentium $C\pi$, $_1C\pi$, quanquam et centrum ejus ex centris arcuum AC, A_1C facile habeatur. Hinc et habetur BG, maximus descensus possibilis centri funiculi seu catenae aut lineae flexilis non intendibilis cujuscunque, duabus extremitatibus C et (C) suspensae, longitudinem habentis datam $\psi\omega$; quamcunque enim figuram aliam assumat, minus descendet centrum gravitatis quam si in nostram CA(C) curvetur.

Invenire centrum gravitatis figurae, linea catenaria et recta vel rectis comprehensae. Sumatur $O\beta$ dimidia ipsius OG, et compleatur rectangulum βAEQ, erit Q centrum gravitatis quadrilinei AONCA. Unde et cujuscunque alterius spatii linea catenaria et recta vel rectis terminati centrum facile habetur. Hinc porro sequitur illud memorabile, non tantum quadrilinea ut AONCA arcubus AC proportionalia esse, ut jam notavimus, sed et amborum centrorum gravitatis distantias ab horizontali per O, nempe OG et

$O\beta$, esse proportionales, cum illa sit semper hujus dupla; et distantias ab axe OB, nempe PG, $Q\beta$ adeo esse proportionales, ut sint plane aequales.

Invenire contenta et superficies solidorum, rotatione figurarum linea catenaria et recta vel rectis comprehensarum, circa rectam immotam quamcunque genitorum. Habetur ex duobus problematibus praecedentibus, ut notum est. Sic si catena CA(C) rotetur circa axem AB, generata superficies aequabitur circulo, cujus radius possit duplum rectangulum EAR. Nec minus aliae superficies vel etiam solida dicto modo genita mensurari possunt.

Multa Theoremata ac Problemata praetereo, quae vel in his continentur, quae diximus, vel non magno negotio inde derivantur, cum brevitati consulere visum sit. Sic sumtis duobus catenae punctis, ut C et $_1$C, quorum tangentes sibi occurrant in π, ex punctis $_1$C, π, C in ipsam AEE horizontalem verticis demittantur perpendiculares, $_1$C$_1$I, πM, CI: fiet, $_1$I in AC minus $_1$CC in $_1$IM aequale $_1$BB in OA.

Possunt et series infinitae utiliter adhiberi. Sic si parameter OA sit unitas, et Arcus AC vel recta AR dicatur a, et ordinata BC vocetur y, fiet $y = \frac{1}{1}a - \frac{1}{6}a^3 + \frac{3}{40}a^5 - \frac{5}{112}a^7$ etc., quae series facili regula continuari potest. Datis quoque lineam determinantibus, haberi possunt reliqua ex dictis. Sic dato vertice A, et alio puncto C, et AR longitudine catenae interceptae AC, haberi potest lineae parameter AO vel punctum O: quoniam enim datur et B, jungatur BR, et ex R educatur recta Rμ, ita ut angulus BRμ sit aequalis angulo RBA, et ipsa Rμ (producta) occurret Axi BA (producto) in puncto O quaesito.

Atque his quidem potissima contineri arbitror, unde caetera circa hanc lineam, ubi opus, facile duci poterunt. Demonstrationes adjicere supersedeo, prolixitatis vitandae gratia, praesertim cum novae nostrae Analyseos calculos in his Actis explicatos intelligenti sponte nascantur.

Beilagen.

Solutio Problematis Funicularis, exhibita a Johanne Bernoulli, Basil. Med. Cand. *)

Annus fere est, cum inter sermocinandum cum Cl. Fratre mentio forte incidisset de Natura Curvae, quam funis inter duo puncta fixa libere suspensus format. Mirabamur rem omnium oculis et manibus quotidie expositam nullius hucusque attentionem in se concitasse. Problema videbatur eximium et utile, at tum ob prae-visam difficultatem tangere noluimus; statuimus itaque illud publice Eruditis proponere, visurinum qui vadum tentare auderent: nescie-bamus enim, quod jam inde a Galilaei temporibus inter Geometras agitatum fuisset. Interea dignum censuit nodum hunc, cui solvendo se accingeret summus Geometra Leibnitius, significavitque non multo post **) se clave sua aditus problematis feliciter reserasse, con-cesso tamen et aliis tempore, intra quod si nemo solveret, ipse solutionem suam publicaturus esset. Id animum addidit, ut pro-blema denuo aggrederer, quod eo quidem cum successu factum, ut brevi et ante termini a Viro Cl. positi exitum ejus solutionem om-nimodam et plenariam, qualem antea ne sperare quidem ausus fuissem, invenerim. Reperi autem Curvam nostram Funiculariam non esse Geometricam, sed ex earum censu, quae Mechanicae di-cuntur, utpote cujus natura determinata aequatione Algebraica ex-primi nequit, nec nisi per relationem curvae ad rectam, vel spatii curvilinei ad rectilineum habetur, sic ut ad illam describendam alterius curvae rectificatio vel curvilinei quadratura supponatur, ut ex sequentibus Constructionibus liquet.

Constr. I. Ductis normalibus CB, DE (fig. 122) sese secan-tibus in A, centroque C nbivis sumpto in axe CB, et vertice A de-scripta Hyperbola aequilatera AH, construatur curva LKF, quae talis sit, ut ubique CA sit media proportionalis inter BH et BK; fiat rectangulum CG aequale spatio EABKF, erit productis IG, HB punctum concursus M in Curva Funicularia MAN.

Constr. II. Descripta ut prius ad axem BH (fig. 123) Hy-

---

*) Act. Erud. Lips. an. 1691.

**) Vid. Act. Erudit. Lips. an. 1690, pag. 360.

perbola aequilatera BG, construatur ad eundem axem Parabola BH, cujus latus rectum aequetur quadruplo lateris recti vel transversi Hyperbolae, ordinatimque applicata HA producatur ad E, ita ut recta GE sit aequalis lineae Parabolicae BH; dico punctum E esse in Curva Funicularia EBF.

Ex his patet, Curvae hujus EBF naturam per aequationem Geometricam haberi non posse, nisi simul rectificatio lineae Parabolicae detur. Hujus autem et praecedentis Constructionis demonstrationem lubens omitto, ne Celeberrimo Viro primae inventionis palmam vel praeripiam, vel inventa sua super hac materia plane supprimendi ansam praebeam: sufficiet hic, si notabiliores hujus Curvae proprietates addidero:

1. Ducta tangente FD (fig. 122), erit AF . AD : : BC . BF curvam.

2. AE vel AF aequatur curvae Parabolicae BH, dempta recta AG.

3. Curva BE vel BF aequalis est rectae AG, i. e. portiones curvae funiculariae ad axem applicatae conficiunt Hyperbolam aequilateram: insignis est hujus Curvae proprietas.

4. Spatium Funicularium BAE vel BAF est aequale rectangulo sub BA et AF, diminuto rectangulo sub CB et FG.

5. Curva MNO, ex cujus evolutione describitur Funicularia BE, est tertia proportionalis ad CB et AG.

6. Recta vero evolvens EO est tertia proportionalis ad CB et CA.

7. Recta BM usque ad principium curvae MNO sumta aequatur ipsi CB.

8. MP est dupla ipsius BA.

9. Rectangulum sub CB et PO duplum est spatii hyperbolici ABG.

10. Recta CP bisecta est in puncto A.

11. Curva EB est ad curvam MNO, ut recta CB ad rectam AG.

12. Si ad AG applicentur duo Rectangula AI, AK, quorum unum AI ei quod sub semilatere transverso CB et recta FG comprehenditur rectangulo, alterum AK quod ipsi spatio Hyperbolico BGA aequatur, et differentiae latitudinum KI sumatur in axe a vertice B aequalis BL, erit punctum L centrum gravitatis curvae Funiculariae EBF.

13. Si super EF infinitae intelligantur descriptae curvae ipsi

Funiculariae EBF aequales, illaeque in rectas extendantur, et in singulis singulae extensae punctis applicentur rectae ipsis respective distantiis a linea EF aequales, erit omnium spatiorum quae sic efficiuntur illud quod a Funicularia gignitur maximum.

Coepit Hon. Frater speculationem hanc extendere etiam ad funes inaequaliter crassos, quorum crassities ad longitudinem relationem obtinet aequatione algebraica exprimibilem, notatque unum casum, quo problema per Curvam simplicem Mechanicam solvi possit, nempe si supponatur Figura Curvilinea ABDEG (fig. 124), cujus applicata GE sit reciproce in dimidiata ratione abscissae AG, eaque sit in omnibus suis applicatis flexilis, hoc est, si concipiatur funis AG gravatus in singulis suis punctis respectivis rectis GE, vel (quod tantundem est) differentiis applicatarum GH in Parabola AHI, aut denique portiunculis curvae cycloidalis AHI (cujus vertex A) isque sic gravatus suspendi intelligatur, ita ut punctum A sit omnium infimum (quod fit, ubi connexum habuerit a parte A alium funem ejusdem longitudinis et in aequalibus a puncto A distantiis aequaliter gravatum): tum jubet ad axem AG (fig. 125) construere Hyperbolam aequilateram ABC cujus vertex A, applicatamque BD producere ad E, ita ut rectangulum sub semilatere recto vel transverso et linea DE sit aequale spatio ADB; ostenditque punctum E esse ad curvam quaesitam AEF, quam funis dicta ratione gravatus format, ipsam vero curvam AE esse tertiam proportionalem ad rectum vel transversum latus Hyperbolae et applicatam ejus DB; tangentem EH haberi sumpta IH quarta proportionali ad semilatus rectum, abscissam AD et applicatam DB etc. Reperi autem, quod memorabile est, curvam hanc AEF illam ipsam esse, ex cujus evolutione altera BE, quam uniformis crassitiei funis format, describitur, adeoque eandem cum curva MNO.

Notare convenit, quod si quis experimentis haec examinare instituat, catenulam prae fune seligere debeat, quem ob nimiam cum levitatem, tum rigiditatem ad id ineptum deprehendimus. Caeterum qui materiam hanc perficere et ampliare volet, poterit investigare naturam curvae, quam referet funis in hypothesi a Terrae centro distantiae finitae, vel si supponatur insuper a proprio pondere extensibilis, aut quocunque alio modo gravatus: vel etiam vice versa qualiter illum gravare conveniat, ut referat lineam Parabolicam, Hyperbolicam, Circularem aliamve quamcunque datam curvam; neq enim omnino in potestate est.

Christiani Hugenii, Dynastae in Zeelhem, solutio ejusdem Problematis.

Si Catena CVA (fig. 126) suspensa sit ex filis FC, EA utrinque annexis ac gravitate carentibus, ita ut capita C et A sint pari altitudine, deturque angulus inclinationis filorum productorum CGA et catenae totius positus, cujus vertex sit V, axis VB,

1. licebit hinc invenire tangentem in dato quovis catenae puncto. Velut si punctum datum sit L, unde ducta applicata LH dividat aequaliter axem BV. Jam si angulus CGA sit 60°, erit inclinanda a puncto A ad axem recta AIV aequalis ½ AB, cui ducta parallela LR tanget curvam in puncto L. Item si latera GB, BA, AG sint partium 3, 4, 5, erit AIV ponenda partium 4½.

2. Invenitur porro et recta linea catenae aequalis, vel datae cuilibet ejus portioni. Semper enim dato angulo CGA, data erit ratio axis BV ad curvam VA. Velut si latera GB, BA, AG sint ut 3, 4, 5, erit curva VA tripla axis VB.

3. Item definitur radius curvitatis in vertice V, hoc est semidiameter circuli maximi, qui per verticem hunc descriptus totus intra curvam cadat. Nam si augulus CGA sit 60°, erit radius curvitatis ipsi axi BV aequalis. Si vero angulus CGA sit rectus, erit radius curvitatis aequalis curvae VA.

4. Poterit et circulus aequalis inveniri superficiei conoidis, ex revolutione catenae circa axem suum. Ita si angulus CGA sit 60°, erit superficies conoidis ex catena CVA genita aequalis circulo, cujus radius possit duplum rectangulum BVG.

5. Inveniuntur etiam puncta quotlibet curvae KN, cujus evolutione, una cum recta KV, radio curvitatis in vertice, curva VA describitur, atque evolutae ipsius KN longitudo. Veluti si angulus CGA fuerit 60°, erit KN tripla axis BV. Si vero latera GB, BA, AG sint ut 3, 4, 5, erit illa $\frac{9}{4}$ axis BV.

6. Praeterea spatii NKVAN quadratura datur. Posito enim angulo CGA 60°, erit spatium illud aequale rectangulo ex axe BV et ea quae potest triplum quadratum ejusdem BV. Si vero latera GB, BA, AG sint ut 3, 4, 5, erit idem spatium aequale septuplo quadrato BV cum parte octava.

7. Porro puncta quotlibet catenae inveniri possunt, posita

quadratura curvae alterius harum: $xxyy = a^4 — aayy$ vel $xxyy = 4a^4 — x^4$, vel etiam data distantia centri gravitatis ab axe, in portionibus planis, quas abscindunt rectae axi parallelae in curva harum priore. Quadratura autem hujus curvae pendet a summis secantium arcuum per minima aequaliter crescentium, quae summae ex Tabulis sinuum egregio quodam adhibito compendio inveniuntur quamlibet proxime. Hinc ex. gr. inventum, quod si angulus CGA sit rectus, et ponatur axis BV partium 10000, erit BA 21279, non una minus. Curva autem VA per superius indicata cognoscitur hic esse partium 24142, non una minus.

In his omnibus non nisi ad casus singulares solutiones problematum dedi, vitandae prolixitatis studio, et quoniam non dubito quin regulas universales Viri docti affatim sint exhibituri. Quod si tamen aliquae ex nostris requirentur, eas lubenter mittam. Ac jam pridem omnes apud Clarissimum Virum *G. G. Leibnitium* involucro quodam obtectas deposui.

Additamentum ad Problema Funicularium
von *Jacob Bernoulli*.*)

Postquam Problematis de Curva Funicularia solutionem nuperrime exhibuisset Frater, speculationem istam continuo promovi ulterius et ad alios quoque casus applicui, quo pacto praeter ea, quorum tum mentio facta est, nonnulla sese obtulerunt, quae recensere operae pretium existimo.

1. Si crassities vel gravamina funis aut catenae inaequalia sint et sic attemperata, ut dum est in statu quietis, gravamen portionis HI (fig. 127) sit in ratione portionis rectae utcunque ductae LM iisdem perpendiculis HL, IM interceptae, curva AIHB, quam funis vel catena sic suspensa proprio pondere format, erit Parabolica. Sin gravamen portionis HI sit in ratione spatii LOTM iisdem perpendiculis HL, IM intercepti, erit Funicularia AB curva Parabolae vel Cubicalis, vel Biquadraticae, vel Surdesolidalis etc., prout Figura CLO est vel Triangulum, vel Complementum semiparabolae

---

*) Bildet den Schluss von der Abhandlung: Specimen alterum Calculi differentialis in dimetienda Spirali Logarithmica, Loxodromiis Nautarum et Areis Triangulorum Sphaericorum etc. Sieh. Act. Erudit. Lips. an. 1691.

communis, aut semiparabolae Cubicalis etc. Quod si vero gravamen portionis Hl sit in ratione spatii QRST iisdem rectis horizon-
talibus HQ, IR abscissi, erit Funicularia IB curva aliqua ex genere
Hyperbolicarum (recta AG existente una ex asymptotis), puta vel
Apolloniana, vel Cubicalis, vel Biquadratica etc , prout videlicet Figura AQT est vel Triangulum, vel Complementum semiparabolae
communis aut cubicalis etc.

2. Si funis sit uniformis crassitiei, at a pondere suo extensibilis, peculiari opus est artificio. Vocetur portio funis non extensi, cujus ponderi aequipollet vis tendens unum funis punctum a,
et excessus longitudinis, quo portio haec a dicta vi extensa non ex-
tensam superat, b, sumaturque in perpendiculo FA $= a$, et in de-
finita FC $= x$: tum fiat curva DE ejus naturae, ut sit applicata

$$CD = \frac{a\,b}{\sqrt{2aa+2bx-2a\sqrt{aa+bb+2bx}}} \text{ sive } a\sqrt{\frac{aa+bx+a\sqrt{aa+bb+2bx}}{2xx-2aa}},$$

perinde enim est ac spatio curvilineo ACDE constituatur aequale
rectangulum FG, producanturque rectae KG, DC ad mutuum occursum in B; sic erit punctum B ad requisitam funiculariam AB.
Suppono autem, extensiones viribus tendentibus proportionales esse,
tametsi dubium mihi sit, an cum ratione et experientia hypothesis
illa satis congruat. Retinere autem istam nobis liceat, dum verio-
rem ignoramus.

3. Occasione Problematis funicularii mox in aliud non minus illustre delapsi sumus, concernens flexiones seu curvaturas
trabium, arcuum tensorum aut elaterum quorumvis a propria gravitate vel appenso pondere aut alia quacunque vi comprimente
factas; quorsum etiam Celeberrimum *Leibnitium* in privatis, quibus
sub idem me tempus honoravit, literis digitum opportune intendere
video. Videtur autem hoc Problema, cum ob hypotheseos incertitudinem, tum casuum multiplicem varietatem, plus aliquanto difficultatis involvere priori, quanquam hic non prolixo calculo, sed
industria tantum opus est. Ego per solutionem casus simplicissimi
(saltem in praememorata hypothesi extensionis) adyta Problematis
feliciter reservavi; verum ut ad imitationem Viri Excellentissimi et
aliis spatium concedam suam tentandi Analysin, premam pro nunc
solutionem, eamque tantisper Logogripho occultabo, clavem cum
demonstratione in nundinis autumnalibus communicaturus. Si lamina
elastica gravitatis expers AB (fig. 128), uniformis ubique crassitiei
et latitudinis, inferiore extremitate A alicubi firmetur et superiori

B pondus appendatur, quantum sufficit ad laminam eousque incurvandam, ut linea directionis ponderis BC curvatae laminae in B sit perpendicularis, erit curvatura laminae sequentis naturae:

Qrzumu bapt dxqopddbbp poyl fy bbqnfqbfp lty ge mutds udthh tuhs tmixy yxdksdbxp gqsrkfgudl bg ipqandtt tcpgkbp aqdbkzs. *)

4. Istis vero omnibus multa sublimior est speculatio de *Figura veli vento inflati,* quanquam cum Problemate Funiculario eatenus affinitatem habet, quatenus venti continuo ad velum adlabentis impulsus ceu funis alicujus gravamina spectari possunt. Qui naturam pressionis fluidorum intellexerit, haud difficulter quidem capiet, quod portio veli BC (fig. 129), quae subtensam habet directioni venti DE perpendicularem, curvari debeat in arcum circuli. At qualem curvaturam induat reliqua portio AB, ut difficilis est perquisitio, sic in re nautica eximii prorsus usus futura est, ut praestantissimorum Geometrarum occupationem juxta cum subtilissimis mereri videatur. Caeterum in his Problematibus omnibus, quae quis nequicquam alia tentet methodo, *calculi Leibnitiani* eximium et singularem plane usum esse comperi, ut ipsum propterea inter primaria seculi nostri inventa censendum esse aestimem. Quanquam enim, ut nuper innui, ansam huic dedisse credam calculum *Barrovii,* qualem appello, qui ab hujus viri tempore passim fere apud Geometras praestantiores invaluit, quemque etiamnum Nobilissimo *Tschirnhausio* solemnem esse video: hoc tamen non eo intelligendum est, quasi utilissimi inventi dignitatem ullatenus elevare aut Celeberrimi Viri laudi meritae quicquam detrahere et aliis ascribere cupiam; et si quae conferenti mihi utrumque intercedere inter illos visa est affinitas, ea major non est, quam quae faciat, ut uno intellecto ratio alterius facilius comprehendatur, dum unus superfluas et mox delendas quantitates adhibet, quas alter compendio omittit: de caetero namque compendium isthoc tale est, quod naturam rei prorsus mutat, facitque ut infinita per hunc praestari possint, quae per alterum nequeunt: praeterquam etiam quod ipsum hoc compendium reperisse utique non erat cujusvis, sed sublimis ingenii et quod Autorem quam maxime commendat.

---

*) Dies bedeutet: Portio axis applicatam inter et tangentem est ad ipsam tangentem sicut quadratum applicatae ad constans queddam spatium.

V.

DE SOLUTIONIBUS PROBLEMATIS CATENARII VEL FUNICU-
LARIS IN ACTIS JUNII AN. 1691, ALIISQUE A DN. JAC.
BERNOULLIO PROPOSITIS. *)

Valde delectatus sum lectis tribus Problematis a Galilaeo
propositi, a D. Bernoullio renovati solutionibus inter se consentien-
tibus, quod indicium est veritatis, apud eos valiturum, qui talia
accurate non examinant. Etsi autem omnia conferre non vacaverit,
in summa tamen rei manifesta est concordia. Legem tangentium,
et extensionem curvae catenariae in rectam invenimus omnes, et
cum curvedinis mensuram olim in Actis Junii A. 1686 p. 489 (introducto novo contactus genere, quem osculum appellare placuit)
explicuerim per radium circuli curvam osculantis, seu ex omnibus
circulis tangentibus maxime ad curvam accedentis, eundemque adeo
quem ipsa curva ad rectam facientis angulum contactus, placuit
celeberrimo *Hugenio* (animadvertenti centra horum circulorum semper incidere in lineas a se primum inventas, quarum evolutione
describuntur datae) speculationem huc applicare, et investigare radium curvitatis vel circulum osculatorem curvae catenariae, sive
ejus curvam evolutione generantem, quam et dedit solutio *Bernoulliana*. In *Hugeniana* autem distantia quoque habetur centri gravitatis catenariae ab axe, in *Bernoulliana* et mea, ejusdem distantia
tam ab axe quam et a basi aut alia recta, adeoque puncti determinatio, item quadratura figurae catenariae. Quibus ego in mea
centrum gravitatis etiam hujus figurae seu areae adjeci. Constructionem lineae *Dn. Hugenius* exhibet ex supposita quadratura curvae, qualis est $xxyy = a^4 - aayy$, *Dn. Joh. Bernoullius* et ego re-
duximus ad quadraturam hyperbolae, illo perbene adhibente etiam
extensionem curvae parabolicae in rectam, me denique rem omnem
reducente ad logarithmos, eaque ratione obtinente *perfectissimum
in Transcendentibus exprimendi pariter et construendi genus.* Sic
enim unica tantum semel supposita vel habita ratione constante,
de reliquo infinita puncta vera exhiberi possunt per communem
Geometriam sine interventu ulteriore quadraturarum aut extensio-
num in rectas. Lineae Catenariae mirum et elegantem cum Loga-

*) Act. Erudit. Lips. an. 1692.

rithmis consensum, ex mea constructione animadvertere fortasse non injucundum videbitur. Caeterum a *Dn. Hugenio* (egregii ex Tab. Sinuum compendii nobis spem faciente) observatum est, rem etiam reduci ad summam secantium arcuum, per minima aequaliter crescentium. Idem et a me notatum fuerat, et cum in mentem venisset, ab iisdem pendere et lineae rhombicae seu loxodromicae determinationem in usum nautarum, quam jam multis abhinc annis etiam ex logarithmis definiisse recordabar, excussi veteres schedas, et in proxime praecedente Aprili p. 181 Actorum Erud. hujus anni rem tandem publice exhibui. Contigit autem, ut Clarissimus Basileensium Professor *Dn. Jacob. Bernoullius*, Problematis Catenarii renovator, fraternae solutioni in Junio nupero p. 282 subjiceret etiam loxodromiarum considerationem, ubi multa detexit egregia; dedit etiam constructionem loxodromiae ex supposita quadratura lineae, cujus abscissa et ordinata sint z et x, aequatio vero differentialis ad calculi mei ritum sit $\overline{dx} = \text{trr}\overline{dz}$: $z\sqrt{\overline{rr-zz}}$. Ubi vero videbit, quomodo res a me reducta sit ad quadraturam hyperbolae aut logarithmos, agnoscet credo nunc colophonem quodammodo impositum esse huic disquisitioni, tantumque superesse, ut ad usum practicum captumque popularem magis adaptetur. Elegans est, quod *Dn. Bernoullius* habet, Januarii nuperi p. 16, de curvae partibus quibusdam dissimilaribus inter se aequalibus. Porro Junii p. 283 lineam finitae magnitudinis, infinitos licet gyros facientem, non puto esse interminatam, cum finitae sit aequalis, et motu aequabili finito tempore percurri possit. Haereo etiam circa id, quod ab eodem dictum est mense Januario proximo p. 21, nullius curvae Geometricae in se redeuntis rectificationem (generalem) esse possibilem. Scio alium Virum Clarissimum simili argumento probare instituisse, nullius areae curvae Geometricae in se redeuntis quadraturam indefinitam esse possibilem; visum tamen est Dn. Hugenio non minus quam mihi, rem non esse confectam. Et, ni fallor, dantur instantiae, quibus tamen hujusmodi argumenta applicari possunt. Haec veritatis amore, non contradicendi studio a me notata spero non displicitura, cum aliis egregie dictis nihil detrahant. Ego certe eo sum animo, ut viros praeclare de literis meritos ac merituros lubentissime nec sine voluptate praedicem, hanc eorum laboribus honestissimam mercedem deberi judicans, quae et in futurum incitamento et ipsis et aliis esse potest. Negare non possum, mirifice mihi placuisse, quae Celeb. *Bernoullius* cum ingeniosissimo juvene fratre suo fundamentis calculi novi a me jactis inaedificavit, idque eo magis, quod excepto acutissimo Scoto *Joh. Craigio* nondum mihi occurrerat, qui eo fuisset usus, ipsorum autem praeclaris inventis rem, quam summae utilitatis esse judico et ab ipsis agnosci video, spero latius propagatum iri in usum rei literariae. Nec dubium est, quin ea ratione Analysis Mathematica perfectioni propius admoveatur, et Transcendentia hactenus exclusa ei subjiciantur. Egregie a *Dn. Bernoullio* annotatum est, in omni puncto flexus contrarii rationem inter t et y vel dx et dy esse omnium possibilium maximam vel minimam. Et omnino non dubito, ipsos aliqua detecturos, ad quae pervenire mihi ipsi difficile esset futurum: supersunt enim, in quibus nondum ipsé optata brevitate rem conficere possum. Et quemadmodum mihi, qui in has meditationes occasione *Pascalianorum* et *Hugenianorum* scriptorum potissimum incidi, ad ea pervenire progrediendo licuit, quae ex illis non facile deducentur et quae antea vix sperabantur: ita credo, mea qualiacunque aliis adhuc abstrusioribus occasionem praebitura. Et sane gratulor Clarissimo Bernoullio affinia problemati catenario danti et daturo, si nempe catena sit inaequalis crassitiei, si·funis sit extendibilis, si pro fune gravi adhibeatur lamina elastica, ac denique de figura veli; de quibus vellem mihi cum eo conferre nunc liceret, sed diversissimi generis laboribus distractissimus aegre nuper a me obtinere potui, ut repertam jam ante annum solutionem propositi ab ipso Problematis tandem elaborarem et in ordinem redigerem, quae etiam morae causa fuit. Caeterum quia ipse p. 290 conjicere voluit, qua occasione aut quorum ante me scriptorum auxiliis potissimum ad has meditationes devenerim, placet id quoque candide aperire. Eram ego hospes plane in interiore Geometria, cum Lutetiae Parisiorum Anno 1672 Christiani Hugenii notitiam nactus sum, cui certe viro post Galilaeum et Cartesium et has literas publice et me in ipsis privatim plurimum debere agnosco. Hujus cum legerem librum de *Horologio Oscillatorio*, adjungeremque *Dettonvillaei* (id est *Pascalii*) *Epistolas*, et *Gregorii a S. Vincentio opus*, subito lucem hausi, et mihi et aliis quoque qui me in his novum norant inexpectatam, quod mox speciminibus datis ostendi. Ita mihi sese aperuit ingens numerus theorematum, quae corollaria tantum erant methodi novae, quorum partem deinde apud *Jac. Gregorium* et *Isaacum Barrovium* aliosque deprehendi. Sed animadverti, fontes non satis adhuc patuisse et restare interius aliquid, quo pars illa Geometriae sublimior tandem aliquando ad Analysin revocari posse, cujus antea incapax habebatur. Ejus elementa aliquot abhinc annis publicavi, consulens potius utilitati publicae, quam gloriae meae, cui fortasse magis velificari potuissem methodo suppressa. Sed mihi jucundius est, ex sparsis a me seminibus natos in aliorum quoque hortis fructus videre. Nam nec mihi ipsi integrum erat haec satis excolere, nec deerant alia, in quibus aditus novos aperirem, quod ego semper palmarium judicavi, ac methodos potius, quam specialia licet vulgo plausibiliora aestimavi. Postremo unum adjiciam, etsi ab hoc loco alienum, optare me, ut *Dn. Bernoullius* expendere dignetur, quae circa aestimationem virium *Dn. Papino* altera vice repono, praesertim in fine, ubi detexisse videor fontem erroris popularis. Optime urget Julio nupero p. 321, nihil virium deperdi, quod non alicubi impendatur; sed differunt vires et quantitas motus: et praeterquam, quod quanto firmior obex, eo minus potentiae in ipso perditur, certissimum est, obstacula in data quavis ratione diminui posse, et obstacula attritus seu frictionis non esse proportionalia celeritati (ut monui in *Schediasmate de resistentia*), esse quidem resistentiam medii, sed nihil prohibet fingi oscillationes in loco aëre exhausto, aut medio quantaevis tenuitatis; postremo abstrahendus est animus a circumstantiis variabilibus ad ipsam per se rei naturam indagandam.

VI.

DE LA CHAINETTE, OU SOLUTION D'UN PROBLÈME FAMEUX, PROPOSÉ PAR GALILEI, POUR SERVIR D'ESSAI D'UNE NOUVELLE ANALYSE DES INFINIS, AVEC SON USAGE POUR LES LOGARITHMES, ET UNE APPLICATION A L'AVANCEMENT DE LA NAVIGATION*).

L'Analyse ordinaire de *Viete* et de *Descartes* consistant dans la reduction des problèmes à des équations et à des lignes d'un certain degré, c'est-à-dire, au plan solide, sursolide etc. *Mr. Descartes*, pour maintenir l'universalité et la suffisance de sa méthode,

---

*) Journal des Sçavans an. 1692.

trouva à propos d'exclure de la Géométrie tous les problèmes et toutes les lignes qu'on ne pouvoit assujettir à cette méthode, sous prétexte que tout cela n'étoit que mécanique. Mais comme ces problèmes et ces lignes peuvent être construites, ou imaginées par le moyen de certains mouvemens exacts, qu'elles ont des propriétés importantes et que la nature s'en sert souvent, on peut dire qu'il fit en cela une faute semblable à celle qu'il avoit reprochée à quelques anciens, qui s'étoient bornés aux constructions, où l'on n'a besoin que de la régle et du compas, comme si tout le reste étoit mécanique. *Mr. de Leibniz* ayant remarqué qu'il y a des problèmes et des lignes qui ne sont d'aucun degré déterminé, c'est à dire, qu'il y a des problèmes dont le degré même est inconnu ou demandé, et des lignes dont une seule passe continuellement de degré en degré, cette ouverture le fit penser à un calcul *nouveau*, qui paroit extraordinaire, mais que la nature a reservé pour ces sortes de problèmes transcendans, qui surpassent l'Algèbre ordinaire. C'est ce qu'il appelle *l'Analyse des infinis*, qui est entiérement différente de la Géométrie des indivisibles de *Cavaleri*, et de l'Arithmétique des infinis de *Mr. Wallis*. Car cette Géométrie de *Cavaleri*, qui est très bornée d'ailleurs, est attachée aux figures, où elle cherche les sommes des ordonnées; et *Mr. Wallis*, pour faciliter cette recherche, nous donne par induction les sommes de certains rangs de nombres: au lieu que l'analyse nouvelle des infinis ne regarde ni les figures, ni les nombres, mais les grandeurs en général, comme fait la specieuse ordinaire. Elle montre un algorithme *nouveau*, c'est à dire, une nouvelle façon d'ajouter, de soustraire, de multiplier, de diviser, d'extraire, propre aux quantités incomparables, c'est-à-dire à celles qui sont infiniment grandes, ou infiniment petites en comparaison des autres. Elle employe les équations tant finies qu'infinies, et dans les finies elle fait entrer les inconnues dans l'exposant des puissances, ou bien au lieu des puissances ou des racines, elle se sert d'une nouvelle affection des grandeurs variables, qui est la variation même, marquée par certains caractères, et qui consiste dans les différences, ou dans les différences des différences de plusieurs degrés, auxquelles les sommes sont réciproques, comme les racines le sont aux puissances.

Une partie des élémens de ce calcul, avec plusieurs échantillons, a été publiée dans le Journal de Leipsic, où l'auteur l'a appliquée particulièrement à quelques problèmes géométrico-phy-

17*

siques, comme par exemple à la ligne isochrone, dans laquelle un corps pesant approche uniformément de l'horizon en descendant; à la ligne loxodromique, ou des rhumbs de vent, pour résoudre les plus utiles problèmes géométriques de la navigation, où l'on n'étoit arrivé jusqu'ici qu'imparfaitement par certaines tables subsidiaires; à la résistance des solides ou des liquides, pour avancer la Mécanique, et particuliérement la Balistique; aux loix harmoniques des mouvemens planétaires, pour approcher de la perfection de l'Astronomie; et à d'autres usages de conséquence. Cette méthode fut applaudie et suivie d'abord par quelques personnes habiles. *Mr. Craige* s'en servit en Angleterre; et ensuite *Mr. Bernoulli* Professeur de Bâle, connu par plusieurs belles productions de Mathématique, l'ayant étudiée et en ayant remarqué l'importance, pria l'auteur publiquement de l'appliquer à la recherche de la ligne d'une chainette suspendue par les deux bouts, que *Galilée* avoit proposée, mais qu'on n'avoit pas encore déterminée jusqu'ici.

L'Auteur de la méthode y réussit d'abord, et pour donner aux autres l'occasion d'exercer encore leur méthode, proposa publiquement ce même problème, leur donnant le terme d'un an. Le frère de *Mr. Bernoulli* ayant appris que cette méthode y alloit, la médita de telle sorte, qu'il vint à bout du problème, et donna à connoitre par là ce qu'on doit attendre de lui. *Mrs. Bernoulli* poussèrent même la recherche plus loin, et l'appliquèrent à d'autres problèmes, qui ont de l'affinité avec celui-ci.

De ceux qui ont employé d'autres méthodes, on ne connoit que *Mr. Huygens*, qui ait réussi. Il est vrai, qu'il suppose la quadrature d'une certaine figure. Du reste en ce qui étoit commun aux solutions ou remarques sur cette ligne, il s'est trouvé un parfait accord, quoiqu'il n'y ait eu aucune communication entre les auteurs des solutions; ce qui est une marque de la vérité, propre à persuader ceux qui ne peuvent ou ne veulent pas examiner les choses à fond.

Par la méthode nouvelle le problème a reçu une parfaite solution. *Mr. de Leibniz* qui a été le premier à résoudre ce problème, l'ayant réduit à la quadrature de l'hyperbole, ce que *Mr. Bernoulli* a fait aussi ensuite; mais la construction de *Mr. de Leibniz* donne enfin le moyen de marquer autant de points qu'on voudra de la ligne demandée, en supposant une seule proportion une fois pour toutes, et n'employant du reste aucune quadra-

ture ni extension de courbe, mais les seules moyennes, ou troi-
siémes proportionelles. Et comme c'est tout ce qu'on peut sou-
haiter pour les problèmes transcendans, il sera bon de donner ici
cette construction.

Soient (fig. 121) menées les droites infinies NO(N) horizontale, et OAB verticale. Soient paralléles et continuellement proportionnelles autant qu'on voudra de droites, comme $_2N_2\xi$, $_1N_1\xi$,
OA, $_1(N)_1(\xi)$, $_2(N)_2(\xi)$ etc. dont les distances $_2N_1N$, $_1NO$, $O(N)$,
$_1(N)_2(N)$ etc. soient toujours égales, en sorte pourtant que prenant
$_2NO$ ou $O_2(N)$ égal à OA, soient $_2N_2\xi$ à OA, ou OA à $_2(N)_2(\xi)$ en
raison de D à K, qu'on suppose connue une fois pour toutes, et
tousjours la même. Ainsi appliquant autant de moyennes ou troi-
sièmes proportionnelles qu'on voudra, pourvu que tousjours les intervalles des proportionnelles soient égaux, on aura la ligne loga-
rithmique $\xi A(\xi)$ passant par tous les ξ, où OA étant prise pour
l'unité, et les $N\xi$ étant comme les nombres, les intervalles ON
seront comme les logarithmes. Maintenant prenons dans la verticale OAB une moyenne arithmétique OB entre deux nombres $N\xi$
et $(N)(\xi)$, qui ont le même logarithme ON ou $O(N)$, c'est-à-dire,
dont la moyenne géométrique est l'unité OA: accomplissons les
rectangles BONC, $BO(N)(C)$, et C, (C) seront des points de la chainette demandée FCA(C)L, suspendue aux deux extrémités F et L,
dont le sommet renversé sera A, l'axe OAB, et le paramétre sera
OA, ou l'unité prise arbitrairement; et OB ou NC sera la hauteur
du point de la chainette C au dessus de l'horizontale NC(N); et
BC ou ON logarithme commun des deux nombres $N\xi$, $(N)(\xi)$ sera
la largeur de la chainette à cette hauteur, ou la distance du point
C de l'axe.

Quant aux principaux problèmes qu'on a coutume de chercher
sur les lignes, sçavoir les tangentes, dimension de la courbe, quadrature de son aire, centres de gravité tant de la ligne que de
l'aire, ou dimensions des surfaces et des contenus des solides for-
més par la rotation de la ligne autour de quelque droite qu'on
voudra prendre pour l'axe; on trouvera tout cela renfermé dans
ce peu de paroles qu'on a mises à la figure. *)

---

*) OR = OB, OR — AR = $N\xi$, OR + AR = $(N)(\xi)$, AR = AC,
$\psi\omega$ = CA(C) = bis AC, rectangl. RAO = spat. AONCA, triangl. OAR
et CBT sunt similia. Sint G, P, Q centra gravitatis ipsarum CA(C),
AC, AONCA, fiet $O\vartheta$ + OB = bis OG = quater $O\beta$, et AE = GP = βQ.

Mettons seulement ici l'usage principal de cette ligne, et faisons voir comment elle pourroit servir pour les logarithmes, et toutes sortes de proportionnelles, moyennes ou extrêmes, multiplication, division, règles de trois, ou extractions, pourvû qu'on suppose que cette ligne puisse être décrite physiquement par le moyen d'une chaîne déliée, que je préfère à une corde, laquelle se peut étendre et n'est pas si flexible.

Etant donné le nombre $O\omega$, soit ce nombre, et à l'unité OA, la troisième proportionnelle $O\psi$; et entre $O\omega$, $O\psi$ moyenne arithmétique OB, de B menons à la chainette l'ordonnée BC, et nous aurons le logarithme demandé BC ou ON.

En échange étant donné le logarithme ON, menons de N à angle droit sur ON, la droite de NC, rencontrant la chainette en C; et du centre O du rayon OB, égal à NC, décrivons l'arc de cercle qui coupe AR', horizontale par le sommet A, au point R. Après quoi la différence et la somme des droites OR, AR seront les deux nombres demandés $N\xi$ et $(N)(\xi)$, l'une au dessus, l'autre au dessous de l'unité OA, dont le logarithme commun étoit donné ON. Il resulte encore de ceci et des découvertes de l'auteur de cette méthode sur la loxodromie, qu'il a réduite aux logarithmes, qu'on pourroit résoudre sans tables par la chaînette suspendue, comme par les logarithmes, le plus important problème de la Géométrie de la navigation, qui est: *L'angle de la Loxodromie, ou le rhumb du vent avec lequel on va d'un lieu à un autre, étant donné aussi bien que la différence des latitudes, trouver la différence des longitudes.*

Cela peut servir, parce que dans les grands voyages on peut perdre la table des logarithmes, ou la table logarithmiquement graduée, que *Mr. de Leibniz* a proposée. Mais la chainette y pourroit suppléer en cas de besoin. Pour ne rien dire ici des autres règles qu'il a publiées pour se passer au besoin des tables tant des sinus ou tangentes, que de leurs logarithmes, sans rien perdre de la précision, voici en peu de mots la règle, qu'il a donnée pour les rhumbs ou loxodromies, qui pourra tirer les Hydrographes de l'embarras, où ils témoignent se trouver sur ce sujet.

La différence des longitudes est au logarithme de la raison qu'il y a du nombre $\dfrac{1+e}{1-e}$ au nombre $\dfrac{1+(e)}{1-(e)}$, comme la tangente de l'angle que le rhumb ou la loxodromie fait au méridien, est à un certain nombre constant et perpétuel, qu'on peut marquer une fois pour toutes, supposé que le sinus total soit l'unité, et que e soit le sinus de la latitude plus grande et (e) le sinus de la latitude plus petite. Et s'il y avoit une carte, où les degrés de longitude fussent égaux, les méridiens parallèles et par conséquent les loxodromies représentées par des droites, il faudroit représenter les degrés de latitude dans les divisions du méridien en telle sorte qu'une droite qui couperoit obliquement les méridiens éloignés l'un de l'autre plus prochain d'un même intervalle, par exemple, des méridiens disposés de degrés en degrés, y rencontreroit des latitudes, dont les sinus étant e et le sinus total 1, les nombres $\frac{1+e}{1-e}$ seroient en progression géométrique. Ce qui suffit pour la construction d'une carte graduée comme il faut pour la Marine. On en peut encore construire d'autres sur le même fondement.

VII.

SOLUTIO ILLUSTRIS PROBLEMATIS A GALILAEO PRIMUM PROPOSITI DE FIGURA CHORDAE AUT CATENAE E DUOBUS EXTREMIS PENDENTIS, PRO SPECIMINE NOVAE ANALYSEOS CIRCA INFINITUM.*)

Galilaeus inter caetera praeclara cogitata primus in catenae aut chordae e duobus extremis suspensae figuram inquisivit, etsi quod quaerebat non sit assecutus; nondum enim ejus temporibus eo quo nunc profecerat Geometria, ut talia in potestate essent. Sed nec ab eo tempore solutionem dedit quisquam, donec Cl. Vir Godefridus Guilelmus Leibnitius ea quae sequitur occasione ad hanc meditationem fuit invitatus. Ediderat is Analysin quandam novam circa infinitum a Cavaleriana Geometria indivisibilium et Wallisiana Arithmetica infinitorum plane diversam, nec ut illa a lineis, nec ut haec a numerorum seriebus pendentem, sed generalem, adeoque speciosam seu Symbolicam, in qua loco vulgaris calculi analytici per potentias et radices, adhibetur calculus per differentias

---

*) Aus dem Giornale de' Letterati dell' an. 1692 pag. 128—132. Modena.

et summas, eaque ratione non tantum mira pro tangentibus maximisque et minimis compendia prodeunt, sed et problemata, lineaeque Algebram transcendentes (qualia Cartesius a sua Geometria excludere coactus fuerat, quod receptum calculum non paterentur) ita analysi subjiciuntur, ut lineae vulgo mechanicae appellatae (revera Geometricae transcendentes) aequationibus exprimi queant ad modum ordinarium, et sine imaginationis labore inveniantur in illis, quae alioqui vix multo circuitu patent, imo saepe aliter omnino non patent inquisitioni. Haec methodus cum nonnullis viris egregiis etiam extra Germaniam, in Anglia primum deinde et in Italia, et alibi quoque placuisset, forte accidit ut doctissimus Basileensium Professor Jacob. Bernoullius, multis jam egregiis alterius generis speculationibus mathematicis clarus, in eandem studiosius incumberet, et ab Inventore publice peteret, annon ut per ipsum Autorem jam ad nonnulla Problemata Geometrico-physica feliciter applicata fuerat (velut ad lineam isochronam, in qua grave descendens uniformiter accedit horizonti, ad leges motus planetarum harmonicas, ad resistentias solidorum et liquidorum aestimandas), ita posset adhiberi ad Problema Catenarium Galilaei. Id vero uti expetebatur, ita mox factum est. Nam Leibnitius rem ejus aggressus, statim successum habuit, et ut aliis quoque suarum Methodorum exercendarum occasionem daret, publice pariter et literis extra intraque Germaniam Eruditos invitavit annuo spatio praestituto. Sed nemo sibi successisse inquisitionem significavit praeter Celeberrimum Hugenium, et ipsius Clari Bernoullii Fratrem, accutissimi, ut vel hinc apparet, ingenii juvenem, eo tamen discrimine quod Leibnitiana Methodo (qua et Bernoullius uterque usus est, et collato studio ad alia porro cognata problemata egregie progressus) problema fuerit reductum ad verum suum genus, scilicet simplicissimum quod haberi poterat, nempe ad quadraturam Hyperbolae. Hugeniana autem solutio etsi verissima, supponit tamen quadraturam magis compositam, cujus naturam et reductionem non dabat, ut proinde ex ea de problematis natura et gradu non constet. De caetero egregius ubique apparuit consensus, etsi nulla intercessisset communicatio, non mediocri veritatis indicio apud eos valituro, qui talia per se commode examinare non possunt. Leibnitii autem constructio maxime Geometrica est, nec alia melioris generis dari potest, nam certa quadam proportione semel in universum assumpta, de caetero inveniuntur innumera seu quot lubet puncta lineae quaesitae vera per Geometriam ordinariam sine suppositione quadraturarum, quod in Algebram transcendentibus summum est. Hanc igitur placet paucis subjicere.

Ad rectam infinitam NO(N) (fig. 121) ordinatim angulis rectis applicentur rectae continue proportionales Nξ, OA, (N) (ξ) aequalibus intervallis NO, (N)O, atque ita quidem ut ratio Nξ ad OA sit quae rectarum D et K, quae certa est semperque eadem manens pro lineis catenariis quibuscunque, eaque semel habita cuncta deinde per Geometriam communem procedunt. Quotcunque deinde tertiis vel mediis ad has proportionalibus similiter applicatis (dissectis nempe intervallis, eove semper observato ut continue proportionales aequidistent, ita ut ex. gr. sit $_1$N$_1\xi$ media proportionalis inter OA et Nξ ut punctum $_1$N medium est recta ON), habebitur linea logarithmica ξA (ξ) transiens per omnia puncta ξ et per A, ubi OA existente unitate, et quibuscunque applicatis Nξ consideratis ut numeris, erunt abscissae seu intervalla ON ut logarithmi. Jam in recta OAB quantum satis producta sumatur OB media arithmetica inter duos numeros Nξ, (N)(ξ) communi Logarithmo praeditos seu mediam Geometricam habentes unitatem, et compleantur rectangula BN et B(N), erunt Puncta C et (C) in linea catenae quaesita CAC, cujus vertex (inversus) erit A, parameter AO, unitas scilicet pro arbitrio assumpta, et OB vel NC (media arithmetica inter Numeros Nξ, (N)(ξ) Geometricam mediam habentes unitatem) erit puncti catenae C altitudo supra horizontalem ductam per O; at BC vel ON logarithmus numerorum erit catenae ibi latitudo seu a medio recessus puncti C. Tangentes autem et dimensio curvae et quadratura areae et centrum gravitatis tam lineae quam areae, adeoque superficies, et contentas solidorum rotatione genitorum circa rectam quamcunque pro axe sumptam, habentur ex paucis adscriptis ad figuram. Caeterum catenula chordae praestat, quia pondere non ita facile extenditur, flectiturque facilius.

Nunc usum subjicere placet, quomodo per lineam catenariam in plano ope catenulae suspensae physice descriptam possint inveniri Logarithmi, et quotcunque mediae proportionales adeoque multiplicatio, divisio, regula aurea, et quaecunque radicum extractio. Nempe dato numero Oω, sit ipsi et unitati OA tertia proportionalis Oψ, et inter Oω, Oψ sit media arithmetica OB, ex B ad catenariam lineam ducatur ordinata BC, habebitur Logarithmus BC vel ON. Rursus dato Logarithmo ON, ex N angulo ad ON recto usque ad

catenariam CA(C) ducamus NC, aut altitudinem sumamus OB, eique
aequalem OR, ita ut R sit in horizontali ducta per verticem A; quô
facto differentia et summa rectarum OR et AR erunt numeri quaesiti duo Nξ et (N)(ξ), logarithmum habentes ON datum.

---

6. G. LEIBNITII solutio problematis a Galilaeo primum propositi
de natura et usu Lineae, in quam Catena vel Funis (extensionem non mutans) se proprio pondere curvat.

Catenariae lineae FCA(C)L latitudo C(C) est Logarithmus
ON duplus. Altitudo NC vel OB est media arithmetica inter duos
ejusdem Logarithmi numeros Nξ et (N)(ξ), quorum scilicet media
Geometrica est unitas OA, ita ut si O$_2$N = OA, sit OA ad $_2$N$_1\xi$
in ratione certa hic exposita D ad K. Hinc ope catenae vel funiculi sine omni calculo licet invenire Logarithmos ex numeris, et
numeros ex logarithmis. Praeterea pro tangentibus, dimensione
lineae, spatii, et centris gravitatis utriusque inveniendis, sunt:
OR = OB; OR — AR = Nξ; OR + AR = (N)(ξ); Triangula OAR
et CBT sunt similia, AR = AC; $\psi\omega$ = CA(C) = bis AC; Rectang.
RAO = spat. AONCA. Sint G, P, Q centra gravitatis CA(C), AC,
AONCA, et erit Oϑ + OB = bis OG = quater Oβ, et AE = GP = βQ.

VIII.

DE LINEA EX LINEIS NUMERO INFINITIS ORDINATIM DUCTIS INTER SE CONCURRENTIBUS FORMATA EASQUE OMNES TANGENTE, AC DE NOVO IN EA RE ANALYSIS INFINITORUM USU.*)

Ordinatim applicatas vocare solent Geometras rectas quotcunque inter se parallelas, quae a curva ad rectam quandam (directricem) usque ducuntur, quae cum ad directricem (tanquam axem)
sunt normales, solent vocari *ordinatae* $\varkappa\alpha\tau'$ $\dot{\varepsilon}\xi o\chi\dot{\eta}\nu$. Desarguesius
rem prolatavit, et sub ordinatim applicatis etiam comprehendit rectas
convergentes ad unum punctum commune, aut ab eo *divergentes*.

---

*) Act. Erudit. Lips. an. 1692.

Et sane parallelae sub convergentibus aut divergentibus comprehendi possunt, fingendo punctum concursus infinite ab hinc distare. Verum quia multis aliis modis fieri potest, ut infinitae duci intelligantur lineae secundum legem quandam communem, quae tamen non sint parallelae, vel convergentes ad punctum omnibus commune, aut a puncto omnibus communi divergentes, ideo nos tales lineas generaliter vocabimus *ordinatim ductas* vel ordinatim (positione) datas. Exempli causa, si speculum aliquod, vel potius sectio ejus a plano per axem, cujuscunque figurae positione datae, radios solares sive immediate sive post aliam quandam reflexionem aut refractionem advenientes reflectat, isti radii reflexi erunt infinitae lineae rectae ordinatim ductae, et dato quovis puncto speculi (caeteris manentibus) dabitur radius reflexus ei respondens. Verum ego sub ordinatim ductis non tantum rectas, sed et curvas lineas qualescunque accipio, modo *lex* habeatur, secundum quam dato lineae cujusdam datae (tamquam ordinatricis) puncto, respondens ei puncto linea duci possit, quae una erit ex ordinatim ducendis seu ordinatim positione datis. Ordine enim percurrendo puncta ordinatricis (verbi gratia lineae, cujus rotatione fit speculum paulo ante dictum, seu sectionis ejus per axem), ordine prodibunt lineae illae ordinatim datae. Porro etsi eae non concurrant omnes ad unum punctum commune, tamen regulariter duae quaevis tales lineae *proximae* (id est infinitissime differentes, seu infinite parvam habentes distantiam) concurrunt inter se, punctumque concursus est assignabile, et his concursibus ordinatim sumtis, nova prodit *linea concursuum*, quae est omnium concursuum inter proximas locus communis, habetque hoc egregium, quod omnes ordinatim ductas, quarum concursu formatur, tangit, quam proprietatem cum meditantibus satis appareat, demonstrare hic non est opus. Talis est *linea evolutione generans*, ea enim omnes rectas ad curvam evolutione generatam perpendiculares tangit, ex *Hugeniano* invento. Tales sunt lineae plures *coëvolutione generantes*, quas Dn. D. T. excogitavit, et *quasi Foci* ab eodem introducti, cum concursus radiorum non fiunt in puncto, sed in ejus locum *Focus* est *linearis*, concursu saltem duarum proximarum quarumcunque formatus. Sed cum haec non nisi ad rectas pertineant, sciendum est aliquid analogum et in curvis locum habere. Ita linea reflectens, quae radios secundum quamcunque praescriptam legem a lucido vel speculo aut lente (una pluribusve) datarum figurarum venientes reddit iterum convergentes (divergentes, aut

parallelas), cujus constructionem in his Actis dedimus *), formatur
ex concursu infinitarum ellipsium (hyperbolarum, aut parabolarum).
Et hinc quoque methodus haberi poterat, problema illud prima
fronte tam difficile solvendi: nam infinitae illae ellipses sunt ordinatim positione datae, adeoque et linea concursuum data est seu
haberi potest. Et haec methodus ad multa alia praestanda aditum
praebet, quae alias vix videbantur esse in potestate. Quae enim
causa est, cur viam hanc novam Geometris aperire voluerim. Res
autem pendet a *nostra Analysi indivisibilium*, et calculus hujus
methodi tantum applicatio est nostri calculi differentialis. Nempe
constituta semel aequatione locali (seu ad curvam lineam, unam
ex ordinatim datis) sed generali (legem omnibus communem exhibente), hujus aequationis jam quaeratur aequatio differentialis, modo
mox dicendo, et ope harum aequationum habetur quaesitum. Et
quidem cum linea alicujus curvae ad punctum quodcunque in ea
datum quaeritur tangens, tunc etiam tantum opus est *aequationem*
ejus curvae *differentiare*, seu quaerere aequationem, quae sit differentialis ad aequationem curvae localem, sed tunc *parametri* seu
rectae magnitudine *constantes*, lineae constructionem vel aequationis
pro ipsa calculum ingredientes, quae per *a*, *b* etc. designari solent,
censentur unicae seu *indifferentiabiles*, quemadmodum et ipsa recta
tangens vel aliae nonnullae *functiones* ab ea pendentes, verb. gr.
perpendiculares ad tangentem ab axe ad curvam ductae. Verum
tam *ordinata*, quam *abscissa*, quas per *x* et *y* designari mos est
(quas et *coordinatas* appellare soleo, cum una sit ordinata ad unum,
altera ad alterum latus anguli a duabus condirectricibus comprehensi) est *gemina* seu *differentiabilis*. Hic vero in nostro calculo
praesenti cum non quaeritur tangens quaecunque unius curvae in
quocunque ejus puncto, sed tangens unica infinitarum curvarum
ordinatim ductarum, unicuique in suo puncto respondenti occurrens, adeoque cum quaeritur uni ex his curvis assumptae respondens punctum contactus, tunc contrarium evenit, et tam *x* quam *y*
(vel alia functio ad punctum illud determinandum aequivalens) est
unica; sed aliqua minimum parameter *a* vel *b* debet esse *gemina*
seu differentiabilis, ea nimirum, qua variata etiam variantur curvae
ordinatim datae. Et quidem, licet unius curvae plures possint esse
rectae constantes seu parametri (exempli causa ellipsis omnis et

---

*) De Lineis opticis et alia. Act. Erudit. Lips. an. 1689.

hyperbolae pleraeque habent duas, cum parabola et circulus habeant tantum unicam), tamen hic semper oportet ex datis eo rem tandem posse deduci, ut unica tantum supersit *constans* (in eadem curva), *variabilis* (pro diversis), alioqui modus ordinatim eas ducendi non satis est determinatus. Interim nihil impedit cum plures dantur aequationes determinantes, considerari plures parametros ut differentiabiles, cum etiam plures aequationes differentiales pro ipsis determinandis haberi possint. Et plerumque datur *constantissima* (una vel plures) seu parameter communis omnibus ordinatim ducendis, adeoque litera eam designans in calculo differentiali etiam manet indifferentiabilis. Hinc patet, eandem aequationem posse habere diversas aequationes differentiales, seu variis modis esse differentiabilem, prout postulat scopus inquisitionis. Imo fieri posse expertus sum, ut plures modi differentiandi eandem aequationem jungantur inter se. Haec omnia explicanda essent distinctius atque exemplis illustranda, si institutiones quasdam novae nostrae *Analyseos infinitorum* tradere vellemus; sed ea res nec hujus est loci nec temporis nostri. Et qui priora nostra intellexerint, ac porro meditari volent, ad haec quoque non difficulter pertingent, et eo quidem jucundius, quod in partem inventionis venire sibi videbuntur. Vocabulis utor subinde novis, sed quae ipse contextus explicat, neque ego in verbis facile novare soleo, nisi cum evidens est fructus, non tantum ad brachylogiam (alioqui enim vix licuisset haec sine multiplici calculo tradere), sed et ad quandam, ut ita dicam, admonitionem atque excitationem mentis, atque universalia animo concipienda.

IX.

AENIGMA ARCHITECTONICO - GEOMETRICUM FLORENTIA TRANSMISSUM AD G. G. L. ATQUE AB HOC CUM SOLUTIONE REMISSUM AD MAGNUM PRINCIPEM HETRURIAE. A. MDCXCII.

SERENISSIMO HETRURIAE MAGNO PRINCIPI.

Quam dudum optavi occasionem testandae devotionis, eam Tuo beneficio nunc tandem, DOMINE, sum consecutus. Nam ex quo coram in Te venerari datum fuit excelsum animum, effusam humanitatem, divinam ingenii aciem, et (ne cetera meas laudes supergressa verbis deteram) hereditariam ac jam coelo inscriptam a Galilaeo inclytae Gentis Tuae, humanum genus per scientiarum incrementa demerendi gloriam qua magnum Patrem Avumque plus quam aemularis; ab eo tempore semper ardebat animus publicare admirationem meam. Sed visum est, quae nunquam satis laudantur, tutius silentio coli; neque is mos est mihi, ut scriptis facile obstrepam, donec jussu (ut apparet) Tuo ad me delata Quaestio Geometrica, jus eloquendi censa animi, ipsa loquendi necessitate fecit.

Aenigma est perelegans, quod mitti curasti, et fructuosum ad augmenta scientiae; nam solutio ejus occasionem mihi dedit, innumerabilibus modis superficiei sphaericae partes non in plana tantum, sed et in quadrata redigendi, et quod idem est, absoluta ratione mensurandi, quod nescio, an cuiquam obtigerit ante natam quaestionem, Tuis nunc auspiciis in medium propositam. Lunulam quandam suam quadravit Hippocrates Chius, jam Aristoteli celebratam; sed illa plana est, nec curvitatem nisi in peripheria habet: Lunulae vero Sphaericae (quas et Carbasa appellare placet) nuspiam recto applicari possunt, et tamen nunc in figuram rectilineam convertuntur. Nec difficilis fuit Hippocratis indagatio: nostra est multo abstrusior, praesertim novas artes, quibus utimur, ignoranti. Et credibile est, Hippocratem illum in suum inventum incidisse, antequam quaereret, quod magis Syntheseos est: Nos propositam aliunde quaestionem promte dissolvimus, quod Analytici officium esse constat. Arctis etiam limitibus Hippocratis epicherema continetur; nam unico tantum casui eique simplicissimo par fuit; nec videtur assecutus, quod facile quidem, sed nostro tamen aevo primum repertum est, datis duobus Sectoribus communem chordam habentibus posse quadrari Lunulam, modo anguli Sectorum sint in ratione duplicata reciproca radiorum. Nobis ita obsecundavit materia, ut a data superficie sphaerica, fornices datae magnitudinis (infra certam tamen magnitudinem consistentes) abscindere possimus, quod est, propositum problema construere infinitis modis.

Si quid autem praestitimus, primas gratias Tibi, SERENISSIME PRINCEPS, deberi censeo. Nam Autor quaestionis a Tua propensione ad scientias videtur animos sumsisse: Ego vero (fatebor enim) nisi Tua impulisset autoritas, non facile ad hanc disquisitionem accessissem, distractissimus per tot alia laborum, qui a me passim exiguntur, et in Geometricis non tam problemata specialia, nisi singulari utilitate commendentur, quam generales methodos aestimare solitus. Secundas vero gratias ipsi Autori quaestionis deberi agnosco; tertio loco ipse contentus: nam cum solverit nodum, ut ipse profitetur in programmate, quod non utique pusilli Geometrae esse censeo, quicquid istius modestia profiteatur, non tantum primitias sibi jure vindicat, sed etiam occultata licet solutione, fecit tamen ut alii intelligerent, quid fieri queat in quo magnum est inveniendi subsidium, tametsi me quoque dudum aditum ad ista quendam Analyseos observasse recorder. Sed exequendi neque otium, neque adeo voluntas admodum fuit, in tanta copia eorum, quae dudum in potestate habeo premoque, sive affecta in schedis, sive animo tantum designata, neque unquam proditura, nisi (in tanta brevitate temporis et rerum varietate) accedant auxiliares manus, aut peculiaris alicubi causa illuc potissimum vertet mentem.

In his (ut Geometrica tantum nunc memorem) illud non infimum est (quod constitui dudum, nec parum jam editis praeceptis speciminibusque promovi), Analysin novo quodam calculi genere extendere ad altiora illa et Algebram Transcendentia, in quibus hactenus haesit Geometria, etiam post publicatas Cartesii artes. Atque istis quidem speciminibus etiam haec solutio poterit annumerari. Mihi in votis est, nec conspirantibus aliis desperatum, perfecta (si potissima spectemus) Analysi eo reductam videre Geometriam, ut absolutum hac difficultate humanum genus, in ipsa natura concretisque corporibus majore fructu ac voluptate imposterum Mathesin exerceat suam, agnoscat Divinam. Quod si acies hominum, vera methodo velut armata, eo sese convertet serio, non dubito aliquando magna et mira proditura ad superandos morbos, ad augendas vitae commoditates, ad cognoscenda DEI miracula, in natura edita, eaque in re vel hujus seculi, ac vestrae Domus praeclarissimo experimento animamur. Videturque nunc sese paullatim aperire major quaedam inveniendi Ars, ne suspicione quidem libata anterioribus, in tantum mentibus futura auxilio, in quantum vestris illis Perspicillis ac Tubis vis oculorum adjuvatur.

Equidem vereor, ne tantas res magis praeparemus posteris, quam ipsi gustemus. Sed hoc culpa hominium praesentium fieri arbitror, tam perfunctorie tractantium necessaria, tam curiose agitantium vana, imo damnosa. Sane cum illa specto, quae jam tum, hoc praesertim aevo, in potestate sunt mortalium ad augendam felicitatem suam multaque mala depellenda, aegre seculo possum ignoscere, et voluntariam coecitatem velut gravissimam irati coeli poenam deploro. Nam si expergisceremur, possemus ipsi fructus laborum percipere, et paucorum annorum compendio aliquot ventura saecula praevenire. Huic communi malo mederi, maxime Principum est, sed magnorum, sed Tui similium, quales utinam multos haberet Orbis! A Te certe quantum pollicear communi hominum utilitati ac profectui, malo alii hoc loco ex silentio meo intelligant, quam invitae aures Tuae ferant. Et cavendum jam est, ne Epistola ad Te mea fiat ipsa tractatione Tibi destinata prolixior, quamquam talia spatio verborum aestimari non debent, nec quicquam facilius est, quam in magnum volumen diffundere, quae paucis indicare contenti sumus. Vale, SERENISSIME PRINCEPS, cum magno Patre, et inclyto Fratre, summae ad omnia, et ut verbo dicam, vestrae indolis Principe, et quod aliquoties etiam absenti, antea per Baronem Bodenhusium nostrum, his ipsis studiis excellentem, nuperrime etiam per illum totius Europae eruditae commercio celebratum Magliabecchium vestrum, insignes Viros et mihi amicos, nuntiari curasti, gratiam mihi Tuam serva. Dabam Hanoverae d. 28 Maji A. 1692.

AENIGMA GEOMETRICUM DE MIRO OPIFICIO
Testudinis Quadrabilis Hemisphaericae
A D. PIO LISCI PUSILLO *) GEOMETRA propositum die 4. April. A. 1692.

Cujus divinatio a secretis artibus illustrium Analystarum vigentis aevi exspectatur, quod in Geometriae purae Historia tantummodo versatus, ad tam recondita videatur invalidus.

Inter venerabilia eruditae olim Graeciae monumenta extat adhuc, perpetuo equidem duraturum, Templum augustissimum ichnographia circulari, ALMAE GEOMETRIÆ dicatum, quod Testudine intus perfecte hemisphaerica operitur; sed in hac fenestrarum quatuor aequales areae (circum ac supra basim hemisphaerae ipsius dispositarum) tali configuratione, amplitudine, tantaque industria ac ingenii acumine sunt extructae, ut his detractis superstes curva Testudinis superficies, pretioso opere musivo ornata, Tetragonismi vere geometrici sit capax.

Quaeritur modo, quae sit, qua methodo quave arte pars ista hemisphaericae superficiei curvae quadrabilis, tensae ad instar carbasi, vel turgidi veli nautici, ab Architecto illo Geometra fuerit obtenta? et cui demum plano geometrice quadrabili sit aequalis?

Praesentis aenigmatis enodatio (quod spectat ad hujus admirabilis Fornicis tum Constructionem expeditissimam, tum Quadraturam) *Serenissimo* FERDINANDO *Magno Principi Etruriae*, scientiarum et nobiliorum artium *Cultori ac Patrono Generosissimo*, ab eodem Aenigmatista oblata jam est; qui quidem simul non dubitat, quin hoc ipsum aenigma a singulis literario in orbe degentibus hodie praeclarissimis Analystis sit statim divinandum, proprias quadrationes impertiendo singularis Testudinis hujus tetragonismicae ab hemisphaerica dissectae, et ipsorum per acutas indagines multiplicesque industrias ad hoc unum idemque geometricum collimantes impatienter expectat, ut hinc, qui temere contumelias in Geometriam jacere audent, silere discant, vel potius maxima cum voce exclament: *O unica verorum sciscitabilium Scientia* & *Divina* in hominum *mente* infusa, ut haec imperviis, mutabilibus, fallacibusque contemtis, aeterna ista, quae semper et unicuique sunt eadem, tantum appetat, nilque aliud unquam magis innocuum scire perquirat.

---

*) Diesen Namen hatte *Viviani*, der die Aufgabe vorlegte, angenommen.

Aenigma a G. G. L. solutum est 27. Maji styli novi 1692, ea scilicet die, qua ad eum pervenit, et proximo cursore, id est tertia abinde die, cum hac solutione et Epistola ad Magnum Principem Hetruriae remissum. Solutio autem haec est.

Superficiem Sphaerae Archimedes demonstravit aequalem esse circulo, cujus diameter sit dupla diametri Sphaerae. Idem viam ostendit, qua portio quaecunque Sphaerae, arcus circuli rotatione genita adeoque vel uno circulo abscissa vel duobus comprehensa, ad circulos et circuli portiones reduci potest. Triangulum Sphaericum tribus circulis magnis contentum dudum dimensi sunt Geometrae. Nam quadrupla Trianguli area est ad superficiem Sphaerae, ut summa angulorum, duobus rectis minuta, est ad duos rectos. Hinc jam, cum dentur et triangula duobus circulis magnis et uno minore ambos normali comprehensa, facile habentur etiam illa, in quibus anguli sunt qualescunque; imo in triangulo jam magnitudine dato, alium circulum ex aliquo ejus angulo educendo, dantur et triangula comprehensa uno magno et duobus minoribus, ac denique tribus circulis quibuscunque. Sed majus aliquid hic agitur, ut scilicet mensurentur portiones superficiei sphaericae aliis quoque lineis contentae, et quod potissimum est, ut assignentur, quae sint absolutae quadrabiles. Videram dudum patere ad haec aditum, sed non omnia vacat agere; itaque non attigi, donec nuper Reverendissimus et Illustrissimus Abbas *de Monte acuto*, Magni Ducis Hetruriae Ablegatus ad aulam Caesaream, jussu Serenissimi Domini sui hoc mihi elegantissimum aenigma Geometricum typis editum attentandum misit. *Quaeritur forma Templi Hemisphaerici, sed quatuor aequalibus ac similibus similiterque positis fenestris ita interrupti, ut his detractis reliquam hemisphaericae superficiei sit absolute quadrabile.* Hunc nodum aggressus ea ipsa, qua literas accepi, die solvi, et quidem infinitis modis, neque enim determinatum problema est. Non tamen ideo facile putari debet, aut solutu indignum; sed rem paucis exponere operae pretium erit, additis etiam nonnullis, quae longissime ultra quaesitum extenduntur.

(1) Si sphaerica superficies in Elementa resolvatur ductis meridianis et parallelis, areolae Elementares inter duos meridianos duosque parallelos comprehensae erunt in ratione composita elementorum aequatoris inter meridianos et elementorum axis inter parallelos, aequalesque productis ex his elementis in se invicem respective ductis, ita fig. 130 areola LN ad areolam NR in ratione

composita HG ad GQ et ST ad TV. Quod secundum meam *Analysin infinitorum differentialem* ita apparet, si PK vel KH sit radius r, et PL arcus sit a, et ejus sinus versus PS sit x, et sinus rectus LS sit y, et QH sit v, fiet LM, da, et ST, dx, et GH, dx, et NM, ydv : r et da = rdx : y. Jam areola LN est NM in LM, ergo est dvdx. Haec prolixius non explico, quod mea principia tam *Geometriae incomparabilium*, quam *Analyseos infinitorum* in Actis Eruditorum jam prodiere.

(2) Iisdem positis, trilineum elementare duobus meridianis et elemento paralleli comprehensum aequatur rectangulo sub sinu verso graduum meridiani et elemento aequatoris inter meridianos intercepto. Nempe in eadem figura 130 PMNP aequ. PT in GH, seu superficiei cylindricae elementari GHAD. Nam quia LMN aequ. dv dx per praecedentem, ergo trilineum elementare sphaericum PMNP, quod est summa omnium hujusmodi areolarum inter P et M (manente semper eadem dv) seu $\int dx\,dv$ erit xdv.

(3) Trilineum in superficie sphaerica duobus arcubus meridianorum (seu circulorum magnorum) et linea alia quacunque subtendente comprehensum aequatur portioni superficiei cylindricae, cujus basis sit arcus aequatoris inter meridianos interceptus, ipsa autem superficies formetur, dum puncto, quo quisque meridianus secat aequatorem, normaliter ad planum aequatoris insistit recta, aequalis sinui verso graduum meridiani, inter polum et lineam subtendentem interceptorum. Nempe in eadem fig. 130 dum respective aequantur HF, GD, QB ipsis PS, PT, PV, et ita in reliquis punctis, tunc portio superficiei cylindricae HQBF (seu superficies ungulae) aequatur trilineo in superficie sphaerica descripto PMRP, nam quia (per praecedentem) FHGD aequatur ipsi PMNP, et DGQB ipsi PXRP, et ita in caeteris quotcunque, consequens est tota totis aequari, PMRP ipsi HQBF.

(4) Superficies cylindrica, quae fit, dum sinus recti punctis respondentibus arcus circuli normaliter ad planum circuli insistunt, aequatur rectangulo sub radio et portione axis inter sinus rectos extremos intercepta, et proinde quadrari absolute potest. Ita in fig. 131 si ubique BC sit aequ. AB, superficies cylindrica B(B)(C)C aequabitur rectangulo sub radio et A(A). Haec propositio etsi ex calculo nostro paulo ante posito statim derivari possit, quia tamen dudum innotuit Geometris, non est cur immoremur. Videantur qui de linea Sinuum et Cycloide egere.

(5) Quadratura Carbasi seu Lunulae sphaericae modis descriptae, Res nova. Sit in figura 132 hemisphaericae superficiei quadrans PDQSAEP, unde abscindatur carbasus seu Lunula sphaerica PEALλP per lineam ALLP ita in sphaerica superficie ductam, ut ducto meridiano PLS per L, occurrente aequatori in S, sit FS vel FΣ, sinus rectus ipsius QS vel ipsius QΣ arcus aequatoris, aequalis ipsi PB, sinui verso ipsius PNL arcus meridiani. Haec Carbasus integra PEALλP aequatur ipsi plano Kψ, quod est quadratum radii sphaerae. Sed et portio ejus quaecunque habetur. Nam $P_1N_1L_3LP$ aequatur rectangulo $_1F_3M$ comprehenso sub radio et $_1F_3F$, differentia sinuum versorum Q_1F, Q_3F, quos habent extremi arcus aequatoris Q_1S et Q_3S. Haec ita demonstrantur: Rectae Sω aequales ipsis FS vel PB insistant arcui aequatoris QSA normaliter ad planum aequatoris KAQ; ita formabunt scutum ACωQSA, quod est medietas superficiei cylindricae artic. praecedenti descriptae. Jam quoniam Sω aequ. PB, ideo (per artic. 3) carbasi portio $P_1N_1L_3LP$ aequatur scuti portioni $_1S_1\omega_3\omega_3S_1S$, sed haec aequatur rectangulo $_1F_3M$ per act. 4. Similiter tota carbasus PEALλP aequatur toti scuto ACωQSA per (3); et hoc aequatur plano Kψ, quod est quadratum radii per (4), ut proponebatur.

(6) Carbasum sphaericam efficere, quae sit in data ratione ad quadratum radii sphaerae, ratione, inquam, minoris ad majus. Hoc fiet lineam PLLA ducendo sic, ut PB sinus versus ipsius arcus PNL (portionis meridiani PLS) non sit aequalis ipsi FS sinui recto ipsius arcus QS (portionis aequatoris QSA) ut in praecedenti, sed in data ratione minor; unde manifestum est, in eadem ratione et carbasum quadrato radii minorem fore.

(7) Testudinem hemisphaericam aequaliter quadrifenestratam efficere, ita ut hemisphaerii superficies demtis fenestris sit quadrabilis, idque infinitis modis, adeo ut hemisphaerica haec superficies perforata sit in data ratione ad quadratum diametri, ratione, inquam, minoris ad majus, nempe si in Testudinis seu templi hemisphaerici quadrante quovis fiat, quod factum est in quadrante PEASQDP fig. 132. Nam haec hemisphaerica testudo perforata constabit quatuor carbasis, ex quibus una sit PλLAEP, ex fenestris autem quatuor (seu foraminibus) erit una PλLASQDP. Et per artic. 5 fornix seu testudo sic perforata tota aequabitur quadatro diametri (nempe quadruplo quadrati a radio seu carbasi) aut (per 6) erit in data ratione minor, quod erat faciendum. Est autem QA portio basis

seu quadrans horizontis; P, Zenith; PA, PQ quadrantes azimuthales.

(8) Alias testudınes hemisphaericas perforatas quadrabiles efficere. Exempli causa invertatur figura, ut A fiat Zenith et PQ arcus Horizontis, tunc alius fiet quadrans testudinis ex carbaso et fenestra corniculata (ut prius) constans, sed inversis. Aliter invertatur figura, ut fiat Q Zenith, et AP arcus horizontis seu basis, habebitur quadrans testudinis, quae tota constabit ex quatuor muris seu fornicibus, unaque aperlura a summo ad imum quadrifide se diffundente inter muros; sed tamen iisdem positis horizonte et Zenith·, testudinem quoque quadrifenestratam quadrabilem sic efficiemus: Ponamus meridianum $P_2N_2L_2S$ bisecare aequatoris quadrantem QSA, quadrans igitur hemisphaericus PQSAP medietatem $P_2N_2L_2SAEP$ habebit constantem ex carbaso PEA_2L_2NP et apertura A_2S_2LA. Quod si jam idem fiat in altera medietate quadrantis, quae est $P_2N_2L_2SQDP$, ducendo QH_2L lineam aequalem et similem ac similiter positam ipsi A_3L_2L, constabit quadrans hemisphaericus carbaso quadrabili $PDQH_2L_3LAEP$ et apertura QH_2L_3LASQ sive fornice qundrabili et fenestra; et idem faciendo in caeteris quadrantibus, componetur testudo quadrifenestrata, sive P sive Q sive A sit Zenith, quae aequabitur facto ex radio sphaerae, ducto in diagonalem quadrati circulo magno circumscripti.

(9) Haec omnia licebit aliter efficere infinitis adhuc modis. Hactenus feceramus, ut PB esset aequalis ipsi FS, aut in data ad eam ratione: sed innumeris modis haec variari possunt salva quadrabilitate, quot fere modis dantur figurae planae quadrabiles, imo secundum datam quamvis quadraturam. Exempli causa, si punctum L sumatur ita, ut PB (sinus versus ipsius arcus PNL, qui est portio meridiani PLS) sit aequalis differentiae inter tangentem et sinum rectum ipsius arcus QS, carbasi portio $P\lambda_2L_2NP$ aequabitur spatio plano Hyperbolico, quod facile determinari potest ex notissimis. Nam haec differentia in elementum arcus est ut differentia radii a secante ducta in elementum sinus versi, quam ex Hyperbolae quadratura pendere constat. Sed et, si quaeratur *constructio carbasi quadraturae datae*, res praestari potest, exempli causa ut portio $P\lambda_2L_2NP$ aequetur dimidio quadrato QF. Quaeritur PB; fiet summ. PB in $_1S_2S$ aequ. dimidio quadr. QF; ergo PB in $_1S_2S$ aequ. QF in dQF, adeoque PB ad QF (ut $_1S_2S$ ad dQF seu ut $_1S_2S$ ad $_1F_2F$, hoc est) ut QK ad SF. Itaque si fiat PB ad QF ut QK

ad SF, dicta portio aequabitur dimidio quadrato Q_2F, et tota carbasus dimidio quadrato radii. Quin et si sit PB aequ. KF, aequabitur iterum carbasus quadrato radii. Sed et portio ejus quaevis inter meridianos facillime quadratur.

Scholium. Non inelegans nec inutile futurum erat, testudinum formas delineationibus exprimere, sed temporis brevitas effecit, ut Geometricis oculis scribere contenti nunc essemus. Addi et hoc non inutile erit, posse etiam simili Methodo quaeri KB (pro PB) sic ut portiones potius versus aequatorem, quam versus polum quadrentur; posse etiam in unum addi areolas, non ut hactenus inter duos meridianos, sed inter duos parallelos comprehensas; et zonam elementarem sphaericam fore vdx, et inde quadrabilem carbasum orituram, prout arcus QS in rectam extensus et in B ipsi PK normaliter applicatus figuram quadrabilem praebet. Sed haec atque similia ex positis comminisci facile est; unde fieri potest, ut constructiones etiam elegantiores aliquando nostris nascantur.

X.

NOUVELLES REMARQUES TOUCHANT L'ANALYSE DES TRANSCENDANTES, DIFFÉRENTES DE CELLES DE LA GÉOMÈTRIE DE M. DESCARTES.*)

Il n'est pas mal-aisé à ceux qui sont versés dans l'Algébre ordinaire, de calculer par des exposans en lettres, tout comme en nombres, lorsque ces lettres ou ces nombres signifient les grandeurs connues. Mais lorsqu'elles signifient les grandeurs mêmes qu'on demande, ou qui ne sont pas déterminées, personne n'a encore montré la façon d'y calculer. Dans le second mois de la première année des Actes de Leipsic **), je proposai cet exemple aisé, il y a déjà dix ans. Soit l'équation $x^x + x = 30$, on demande la valeur du nombre x. Il est visible que 3 y satisfait, car $3^3 + 3$, c'est-à-dire $27 + 3$ fait 30. Mais comme il arrive souvent que la grandeur demandée n'est pas trouvable en nombres rationels, comment faire? Je réponds qu'alors elle n'est pas même trouvable en

---

*) Journal des Sçavans de l'année 1692.

**) Siehe die Abhandlung: De vera proportione circuli ad quadratum circumscriptum in numeris rationalibus.

grandeurs ou nombres irrationels, qui se puissent obtenir par la Géométrie ordinaire, ou par les méthodes de la Géométrie de *Mr. Descartes*. Car une telle équation n'est d'aucun degré connu; et le problème ne sçauroit être plan, ni solide, ni quarré-quarré, ni sursolide etc. Et par conséquent pas une des lignes que *Mr. Decartes* veut que nous croyions seules géométriques, ne le peut construire. Ainsi il faut recourir aux lignes d'une nouvelle espèce, que j'appelle transcendantes, parce qu'il n'y a point de degré qu'elles ne passent. J'ajouterai qu'encore les tetragonismes (excepté certain cas) dépendent de ces courbes et de ces équations transcendantes. Et *Mr. Decartes* a été obligé d'exclure toutes ces choses de sa Géométrie, pour maintenir ce qu'il avoit avancé, que tous les problèmes géométriques se peuvent résoudre par sa methode, ce qui n'est point. Je mettrai ici un exemple de la solution d'un tel problème par les logarithmes. Comme il est aisé, il servira à me faire mieux entendre.

Soit $c^x = a$, $b^{\frac{x-1}{\cdot}}$, on demande x. Je reponds que ce nombre sera égal à ce qui provient, lorsque le logarithme d'a moins le log. de b est divisé par le log. de c moins le dit log. de b. En voicy le calcul. En vertu de l'équation donnée et par la nature des logarithmes il y a : x , log. $c = $ log. $a + \overline{x - 1}$ log. b. Donc x, log. $c - x$, log. $b = $ log. $a - $ log. b, et par conséquent x est log. a — log. b divisé par log. c — log. b. On a rencontré de tels exemples, en raisonnant sur l'intérêt.

XI.

GENERALIA DE NATURA LINEARUM, ANGULOQUE CONTACTUS ET OSCULI, PROVOLUTIONIBUS, ALIISQUE COGNATIS, ET EORUM USIBUS NONNULUS. *)

Cum nihil mihi sit gratius, quam qualiacunque tentamina mea Viris egregiis digna videri quae perficiantur, perplacuere quae clarissimus Basileensium Professor Bernoullius de linearum osculis nupero Martio in Actis Erud. publicavit. **) Cumque animadverte-

---

*) Act. Erudit. Lips. an. 1692.

**) Es ist dies die Abhandlung von Jac. Bernoulli: Additamentum ad solutionem Curvae Causticae Fratris Joannis Bernoulli, una cum Meditatione de Natura Evolutarum et variis osculationum generibus.

rem cogitationes quidem nostras in summa ipsi probari, nonnulla tamen aliter constituenda judicari, quod adeo non aegre fero, ut quoties doceor, in lucro ponam; meum esse putavi, rem denuo examinare, paratissimo ad retractandum animo, si monitis contrariis Doctissimi Viri locum dari posse deprehendissem.

Statueram ego, *contactum* continere duas intersectiones coincidentes; *osculum* continere plures contactus coincidentes, et osculum quidem primi gradus esse, quando coincidunt contactus duo seu intersectiones quatuor; osculum secundi gradus, quando coincidunt intersectiones sex aut contactus tres etc., et circulum osculantem, sive maximum aut minimum tangentium intra vel extra in proposito puncto circulorum (qui scilicet omnium tangentium proxime ad curvam accedit) esse curvedinis mensuram et definire quantitatem anguli contactus, ita ut angulus contactus duarum linearum se tangentium sit idem qui circulorum ibi eas osculantium. Et in lineis, quas circulus in pluribus punctis secare potest, altiora etiam oscula posse oriri, cum omnes intersectiones in unum coalescunt, atque ita aliquando in casu maximae vel minimae curvedinis, seu transitus a curvedine crescente ad decrescentem, vel contra, coincidere oscula duo seu contactus quatuor, intersectiones octo. Observavi etiam postea, centrum circuli curvam propositam osculantis semper cadere in lineam, quae evolutione fili propositam generare potest, et unicam (suae seriei) esse perpendicularem illam, quae ex centro osculantis circuli ad lineam duci possit, sive unicam esse *unicam,* hoc est unicam esse maximam vel minimam ex eodem puncto ad curvam educibilem, cum ex aliis punctis intra curvam plures, et duae saltem perpendiculares, id est in sua serie maximae vel minimae, seu *duae suae seriei unicae* ad curvam duci possint. Et cum constet, aliam atque aliam lineam evolutione describi, prout filum producitur longius, animadverterem olim (ut hoc obiter dicam) eas quas *Dn. Bernoullius* nuper vocavit condescriptas esse *parallelas* inter se, ita ut una sit ab alia ubique aequidistans (seu aequalis ubique minimi intervalli, quod est recta minima ab una ad aliam ducenda) vel ut recta perpendicularis ad unam sit alteri quoque perpendicularis, quae dudum mihi fuit definitio *parallelismi* in genere sumti. Hanc nostram curvedinis mensuram usumque Evolutarum etiam primo Evolutionum inventori celeberrimo *Hugenio* placuisse, ex solutione catenariae lineae animadverti. Porro cum tres intersectiones circuli et curvae coincidant, notavi

flexum oriri contrarium, id est contactum sumtum cum intersectione, quemadmodum et coincidentes intersectiones quinque dant
contactum cum flexu contrario coalescentem seu intersectionem cum
osculo primi gradus, et intersectiones septem coincidentes dant flexum contrarium cum simplici osculo seu osculum secundi gradus
cum intersectione coalescens. Unde intelligitur, quotcunque intersectiones coincidentes in contactus, oscula aut flexus contrarios
resolvi posse. Et quidem in contactu vero atque osculo recta vel
circulus lineam ab utraque parte tangit extrorsum, vel ab utraque parte introrsum; sed in flexu contrario unam partem tangit
extrorsum, alteram introrsum, et ita compositum non tangit, sed
secat.

Causam quoque, cur linea evolutione generans locus sit centrorum omnium circulorum lineam propositam osculantium, ita
explicare mihi videbar: Sumantur duo puncta curvae A et B, et
ducantur rectae ad curvam perpendiculares in A et in B, earum
intersectio communis C dabit centrum circuli, qui radio CA descriptus tanget curvam in A, radio vero CB descriptus tanget eam
in B, sed si coincidant A et B sive inassignabiliter distent, hoc est,
ubi duae perpendiculares concurrunt, coincidunt duo contactus,
duoque circuli tangentes abeunt in unum, qui curvam osculabitur;
sed per hunc ipsum concursum perpendicularium inassignabiliter
differentium invenientur et lineae evolutione generantes, ut ex *Hugeniano* de Pendulis opere patet. Porro circulus, cujus centrum
est in recta arcui ad easdem partes cavo perpendiculariter occurrente, per punctum occursus descriptus, arcum non secat, sed
tangit. Itaque sicubi secat, necesse est ibi punctum adesse flexus
contrarii, seu non esse lineam ad easdem partes cavam. Recte
autem animadvertit *Dn. Bernoullius*, intersectione simplici ad contactum simplicem, vel ad osculum seu contactum multiplicem accedente, contactum mutari in sectionem; sed hinc manifestum est,
cum circulus curvam osculatur, regulariter (id est excepto flexus
contrarii puncto) coincidere quatuor intersectiones seu duos contactus, adeoque hanc ipsam esse naturam osculi primi gradus,
quandoquidem id osculum definimus ordinaria osculatione circulorum, quae in quocunque curvae puncto regulariter locum habere
potest, seu circulo curvedinem mensurante, qui scilicet proxime ad
curvam accedit.

Et in universum dici potest intersectionum circuli cum alia

linea numerum regulariter esse parem. Itaque non video, quomodo primi gradus osculum tribus intersectionibus explicari queat, ita scilicet ut tale osculum trium radicum sit regulare et tota curva diffusum, at osculum quatuor radicum seu quatuor coalescentium intersectionum pro secundo et singulari habeatur, nec nisi in punctis curvae determinatis contingat. Contra enim se res habet, et quatuor intersectiones seu duo contactus osculo cuique regulariter insunt; et in solo casu extremo, qui est flexus contrarii, nascens, ut ita dicam, vel moriens osculatio tribus intersectionibus contenta est. Unde nolui ex casu trium intersectionum peculiarem osculi gradum facere, cum praesertim ex contactu (cujus perfectior species osculum est) in intersectionem degeneraret. Eademque ratione et in altioribus osculatio sua natura paris est numeri radicum, nec nisi inflexus contrarii puncto in numerum imparem abit. Et sane cum circulus post contactum in puncto proposito curvam adhuc in duobus praeterea punctis secat, necesse est has intersectiones promoto circuli centro continue ad dictum contactum appropinquantes, tandem ambas simul contactui coalescere, nam cum quamlibet in eum pervenire necesse sit, ideo si alterutra sola ad contactum perveniente, circulus fiat proximus curvae seu oscularis, sequitur ambabus intersectionibus separatim pervenientibus ad coalitionem cum contactu proposito, duos dari circulos diversos lineae proximos seu osculantes per idem ejus punctum propositum transeuntes, quod est impossibile, nisi scilicet linea ibi secet semet ipsam, quo casu duarum vice fungitur, adeoque circuli illi duo revera lineas duas osculantur, licet unius partes, de quo hic non agitur. Facile etiam hinc intelligitur, si circulus post contactum internum secare curvam rursus (utrinque) possit, tunc in casu osculi (ubi duae sectiones contactui coalescunt) circulum osculantem esse extra curvam; et contra, ex contactu externo mox in casu coalescendi cum duabus reliquis sectionibus, fieri osculum internum, et ita transitum circuli, a contactu sectionem adjunctam habente ad osculum, esse transitum in oppositam curvae partem.

Sed et hoc notandum est, *minimam curvedinem* et *maximam obtusitatem* esse in puncto flexus contrarii, et recte dixit *Dn. Bernoullius*, circulum osculantem eo casu degenerare in rectam; radius enim est infinitus seu centrum cadit in lineae evolutae concursum cum sua asymptoto. Quoniam antequam duae proximae ad curvam perpendiculares, sibi occurrentes hactenus ad plagam propositam, fiant sibi occurrentes ad plagam oppositam, seu ex convergentibus divergentes, debent fieri parallelae, quo casu earum concursus infinite abesse debet. Fieri tamen et aliunde potest, ut lineae generatae curvedo sit minima, seu maxima obtusitas, non quidem absolute, sed in toto aliquo arcu ad easdem partes cavo, seu in certa progressione. Cum scilicet talis est natura curvae per sui evolutionem generantis, ut evolutio continuari ultra certum punctum, et filum generans ulterius extendi nequeat, uti contingit cum curva evolvenda ex duabus convexitates sibi obvertentibus ac sese tangentibus composita est. Eodem modo prodibit maxima curvedo, seu minima obtusitas, ut lineae curvedo ex crescente rursus incipiat fieri decrescens; veluti si curva generanda non intra duos arcus generantes convexitate obversa se tangentes, sed extra earum angulum cadat. Neutro tamen modo generata linea per continuam fili evolutionem producitur.

Haec autem ut notarem, eo facilius adductus sum, quod linearum naturam in universum illustrant, mihique proferunt non tantum ad finiendam illam celebrem de angulo contactus controversiam, sed et a vaga logomachia ad usus solidos ac profuturos transferendam, et video nuper *Dn. Eisenschmid* dissertationem suam contra *Dn. Lagnium* defendentem ac de diametro umbrae in eclipsi Lunae loquentem ex hypothesi Terrae ovalis adhibuisse diametrum circuli, qui ovalem osculatur, seu cum ea angulum osculi (angulorum contactus minimum) facit atque ita quam proxime ad illam accedit, eo consilio, ut ex diversis proportionibus diametri umbrae ad diametrum lunae definiatur vera figura globi terrae. Quod quantum praestare possit, observationibus committo.

Cum haec scripsissem, venere in manus meas Acta mensis Maji, in quibus nova quaedam *Bernoulliana* *) legi, et lineae illius, cum qua rectae convergentes ad datum punctum, eundem constantem angulum (sed obliquum) faciunt, proprietatem elegantissimam ibi detectam, non sine voluptate observavi, aliaque video notata, quae generalem curvarum naturam illustrant. Plurimum igitur linearum doctrinam hodie promotam habemus tum explicata *flexus*

---

*) Leibniz bezieht sich hier auf die Abhandlung Jac. Bernoulli's: Lineae Cycloeidales, evolutae, ant-evolutae, causticae, anti-causticae, peri-causticae, earum usus et simplex relatio ad se invicem, Spira mirabilis, aliaque.

natura, tum adhibitis ad earum generationem *provolutionibus* pariter atque *evolutionibus.* Interiorem naturam *flexus* seu curvitatis aperuisse non nihil visus sum detecta *mensura anguli contactus,* ope scilicet circuli curvam *osculantis* seu maxime ad eam accedentis eundemque cum ea in puncto osculi flexum habentis, de quo tum antea, tum etiam hoc loco dictum est.

Quod ad *provolutionem* attinet, *Galilaeus,* ut arbitror, primus de lineis per eam generatis cogitavit, et *simplicissimam* ex iis *Cycloeidem,* quam clavus rotae in plano incedentis describet in aëre, considerare coepit, de qua multa a viris doctis sunt demonstrata. *Römerus* Danus, astrorum imprimis scientia clarus, cum in observatorio Regio Parisino versaretur, elegantes ut audivi proprietates detexit Cycloeidis altioris, cum rota scilicet sive circulus incedit super circulo, de quo tamen nihil ad me pervenit. *Newtonus* nuper de Cycloeidibus iisdem egregia et universalia dedit.

Evolutionem curvarum generatricem primus illustravit *Hugenius.* Eam cogitationem promovit *Tschirnhusius,* adhibitis (ut ego appellare soleo) *coëvolutionibus,* animadversoque quomodo tales lineae coëvolutae ut *foci* spectari possint, et radiorum quoque concursu generentur, considerata inprimis caustica, quae formatur radiis parallelis a speculo reflexis. Ego inde longius progressus sum, usumque reperi ad solvenda problemata (quorum in gratia potissimum suscipitur speculatio) *lineasque opticas* inveniendas, quarum ope radii redderentur ad datum punctum convergentes vel divergentes, aut etiam inter se paralleli. Quod alia etiam ratione praestitere *Newtonus* in Principiis, *Hugenius* in libro de Lumine. Observavi quoque eadem opera dari figuras *Acamptas,* quae etsi opacae et politae sint, radios tamen non reflectunt, et *Aclastas,* quae licet sint transparentes seu ex materia radios refringente, vi formae tamen suae et positionis ad Solem radios sine refractione transmittunt. His nunc observationes singulares *Bernoullius* adjecit. Caeterum ab *Hugenio* in tractatu de Lumine, et *Tschirnhusio* in Actis notatum est, causticam illam a speculo concavo sphaerico radios solares reflectente formatam simul esse cycloeidalem, provolutione circuli super circulo generatam. Postremo a me nuper proposita est *nova linearum formatio per concursum curvarum ordinatim datarum,* cum antea tantum radiorum seu rectarum concursus adhiberentur, cujus formationis ad problemata quaedam solvenda egregium usum comperi.

Eximia quaedam inesse videntur illis, quae de figura veli a vento tensi *Cl. Bernoullius* nuper disseruit, tametsi de tota re (in qua non desunt scrupuli) ob molem aliorum negotiorum non expensa, pronuntiare non ausim. Ex reperta a me mensuratione *loxodromiarum* per logarithmos equidem non parum practici fructus duci potest, difficilem tamen arbitror cursus aestimationem, quae longitudinibus definiendis sufficiat. Cum de deviatione navis Geometrica acribia agitur, non velorum tantum, sed et navis spectanda esset figura. Denique quod innuit, se Fratremque in calculo meo plurimum profecisse, id agnosco, gratulorque non illis magis, quam mihi. Valde autem nosse velim, an ultra metas illas sint provecti, ad quas ego perveni; id si ab ullis, certe ab ipsorum ingenio aliquando expecto, et gaudebo plurimum, si intellexero, praesertim cum mihi vix amplius in talibus ea qua prius intentione animi versari liceat. Caeterum a me quoque non difficulter solvitur illud Problema: Invenire lineam, cujus arcu aequabiliter crescente elementa elementorum, quae habent abscissae, sint proportionalia cubis incrementorum vel elementorum, quae habent ordinatae, quod in catenaria seu funiculari succedere verissimum est. Sed quoniam id jam a *Bernoulliis* est notatum, adjiciam, si pro cubis elementorum ordinatarum adhibeantur quadrata, quaesitam lineam fore logarithmicam; si vero ipsa simplicia ordinatarum elementa sint proportionalia elementis elementorum seu differentiis secundis abscissarum, inveni lineam quaesitam esse circulum ipsum.

XII.

SUPPLEMENTUM GEOMETRIAE PRACTICAE SESE AD PROBLEMATA TRANSCENDENTIA EXTENDENS, OPE NOVAE METHODI GENERALISSIMAE PER SERIES INFINITAS. *)

Cum antea Series infinitae fuerint quaesitae cum primo inventore *Nicolao Mercatore* Holsato per divisiones, et cum summo Geometra *Isaaco Newtono* per extractiones, visum mihi fuit, posse ad eas perveniri commodius et universalius per suppositionem

---

*) Act. Erudit. Lips. an. 1693.

ipsius seriei quaesitae tanquam inventae, ita ut terminorum coefficientes ex successu definirentur. Atque ita data lineae proprie-tate non tantum in calculo communi, sed et in summatorio vel differentiali aut differentio-differentiali etc. utcunque implicato semper ad seriem veniri potest, cujus ope quaesitum, si totam seriem concipias, exacte, si partem seriei adhibeas, quantumlibet appropinquando exhibetur. Exemplo res patebit, facili quidem et dudum proposito, sed ad intelligentiam apto, quaerendo scilicet vel Logarithmum ex numero, vel numerum ex Logarithmo.

Sit Ratio vel numerus $a+x,:a$, et Logarithmus sit $y = \int, a dx :, a+x$ ob quadraturam Hyperbolae; fiet ergo $dy = a dx :, a+x$ seu $ady : dx + xdy : dx - a = 0$. Si jam dato numero quaeratur Logarithmus, fiat $y = bx + cx^2 + ex^3 + fx^4$ etc., et fiet $dy : dx = b + 2cx + 3ex^2 + 4fx^3$ etc., itaque

$$0 = \begin{cases} ady : dx &= ab + 2acx + 3aex^2 + 4afx^3 \text{ etc.} \\ + xdy : dx = & + bx + 2cx^2 + 3ex^3 \text{ etc.} \\ - a &= -a \end{cases} = 0$$

in qua aequatione explicata nec aliam indeterminatam quam x continente, ut omnes termini destruantur seu ut *aequatio* fiat *identica*, fiet $ab - a = 0$ seu $b = 1$, et $2ac + b = 0$ seu $c = -1 : 2a$, et $3ae + 2c = 0$ seu $e = 1 : 3a^2$, et $4af + 3e = 0$ seu $f = -1 : 4a^3$, et ita porro. Ergo fiet $y = \dfrac{x}{1} - \dfrac{x^2}{2a} + \dfrac{x^3}{3a^2} - \dfrac{x^4}{4a^3}$ etc.

Contra, si dato Logarithmo y quaeratur numerus $a + x, : a$, adeoque si quaeratur x, scribatur $x = ly + my^2 + ny^3 + py^4$ etc., fiet $dx : dy = l + 2my + 3ny^2 + 4py^3$ etc. Est autem utique per priora $a + x - adx : dy = 0$, unde

$$0 = \begin{cases} a + x = a + ly + my^2 + ny^3 + py^4 \text{ etc.} \\ - adx : dy = -la - 2amy - 3any^2 - 4apy^3 - 5aqy^4 \text{ etc.} \end{cases} = 0$$

quae aequatio ultima ut destructis terminis fiat identica, erit $l = 1$, $m = (1 : 2a =) 1 : 2a$, $n = (m : 3a =) 1 : 2.3 a^2$, $p = (n : 4a =) 1 : 2.3.4 a^3$, et ita porro, et fiet $x = \dfrac{y}{1} + \dfrac{y^2}{1.2a} + \dfrac{y^3}{1.2.3a^2}$ $+ \dfrac{y^4}{1.2.3.4a^3}$ etc.

Addamus aliud exemplum, prima fronte difficilius, cum scilicet inveniendus est sinus rectus ex dato arcu et radio, seu quod eodem redit (ob peripheriam practice satis datam) ex dato sinu toto et angulo. Sit arcus circuli y et sinus rectus x, radius vero sit a; constat ex nostra Methodo differentiali, generalem relationem inter arcum et sinum posse exprimi hac aequatione $a^2 d\overline{y}^2 = a^2 d\overline{x}^2 + x^2 d\overline{y}^2$. Jam fiat $x = by + cy^3 + ey^5 + fy^7$ etc., erit $dx : dy = b + 3cy^2 + 5ey^4 + 7fy^6$ etc. Et hos valores ipsius x et ipsius $dx : dy$ substituendo in aequatione differentiali, explicatamque aequationem reddendo identicam seu terminos destruendo, invenientur valores assumtitiarum b, c, e, f etc. Sed idem multo brevius consequemur descendendo ad differentio-differentiales. Nam aequationem differentialem $a^2 d\overline{y}^2 = a^2 d\overline{x}^2 + x^2 d\overline{y}^2$ rursus differentiando, posita dy constante, fiet $2a^2 dx\, ddx + 2x\, dx d\overline{y}^2 = 0$ seu $a^2 ddx + x d\overline{y}^2 = 0$; jam $ddx : dy^2 = 2.3cy + 4.5ey^3 + 6.7fy^5$ etc., ut patet valorem ipsius $dx : dy$ paulo ante habitum differentiando. Unde jam aequatio differentio-differentialis sic explicabitur:

$$0 = \left\{ \begin{array}{l} x = by + cy^3 + ey^5 + fy^7 \text{ etc.} \\ a^2 ddx : d\overline{y}^2 = 2.3a^2 cy + 4.5a^2 ey^3 + 6.7a^2 fy^5 + 8.9a^2 gy^7 \text{ etc.} \end{array} \right\} = 0$$

et destruendo terminos aequationis explicatae assumatur $b = 1$; jam $b + 2.3a^2 c = 0$, ergo $c = -1 : 2.3a^2$, et $c + 4.5a^2 e = 0$ seu $e = (-c : 4.5a^2 =) 1 : 2.3.4.5a^4$, et similiter $f = -1 : 2.3.4.5.6.7a^6$, sicque porro; hinc $x = \dfrac{y}{1} - \dfrac{y^3}{1.2.3a^2} + \dfrac{y^5}{1.2.3.4.5a^4} - \dfrac{y^7}{1.2.3.4.5.6.7a^6}$ etc. posito a esse sinum totum seu radium, x sinum rectum et y arcum qui in praxi debet esse notabiliter minor radio.

Esto adhuc aliud exemplum, in quo ex data Tangentium proprietate quaeritur linea. Nimirum sit ordinata y, abscissa z, subtangentialis (ut Hugeniano verbo utar) seu portio axis intercepta inter tangentem et ordinatam sit t, quaeritur curva, in qua sit $t = yy - zy, : a$. Est autem generaliter ex legibus calculi differentialis $t : y = dz : dy$, ergo fit hoc loco $dz : dy = y - z, : a$ seu $adz + zdy = ydy$ seu $adz : dy + z - y = 0$. Sit $z = by + cy^2 + ey^3 + fy^4$ etc., fiet $dz : dy = b + 2cy + 3ey^2 + 4fy^3$ etc.; itaque

$$0 = \left\{ \begin{array}{l} adz : dy = ab + 2acy + 3aey^2 + 4afy^3 \text{ etc.} \\ + z = + by + cy^2 + ey^3 \text{ etc.} \\ - y = - 1.y \end{array} \right\} = 0$$

et destruendo fiet $ab = 0$ adeoque $b = 0$, et $2ac + b - 1 = 0$ seu $c = 1 : 2a$, et $e = (-c : 3a =) -1 : 2.3a^2$, et $f = (-e : 4a =) 1 : 2.3.4a^3$, et ita porro; unde $z = \dfrac{y^2}{1.2a} - \dfrac{y^3}{1.2.3a^2} + \dfrac{y^4}{1.2.3.4a^3}$ $- \dfrac{y^5}{1.2.3.4.5a^4}$ etc. Caeterum colligitur ex supra inventis, si

a :, a — x sit numerus et y sit logarithmus, fore $x = \frac{y}{1} - \frac{y^2}{1 \cdot 2\,a}$
$+ \frac{y^3}{1 \cdot 2 \cdot 3\,a^2} - \frac{y^4}{1 \cdot 2 \cdot 3 \cdot 4\,a^3}$ etc., ergo $z = y - x$. Itaque quaesitae
lineae, cujus subtangentialis sit yy — zy,:a, haec est natura, ut
posito y logarithmo, fiat z differentia inter logarithmum y et ejus
subnumeralem. Voco autem subnumeralem x, posito a:, a — x
esse numerum. Unde patet aliquando per series infinitas commode
obtineri valorem finitum, etiam transcendentem; sed hoc obiter nobis hic suffecerit, problemata etiam impeditissima quantalibet exactitudine per hanc methodum in praxi solvi posse. Eadem methodo
etiam *aequationum* utcunque assurgentium *radices* obtineri posse,
manifestius est, quam ut explicari hoc loco sit opus.

XIII.

AD PROBLEMA IN ACTIS ERUDITORUM AN. 1693 MENSE MAJO
PROPOSITUM*).

Perplacet Problema Bernoullianum nupero mense Majo propositum de invenienda linea ABC (fig. 133) ex data ratione inter
tangentem BD et resectam AD ex axe AE per tangentem, vel ideo,
quod etiam illi, qui nostrae methodi differentialis faciliora tenent,
non statim huc pervenient. Nec motu tantum, sed et calculo analytico exhiberi potest, si detur ratio inter factum ex his duabus
rectis (tangente t, resecta r) vel earum potentiis, et inter chordae
AB ipsis subtensae potentiam facto homogeneam, veluti inter tr et
cc, vel trr et c^3 aliterve. Itemque locum habet in aliis innumeris,
ut si detur ratio dictae resectae AD ad ordinatam BE.

---

*) Act. Erudit. Lips. an. 1693. Die obige Bemerkung Leib-
nizens bezieht sich auf das folgende, von Joh. Bernoulli vorgelegte
Problem: Quaeritur, qualis sit (fig. 133) Curva ABC, quae hanc habet
proprietatem, ut ducta ubicunque tangente BD terminata ab axe AE,
portio ejus abscissa AD sit ad tangentem BD in ratione constante M
ad N. — In der vorstehenden Nummer ist alles, was dieses Problem
betrifft, zusammengestellt.

Christ. Hugenii Z. de Problemate Bernoulliano, in Actis Lipsiensibus an. 1693 proposito, cum additione G. G. Leibnitii.*)

Elegans imprimis esse hoc Problema, cum ex iis quae clarissimus Inventor de eo prodidit, tum ex solutione et commentatione Fraterna**) manifestum est. A quo investigando cum propter insignem difficultatem, quae statim sese offerebat, abstinere statuerim (neque enim omnibus perquirendis, quae a Viris eruditis exercitii gratia proponuntur, incumbere necesse existimo, aut assequendis parem me profiteor), non desiit tamen quasi invitum compellere recurrens identidem quaesiti non vulgaris idea, donec tandem quod desiderabam obtinui, inventa nimirum *aequatione differentiali*, in qua ex altera parte erat elementum trapezii hyperbolici, ab asymptoto perpendicularibus intercepti, ab altera elementum spatii curvilinei, quod itidem ad trapezium hyperbolicum reduci posset. Quod apertius exponerem, nisi relinquendam etiamnum aliis putarem inquirendi voluptatem. Inde eo rem deducebam, ut trapezium ejusmodi hyperbolicum secandum esset aut augendum secundum rationem datam. Quod cum per medias aut continue proportionales fieri possit, ubi ratio tangentis ad abscissam est ea quae numeri ad numerum, hinc apparuit, curvam quaesitam tunc iis accensendam, quae geometricae vocantur, alias esse ex heterogeneis: ac tamen constructionem dari posita lineae logarithmicae descriptione, quam quidem hic adducerem, nisi viderem haud difficulter ex ipsa *Jacobi Bernoullii* doctissima simul brevissimaque solutione omnia erui posse, ut jam ab aliis occupatam dubitem.

Colligitur vero ex his illud animadversione dignum, nempe quandocunque in investigatione curvarum ex tangentibus aut subtangentibus ejus ad similes ei quam dixi aequationes perveniatur, aut in quibus habeatur utrinque elementum spatii ad trapezium hyperbolicum reductibilis; tunc idem hoc, quod mirabile hic accidit, eventurum, ut curvae geometricae diversorum generum graduumque existant, si hyperbolarum ad quas devenitur rectangula quae in asymptotis, sint commensurabilia. Praeterea observanda venit in hoc problemate inusitata ac singularis analysis via, quae ad alia

---

*) Act. Erudit. Lips. an. 1693.

**) Jac. Bernoullii solutio Problematis Fraterni. Act. Erudit. Lips. an. 1693. Jun.

multa in hac Tangentium doctrina aditum aperit, ut egregie jam animadvertit Vir celeberrimus, *calculi differentialis* inventor, sine quo vix esset, ut ad hasce geometriae subtilitates admitteremur. Porro quod ad curvarum, de quibus agitur, designationem in plano attinet, possem, si operae pretium esset, alios modos ac fortasse commodiores indicare, quam qui a *Cl. Bernoullio* praescribitur, atque etiam docere, qua ratione optime peragatur descriptio nostrae quadratricis hyperbolae, quae inter *Tractorias* (ita enim vocari possunt) simplicissima censenda est, cum ad eam filis nihil opus sit, sed bacillo tantum utrimque cuspidem lateri infixam habente, quo fit ut et regressu explorari possit quam recte exarata sit. Sed his supersedendum arbitror, donec insignis usus aliquis harum linearum in lucem proferatur. Interim aliam quandam utilissimam curvam nuper mihi repertam Geometrae sciant, cujus opera horologiis aequalis motus conciliatur, atque ejusmodi ut maris agitatione nequaquam turbari aut imminui queat, quòd in pendulis nostris hactenus usurpatis non satis caveri potuit, adeo ut nova ac certior spes nunc affulgeat perficiendi longitudinum inventi. Curva haec formatur: aabbcdeeeeefiiiiilllmmmmmnorrssttuux.

Excerptum ex epistola G. G. Leibnitii.

Mitto meditationem quae satis indicat autorem suum, tum magnitudine praeclarorum inventorum, tum ipsa magnis viris sueta ingenuitate. Nam et meo qualicunque invento debere aliquid voluit, cum ipse pro sua in his studiis autoritate et meritis, facile omnia a se petiisse videri possit. Caeterum video ipsum, qua est perspicacia, ubi primum animum ad nostrum calculum differentialem appulit, statim animadvertisse, quid in eo sit optimum, nempe quod ita solutiones generales habeantur, quae sua natura porriguntur ad quantitates transcendentes, in certis autem casibus, ut fieri potest, ad ordinarias ducant. Mirarer, quod solas illas, quae aequationibus certi gradus subjacent, Geometricas vocare adhuc videtur, nisi judicarem, sequi magis vulgi morem ea in re, quam probare, dum de iis ait, *quae Geometricae vocantur.* Ego putem, ut veteres quidam recte reprehensi sunt, quod Geometricum satis esse negarent, quicquid circulo aut regula effici non posset; ita nec illorum hodie errori favendum esse, qui Geometriam solis aequationibus Algebrae gradariis metiuntur, cum Geometricum potius sit, quicquid motu continuo exacte construi potest. Quod si ille non admittit, suis ipse praeclaris inventis injuriam facit, cum ipsemet inprimis auxerit Geometricas constructiones: nam evolutionum inventum, quod *Hugenio* debemus, quantivis pretii est, et nunc tractorias constructiones protraxit in publicum primus. Nam etsi ego prior jam a multis annis idem tacitus versaverim, et ut arbitror longius etiam provexerim, fateor tamen ideam primam hujus motus mihi a *Perralto* venisse, etsi a me profecta sit resolutio ejus seu applicatio ad Geometriam. At *Hugenium* judico utrumque sibi ipsi debere. Quod vero nunc spem facit motus hujus tractorii reddendi quam accuratissimi, si forte insignis aliquis hujusmodi linearum usus in lucem proferatur, non dubito quin sit libentius impleturus, viso nupero Schediasmate meo mensis Septembris, *) ubi ostensum est, omnes quadraturas tali motu, etsi compositiore, construi posse. Ad Schediasma dictum adjicere placet, posse in fig. 141 totam tabulam RM cum appendicibus, nempe cylindris TG, FE et directrice rigida EE, in eodem plano vel aequivalente esse cum ipso plano lineae describendae C(C); caeterum curvam directricem rigidam saepe commode vitari posse, et adhibitis pro ea rectis materialibus, quibus potest describi.

Christ. Hugenii Z. Constructio universalis Problematis a Cl. Viro Joh. Bernoullio mense Majo anni 1693 in Actis Erud. propositi, cum additione G. G. Leibnitii.**)

Cum in Actis Lipsiensibus Constructionem hanc me reperisse significarem mense Octobri an. 1693, edenda tamen ea supersedi, quod futurum putabam, ut vel ab Autore ipso, vel Clarissimo Viro Fratre ejus, vel alio quopiam non multum absimilis brevi in lucem mitteretur; ac subverebar etiam, ne actum agerem. Quoniam vero nusquam adhuc comparuit, et est inter eas quae dari possint quodammodo simplicissima, non videtur absque ea diutius reliquendum tam eximium problema. Est autem hujusmodi: In recta AB (fig. 134) sit datum punctum A, et oporteat invenire curvam AFC talem, ut tangens ejus quaevis CD abscindat a recta AB partem AD, quae ad ipsam CD habeat rationem datam lineae C ad L.

Constructio: Sicut C ad L, ita quaelibet AD in recta AB assumta ad EF ipsi perpendicularem, et per F punctum ponatur ducta Logarithmica quaecunque cujus asymptotos sit AB, ad quam

---

*) Es ist dies die in der folgenden Nummer enthaltene Abhandlung.
**) Act. Erudit. Lips. an. 1694.

illa accedat versus A. Deinde ab A versus E accepta distantia qualibet AD, sit ut C ad L, sive ut AE ad EB, ita AB ad aliam DH, qua tamquam radio centroque D describatur Circuli circumferentia HC; ac praeterea applicatur ad Logarithmicam recta IG asymptoto perpendicularis ipsique DH aequalis. Jam sicut L ad duplum C, ita fiat IE ad EK, sumendam in asymptoto in partem alterutram, nihil enim refert, et applicetur rursus ad Logarithmicam recta KL. Utque duae simul KL, EF ad earum differentiam, ita sit DH ad DB, quae sumenda versus A punctum, si AD major sit quam AE; at in contrariam, si minor. Denique erigatur ad asymptoton perpendicularis BC; ea secabit circumferentiam HC in puncto C, quod erit in curva quaesita AFC. Tangit autem hanc recta EF in F.

Porro animadversione dignum est, non simplicem esse curvaturam lineae hujus, cum C major est quam L, sed ex duabus eam tunc componi, ex uno quodam puncto exeuntibus, ut CFA, CM, quarum haec in infinitum progreditur. In puncto autem extremo C recta ex A educta occurrit curvae utrique ad angulos rectos, ac proportionales sunt DA, DC, DB.

Excerpta ex epistola Christ. Hugenii Z. ad G. G. Leibnitium*).

Principium quo usus est Clarissimus Matheseos Professor *Bernoullius* verum puto et bene adhibitum, quod radii, qui curvedinem metiuntur, sint in ratione contraria virium rem elasticam flectentium. Puto tamen, non tantum superficiem externam extendi, sed et internam contrahi. Magnum admodum postulatum est, figurarum curvilinearum quadraturas tanquam datas assumere. Ego me nihil admodum egisse putarem, si problema aliquod huc tantum reduxissem, excepta tamen Circuli et Hyperbolae Quadratura. Praestat Linearum Curvarum Rectificationes tanquam semper in potestate existentes assumere, quod etiam Tibi probari video.

De reliquo Clarissimus *Bernoullius* videtur mihi tantum (fig. 135) determinasse figuram, ubi tangentes extremitatum sunt parallelae, cum arcus Elastici A termini per chordam EF junguntur. Sed si arcus sit ut in B vel C vel D, aut extremitates non chorda sed recta rigida HI jungantur, figurae determinandae supersunt.

---

*) Siehe die Correspondenz zwischen Leibniz und Hugens' Leibnizens math. Schriften, Bd. 2. S. 190 ff.

Subtile etiam fatebor inventum consensus inter figuram elasticam et lintei vel veli a liquoris pondere pressi, si modo demonstratum videam. Alioqui cogor sustinere assensum, quia et ipsum Autorem circa figuram veli sententiam mutasse video, et demonstrare possum, velum ex numero finito rectarum aequalium compositum (ut in fig. 136) aliam a vento, quam a pondere figuram accepturum, cum tamen Bernoulliana sententia sit, eandem esse velariam cum catenaria: oporteret ergo discrimen evanescere in casu infiniti. Praestat haud dubie Isochronam tuam Paracentricam construi, ut a Te fieri scribis, rectificatione lineae ordinariae, vel saltem talis cujus puncta possint construi, quam per lineae Elasticae extensionem, quae ipsamet nondum est constructa.

Quod ait Clarissimus *Bernoullius*, unicam tantum esse paracentricam ut A$x\omega\eta$ (fig. 137) respectu ejusdem puncti vel centri A post descensum ex TA, ejus contrarium manifeste video, Tibique assentior dari infinitas, ut AβZ, A$\delta\gamma$ etc. easque sumo usque ad rectam Aη inclusive. Quin imo supersunt adhuc aliae Curvae determinandae, si scilicet aequaliter accedendum sit ad punctum C (fig. 138), linea autem incipiat vel ab A, directe supra C, vel ad latus a D. Quo casu lineae ut ABC, AEC infinitos facient gyros circa C.

G. G. Leibnitii Additio.

Puto in fig. 135 ex Bernoulliana determinatione arcus A (fig. 134) etiam duci posse determinationem arcuum B, C, D, G, assumendo lineae partem aut eam producendo, sed hoc tamen distincte admoneri operae pretium fuit. Rationi consentaneum est principium determinandae figurae Elasticae, quod vires flectentes sint curvedinibus proportionales, potestque ad Hypotheseos aptae modum assumi, tametsi non prorsus sit exploratum, quousque natura eo utatur, cum fingi possint constitutiones corporum, ubi res aliter procedat. Praeclara sunt monita de diversis Isochronarum paracentricarum speciebus et constitutionibus; omnes tamen mea constructione comprehenduntur. Et licet ipsam lineam rectam AD visus sim excludere, quia in ea nullus revera fit descensus vel ascensus; quia tamen concipi potest in ea descensus vel ascensus ut infinite parvus seu evanescens, haberi potest pro limite seu ultima harum linearum. Problemata curvarum transcendentium ad quadraturas reducere, magna quidem ad solutionem praeparatio est;

fateor tamen (seposita mea generali constructione tractoria) praestare rem reduci ad linearum jam constructarum reductiones, quod et ego quoties opus feci faciamque.

XIII.

SUPPLEMENTUM GEOMETRIAE DIMENSORIAE, SEU GENERALISSIMA OMNIUM TETRAGONISMORUM EFFECTIO PER MOTUM: SIMILITERQUE MULTIPLEX CONSTRUCTIO LINEAE EX DATA TANGENTIUM CONDITIONE.*)

Dimensiones linearum, superficierum et solidorum plerorumque, ut et inventiones centrorum gravitatis reducuntur ad tetragonismos figurarum planarum, et hinc nascitur *Geometria dimensoria*, toto, ut sic dicam, genere diversa a *determinatrice*, quam rectarum tantum magnitudines ingrediuntur atque hinc quaesita puncta ex punctis datis determinantur. Et Geometria quidem determinatrix reduci potest regulariter ad aequationes Algebraicas, in quibus scilicet incognita ad certum assurgit gradum. Sed dimensoria sua natura ab Algebra non pendet, etsi aliquando eveniat (in casu scilicet quadraturarum ordinariarum) ut ad Algebraicas quantitates revocetur; uti Geometria determinatrix ab Arithmetica non pendet, etsi aliquando eveniat (in casu scilicet commensurabilitatis) ut ad numeros seu rationales quantitates revocetur. Unde *triplices* habemus *quantitates: rationales, Algebraicas* et *transcendentes*. Est autem *fons irrationalium* Algebraicarum *ambiguitas* problematis seu *multiplicitas*; neque enim possibile foret, plures valores eidem problemati satisfacientes eodem calculo exprimere, nisi per quantitates radicales; eae vero non nisi in casibus specialibus ad rationalitates revocari possunt. Sed *fons transcendentium* quantitatum est *infinitudo*, ita ut *Geometriae transcendentium* (cujus pars dimensoria est) respondens *Analysis* sit ipsissima *scientia infiniti*. Porro quemadmodum ad construendas quantitates Algebraicas certi adhibentur motus, in quibus aut non intersunt curvae materiales, sed tantum regulae rectilineae, aut, si curvae rigidae interveniunt, non tamen nisi ratione occursuum seu intersectionum usurpari debent:

---

*) Act. Erudit. Lips. an. 1693.

ita ad construendas quantitates transcendentes hactenus adhibita est applicatio seu admensuratio curvarum ad rectas, uti fit in descriptione cycloeidis, aut evolutione fili vel folii lineae vel superficiei circumligati. Quin et si quis spiralem Archimedis aut Quadratricem Veterum Géometrice (hoc est motu continuo exacto) describere velit, hoc facile praestabit quadam rectae ad curvam admensuratione, ut motus rectus circulari attemperetur. Minime igitur haec excludo ex Geometria, etsi id fecerit *Cartesius*, cum lineae sic descriptae et exactae sint et utilissimas habeant proprietates, et transcendentibus quantitatibus sint accommodatae. Sunt tamen et aliae construendi rationes, quae aliquid Physici videntur habere admistum: ut si quis problemata Geometriae determinatricis construeret per radios lucis (quod saepe cum fructu fieri posset) aut quemadmodum nos aream Hyperbolae quadravimus, vel logarithmos construximus motu composito ex aequabili et per frictionem uniformem retardato, vel ope chordae sive catenae pondere praeditae lineam catenariam vel funicularem (la chainette) constituentis. Et quidem si exacta sit construendi ratio, recipitur in Geometriae theoriam; si facilis sit utilisque, potest recipi in praxin. Nam et motus secundum certas hypotheses factus Geometricae est tractationis, exemplo centri gravitatis. Est autem novum quoddam motus genus, quem nos opinor primi ad constructiones Geometricas adhibuimus, occasione mox dicenda, cum prae caeteris videatur referri posse ad puram Geometriam, affinisque sit descriptioni linearum per fila ex umbilicis sive focis, quandoquidem in eo nihil aliud requiritur, quam ut punctum, lineam in plano describens, ad unam extremitatem fili in eodem plano (vel aequivalente) positi alligatum, moveatur altera extremitate fili mota, sed non nisi per tractionem, non vero per impulsum in transversum, qui nec a filo ob flexibilitatem debet expectari, trahatur autem in ipsius fili tensi seu trahentis directione, quod per se evenit, si nullum in itinere occurrat impedimentum. Quoniam tamen filum materiale, cum nunquam habeat summam flexibilitatem, quam Geometria supponit, facile stylum seu punctum describens (quippe in plano libere positum) nonnihil in transversum agere posset, ita ut motus styli non esset nuda tractatio; ideo impedimento materiali commode occurritur remedio materiali, ut scilicet causa sit, quae punctum describens nonnihil faciat vel apprimi, vel adhaerere loco plani cui inest, qualis causa esse potest pondus puncto describenti incumbens, seu conjunctum, quo ipsum hoc punctum apprimetur plano horizontali, in quo moveri lineamque describere debet. Ita si resistentia incumbentis, qua fit, ut non facillime loco moveatur, praevaleat omnino exiguae illi residuae in filo rigiditati, potius cedet filum atque intendetur; atque ita aget tractione, non impulsu, quod unum hoc loco requiritur respectu puncti describentis. Hinc autem fit, ut talis motus mire sit accommodatus ad Geometriam transcendentem, quia immediate refertur ad lineae tangentes, vel directiones, adeoque ad quantitates elementares, numero quidem infinitas, magnitudine autem inassignabiles seu infinite parvas.

Hujus autem Constructionis excogitandae talis mihi olim occasio Lutetiae praebita est, *Claudius Perraltus*, Medicus Parisinus insignis, tum et Mechanicis atque Architectonicis studiis egregius et Vitruvii editione notus, idemque in Regia Scientiarum Societate Gallica, dum viveret, non postremus, mihi et aliis ante me multis proposuit hoc problema, cujus nondum sibi occurrisse solutionem ingenue fatebatur: invenire lineam BB (fig. 139), quam pondus fili vel catenulae AB extremitati B annexum, puncto B vel aequivalente describat in plano horizontali, dum alteram fili AB extremitatem A ducendo per rectam immotam AA, eo ipso pondus B trahimus per directum planum horizontale, in quod vel aequivalens etiam recta AA et durante motu filum AB cadunt. Utebatur autem (intelligentiae causa) horologio portatili suae thecae argenteae incluso B, quod catenulae AB ad thecam alligatae principio A, secundum regulam AA ducto, per tabulam trahebat. Ita imum thecae punctum (quod in fundi medio est) in tabula describebat lineam BB. Hanc lineam ego attentius considerans (cum tunc maxime in tangentium contemplatione versarer) statim animadverti, quod res est, filum perpetuo lineam tangere, seu rectam, ut $_2A_3B$, esse tangentem lineae BB in puncto $_3B$. Quod et sic demonstratur: Centro $_2B$ et filo $_2A_3B$ tanquam radio describatur arcus circuli utcunque parvus $_3AF$, inde filum $_3BF$, apprehensum in F, directe seu per sua propria vestigia trahatur usque ad $_4A$, ita ut ex $_3BF$ transferatur in $_4B_4A$; itaque si ponatur similiter fuisse processum ad puncta $_1B$, $_2B$, ut ad punctum $_3B$, utique punctum B descripsisset polygonum $_1B_2B_3B$ etc. cujus latera semper incident in filum, unde imminuto indefinite arcu, qualis erat $_3AF$, ac tandem evanescente, quod fit in motu tractionis continuae, qualis est nostrae descriptionis, ubi continua, sed semper *inassignabilis* fit circumactio fili, manifestum est, polygonum abire in curvam, cujus tangens est filum. Itaque videbam rem redire ad hoc problema conversae tangentium : invenire lineam BB ejus naturae, ut AB portio tangentis inter axem AA et curvam BB intercepta sit constanti datae aequalis. Nec difficile mihi fuit deprehendere, hujus lineae descriptionem ad quadraturam Hyperbolae revocari posse. Nimirum Centro C vel A (ubi filum $_1A_1B$ simul est ordinata et tangens curvae), radio vero AB describatur circulus $_1BFG$, axi AE occurrens in G, et huic axi parallela sit $_1BK$, cui ex C educta CF occurrat in K, erit $_1BK$ tangens arcus circularis $_1BF$. Jam per F ducatur FLB, parallela axi AE, occurrens ipsi $_1A_1B$ in L, et curvae BB in B, in qua producta sumatur LH aequalis ipsi $_1BK$, idemque ubique faciendo, prodibit linea tangentium $_1BHH$, et rectangulum $_1B_1AE$ reperietur aequari figurae tangentium, seu areae trilineae $_1BLH_1B$; verbi gratia $_1B_1A$ in $_1A_2E$ producet aequale trilineo $_1B_3L_2H_1B$. Cum igitur figurae tangentium area exhiberi possit per quadraturam Hyperbolae vel Logarithmos, ut notum est, patet ejus ope etiam haberi $_1A_3E$ seu $_3L_2B$, adeoque punctum curvae ut $_3B$. Vicissim hinc data descriptione lineae BB quadratura Hyperbolae vel Logarithmi construentur. Quibus ulterius explicandis non immoror, cum praesertim arbitrer idem optime praestitisse *Christianum Hugenium*, Virum celeberrimum, qui mihi non ita pridem per literas significaverat incidisse sibi singularem Hyperbolae quadrandae rationem, quam etiam in Historia Operum Eruditorum publicatam nuperrime, et hanc ipsam esse colligo ex iis, quae nuper a praestantissimis fratribus *Bernoulliis* data exhibentur in Actis Eruditorum, ubi Hugenianorum istorum occasione, motum similem apparet pulchre transferri ad describendam lineam, ubi portio tangentis intercepta inter curvam et axem est ad portionem axis inter punctum fixum et occursum tangentis, seu AB ad CA (in fig. 139) ut recta constans ad aliam rectam constantem. Quae me quoque veterum in hoc genere meorum tandem edendorum admonuere.

Pronum scilicet statim fuerat intelligere, percepta semel relatione motus ad tangentes, innumeras alias lineas, non ita facile ad Quadraturam revocabiles, hac eadem arte construi posse. Nam etsi AA non recta esset, sed curva, non ideo minus filum ipsam BB tangeret. Quin amplius, etsi filum AB inter trahendum cresceret aut decresceret, non ideo minus tangens maneret. Itaque si data utcunque esset relatio inter CA et AB (verbi gratia ut AB existentibus sinubus, essent CA tangentes ejusdem anguli) variis machinationibus moderari motum fili liceret, ut data lege inter contrahendum promoveretur. Infinitae etiam lineae eidem problemati satisfacientes hac construendi ratione duci possunt, quaelibet per punctum, si lubet, datum. Quodsi punctum describens a pluribus filis simul trahatur, composita directio poterit adhiberi. Sed etsi unum tantum sit filum, poterit ejus longitudo variari, ipsi ponderi B annexa existente rota vel figura per modum describendae cycloeidis in plano voluta. Recta etiam rigida ad filum semper normalis, vel datum aut certa lege variabilem angulum habens, cum B ferri potest, in quo etiam intelligi potest moveri punctum describens aliud. Possunt etiam duo pondera plano innitentia simul trahi, sive eandem semper distantiam servantia, sive etiam durante motu eam variantia. Possunt etiam duo plana intelligi, unum in quo movebitur punctum C eique firmiter innitetur, alterum in quo stylus ex B egrediens levissimo attactu (nihil adeo motum ipsius B turbaturo) describat lineam novam, et hoc planum suum habeat motum proprium, eritque lineae novae tangens ipsa recta designans directionem motus compositi ex motu styli in plano immoto et motu plani alterius. Unde rursus tangentium lineae novae sic descriptae determinabuntur proprietates. Itaque cum hoc motuum genus latissime diffundatur et innumeras applicationes recipiat, multa olim chartae folia meditando in eam rem implevi, ac de cautionibus etiam practicis cogitavi, praesertim quia usum tam insignem ad tangentium conversam et inprimis ad Tetragonismos videbam. Cum ergo *constructionem* repererim, generaliter sese extendentem ad omnes quadraturas, qua nescio an alia amplior inde a nata Geometria excogitata sit, eam publicare tandem constitui. Tametsi enim ista hactenus in justi operis integraeque velut scientiae materiam servaverim, tam multa tamen alia alteriusve generis subnascuntur, ut veteribus quacunque occasione defungi tandem praestet, ne intercidant, et satis diu ista, ultra Horatiani limitis duplum pressa, Lucinam expectarunt.

Ostendam autem, *problema generale Quadraturarum reduci ad inventionem lineae datam habentis legem declivitatum*, sive in qua latera trianguli characteristici assignabilis datam inter se habeant relationem, deinde ostendam, *hanc lineam per motum a nobis excogitatum describi posse*. Nimirum (fig. 140) in omni curva C(C) intelligo *triangulum characteristicum duplex*: assignabile TBC, et inassignabile GLC, similia inter se. Et quidem inassignabile comprehenditur ipsis GL, LC, elementis coordinatarum CB, CF tanquam

cruribus, et GC, elemento arcus, tanquam basi seu hypotenusa.
Sed assignabile TBC comprehenditur inter axem, ordinatam et tangentem, exprimitque adeo angulum, quem directio curvae (seu ejus tangens) ad axem vel basin facit, hoc est curvae declivitatem in proposito puncto C. Sit jam zona quadranda F(H), comprehensa inter curvam H(H), duas rectas parallelas FH et (F)(H) et axem F(F); in hoc axe sumto puncto fixo A, per A ducatur ad AF normalis AB tanquam axis conjugatus, et in quavis HF (producta prout opus) sumatur punctum C: seu fiat linea nova C(C), cujus haec sit natura, ut ex puncto C ducta ad axem conjugatum AB (si opus productum) tam ordinata conjugata CB (aequali AF) quam tangente CT, sit portio hujus axis inter eas comprehensa TB · ad BC, ut HF ad constantem a, seu a in BT aequetur rectangulo AFH (circumscripto circa trilineum AFHA). His positis, ajo rectangulum sub a et sub E(C) (discrimine inter FC et (F)(C) ordinatas curvae) aequari zonae F(H); adeoque si linea H(H) producta incidat in A, trilineum AFHA figurae quadrandae aequari rectangulo sub a constante et FC ordinata figurae quadratricis. Rem noster calculus statim ostendit. Sit enim AF,y; et FH,z; et BT,t; et FC,x; erit $t = zy : a$ ex hypothesi; rursus $t = ydx : dy$ ex natura tangentium nostro calculo expressa; ergo $adx = zdy$, adeoque $ax = \int zdy = $ AFHA. Linea igitur C(C) est quadratix respectu lineae H(H), cum ipsius C(C) ordinata FC, ducta in a constantem, faciat rectangulum aequale areae, seu summae ordinatarum ipsius H(H) ad abscissas debitas AF applicatarum. Hinc cum BT sit ad AF, ut FH ad a (ex hypothesi) deturque relatio ipsius FH ad AF (naturam exhibens figurae quadrandae), dabitur ergo et relatio BT ad FH seu ad BC, adeoque et relatio BT ad TC, id est relatio inter latera trianguli TBC. Itaque ad omnes quadraturas adeoque et ad dimensiones efficiendas tantum opus data relatione laterum trianguli characteristici assignabilis TBC, seu data lege declivitatum curvae, posse describere curvam C(C), quam ostensum est esse quadratricem.

Haec descriptio ita fiet: In figur. 141 sit angulus rectus TAH immotus et in plano horizontali positus, in cujus crure AT procedat cylinder cavus verticalis TG, infra dictum planum horizontale prominens, in quo sit sursum deorsumque mobilis cylinder solidus FE, in summitate F alligatum habens filum FTC, ita ut pars FT sit intra cylindrum cavum, pars TC in dicto plano horizontali.

Porro ad fili TC extremitatem C sit punctum pondere sibi incumbente eidem plano innitens, atque in eo describens lineam C(C), initium autem motus erit in cylindro cavo TG, qui dum ducitur per AT recedens ab A, attrahet C. Punctum vero describens seu stylus C ante se protrudat HR, regulam in eodem plano horizontali normaliter ad AH (alterum crus anguli recti immobilis TAH) incedentem versus A, quae protrusio non impedit, quo minus protrudens punctum C sola tractione fili moveatur adeoque ejus directionem in motu servet. Sit vero et tabula quaedam RLM, eodem sui puncto R normaliter incedens ad regulam HR, caeterum propulsa continue a cylindro cavo, ita ut ATHR sit rectangulum. Denique in hac tabula sit descripta (per laminam extantem, si placet) linea rigida EE, quam cylinder solidus FE incisura, quam in extremitate E habere intelligitur, semper mordeat, ita prout R accedet ad T, cylinder FE descendet. Cum igitur quantitas ET + TC sit data (nempe composita ex cylindro solido EF et toto filo FTC) sitque data relatio inter TC et TR vel BC (ex lege declivitatum curvae data), habebitur et relatio inter ET et TR, ordinatam et abscissam curvae EE, cujus proinde natura et descriptio haberi potest in tabula LRM per geometriam ordinariam; habetur ergo etiam descriptio lineae C(C) per machinationem praesentem. Est autem TC semper tangens curvae C(C) ex natura nostri motus, itaque descripta est linea C(C), ubi lex declivitatum seu relatio laterum trianguli characteristici assignabilis TRC vel TBC est data. Quae linea cum sit quadratrix figurae datae quadrandae, ut paulo ante ostensum est, habebitur quadratura vel dimensio quaesita.

Similia variis modis ad conversae tangentium methodi problemata accommodari possunt, velut si punctum T fuisset motum in curva TT (loco rectae AT), etiam HC coordinata (seu abscissa AB) calculum fuisset ingressa. Et sane omne problema conversae tangentium reduci potest ad relationem inter tres rectas, nempe duas coordinatas CB, CH et tangentem CT, aut alias functiones harum loco. Sed saepe res multo simpliciore motu confici potest. Velut si data fuisset relatio inter AT et TC (quod est circulis lineam ad angulos rectos secantibus, ordinatim positione datis, invenire lineam C(C)), suffecisset minor apparatus. Cessantibus enim iis quae incedunt in H et R, satis erit EE lineam rigidam directricem describere in plano verticali immobili transeunte per AT. Ita promoto in recta immota AT puncto T seu cylindro cavo TG, descendenteque cylindro solido TE, prout jubet linea data directrix EE, quam cylinder mordet, utique ob summam ET + TF constantem (ut ante) et relationem inter AT et TC datam facile invenietur relatio debita inter AT et TC, seu natura lineae EE, cujus ope descripta C(C) erit quaesita.

XIV.

NOVA CALCULI DIFFERENTIALIS APPLICATIO ET USUS AD MULTIPLICEM LINEARUM CONSTRUCTIONEM EX DATA TANGENTIUM CONDITIONE. *)

Memini jam a me insinuatum in his Actis, ut rectarum ordinatim sumtarum concursu hactenus noto, ita et concursu curvarum lineas formari. Sed placet rem non parvi ad Geometriam augendam momenti exponere distinctius, nam ne in rectis quidem concurrentibus tota ejus vis fuit perspecta. In genere igitur hoc problema ad communis Geometriae leges revocare hic docebo: *Lineis* (rectis vel curvis) *propositam tangentibus, positione ordinatim datis, invenire propositam,* vel quod eodem redit: *invenire lineam, quae infinitas lineas ordinatim positione datas tangit.* Cujus usus cum latissime pateat, calculum in eam rem peculiarem jamdudum excogitavi, vel potius huc peculiari ratione applicui nostrum Differentialem compendio non contemnendo. Scilicet quemadmodum *Cartesius* loca Veterum calculo exprimens aequationes adhibuit, quae cuivis curvae puncto conveniunt, ita nos aequationes hic adhibemus infinities ampliores, quae cuilibet puncto cujuslibet curvae *in seriei ordinatim sumtarum curvarum* comprehensae accommodantur. Itaque x et y abscissa quidem et ordinata seu *coordinatae* esse intelliguntur cujusvis ex dictis curvis, sed speciatim tamen accipiuntur de curva ex ipsarum concursu *formata* seu ipsas tangente, utili quodam *aequivocationis characteristicae* genere. Coefficientes a, b, c, in aequatione cum ipsis x et y usurpatae, significant quantitates in eadem curva *constantes,* alias quidem *insitas* (nempe *parametros*), alias vero *extraneas,* quae situm curvae (adeoque ver-

---

*) Act. Erudit. Lips. an. 1694.

ticis axisque) definiunt. Sed comparando curvas seriei inter se seu transitum de curva in curvam considerando, aliae coefficientes sunt *constantissimae* seu *permanentes* (quae manent non tantum in una, sed in omnibus seriei curvis), aliae sunt *variabiles*. Et quidem ut *seriei curvarum* lex data sit, necesse est unicam tantum in coefficientibus superesse variabilitatem, adeoque si in *primaria* pro omnibus curvis *aequatione* naturam earum communem explicante plures extent variabiles, necesse est dari alias *aequationes accessorias*, coefficientium variabilium dependentiam inter se exprimentes, quarum ope omnes variabiles ex aequatione primaria tolli possint praeter unam. Caeterum pro concursu duarum linearum proximarum, sua intersectione punctum curvae quaesitae (quam et tangere intelliguntur) determinantium, manifestum est, concurrentes quidem adeoque lineam ex concursu *formatam* tangentes esse geminas, intersectionis autem seu concursus punctum esse unicum, adeoque et ordinatam ei respondentem unicam esse, cum alioqui in investigatione solita linearum propositam tangentium, rectarum vel curvarum (velut circulorum, parabolarum etc.) ex datae curvae ordinatis quaerendarum, ordinatae *geminae*, tangentes *unicae* concipiantur. Itaque quoad praesentem calculum, quo ipsae ex tangentibus rectis vel curvis positione datis investigantur ordinatae (contra quam in communi), manent coordinatae x et y in hoc transitu (a proximo ad proximum) invariatae, adeoque sunt indifferentiabiles; at coefficientes (quae in communi calculo indifferentiabiles censentur, quia constantes) quatenus hic variabiles sunt, differentiantur. Notabile est autem, *si omnes insitae coefficientes sint permanentes*, curvaeque adeo ordinatim concurrentes sint congruae inter se, perinde fore ac si intelligantur *esse vestigia ejusdem lineae motae*, curvaque earum concursu formata lineam motam perpetuo durante motu tanget. Unde in hoc casu oritur connexio quaedam cum generatione *trochoeidum*; nam et basis, super qua volvitur generatrix trochoeidis, generatricem durante motu tangit.

Calculus autem ita instituetur: Assumatur aliquis angulus rectus fixus, cujus crura utcunque producta constituere intelligantur duos axes relationis curvarum, seu axem cum axe conjugato, in quos demissae normales ex puncto curvae quocunque erunt ordinata x, et ordinata conjugata seu abscissa y, uno verbo: *coordinatae x et y*, quarum relationem ex datis quaerendo habebitur *aequatio* (1), quam paulo ante appellavimus *primariam*, cum sit cuilibet cujuslibet curvarum ordinatim sumtarum puncto communis. Quodsi aequationi (1) insunt plures coefficientes variabiles, ut b, c, dabitur earum dependentia per *secundariam* aequationem (2), unam vel plures, atque ita ex aequ. (1) tollendo coefficientes variabiles praeter unam b, prodibit aequ. (3). Hanc aequationem differentiando, ut prodeat aequ. (4), cum in ea sola affutura sit differentialis ipsius b, evanescet differentialitas, adeoque habemus aequ. (4) ordinariam, cujus ope ex aequ. (3) tollendo variabilem residuam b, habebitur aequatio (5), in qua praeter x et y tantum supererunt coefficientes invariabiles (ut a), quae erit aequatio ad curvam quaesitam concursu seriei linearum formatam, adeoque *ad seriei linearum tangentem communem.* Sed et aliter institui potest calculus, prout facilitas invitabit, non tollendo statim variabiles, sed servando. Nempe datis aequ. (1) primaria et aequ. (2) secundaria (una vel pluribus pro explicanda dependentia coefficientium variabilium inservituris), differentientur aequ. 1, ut prodeat (3), et aequ. 2, ut podeat (4) (una vel plures, si pro aequ. (2) affuerint plures). Ita habebimus plures quantitates differentiales, sed tamen habebimus et aequationes sufficientes ad eas tollendas; et quidem modo tolli possint differentiales quantitates usque ad unam, etiam residua ista evanescet per se, et sic prodibit aequ. (5) ordinaria, seu carens quantitate differentiali, quam conjugendo cum aequ. (1) et (2) tolli poterunt variabiles omnes, et prodibit aequ. (6) naturam exprimens curvae quaesitae, linearum concursu formatae, quae erit eadem cum aequ. (5) calculi prioris.

Hac jam methodo solvi possunt innumera problemata sublimioris Geometriae hactenus non habita in potestate, pertinentiaque ad tangentium conversam, ex quibus nonnulla in specimen indicabo magnae utique generalitatis. Veluti: Data relatione (fig. 142) inter AT et Aϑ, resegmenta axium per curvae tangentem CT facta, invenire curvam CC; nam rectae curvam tangentes ordinatim positione dantur, adeoque et curva quaesita, quippe quae earum concursu formatur. Vel si, dato puncto axis T, detur lineae datae EE punctum E, sic ut juncta TE, si opus producta, quaesitam curvam CC tangat, patet ex dictis curvam CC praescripta hic methodo haberi. Similiter data relatione inter AP et Aπ, resegmenta axium facta per curvae perpendicularem PC, licet invenire curvam CC: nam ob rectas Pπ ordinatim positione datas, etiam datur linea FF formata per earum concursum, hujus vero evolutione describetur curva CC quaesita. Unde hic quidem infinitae curvae satisfacientes dari possunt, omnes scilicet parallelae inter se, quae ejusdem lineae evolutione *condescribuntur*; et data relatione inter AP et Aπ, dari potest *curva quaesita* non tantum satisfaciens, sed et *transiens per punctum datum*. Interim hoc casu curva CC non semper est ordinaria, quoniam scilicet non ipsamet, sed ipsius per evolutionem generatrix rectarum positione datarum concursu formatur. Certe cum ipsa curva formatur concursu, habetur *determinata*, nec in arbitrio est punctum, per quod transeat, quae distinctio utilis est in hac doctrina.

Sed exemplum calculi dabimus in problemate itidem generali, ad aliquam tamen specialem lineam applicato: *data relatione perpendicularis PC ad proprium ab axe resegmentum AP, invenire lineam CC.* Patet enim datis positione punctis C, nempe centris circulorum, et radiis PC datis magnitudine (ob datam relationem ad AP) *dari ordinatim circulos lineam CC tangentes*, adeoque lineam ipsam circulorum concursu formatam haberi posse, id quod jam verbulo indicaveramus olim in Actis 1686 mense Junio sub Schediasmatis finem. Itaque centro P, radio PC magnitudine dato, describatur circulus CF. Ut ergo methodum paulo ante positam huc applicemus, ex puncto circuli quocunque F agantur normales ad crura anguli recti PAH, seu coordinatae FG, y, et FH, x (quae in casu concursus duorum circulorum incidunt in CB, CL) sit AP, b, et PC, c; fiet ex natura circuli, $xx + yy + bb = 2bx + cc$, $\overset{(1)}{}$ aequatio primaria omnibus nostris circulis et cuique cujusque puncto communis. Quoniam autem datur relatio inter AP et PC, dabitur curva EE, cujus ordinata PE aequatur ipsi PC; haec curva ponatur (exempli gratia) esse parabola, cujus parameter a, et fiet $ab \overset{(2)}{=} cc$, quae aequatio secundaria exhibet relationem seu dependentiam inter c et b. Hujus ope tollendo c, ex aequ. (1) fiet $xx + yy + bb \overset{(3)}{=} 2bx + ab$; patet autem in aequ. (1) praeter coordinatas x et·y adesse coefficientes c, b, a, ex quibus c et b sunt in uno circulo constantes, et c quidem est circulo insita, cum ejus radium designet; b est extranea, quippe situm centri designans; ambae variatis circulis sunt variabiles, sed a est constantissima sive permanens, cum non unius tantum circuli omnibus punctis, sed et pro omnibus circulis nostris in aequatione maneat eadem. Reducta jam aequatio (3) ad unam coefficientem variabilem b, differentietur secundum b (solam in ea differentiabilem) et fiet 2bdb = 2xdb + adb, seu (evanescente db)

fit b $\overset{(4)}{=}$ x + a : 2 (qui calculus in casu unius differentiabilis in effectu coincidit cum methodo vetere de maximis et minimis a *Fermatio* proposita, ab *Huddenio* promota, sed quae tantum est corollarium nostrae). Jam ope aequ. (4) tollendo residuam coefficientem variabilem b, ex aequ. (3) fiet ax + aa : $\overset{(5)}{4=}$ yy, quae est aequatio ad curvam CC quaesitam. Idque indicio est eam esse parabolam, ipsi datae AE congruentem, sed paulo tantum aliter sitam; continuata enim CC vertice suo V incidet in axem AP, sed supra datae AE verticem A, ita ut distantia verticum AV sit communis lateris recti pars quarta. Si alteram calculandi rationem malis per plures differentiales, resumtae aequationes (1) et (2) differentientur, et ex (1) fiet bdb $\overset{(3)}{=}$ + db + cdc, sed ex (2) fiet adb $\overset{(4)}{=}$ 2cdc, quarum (3 et 4) ope tollendo dc evanescet simul et db, et fiet b $\overset{(5)}{=}$ x + a : 2, ut paulo ante. Unde jam per (1), (2), (5) tollendo c et b coefficientes variabiles, prodibit ax + aa : $\overset{(6)}{4=}$ yy pro aequatione lineae quaesitae, ut ante.

Atque ita docuimus data relatione perpendicularis PC ad proprium ex axe resegmentum AP exhibere lineam CC, quia ordinatim dantur circuli lineam tangentes. Sed data relatione rectae tangentis TC ad proprium ex axe segmentum AT (seu circulis normalibus ad lineam ordinatim datis) invenire lineam CC, alterius est methodi, et *constructione tractoria* talis linea haberi potest, a nobis in his Actis Sept. anni superioris mense *) explicata. Hujus autem praesentis methodi nostrae maximus praeterea est usus ad complura alia problemata Geometriae superioris, aut etiam ad mechanica vel physica applicatae. Cum enim id agitur, ut figura formetur, in quovis puncto dato suae lineae terminantis praestans aliquid desideratum, persaepe consequimur quaesitam formando ipsam concursu linearum, quarum quaevis in aliquo puncto satisfacit, ipsomet scilicet puncto concursus. Hac ratione jam olim in Schediasmate de Lineis Opticis inveni modum lineas exhibendi, quae radios

---

*) Siehe die vorhergehende Abhandlung.

ordinatim positione datos, seu a datae figurae speculo venientes, reddant convergentes, aut divergentes, aut parallelos. Formatur enim talis linea ellipsium concursu, si radii debeant fieri convergentes; eademque methodus valet, si reddendae sint parallelae aut divergentes.

P. S.

Solutionem suam Problematis Bernoulliani mense nupero Majo una cum objectione Anonymi Actis Eruditorum insertam, Dn. Marchio Hospitalius Autor defendere non distulit, ostenditque, ut intellexi, Anonymum, si calculum suum ad finem perduxisset, ipsummet solutionis datae successum fuisse deprehensurum. Caeterum Anonymus ille aliam solutionem non dedit, neque id secundum Analysin vulgarem facile praestari potest. Nostra autem nova, adeoque et Dn. Marchionis, ac Dominorum Bernoulliorum Methodus, non hoc tantum, sed et, quemadmodum jam mense Julio in Actis anni superioris est admonitum, innumera similia solvit, sive absolute pro re nata, sive per quadraturas. Et generale Problema sic concipi potest: *Data ratione inter duas Functiones invenire lineam.* Data ratio intelligitur, quae est inter duas datas, veluti m et n. *Functionem* voco portionem rectae, quae ductis ope sola puncti fixi et puncti curvae cum curvedine sua dati rectis abscinditur. Tales sunt: Abscissa AB vel Aβ (fig. 144), ordinata BC vel βC, tangens CT vel Cϑ, perpendicularis CP vel Cπ, subtangentialis BT vel $\beta\vartheta$, subperpendicularis BP vel $\beta\pi$, per tangentem resecta AT vel Aϑ, per perpendicularem resecta AP vel Aπ, corresecta PT vel $\pi\vartheta$, radius osculi seu curvedinis CP, et aliae innumerare.

XV.

CONSIDERATIONS SUR LA DIFFÉRENCE QU'IL Y A ENTRE L'ANALYSE ORDINAIRE ET LE NOUVEAU CALCUL DES TRANSCENDANTES *).

La solution d'un problême de conséquence proposé par M. Jean Bernoulli, que M. le Marquis de l'Hospital a donné dans les Mémoires de l'Académie Royale des Sciences, et tout ce qu'on a

---

*) Journal des Sçavans de l'an. 1694.

eu la bonté d'y dire en faveur de mon calcul, qui sert à ces choses, m'engage à en dire un mot, pour animer les Géomètres à le perfectionner. Il faut avouer, que l'Analyse ordinaire est encore assez imparfaite : le public n'a pas encore le moyen de trouver les racines du cinquième degré et au dela, et il n'a pas encore de méthode générale pour le calcul qui se fait à la façon de Diophante pour résoudre les questions en nombres. Ainsi il ne faut point s'étonner, si notre nouveau calcul des différences et des sommes, qui enveloppe la considération de l'infini et s'éloigne par conséquent de ce que l'imagination peut atteindre, n'est pas venu d'abord à sa perfection. Mais comme il est beaucoup plus utile que le calcul des équations du cinquième degré et au dela, ou que le calcul de Diophante, quoique j'aye trouvé le moyen de les faire encore servir au notre, il est important qu'on s'y applique. Messieurs Bernoulli ont été les premiers, qui ont témoigné publiquement avec un très grand succès, combien ils l'avoient trouvé propre pour résoudre des problêmes Physico-Mathématiques, dont la porte paroissoit fermée auparavant. M. le Marquis de l'Hospital y a pris goût aussi, en ayant donné de beaux échantillons ; et enfin M. Huygens lui-même en a reconnu et approuvé la conséquence. Il faut rendre cette justice à M. Newton (à qui la Géométrie, l'Optique, et l'Astronomie ont de grandes obligations) qu'encore en ceci il a eu quelque chose de semblable de son chef, suivant ce qu'on en a sçu depuis. Il est vrai qu'il se sert d'autres caractères : mais comme la caractéristique même est, pour ainsi dire, une grande part de l'act d'inventer, je crois que les notres donnent plus d'ouverture. Pour ce qui est de ceux qui ne se servent que de l'Analyse ordinaire, et pensent peut-être qu'elle leur suffit, il sera bon de leur proposer des problêmes semblables au dernier de M. Bernoulli.

En voici un plus général, qui le comprend avec une infinité d'autres. Soit donné la raison, comme m à n, entre deux fonctions quelconques de la ligne ACC, trouver la ligne. J'appelle *fonctions* toutes les portions des lignes droites, qu'on fait en menant des droites indéfinies, qui répondent au point fixe et aux points de la courbe, comme sont (fig. 144) AB ou Aβ abscisse, BC ou βC ordonnée, AC corde, CT ou Cϑ tangente, CP ou Cπ perpendiculaire, BT ou $\beta\vartheta$ sous-tangente, BP ou $\beta\pi$ sous-perpendiculaire, AT ou Aϑ *resecta* ou retranchée par la tangente, AP ou Aπ retranchée par la perpendiculaire, Tϑ et Pπ sous-retranchées, *sub-resectae a tangente vel perpendiculari,* TP ou ϑπ *corresootae,* et une infinité d'autres d'une construction plus composée, qu'on se peut figurer.

Le problème se peut toujours résoudre, et il y a moyen de construire la ligne, au moins par les quadratures, ou par les rectifications. Car cette méthode, ou ce *calculus differentialis,* sert non seulement aux différences, mais encore aux sommes, qui sont le réciproque des différences, à peu près comme le calcul ordinaire ne sert pas seulement aux puissances, mais encore aux racines, qui sont le réciproque des puissances. Et l'analogie va plus loin qu'on ne pense. Dans l'analyse ordinaire on peut toujours délivrer le calcul *a vinculo* et des racines par le moyen des puissances: mais le public n'a pas encore la méthode de le délivrer des puissances impliquées par le moyen des racines pures. De même dans notre Analyse des transcendantes, on peut toujours délivrer le calcul *a vinculo* et des sommes par le moyen des différences: mais le public n'a pas encore la méthode de le délivrer des différences impliquées par le moyen des sommes pures ou quadratures: et comme il n'est pas toujours possible de tirer les racines effectivement pour parvenir aux grandeurs rationnelles de l'Arithmétique commune, il n'est pas toujours possible non plus de donner effectivement les sommes ou quadratures, pour parvenir aux grandeurs ordinaires ou algébriques de l'analyse commune. Cependant par le moyen des séries infinies on peut toujours exprimer des grandeurs rompues comme en entiers, et des incommensurables en rationelles, et des transcendantes en ordinaires. Et j'ai donné par là une voye générale, selon laquelle tous les problèmes, non seulement des différences ou sommes, mais encore des différentio-différentielles ou sommes des sommes et au delà, se peuvent construire suffisamment pour la practique: comme j'ai donné aussi une construction générale des quadratures par un mouvement continu et réglé.

Enfin notre méthode étant proprement cette partie de la Mathématique générale, qui traite de l'infini, c'est ce qui fait qu'on en a fort besoin, en appliquant les Mathématiques à la Physique, parce que le caractère de l'Auteur infini entre ordinairement dans les opérations de la nature.

XVI.

CONSTRUCTIO PROPRIA PROBLEMATIS DE CURVA ISOCHRONA PARACENTRICA, UBI ET GENERALIORA QUAEDAM DE NATURA ET CALCULO DIFFERENCIALI OSCULORUM, ET DE CONSTRUCTIONE LINEARUM TRANSCENDENTIUM, UNA MAXIME GEOMETRICA, ALTERA MECHANICA QUIDEM, SED GENERALISSIMA. ACCESSIT MODUS REDDENDI INVENTIONES TRANSCENDENTIUM LINEARUM UNIVERSALES, UT QUEMVIS CASUM COMPREHENDANT, ET TRANSEANT PER PUNCTUM DATUM*).

A celeberrimo Viro *Jac. Bernoullio*, Matheseos apud Basileenses Professore, in Actis mensis Junii nuperi velut invitatus, praesertim circa problema a me olim, cum nondum nostra calculandi methodus frequentari coepisset, propositum, responsionem defugere nolui, tametsi et valetudo vacillans et aliae multiplices causae excusare me fortasse possent. Et quidem profundius ista meditari non licet aut demonstrationes introspicere, minime tamen dubito, pro explorato acumine Viri, vera attulisse. Quo constituto libenter agnosco, non facile in specialium problematum solutione apud Geometras pulchriora repertum iri. Quaedam tamen annotabo, quae mihi primo aspectu sese obtulere, nec novo studio indigebant. Theoremata pro inveniendis radiis circulorum osculantium elegantia et utilia sunt, utorque similibus vel expresse vel potius virtualiter, ipsa calculi nostri natura jubente, quoties generatricem evolutoriam vel oscula quaero lineae non nisi differentialiter seu per tangentium proprietatem datae; tunc enim ut ex duabus incognitis generatricem determinantibus unius (altera sublata) valor per ipsas x, y, dx, dy lineae differentialiter datae generaliter habeatur, utique veniendum est ad differentio-differentiales, quae tamen cessant in applicatione, quia dy:dx per ordinarias explicatur. Sed et pro centris non minus ac radiis circulorum osculantium theoremata generaliora formari possunt, quae certorum elementorum aequalitate non indigent. Tale hoc est (cujus corollaria sunt, quae Vir Cl. attulit) radius osculi est ad unitatem, ut elementum unius coordinatae est ad elementum rationis elementorum alterius coordinatae et curvae. *Rationem* autem hic sumo pro re homogenea unitati vel numero, quae oritur ex divisione antecedentis per consequens. Item: distantia

---

centri osculantis circuli ab ordinata curvae est ad unitatem, ut tertia proportionalis elementorum abscissae et curvae est ad elementum rationis elementorum abscissae et ordinatae, Et quod notatu dignum est, possunt haec indagari sine mediatione figurae, nempe ex calculo solo a nobis proposito, quaerendo scilicet aequationem localem ad rectam curvae normalem, eamque differentiando secundum quantitates in ea geminatas, methodo a me praescripta in his Actis April. 1692 et nuper *) illustrata. Nempe sit (fig. 145) abscissa AB, x, ordinata BC, y, vel contra; et elementum curvae sit dc. Et CP ad curvam perpendicularis axi occurrat in P, sumaturque in ea punctum quodcunque G, unde ad axem normalis GF ducatur. Jam sit AF, f, et GF, g, fietque (cum signa ita postulabunt) $g + y$ ad $f - x$ ut dx ad dy seu fiet $g + y = \overline{f - x}, dx : dy$, quae est aequatio localis ad rectam indefinite productam, curvae normalem. Verum quia jam duarum hujusmodi rectarum quaeritur intersectio, differentianda est haec aequatio, hoc tantum observato, ut g et f, ob commune punctum concursus, considerentur velut coincidentes in utraque recta, adeoque indifferentiabiles. Et fiet $dy = \overline{f - x}\, d, \overline{dx : dy} - dx dx : dy$; seu $dc\, dc : dy$ (tertia prop. ipsis dy, dc) est ad $d, \overline{dx : dy}$ (elementum rationis inter dx et dy) ut $f - x$ ad unitatem, quod est posterius theorema ex iis, quae paulo ante adduxi. Quod si rationem inter dx et dy vocemus r, fit dx ad $rdr :, 1 + rr$ (elementum quoddam pro dicta ratione logarithmicum) ut distantia a coordinata, nempe $f - x$, est ad unitatem. Iisdem positis, radius osculi vocetur q, fiet $q\, dy : dc = f - x$; et differentiando fiet $q\, \overline{d, dy : dc} = - dx$ seu fiet q ad 1, ut $- dx$ ad $\overline{d, dy : dc}$, vel q ad 1, ut dy ad $d, dx : dc$, quod est theorema prius. Et omnino variari ista possunt infinitis modis, constituique pro usu problematum; potissima tamen elegantioraque consignari prodest ad scientiae incrementum. Et latent sane in istis, quae egregios usus habere possunt.

De *Elastro* in universum quidem dici, opinor, potest: tensionem esse proportionalem vi tendenti. Sed cum in solidi contenti mutatione tensio consistat, non solet tota in longitudinem refundi, ut si fingamus pilas inflatas in lineam depositas esse viciuamque vicinae nodo quodam alligari, ac totum funem ex illis compositum intendi, manifestum est, funis extensionem in longitudinem non fore

---

*) Siehe die Abhandlung: Nova Calculi Differentialis applicatio et usus etc.

proportionalem tensioni aëris inclusi in pilis seu vi tendenti. Quae causa etiam est, quod de lamina elastica non aeque ac de catena certi aliquid constitui potest. Itaque recte Cl. Vir generalia dedit pro quacunque tensionis lege.

Cum varios modos construendi transcendentes lineas examinassem olim, omnium absolutissimum esse repereram, qui fieret inventione punctorum quotcunque per meras quantitates ordinarias seu Algebraicas, supposita tantum unica quantitate constante transcendente pro punctis omnibus, cum alias perpetuo transcendentibus novis sit opus pro puncto quovis. Et hoc modo usus eram ad catenariae constructionem. Is igitur valde probatur Celeberrimo Viro pag. 271: dolendum tamen censet, quod non sit universalis; etsi enim succedat in his, quae pendent a logarithmis vel quadratura hyperbolae, non tamen adhiberi posse, ubi quadratura circuli vel altior alia requiritur. Cum vero mihi secus videatur, omninoque arbitrer pro circuli dimensione, imo et pro altioribus, simile aliquid fieri posse, ad promotionem scientiae interest, ut res nonnihil declaretur. Nempe quod pro quadratura hyperbolae praestat sectio rationis seu inventio mediarum proportionalium, id pro circulari praestat sectio anguli. Itaque loco logarithmicae adhiberi potest *linea sinuum* (nostro more explicata) vel linea tangentium, aliaque similis. Nempe sumatur (fig. 146) quadrans circuli ABCGA, cujus basis BC est sinus totus, altitudini autem BA utcunque productae in E, tamquam axi, ordinatim applicentur sinus recti hoc modo: Arcus quadrantis bisecetur in G, et segmenta AG, CG rursus bisecentur in H et K, et segmenta AH, HG, GK, KC denuo bisecentur, eodemque modo pergi intelligatur. Porro similiter altitudo EB bisecetur in (G); et E(G), B(G) in (H) et (K) atque ita porro: tum ipsae rectae a punctis sectionum ad axem ductae, ut GL, HM, KN seu sinus angulorum GBC, HBC, KBC (quos cum basi comprehendunt radii a punctis sectionum arcus ad centrum ducti) ordinatim applicentur respondentibus punctis sectionum altitudinis, seu transferantur in (G)(L), (H)(M), (K)(N), et sinus totus BC in B(C). et linea E(M)(L)(N)(C) erit linea sinuum, atque ita si ordinatae velut (M)(H) sint ut sinus angulorum (velut ABH), abscissae E(H) erunt ut anguli seu ut arcus (velut AH). Et siquidem tota altitudo EB sit aequalis arcui quadrantis, abscissae erunt arcubus dicto modo respondentibus aequales. Igitur linea haec sinuum per puncta describi potest non minus ac logarithmica. Ipsa autem

semel descripta, dataque una sola quantitate constante, quae est
ratio diametri ad circumferentiam, seu data ratione arcus quadrantis
AGC ad radium BC, adeoque data ratione arcus AGC ad altitudinem
BE (cujus ratio ad BC pro arbitrio sumta est), patet ope lineae
sinuum descriptae arcum circuli quemvis dari, adeoque et segmenti
cujusque circularis vel sectoris quadraturam. Quemadmodum autem
in logarithmica datur unica illa quantitas requisita, si detur figurae
descriptae tangens, ita in linea sinuum idem est. Nam si ordinatae
sint sinus, et abscissae sint proportionales arcubus, erunt elementa
abscissarum proportionalia arcuum elementis. Jam elementum arcus
est ad elementum sinus, ut radius ad sinum complementi. Ergo
in figura sinuum dicta erit elementum abscissae ad elementum ordinatae, id est, erit subtangentialis quaecunque T(G) ad ordinatam
GL seu sinum in ratione composita radii AB ad arcum quadrantis
AGC, et altitudinis BE ad BL sinum complementi; et ipse arcus
quadrantis erit ad radium, ut BE altitudo lineae sinuum est ad T(G)
subtangentialem 45 graduum sinui respondentem. Porro quemadmodum lineae transcendentes, id est aequatione algebraica seu certi
gradus inexplicabiles, nempe de gradu in gradum transeuntes, describi possunt sectione rationis vel anguli: ita manifestum est, innumerabiles alias hujusmodi per puncta constructiones posse exco-
gitari linearum transcendentium, quas ad alias quadraturas, itemque
ad tangentium universam methodum seu differentialium primi gradus
constructionem profuturas, ex dictis intelligi potest. Atque ita ad
novum velut pelagus meditationum aditus patet, quod rite ingredienti
praeclara dabit, cum in his vera consistat connexio Analyseos algebraicae atque transcendentis. Qua occasione noto obiter, quod Vir
Clarissimus in mei gratiam Algebraicas se imposterum vocaturum
ait, quas ante Geometricas vocaverat, non ita a me accipi, quasi
mihi nescio quam in his affectationem imputet, sed quod rationes
meas non improbet, quibus inductus statuo, quicquid exactum est,
Geometricum esse, Mechanicum vero quod fit appropinquando; nec
minus peccasse *Cartesium* haec Geometria excludendo, quae ipsius
Analysi non subjiciebantur, quam Veteres *Cartesio* peccasse erant
visi, qui lineas supra rectam et circulum ad mechanicas retulerant.

Nota, quam Vir Clarissimus adhibet p. 271, unde intelligatur,
an quadratura figurae ordinariae ope logarithmicae exhiberi possit,
quod scilicet res tum demum succedat, cum ordinata figurae quadrandae est subtangentialis Algebraicae, non videtur universalis, nec

nisi pro illis est, quae simpliciore ratione per logarithmos constru-
untur. Nam eo casu, quo haec nota locum habet, logarithmus ordinatae ad alteram illam curvam Algebraicam dicta subtangentiali
praeditam erit aequalis rationi, quam ordinata quadratricis seu
summatricis habet ad constantem, scilicet in quadratrice sit ordinata y,
in quadranda t, in altera algebraica v, abscissa utrobique sit x, et
in algebraica ad v sit subtangentialis q, sitque ady $= tdx$, et t detur
per x, et ob notam praescriptam sit $q = aa : t$, erit ex natura subtangentialis $dx : q = dv : v = t\,dx : aa = dy : a$. Ergo log. $v = y : a$.
Sit jam in exemplo ad instantiam apte $t = x + aa : x$, fiet $y = \overline{xx : 2a}$
$+ a$ log. x. Ergo si nota dicta esset universalis, deberet dari
quantitas algebraica v, cujus logarithmus esset $\overline{xx : 2aa} + $ log. x,
seu logarithmus rationis inter quantitates algebraicas v et x deberet
esse quantitas algebraica $xx : 2aa$ indefinite in quibuscunque v vel x,
quod fieri nequit. Invenire autem, utrum quadratura fieri possit
per logarithmicam, vel etiam per dimensiones conicas, alterius est
analyseos, quam a methodo tangentium inversa distinguo. Et quod
ad hanc attinet, agnosco me proposuisse inter alias viam per aequationem generalem $a + bx + cy$ etc. ad curvam indefinitam, cujus
usum non contemnendum puto, praxi ipsa et speciminibus edoctus.
Sed contractionibus quibusdam, aliaque industria opus est.

Ad seriem, quam Professor Clarissimus exhibet p. 274., pro
exprimenda quantitate $y = \int , \overline{xx\;dx} : \sqrt{1 - x^4}$, pervenire etiam potest
simplici expressione potentiae binomii. Nam $\boxed{e}\overline{1 + b} = 1 + \dfrac{e}{1}b$
$+ \dfrac{e \cdot \overline{e - 1}}{1 \cdot 2} bb + \dfrac{e \cdot \overline{e - 1} \cdot \overline{e - 2}}{1 \cdot 2 \cdot 3} b^3$ etc., quod si sit $= 1 : \sqrt{1 - x^4}$,
erit $e = - 1 : 2$ et $b = - x^4$, unde explicando seriem $1 + \dfrac{e}{1}b$ etc.
et proveniens multiplicando per xxdx habebitur valor ipsius dy,
unde fiet $y = \dfrac{1}{3 \cdot 1} x^3 + \dfrac{1}{7 \cdot 2 \cdot 1} x^7 + \dfrac{1 \cdot 3}{11 \cdot 4 \cdot 1 \cdot 2} x^{11} + \dfrac{1 \cdot 3 \cdot 5}{15 \cdot 8 \cdot 1 \cdot 2 \cdot 3} x^{15}$
etc. Ego sane compendii causa utor hoc artificio post Newtonum
etiam ad series meas, cum unica irrationalis calculum ingreditur,
quia sic sublatio ejus evitatur, quamquam et post exaltationes (prolixius licet) ad idem perveniri possit, methodo generali a me praescripta.

Venio jam ad problematis mei solutionem, seu *lineae* (quam
voco) *Isochronae paracentricae* a me *propositae constructionem*,

occasione curvae elasticae a Viro Clarissimo feliciter inventam et ipsa ejus evolutione exhibitam, qua me invitare videtur, ut meam quoque solutionem prodam. Fecissem multo ante, si satis vacare liceret his laboribus. Jam enim ante complures annos habui, et quidem paulo post Isochronam simplicem inventam, quando et publice proposui quaerendam hanc paracentricam paulo difficiliorem. Sed plerumque viam reperisse contentus, prosecutione abstinere cogor, adeo ut ad ipsius Catenariae constructionem vix demum, diu post repertam ejus analysin, me accinxerim, cum scilicet amici urgerent. Apparebit autem, meum processum non tam ab eo, quod feliciter extrinsecus oblatum est, quam ex ipsius rei natura statim per se provenisse. Et quamquam adeo non improbem constructionem datam, ut laudem potius, quippe quae ad rem difficilem *Autori* aditum dedit, nec iis assentiar, qui peccatum dicunt, composito magis modo praestari, quod potest simpliciore, neque enim peccatum est, quod perfectissimum non est: cum tamen mihi sese obtulerit constructio satis expedita per rectificationem curvae ordinariae, hanc velut toto genere simpliciorem illa, quam Vir Cl. dedit, paucis designare volui. Nam ipse curvam quandam construit quadratura seu dimensione ejus figurae, cujus ordinata est $axx : \sqrt{a^4 - x^4}$, et hujus quadratricis transcendentis (quam ob usum Elasticam vocat) rursus dimensionem adhibet, ut solvatur problema quaesitum, atque ita curvam a me propositam efficit per solutionem transcendentalem secundi generis. Sed cum curva sit ipsamet nonnisi generis primi, quia tantum ad ejus constructionem requiritur quadratura figurae, cujus ordinata est $\sqrt{a^4 - x^4} : a$, ideo lineam quoque quaesivi algebraicam, cujus rectificatione quaesitum commode praestaretur. Quomodo autem hae duae quadraturae conicis dimensionibus respondeant, alias ostendam. Adest enim peculiaris pro talibus analysis. Sane, si quadranda esset figura ordinatarum $\sqrt{a^4 + x^4}$ (quae signo tantum a dicta differt), per extensionem curvae hyperbolicae res praestaretur. Sed nunc ad propriam constructionem problematis proposito progrediamur.

Quaeritur, qualis sit (fig. 147) linea *Isochrona paracentrica* $_1C_2C_3C$, in qua moto gravi, quod descendit ex altitudine H, accessus et recessus respectu centri cujusdam A seu puncti fixi sit aequabilis, adeoque elementa distantiarum ab A sint elementis temporum proportionalia. Distantiae AC repraesentent tempora t; ex $_1C$ agatur $_1C_1\vartheta$ normalis ad A_2C, erunt $_1\vartheta_2C$ ut elementa temporum dt. Arcus curvae appellentur c, elementa eorum dc tamquam elementa spatiorum, quae grave percurrendo absolvit. Sunt autem (ex generalissima motus lege) *elementa spatiorum in ratione composita velocitatum et temporis elementorum.* Velocitas vocetur v. Hinc dc ut vdt.[1] Distantia inter horizontes punctorum H et A seu HA vocetur a. Porro ex lege motus gravium, velocitates sunt in duplicata ratione altitudinum HB. Sit AB, x, et HB erit $a + x$ (nam *varietates signorum* pro talibus in ipso literae valore comprehendo, nec in calculo moror, cum omnia eodem modo proveniant), fiet vv ut $a + x$,[2] et per (1) et (2) fit dc ut $dt\sqrt{a + x}$, seu ad implendam legem homogeneorum $dc = dt\sqrt{aa + ax} : a$.[3] Jam centro A, radio si placet AH describatur circulus AKM, axem AB secans in K, et AC in M. Et Arcus KM (qui vocabitur m) repraesentet angulum conversionis rectae AMC circa A; itaque M_2M seu dm erit ipsius arcus circuli sive motus angularis seu vertiginis elementum. Itaque fit $_1C_1\vartheta = tdm : a$. Est autem quadr. $_1C_2C$ aequ. quadr. $_2C_1\vartheta$ + quadr. $_1\vartheta_1C$; ergo dcdc $= dtdt$ + ttdmdm : aa $=$ (per[4] aequ. 3) $dtdt$ + xdtdt : a.[5] Ergo dt : t $=$ dm : $\sqrt{ax}$.[6] Ex M ad axem agatur normalis ML, et AL vocetur z, fiet ax $=$ zt,[7] nempe ob triangula similia ALM, ABC. Et per (6) et (7) fit dt : $\sqrt{at}$ $=$ dm : $\sqrt{az}$.[8] Jam ex proprietate tangentium circuli est dm ad dz ut a ad $\sqrt{aa - zz}$,[9] id est, ut AM ad ML, radius ad sinum anguli KAM. Et ex (8) et (9) fiet dt : $\sqrt{at}$ $=$ adz : $\sqrt{a^3z - az^3}$,[10] unde summando $2\sqrt{at}$ $=$ aa$\int$, dz : $\sqrt{a^3z - az^3}$ + b. ubi b est quantitas *constans pro arbitrio assumta.* Id enim licet inter summandum, quoties non vetamur Problematis conditionibus. Quod cum non satis observari videam, monere hoc loco volui, quoniam interest ad *solutionum generalitatem.* Nam [infinitae satisfaciunt curvae, iisdem manentibus punctis H et A, sed quae variari possunt pro variata recta b, adeo ut curva quaesita (quantum judico) reperiri possit, quae transeat per punctum datum. Nunc superest absolvenda quadratura $\int$, dz : $\sqrt{a^3z - az^3}$, id est (si AN sit media proportionalis inter AL et AK), invenienda est area figurae, cujus ordinata sit ad AH ut quadratum ab AH ad rectangulum sub AN et LM.

Hanc quadraturam ita efficiemus: In HK sumatur LW ae-

qualis ipsi EK diagonali quadrati ab AH vel AE, et juncta MW,
sumatur Aβ in AK, si opus producta, quae sit ad AN in duplicata
ratione MW ad WL seu EK. Et ipsis Aβ ordinatim ad angulos
rectos applicentur βγ, quae sint ad LM (respondentes) ut rectangulum NAL ad quadratum ab EK. Et per puncta γ describatur
linea Aγ, cujus extensione in rectum habebitur quadratura paulo
ante dicta. Nempe triplum rectanguli sub curva Aγ et recta AH,
demto quintuplo dimidii rectanguli sub AN et LM $(=\frac{5}{2}\sqrt{a^3z - az^2})$
dabit figurae supradictae ab A incipiendo sumtae (cujus ordinatae
sint reciproce proportionales dictis rectangulis sub AN et LM) aream,
quam applicando ad a prodibit recta $aa\int,dz : \sqrt{a^3z - az^2}$. Haec
recta sumatur cum recta constante b (signis tamen, prout casus
postulant, variatis), provenientis dimidium vocetur p. Ergo per
aequ. 10 fit $\sqrt{at}=p$ seu $t = pp : a$. Et cum p habeatur ex z et
a, habebitur ex illis et t seu AC. Ergo et x seu AB per aequ. 7.
Cum ergo ex assumta AL seu z quacunque habeatur AB magnitudine, adeoque et positione, at AC magnitudine; habebitur AC
etiam positione, seu dabitur punctum C. Nam centro A, radio AC
magnitudine dato describatur circulus, cui ex B normaliter ad AB
educta occurret in puncto C, quod est in curva Isochrona paracentrica quaesita. Delineationes variabunt pro casibus, quam in
rem et b assumta variari debet. Nam quod arbitratur Vir Clarissimus, non nisi unam lineam quaesitam dari ad idem punctum A
et ad eandem altitudinem H, id rogo, ut denuo expendat: mihi
enim visum est infinitas haberi posse, ita ut assignari regulariter
queat, quae per datum punctum transeat, exceptis punctis horizontalis rectae transeuntis per A. Quin et supra A talis linea intelligi potest. Tantum vero ipsius acumini et profundae harum
rerum notitiae tribuo, ut quod re rite expensa meisque rationibus
consideratis, secunda meditatione statuet, plurimum apud me ponderis sit habiturum.

Interim quemadmodum *rationem* universalem hic aperui, *per
quam solutiones Problematum differentialium redduntur generales*,
quae neglecta, ni fallor, obstitit, quominus Vir Clarissimus hic
omnes lineas quaesito satisfacientes complecteretur: ita dabo modum Mechanicum quidem, sed tamen ob universalitatem et praxeos
commoditatem non contemnendum, cujus ope *quaecunque lineae
quaesitae transcendentes differentialiter datae per punctum datum*

(quando id fieri potest) duci possunt, idque tamen exacte, quam quis volet, licet non ut *Geometricus* supra declaratus (exemplo lineae sinuum) per puncta vera, sed tantum per veris proxima incedat. Habetque hunc usum, ut de linearum possibilitate, forma et natura multa etiam ante veram solutionem cognoscere possimus. Quin et ad differentio-differentiales cujuscunque gradus applicari potest. Nempe in exemplo praesente datum sit punctum $_1C$, per quod ducenda linea Isochrona paracentrica CC, in qua grave lapsum ex altitudine H aequabiliter recedat a centro A; quaeritur punctum aliquod aliud proximum $_2C$, ita ut recta $_1C_2C$ sit latus polygoni, curvae succedanei. Praeter rectam A_1M, in quam (si opus productam) incidit $_1C$, ducatur alia, quantum satis vicina A_2M (ad eas partes, ad quas ducere volumus lineam CC) et ad A_2M agatur ex $_1C$ perpendicularis $_1C_1\vartheta$. Et in $A_1\vartheta$ (si opus producta) sumatur (ad eas partes, ad quas ducitur linea $_1C_2C$) recta ipsi AH aequalis $_1\vartheta_1P$; unde perpendiculariter educatur $_1P_1Q$ (ad easdem quas dixi partes). Bisecta AB in ω, centro ω, radio ωH descriptus circuli arcus secet AE si opus productam in R, seu brevius, quaeratur AR media proportionalis inter AH et HB. Denique centro $_1C$ radio aequali ipsi AR descriptus arcus circuli secet $_1P_1Q$, in $_1Q$, et juncta $_1C_1Q$, secabit ipsam A_2M si opus productam in puncto quaesito $_2C$. Eodemque modo ex puncto $_2C$ quaeretur $_3C$, et ita porro. Et sic habebitur polygonum $_{1t}C_2C_3C$ etc. lineae quaesitae succedaneum, seu *linea Mechanica Geometrica vicaria*, simulque manifeste cognoscimus, possibilem esse Geometricam per datum punctum $_1C$ transeuntem, cum sit limes, in quem tandem polygona continue advergentia evanescunt. Ita simul et seriem quantitatum ordinariarum habemus transcendenti quaesitae advergentem.

Quae ad tangentium conversam de caetero meditati sumus, alio loco, Deo volente, proferemus; multa enim diversissima itinera non sine successu exploravimus, tametsi prosequi satis non vacet. Pro radicibus aequationum omnino dari puto methodum generalem, neque imaginarias moramur. Itaque quod inde colligit Vir Doctissimus, hactenus probo, ne miremur, si in Transcendentibus intra paucissimos annos non omne praestitum est quod vellemus, quando in ipsa Analysi ordinaria seu algebraica circa radices aequationum seu valores incognitarum analyticos nemo gradum quarto altiorem absolvit, nec *Vieta* vel *Cartesius* in eo negotio quicquam majorum inventis adjecerunt.

Postremo ne disceptatiunculae pristinae inter nos circa numerum radicum osculationis, monitorumque Viri Clarissimi plane obliviscar. Equidem quod initio scripseram, cum materiam hanc Geometris proponerem, adhuc mihi verum videtur, quando scilicet circulus lineam osculatur, duos contactus seu quatuor intersectiones in unum abire, adeoque adesse quatuor radices aequales. Interim verum quoque est, si quis modo circulum reperiat lineae in tribus punctis coeuntibus occurrentem, habere osculantem. Nam quartum punctum eo ipso adest, etsi ejus non fiat mentio. Cujus rei ratio est, quod nunquam circulus lineam ad easdem partes cavam secat in tribus punctis, quin simul secet in quarto. Si vero circulus lineam secet in tribus tantum punctis, oportet in arcum lineae, in punctis interceptum, cadere punctum flexus contrarii. Et tamen nihilominus in ipsomet puncto flexus possumus pro osculante concipere quatuor intersectionum coincidentiam, seu duos ab eodem latere curvae contactus circulares, unum ante, alterum post punctum flexus, seu unum in concava, alterum in convexa parte arcus ex duabus partibus hujusmodi compositi, qui contactus continue convergentes tandem in ipso flexu coibunt. Et revera flexus contrarius est punctum extremum commune, in quo duae lineae, una concava, altera convexa (unam totam constituentes) se tangunt. Coincidunt ergo duo contactus seu quatuor intersectiones in omni osculo. Sed si de intersectionibus rectae cum linea quaeratur, tria tantum puncta intersectionum coincidentia, vel contactum cum intersectione coeuntem, nempe in ipso puncto flexus, non vero duos contactus, concipere licet.

XVII.

NOTATIUNCULA AD CONSTRUCTIONES LINEAE, IN QUA•SACOMA, AEQUILIBRIUM CUM PONDERE MOTO FACIENS, INCE- · DERE DEBET, MENSE FEBR. ANNI 1695 IN ACTIS DATAS, ET QUAEDAM DE QUADRATURIS. *)

Jucundissimum fuit solutionem Dn. Marchionis Hospitalii egregiam problematis elegantis et utilis, tum Additiones ingeniosissimi

---

*) Act. Erudit. Lips. an. 1695. — Die vorstehende Notiz bezieht sich auf das von dem Marquis de l'Hospital im Jahre 1695 vorge-

Dn. Joh. Bernoullii videre, quibus solutionem universaliorem et constructionem faciliorem reddit, meritoque rem notatu dignam censet, quod idem hic et per differentiales et per methodum Geometriae communis obtinetur. Cujus rei complura exempla et mihi occurrerunt. Et sane in concreto saepe ostenduntur rerum origines connexionesque, in abstractis terminis non aeque apparentes. Consideratio autem centri gravitatis jam ipsa per se compendium differentialium seu summationem involvit, unde mirum non est, si per eam differentiales resuantur. Quod ut clarius appareat, ostendam, quomodo brevissima illa constructio etiam ex differentialibus statim et recta via sine interventu centri gravitatis nascatur. Nempe ex natura aequilibrii, quod semper manere supponitur, patet debere (fig. 149) pondus M ductum in elementum ipsius IP, aequari ponderi B ducto in elementum ipsius IH: ita enim non plus descendetur quam ascendetur, seu erunt elementa descensuum vel ascensuum reciproce ut pondera. Quia ergo M in dIP aequal. B in dIH, erit summando M in IP aequ. B in IH, seu M ad B ut IH ad IP, prorsus ut Bernoulliana constructio habet. Si intelligatur ipsa trochlea C non fixa manere, sed lineam durante motu ponderum et sacomatum (nam vicissim sibi sunt pondus vel sacoma) describere, eadem tamen methodus locum habebit, quemadmodum et in aliis similibus. Pulcherrimum autem est, quod notat, lineam a *Dn. Marchione Hospitalio* praescriptam ex genere Epicycloidum esse.

Quod vero observat, summationem ordinatarum, quae sunt ut $\sqrt{a^4 + x^4}$, pendere ex dimensione curvae parabolae cubicae, etiam *Dn. Marchio* me monuerat. Visus autem mihi sum, cum ista sub manibus haberem, connexionem videre cum dimensione curvae Hy-

---

legte und gelöste Problem: Sit (fig. 148) pons sublicius AB convertibilis circa axem A, sitque trochleae C circumductus funis BCM, cujus una extremitas sustinet pontem, altera pondus vel sacoma M. Quaeritur qualis debeat esse curva CMN aut LMN, sic ut ubicunque existens pontus M in curva, semper aequilibrium faciat cum ponte AB. Dasselbe wurde von Johann und Jacob Bernoulli ebenfalls gelöst, und zwar von dem ersteren in der folgenden allgemeineren Form: Data in plano verticali curva quavis AB (fig. 149), quaeritur in eodem plano altera curva LM, ita ut duo pondera data B, M communi funiculo BCM, trochleam positione datam C ambienti, alligata et curvis ubicunque imposita, semper sibi mutuo aequilibrentur, vel quod tantundem est, minima vi moveri possint.

perbolicae, sed talia nunc resumere, non licet, quae aliquando curatius tractare spero.

De caetero. video doctissimum *Dn. Joh. Bernoullium* non probare, quod *Dn. Craigius* tacite supposuit in tractatu de Quadraturis *), quantitatem irrationalem habere summatricem etiam irrationalem similem. Et fateor hoc sine demonstratione illic fuisse
positum, sed quoniam mihi methodo simili nonnihil, universaliore
tamen ni fallor et breviore, talia tractanti *principium* innotuit, nondum quod sciam in hoc argumento consideratum, unde demonstratio ad rem pertinens haberi potest, proponere. hoc loco. placet.
Dico igitur terminum summandum et terminum summatorem, vel
quod eodem redit, differentiam et terminum differentiandum *(Dn.
Bernoullii* integralem vocant) habere easdem ambiguitates seu radicum varietates, cum quaevis radix termini det propriam seriem,
suas quoque proprias differentias habentem. Et proinde si sit y
differentia vel summandus, et v summa vel differentiandus, seu si
sit $\int y dx = v$, sequitur in aequatione, quae exprimit relationem inter y et x, et in aequatione quae exprimit eam inter v et x, ipsas
y et v ascendere ad easdem dimensiones. Sequitur etiam irrationalitates se simili modo habere, quippe quibus itidem varietas radicum indicatur. Certe *Cl. Craigius* non pauca attulit egregia, quae
faciunt, ut incrementa adhuc majora his scientiis ab eo sperem,
multumque ejus ingenuitati debeo, quod meis meditationibus aliquid
debere voluit. Si consilium ejus scivissem, potuissem fortasse aliqua ad methodi incrementum suppeditare. Utinam tantum illis abstinuisset, quae acerbe in Virum excellentis ingenii et doctrinae dixit,
cui, quae ipse innuit, imputare mihi nunquam in mentem venit.

XVIII.

RESPONSIO AD NONNULLAS DIFFICULTATES A DN. BERNARDO NIEWENTIIT CIRCA METHODUM DIFFERENTIALEM SEU INFINITESIMALEM MOTAS. **)

Egregii Geometrae Batavi, *Domini Bernardi Niewentiit,* tractatus duos novas circa calculum differentialem et Analysin infinite

---

*) Tractatus Mathematicus de Figurarum curvilinearum quadraturis, et locis geometricis. Autore Joh. Craige. Londini 1693.

**) Act. Erudit. Lips. an. 1695.

parvis utentem *), nuper missu alterius, ut apparet, doctissimi Geometrae *Dn. J. Makreel,* autoris jussu accepi. Itaque cum a me
pluribus in locis difficultatum quarundam solutio humanissime pe-
tatur, operam reipublicae literariae debitam defugere nolui, tametsi
summa tantum capita attingere tot aliis distractus nunc quidem
possim. Ad tria potissimum res redit: *methodum meam calculi*
differentialis et summatorii laborare communi cum aliis diffi-
cultate, quod scilicet quantitates infinite parvae abjiciantur, quasi
essent nihil; secundo, *hanc methodum non posse applicari ad cur-*
vas, in quarum aequatione indeterminata ingreditur exponentem;
tertio, *tametsi meus calculus differentialis primi gradus sustineri*
possit, differentias tamen inferiores, secundi, tertii et aliorum
graduum, ut ddx seu d²x, dddx sive d³x, et ita porro, non posse
conciliari cum principio clarissimi Autoris, quo tamen solo Geometriam hanc statuminari posse arbitratur. Specialia nonnulla,
quae Hospitalianis, Bernoullianis et meis objicit, nunc non attingo,
cum illustrissimus *Marchio Hospitalius* et ingeniosissimi *Fratres*
Bernoullii tot praeclara inventa sua optime tueri possint.

Quod ad primam objectionem attinet, clarissimus Autor hanc
in praefatione Considerationum ponit enunciationem, quam liqui-
dissimae veritatis esse autumat: *Solae eae quantitates aequales*
sunt, quarum differentia nulla est seu nihilo aequalis. Et in Analysi curvilineorum, sub initium axiom. 1 pag. 2: *Quicquid toties sumi,*
hoc est per tantum numerum (etiam infinitum, sic enim intelligit)
multiplicari non potest, ut datam ullam quantitatem, utut exiguam,
magnitudine sua aequare valeat, quantitas non est, sed in re Geo-
metrica merum nihil. Hinc quia in aequationibus pro tangentibus
investigandis, Maximisque et Minimis (quam Dn. Autor Barrovio
tribuit, primus tamen, ni fallor, Fermatius usurpavit) remanent
quantitates infinite parvae, abjiciuntur autem earum quadrata vel
rectangula; hujus rei rationem ex eo ducit, quod quantitates ipsae
infinite parvae seu infinitesimae sunt aliquid, quoniam per numerum infinitum multiplicatae quantitatem datam (id est, ordinariam
vel assignabilem) efficiunt; secus autem se habere earum rectangula vel quadrata, quae proinde ex axiomate praemisso sint me-

---

*) Considerationes circa analyseos ad quantitates infinite par-
vas applicatae principia. Amstelod. 1694. 8. — Analysis infinitorum.
Amstelod. 1695. 4.

rum nihil. Ego quidem fateor magni me eorum diligentiam facere, qui accurate omnia ad prima principia usque demonstrare contendunt et in talibus quoque studium non raro posuisse; non tamen suadere, ut nimia scrupulositate arti inveniendi obex ponatur, aut tali praetextu optime inventa rejiciamus, nosque ipsos eorum fructu privemus, quod et olim Patri *Gottignies* et discipulis ejus circa Algebrae principia scrupulosis inculcavi. Caeterum aequalia esse puto, non tantum quorum differentia est omnino nulla, sed et quorum differentia est incomparabiliter parva; et licet ea Nihil omnino dici non debeat, non tamen est quantitas comparabilis cum ipsis, quorum est differentia. Quemadmodum si lineae punctum alterius lineae addas, vel superficiei lineam, quantitatem non auges. Idem est, si lineam quidem lineae addas, sed incomparabiliter minorem. Nec ulla constructione tale augmentum exhiberi potest. Scilicet eas tantum homogeneas quantitates comparabiles esse, cum Euclide lib. 5 defin. 5 censeo, quarum una numero, sed finito multiplicata, alteram superare potest. Et quae tali quantitate non differunt, aequalia esse statuo, quod etiam Archimedes sumsit, aliique post ipsum omnes. Et hoc ipsum est, quod dicitur differentiam esse data quavis minorem. Et Archimedeo quidem processu res semper deductione ad absurdum confirmari potest. Quoniam tamen methodus directa brevior est ad intelligendum et utilior ad inveniendum, sufficit cognita semel reducendi via postea methodum adhiberi, in qua incomparabiliter minora negliguntur, quae sane et ipsa secum fert demonstrationem suam secundum lemmata a me Febr. 1659 communicata. Et si quis talem aequalitatis definitionem rejicit, de nomine disputat. Sufficit enim intelligibilem esse et ad inveniendum utilem, cum ea, quae alia magis (in speciem) rigorosa methodo inveniri possunt, hac methodo semper non minus accurate prodire sit necesse. Itaque non tantum lineas infinite parvas, ut dx, dy, pro quantitatibus veris in suo genere assumo, sed et earum quadrata vel rectangula dxdx, dydy, dxdy, idemque de cubis aliisque altioribus sentio, praesertim cum eas ad ratiocinandum inveniendumque utiles reperiam. Nec profecto video, quomodo doctissimus Autor in animum suum inducere potuerit, ut statueret, lineam seu latus dx esse quantitatem, at quadratum vel rectangulum talium linearum esse nihil. Licet enim hae quantitates infinities infinite parvae, numero infinito primi gradus multiplicatae, non producant quantitatem datam seu ordinariam, faciunt tamen hoc multiplicatae per numerum infinities infinitum, quem rejicere par non est, si numerum infinitum admittas; prodibit enim numero infinito primi gradus ducto in se. Quod autem in aequationibus Fermatianis abjiciuntur termini, quos ingrediuntur talia quadrata vel rectangula, non vero illi quos ingrediuntur simplices lineae infinitesimae, ejus ratio non est, quod hae sint aliquid, illae vero sint nihil, sed quod termini ordinarii per se destruuntur, hinc restant tum termini, quos ingrediuntur lineae simplices infinite parvae, tum quos ingrediuntur harum quadrata vel rectangula: cum vero hi termini sint illis incomparabiliter minores, abjiciuntur. Quod si termini ordinarii non evanuissent, etiam termini infinitesimarum linearum non minus, quam ab his quadratorum abjici debuissent. Adjungi possunt Lemmata quaedam mea, calculi differentialis fundamentis inservientia, ex Actis Eruditorum Lipsiensibus Febr. 1689, quae Cl. Autor non nisi post editas Considerationes in praefatione Tractatus Analytici sibi occurrisse profitetur, ubi jam tum incomparabilium considerationem adhibui ad has difficultates praeveniendas.

Quod ad secundum attinet, doctissimus Vir aequationes exponentiales (ut a me appellantur) sua methodo tractari posse putat, mea non item. Idque tali ratione cap. 1 Analys. pag. 62 seqq. et cap. 8 pag. 280 per suam calculandi rationem ostendere conatur, quam tamen usitatis mihi symbolis ratiociniisque sic exprimo. Sit aequatio (ad curvam transcendentem) $y^x \overset{(1)}{=} z$, unde alia pari jure fiet $\overline{y+dy}^{\,x+dx\,(2)} = z + dz$. Itaque differentiando aequationem (1), id est aequationem (1) ab aequ. (2) subtrahendo, ut dz seu differentia inter duorum z valores (ipsius nempe z et ipsius z + dz) habeatur (quod calculi differentialis fundamentum est), utique ex (2) et (1) fiet $\overline{y+dy}^{\,x+dx} - y^{x} \overset{(3)}{=} dz$, sed $\overline{y+dy}^{\,x+dx\,(4)} = y^{x+dx} + x \cdot y^{x+dx-1} dy$ (quia ut olim in his Actis a me generaliter notatum est $\boxed{m}\overline{y+a}^{(5)} = y^m + \frac{m}{1}y^{m-1}a^1 + \frac{m.m-1}{1.2}y^{m-2}.a^2$ etc.; unde ex sententia Autoris, evanescente termino $\frac{m.m-1}{1.2.}y^{-2}.a^2$ et sequentibus, quia a est infinities infinite parva, et pro a substituendo dy, et pro litera m substituenda x + dx prodit aequ. (4). Itaque ex aequ. (3) per aequ. (4) fit $y^{x+dx} + xy^{x+dx-1}dy - y^{x} \overset{(6)}{=} dz$. Verum haec ratio exprimendi maximis laborat difficultatiqus, quia non servat leges homogeneorum calculi differentialis, et quod caput est, non exhibet quaesitum, nempe rationem dx ad dy seu subtangentialis ad ordinatam, in terminis ordinariis expressam, neque adeo ductu linearum assignabilium construi potest. Imo redit ad identicum. Nam juxta principium meum supra expositum, quantitas incomparabiliter minor alteri majori frustra additur, et, si haec non evanescat (actu vel virtualiter), ipsamet abjici debet. Itaque in aequ. (6) pro dy, dx, dz additis ad alia incomparabiliter majora, scribendo 0, fiet $y^{\frac{x+0}{\cdot}} + x \cdot y^{\frac{x+0-1}{\cdot}} \cdot 0 - y^x = 0$, hoc est abjecto 0 pariter, et termino per 0 multiplicato, fiet $y^x - y^x = 0$, quae aequatio vera quidem, sed identica est, unde talis calculus non prodest. Quale quid ego quoque expertus sum, ut si sit $b^x = y$, posita b constante, tunc $b^{\frac{x+dx}{\cdot}} - b^x$ erit $= dy$; et hanc dividendo per b^x fit $b^{\frac{dx}{\cdot}} - 1 = dy : b^x$, et pro dx et dy ponendo 0, fit $b^0 - 1 = 0 : b^x$, seu $b^0 - 1 = 0$, seu $b^0 = 1$, ut constat, ergo fit $1 - 1 = 0$. Sed talis identicismus in meo calculo differentiali evitatur. Interim non diffiteor obtulisse se mihi casus, ubi ista quoque calculandi ratio non prorsus negligenda sit. Verum ut videat Cl. Niewentiit meam methodum differentialem ad aequationes quoque, ubi incognita vel indeterminata ingreditur exponentem, (et quidem utiliter) porrigi, quas ego fortasse omnium primus considerandas Geometris proposui, cum meum Tetragonismum Circuli Numericum darem in Actis Eruditorum anni 1682 mens. Febr., attingam hoc loco paucis, quod jam a multis annis habui, et ad summum Geometram *Christianum Hugenium* dudum perscripsi, nempe modum differentiandi aequationes exponentiales, quem Algorithmo meo olim publicato inserere non admodum necesse erat ob talium expressionum raritatem et insolentiam, quae, fateor, tanta est, ut ipse *Hugenius* eas aegre admiserit. Nec quisquam mihi notus est praeter ingeniosissimum *Bernoullium*, qui proprio Marte, me non monente, et ipse in calculo differentiali huc pervenerit atque ad haec penetrarit, quae *Hugenius* per jocum hypertranscendentia appellabat. Nempe sit $x^v = y$, fiet $v. \log. x = \log. y$; jam $\log. x = \int dx : x$ et $\log. y = \int dy : y$. Ergo $v \int dx : x = \int dy : y$, quam differentiando fit $vdx : x + dv \log. x = dy : y$. Porro v debet dari ex x et y, ambobus vel singulis, ergo scribi potest $dv = mdx + ndy$, et *m* pariter atque *n* dabuntur ex x et y et prodibit: $vdx : x + \log. x \cdot mdx = dy : y - \log. x \cdot ndy$, et fiet dx ad dy (seu subtang. ad ordinatam) ut y ad $\overline{\dfrac{v}{x} + m \log. y}$. Itaque habetur modus ducendi tangentem talis curvae ex supposita hyperbolae quadratura vel Logarithmis; pro generali autem differentiatione exponentialium sufficit Algorithmo meo hunc canonem ascribi: $d, x^v = x^v, \dfrac{v}{x} dx + dv + dv. \log. x$. Unde si v sit constans numerus ut e, prodit $d, x^e = x^e \dfrac{e}{x} dx$, id est $e . x^{e - 1} dx$, quod est theorema nostri Algorithmi pro differentiatione potentiarum vel radicum dudum traditum.

Superest, ut tertiam Viri Cl. difficultatem paucis absolvam, contra differentiationes scilicet successivas seu quantitates differentio-differentiales. Itaque ipsas ddx non putat admittendas, nec esse quantitates, quia per infinitum numerum multiplicatae non dent quantitatem ordinariam. Sed sciendum est omnino eam prodire, ut ad primam difficultatem jam monui, si numerus multiplicans sit infinitus altioris gradus. Et res sane etiam aliunde multis modis confici potest. Nam quotiens termini non crescunt uniformiter, necesse est incrementa eorum rursus differentias habere, quae sunt utique differentiae differentiarum. Deinde concedit Cl. Autor, dx esse quantitatem; jam duabus quantitatibus tertia proportionalis utique est etiam quantitas; talis autem, respectu quantitatum x et dx, est quantitas ddx, quod sic ostendo. Sint x progressionis Geometricae, et y arithmeticae, erit dx ad constantem dy, ut x ad constantem a, seu $dx = xdy : a$; ergo $ddx = dxdy : a$. Unde tollendo $dy : a$ per aequationem priorem fit $xddx = dxdx$, unde patet esse x ad dx, ut dx ad ddx. Et continuata progressione Geometrica etiam reliquae differentiae ulteriores ordine prodeunt. Et generaliter in progressione Geometrica non tantum series differentiarum ejusdem gradus, sed et series transitus seu differentiationum, Geometricae est progressionis. Sed et harum differentiationum successivarum veritas ususque rebus ipsis confirmatur. Nempe, ut jam alias notare memini, quantitas ordinaria, quantitas infinitesima prima seu differentialis, et quantitas differentio-differentialis vel infinitesima secunda, sese habent ut motus et celeritas et sollicitatio, quae est elementum celeritatis. Motu describitur linea, velocitate elementum lineae, sollicitatione (velut initio descensus a gravitate, vel motus a conatu centrifugo) elementum elementi. Et in ipsa Geometria quantitates ordinariae sunt pro vulgari Algebra, differentiales primi gradus referuntur ad tangentes seu linearum directiones, sed differentiales ulterioris gradus ad oscula seu linearum curvedines, quod etiam jam notare memini. Finiam, ubi hoc unum adjecero, mirari me, quomodo doctissimus Niewentiit credere potuerit, ex nostris principiis sequi hoc absurdum, quod in omni curva subtangentialis sit ordinatae aequalis, Consid. p. 19. Sit curvae elementum dc, erit dxdx + dydy = dcdc, ut constat; ergo differentiando dxddx + dyddy = dcddc. Si jam dc constans fit ddc = 0, et fit dxddx + dyddy = 0, sed hac differentiali in summatricem rursus versa ait prodire $\frac{1}{2}$ dxdx = $\frac{1}{2}$ dydy, adeoque dx = dy, quod utique absurdum est. Si talibus uteremur calculis, quomodo eorum ope tot veritates detexissemus? Sed respondeo summando seu versa differentiali in summatricem, proditurum $\frac{1}{2}$ dxdx + $\frac{1}{2}$ dydy — βdc = 0, seu constantem areolam esse subtrahendam, alioqui fieret non quidem dxdx = dydy, sed potius — dxdx = dydy, seu dy = dx $\sqrt{--1}$, quae est aequatio impossibilis, quod indicat β non debere esse 0, sed habere signum —, et esse quantitatem constantem, quae non alia est, quam $\frac{1}{2}$ dc, quia ipsam dc posuimus constantem. Unde redit aequatio initio posita dxdx + dydy = dcdc, prout oportet. Et simili abusu calculi differentialis laboratur Consid. p. 21; nec mirum est hoc modo calculum non esse tutum aut incidere in absurda. Sic et in ipso Tractatu majore seu Analys. inf. c. 8 p. 283 ponit triangula characteristica ejusdem curvae, modo numero sint finita et serie non interrupta sese consequantur, esse similia inter se; unde facile infert, positis elementis abscissarum aequalibus, etiam elementa ordinatarum etc. fore aequalia. Sed cum ubique curva directionis suae inclinationem mutet (alioqui non curva, sed recta foret) etiam anguli continue, licet insensibiliter seu per discrimina incomparabiliter parva mutantur. Qua de re me quoque olim ratiocinationes instituere memini. Difficultas quoque objecta Consid. p. 20 contra triangulum, cujus basis est altitudine incomparabiliter minor, ejusdem est commatis: id enim pro isoscele habetur, quia differentia inter altitudinem et hypotenusam incomparabiliter parva est, perinde ac differentia inter radium et secantem anguli infinite parvi. Sed haec sufficere judico, et ipsi Cl. Niewentiit satisfactura spero, qui si ingenium et doctrinam magis ad augenda, quam retractanda haec studia vertere volet, haud dubie praeclara dare poterit, quemadmodum ex his ipsis speciminibus judicare licet.

Additio ad hoc Schediasma.

Unum adhuc addere placet, ut omnis de realitate differentiarum cujuscunque gradus tollatur disputatio, posse eas semper exprimi rectis ordinariis proportionalibus. Nempe sit linea quaecunque, cujus ordinatae crescunt vel decrescunt, poterunt ad eundem axem in iisdem punctis applicari ordinatae secundae ad novam lineam terminatae, proportionales differentiis primi gradus seu elementis ordinatarum lineae primae. Quod si jam idem fiat pro secundis ordinatis, quod factum est pro primis, habebuntur ordinatae ad lineam tertiam, proportionales primarum ordinatarum differentio-differentialibus seu differentiis secundis, seu, quod idem est, secundarum ordinatarum differentiis primis. Et eodem modo etiam differentiae tertiae et aliae quaecunque per quantitates assignabiles exponi possunt. Modum autem differentiis primi gradus proportionales exhibendi rectas ordinarias jam tum explicui, cum primum hujus calculi elementa traderem in Actis Octobris 1684. Nempe inspiciatur ibi fig. 111, reperietur dx, elementum abscissae AX vel x, repraesentari per rectam assignabilem in figura separatim positam, et deinde dy, elementum ordinatae XY seu y, repraesentari per rectam quae sit ad dictam dx jam assignatam, ut XY ordinata est ad XD interceptam in axe inter tangentem et ordinatam. Et quoniam eadem opera habetur modus exponendi differentias gradus secundi per proportionales illis differentias gradus primi, et in universum posteriores per praecedentes proximas, patet nullum esse gradum differentialium utcunque remotum, qui non per rectas assignabiles exhiberi tandem queat. Quod si solae darentur differentiae primae, sequeretur omnes ordinatas crescere uniformiter, seu omnem lineam esse rectam. Interdum autem, continuando aliquousque differentiationes, tandem finiendum est, cum nimirum linea differentiarum repraesentatrix, secunda vel tertia vel alia ulterior, fit recta. Nempe si ordinatae primae sint ut abscissae, tunc linea prima est recta et caret differentiis secundis. Si ordinatae primae sint ad parabolam (nempe quadraticam) seu si sint ut quadrata abscissarum, tunc linea secunda erit recta, et linea prima (parabola scilicet) carebit differentiis tertiis. Si ordinatae primae sint ad paraboloeidem cubicam, seu sint ut cubi abscissarum, tunc linea tertia erit recta, et linea prima (paraboloeides scilicet cubica) carebit differentiis quartis, et ita porro. Idem est si ordinatae (primae scilicet) componantur ex ordinatis paraboloeidum dictis, sive per additionem

328

sive per subtractionem; tunc enim finientur tandem differentiae cum altissimae paraboloeidis ingredientibus ordinatis. Sed in caeteris lineis omnibus differentiationes procedunt in infinitum, quoties scilicet in valore ordinatae abscissa in nominatore vel vinculo reperitur. Ex his jam intelligitur, calculum differentialem posse concipi tamquam si fieret non nisi in quantitatibus ordinariis, tametsi origo ex inassignabilibus petenda sit, ut abjectionum seu destructionum ratio reddatur. Itaque si vel ipsa initia calculi a me publicata satis meditatus fuisset Cl. Niewentiit, facile vidisset, non magis de ulterioribus quam de primis differentiis dubitari posse, et vel ideo evitatam tunc a me fuisse mentionem inassignabilium, re ad ordinarias traducta, ut tales scrupuli tollerentur; caeterum si quid notasset animadversione dignum, sensisset me eo esse ingenio, ut libenter dem veritati manus, quemadmodum nunc re accuratius considerata, ea quae Celeberrimus *Jacobus Bernoullius* de numero radicum osculi monuerat probo, quibus quo minus assentirer antea, non alia causa fuit, quam quod diversae occupationes cogitationesque effecerant, ut tardius accederem ad rem de integro satis considerandam. Dum haec scribo, tristem nuntium mortis Viri incomparabilis, *Christiani Hugenii,* accipio. Non poterant majorem jacturam pati literae illae sublimiores, quae humanae menti aditum faciunt in arcana naturae. Ego *Hugenium* solo tempore *Galilaeo* et *Cartesio* postpono. Cum maxima dederit, expectabantur non minora. Et spero inter schedas ejus thesaurum quendam repertum iri, qui nos utcunque soletur. Eoque magis orandus est Frater ejus, vir meritis in rempublicam illustris, ut maturata editione communi utilitati pariter ac fraternae gloriae, imo suae consulere velit. Oblitus eram eorum quae Dn. Niewentiit contra notam concavitatis vel convexitatis a me allatam objicit, instantia parabolae producta. Sed mirum est ipsum non animadvertisse, tantum errore sive scribentis sive typothetae transposita esse verba, et pro concavitate ponendam esse convexitatem, ac vice versa. Itaque non tam afferri debuerat instantia parabolae (quando in omnibus curvis contrarium fit ejus quod verba insinuabant) quam generaliter notari inversio. Adeoque regula sic efferenda est: si crescentibus ordinatis crescant etiam ipsarum differentiae, curva axi obvertet convexitatem, alias concavitatem, posito scilicet aequales inter se esse differentias abscissarum.

XIX.

G. G. LEIBNITII NOTATIUNCULA AD ACTA DECEMB. 1695,
pag. 537 et seqq. *) ·

Iniquus sim, si agnoscam, excellentis Mathematici *Jacobi Bernoullii* Basileensium Professoris meditationibus plurimum debere scientias istas profundiores, et me potissimum ipsi pariter ac fratri ejus ingeniosissimo, *Johanni Bernoullio*, nunc apud Groninganos Professori clarissimo, obstrictum esse, quod qualiacunque a me jacta Analyseos cujusdam superioris fundamenta ad varios usus applicuere suisque inventis mirifice auxere, et ut magis magisque innotescerent ac celebrarentur effecere. Virum autem celeberrimum *Jacobum Bernoullium*, cujus nupera me ad hoc Schediasma invitavere, persuadere sibi velim, longissime a me abesse animum de meritissimis ejus laudibus detrahendi. Gloriam inventarum figurarum Elasticarum (ex hypothesi scilicet valde verisimili) ipsi illibatam relinquo. Theoremata de radiis circulorum osculantium, etsi mihi non ignota, ne attigissem quidem, nisi originem eorum pariter ac similium aliorum ex singulari quodam differentialis calculi genere simplicissimam exponendam occasione data putassem. Ut iis in Elasticis figuris uterer, in mentem non venit, quod figuris illis quaerendis nunquam animum adjecissem, non quod res non sit pulchra et inquisitu digna, sed quod in tanta agendorum copia, quae ab illo recte acta putavi, nollem denuo agere, incertus etiam, an possem. Itaque non est, cur imputet theorematum de osculis defectui, cum ipse agnoscat, etiam publicatis illis nondum vel *Hugenium* vel me de lineis illis Elasticis satis meditatos fuisse. Ac ne nunc quidem, exposita Analysi Viri egregii, a me impetrare possum, ut hunc campum licet pulcherrimum ingrediar, cujus rei plures habeo rationes, quam vellem. De caetero video, eum a mea de constructionibus sententia vix dissentire, optaremque ipsum, si vacat, ulterius cogitare de constructione transcendentium per puncta Algebraice inventa:

---

*) Act. Erudit. Lips. an. 1696. — Die vorstehende Notiz bezieht sich auf die Abhandlung Jacob Bernoulli's: Jac. B. explicationes, annotationes et additiones ad ea, quae in Actis super. anni (1695) de Curva Elastica, Isochrona Paracentrica et Velaria hinc inde memorata et partim controversa leguntur, ubi de Linea mediarum directionum, aliisque noviis.

id enim magis analyticum fuerit, etsi non aeque sit in potestate hactenus, ac reductio quadraturarum ad Euthynses. De numero radicum osculi candide professus sum dudum, me re diligentius excussa sententiam ipsius amplecti. Quod instantiam a me postulat curvae ordinariae rectificabilis in se redeuntis, succurrit non Epicycloeidalis, quam punctum describit fixum in circulo provoluto super alio circulo. Hanc rectificabilem esse, a celeberrimis Viris, *Hugenio* et *Tschirnhausio* est ostensum; esse autem in se redeuntem, haec constructio ipsa monstrat, cum circumferentiae sunt commensurabiles. Praeclare facient *Bernoullii* Fratres, si conjunctis vel etiam separatis studiis velariae figurae contemplationem coeptam absolvant. Quod medias directiones attinet, de quibus ego in Ephemeridibus Gallicis Sept. 1693, cum tendentiae puncti mobilis sunt infinitae, puncta tendentiarum intervallulis aequalibus assumi arbitrarium putem. Diversis autem punctis tendentias exercentibus, ex punctorum progressibus habetur et progressus communis centri gravitatis, nempe conferendo ejus situm ante progressum cum situ proximo post progressum punctorum elementarem. Quod si punctorum impulsorum tendentias consideremus, quae saepe ab impellentium tendentia diversa est, tendentia media ab iis recepta eodem modo definietur. Eaque omnia pro re nata sunt varianda, sed in his promte eleganterque exhibendis a Viro clarissimo non vulgaria expecto, ac publico eum nomine rogandum censeo, ut sua de fluidorum motibus aliisque meletemata praeclara diutius non premat. Quod controversias attinet inter D. D. *Hugenium* et *Renaudum*, ingeniarium rei apud Gallos marinae generalem, ipse *Hugenius* (cujus certe summi viri amissi et ipse desiderium tanto fero aegrius, quanto propius mihi cum eo commercium erat, notioresque maximae dotes, in quibus vis animi candorque certabant) me sententiam rogare dignatus est; sed tunc nondum erant ad manus utrinque agitata. De re ipsa alias. Recte notatur, eundem ventum magis impellere navem quiescentem, quam procedentem, et discrimen aliquando non esse negligendum. Puto etiam, diversa venti vi, declinationem (la Dérive) secus quam *D. Renaudus* supposuit, non esse aequalem, sed eo majorem quo major est venti violentia. Modum generalem construendi tangentium inversas, mense Augusto superioris anni p. 373, ipse non nisi pro Mechanismo venditavi. Utilissima cogitatio est, de iisdem ad quadraturas redigendis separandisve ab invicem indeterminatis. Problema de eo praestando circa aequationem differentialem $ady = ypdx + ly^n$. qdx solvere possum et reduco ad aequationem, cujus forma est ... $dv + ... vdz + ... dz = 0$, ubi per punctata intelliguntur quantitates utcunque datae per z. Talis autem aequatio generaliter per me reducta est ad quadraturas, ratione jam dudum Amicis communicata, quam hic exponere necessarium non puto, contentus effecisse, ut acutissimus Autor problematis agnoscere possit methodum (ut opinor) non dissimilem suae. Neque enim dubito et hoc ipsi innotuisse. Et sunt a me in istis multa olim tentata, non pauca etiam praestita, quae jacent dispersa in schedis, nec mihi ipsi in numerato habentur, copia inopi, ut simul habere videar et non habere. Haec tamen facilius suppeditavit memoria, ea ipsa die qua Lipsiensia Acta Decembris proximi sum nactus, id est hesterna, in ipsis scilicet nundinis Brunsvicensibus, ubi haec inter distractiones utcunque in chartam conjeci.

XX.

COMMUNICATIO SUAE PARITER DUARUMQUE ALIENARUM AD EDENDUM SIBI PRIMUM A DN. JOH. BERNOULLIO, DEINDE A DN. MARCHIONE HOSPITALIO COMMUNICATARUM SOLUTIONUM PROBLEMATIS CURVAE CELERRIMI DESCENSUS A DN. JOH. BERNOULLIO GEOMETRIS PUBLICE PROPOSITI, UNA CUM SOLUTIONE SUA PROBLEMATIS ALTERIUS AB EODEM POSTEA PROPOSITI.*)

Problemata proponere Geometris dudum usitatum et publice utile est, cum non fit animo suos profectus jactandi, sed alienos excitandi, ut dum quisque methodos suas exercet, ars inveniendi augeatur. Saepe fit, ut viri eruditi quidem et in recepta Analysi versati, sed nihil altius agitantes, dum de iis quas didicere methodis nimium sibi pollicentur, vulgari doctrinae securi indormiant, magno scientiae detrimento: nam qui sibi persuadent nihil superesse, quod, si modo animum adhibere velint, non sit in potestate, nova non quaerunt, et suae simul desidiae et vanitati litant. Hi igitur non melius veterno suo excutiuntur, quam si problemata proponantur, elegantia vel utilia, praesertim si magis sint artificiosa

---

*) Act. Erudit. Lips. an. 1697.

quam laboriosa. Et puto ea re maxime factum fuisse, ut methodus
infinitesimalis differentiarum et summarum (cujus calculum differentialem appellare placuit) a me proposita increbresceret et a viris
egregiis in usum transferretur, quod appareret, problematibus insignibus solvendis aptissimam esse. Cum enim forte Dn. Abbati
Catelano, nescio quae contra Dynamica mea opponenti et alioqui
Cartesianis methodis nimirum tribuenti, in Novellis Reipublicae Literariae responderem, venit in mentem ipsi pariter aliisque eadem
sentientibus proponere Problema (non admodum quidem difficile)
Lineae Isochronae, in qua descendens grave uniformiter appropin-
quaret horizonti. Sed illis silentibus, solutionem dedit *Dn. Huge-*
nius, quod elegans ipsi quaestio videretur. Cumque alia consulto
indicta reliquisset, haec ego suppleveram et demonstrationem adjeceram in Actis Eruditorum: idque magis feceram, ut problemati
ultimam manum imponerem, quam ut aliquem magnopere fructum
inde mihi pollicerer. Verum uti aliqua est rerum omnium conca-
tenatio, fecit haec mea demonstratio, ut *Dn. Jacobus Bernoullius,*
qui antea calculum differentialem, quem in Actis iisdem dudum
communicaveram, minore fructu aspexerat, majorem inde lucem
subito hauriret, et percepto methodi ad quaestiones Physico-mathe-
maticas usu, problema Lineae Catenariae a Galilaeo frustra tentatum
mihi proponeret. Quod cum ego reperissem, et publicata solutione
possem qualicunque illa laude solus frui, malui tamen alios in partem venire, ut in excolenda pulcherrima methodo adjutores mihi
pararem. Certum enim est, egregia ingenia laude duci solere, et
libentius ea tractare, in quibus non omnia aliis, sed multum etiam
sibi debent. Itaque significavi publice, me solutionem Galilaeo frustra quaesitam reperisse, editionem autem in annum differre con-
stituisse, ut aliis spatium daretur vel suas excolendi methodos, vel
nostram meditandi et rite adhibendi. Id vero feliciter successit.
Nam *Dn. Hugenius* (quem nunc ereptum nobis dolemus) sua quadam methodo ad solutionem aliquam, licet (ut ipse postea ingenue
agnovit) imperfectiorem pervenit. Sed *Dn. Jo. Bernoullius,* meo
calculo profundius inspecto, ejus ope optatam solutionem obtinuit,
problemate, quemadmodum et a me factum fuerat, ad Hyperbolae
aream reducto, eo tantum discrimine, quod ipse per Curvae para-
bolicas rectificationem, ego per Logarithmos constructionem exhi-
hibuissem. Hic autem successus tam insignis Dominos Bernoullios
fratres mirifice animavit ad praeclara porro ope hujus calculi prae-

standa, efficiendumque, ut jam non ipsorum minus quam meus esse
videretur, ipso mox *Hugenio*, qui antea de eo tenuius senserat,
utilitatem ejus et privatim experiente et publice praedicante, aliisque,
sed inprimis *Dn. Marchione Hospitalio* in Gallia et *Dn. Craigio* in
Anglia exempla eorum sequentibus. Et prae caeteris quidem egregia fuere, quae *Dn. Jac. Bernoullius*, Professor Basileensis, circa
Lineam Veli et circa Elasticam dedit. Sed *Dn. Marchio Hospitalius*
praecepta ipsa methodi justo opere nuper exposuit, multisque ex-
quisitis speciminibus mirum in modum illustravit.

Tandem novissime *Dn. Bernoullius*, Professor Groninganus,
aliud problema nempe Lineae brevissimi descensus, itidem a Galilaeo
frustra tentatum, problemate Catenariae lineae pulchritudine usuque
non inferius, examinandum sibi sumsit solvitque, et aliis etiam solvendum commendavit. Ita duo problemata illustria a Galilaeo pulchre quidem proposita, sed nequicquam ab ipso et male tentata,
ope calculi nostri solutionem accepere. Fuit sane *Galilaeus* Vir
ingenii judiciique maximi, sed quod ipsius tempore ars analytica
nondum satis promota esset, pars autem ejus superior seu infinitesimalis adhuc in tenebris jaceret, solutiones hujusmodi sperare
non debuit. Conjecit quidem Catenariam esse Parabolam et Lineam
brevissimi descensus esse Circulum; sed longissime aberravit, cum
Catenaria per Logarithmos seu per arcus parabolicos in rectam ex-
tensos, at Linea brevissimi descensus per arcus circulares rectificatos
determinetur. Sed *Dn. Joh. Bernoullius* melioribus rem auspiciis
aggressus, non tantum primus reperit Lineam brevissimi descensus
esse Cycloidem, sed et aliud mysterium in linea hujusmodi Brachy-
stochrona latere reperit, radiorum lucis scilicet curvaturam in medio
continue difformi, quam ipse *Dn. Hugenius* in libro de Lumine
consideraverat quidem, sed determinare in se non susceperat. Hoc
problema igitur *Dn. Bernoullius* in Actis Lipsiensibus intra sex
menses solvendum publice proposuit, et privatis literis a me postu-
lavit, ut aliquid temporis ei impenderem. Ego vero, velut mission̄e
dudum impetrata, potuissem hoc labore supersedere, dum tot alia
urgent, nisi pulchritudo problematis me velut invitum pellaci sua
vi ad se traxisset. Evenit autem, ut mox feliciter voti fierem com-
pos. Solutione igitur mea Autori problematis communicata agnito-
que consensu, statim ipse solutionem suam mihi transmisit, et suo
tempore edendam apud me deposuit. Cum autem sex menses prae-
stituti fuissent elapsi neque alius quisquam solutionem a se reper-

tam significasset, potuisset *Dn. Joh. Bernoullius* solutionem suam publicare et gloriam inventi elegantissimi sibi pene soli vindicare, idque ego quoque ipsi suasissem, magis laudi nostrae privatae, quam utilitati publicae velificari voluissemus. Cum vero nobiscum expenderemus, praestare ad incrementum scientiae et rei memoriam, ut plures participes fierent successus, placuit ipsi pariter et mihi, ut terminus ad sex alios menses prorogaretur, tametsi praevideremus facile egoque ipsi in literis meis praedixissem, eos ipsos, quos nunc solutionem tandem assecutos videmus, praesertim anterioribus nostris inventis communicatisque adjutos, ad eam esse perventuros, si satis animum intenderent. Et sane notatu non indignum est, eos solos solvisse hoc problema, quos solvere posse conjeceram, nec vero nisi illos, qui in nostri calculi differentialis mysteria satis penetravere. Cumque praeter Dn. Fratrem Autoris, tale quid de *Dn. Marchione Hospitalio* in Gallia fuissem auguratus, adjeceram ex abundanti, me credere *Dn. Hugenium*, si viveret, *Dn. Huddenium*, nisi haec studia dudum seposuisset, *Dn. Newtonum*, si operam hanc in se reciperet, quaesito pares fore, quod ideo repeto, ne excellentes viros contemnere videar, quibus nostra tractare aut non licet aut non vacat. Caeterum Dn. Joh. Bernoullii solutio ad me fuit missa mense Augusto anni superioris; Dn. Jac. Bernoullius quid et quo tempore praestiterit, docebunt ea, quae ipsemet recta transmisit ad Acta. Sed Dn. Marchionis Hospitalii solutio literis mense Martio hujus anni ad me datis fuit adjecta. Porro Dn. Joh. Bernoullius praeter solutionem etiam methodum quandam suam publicare voluit, qua ad solutionem pervenit, sed cum duas habuerit, prodit hic indirecta tantum, ut sic dicam, etsi perelegans, nempe sumta ex consideratione dioptrica; sed habet adhuc aliam magis directam et magis ex ipsis visceribus sumtam, quam petentibus non denegabit. Est autem in hoc problematum genere circa maxima et minima tali modo proposita aliquid inusitatum et longe superans vulgares de maximis et minimis quaestiones, quibus solis *Fermatius* (primus aliqualis circa ipsa Methodi Autor) *Cartesius*, *Huddenius, Slusius*, aliique methodos suas (de quibus quidem constat) aptavere. Nam in ipsorum quaestionibus res fere eo redit, ut quaeratur maxima vel minima ordinata alicujus curvae datae, quod non nisi corollarium est Methodi tangentium vulgaris seu directae. Sed hoc loco curva ipsa aliquid *optime* praestans quaeritur, cujus saepe adeo recondita est natura, ut ex datis conditionibus ne

·tangentium quidem proprietas appareat, adeoque nec ad methodum tangentium altiorem seu inversam facile quaestio reduci possit. Et ipsum problema Curvae Catenariae talis naturae foret, nisi praeparatione facta ad methodum tangentium inversam reducatur. Quaeritur enim ibi, quae sit forma curvae inter duo data puncta magnitudine data sic interceptae, ut ipsius centrum gravitatis maxime descendat. Unde apparet, quam longe hactenus Analysis a perfectione abfuerit, quicquid aliqui de Methodis suis jactarint. Caeterum ex solutione Dn. Joh. Bernoullii hunc praeterea fructum insignem capimus, ut problemata duo dioptrica maximi momenti, quae Hugenium aliosque omnes ipso difficultatis aspectu a tentanda solutione absterruere, soluta habeamus, et jam curvataram continuam radiorum lucis pariterque inde radiationibus formatae lineam definire possimus.

Caeterum meae solutioni exponendae non est quod immorer, cum caeteris consentiat, mihique quaesiti determinatione contento rem porro illustrare non vacaverit, nisi forte observari operae pretium videbitur, quod calculus mihi obtulit, lineam quaesitam esse figuram segmentorum circularium repraesentatricem. Nempe si linea ABK talis sit naturae (fig. 150), ut circulo descripto, qui imo ejus puncto K occurrat et horizontalem per A tangat in G, ductisque axi verticali AC normaliter occurrentibus in C, et lineae in M, et circulo in L, et diametro ejus verticali GK in O, sint ordinatae CM proportionales segmentis circularibus, rectangulumque sub semiradio circuli et ipsa CM aequale segmento comprehenso sub arcu GL et chorda GL; tunc AB, arcus lineae inter duo data puncta A et B interceptus, erit linea, per quam grave vi descensus a puncto A ad punctum B quam citissime venire potest. Hanc autem figuram segmentorum esse Cycloidem vulgarem ita facillime ostendi potest, quia OC semiperipheriae GLK, et LM arcui KL, erit OL + CM = arcui GL. Sumto circuli centro N, jungatur NL, patet rectangulum sub semiradio et sub OL + CM aequari sectori GNLG: rectangulum autem sub semiradio et sub OL aequatur triangulo GNL, ergo rectangulum sub semiradio et sub CM aequatur segmento GLG, residuae scilicet parti sectoris, detracto triangulo GNL.

·Quoniam autem *Dn. Joh. Bernoullius* aliud quoque magni ·momenti problema nuper proposuit pure Geometricum: *Invenire lineam, quam recta quaevis per punctum fixum transiens ita secet in duobus punctis, ut summa potestatum a segmentis, interceptis inter punctum fixum et alterutrum punctum curvae, aequetur quan-*

titati constanti, ideo solutionem ejus adscribere placet, quam didici eamdem prorsus esse cum ea, quae ipsi Autori problematis occurrerat placueratque, etsi ipse non minus quam ego rem aliis adhuc modis infinitis praestare possimus. Solutio autem nostra haec est: In fig. 151 quaeritur linea DEFD, quam recta quaecunque AEF per punctum fixum A transiens ita secet in duobus punctis E et F, ut sit $AE\frac{e}{\cdot} + AF\frac{e}{\cdot} =$ constanti b. Jam AE (vel AF) vocetur x, et EK vocetur y, assumtaque recta quadam in vicem unitatis, et constante aliqua c, fiat $cy = bx\frac{e-1}{\cdot} - x^{2}\frac{e-1}{\cdot}$, quae aequatio exhibebit naturam curvae quaesitae modumque puncta ejus determinandi, quod desiderabatur.

XXI.

ANIMADVERSIO AD DAVIDIS GREGORII SCHEDIASMA DE CATENARIA, QUOD HABETUR IN ACTIS ERUDITORUM AN. 1698.

Excerpta ex Epistola G. G. Leibnitii ad *** . *)

Doctissimus Mathematicus *David Gregorius* rem ab aliis jam ante septennium inventam et publice expositam, nempe Catenariae naturam et primarias proprietates, suo quodam modo demonstrare aggressus est in Transactis Philosophicis Anglicanis mensis Augusti 1697 p. 633, quae demonstratio inde translata est in Acta Erud. Lipsiensia Julii 1698 p. 305. Et fieret sane operae pretium, si res, licet cognita dudum, ex novo sed solido principio derivaretur, quod ab aumine et doctrina Autoris expectari poterat. Nescio quomodo tamen factum, ut principiis ab eo allatis aliquid ad soliditatem desit, quod veritatis amore annotare dignum visum est, ut Geometriae sua sinceritas constet. Suffecerit autem attente considerare, quomodo demonstraverit Dn. Autor propositionem primam et primariam, cui reliquae superstruuntur, utemurque figura et literis Gregorianis ac verba ipsa fideliter sequemur.

Proponit sibi (fig. 152) catenam FAD suspensam ex duobus extremis F et D, cujus imum seu vertex sit A. Deinde sumto d puncto in curva proximo ipsi D, ductaque tangente TDd axi AB occurrente in T, et ordinatis BD, bd, et in hac sumta δd differentia ordinatarum, et ducta Dδ normali ad bd, seu parallela ad AB,

---

*) Act. Erudit. Lips. an. 1699.

differentia abscissarum, probandum suscipit, eam esse naturam curvae catenariae, ut sit δd ad δD, uti constans quaedam a ad arcum catenae AD. Hoc ut demonstret, postquam quaedam ex Mechanicis constare dixit, quae distinctius enuntiare atque etiam applicare operae pretium fuisset, subjicit: *Si Dd exponat gravitatem absolutam particulae Dd, ut in catena aequaliter crassa rite fit* (id est, si gravitates partium catenae sint ut ipsarum longitudines), *dδ repraesentabit gravitatis partem eam quae normaliter in Dd agit, quaque fit, ut dD, ob catenae flexilitatem circa d mobilis, in situm verticalem se componere conetur.* Haec vera sunt, si hunc habeant sensum: pondus π (vide figuram 153) esse ad pondus Dd ut recta $d\delta$ ad rectam Dd seu vim, rectae Dd ubique aequaliter gravi ac mobili circa d normaliter applicandam in ejus medio, ut dictam rectam in hoc situ servet et versus situm verticalem tendere impediat, adeoque et aequalem ei vi vel ponderi π gravitationem ipsius rectae Dd, qua ad situm illum tendit, esse ad absolutam gravitatem ipsius Dd (qua scilicet perpendiculariter descenderet, si libera prorsus esset), quemadmodum $d\delta$ est ad ipsam Dd. Pergit Dn. Gregorius: *Adeoque si δd sive fluxio* (vel incrementum aut elementum) *ordinatae BD constans sit* (id est, si ordinata lineae catenariae ponatur crescere uniformiter), *gravitatis actio in partes correspondentes catenae Dd normaliter, exercita, etiam constans erit seu ubique eadem,* id est, cujusque rectae Dd seu portionis elementaris in catena assumtae *gravitatio,* qua situm verticalem affectat circa punctum superius d, ex quo suspensa est (suppositum immotum) gyrare conando, erit ad gravitatem absolutam ejusdem portionis, ut constans quaedam recta est ad illam ipsam portionem.

Pergit: *Exponatur haec* (constans gravitationis quantitas) *per rectam a.* Sed hic apparet aliqua difficultas, nam haec *Gravitationis,* qua Dd situm verticalem affectat, expositio vel repraesentatio facta per rectam a, quae assignabilis assumitur vel ordinaria (quoniam infra dicitur, ipsam erga AD catenam (fig. 152) debere esse in ratione δd ad δD seu BD ad BT) concedi quidem posset, si id quod assignabilem ad eandem gravitationem habet rationem, nempe gravitas absoluta ipsius Dd (quae dicta est esse ad gravitationem ut Dd ad δd, seu ut TD ad BD) etiam exponeretur per rectam assignabilem. Verum id non fit, paulo ante enim gravitas illa absoluta exposita est per ipsam Dd, rectam utique infinite parvam. Alterutra ergo expositio rejicienda est, nec simul stare possunt.

Et praeterea, si gravitas absoluta ipsius Dd, portionis elementaris catenae, exponenda esset per rectam assignabilem, utique gravitas ipsius catenae ex infinitis portionibus, qualis est Dd, compositae, non posset exponi per lineam assignabilem (ut mox fieri videtur, dum ejus pondus exprimitur per ipsam ejus curvam), sed exponenda foret per lineam infinitae magnitudinis. Et quid opus erat (nisi ad occasionem propriae deceptionis) exponere gravitationem illam per rectam constantem assignabilem *a*, cum exposita jam sit per inassignabilem constantem dδ, quippe quae gravitationem ipsius Dd (semper eandem) repraesentat, uti Dd exponit vel repraesentat absolutam ejus gravitatem semper pro magnitudine variantem, et quemadmodum mox (licet non recte) dicetur, vim secundum directionem Dd exponi per inassignabilem Dδ.

Pergamus cum Dn. Autore: *Porro* (inquit) *ex supra citato Lemmate Mechanico, Dδ sive fluxio Axeos AB exponet vim secundum directionem ipsius dD, quae priori conatui lineae gravis dD ad componendum se in situm verticalem aequipolleat, eumque impedire possit.* Non satis apparet ex verbis Autoris vel sensus illius Lemmatis mechanici, vel applicatio, ut quod hic affirmatur, inde duci possit. Sed aliunde satis apparet, aliquid erronei subesse oportere. Nam quae hic affertur repraesentatio vel expositio, caeteris positis admitti non potest. Quoniam enim pondus absolutum ipsius rectae gravis Dd exponitur per ipsam rectam Dd, ut supra a Domino Autore est assumtum, atque adeo pondus ϖ normaliter ad Dd applicatum (quod aequat gravitationem ipsius Dd situm verticalem affectantis) exponitur per rectam dδ, seu est ad gravitatem absolutam ipsius Dd ut dδ ad Dd; ideo his positis ajo pondus Z seu vim, quae secundum ipsius Dd directionem impediat gyrationem seu affectationem situs verticalis, non posse repraesentari vel exponi per rectam Dδ; pondus enim Z debere esse infinitum, cum quantumcunque sit, modo finitae sit magnitudinis, trahendo in directione ipsa Dd non possit retinere Dd in situ praesenti, ut jam ab aliis est ostensum. Nempe puncto D semper nonnihil descendente fiet in D angulus aliquis ipsius δD cum filo, per quod pondus Z suam tractionem exercet, isque tanto magis obtusus seu ad rectam accedens, quando majus est pondus Z.

Pergit: *Haec vero vis oritur a linea gravi DA secundum directionem Dd trahente.* Hoc verum est, sed objectionem nostram confirmat. Nam pondus lineae DA vel dA est infinitum comparatione ponderis ipsius rectae Dd, quae non est nisi infinite parva portio ipsius dA. Cum ergo gravitas absoluta seu pondus ipsius elementaris rectae Dd exponatur per ipsam rectam Dd, pondus autem π sit ad ipsum pondus rectae Dd ut $d\delta$ ad Dd, erit et ipsum pondus π infinite parvum. Sed pondus Z, cum ex Autoris sententia oriatur ex ipsius catenae DA pondere, quae infinities continet Dd, utique infinitum erit respectu ipsorum ponderum Dd et π, adeoque per Dd exponi nequit, seu non potest esse ad pondera Dd et π, ut recta $D\delta$ ad rectas Dd et $d\delta$.

Estque proinde (pergit) *caeteris manentibus lineae DA proportionalis.* Ne hoc quidem siquitur, si quidem sensus est, pondus Z, quod retinet rectam Dd in situ suo, directione Dd, esse ad pondera Dd et π ut linea catenae DA se habet ad ipsas lineas, pondera Dd et π exponentes vel repraesentantes. Ostendendum scilicet foret, gravitationem catenae DA, qua trahit Dd in directione dD, absolutae ipsius gravitati esse aequalem, seu esse eandem, qua traheret, si suspensa esset in Z, quod non admittetur.

Concludit tandem Dn. Autor his verbis: *Est igitur δd fluxio ordinatae ad δD fluxionem abscissae, sic ut constans recta a ad DA curvam.* Vera est conclusio, sed nihil minus quam probata, et mirum est, quam multis opus fuerit assumtis erroneis, ut tandem veritas prodiret. Nam, ut caetera taceam, nunc oportuit ponderis infinite parvi π rationem ad pondus infinite parvum Dd exponi per rectae ordinariae a rationem ad rectam infinite parvam Dd; nunc contra oportuit ponderis ordinarii Z rationem ad pondus infinite parvum Dd exponi per rationem rectae infinite parvae $D\delta$ ad rectam itidem infinite parvam Dd, ut tandem destruentibus sese erroribus perveniretur ad modum apparenter concludendi, esse duas lineas infinite parvas δd, δD ut duas lineas ordinarias a et DA. Abusus expositionis inassignabilium per assignabilia (alias permissae et utilis) itemque theorematis mechanici, ut alia taceam, sub specie successus blandiente fefellerunt. Credibile est, ipsum Doctissimum Gregorium hoc posterioribus cogitationibus ingenue agniturum, aut si adhuc dubitat, consulto saltem Celeberrimo Newtono, cujus methodum sequi profitetur, esse crediturum.

XXII.

G. G. LEIBNITII RESPONSIO AD DN. NIC. FATII DUILLIERII IMPUTATIONES. ACCESSIT NOVA ARTIS ANALYTICAE PROMOTIO SPECIMINE INDICATA, DUM DESIGNATIONE PER NUMEROS ASSUMTITIOS LOCO LITERARUM, ALGEBRA EX COMBINATORIA ARTE LUCEM CAPIT. *)

Cum ad me pervenisset Tractatio *Domini Nicolai Fatii Duillierii* de Curva brevissimi descensus Solidoque minimam (in medio) resistentiam habente, nuper Londini edita **), miratus sum non mediocriter, Virum a me nunquam laesum animi tam male erga me affecti indicia dare. Dubitavi, an quicquam reponerem, cum semper fuerim a litibus literariis alienissimus, putarimque unum esse honestum certamen inter eruditos, imo inter probos, si contendant non verbis, sed rerum argumentis, uter melius possit mereri de re publica. Veritus tamen sum, ne silentium meum in contemtum sui traheret Vir certe minime contemnendus; deinde publice interesse judicavi, moderationis potius, quem animi exacerbati specimen dari. Occasione etiam oblata admonendos putavi viros doctos, ut pravus ille mos sese invicem impetendi dictis mordacibus, qui literas literarumque cultores infamat, paulatim antiquetur. Idque consilium meum Inclytae Societati Regiae Anglicanae, cujus se membrum in ipso libri titulo profitetur Dominus Duillerius, et in qua idem honor mihi tanto ante fuit delatus, placiturum credidi; (nulla enim bene constituta Societas probat Socium, praesertim inter seniores numeratum nec suo loco habitum indignum, ab alio Socio indigne haberi. Itaque quando factum fieri infectum nequit, speravi imposterum autoritatem Societatis laudatissimae, saltem inter suos, huic malo obicem ponere posse, et laudabile exemplum deinde etiam apud alios pro efficaci ad aequanimitatem

---

*) Act. Erud. Lips. an. 1700.

**) Unter den Leibnizischen Manuscripten findet sich ein Exemplar dieser jetzt seltenen Schrift; ihr vollständiger Titel ist: Nicolai Fatii Duillerii R. S. S. Lineae Brevissimi Descensus Investigatio Geometrica duplex. Cui addita est Investigatio Geometrica Solidi Rotundi, in quod minima fiat Resistentia. Londini 1699. 4.

exhortatione futurum. Neque eam spem irritam esse, ex literis Dn. Secretarii Societatis ad amicum scriptis intellexi.

Fortasse erunt qui suspicabuntur, factum a me aliquid, quo jure irritaretur Dominus Duillierius. Equidem si quid tale per incogitantiam excidisset, tantum admonitione opus erat; eo enim animo sum, ut fuerim emendaturus ultro. Sed ipsa Viri verba ostendunt, nihil aliud habere, quo se laesum putet, quam quod non fuit nominatus inter eos, a quibus solutio problematis de linea brevissimi descensus, a Domino Johanne Bernoullio propositi, data fuit, aut qui similis argumenti speciminibus effecerant, ut judicari posset, facile daturos fuisse, si animum illuc adjecissent. Sed qui potuit nominari, cum ipse scribere sustineat, se non fuisse *dignatum* edere aliquid eorum, quae in hoc inquisitionis genere habebat. Ita enim loquitur p. 5: *Ejusmodi problemata, quamvis a me non semel soluta, verbi gratia circa catenariam, velariam, harumque linearum identitatem, curvam descensus aequabilis etc. magnopere semper aversatus sum, neque solutiones meas publicis scriptis unquam dignatus sum exponere.* Nobis ergo ignoscenda fuit nostra de progressibus ejus ignorantia.

Videtur deinde publicam causam agere velle, accusatque (dicta pag. 5) nos affectati Principatus in Mathematicis, et tantum non Ostracismum nobis minatur. Sed hic profecto possem Apologia supersedere, et judicium lectoribus committere, cum non unus ex viris praeclaris, nuperque Doctissimus Dominus Johannes Christophorus Sturmius, publice modestiam meam commendarit: tantum interest, quo res animo spectentur tranquillo, an fluctibus quibusdam agitato. Sed argumenta tamen videamus, quibus reus peragor. Duo affert: primum proponendorum problematum quam vocat luxuriem; deinde existimationis atque ordinis, velut ex solio Mathematico, singulis Geometris factam distributionem. Utrique satisfaciam, non tam mea causa, quam utilitatis publicae, ne mos problemata pulchra vel utilia proponendi, et eos qui labores suos praeclaros impertiti sunt publice laudandi, sub odiosis nominibus traducatur.

Itaque quod primum attinet, constat iis, quibus nota est Historia nostri temporis literaria, magnam incrementorum scientiae partem problematum propositioni deberi, idemque in futurum licet augurari, si scilicet problemata nondum sint in potestate receptae Analyseos. Ita enim discitur, quae *desiderata* ad perfectionem artis supersint, simulque ingenia *ad augmenta scientiarum* animantur. Certe ut olim Cycloidem, ita nuper Catenariam plurimum profuisse constat. Neque ego Catenariam ipse delegi, sed ab alio mihi propositam et confestim solvi et proposui aliis porro. Nec *Dn. Johannes Bernoullius* in suo problemate Lineae brevissimi descensus diu laboravit: nempe non casui, sed methodo successum debuimus.

Alterum accusationis caput non aliud habet fundamentum, quam quod solitus sum studiose commemorare merita insignium virorum in eo argumento quod tracto. Hoc Dominus Duillierius vocat ex solio mathematico existimationis atque ordinis distributionem: sed qui amant Historiam literariam, non aspernabuntur meam diligentiam suum cuique tribuentis, et qui laude digna facere student, probabunt meritis laudes rependi. Caeterum cum notavi, non nisi ab iis datam solutionem Curvae brevissimi descensus, qui nostrum calculum aut ei similem tractare norunt, an quicquam dixi falsum? Interest scilicet eorum, qui ad scientiam non vulgarem aspirant, ut sciant, qua quidque via pateat. Cumque addidi, quosdam egregios viros idem praestituros fuisse, si huc animum adhibuissent, nunquam credidissem, mente mea in contrarium versa, quod aequitatis erat, superbiae adscriptum iri. Nec tamen omnes (fateor) nominavi, a quibus talia (praesertim post nostra tunc jam edita) expectare licuisset. Poteram exempli causa insignis rerum difficillimarum enodatoris *Wallisii*, ut alias, mentionem facere, cui multum omnes debemus. Poteram et ab *Hookio* et *Halaeo* (post visam unius Theoriam Elasticam, alterius Ratiocinationem de atmosphaerae expansione), sed et a *Dn. Craigio* in his non parum progresso aliquid pulchrum sperare. Sed si quis hic se jure posset queri praeteritum, profecto esset non Duillierius, sed *Römerus*, Danicae in re Mathematica laudis conservator, cujus pulchra interioris Geometriae specimina tunc, cum ambo Parisiis versaremur, pene supra illius temporis captum erant, et quem ab eo tempore multa invenisse dignissima, credi par est. Hunc quis dubitet egregium aliquid fuisse praestiturum, si ad problemata nostra animum appulisset? Ut de Nobilissimo *Dn. de Tschirnhaus* nunc nihil dicam, a quo maxima quaeque expectanda saepe sum professus, nec de *Dn. La Hire*, qui utiliter id inter alia agit, ut sua alienaque per vias novas inventa ad morem Veterum demonstret, nec de *Dn. Varignonio*, qui et ipse in his non vulgaria praestitit. Sed nec omnes contemnuntur, a quibus ista non expectantur, cum sint qui

omnia alia agunt non minus ingeniosa et egregia, alia tamen. Caeterum nuspiam dixi, solos potuisse problema solvere, quorum mentionem nominatim feci, sed tantum solos, quibus nostri calculi mysteria patuerint (quibus se computat Dn. Duillierius), ex quibus
quosdam prae caeteris honoriis causa et meritorum hujus generis
extantium nominavi.

Interea vel nunc apparet, quam utile sit laudare bene meritos,
ut alii quoque ad bene merendum invitentur, et Dominus Duillierius medias inter querelas Apologiam ipse meam non animadver-
tens scribit, dum scilicet praeteritus hoc ipso se stimulo excita-
tum tandem fatetur: *cum videamus* (inquit pag. 4) *silentium nostrum in nos verti* (id est, sua publico impertiri nolentem ob
ignota merita non laudari), *quod hac in re praestitimus, exponemus.* Recte, atque ordine. Si qua igitur in hoc genere praeclara
producet, hanc ex aliqua parte mihi (qui silendo ne sileret admo-
nui) debebit ipse gloriam, Respublica fructum. Vellem tamen versari jam tum maluisset in re non praeoccupata, et perpendisset
attentius, edita circa problemata brevissimi descensus. Ita enim
non habuisset, cur quereretur, ex Newtoniana constructione solidi
minimum medio resistentis nullam sibi lucem affulgere, sed viam
vidisset eodem perveniendi, quemadmodum *Dn. Marchio Hospitalius* et *Dn. Johannes Bernoullius* praeclare ostenderunt, qui etiam
optime animadverterunt, quod ipse Dn. Duillierius credit, proprietatem Newtonianam esse perplexiorem, suam vero ex consideratione osculi vel radii curvitatis simpliciorem, id contra esse, cum
illa constructionem per quadraturam hyperbolae vel logarithmos
facile praebeat, haec vero a differentio-differentialibus pendeat, quae
sunt, ut nos loquimur, transcendentia secundi gradus: quod perinde est, ac si quis problema planum ad sectiones Conicas, immo
altiores referat. Quod si det imposterum Dn. Duillierius, quae
novam lucem praebeant, habebit nos candidos laudum suarum de-
praedicatores. Interim mei mentionem faciens, *aliis*, inquit, *discipulis glorietur, me certe non potest* (pag. 18). Ex his, qui me non
aliunde noverit, hominem valde gloriosum et valde quidem inepte
gloriosum putabit. Ego vero contrario ambitionis genere libenter
ipsius me Domini Duillierii discipulum gloriarer, id est, valde vellem aliquid praeclari ab eo doceri, quamvis ille se nihil a me didicisse praedicet: quod vereor ne in nonnullis paulo sit verius, quam
ipsius interfuisset, uti vel hic ipse libellus ejus ostendit. Nam nisi

nostra quaedam spreta praetervidisset, animadversioni praedictae non fuisset locus.

Ait *jam anno* 1687 *proprio se Marte invenisse fundamenta universa et plerasque regulas calculi, quem nos differentialem vocamus.* Credamus ita esse (saltem pro parte, nam ne nunc quidem omnia hujus calculi fundamenta ipsi satis nota putem, etsi ea fiducia, tamquam cuncta jam effuderimus, promptior ad provocandum factus fuisse videatur); jam manifestariam tenemus causam animi a me alienioris, quam fortasse ipse non satis animadvertit, uti in versu est: *non amo te, nec possum dicere quare.* Neque enim mirum est odisse pronam quam vocat (pag. 18) sedulitatem meam, qua mea ejusdem calculi elementa triennio ante, quam ipsi succurrerent, edens, quas se meruisse putavit laudes, innocenter praeoccupavi, quemadmodum quidam Veterum dicebat: *pereant qui ante nos nostra dixere.* Ego nihil malignum ipsi imputo, sed ea tamen est naturae humanae infirmitas, ut mirandum potius censerem, si juvenis tunc quidem et ad praeclara tendens gloriaeque cupidus his stimulis non cessisset. Pauci ad tantam virtutem perveniunt, ut noxiam sibi virtutem alterius amare possint; quanto minus, si (ut ipse de me) suspiciones sibi fingant (uti certe suspicax est aversus animus) non recta via, sed obliquis artibus alium ad laudem esse grassatum? Libenter enim affectum, quo nudo nobis ipsi displiceremus, justitiae velo velamus. Ego vero, quanto magis intelligo hos animorum recessus, eo minus aliquid humani passo irascor. Interim minus (credo) festinationem meam culpabit, ubi intelliget, ex Horatii praecepto nonum in annum et amplius me meditata pressisse, nec cum aliqua edidi anno 1684, vel gloriam vel invidiam expectasse, id fere tunc agentem, ut amicis meis Actorum Lipsiensium curatoribus satisfacerem, qui aliquid a me subinde postulabant; rei famam casus deinde potius dedit, quam ratio aut studium meum.

Hactenus Dn. Duillierius vel suam vel publicam, ut putabat, rem egit; nunc vero cum eminentis Geometrae Isaaci Newtoni, aliorumque etiam causam tamquam contra me suscipit, ignoscet mihi, si non ad omnia respondeo, donec mandatum procuratorium tum a caeteris, tum maxime a Domino Newtono ostendat, cum quo nulla mihi simultas fuit. Certe Vir egregius aliquoties locutus amicis meis semper bene de me sentire visus est, neque unquam, quod sciam, querelas jecit: publice autem ita mecumegit, ut iniquus sim, si querar. Ego vero libenter ejus ingentia merita oblatis occasionibus praedicavi, et ipse scit unus omnium optime, satisque indicavit publice, cum sua Mathematica Naturae Principia publicaret anno 1687, nova quaedam inventa Geometrica, quae ipsi communia mecum fuere, neutrum luci ab altero acceptae, sed meditationibus quemque suis debere, et a me jam decennio ante exposita fuisse. Certe cum Elementa calculi mea edidi anno 1684, ne constabat quidem mihi aliud de inventis ejus in hoc genere, quam quod ipse olim significaverat in literis, posse se tangentes invenire non sublatis irrationalibus, quod Hugenius quoque se posse mihi significavit postea, etsi caeterorum istius calculi adhuc expers: sed majora multo consecutum Newtonum, viso demum libro Principiorum ejus, satis intellexi. Calculum tamen differentiali tam similem ab eo exerceri, non ante didicimus, quam cum non ita pridem magni Geometrae Johannis Wallisii Operum volumina primum et secundum prodiere, Hugeniusque curiositati meae favens locum inde descriptum ad Newtonum pertinentem mihi mature transmisit. Caeterum etsi post tanta jam beneficia in publicum collata iniquum sit aliquid a Dn. Newtono exigere, quod novum quaerendi laborem postulet, non possum tamen mihi temperare, quin hac oblata occasione maximi ingenii Mathematicum publice rogem, ut memor humanorum casuum et communis utilitatis diutius ne premat praeclaras reliquas ac jam paratas meditationes suas, quibus cum scientias mathematicas, tum praesertim naturae arcana porro illustrare 'potest. Quodsi nulla movet tantarum gloria rerum (quamquam vix quicquam ei, quam nactus est, addi possit), illud saltem cogitet, generosum animum nihil magis ad se pertinere putare, quam ut optime de humano genere mereatur.

Unum tantum superest, in quo video Apologia aliqua mihi esse opus. Cum *Dn. Johannes Bernoullius* programma, quo invitabantur Geometrae ad quaerendam lineam brevissimi descensus, speciatim ad Dn. Newtonum misisset, sparsae sunt voces in Anglia, Newtonum a me fuisse provocatum, eaque sententia etiam Dn. Duillierii esse videtur, tamquam ego suasor mittendi atque impulsor fuerim. Sed inscio plane me factum, ipse Dn. Bernoullius testabitur. Quodsi Domino Duillierio credimus, aegre illud tulisse Newtonum (uti certe fatendum, immunitatem ei ab hoc laboris genere plenissimam deberi), saltem ut spero me non aegre nunc absolvet. Itaque nec ad me pertinet, quod queri videtur Dn. Duillierius, invitationem nullam ad se pervenisse, cum ait pag. 4, se quoque, si qua invitatione dignus visus fuisset literis, suas dudum solutiones fuisse exhibiturum. Sed habet nunc quoque campum, in quo se exerceat, et vero si propriis meditationibus tantum se profecisse persuasum cupit omnibus, problemata aggredi potest Dn. Johannis Bernoullii, de quibus post editas jam solutiones curvae brevissimi descensus in Actis Eruditorum Diarioque Gallico (vid. Journal des Sçavans an. 1697 pag. 395, edit. Paris.) facta mentio est, sed ita, quemadmodum nondum extant solutiones, ut scilicet pro Parabolis vel pro Ellipsibus ordinatim datis, quarum mentio fit in Diario Gallico loco dicto, intelligantur curvae quaecunque ordinatim datae, etiam quae non sint similes inter se, et solutio detur saltem ex suppositis quadraturis, cum in ista inquisitione sit adhuc aliquid, quod nostra etiam edita tenentem morari possit. Quale etiam est problema a Dn. Joh. Bernoullio propositum in Actis Erudit. Lips. Maji 1697 pag. 211, invenire curvam, aut saltem proprietatem tangentium curvae, quae curvas etiam transcendentes ordinatim datas secet ad angulos rectos. Nam si ea tantum producit, quorum jam datae sunt a nobis methodi, satis intelligit, quantum proprio Marte consequi potuerit, hinc non probari. Si quid in Physicis Theoriae Gravitatis Newtonianae adjecit, uti quidem pag. 18 insinuat, pariet hoc ipsi alterius generis laudem.

Quod alios quosdam attinet, de quibus me pariter ac de se non bene meritum ait Dn. Duillierius pag. 19, nihil adderem (cum neminem de me querentem norim) nisi speciatim de Theorematibus quibusdam Dn. Moyvraei circa series infinitas mentionem injecisset. Equidem talia hunc edidisse Theoremata ignorabam, donec nuper amicus ex Anglia redux secum attulit volumen postremum Transactorum Philosophicorum. Memini cum alios, tum Dn. Newtonum et me quoque in istis seriebus ante multos annos versari, ut in iis hospes Dn. Duillierio videri non debeam. Interim Dn. Moyvraeo gratias agendas, quod hunc laborem perutilem et valde ingeniosum velut pro derelicto habitum in se suscepit, rogandumque etiam censeo, ut in eo genere pergat, ubi multa adhuc restant. Diu enim est, quod complura Theoremata ampla satis ipse tam pro *finitis* seu *indefinitis*, quam pro *infinitis* formulis fabricans consideravi; si prosequerentur hoc studium, qui possunt et intelligunt, habituros nos quasdam *Canonum* utilissimorum velut *tabulas*, praestituras in analyticis aliquid illis usibus simile, quos in

Geometria practica tabulae sinuum aliorumve numerorum praebent, scilicet, ut calculos semel factos non semper repetere necesse sit, uti defectu Canonum quotidie facimus. Sic optarem haberi generales Canones pro sublatione irrationalium, itemque pro inventione maximi communis divisoris, ac sublatione literarum, reductioneque aequationum plurium plures incognitas habentium ad pauciores incognitarum pauciorum, ac denique ad unam unius.

Sed haec nihil habent commune aut simile cum illis Methodis nostris, quibus problemata Catenariae aut lineae brevissimi descensus, aliaque id genus interioris Geometriae solvimus, ut adeo non possim in animum inducere meum, ipsi Dn. Moyvraeo videri injuriosum, quod nulla ipsius mentio facta est, cum de hujusmodi problematibus ageretur, quod tamen Dn. Duillierius insinuat, qui cum me ignarum in illo solio Mathematico collocasset, unde, si Diis placet, existimationem singulis Geometris distribuo, haec pag. 19 subjicit: *sed ignoscendum viro, si minus de me aliisque, saltem de Mathematicis rebus optime merito: aliis dico, qua enim aequitate, ut caeteros taceam, lineae brevissimi descensus inventio, subtilis quidem illa et egregia, opponetur eximiis illis Theorematis usus prorsus infiniti, quae Dominus de Moyvre in Transactionibus Philosophicis communicavit?* Equidem credo memini praeter Dn. Duillierium in mentem venisse, ut opponat inter se res toto adeo coelo diversas. Interim considerandum relinquo, qua ipsa aequitate dissimulet, aut qua animi praeventione obliviscatur, non hic de problemate aliquo particulari lineae brevissimi descensus, sed de Methodo summi momenti valdeque diffusa circa maxima et minima fuisse actum, quam ante Dn. Newtonum et me nullus quod sciam Geometra habuit, uti ante hunc maximi nominis Geometram nemo specimine publice dato se habere probavit, ante Dominos Bernoullios et me nullus communicavit, cum tamen constet, esse Methodi de maximis et minimis partem sublimiorem, et in applicatione Geometriae ad Mechanicen naturamque summe utilem, cum ex omnibus figuris possibilibus eligitur ad aliquid praestandum aptissima. Magnum sane Geometram *Huddenium* de his jam cogitasse apparet, sed quid consecutus sit, non constat. *Hugenius* certe (quamvis et ipse in Geometria ante detectum a me Calculum recepta summus), tamen narrante Domino Duillierio tale quid frustra tentavit, haud dubie quod nondum tunc satis usum nostrarum artium perspexisset, quem ubi tandem agnovit, mire illis et Methodis et (quae Dn. Duillierius adeo aversatur) problematis est delectatus candideque fassus publice ac privatim, jam apertum ad illa aditum, quae alia ratione vix sperari posse videbantur.

Postremo ne vacua sit haec Apologia, occasione Theorematis Moyvreani nostrum infinities generalius subjicere placet, adhibendo *novum designationis genus*, cujus magnum in re Analytica et Combinatoria usum reperimus, de quo alias fusius. Nempe modum damus extrahendi radicem, seu valorem quantitatis cujuscunque ut z ex aequatione generalissime determinante ipsam z per aliam quamcunque y. Nempe aequatio data generalissima relationis z ad y sic exprimetur $0 = (01y + 02y^2 + 03y^3 \text{ etc.}) + (-10 + 11y + 12y^2 + 13y^3 \text{ etc.}) z^1 + (20 + 21y + 22y^2 + 23y^3 \text{ etc.}) z^2 + \text{ etc.}$, ubi hoc Calculi commoditatem, ut valores quaesitorum fiant affirmativi, ideo ipsi 10 praefiximus signum —. Quaeritur jam valor ipsius z, seu quaeritur in aequatione $z = 101y + 102y^2 + 103y^3 + 104y^4 + 105y^5 + \text{ etc.}$, qui sint valores *numerorum* quaesitorum *assumtitiorum* 101, 102, 103 etc. (quos *majusculos* hic vocabimus) per numeros assumtitios aequationis datae (quos vocabimus *minusculos*) nempe per ipsos 01, 02, 03 etc. 10, 11, 12 etc. 20, 21, 22 etc. etc. Dico fore $101 = 01 : 10$; et $102 = 02 + 11.101 + 20.101^2, : 10$; et $103 = 03 + 11.102 + 12.101 + (2) 20.101.102 + 21.101^2 + 30.103^3, : 10$; et $104 = 04 + 11.103 + 12.102 + 13.101 + (2) 20.101.103 + (2) 21.101.102 + 22.101^2 + (3) 30.101^2.102 + 31.101^3 + 40.101^4, : 10$. Eodemque modo habebuntur 105, 106 etc. hac *regula generali*, ut denominator cujusque valoris sit 10, numerator vero constet ex omnibus membris possibilibus in unum additis *Lege combinationis* sequenti formatis, et multiplicatis respective per *numeros transpositionum* formae in membro ex majusculis conflatae convenientes, qui *numeri* sunt *veri*, parenthesibus inclusi. Porro in Minusculis ut 01, 02, 03; 10, 11, 12; 20, 21, 22 etc. nota prior significat, ad quam potentiam ipsius z, nota posterior, ad quam potentiam ipsius y numerus minusculus pertineat in aequatione data. In Majusculis (ut 101, 102, 103 etc.) nota prima (hoc loco 1) nihil aliud est quam nota majusculi; nota vero ultima indicat, ad quam Majusculus pertineat potentiam ipsius y in aequatione quaesita seu valore ipsius z. Jam *Lex Combinationis* haec est: notae ultimae *numerorum supposititiorum* vel assumtitiorum membri cujusque formanto eandem summam, aequalem notae ultimae majusculi, cujus membra ingrediuntur valorem, et in' membro quolibet minusculus non esto nisi unicus, majusculi autem tot, quot nota prior in minusculo habet unitates : ita simul omnia cujusque valoris membra possibilia determinantur. Ex hoc jam theoremate habetur non tantum extractio radicis definitae ex aequatione unius incognitae finita vel infinita, sed etiam valor indefinitus, qualis exempli gratia desideratur, cum quaeritur valor generalis ordinatae ad Curvam aliquam sive Algebraicam sive transcendentem. Theorema vero Dni. Moyvraei hujus nostri est casus specialis, qui prodit, si omnes minusculi sint aequales nihilo, praeter solos primi ordinis 01, 02, 03 etc. et 10, 20, 30 etc., ita ut solis curvis applicari id possit, in quarum aequatione duae coordinatae in se invicem non ducuntur. Non tamen dubitem, et ad haec et ad alia abstrusiora eum pervenire potuisse aut posse, si ut jam rogavimus, pergere in tam utili inquisitione velit. Videbunt autem intelligentes *novam Analyticae promotionem in hac nostra designatione per Numeros loco literarum*, qui adeo fictitii seu supposititii sunt, contineri. Nam cum mens nostra saepissime pro rebus cogitandis notas adhibere debeat, et *Characteristica* sit maximum meditandi subsidium, consequens est, tanto utiliores esse notas, quando magis exprimunt rerum relationes. Unde porro sequitur, literas Algebraicas indiscriminatim adhibitas non satis esse utiles, quia ob vagam generalitatem suam non admonent mentem relationis, quam ex prima suppositione sua habent inter se invicem. Hinc ut nonnihil succurramus defectui, solemus interdum (inprimis cum multae adhibendae sunt) in ordine earum subsidium quaerere. Sed ubi magna est nec simplex varietas, utilissimum reperi ad numeros recurri, cum et ipsae literae apud multas gentes ordine suo numeros significent. Numeros autem intelligo fictitios, pro literis stantes, etsi interdum tali arte adhibere liceat, ut simul haberi pro veris, et examen calculi novenarium, vel aliud subire possint. Haec autem designatio quantae utilitatis sit ad Canones novos, utiles et late fusos, cum ex praesenti theoremate judicari potest, tum progressu temporis, ubi eae quas opto *Canonum Analyticarum Tabulae* condentur, magis apparebit. Atque ita demum per Characteristicam ex Combinatoria Arte, Algebra ei subordinata perficitur. Combinatoriam autem (quam animo complexus sum) ex ea, quam pene puer conscripsi et anno 1666 edidi (me inconsulto ante annos aliquot recusam) nolim aestimari, tametsi jam tum quasdam meditationes non poenitendas nec momenti nullius asperserim.

XXIII.

MÉMOIRE DE MR. G. G. LEIBNIZ TOUCHANT SON SENTIMENT SUR LE CALCUL DIFFÉRENTIEL. *)

Un des Journaux de Trevoux contient quelque méthode de Mr. Jacques Bernoulli, et y mêle des réflexions sur le calcul des différences, où j'ai tant de part. L'Auteur de ces réflexions semble trouver le chemin par l'infini et l'infini de l'infini pas assez sûr et trop éloigné de la méthode des Anciens. Mais il aura la bonté de considérer que si les découvertes sont considérables, la nouveauté de la méthode en relève plutôt la beauté. A l'égard de la sureté du chemin, le livre de Mr. le Marquis de l'Hospital lui pourra donner satisfaction. J'ajoûterai même à ce que cet illustre Mathématicien en a dit, qu'on n'a pas besoin de prendre l'infini ici à la rigueur, mais seulement comme lorsqu'on dit dans l'optique, que les rayons du Soleil viennent d'un point infiniment éloigné, et ainsi sont estimés parallèles. Et quand il y a plusieurs degrés d'infini ou infiniment petits, c'est comme le globe de la Terre est estimé un point à l'égard de la distance des fixes, et une boule que nous manions est encore un point en comparaison du semidiamètre du globe de la Terre, de sorte que la distance des fixes est un infiniment infini ou infini de l'infini par rapport au diamètre de la boule. Car au lieu de l'infini ou de l'infiniment petit, on prend des quantités aussi grandes et aussi petites qu'il faut pour que l'erreur soit moindre que l'erreur donnée, de sorte qu'on ne diffère du stile d'Archimède que dans les expressions, qui sont plus directes dans nôtre méthode et plus conformes à l'art d'inventer.

XXIV.

SPECIMEN NOVUM ANALYSEOS PRO SCIENTIA INFINITI CIRCA SUMMAS ET QUADRATURAS. **)

Ut in Algebra reciprocae sibi sunt *Potentiae* et *Radices*, ita in calculo infinitesimali *Differentiae* et *Summae*: et uti in Algebra

---

*) Journal de Trevoux an. 1701.
**) Act. Erudit. Lips. an. 1702.

seu scientia generali finitae magnitudinis potissimus scopus est *extrahere radices* formularum, ita in scientia infiniti *invenire summas* serierum, quae cum ex terminis constant continue seu elementariter crescentibus nihil aliud sunt, quam quadraturae vel areae figurarum. Et quemadmodum aliae radices *purae* sunt, cum valores ex solis cognitis habentur, aliae *affectae*, cum ipsae earum potentiae valorem ipsarum ingrediuntur: ita quae summanda sunt, aut pure et plane sunt cognita, aut rursus implicant summam quaesitam, ut si sit dy = yxdx :, ax + yy, ubi y summa quaesita ingreditur valorem summandi dy. Et utrobique artis est (nondum absolutae, quantum quidem in publicum constet) reducere affectas expressiones ad puras, quod in calculo infinitesimali est *reducere aequationes differentiales cujuscunque gradus* (nempe differentiales, differentio-differentiales etc.) *ad quadraturas*, atque adeo suppositis quadraturis ex data *tangentium* aut *osculationum* cujuscunque gradus proprietate lineam invenire. In ipsis autem rursus *quadraturis* magni res momenti foret, quod nunc agimus, reducere compositas ad simpliciores. Atque haec est analysis Tetragonistica, in qua nonnullos a multis annis progressus feci. Nempe cum vix quadraturam meam Arithmeticam invenissem per reductionem tetragonismi circularis ad quadraturam rationalem, comperto scilicet $\int dx : (1 + xx)$ pendere ex quadratura circuli, mox animadverti, omnes quadraturas, quae reductae sunt ad summationem formulae rationalis, eo ipso ad certa tandem capita simplicissimarum summationum revocari posse. Quod qua ratione fieri debeat, ostendemus novo genere Resolutionis, *Producto* scilicet *ex multiplicatione converso in Totum conflatum ex additione*, nempe transformatione fractionis denominatorem habentis multiplicatione radicum suarum continua utcunque exaltatum in aggregatum ex fractionibus simplices tantum denominatores habentibus. *Rationalem* autem quantitatem vel formulam hic voco, cum indeterminata quantitas, velut hoc loco x, non ingreditur vinculum, nam constantes utrum rationales sint, an surdae, non curatur.

Sit formula quaecunque finita rationalis $\dfrac{\alpha + \beta x + \gamma xx + \delta x^3 + \ldots}{\lambda + \mu x + \xi xx + \pi x^3 + \ldots}$ Hanc demptis integris puris ajo posse ostendi aequalem aggregato fractionum, quarum numerator sit constans seu sine x, denominator autem sit simplex, ita ut quaevis harum fractionum sit qualis $\dfrac{a}{x + b}$, quod qui fieri possit, sic ostendo. Primum ex Algebra suppono divisores simplices cujusque formulae rationalis integrae utcunque cognitos; sunt enim iidem cum radicibus aequationis, quae prodirent, si formula pro aequatione haberetur. Exempli gratia formula $xx = \dfrac{ax}{b} + ab$ habet divisores $x - a$ et $x - b$, et eadem si, esset aequatio seu aequalis nihilo, haberet has ipsas radices nihilo aequales, ita ut x valeret a vel b. Itaque ex suppositis resolutionibus aequationum Algebraicis habentur divisores formularum, et nostra haec Analysis infinitesimalis Analysin Algebraicam, ut superior inferiorem, supponit. Propositam nunc formulam denominatoris, nempe $\pi x^3 + \xi xx + \mu x + \lambda$ vel aliam altiorem, dividendo per π, si opus, faciemus $x^3 + \dfrac{\xi}{\pi} xx + \dfrac{\mu}{\pi} x + \dfrac{\lambda}{\pi}$. Hujus divisores ponamus esse $x + b, x + c, x + d$ etc. eosque per compendium vocemus l, m, n etc.

Itaque proposita fractio $\dfrac{\dfrac{\alpha}{\pi} + \dfrac{\beta}{\pi} x + \dfrac{\gamma}{\pi} xx + \dfrac{\delta}{\pi} x^3}{x^3 + \dfrac{\xi}{\pi} x + \dfrac{\mu}{\pi} xx + \dfrac{\lambda}{\pi}}$ divelli poterit in

sequentes $\dfrac{\alpha : \pi}{l\,m\,n} + \dfrac{\beta x : \pi}{l\,m\,n} + \dfrac{\gamma xx : \pi}{l\,m\,n} + \dfrac{\delta x^3 : \pi}{l\,m\,n}$. Ajo jam, quamvis harum reduci posse ad talem, qualis est prima $\dfrac{\alpha : \pi}{l\,m\,n}$. Igitur primum hanc resolvemus, deinde quomodo caeterae ad hanc revocentur, ostendemus.

Neglecto igitur numeratore constante, qui nihil in summationibus turbat, aggredimur resolutionem fractionum $\dfrac{1}{l\,m}$, $\dfrac{1}{l\,m\,n}$, $\dfrac{1}{l\,m\,n\,p}$ etc. vel generalius fractionis $\dfrac{1}{l\,m\,n\,p\,q}$, posito ut dixi esse $l = x + b$, $m = x + c$, $n = x + d$, $p = x + e$, $q = x + f$, et ita porro. His positis reperi, quod quisque jam experiundo facile demonstrare poterit, esse

$$\frac{1}{l\,m} = \frac{1}{c-b,\,l} + \frac{1}{b-c,\,m}$$

$$\frac{1}{l\,m\,n} = \frac{1}{c-b,\,d-b,\,l} + \frac{1}{b-c,\,d-c,\,m} + \frac{1}{b-d,\,c-d,\,n}$$

$$\frac{1}{l\,m\,n\,p} = \frac{1}{c-b,\,d-b,\,e-b,\,l} + \frac{1}{b-c,\,d-c,\,e-c,\,m} + \frac{1}{b-d,\,c-d,\,e-d,\,n} + \frac{1}{b-e,\,c-e,\,d-e,\,p}$$

et ita porro; nam ex aspectu patet progressus in infinitum unifor-

mis et regularis. Ut autem, qui volet, veritatem experiundo com-
probare facile possit, sufficit praeiri exemplo casus primi: $\dfrac{1}{c-b,\,l}$

$+\dfrac{1}{b-c,\,m}=\dfrac{bm-cm+cl-bl}{2bc-bb-cc,\,lm}$. Jam pro ipsis l, m substituendo
in numeratore valores $x+b$, $x+c$, fiet $bm-cm+cl-bl=bx$
$+bc-cx-cc+cx+cb-bx-bb=$ (destructis membris, in
quibus est indeterminata x) $2bc-bb-cc$; ergo erit $\dfrac{bm-cm+cl-bl}{2bc-bb-cc,\,lm}$

$=\dfrac{2bc-bb-cc}{2bc-bb-cc,\,lm}=\dfrac{1}{lm}$, prout asserebatur. Jam omnes Frac-

tiones $\dfrac{x}{lmn..}$, $\dfrac{xx}{lmn..}$, $\dfrac{x^3}{lmn..}$, quarum numerator non est constans,

reducemus ad fractiones numeratoris, qualis est $\dfrac{\alpha}{lmn..}$. Reperi

igitur rursus, quae sequuntur:

**Regulae universales pro Fractionibus Numeratoris in-
determinati, non involventibus Integros indeterminatos, resolvendis in Fractiones numeratoris constantis,**

$$l=x+b,\ m=x+c,\ n=x+d,\ p=x+e...$$

$$\frac{x}{l..}=\frac{1}{..}-\frac{b}{l..}$$

$$\frac{xx}{lm..}=\frac{1}{..}-\frac{b+c}{m..}+\frac{bb}{lm..}$$

$$\frac{x^3}{lmn..}=\frac{1}{..}-\frac{b+c+d}{n..}+\frac{bb+cc+bc}{mn..}-\frac{b^3}{lmn..}$$

$$\frac{x^4}{lmnp..}=\frac{1}{..}-\frac{b+c+d+e}{p..}+\frac{bb+cc+dd+bc+bd+cd}{np...}-\frac{b^3+c^3+bbc+bcc}{mnp..}+\frac{b^4}{lmnp..}$$

Puncta... hic significant literas supplendas, ut si opus hae pro illis
poni possint. Exempli causa, si pro $\dfrac{x}{l..}$ daretur $\dfrac{x}{lmn}$, loco $\dfrac{x}{l..}=\dfrac{1}{..}$

$-\dfrac{b}{l..}$ prodiret $\dfrac{x}{lmn}=\dfrac{1}{mn}-\dfrac{b}{lmn}$.

Series exhibentes Regulas pro Fractionibus Numeratoris indeterminati involventibus Integros indeterminatos, resolvendis
in suos Integros et in Fractiones numeratoris constantis.

$$\frac{xx}{l}=x-b+\frac{bb}{l}$$

V.

$$\frac{x^3}{lm} = x - \frac{b+c}{l} + \frac{bb+cc+bc}{m} - \frac{b^3}{lm}$$

$$\frac{x^4}{lmn} = x - \frac{b+c+d}{l} + \frac{bb+cc+dd+bc+bd+cd}{n} - \frac{b^3+c^3+bcc}{mn} + \frac{b^4}{lmn}$$

etc.

$$\frac{x^3}{l} = xx - bx + bb - \frac{b^3}{l}$$

$$\frac{x^4}{lm} = xx - \frac{b+c}{l}x + \frac{bb+cc+bc}{l} - \frac{b^3+c^3+bbc+bcc}{m} + \frac{b^4}{lm}$$

etc.

Seriei cujusque, serierumque ipsarum inter se progressum in infinitum apparet ex aspectu, praesertim columnarum. In membro unoquoque numerator constans est Formula plena sui gradus, ex literis sibi competentibus formata, tam simplex, ut nullis coefficientibus varietur. Ita $bb + cc + dd + bc + bd + cd$ est formula plena secundi gradus ex literis b, c, d formata, carens coafficientibus, adeoque constans ex aggregato quadratorum et rectangulorum.

Quodsi quis sublatis l, m, n, p etc. restituere velit valores ipsarum $x + b$, $x + c$, $x + d$, $x + e$ etc., Theoremata praecedentia stabunt, quemadmodum patet in exemplis hic subjectis:

$$\frac{1}{\begin{array}{ccc} x^4 + bx^3 + bcxx + bcdx + bcde \\ c \quad bd \quad bce \\ d \quad be \quad bde \\ e \quad cd \quad cde \\ ce \\ de \end{array}}$$

idem est quod

$$\frac{1}{b, d-b, c-b, x+b} + \frac{1}{b-c, d-c, e-c, x+c} + \frac{1}{b-d, c-d, e-d, x+d}$$

$$+ \frac{1}{b-e, c-e, d-e, x+e}.$$

Et $\dfrac{x^3}{\begin{array}{ccc} x^4 + bx^3 + bcxx + bcdx + bcde \\ c \quad bd \quad bce \\ d \quad be \quad bde \\ e \quad cd \quad cde \\ ce \\ de \end{array}}$

idem est quod

$$\frac{1}{x+e} \qquad \frac{b+c+d}{\underset{e}{xx+dx+de}} + \frac{bb+cc+bc}{\underset{\begin{matrix}d & ce \\ e & de\end{matrix}}{x^3+cxx+cdx+cde}} - \frac{b^{*}}{\underset{\begin{matrix}c & bd & bce \\ d & be & bde \\ e & cd & cde \\ & ce & \\ & de &\end{matrix}}{x^4+bx^3+bcxx+bcdx+bcde}}$$

Operaeque pretium foret, quamlibet fractionem valoris hujus, qualem dat exemplum posterius, resolvere rursus in valorem ex fractionibus simplicibus compositum, ad modum valoris, quem dat exemplum prius, eoque modo novam Theorematum seriem dare pro valoribus ipsarum fractionum, ut $\dfrac{1}{lmnp..}$, ita $\dfrac{x}{lmnp..}$, $\dfrac{xx}{lmnp..}$, $\dfrac{x^3}{lmnp..}$ etc. exhibendis per aggregatum ex simplicibus fractionibus conflatum, si locus iste pateretur.

Ex his ergo patet, omnem Fractionem Rationalem reduci posse ad Fractiones simplices rationales constantis numeratoris, rationales, inquam, quoad indeterminatam x, quae extra vinculum esse debet. Itaque si daretur fractio aliqua resolvenda, velut $2xx + x\sqrt{2} + \sqrt{5} : , xx + 2x + \sqrt{3}$, vel aliqua fractio simplex inter resolvendum occurrens, ut fractio $\sqrt{2} : , x + \sqrt{3}$, ea in hoc Analyseos genere habetur pro rationali, quia Analysin hanc summationum non moratur irrationalitas, quae indeterminatas non involvit. In quo commodior hoc loco est reductio irrationalium ad rationales, quam in Calculo Numerorum Figuratorum *Diophanteo*. Hinc sequitur, etsi irrationales sint Radices, modo sint reales, non vero imaginariae, in seriebus quidem Numericis rationalibus summandis, quae sunt determinati gradus seu ubi indeterminata non ingreditur exponentem, rem semper posse reduci ad summam numerorum progressionis Harmonicae aut potentiarum ab ipsis, aut his destructis ad quantitatem constantem seu summam absolutam, vel saltem ad seriem integrorum, quae in rationalibus tertii gradus semper summari potest pro parte seriei finita; in seriebus vero linearum ordinatarum rationalibus summandis seu in quadraturis Figurarum Algebraicarum rationalium omnia semper, cum radices sunt reales, reduci ad Quadraturam Hyperbolae. Hinc (ut id prius explicem) in seriebus Numericis summandis res redit ad summandas omnes $\dfrac{1}{y}$ vel omnes $\dfrac{1}{yy}$ vel omnes $\dfrac{1}{y^3}$ etc. posito $y = x + e$, vel $x + 2$, vel

$x + \sqrt{3}$ aliterve, ut placet. Nam si x sit 1 vel 2 vel 3 etc. et e constans sit 2, series numerorum $\frac{1}{x+e}$ seu $\frac{1}{y}$ erit $\frac{1}{1+2}$, $\frac{1}{2+2}$, $\frac{1}{3+2}$, $\frac{1}{4+2}$ etc. Sin x sit 1 vel 3 vel 5 vel 7 etc. et e constans sit $\sqrt{3}$, tunc series omnium $\frac{1}{y}$ erit $\frac{1}{1+\sqrt{3}}$, $\frac{1}{3+\sqrt{3}}$, $\frac{1}{5+\sqrt{3}}$, $\frac{1}{7+\sqrt{3}}$ etc. id est, si x aut y sint progressionis Arithmeticae sive naturalis sive alterius cujuscunque, ipsae $\frac{1}{y}$ erunt progressionis harmonicae, itaque $\int \frac{dy}{y}$ erit in Numeris summa progressionis Harmonicae, et $\int \frac{dy}{yy}$, $\int \frac{dy}{y^3}$ etc. erunt summae potentiarum a terminis progressionis Harmonicae. Ad has ergo res redit, si series numericae rationales determinati gradus, finitae, vel cum id fieri potest, infinitae summandae intelligantur et formula fractionis non habeat nisi radices reales. Et licet series Harmonica infinita numero terminorum, etiam magnitudine sit infinita summarique adeo non possit (quod secus est in seriebus potentiarum ab harmonicis terminis), differentia tamen inter duas series harmonicae progressionis licet infinitas, finitam magnitudinem constituere potest. Et, quod eximium censeo, cum absoluta habetur summatio, independens ab harmonicis terminis horumque potentiis summandis, hac analysi nostra destruuntur harmonicae, aliaeque series minus tractabiles, et sese sponte ostendit summa, Exempli gratia $\frac{1}{3} + \frac{1}{8} + \frac{1}{15} + \frac{1}{24} + \frac{1}{35}$ etc. seu $\int \frac{dx}{xx-1}$, posito x esse 2 vel 3 vel 4 etc. est series quae tota in infinitum sumta summari potest, et dx quidem hoc loco est 1. In numericis enim differentiae sunt assignabiles. Et $\frac{1}{xx-1}$ per regulam nostram (ob valorem ipsius $\frac{1}{lm}$, quia l hoc loco $= x+1$ et $x = m-1$, adeoque b est 1 et c est -1) erit $\frac{1}{-2,x+1} + \frac{1}{2,x-1}$ seu $\frac{1}{2} \cdot \overline{\frac{1}{x-1} - \frac{1}{x+1}}$; jam

$+ \frac{1}{2} \int \frac{dx}{x-1}$ est $= \frac{1}{2}$, $\frac{1}{1} + \frac{1}{2} + \frac{1}{3} + \frac{1}{4} + \frac{1}{5} +$ etc.

$$-\tfrac{1}{2}\int\frac{dx}{x-1} = \tfrac{1}{2}, \ \ast\ \ast -\tfrac{1}{3}-\tfrac{1}{4}-\tfrac{1}{5}- \text{etc.},$$

ergo $\int\dfrac{dx}{xx-1}$ erit $= \tfrac{1}{2}, \tfrac{1}{1}+\tfrac{1}{2}\ \ast\ \ast\ \ast = \tfrac{3}{4}$. Tandemque erit $\tfrac{3}{4} = \tfrac{1}{3}$
$+\tfrac{1}{8}+\tfrac{1}{15}+\tfrac{1}{24}+\tfrac{1}{35}+$ etc. quam summationem jam olim cum Quadratura Arithmetica edere memini. Similique methodo caeterae summationes serierum rationalium, determinati gradus realiter resolubilium inveniuntur, aut ad harmonicas earumque potentias rediguntur. De imaginaria resolutione, quae et ipsa prodest, mox dicetur Eademque subinde etiam pro seriebus rationalibus indeterminati gradus servire possunt.

Quodsi x vel y essent non termini discreti, sed continui, id est non numeri intervallo assignabili differentes, sed lineae rectae abscissae, continue sive elementariter hoc est per inassignabilia intervalla crescentes, ita ut series terminorum figuram constituat; patet eodem modo omnes summas fractionum rationalium gradus constantis, hoc est omnes Quadraturas figurarum rationalium Algebraicarum, supponendo *Radices* formulae denominatorem constituentis esse *reales*, posse vel absolute inveniri, vel ad Quadraturam Hyperbolae reduci. Nam quia praeter integros summandos, ut $\int dx$, $\int x dx$, $\int xx dx$ etc., res reducitur ad summationes simplices, posito $y = x + e$, quales $\int\dfrac{dy}{y}$, $\int\dfrac{dy}{yy}$, $\int\dfrac{dy}{y^3}$ etc., in quadraturis autem semper habentur $\int\dfrac{dy}{yy}$, $\int\dfrac{dy}{y^3}$ etc., hinc patet, solam superesse $\int\dfrac{dy}{y}$, id est Hyperbolae Quadraturam. Verum enim vero tenacior est varietatis suae pulcherrimae Natura rerum, aeternarum varietatum parens, vel potius Divina Mens, quam ut omnia sub unum genus compingi patiatur. Itaque elegans et mirabile effugium reperit in illo Analyseos miraculo, idealis mundi monstro, pene inter Ens et non-Ens Amphibio, quod radicem imaginariam appellamus. Hinc quoties denominator Fractionis Rationalis habet radices imaginarias, quod infinitis modis contingit, Hyperbola quoque, cujus opus esset Quadratura, fieret imaginaria construique nullo modo posset. Sed quia quaevis Radices imaginariae suas compares habent, oriuntur enim extrahendo radicem quadraticam ex quantitate privativa, extractio autem quadratica omnis duplex est, ut notae ejus $\sqrt[2]{}\ldots$ praefigi possit $+$ vel $-$; hinc ex radicum imaginariarum dubio invicem ductu oritur productum reale, quod vel erit ipse denominator, eoque casu (si ad numeratorem constantem reducta sit fractio, tollaturque, si placet, terminus secundus Formulae) quadratura proposita non potest hic reduci ad simpliciorem, vel producitur realis aliquis diviser denominatoris, ejusque ope quadratura proposita ab alia simpliciore pendet, qualis est circuli quadratura. Exempli gratia sit fractio $\frac{1}{x^4-1}$, patet denominatoris radices esse $x+1, x-1, x+\sqrt{-1}, x-\sqrt{-1}$, quae in se invicem multiplicatae producunt x^4-1, et erit per regulam

$$+\frac{1}{-1-1, +\sqrt{-1}-1, -\sqrt{-1}-1, x+1} + \frac{1}{+1+1, +\sqrt{-1}+1, -\sqrt{-1}+1, x-1}$$

$$+\frac{1}{+1-\sqrt{-1}, -1-\sqrt{-1}, -\sqrt{-1}-\sqrt{-1}, x+\sqrt{-1}} + \frac{1}{+1+\sqrt{-1}, -1+\sqrt{-1}, +\sqrt{-1}+\sqrt{-1}, x-\sqrt{-1}}$$

$$= \frac{1}{4, x+1} + \frac{1}{4, x-1} + \frac{1}{4\sqrt{-1}, x+\sqrt{-1}} + \frac{1}{4\sqrt{-1}, x-\sqrt{-1}}$$

$$\left.\phantom{\rule{0pt}{2em}}\right\} = \frac{1}{x^4-1}$$

ubi $\int\frac{dx}{x+1}$ vel $\int\frac{dx}{x-1}$ pendent ex Quadratura Hyperbolae, sed $\int\frac{dx}{x\sqrt{-1}-1}$ vel $\int\frac{dx}{x\sqrt{-1}+1}$ non possunt ad Hyperbolam nisi imaginariam revocari. Jungendo ergo tot radices imaginarias inter se, quot ad expressionem realem obtinendam necesse est, id est hoc loco in unum aggregando duas posteriores fractiones, nempe $\frac{1}{4x\sqrt{-1}-1-z}$

$\frac{1}{4x\sqrt{-1}+4}$, prodibit $\frac{4, x\sqrt{-1}+1-1-x\sqrt{-1}+1}{4, x\sqrt{-1}-1, 4, x\sqrt{-1}+1}$, id est $-\frac{1}{2, xx+1}$. Si vellemus similiter in unam congregare $-\frac{1}{4 \cdot x + 1} + \frac{1}{4 \cdot x - 1}$, fieret inde $\frac{1}{2 \cdot xx - 1}$, et aggregando in

unum $\frac{1}{2 \cdot xx - 1} - \frac{1}{2 \cdot xx + 1}$ redibit $\frac{1}{x^4 - 1}$, quod adeo est $= \frac{1}{4 \cdot x - 1} -$

$\frac{1}{4 \cdot x + 1} - \frac{1}{2 \cdot xx + 1}$. Unde patet pendere $\int \frac{dx}{x^4 - 1}$ vel etiam

$\int \frac{dx}{1 - x^4}$ ex Quadratura Hyperbolae et Circuli simul. Nam $\int \frac{dx}{x - 1}$

et $\int \frac{dx}{x + 1}$, adeoque et $\int \frac{dx}{xx - 1}$ pendere ex Quadratura Hyper-

bolae, dudum constabat; sed $\int \frac{dx}{xx + 1}$ pendere ex Quadratura

Circuli a me primum cum Quadratura mea Arithmetica est inventum, atque hinc duxi, quod initio Actorum Lipsiensium edidi Theorema, Quadrato diametri existente 1, Aream Circuli esse $\frac{1}{1} -$

$\frac{1}{3} + \frac{1}{5} - \frac{1}{7}$ etc. Ex his sequitur, omnium Figurarum Algebraicarum Rationalium, ubi denominator in valore ordinatae divisores
reales habet primi gradus, ut $x + e$, reduci posse ad Quadraturam
Hyperbolae; cum vero divisores reales habet planos seu secundi gradus (qui scilicet ipsimet non habent radices reales, alioqui ducturi
ad quadraturas absolutas) ut $xx + fx + ag$ vel (sublato secundo
termino) ut $xx \pm ae$, pendere ex Quadratura Hyperbolae, vel Circuli, vel utriusque.

Hic jam ordo nos ducit ad maximi momenti Quaestionem,
utrum omnes Quadraturae rationales ad Quadraturam Hyperbolae
et Circuli reduci possint, quae huc redit in nostra hac Analysi:
utrum omnis Aequatio Algebraica seu formula realis integra quoad
indeterminatam rationalis possit resolvi in divisores reales simplices aut planos. Verum comperi, qui hoc statueret, eum naturae
copias arctius contracturum quam par sit. Esto $1 : (xx + aa\sqrt{-1})$
ducendum in $1 : (xx - aa\sqrt{-1})$, prodibit $1 : (x^4 + a^4)$, cujus denominator utique est formula realis, sed resolvendo hanc formulam
non pervenitur ad divisores planos reales, nam $xx - aa\sqrt{-1}$ resolvi
potest in $x + a\sqrt{\sqrt{-1}}$ et $x - a\sqrt{\sqrt{-1}}$, et $xx + aa\sqrt{-1}$ in $x + a\sqrt{(-\sqrt{-1})}$

et $x - a\sqrt{(-\sqrt{-1})}$). Itaque formula $x^4 + a^4$ prodit ducendo invicem $x + a\sqrt{\sqrt{-1}}$, $x - a\sqrt{\sqrt{-1}}$, $x + a\sqrt{(-\sqrt{-1})}$, $x - a\sqrt{(-\sqrt{-1})}$, sed quamcunque instituamus duarum ex his radicibus quatuor combinationem, nunquam consequemur, ut duae invicem ductae dent quantitatem realem, sed divisorem realem planum. Itaque $\int dx :$ $(x^4 + a^4)$ neque ex Circuli neque ex Hyperbolae Quadratura per Analysin hanc nostram reduci potest, sed novam sui generis fundat. Et optarem (quod alias etiam me innuere memini), ut $\int dx : (x + a)$ seu Quadraturam Hyperbolae constat dare Logarithmos seu *Sectionem Rationis*, et $\int dx : (xx + aa)$ *Sectionem Anguli*, ita porro continuari posse progressionem, constareque cuinam problemati respondeant $\int dx : (x^4 + a^4)$, $\int dx : (x^8 + a^8)$ etc. Caeterum, ut obiter addam, $\int x^{\frac{e-1}{\cdot}} dx : (x^{2e} \pm a^{2e})$, verbi gratia $\int x dx : (x^4 \pm a^4)$ et $\int xx dx : (x^6 \pm a^6)$ et $\int x^3 dx : (x^8 \pm a^8)$, et ita porro, pendent ex Quadratura Circuli, si $\pm$ significet $+$, et ex Quadratura Hyperbolae, si significet $—$, uti facile agnoscit peritus calculi differentialis, quamquam et ex praesenti Analysi deduci posset.

Unum jam potissimum superest quaerendum, utrum jam et quomodo Figurae, quae Ordinatas habent irrationales, ad alias Figuras rationales Homometras (id est ut data quadratura unius, absolute vel rationaliter detur quadratura alterius) reduci nostraeque huic Analysi subjici possint. Quo in genere multa quidem tentavi, nec sine successu, nondum tamen quicquam satis universale aut insigne ausim polliceri, et ut verum fatear, rem pro dignitate tractare non vacavit. Itaque distuleram editionem Methodi, donec in reductione irrationalium summandarum ad summandas rationales majores progressus facere liceret, totamque hanc doctrinam servabam Operi meo *Scientiae infiniti*. Sed cum viderem, hac mora differri progressum artis, neque dum satis de tempore meo statuere possem, malui publicae utilitati velificari, ea spe fretus, fore qui latius spargant semina novae doctrinae uberioresque fructus colligant, praesertim si incumbatur diligentius quam factum est hactenus in amplificationem Algebrae Diophanteae, Cartesii discipulis fere neglectae, quod usum in Geometria parum perspexissent. Ego vero aliquoties innuere memini (quod mirum videri poterat) progressum Analyseos nostrae infinitesimalis circa quadraturas pendere bona ex parte ab incrementis ejus Arithmeticae, quam primus, qui nobis quidem notus sit, professa opera tractavit

Diophantus. Et spero, quae nunc damus, facta oculata fide, effi-
cacioris ad haec porro excolenda adhortamenti loco fore.

XXV.

CONTINUATIO ANALYSEOS QUADRATURARUM RATIONALIUM. *)

Quam nuper edidi Analysin Summatoriam Rationalium sive
in Numeris sive in Quadraturis, mirifice intelligentibus placere
video. Nam (ut de summis Numerorum nunc taceam) Analysis
transcendens linearum, ubicunque haec Methodus locum habet, de-
ducitur ad suam perfectionem, quia tunc semper pro aequationibus
differentialibus substitui possunt exponentiales. Sciendum enim,
quod dudum notavi, expressionem lineae per Aequationem differentialem hoc habere incommodi, quod non prodest pro aequatione
locali, neque proprie ad unum punctum refertur. Unde fit, ut per
eam intersectio curvae cum alia linea haberi incognitave tolli non
possit, atque adeo tunc demum in talibus aequatio differentialis
prodesse potest, cum constat, duas lineas non tantum occurrere
sibi, sed et se tangere. At aequatio curvae transcendens exponentialis omnes perfecte usus analyticos recipit, ejusque ope non
tantum determinari concursus, sed et incognitae tolli possunt, simulque eadem opera apparet, quodnam problema deprimatur ex
transcendenti ad commune, quoties nempe quantitates indeterminatae exeunt de exponente aut plane evanescunt. Ex. gr. si pro-
deat $b^{\frac{xx+yy}{.}} = c^{aa}$, fiet $xx + yy = aa$ (loc. c : log. b), quae aequatio est ad Circulum, et si logarithmorum ipsius b et ipsius c ratio
aliunde data sit, constructus erit circulus communi more; sin minus, saltem obtentum est, quod debuit obtineri. Et vero sciendum
est, quoties in solis constantibus haeret difficultas, ut Algebraice
exprimi nequeant, tunc non amplius incertum esse gradum, neque
adeo problema amplius esse transcendens. Ex. gr. sit $\sqrt[3]{2}$ quantitas non ordinaria, veluti si e sit numerus irrationalis $\sqrt{2}$, tamen
nec transcendens a me dicetur, sed interscendens, nam cadit inter
gradus usitatos.

---

*) Act. Erudit. Lips. an. 1703.

Sed haec obiter dicta sunto, ut praestantia hujus Analyseos melius intelligatur. Fractio quaecunque rationalis quoad indefinitam potest facta concipi hujus formae, posito t esse numerum integrum rationalem,

$$\frac{\dfrac{\alpha}{\pi} + \dfrac{\beta}{\pi}x + \dfrac{\gamma}{\pi}xx + \dfrac{\delta}{\pi}x^3 + \text{etc.}}{x^t + \dfrac{\xi}{\pi}x^{t-1} + \dfrac{\mu}{\pi}x^{t-2} + \dfrac{\lambda}{\pi}x^{t-3} + \text{etc.}}$$

Hinc primum detrahentur integra pura, ut x^0, x^1, x^2 etc. quantum fieri potest, quod fit dividendo Numeratorem per Denominatorem, quando nempe hic non est altior illo. Quo facto habebitur et quotiens integer et residua fractio, ubi Denominator est altior Numeratore, quae jam rursus tractanda, ut mox dicetur. Nunc si ponamus, Denominatorem esse formulam, quae nullas habeat radices aequales, dico Fractionem, quae superest, divelli posse in tot fractiones quot sunt radices, quarum fractionum quaelibet sit hujus formae $\dfrac{A}{x+B}$, ita ut A et B sint quantitates constantes. Atque adeo si detur figura, cujus abscissa existente x, ordinata sit aequalis dictae fractioni, figurae quadratura habebitur per Logarithmos veros, cum radices denominatoris sunt reales, vel per accedentes Logarithmos imaginarios, cum quaedam radices sunt imaginariae. Logarithmi autem veri coincidunt cum quadratura Hyperbolae, Logarithmi imaginarii primi gradus coincidunt cum quadratura Circuli. Sed quia dantur Logarithmi imaginarii infinitorum graduum altiorum, ut in Schediasmati Maji superioris *) specimine dato ostendimus, hinc etiam totidem dantur Quadraturarum gradus, a quadraturis Circuli et Hyperbolae independentes, atque ita magna quaestio decisa est, quae hactenus in Analysi Transcendente negotium facessivit.

Ponamus denominatoris radices esse $x+b$, $x+c$, $x+d$, $x+e$, $x+f$ etc. totidem, quot in t sunt unitates, quas radices per compendium vocabimus l, m, n, p, q etc., patet

$$\frac{1}{x^t + \dfrac{\xi}{\pi}x^{t-1} + \dfrac{\mu}{\pi}x^{t-2} + \dfrac{\lambda}{\pi}x^{t-3} + \text{etc.}}$$

---

*) Es ist die vorhergehende Abhandlung.

idem fore quod $\dfrac{1}{lmnpq}$; reperi autem per Regulam generalem

satis pulchre procedentem, fore $\dfrac{1}{lmnp}$ idem quod est sequens summa

$$\frac{1}{c-b,d-b,e-b,l} + \frac{1}{b-c,d-c,e-c,m} + \frac{1}{b-d,c-d,e-d,n}$$

$$+ \frac{1}{b-e,c-e,d-e,p}, \text{ idemque est in altioribus, nam lex gene-}$$

ralis attendenti patet. Et ita generaliter fractio denominatoris compositi divelli potest in fractiones denominatoris simplicis.

Quodsi post divisionem initio factam in residuae fractionis numeratore mansisset indefinita, veluti si residua foret formula $\dfrac{\vartheta + \varrho x + v xx + \varphi x^3}{lmnp}$, divellatur in tot partes, quot sunt membra

in numeratore, quae erunt $\dfrac{\vartheta}{lmnp} + \dfrac{\varrho x}{lmnp} + \dfrac{v xx}{lmnp} + \dfrac{\varphi x^3}{lmnp}$, ubi ut

numeratores liberentur ab indefinito, reperimus (omissis constantibus ϱ, v, φ) fore

$$\frac{x}{lmnp} = \frac{1}{mnp} - \frac{b}{lmnp}$$

$$\frac{xx}{lmnp} = \frac{1}{np} - \frac{b+c}{mnp} + \frac{bb}{lmnp}$$

$$\frac{x^3}{lmnp} = \frac{1}{p} - \frac{b+c+d}{np} + \frac{bb+cc+bc}{mnp} - \frac{b^3}{lmnp}.$$

His addamus adhuc unum exemplum, ut melius appareat Lex:

$$\frac{x^4}{lmnpq} = \frac{1}{q} - \frac{b+c+d+e}{pq} + \frac{bc+bd+cd}{npq} - \frac{bb+ce+dd+b^2+c^2+bbc+bcc}{mnpq} + \frac{b^4}{lmnpq}$$

Equidem diversae prodire possunt expressiones, prout mutatur ordo literarum l, m, n, p etc. aut constantium in ipsis quantitatum b, c, d, e etc. Sed si ipsae jam a numeratoribus indefinitis liberatae

fractiones, ut $\dfrac{1}{pq}$, $\dfrac{1}{npq}$, $\dfrac{1}{mnpq}$ etc. aliaeve hujusmodi rursus resol-

vantur in fractiones denominatorem habentes simplicem, more jam praescripto, diversae illae viae tandem desinent in idem, poteruntque ita adhuc nova Theoremata perpulchra condi. Idem aliter sic

consequemur: Esto fractio habens potentiam ipsius x in numera-

tore, et denominatorem compositum, velut $\dfrac{x^4}{lmnp}$, resolvemus primam fractionem .in fractiones denominatorum simplicium, modo jam praescripto, et ita res hoc loco redit ad quatuor fractiones, quales $\frac{x^4}{l}$, $\frac{x^4}{m}$, $\frac{x^4}{n}$, $\frac{x^4}{p}$, omissis coefficientibus constantibus. Jam quando in numeratore est x vel ejus potentia quaevis, denominator autem est simplex, potest res reduci ad integros puros aut fractiones numeratoris constantis simul simplicisque denominatoris hoc modo:

$$\frac{x}{l} = 1 - \frac{b}{l}$$

$$\frac{xx}{l} = x - b + \frac{bb}{l}$$

$$\frac{x^3}{l} = xx - bx + bb - \frac{b^3}{l}$$

$$\frac{x^4}{l} = x^3 - bxx + bbx - b^3 + \frac{b^4}{l}.$$

Nunc supplendi sunt casus, quos in praecedenti Schediasmate non attigimus, quando nempe radices aequales caeteris admiscentur; ibi enim regulae propositae non quadrant. Neque etiam soli Logarithmi aut quasi-Logarithmi occurrunt, sed interveniunt etiam Hyperboloidum quadraturae, quales sunt, quorum ordinatae sunt xx, $\frac{l}{x^3}$, $\frac{l}{x^4}$ etc. Tales autem Hyperboloides omnes quadraturam ordinariam recipere constat. Sed ut hae quadraturae diversi generis ex se invicem evolvantur, ponamus $h = x + a$, et sit fractio $\frac{1}{h^4 lmnp}$, haec per regulam praescriptam resolvi potest in totidem tales $\frac{1}{h^4 l}$, $\frac{1}{h^4 m}$, $\frac{1}{h^4 n}$, $\frac{1}{h^4 p}$. Dico quamvis harum rursus resolvi tali modo, ut posito $\omega = l - h$, id est $\omega = b - a$ constante (quoniam $h = x + a$, et $l = x + b$, unde $l - h = b - a$), fiat

$$\frac{1}{h^4 l} = \frac{1}{\omega h^4} - \frac{1}{\omega \omega h^3} + \frac{1}{\omega^3 h^2} - \frac{1}{\omega^4 h} + \frac{1}{\omega^4 l}.$$

eodemque modo habebitur et $\frac{1}{h^4 m}$, tantum pro l ponendo m, et pro $l - h = \omega = b - a$ constante, ponendo constantem $m - h = c - a$, idemque est in caeteris.

Quid si diversae simul occurrant Radices aequales? Veluti si sit fractio $\frac{1}{h^4 l^3 mnp}$, patet eam produci ex his duabus $\frac{1}{h^4 l^3}$ et

$\frac{1}{mnp}$. Dico priorem resolvi posse in fractiones constantes ex unius tantum speciei radicibus aequalibus, quae fractiones si singulae deinde multiplicentur per $\frac{1}{mnp}$, habebimus totidem novas fractiones similes huic $\frac{1}{h^4lmnp}$, quas jam resolvere docuimus. Superest ergo, ut resolvamus fractionem, qualis $\frac{1}{h^4l^3}$; dico, posito $b-a=\omega$ et $a-b=\psi$, fore

$$\frac{1}{h^4l^3} = \begin{cases} \dfrac{1}{\omega^3 h^4} - \dfrac{3}{\omega^4 h^3} + \dfrac{6}{\omega^5 hh} - \dfrac{10}{\omega^6 h} \\[2mm] \dfrac{1}{\psi^4 l^3} - \dfrac{4}{\psi^5 ll} + \dfrac{10}{\psi^6 l} \end{cases}$$

Sed operae pretium est adscribere Theorema generale, quia hic Lex non aeque facile ac in prioribus de exemplorum inspectione fabricari potest. Nempe posito t et v esse numeros constantes rationales integros, dico fore

$$\frac{1}{h^t l^v} = \begin{cases} \dfrac{1}{\omega^v h^t} - \dfrac{\frac{v}{1}}{\omega^{\frac{v+1}{\cdot}} h^{\frac{t-1}{\cdot}}} + \dfrac{\frac{v.v+1}{1.2}}{\omega^{\frac{v+2}{\cdot}} h^{\frac{t-2}{\cdot}}} - \dfrac{\frac{v.v+1.v+2}{1.2.3}}{\omega^{\frac{v+3}{\cdot}} h^{\frac{t-3}{\cdot}}} + \text{etc. usq. ad } \dfrac{\overline{\cdots\cdots}}{\overline{\cdots h^t}} \\[6mm] \dfrac{1}{\psi^t l^v} - \dfrac{\frac{t}{1}}{\psi^{\frac{t+1}{\cdot}} l^{\frac{v-1}{\cdot}}} + \dfrac{\frac{t.t+1}{1.2}}{\psi^{\frac{t+2}{\cdot}} l^{\frac{v-2}{\cdot}}} - \dfrac{\frac{t.t+1.t+2}{1.2.3}}{\psi^{\frac{t+3}{\cdot}} l^{\frac{v-3}{\cdot}}} + \text{etc. usq. ad } \dfrac{\overline{\cdots\cdots}}{\overline{\cdots l^t}} \end{cases}$$

Hinc si verb. gr. v esset 1 seu $l^v = 1$, retineretur solum terminus $\frac{1}{\psi^t l^v}$, sequentibus in quibus l alias occurreret omissis. Quodsi tres vel plures species radicum aequalium concurrerent, nihilominus patet ex praescripta jam methodo, omnia ad fractiones unius tantum literae indeterminatae, quae hoc loco sunt simplicissimae, reduci posse. Esto enim $\frac{1}{h^5l^4m^3}$, patet produci ex $\frac{1}{h^5l^4}$ per $\frac{1}{m^3}$. Jam $\frac{1}{h^5l^4}$ resolvatur in fractiones simplices more praescripto. Harum quaelibet ducatur in $\frac{1}{m^3}$, habebuntur totidem fractiones, quae non nisi binas habebunt species radicum; has autem posse resolvi in simplices, jam est ostensum. Reducuntur ergo binae species ad unam, ternae ad binas, quaternae ad ternas, et ita porro, quae hic persequi non est necesse. Unde jam cuncta esse in potestate apparet, quanquam ea quoque Canonibus seu Theorematibus complecti conveniens foret.

Postremo cum Mathematicus ingeniosissimus, si quisquam, Dn. Johannes Bernoullius, ostenderit, se quoque jam ab aliquo tempore tali quadam Analysi uti, et ideo problema transmiserit Actis inserendum, verbis sequentibus illud subjicietur. Ubi tamen ab eo dissentire cogor, quod omnia ad quadraturam Circuli et Hyperbolae (praeter ordinarias quadraturas) hic reduci putat, cum in Specimine supradicto, Actis Maji inserto, demonstratum a me sit, alias sine fine aliis altiores quadraturarum rationalium transcendentium species ordine dari, a se invicem independentes, quadraturasque Hyperbolae et Circuli ex illis omnibus primas et simplicissimas esse.

XXVI.

QUADRATURAE IRRATIONALIUM SIMPLICIUM. [*]

Cum quaeritur $\int \varphi \sqrt[e]{\mathfrak{D}}\, dx$, posito $\mathfrak{D}$ esse $10 + 11x + 12xx +$ etc. et φ esse $20 + 21x + 22xx +$ etc., res quidem semper obtineri potest ponendo hanc summationem esse aequalem huic quantitati $\odot \sqrt[e]{\mathfrak{D}} + \int 4 \sqrt[e]{\mathfrak{D}}\, dx$, ut 4 sit formula simplicior quam φ, quando id licet opusque est. Nec alia potest haberi quadraturae indefinitae hic formula, quia oportet *Quantitatem et ejus Summatricem ejusdem esse Ambiguitatis* seu aequationem, in qua una earum sit incognita, habere tot radices, quot aequatio, in qua altera earum incognita est, et proinde ambae Quantitates irrationalitate hoc praestante afficiuntur, et quantitatis uno radicali vinculo comprehensae differentiale per illam ipsam irrationalem multiplicatur; nam $d\sqrt[e]{\mathfrak{D}}$ est $d\mathfrak{D}\sqrt[e]{\mathfrak{D}} : e\mathfrak{D}$, si e sit constans, etiam si $\mathfrak{D}$ non rationalis tantum, ut hic, sed utcunque irrationalis foret. Itaque ut tollamus denominatorem, faciemus $\odot = e\mathfrak{D}\varphi$ et erit $d(e\mathfrak{D}\varphi\sqrt[e]{\mathfrak{D}}) = e\mathfrak{D}d\varphi + (e+1)\varphi d\mathfrak{D} \cdot \sqrt[e]{\mathfrak{D}}$. Hoc jam differentiale oportet cum dato Elemento summationis $\varphi \sqrt[e]{\mathfrak{D}}\, dx$

---

[*] Leibniz hat bemerkt: Hoc est fusius, quam quod ad Dn. Jac. Bernoullium misi, et posset inseri Actis. — Vergl. Leibnizens Brief an Jac. Bernoulli dat. April. 1705.

comparare, vel ut ego loqui malo coincidentiare accedente alio si opus summationis Elemento consimili, sed simpliciore ♃$\sqrt[e]{☽}$dx, formulis ☿ et ♃ ita assumtis, ut coefficientes potestatum ipsius x quantitates constantes sint *arbitrariae determinandae ope aequationum auxiliarium coincidentiantium* ejusdem terminos ipsius x, in oppositis lateribus aequationis (in effectu *identicae*) e☽d☿ + (e+1)☿d☽ + ♃dx = ☉dx occurrentes, vel destinantium coefficientem cujusque potentiae ipsius x in aequatione

$$(e☽d☿ + (e + 1)☿d☽, : dx) + ♃ - ♀ = 0,$$

ubi ponendo ☿ = 30 + 31x + 32xx + etc. et exponentes graduum summorum ipsarum formularum ☽, ♀, ☿ vocando respective α, β, γ, ideo cum utile sit sumere ☿ quam plurimorum licet terminorum, quia in vinculo summatorio reperitur tantoque plures arbitrarias suppeditat, fiet $\gamma = \beta + 1 - \alpha$, eruntque ipsius ☿ termini adeoque et arbitrariae $\beta + 2 - \alpha$; sed in universum arbitrariis indigemus $\beta + 1$, tot enim prodeunt termini coincidentiandi, ergo desiderantur adhuc arbitrariae $\alpha - 1$ quas suppeditabit ♃, adeoque erit terminorum $\alpha - 1$. Itaque si sit ☽ = 10 + 11x + 12xx + 13x³ + 14x⁴, erit $\alpha = 4$, et multitudo terminorum ipsius ♃ erit 3, nempe vel 40 + 41x + 42xx vel 41x + 42xx + 43x³, vel 42xx + 43x³ + 44x⁴, aliterve tres aut continuos sibi aut etiam distantes invicem terminos conjungendo, modo ne summus excedat gradum ipsius ♀. Sed simplicissima est ex his prima, ut ♃ sit 40 + 41x + 42xx, et ita δ (exponens gradus ipsius ♃) erit $\alpha - 2$.

Hoc modo igitur instituto Calculo potest generalis dari Canon, quo inveniantur quaesitae 30, 31, 32 etc. et 40, 41, 42 etc. Sed ut calculum adhuc magis contrahamus, suffecerit, loco ipsius formulae datae ♀, assumi unum ejus terminum, nempe summum, verbi gratia, si sit ♀ = 20 + 21x + 22xx + 23x³ + 24x⁴, possunt 20, 21, 22, 23 poni aequales nihilo, manente solum 24x⁴, ubi etiam 24 pro unitate haberi potest, adeoque supererit x⁴, vel generaliter xʳ. Singulis enim xʳ$\sqrt[e]{☽}$dx ad summationem deductis, utique etiam aggregata ex ipsis formula recipit summationem. Ponamus ergo in exemplum, quod sit Canonis vice, esse

$$☽ = 10 + 11x + 12xx + 13x³ + 14x⁴$$
$$♀ = *\quad *\quad *\quad *\quad *\quad *\qquad x^8$$
$$☿ = 30 + 31x + 32xx + 33x³ + 34x⁴ + 35x⁵$$
$$♃ = 40 + 41x + 42xx$$

et hoc sensu esse $\int x^8 \sqrt[e]{☽} = e☿☽\sqrt[e]{☽} + \int ♃ \sqrt[e]{☽}dx$ atque adeo e☽d☿ +

$(e+1)\,\check{\varphi}\,d\mathbb{D})-\mathcal{U}\,dx-x^8=0$. Hinc instituta identificatione ad inveniendas Quantitates arbitrarias, valores invenientur aequationibus mox
secuturis, quas ingrediuntur Numeri 194, 184 etc. 183, 173 etc.
172, 162 etc., quorum significatio apparet ex Tabula sequenti ℵ,
ubi ex. gr. 173 significat $7e+3,13$; et 162 significat $6e+2,12$,
ubi 0, 1, 2, 3, 4, 5, 6, 7, 8, 9 sunt numeri veri, sed 10, 11, 12,
13, 14, ut et 150, 161, 172 etc. sunt fictitii, ideo sic expressi
loco literarum velut a, b, c etc., ut melius relationes atque coordinationes harum quantitatum ex ipsa designatione intelligerentur.

T a b u l a ℵ.

$9e+4,14$ 194	$8e+4,14$ 184	$7e+4,14$ 174	$6e+4,14$ 164	$5e+4,14$ 154
$8e+3,13$ 183	$7e+3,13$ 173	$6e+3,13$ 163	$5e+3,13$ 153	$4e+3,13$ 143
$7e+2,12$ 172	$6e+2,12$ 162	$5e+2,12$ 152	$4e+2,12$ 142	$3e+2,12$ 132
$6e+1,11$ 161	$5e+1,11$ 151	$4e+1,11$ 141	$3e+1,11$ 131	$2e+1,11$ 121
$5e+0,10$ 150	$4e+0,10$ 140	$3e+0,10$ 130	$2e+0,10$ 120	$1e+0,10$ 110

Hinc jam prodeunt valores sequentes Quantitatum arbitrariarum
assumtarum Tabula sequenti ☽

Tabula 5.

35=+1:104

34=—183:194.184

33=—184.172+183.123:194.184.174

32=—184.174.161+183.174.162+184.172.163

    —183.173 .. } : 194.184.174.164

31=—194.174.164.150+183.174.164.151+184.172.164.162+194.174.161.153

    —183.173 ..   —194.174.162.

    —183.173 ..   —184.172.163.

    +183.173 .. } : 194.184.174.164.154

30=—184.174.164.154.141+183.174.164.154.140+184.172.164.154.141+184.174.161.142+184.174.164.150.143

  hic terminus evanescit,   —183.174.164.141+184.174.164.161.153

  quia nota dextra quae sit 1   —183.173 ......   —194.172.164.151..

  seu —1, non datur.   —184.172.163......   —184.172.164.152..

     +183.173 ......   +183.173 ...

         —194.174.161.153...

         +184.172.162

         +184.174.161.153.. } : 194.184.174.

         —183.173 ......   164.154.144

Ubi inspecto processu calculi ipsisque valoribus prodit Regula talis valores continuandi, quantuscunque sit Numerus hujusmodi quaesitorum. Denominatores quidem manifesti sunt 194, 194.184, 194.184.174 etc., ubi numerorum nota dextra est eadem, nempe α (hoc loco 4), notae vero sinistrae (omissis 1 initialibus semper occurrentibus) sunt $\gamma + \alpha$, $\gamma + \alpha - 1$, $\gamma + \alpha - 2$ etc. (hoc loco $5+4$, $5+4-1$, $5+4-2$ etc.). Quoad Numeratores valorum, in primo valore, nempe ipsius 3γ (seu 35 hoc loco) is Numerator est unitas. De caetero ex praecedentis valoris Numeratore sic eruitur via brevi et generali Numerator valoris sequentis. Sit prior Numerus 3k (velut 32), et in quovis membro numeratorem quem habet valor ipsius ingrediente numerus, cujus nota sinistra est inter caeteras minima quae vocetur h (et est semper $\alpha + k$), minuatur unitate, et tantundem minuatur ipsi adhaerens nota dextra (ita in valore ipsius 32 ex 61, 62, 63 fiet pro ipsius valore 50, 5l, 52), et quod provenit multiplicetur per numerum cujus nota sinistra sit h, dextra vero α (hoc loco per 64), deinde a producto auferatur aliud productum ex eodem valoris ipsius 3k numeratore toto qualis erat, multiplicato per Numerum, cujus nota sinistra sit $h-1$, nota vero dextra $\alpha - 1$ (hoc loco per 53). Ita prodit Numerator novus pro valore ipsius numeri 4k (hoc loco 31). Quodsi contingat notam dextram debere ascendere infra 0, ad -1 seu $\overline{1}$, membrum, quod prodire alias deberet, evanescit, ascripsi tamen in valore ipsius 30, harmoniae servandae causa, nam membrum primum valoris ipsius 31 est $-84.74.64.50$, ibi Numerus 50 (nempe cujus nota sinistra est minima) utraque nota debet diminui unitate et quod provenit multiplicari per 54; et ita pro membro valoris ipsius 30 prodit $-84.74.64.54.4\overline{1}$, quod membrum etsi evanescat seu abjiciendum sit, quia in tabula א non extat $4\overline{1}$, ascriptum est tamen ut harmonia cum praecedentibus valoribus servetur.

Et est alia via non multum diversa, sed qua uniuscujusque valoris numerator per se constitui potest independenter a valore praecedenti. Quaeratur Numerator in valore ipsius 3k (verb. gr. 31). Digero autem numeratorem in Terminos, eritque Terminus primus, secundus, tertius etc., qui multiplicatur respective per numerum, cujus nota sinistra semper est eadem $\alpha + k$ (hoc loco 5), nota vero dextra est respective quod relinquitur a sinistra auferendo γ, $\gamma - 1$, $\gamma - 2$ etc. Hi Numeri $\alpha + k \mid \alpha + k - \gamma$, vel $\alpha + k \mid \alpha + k - \gamma + 1$, vel $\alpha + k \mid \alpha + k - \gamma + 2$, et ita porro (hoc loco in 31 ipsi 50

51, 52, 53) usque ad ultimum cujus nota dextra semper est $\alpha - 1$, seu qui est $\alpha + k$, $\alpha - 1$ (hoc loco 53), sunt multiplicatores uniuscujusque Termini. Porro primus terminus constat uno membro, quod praeter numerum dictum multiplicatorem $\alpha + k \mid \alpha + k - \gamma$ (hoc loco 50) producitur ex numeris, quorum notae sinistrae fiunt hujus sinistram augendo per 1, 2, 3 etc. usque ad $\alpha + \beta - 1$, notae vero dextrae sint semper α (in hoc casu 6, 7, 8, unde in valore ipsius 31 id membrum est 84.74.64.50). Et huic primo Termino praefigitur signum — (comprehendo autem etiam imaginarios modo dicto, ut in 30), deinde Terminus omnis novus ejusdem Numeratoris producitur ex omnibus praecedentibus mutatis eorum signis et abjectis eorum multiplicatoribus jam praedictis, proque iis substituto multiplicatore Termini novi, postremo numerum omnibus communem in termino qui a novo est retro-primus, retro-secundus, retro-tertius etc., minuendo unitate, binario, ternario etc. Et harum duarum viarum collatio ad calculi verificationem inservire potest.

Exhiberi etiam valorum Regula potest Generali quadam *Lege Combinationis* hoc modo. Nempe valoris cujusvis ut 3k (velut 31, si k sit 1) numerator quivis (nam denominatores per se patent) est aggregatum omnium combinationum possibilium, quae fiunt si in se invicem ducantur tot numeri, quot in $\gamma - k$ sunt unitates, quorum Numerorum notae sinistrae sint $\alpha + \gamma - 1$, $\alpha + \gamma - 2$, $\alpha + \gamma - 3$ etc., quae vocentur φ (hoc loco 8, 7, 6, 5), dextrae vero notae fiant, si sinistris dicto ordine manentibus, instituantur omnes possibiles transpositiones totidem numerorum 1, 2, 3 etc., qui vocentur ψ (hoc loco 1, 2, 3, 4), ita ut semper secundum eum qui prodit ordinem prioribus applicentur (hoc loco 1, 2, 3, 4) cavendo tantum ne ad notam sinistram seu unum ex prioribus numeris φ aliquis ex ψ seu posterioribus applicetur, qui cum ipso faceret summam majorem quam $\beta + 2$ (hoc loco plus quam 10, unde non licet 4 vel 3 applicare ad 8 nec 4 ad 7). Excessus autem ipsius $\beta + 2$ super summam detractus ab α dabit notam sinistram, quae erit $\varphi + \psi + \alpha - \beta - 2$ (verbi gratia si 3 applicetur ad 6, erit sinistra $4 - (10 - 9) = 3 = 6 + 3 + 4 - 8 - 2$, numerusque erit 63). Itaque in exemplo valoris Numeri 31 omnia Numeratoris membra sequenti combinatione in Tabula 3 expressa prodibunt. Signorum quoque lex est memorabilis, ut in imparibus combinationibus membra duo bina quaevis, quae numeros impari multitudine communes habent (veluti unum, tres etc.), oppositis gaudeant signis; quae pari

24 *

multitudine gaudeant, iisdem; contrarium vero fiat in combinationibus paribus. Ita ex unius membri signo signa caeterorum omnium
derivari possunt, et quidem si k sit impar, membrum, in quo omnes notae dextrae sunt, eodem affectum est signo $+$; sin k sit par,
afficietur signo $-$. Hinc valor ipsius 31 prodit talis, qui ante,
sed ad hujus combinationis Legem formatus:

Tabula 3

$+\ 18_1 3\ .\ 17_3 3\ .\ 16_3 3\ .\ 15_4 3$
$-\ 18_1 3\ .\ 17_2 3\ .\ 16_4 4\ .\ 15_3 2$
$-\ 18_1 3\ .\ 17_3 4\ .\ 16_2 2\ .\ 15_4 3$
$+\ 18_1 3\ .\ 17_3 4\ .\ 16_4 4\ .\ 15_1 1$
$-\ 18_2 4\ .\ 17_1 2\ .\ 16_3 3\ .\ 15_4 3$
$+\ 18_2 4\ .\ 17_1 2\ .\ 16_4 4\ .\ 15_3 2$
$+\ 18_2 4\ .\ 17_3 4\ .\ 16_1 1\ .\ 15_4 3$
$-\ 18_2 4\ .\ 17_3 4\ .\ 16_4 4\ .\ 15_1 0$

$: 194 . 184 . 174 . 164 = 31$, ubi
numeri sub lineis extantes, tantum ad formandas notas numerorum sinistras adhibiti, sunt habendi
pro non ascriptis.

Notatu autem dignum est, Numerum Transpositionum sic permissa-
rum semper esse ex iis qui sunt progressionis Geometricae duplae,
si non omittantur membra quae evanescunt ob descensum notae
dextrae infra 0. Sed et ipso Numeratore ordinato secundum Multiplicatores ejusdem notae dextrae minimae (velut in 30 secundum
141, 140, 141, 142, 143), Termini, demto primo, habent numerum membrorum progressione Geometrica crescentem. Nec inutile
tamen erit diversas ejusdem Numeratoris ordinationes conferre inter
se; ita in 31 ordinando secundum 150, 151, 152, 153, stat numerator ut scripsimus, ordinando vero secundum 161, 162 etc., vel
secundum 172, 173 etc., vel secundum 183, 184, fiet

$$+184.174.153.161-183.174.153.162-184.174.153.163-184.174.150.164$$
$$+183.173.153 \quad +183.174.151$$
$$+184.172.152$$
$$+183.173$$

vel

$$+184.164.152.172-183.164.152.173-184.164.150.174$$
$$+184.163.153 \quad +183.164.151$$
$$+184.161.153$$
$$-183.162$$

vel

$$+174.164.151.183-174.164.150.184$$
$$-173.164.152 \quad +172.164.152$$
$$-174.162.153 \quad +174.161.153$$
$$+173.163 \quad -172.163$$

Ita valor ipsius 31 quatuor diversis modis ordinari potest, secundum 15., vel secundum 16., vel secundum 17., vel secundum 18. Sed subordinatio semper fieri potest per 16., 17., 18.; vel per 15., 17., 18; vel per 15., 16., 18.; vel per 15., 16., 17. At ita in valore ipsius 30, Numeratorem ordinando secundum 14. (seu secundum 14i, 140, 141, 142, 143) stat qualem scripsimus, sed ordinando secundum 15. (seu secundum 150, 151, 152, 153, 154) vel secundum 16. (seu secundum 161, 162, 163, 164) vel secundum 17. (seu secundum 172, 173, 174) vel secundum 18. seu secundum 183, 184), prodibunt ordinationes quae sequuntur, non minus quam prima certa lege procedentes, ut apparet ex Tabula H.

Tabula II

$+$184.174.164.143.150 $-$ 183.174.164.143.151 $-$ 184.172.164.143.152 $-$ 184.174.164.141.143 $-$ 184.174.164.141.153 $-$

$+$183.173............

$+$184.172.163 $-$

$-$183.173......

$+$184.172.163

$-$183.173......

vel $+$ 184.174.154.142.161 $-$ 183.174.154.142.162 $-$ 184.172.154.142. 163 $-$ $+$184.174.154.141 $-$

$-$ 184.174.153.143... $+$ 183.173.154. $+$184.174.154.140 $-$

$-$ 184.174.153.143... $+$ 183.174.153.143... $+$184.172.154.141.

$-$ 183.173...... $-$183.173

vel $+$ 184.164.154.141.172 $-$ 183.164.154.141.173 $-$ $+$184.164.154.141.174

$-$ 184.163.154.142... $-$ 183.164.154.142... $+$183.164.154.140 $-$

$-$ 184.164.152.143... $+$ 183.163.154.142... $+$184.164.154. 142...

$+$ 184.163.153...... $-$ 183.164.152.143... $-$183.173

$+$ 184.163.153...... $+$183.173

vel $+$ 174.164.154.140.183 $-$ $+$174.164.154.141.184

$-$ 173.164.154.141... $-$174.164.154.140 $-$

$-$ 174.162.154.142... $+$174.164.154.142...

$+$ 173.163...... $-$172.163

$+$ 174.164.151.143... $+$174.164.150.143...

$+$ 173.164.152... $-$172.164.152...

$+$ 174.162.153...... $-$172.161.153...

$+$ 173.163...... $+$172.163

divis. per 194.184. 174.164.154.144. $=$ 30 (×4)

In omnibus istis ordinationibus valoris ipsius 3k (nempe 31 vel 30) Termini novi coefficiens fit ex omnium priorum ejusdem valoris Terminorum coefficientibus, mutatis eorum signis et Numeri omnibus communis notam dextram in termino retro-primo, retro-secundo, retro-tertio etc. minuendo unitate, binario, ternario etc. Quodsi praecedentes omnes coefficientes non habeant Numerum communem (quod contingit in quaerendo Termino ultimo ordinationis primum terminum non habentis unimembrem), dividantur in duas partes, quarum una unum, altera alium habeat numerum communem et quidem notarum sinistrarum quantum licet depressarum, quorum prior $1 \mid \alpha + 1 + k \mid \alpha$ (hoc loco 154),

posterior $1 \mid \alpha + k \mid \alpha - 1$ (hoc loco 143);

in parte quae priorem (posteriorem) numerum cuivis membro communem habet, manentibus caeteris mutentur signa, et ubi nota sinistra est $\alpha + k$ $(\alpha + 1 + k)$, ei adhaerens dextra imminuatur lege jam dicta distantiae termini prioris retrorsum sumtae, nempe ut in Termino retro-primo, retro-secundo, retro-tertio etc. dicta nota dextra minuatur respective unitate, binario, ternario etc.; ita fit coefficiens Termini ultimi. Unimembris autem est primus Terminus ordinationis secundum $1 \mid \alpha \mid .$; sed ordinationis secundum $1 \mid \alpha + 1 \mid .$ vel $1 \mid \alpha + 2 \mid .$ vel $1 \mid \alpha + 3 \mid .$ etc. est respective unimembris vel bimembris vel quadrimembris vel octimembris etc.

Primi autem Termini, cum ordinatio fit secundum notam sinistram φ, multiplicator est $1 \mid \varphi \mid \varphi - \gamma$. Coefficiens quomodo formetur, dabit exemplum coefficientis ipsius 183:

$$183 \begin{cases} 143 \begin{cases} 153 \begin{cases} 163 . 173 - \\ 162 . 174 + \end{cases} \\ 152 . 164 . 173 + \\ 151 . 164 . 174 - \end{cases} \\ 142 \begin{cases} 154 . 163 . 173 - \\ 154 . 162 . 174 + \end{cases} \\ 141 . 154 . 164 . 173 + \\ 140 . 154 . 164 . 174 - \end{cases}$$

ubi una medietas divisionis subdivisionisque semper habet ipsius 15. vel 16. vel 17. notam dextram summam, hoc loco 4, reliqua medietas caeteras.

Inventis jam valoribus ipsorum 30, 31, 32 etc. facile habentur valores ipsorum 40, 41, 42 etc. hoc modo:

$$- 40 = 111 . 30 + 110 . 31$$

$$-41 = 122.30 + 121.31 + 120.32$$
$$-42 = 133.30 + 132.31 + 131.32 + 130.33$$

et ita perro, si opus; unde ex inventis ipsis 30, 31, 32 etc. ipsas 40, 41, 42 etc. haberi est manifestum.

Caeterum eadem fere Methodus adhiberi poterit, si Elementum summationis pro $x^r \sqrt[e]{\mathbb{D}}\, dx$ sit $\frac{1}{x^r} \sqrt[e]{\mathbb{D}}\, dx$.

Ponamus $\mathbb{D} = 10 x^\alpha + 11 x^{\alpha-1} + 12 x^{\alpha-3} +$ etc. usque ad x^0

et $\mathsf{4} = 40 x^{\alpha-1} + 41 x^{\alpha-2}$ etc. usque ad x^{-1}

et $\mathsf{\Sigma} = 30 + \frac{31}{x} + \frac{32}{xx} + \frac{33}{x^3}$ etc. usque ad $\frac{1}{x^{r-1}}$;

sit $\alpha = 4$ et $r = 3$, fiet

$$\mathbb{D} = 10 x^4 + 11 x^3 + 12 xx + 13 x + 14$$
$$d \mathbb{D} = \quad .. \quad 4.10 x^3 + 3.11 xx + 2.12 x + 1.13$$
$$\mathsf{\Sigma} = \quad . . . . \quad 30 + \frac{31}{x} + \frac{32}{xx}$$
$$d \mathsf{\Sigma} = \quad . . . . \quad - \frac{1.31}{xx} - \frac{2.32}{x^3}$$
$$\mathsf{\varphi} = \quad . . . . \quad \frac{1}{x^3}$$

Ita e $\mathbb{D} \, d \mathsf{\Sigma} + (e+) \mathsf{\Sigma} \, d \mathbb{D} + \mathsf{4} \, dx$ potest identificari ipsi $\mathsf{\varphi} \, dx$, et tantum praesupponuntur quadraturae figurarum, quarum ordinatae constant solis Terminis, ubi x^0, vel x^1, vel x^2, vel x^3 etc, ducuntur in $\sqrt[e]{\mathbb{D}}$, quas quadraturas, quantum in hac tractandi generalitate licet, jam dedimus, et praeterea praesupponitur quadratura figurae, cujus ordinata est $\frac{1}{x} \sqrt[e]{\mathbb{D}}$, ad quam reduci potest quadratura Figurae cujus ordinata est $\frac{1}{y+b} \sqrt[e]{\mathbb{D}}$, posito esse $\mathbb{D} = 10 + 11 y + 12 yy +$ etc. Nam tantum oportet facere $y+b = x$ seu $y = x - b$, et hunc valorem substituere in valore ipsius $\mathbb{D}$, ut ita tantum quaeratur $\int \frac{dx}{x} \sqrt[e]{\mathbb{D}}$. Atque ita hac sola quadratura pro caeterarum figurarum, quales habent ordinatas $\frac{1}{x^r} \sqrt[e]{\mathbb{D}}$, quadraturis indigemus.

Hinc patet tandem, si proponatur quadranda figura cujus ordinata sit $\frac{\mathsf{\varphi}}{\mathsf{\sigma}^r} \sqrt[e]{\mathbb{D}}$, posito $\mathbb{D}$, $\mathsf{\varphi}$, $\mathsf{\sigma}$ esse formulas rationales integras quoad abscissam x, omnem rem reduci ad quadraturam figurae, cujus ordinata est est $\frac{1}{x} \sqrt[e]{\mathcal{D}}$ vel $\frac{1}{x+b} \sqrt[e]{\mathcal{D}}$, et praeterea ad quadra-

turas figurarum aliquot, quarum ordinatae sunt quales $\sqrt[e]{\mathcal{D}}$ $x\sqrt[e]{\mathcal{D}}$,

$xx\sqrt[e]{\mathcal{D}}$ etc., quarum numerus unitate differat ab α, exponente gra-

dus ipsius $\mathcal{D}$. Ostendi enim, cum Quadraturarum rationalium ana-

lysin ederem, omnem formulam qualis $\frac{1+mx+nxx+px^3+\text{etc.}}{b+cx+exx+fx^3+\text{etc.}}$ posse

divelli in partes, quales $50+51x+51.xx+\text{etc.} + \frac{60}{x}+\frac{61}{xx}+\frac{62}{x^3}+$ etc.

$+ \frac{70}{x+h} + \frac{71}{\text{qu.}(x+h)} + \frac{72}{\text{cub.}(x+h)} +$ etc. $+ \frac{80}{x+k} + \frac{81}{\text{qu.}(x+k)}$

$\frac{82}{\text{cub.}(x+k)}$, aliasve hujusmodi plures.

XXVII.

SYMBOLISMUS MEMORABILIS CALCULI ALGEBRAICI ET INFI-NITESIMALIS IN COMPARATIONE POTENTIARUM ET DIFFE-RENTIARUM, ET DE LEGE HOMOGENEORUM TRANSCENDENTALI.

Ut cujuslibet quantitatis facile est invenire potentiam, ita cu-juslibet certa lege variantis possumus invenire differentiam seu Ele-mentum. Sed regressus a potentia ad radicem per extractionem, et regressus a differentia ad terminum per summationem non semper in potestate est. Et uti impossibilitas extractionis in numeris ratio-nalibus quaesitae producit quantitates surdas, ita impossibilitas summationis in quantitatibus Algebraicis quaesitae producit quantitates transcendentes, quarum considerationem in Analysin jam olim in-duximus. Sane, ut saepe quantitates rationales per modum radicis, seu irrationaliter exhibentur, etsi ad formulam rationalem reduci possint, ita saepe quantitates Algebraicae seu ordinariae per modum transcendentium exhibentur, etsi eas ad formulam ordinariam redu-cere liceat. Itaque multum interest inter *quantitates* et *formulas.*

Sed arcanior quaedam subest inter Potentias et Differentias Analogia, quam hoc loco exponere operae pretium erit. Et primum potentias binomii (seu summae nominum duorum) comparabimus cum differentiis rectanguli (seu facti ex Factoribus binis), et deinde (cum analogia perpetua sit) breviter dabimus communem legem tam potentiae ex multinomio quocunque, quam differentiae facti ex factoribus quotcunque. Potentiae autem pariter ac differentiae habent suos exponentes, gradum potentiae vel differentiae indicantes. Itaque analogiae clarioris causa, ut dx, ddx, d³x significat differentiam primam, secundam, tertiam; ita x, xx, x³ exprimemus hoc loco per p¹x, p²x, p³x, id est per potentiam primam, secundam, tertiam, nempe ipsius x. Et pᵉ (x + y) significabit potentiam ipsius x + y secundum exponentem e, uti d_ᵉ (xy) differentiam ipsius xy significat itidem secundum exponentem e.

Sit ergo Binomium x+ y, ejus potentia prima, si sic loqui licet, vel gradus si malis, seu quae exponentem habet 1, est ipsa quantitas seu radix seu ipsum Binomium x + y, atque adeo p¹ (x+y) = x+y; sed potentia secunda seu quadratum ipsius x + y sive p² (x + y) erit = 1 xx + 2 xy + 1 yy, et cubus seu potentia tertia ipsius x + y sive p³ (x + y) est = 1x³ + 3xxy + 3xyy + 1y³, et biquadratum seu potentia quarta ipsius x + y sive p⁴ (x + y) est = 1x⁴ + 4x³y + 6xxyy + 4xy³ + 1y⁴. Et generaliter reperietur, potentiam quamcunque ab x+y seu pᵉ (x + y) esse $1x^e + \frac{e}{1}x^{e-1}y + \frac{e.e-1}{1.2}x^{e-2}y^2$ $+ \frac{e.e-1.e-2}{1.2.3}x^{e-3}y^3 + \frac{e.e-1\ e-2.e-3}{1.2.3.4}x^{e-4}y^4$ etc., ubi subtractione numerorum per unitates crescentium, veluti si e = 3 seu e — 3 = 0, evanescit terminus, in quo est e — 3, et omnes eum sequentes. Ita cum sit e= 3, fiet p³ (x+p) $= 1x^3 + \frac{3}{1}x^2y + \frac{3.3-1}{1.2}xy^2$ $+ \frac{3.3-1.3-2}{1.2.3}y^3$ seu $1x^3 + 3x^2 y + 3xy^2 + 1y^3 = 1 p^3 x p^0 y$ $+ 3 p^2 xp^1 y + 3 p^1 xp^2 y + 1p^0 xp^3 y$, ubi notandum, x⁰ vel y⁰ sive p⁰x, p⁰y, vel aliam cujusque quantitatis potentiam, cujus exponens evanescit seu fit 0, abire in unitatem. Nam si ordine ponamus

Quantitates progressionis $\frac{1}{x^3}$, $\frac{1}{xx}$, $\frac{1}{x}$, $\frac{1}{1}$, x, xx, x²,
        Geometricae

Exponentes respondentes progressionis Arithmeticae erunt — 3, —2, — 1, 0, 1, 2, 3,

unde p⁰x = 1 et $p^{-1} x = \frac{1}{x}$ vel : x et $p^{-2}x = \frac{1}{xx}$ vel 1 : xx. Itaque formula generalis pro potestate Binomii sic scribi potest:

$$p_e (x + y) = 1 p_e x p^0 y + \frac{e}{1} p^{e-1} x p^1 y + \frac{e \cdot e-1}{1 \cdot 2} p^{e-2} x p^2 y +$$

$$\frac{e \cdot e-1 \cdot e-2}{1 \cdot 2 \cdot 3} p^{e-3} x p^3 y + \frac{e \cdot e-1 \cdot e-2 \, e-3}{1 \cdot 2 \cdot 3 \cdot 4} p^{e-4} x p^4 y + \text{etc.}$$

Veniamus jam ad differentiationes, idemque illic provenire ostendamus, tantum pro $x + y$ ponendo xy et pro p ponendo d. Primum ergo $d(xy) = ydx + xdy$, ut olim docuimus, cum primum multis abhinc annis calculum differentialem proponeremus, ex quo uno fundamento totus reliquus differentiarum calculus demonstrari potest. Ipsum autem fundamentum hoc sic ostenditur: $d(xy)$ est differentia inter $(x+dx)(y+dy)$ et xy, sive inter rectangulum proximum et propositum. Est autem $(x+dx)(y+dy) = xy + ydx + xdy + dxdy$, unde si auferas xy, fit $ydx + xdy + dxdy$; sed quia dx vel dy est incomparabiliter minus quam x vel y, etiam $dxdy$ erit incomparabiliter minor quam xdy et ydx, ideoque rejicitur, tandemque fiet $(x+dx)(y+dy) - xy = ydx + xdy$. Jam $x = d^0 x$ et $y = d^0 y$, nempe ubi differentia nulla est, et $d^1 x$ est dx, et $d^1 y = dy$, ideo scribi poterit $d^1(xy) = d^1 x d^0 y + d^0 x d^1 y$. Caeterum, quae evenire possent in signis variationes, cum crescente x decrescit y, aut cum aliqua ex differentiis, velut dx aut dy, fit quantitas negativa, nunc non explico, rem tractans generaliter, salva potestate cujusque signa in casibus specialibus, ubi opus est, immutandi.

Pergamus ad differentiationes secundas: $dd(xy) = d(ydx + xdy) = d(ydx) + d(xdy)$. Jam $d(ydx) = yddx + dxdy$ ex calculo praecedente, nam pro dx scribamus z, erit $ddx = dz$ et fiet $d(ydx) = d(yz) =$ (per calculum praecedentem) $ydz + zdy = yddx + dxdy$; et pari jure fiet $d(xdy) = dxdy + xddy$. Itaque colligendo, fiet $dd(xy) = yddx + 2dxdy + xddy$, prorsus ut quadratum ab $x + y$ dat $xx + 2xy + yy$, seu $d^2(xy) = d^2 x d^0 y + 2 d^1 x d^1 y + d^0 x d^2 y$ prorsus ut $p^2(x+y) = p^2 x p^0 y + 2 p^1 x p^1 y + p^0 x p^2 y$. Quae analogia inter differentiationem et potentiationem servatur perpetuo, continuata potentiatione (seu Potentiae excitatione) et differentiatione. Nempe ut in nova potentiatione Binomii totum praecedens multiplicatur tam per y quam per x, et priore casu p ipsius y, posteriore p ipsius x augetur unitate; ita in differentiando totum praecedens differentiatur tum secundum y quam secundum x, et priore casu d ipsius y, posteriore autem d ipsius x augetur unitate.

Exempli gratia

si p^4xp^0y | multiplicemus | p^1xp^1y | sin illud multiplicemus | $p^2x\,p^0y$

p^0xp^1y | per y, fit | p^0xp^2y | per x, fit | $p^1x\,p^1y$

et similiter

si d^1xd^0y | differentiemus | d^1xd^1y | sin illud differentiemus | $d^2x\,d^0y$

d^0xd^1y | secundum y, fit | d^0xd^2y | secundum x, fit | $d^1x\,d^1y$

Ex quo sequitur porro, $d^3(xy)$ esse $1d^3xd^0y + 3d^2xd^1y + 3d^1xd^2y$ $+1d^0xd^3y$, vel vulgari modo scribendi $yd^3x+3ddxdy+3dxddy+xd^3y$. Et generaliter, ut paulo ante potentiando literam p adhibuimus, ita nunc differentiando adhibita litera d fore $d^e(xy) = 1d^exd^0y$

$$+\frac{e}{1}d^{e-1}xd^1y+\frac{e\cdot e-1}{1\cdot2}d^{e-2}xd^2y+\frac{e\cdot e-1\cdot2}{1\cdot2\cdot3}d^{e-3}xd^3y+ \text{ etc.}$$

Quin imo etiam inter potentias multinomii et differentias combinationis seu facti ex pluribus factoribus eadem Analogia locum habebit, velut inter $d^e(xyz)$ differentiam ternionis et $p^e(x+y+z)$ potentiam trinomii, cum semper verum maneat, Exponentem tam ipsius p, quam ipsius d in formula ad altiorem potentiam elevanda vel amplius differentianda secundum quamlibet literam separatim augeri unitate et ex omnibus provenientibus colligi formulam novam. Porro generalis olim a me inventa est regula coefficientium, qua potentia polynomii cujusque exprimitur; eadem ergo regula etiam ad numeros coefficientes ejus formulae valebit, quae differentiationem facti ex pluribus factoribus exprimit.

Sunt autem numeri coefficientes in potentiis nihil aliud, quam numeri transpositionum, quas recipiunt literae in forma seu termino, cui numerus praefigitur, veluti pro $p^3(x+y+z)$ seu pro cubo ab $x+y+z$ prodit

$$1x^3 + 3x^2y \quad +6xyz$$
$$1y^3 \quad 3xy^2$$
$$1z^3 \quad 3x^2z$$
$$3xz^2$$
$$3y^2z$$
$$3yz^2$$

ibi coefficiens omnium, qualis x^2y, est 3, quia pro xxy scribi potest xxy, xyx, yxx; et coefficiens omnium, qualis xyz, est 6, quia pro xyz scribi potest yxz, xyz, xzy, yzx, zxy, zyx; sed coefficiens omnium, qualis x^3, est 1, quia in xxx transpositio nihil variat. Medium autem inveniendi numerum transpositionum formae propositae, alibi, commoda satis ratione, exhibuimus.

Ad analogiam autem cum differentiis servandam cubus seu potentia tertia ab x+y+z ita scribetur:

$$1p^3xp^0yp^0z + 3p^2xp^1yp^0z + 6p^1xp^1yp^1y$$
$$1p^0xp^3yp^0z \qquad 3p^1xp^2yp^0z$$
$$1p^0xp^0yp^3z \qquad 3p^2xp^0yp^1z$$
$$3p^1xp^0yp^2z$$
$$3p^0xp^2yp^1z$$
$$3p^0xp^1yp^2z$$

aequale est

$$p^3(x+y+z) = 1x^3 + 3xxy + 6xyz$$
$$1y^3 \qquad 3xyy$$
$$1z^3 \qquad 3xxz$$
$$3xzz$$
$$3yyz$$
$$3yzz$$

ergo similiter differentia tertia ab xyz talis prodibit

$$1d^3x\,d^0y\,d^0z + 3d^2xd^1yd^0z + 6d^1xd^1yd^1z$$
$$1d^0x\,d^3y\,d^0z \qquad 3d^1xd^2yd^0z$$
$$1d^0x\,d^0y\,d^3z \qquad 3d^2zd^0yd^1z$$
$$3d^1xd^0yd^2z$$
$$3d^0xd^2yd^1z$$
$$3d^0xd^1yd^2z$$

aequale est

$$d^3(xyz) = 1d^3x \cdot yz + 3ddxdy \cdot z + 6dxdydz$$
$$1xd^3y \cdot z \qquad 3dxddy \cdot z$$
$$1xyd^3z \qquad 3ddx \cdot ydz$$
$$3dx \cdot y\,ddz$$
$$3xddy\,dz$$
$$3xdyddz$$

ubi patet, novo scribendi more apparere analogiam inter potentias et differentias, vulgato (nempe hic posterius posito) non apparere. Eaque analogia eousque porrigitur, ut tali scribendi more (quod mireris) etiam $p^0(x+y+z)$ et $d^0(xyz)$ sibi respondeant et veritati, nam

$$p^0(x+y+z) = 1 = p^0xp^0yp^0z$$
$$\text{et } d^0(xyz) \qquad = xyz = d^0xd^0yd^0z.$$

Eadem etiam opera apparet, quaenam sit *Lex homogeneorum transcendentalis*, quam vulgari modo scribendi differentias non aeque agnoscas. Exempli gratia, novo hoc *Characteristicae* genere adhibito, apparebit addx et dxdx non tantum Algebraice (dum utrobique binae quantitates in se invicem ducuntur), sed etiam transcendentaliter homogeneas esse et comparabiles inter se, quoniam illud scribi potest d⁰ad²x, hoc d¹xd¹x, et utrobique exponentes differentiales conficiunt eandem summam, nam o+2=1+1. Caeterum lex homogeneorum transcendentalis vulgarem seu Algebraicam praesupponit. Interim non omnes formae transcendentes, licet homogeneae inter se, aeque per se aptae sunt summationi. Exempli causa adxddx absolute summabile est, sed dxdxdx seu p³(d¹x), homogeneum priori tam Algebraice quam transcendentaliter, summabile non est, nisi quaedam suppositio accedat.

XXVIII.

EPISTOLA AD V. CL. CHRISTIANUM WOLFIUM, PROFESSOREM MATHESEOS HALENSEM, CIRCA SCIENTIAM INFINITI. *)

Quaeris a me, Vir Celeberrime, quid de Quaestione nuper a *Guidone Grandio* renovata sentiam, utrum $1-1+1-1+1-1+$ etc. in infinitum sit $\frac{1}{2}$, et quomodo absurditas evitari possit, quae in tali enuntiatione se ostendere videtur. Nam cum infinities occurrere videatur 1—1=0, non apparet quomodo ex veris nihilis infinities repetitis possit fieri $\frac{1}{2}$. Intelligo, Dn. Grandium hanc vim infinito tribuere, ut ex nihilo faciat aliquid, et hinc non ineleganter illustrare velle Creationem rerum, quae ex nihilo fit per Divinam omnipotentiam. Sed Creatio non est simplex repetitio Nihilorum, continetque realitatem novam et positivam superadditam. Audio etiam *Cl. Marchettum*, Professorem Matheseos Pisanum, Grandianae sententiae contradixisse, quanquam rationes ejus ad me non pervenerint. Sed rem, cum jucundae sit disquisitionis et imprimis ad *Scientiam infiniti* (hactenus nondum pro dignitate tractatam) illustrandam faciat, paulo altius repetere et ad fontes suos revocare operae pretium erit, quod ipsi Cl. Grandio non ingratum fore confido, cujus primariam hic conclusionem confirmamus, etsi nonnullas ejus ratiocinationes et consequentias animadversione indigere putemus, ne quid scientia detrimenti capiat.

---

*) Act. Erudit. Lips. Supplem. Tom. V. ad an. 1713.

Ostensum est dudum ab iis, qui summam terminorum progressionis Geometricae (post magni *Archimedis* exhibitum in quadratura Parabolae specimen) dederunt, sed inprimis a *Gregorio a S. Vincentio*, esse $\frac{1}{1-x} = 1 + x + xx + x^3 + x^4$ etc. in infinitum, si scilicet ponatur x esse quantitas minor unitate. Hoc *Nicolaus Mercator* Holsatus transtulit ad $\frac{1}{1+x} = 1 - x + xx - x^3 + x^4 - x^5 +$ etc. in infinitum, quod (una cum priore) ostendit ex continuata quadam divisione, quanquam hoc etiam ex priore sequatur, pro $-x$ ponendo $+x$. Idem primus in edita a se Logarithmotechnia docuit hoc applicare ad Quadraturam per seriem infinitam, atque hoc modo Quadraturam Hyperbolae Arithmeticam nobis dedit, eamque ad Logarithmos adhibuit. Ego exemplo ipsius excitatus feliciter inveni, non solum quadraturam Areae, cujus ordinata est $\frac{1}{1-xx}$, inservire ad Quadraturam Hyperbolae, sed etiam similiter Tetragonismo Arithmetico Circuli inservire $\frac{1}{1+xx}$. Cum enim (loco x ponendo xx) $\frac{1}{1+xx}$ sit $1 - xx + x^4 - x^6 + x^8 - x^{10} +$ etc. in infinit., hinc sequebatur $\int \frac{dx}{1+xx}$ (quae summa dat quadraturam sectoris Circuli, ut singulari quadam methodo detexeram) fore $\int dx - \int xx\,dx + \int x^4 dx - \int x^6 dx +$ etc. seu (ex nota Quadratura Paraboloeidum) $\frac{x}{1} - \frac{x^3}{3} + \frac{x^5}{5} - \frac{x^7}{7} +$ etc. Unde in eo casu, quo $x=1$, prodit $\frac{1}{1} - \frac{1}{3} + \frac{1}{5} - \frac{1}{7} +$ etc. in infinit., quae series infinita est ad unitatem, ut area Circuli ad Quadratum Diametri. Hoc multo ante repertum in primo anno Actorum Reipublicae Literariae Lipsiensium publicavi; postea autem in iisdem Actis generalem expressionem dedi, quae Quadraturam Sectoris Conicae cujuscunque centrum habentis uno theoremate complectitur. Atque haec Cl. Grandius suo more ad captum eorum, qui minus in calculo generali versati sunt, per lineas demonstrare non spernendo consilio voluit, ut res magis imaginationi subjiciatur, quod ego ipse juvenis olim (sed cum multis aliis cognatis inventis) cum Parisiis agerem, in publicum dare constitueram, simulque aperire originem inventionum, quae fortasse ne nunc quidem satis patet. Sed ad alia postea vocatus intermisi. Sane facilius multo est inventionum dare demonstrationem, quam originem, quae auget ipsam inveniendi artem.

Nunc omissa quadratura redeamus ad seriem ex terminis progressionis Geometricae (qua sola ad scopum nostrum nunc indigemus) qualis est $\frac{1}{1+x} = 1-x+xx-x^3+$ etc. in infinit. vel $\frac{1}{1+xx}$ $= 1-xx+x^4-x^6+$ etc. in infinit., consideremusque, quid fiat, si sit $x=1$: ibi vero prodit, non sine admiratione considerantis, $\frac{1}{1+1}$ seu $\frac{1}{2} = 1-1+1-1+$ etc. in infinit., idque oculis quodammodo admovet figura a Dn. Grandio adhibita. Sit enim (fig. 154) quadratum bIAV, ducatur recta diagonalis Ab vel A_1b, ducantur et infinitae parabolae vel paraboloeides A_2b, A_3b, A_4b, A_5b etc., ita ut latus quadrati appellando unitatem, et abscissam AG vocando x, et ducendo rectam yG ad AG normalem, quae secet diagonalem et paraboloeides in 1, 2, 3, 4, 5 etc.; tunc ordinatae Gy, G1, G2, G3, G4, G5 etc. respective futurae sint $1, x, xx, x^3, x^4, x^5$ etc., et proinde rectae Gy, G1, G2, G3, G4 etc. sint progressionis Geometricae. His positis, producatur bV usque in B, ita ut BV sit $=$ bV; et yG in D, ita ut GD sit aggregatum harum ordinatarum alternis per additionem et subtractionem conjunctarum, seu ut GD sit Gy—G1+G2—G3+ etc. vel quod (per supra ostensa) eodem redit, ut GD sit $= \frac{1}{VA+AG}$ $= \frac{1}{1+AG}$, et completo quadrato AVAH describatur curva SDH, transiens per quaecunque puncta ut D, et occurrens ipsi AH in H, et ipsi BV in S: patet in casu, quo fit AG $=$ VA $=1$, fore GD $=$ $\frac{1}{1+xx} = \frac{1}{2} =$ VS, seu GD $= \frac{1}{2}$ BV, et proinde in eo casu, quippe quo G cadit in V, et D in S, fore VS $= \frac{1}{2}$ BV vel $\frac{1}{2}$ AV. Et quia in eo casu omnia puncta 1, 2, 3, 4, 5 etc. coincidunt in unum idemque punctum B, hinc G1, G2, G3, G4 etc. fiunt GB vel BV, et postremo ex Gy—G1+G2—G3+ etc. fiet BV—BV + BV—BV + etc. $=$ $\frac{1}{2}$ BV.

Atque hoc consentaneum est *Legi Continuitatis*, a me olim in Novellis Literariis Baylianis primus propositae, et Legibus Motus applicatae: unde fit, *ut in continuis extremum exclusivum tractari possit ut inclusivum*, et ita ultimus casus, licet tota natura diversus, lateat in generali lege caeterorum, simulque paradoxa quadam ratione, et ut sit dicam, *Figura Philosophico-rhetorica* punctum in linea, quies in motu, specialis casus in generali contradistincto comprehensus intelligi possit, tanquam punctum sit linea infinite parva seu evanescens, aut quies sit motus evanescens, aliaque id genus, quae *Joachimus Jungius*, Vir profundissimus, *toleranter vera* appellasset, et quae inserviunt plurimum ad inveniendi artem, etsi meo judicio aliquid fictionis et imaginarii complectantur, quod tamen reductione ad expressiones ordinarias ita facile rectificatur, ut error intervenire non possit: et alioqui Natura ordinatim semper, non per saltus procedens, legem continuitatis violare nequit.

Verum enim vero hic ostendit se difficultas et a Te, Vir Clarissime, et a Cl. Marchetto merito objecta. Cum enim BV — BV vel 1 — 1 sit 0, nonne sequitur BV — BV + BV — BV + BV — BV + etc. in infinitum, vel 1 — 1 + 1 — 1 + 1 — 1 + etc. in inf. nihil aliud esse quam $0 + 0 + 0 +$ etc.? quod quomodo facere possit $\frac{1}{2}$, non apparet. Cl. Grandius difficultatem simili quodam ingeniose tollere conatur. Fingit, duos fratres in familia herciscunda occupatos invenire in paterna haereditate immensi pretii gemmam, eamque alienare testamento prohiberi; itaque ita convenire inter se, ut alternis annis in alterutrius Museo collocetur. Itaque si in aeternum haec lex inter haeredes servari ponatur, alterutram fratrum lineam, cui infinities detur et infinities adimatur gemma, dimidium juris in ea recte habituram.

Sed re accuratius considerata, similitudo hic nimis claudicat, et *primum* quidem quia in casu nostro (ipso sentiente Cl. Grandio) res pendet a privilegio infiniti, quod, secundum ipsum, repetitione ex Nihilo Aliquid faciat. At in casu isto familiae herciscundae res aeque locum habet, licet finitus sit annorum numerus. Finge enim, duobus gemmam non ex haereditate paterna, sed legato amici obvenisse, nec proprietatem relictam in perpetuum, sed usum tantum in centum annos; patet eodem modo jura eorum salva fore, si alternis eam annis possideant. At vero in casu nostro, si centies ponantur unitates, alternis addendo et subtrahendo, seu si quingenties ponatur 1—1, imo quingenties millies, semper prodibit 0.

Et *secundo* ipsa ratio differentiae in eo consistit, quod in casu communis juris duorum, alternis possidentium, id quod datur et tollitur, non est totum jus in re, sed usus unius anni, et non nisi totius juris particula: et toto jure in annos distributo, usuque in centum annos concesso, patet usum unius anni non esse nisi centesimam partem juris integri; et ita cum unusquisque hoc modo obtineat quinquaginta centesimas, patet unumquemque totius juris dimidium habere. Sed in casu nostro ipsa unitas, ipsum totum (non particula) nunc datur, nunc adimitur. Itaque similitudo illa, etsi speciosa, si accuratius intueare, nihil ad rem facit.

Nunc ergo veram, et fortasse inexpectatam, certe singularem, *aenigmatis* solutionem, et *paradoxi* rationem afferamus, redeundo ad seriem finitam, et deinde transeundo ad infinitam. Considerandum est nempe, casus seriei infinitae esse duos, inter se distinguendos, eosque in casu seriei infinitae mira quadam ratione confundi. Nempe series finita 1—1+1—1+ etc. dupliciter explicari potest, vel enim constat ex *numero membrorum pari*, et terminatur per —, velut

1—1, aut 1—1+1—1, aut 1—1+1—1+1—1,

aut quousque tandem progrediare, quibus casibus semper prodit 0; vel *numero membrorum impari*, et terminatur per +, veluti

1, aut 1—1+1, aut 1—1+1—1+1,

aut quousque tandem progrediare, quibus casibus semper prodit 1. At cum *Series* est *infinita*, nempe 1—1+1—1+1—1+ etc. in infinitum, ita ut excedat numerum quemcunque, tunc evanescente natura numeri, evanescit etiam paris aut imparis assignabilitas: et cum ratio nulla sit pro paritate magis aut imparitate, adeoque pro prodeunte 0 magis quam pro 1, fit admirabili naturae ingenio, ut transitu a finito ad infinitum simul fiat transitus a disjunctivo (jam cessante) ad unum (quod superest) positivum, inter disjunctiva medium. Et quoniam ab iis qui de aestimatione aleae scripsere, ostensum est, cum medium inter duas quantitates pari ratione nitentes sumendum est, sumi debere medium arithmeticum, quod est dimidium summae, itaque natura rerum eandem hic observat *justitiae legem*; et proinde cum 1—1+1—1+1—1+ etc. in casu finito numeri membrorum paris sit 0, at in casu finito numeri terminorum imparis sit 1, sequitur evanescente utroque in casum membrorum multitudine infinitorum, ubi paris imparisque jura confunduntur, et tantundem rationis pro utroque est, prodire $\frac{0+1}{2}=\frac{1}{2}$. Quod proponebatur.

Porro hoc argumentandi genus, etsi Metaphysicum magis quam Mathematicum videatur, tamen firmum est: et alioqui Canonum *Verae Metaphysicae* (quae ultra vocabulorum nomenclaturas procedit) major est usus in Mathesi, iu Analysi, in ipsa Geometria, quam vulgo putatur. Hoc loco autem aliunde, ratione scilicet initio posita (cum quaevis ordinata GD sit $\frac{1}{1+AG}$, adeoque cum AG fit AV vel I, fiat VS, $\frac{1}{1+1}$), scimus VS esse $\frac{1}{2}$BV; et possemus etiam ostendere, sumendo G quantumlibet vicinum ipsi V, fore etiam GD quantumlibet vicinum ipsi $\frac{1}{2}$BV, ita ut differentia reddi possit minor data quavis quantitate; unde Archimedeo inferendi more, etiam sequitur VS esse $\frac{1}{2}$BV. Interim ex ipsa serierum et infiniti natura idem colligi, non jucundum tantum, sed etiam ad accuratas de infinito ratiocinationes instituendas, recludendosque magis magisque novae doctrinae fontes, utilissimum futurum est. Simul cavebitur, ne scientia nova per paradoxa minime defendenda infametur. Itaque ad objectionem, quod ex nullitatibus quotcunque minime fieri possit aliquid, non respondendum erat distinguendo inter finitum et infinitum, quasi regula in infinito fallat; sed concessa generaliter regula, ostendendum erat, uti nunc factum est, applicationem ejus hic cessare.

XXIX.

OBSERVATIO QUOD RATIONES SIVE PROPORTIONES NON HABEANT LOCUM CIRCA QUANTITATES NIHILO MINORES, ET DE VERO SENSU METHODI INFINITESIMALIS. *)

Cum olim Parisiis Vir summus *Antonius Arnaldus* sua nova Geometriae Elementa mecum communicaret, atque in iisdem admirari se testatus fuisset, quomodo posset esse 1 ad —1, ut —1 ad 1,

---

*) Act. Erudit. Lips. au. 1712.

quae res probari videtur ex eo, quod productum est idem sub extremis quod sub mediis, cum utroque prodeat $+1$; jam tum dixi mihi videri, *veras* illas *rationes* non esse, in quibus quantitas nihilo minor est antecedens, vel consequens, etsi in calculo haec, ut alia *imaginaria*, tuto et utiliter adhibeatur. Et sane identitatis rationum verarum fundamentum est rerum similitudo, quae facit exempli causa, ut segmentis similibus diversorum circulorum assumtis sit ubique eadem ratio chordae ad radium, seu ut chorda minoris se habeat ad radium minoris, vel ut chorda majoris ad radium majoris. Sed vero nulla plane apparet similitudo in supradicta Analogia. Si enim -1 est minus nihilo, utique 1 ad -1 erit ratio majoris ad minus; sed vero contra ratio -1 ad 1 est ratio minoris ad majus; quomodo ergo utrobique eadem ratio erit? Sed rationes istas esse imaginarias, etiam alio certissimo argumento comprobabo, scilicet a Logarithmis. Nempe ratio, cui nullus datur respondens Logarithmus, ratio vera non est. Porro posito unitatis Logarithmum esse 0, rationis -1 ad 1 idem est Logarithmus, qui ipsius -1; at ipsius -1 non datur Logarithmus. Non enim est positivus, nam talis omnis est Logarithmus numeri positivi unitate majoris. Sed tamen etiam non est negativus, quia talis omnis est Logarithmus numeri positivi unitate minoris. Ergo Logarithmus ipsius -1 cum nec positivus sit nec negativus, superest ut sit non verus, sed imaginarius. Itaque et ratio, cui respondet, *non vera*, sed *imaginaria* erit. Idem etiam sic probo: Si daretur verus Logarithmus ipsius -1, seu rationis -1 ad 1, ejus logarithmi dimidium foret Logarithmus ipsius $\sqrt{-1}$, sed $\sqrt{-1}$ est quantitas imaginaria. Itaque daretur Logarithmus verus imaginariae quantitatis, quod est absurdum. Et proinde nonnihil humani passus est insignis in paucis Geometra *Johannes Wallisius*, cum dixisset rationem 1 ad -1 esse plus quam infinitam; et recte hoc (etsi aliis considerationibus) celeberimus *Varignonius* rejicit. Interim nolim cum ipso negare, -1 esse quantitatem nihilo minorem, modo id sano sensu intelligatur. Tales enuntiationes sunt *toleranter verae*, ut ego cum summo Viro *Joachimo Jungio* loqui soleo; Galli appellarent *passables*. Rigorem quidem non sustinent, habent tamen usum magnum in calculando, et ad artem inveniendi, universalesque conceptus valent. Talis fuit locutio Euclidis, cum Angulum contactus dixit esse rectilineo quovis minorem; tales sunt multae Geometrarum aliae, in quibus est figuratum quodammodo et crypticum dicendi genus. Sunt tamen quidem, ut sic dicam, *tolerabilitatis*. Porro, ut nego rationem, cujus terminus sit quantitas nihilo minor, esse realem, ita etiam nego, proprie dari numerum infinitum vel infinite parvum, etsi Euclides saepe, sed sano sensu, de linea infinita loquatur. *Infinitum continuum* vel *discretum* proprie nec unum, nec totum, nec quantum est, et si analogia quaedam pro tali a nobis adhibeatur, ut verbo dicam, est modus loquendi; cum scilicet plura adsunt, quam ullo numero comprehendi possunt, numerum tamen illis rebus attribuemus analogice, quem infinitum appellamus. Itaque jam olim judicavi, cum infinite parvum esse errorem dicimus, intelligi dato quovis minorem, revera nullum; et cum ordinarium, et infinitum, et infinities infinitum conferimus, perinde esse ac si conferremus ascendendo diametrum pulvisculi, diametrum terrae, et diametrum orbis fixarum, aut his quantumvis (per gradus) majora minoraque, eodemque sensu descendendo diametrum orbis fixarum, diametrum terrae, et diametrum pulvisculi posse comparari ordinario, infinite parvo, et infinities infinite parvo, sed ita ut quodvis horum in suo genere quantumvis majus aut minus concipi posse intelligatur. Cum vero saltu ad ultimum facto ipsum infinitum aut infinite parvum dicimus, commoditati expressionis seu breviloquio mentali inservimus, sed non nisi *toleranter vera* loquimur, quae explicatione *rigidantur*. Atque haec etiam mea sententia est de areis illis Hyperboliformium Asymptoticis, quae infinitae, infinitiesque infinitae esse dicuntur, id est talia rigorose loquendo vera non esse posse, tamen sano aliquo sensu tolerari. Atque haec tum ad terminandas virorum clarissimorum Varignonii et Grandii controversias, tum ad praecavendos chimericos quosdam conceptus, tum denique ad elidendas oppositiones contra methodum *infinite similem* prodesse possunt.

XXX.

REMARQUES DE MR. LEIBNIZ SUR L'ART. V. DES NOUVELLES DE LA RÉPUBLIQUE DES LETTRES DU MOIS DE FÉVRIER 1706.*)

On rapporte dans cet Article des Nouvelles de la République des Lettres un éloge de feu *Mr. Bernoulli* (prononcé à l'Académie

---

*) Nouvell. de la Républiq. des lettres de l'an. 1706.

des Sciences de Paris), où il y a des erreurs de fait qui me regardent. Et, comme il importe beaucoup pour l'avancement même des Sciences, que les personnes appliquées aux méditations profondes joignent les bonnes qualités du coeur à celles de l'esprit, j'ai crû à propos d'éclaircir et de rectifier quelques endroits de cet Article, qui pourroient faire tort à Mrs. Bernoulli et à moi. Parmi les choses avantageuses qu'on a la bonté de dire de moi et qu'on dit d'eux avec justice, on en ajoute, que des Juges sévères auroient raison, à mon avis, de condamner. Car on insinue, qu'ayant laissé entrevoir quelque chose de mon système des Infinitesimales, Mrs. Bernoulli avoient médité si profondément sur ces foibles rayons, qui m'étoient échappés, qu'ayant résolu de *m'enlever* la gloire de l'invention, ils y avoient réussi, et avoient même *publié mon système* avant moi. Il semble que c'est me faire passer pour envieux, et eux pour injustes. L'un et l'autre est sans fondement. Voici le fait. Ayant trouvé mon nouveau calcul dès l'an 1674, je fus longtems sans en rien faire paroître, parce qu'étant retourné de France en Allemagne, j'eus des occupations et des emplois qui m'en détournèrent. L'affaire méritoit un Ouvrage exprès, et je n'avois pas tout le loisir qu'il demandoit, pour répondre à mes vûes et à l'attente du Public, outre que j'ai toujours eu de la peine à travailler sur ce que j'avois déja en mon pouvoir, aimant à pousser plusieurs autres vûes d'une nature toute différente dont je pourrai peut-être quelque jour entretenir encore le Public, si Dieu me continue la vie et la santé. Cependant, quelques-uns de mes anciens amis, et particulièrement Mrs. Menken et Pfauz, ayant commencé le Journal de Leipsic, je fus bien aise de leur communiquer quelques échantillons de mes méditations Géométriques, pour contribuer à varier leurs collections. L'approbation publique et leurs invitations m'engagèrent à continuer de tems en tems. Enfin, ne me voyant ni trop en état, ni assez en humeur de travailler à l'Ouvrage de ma nouvelle Analyse, je pris la résolution, de peur qu'elle ne se perdit, d'en publier des Elémens en abrégé, c'est à dire, *l'Algorithme* de ce calcul, qui en contient l'application à l'addition et soustraction, à la multiplication et division, et aux puissances et racines. Feu Mr. Bernoulli Professeur de Basle m'ecrivit là-dessus, et me demanda quelque éclaircissement sur la résistance des solides, dont j'avais donné une détermination dans le Journal de Leipsic au-delà de celle de Galilée.

Cela fit naître quelque commerce de lettres entre nous, que mon voyage d'Italie interrompit. Cependant, je donnai un échantillon nouveau de mon calcul, en l'appliquant au mouvement [des Planètes, et j'y fis voir l'usage des Infinitesimales du second degré. Feu Mr. Bernoulli y étoit attentif, mais il n'y trouva entrée, que lorsqu'il vit comment je m'y prenois pour appliquer ce calcul à des Problêmes Physico-Mathématiques. J'en avois proposé un à Mr. l'Abbé Catelan, qui dans un petit démêlé que nous avions vantoit trop les méthodes Cartésiennes comme suffisantes à tout. Cet Abbé demeura court là-dessus, et il n'y eut que Mr. Huygens, qui trouvant le Problême digne de sa curiosité (c'étoit de trouver une courbe, dans laquelle le corps pesant descende également vers l'horizon ou sans accélération) en donna la solution, quoique par une méthode différente de la mienne, mais sans en ajouter la démonstration. Donc pour dépêcher ce Problême, j'en publiai une, laquelle marquoit les traces de mon Analyse. C'est ce qui acheva d'ouvrir les yeux à Mr. Bernoulli. Il l'avoua lui même, et voyant qu'un nouveau champ étoit ouvert, il me pria, à la suggestion de Mr. son Frère, qui entroit déja bien avant dans ces matières, de penser si par la même Analyse, on ne pourrait point arriver à des Problêmes plus difficiles, maniés inutilement par d'autres, et particulièrement à la courbe, qu'une chaine doit former, supposé qu'elle soit parfaitement flexible par-tout, que Galilée avoit crûe être la Parabole, quoiqu'ils ne sçussent point alors qu'il y avoit travaillé. J'y pensai, et j'en vins d'abord à bout ; mais au lieu de publier ma solution, j'encourageai Mr. Bernoulli à la chercher aussi. Mon succès fut cause, sans doute, que les deux Frères s'y appliquèrent fortement, et que le plus jeune, dont je viens de parler, depuis Professeur à Groningue et maintenant à Basle, eut l'avantage d'y réussir entièrement. Pour y arriver par le moyen de ce que j'avois déja communiqué, il falloit une adresse extraordinaire et quelque exercice, que l'application et l'envie de se signaler leur donna pour se bien servir de ce nouveau calcul. Après cela ils furent en état d'aller bien loin. Cependant, ils m'ont toujours fait la justice de m'attribuer l'invention de cette Analyse, comme on le voit par plusieurs endroits de leurs écrits dans les Actes de Leipsic et ailleurs, et par l'Ouvrage de Mr. le Marquis de l'Hospital, à qui Mr. Bernoulli le jeune en avoit communiqué les fondemens et la matière à Paris : et moi, je leur ai rendu la pareille, en avouant qu'ils avoient beaucoup de part à l'utilité que le Public en a tirée, et que personne n'avoit plus fait valoir cette invention qu'eux, avec Mr. le Marquis de l'Hospital, à qui cette science est aussi fort redevable. Si j'avois publié d'abord moi même la solution du problême de la Chainette, sans donner à Mrs. Bernoulli envie d'y travailler, ils en auroient eu moins de gloire, mais le Public en auroit tiré moins d'utilité ; car ils se seroient peut-être moins appliqués à cultiver une science, où ils n'auroient pas eu assez de part, de sorte que je ne me repens point de ce que j'ai fait, et je trouve, comme c'est l'ordinaire, que ce qui est arrivé a été le meilleur. L'ouvrage que Mr. le Marquis de l'Hospital publia le premier sur ce nouveau systême, sous le titre d'*Analyse des infiniment petits*, a été publié de *mon consentement*. Il eut la déférence pour moi et l'honnêteté de me mander que, si je voulois me servir de mon droit d'Inventeur, pour publier le premier un ouvrage d'une juste étendue sur cette nouvelle science, il ne me vouloit point prévenir. Mais je n'avois garde de priver le Public d'un travail aussi utile que le sien, pour me conserver un droit, dont je me pouvois passer facilement, ayant toujours celui d'y suppléer, comme j'ai fait, en proposant de tems en tems quelques nouvelles ouvertures pour pousser cette Analyse.

J'ai été d'autant plus porté à désabuser le Public sur ces faits mal narrés, que Mr. Bernoulli vient de le demander dans une de ses lettres de Basle du 22. de May, où il les rejette et les désapprouve hautement, comme éloignés de la verité.

XXXI.

HISTORIA ET ORIGO CALCULI DIFFERENTIALIS.

Utilissimum est cognosci veras inventionum memorabilium origines, praesertim earum, quae non casu, sed vi meditandi innotuere. Id enim non eo tantum prodest, ut Historia literaria suum cuique tribuat et alii ad pares laudes invitentur, sed etiam ut augeatur ars inveniendi, cognita methodo illustribus exemplis. Inter nobiliora hujus temporis inventa habetur novum Analyseos Mathematicae genus, Calculi differentialis nomine notum, cujus etsi jam satis explicata habeatur constitutio, nondum tamen origo et inveniendi ratio publice habetur. Eum ante annos fere quadraginta iavenit Autor, et nonum in annum pressum edidit ante annos fere triginta, ex quo celebratus est non elogiis tantum, sed et usu ipso, dum multa praeclara ejus ope inventa prostant, et praesertim in Actis Eruditorum Lipsiensibus, ac deinde in Academiae Scientiarum Regiae editis in lucem Commentariis habentur, ut novam ex eo faciem Mathesis nacta videatur. Nemo autem de vero inventore dubitavit, donec nuper anno Domini 1712 quidam novi homines, sive ignoratione rei literariae superiorum temporum, sive invidia, sive inclarescendi per lites spe, sive denique adulatione, aemulum ei quendam suscitarunt, cujus laudibus ea re non parum detractum est, nam plus habuisse videbatur, quam re hinc discussa compertum est. In eo autem fecere illi callide, quod litem movere distulerunt, donec obiere harum rerum conscii, Hugenius, Wallisius, Tschirn-husius, aliique, quorum testimonio refelli potuissent. Nempe haec est inter alias ratio, cur praescriptiones temporales jure introductae sunt, quod sive culpa sive dolo actoris possunt differri petitiones, donec adversario pereant argumenta, quibus se tueri possit. Muta-runt etiam statum controversiae, nam in eorum scripto, quod nomine *Commercii Epistolici Johannis Collinsii* 1712 edidere eo consilio, ut Leibnitio palmam dubiam facerent, de calculo differentiali vix quicquam (invenitur): utramque paginam faciunt series, quas vocant, infinitae. Tales per divisionem inventas primus dedit publice *Nico-laus Mercator* Holsatus, sed rem generalem per extractionem red-didit *Isaacus Newtonus.* Utile est inventum, et appropinquationes Arithmeticas transfert ad calculum Analyticum, sed nihil ad calcu-lum differentialem. Utuntur etiam hoc sophismate, ut quoties aemulus ille aliquam quadraturam indagat per additionem eorum, quibus gradatim augetur figura, statim clament usum calculo diffe-rentiali (verb. gr. pag. 15 Commercii). Sed ita calculum differentialem dudum habuissent *Keplerus* (in *Dolio Austriaco*), *Cavallerius, Fer-matius, Hugenius, Wallisius,* et qui non illa indivisibilia vel infinite parva tractantes. At Hugenius, qui certe istas fluxionum methodos non ignorabat, quascunque isti norant aut jactant, ea aequitate fuit, ut agnosceret novam ab hoc calculo lucem Geometriae accensam et pomoeria ejus hinc mire proferri. Et vero nemini ante Leibnitium in mentem venit constituere Algorithmum quendam calculi novi, per quem imaginatio a perpetua ad figuras attentione liberaretur, quod *Vieta,* et *Cartesius* in Geometria communi seu Apolloniana fecerant,

sed altiora ad Geometriam Archimedeam pertinentia et lineas, quas
ideo mechanicas vocabat, Cartesius diserte a calculo suo excluserat.
At vero novo Leibnitii calculo jam tota quanta est Geometria calculo Analytico subjecta est, lineaeque illae Cartesio-Mechanicae, ipsi
Transcendentes, etiam ad aequationes locales sunt revocatae considerando differentias dx, ddx etc. et reciprocas differentiis summas
ut functiones quasdam ipsarum x et ita in calculum introducendo,
cum antea non aliae fuerint adhibitae functiones quantitatum, quam
x, xx, x^3 $\sqrt{x}$ etc. seu potentiae et radices. Unde intelligi potest,
qui quantitates illas expressere per 0, ut Fermatius, Cartesius et
ille ipse aemulus in suis Principiis 16... editis, longissime adhuc
a calculo differentiali abfuisse, cum ita nec gradus differentiarum
nec diversarum quantitatum functiones differentiales discerni possint.
Talia igitur a quoquam ante Leibnitium factitata, ne minimum quidem uspiam vestigium extat. Et quo jure adversarii nunc Newtono
talia vindicant, posset aliquis Cartesii analysin etiam Apollonio vindicare, qui rem calculi habebat, calculum ipsum non habebat. Unde
etiam nova per calculum differentialem inventa discipulos Newtoni
latuerunt, nec aliquid ipsi alicujus momenti proferre nec etiam paralogismos evitare potuerunt, donec calculum Leibnitianum didice-
rant, ut in Davide Gregorio Catenariam affectante compertum est.
Ausi autem sunt vitilitigatores illi, abuti nomine Societatis Regiae
Anglicanae, quae postea significari curavit, nihil a se hac de re
decretorie pronuntiatum, quod etiam ejus aequitate dignum est,
cum utraque pars audita non esset, et noster ipse ne scivisset
quidem cognitionem rei aggressam Societatem: alioqui communi-
canda cum ipso fuissent nomina eorum, quibus relationem manda-
tura erat, ut vel recusari vel instrui possent. Atque ipse quidem
miratus non argumentis, sed figmentis incessi fidem suam, tales
responsione indignos duxit, pro certo habens coram expertibus hujus
doctrinae (id est maxima lectorum parte) frustra litigari, intelligentes autem re discussa iniquitatem imputationum facile agnituros.
Accedebat quod erat absens domo, cum ista ab adversariis sparsa
sunt, et redux post biennii intervallum, distractusque negotiis non
reperire et consulere potuit reliquias antiqui sui commercii literarii,
unde ipse se de rebus tam longinquis, id est ante plus quam quadraginta annos gestis instruere posset; nam literarum plerarumque
a se olim scriptarum apographa non servarat, et quas Wallisius in
Anglia inventas ipso consentiente in Tomo Operum tertio edidit,

ipse plerasque non habebat. Non defuere tamen amici, quibus fama ejus curae esset, et quidem *Mathematicus nostri temporis primarius, in hac doctrina profundissimus, et neutri addictus* *), cujus benevolentiam pars adversa per artes frustra captaverat, candide pronuntiavit rationibus judicii sui adjectis, et publice sciri non aeque tulit, sibi videri aemulum illum non tantum non invenisse Calculum differentialem, sed etiam ne satis quidem intellexisse. Alius etiam amicus inventoris haec aliaque brevi scheda in lucem misit, ut vanae jactationes retunderentur. Sed majus operae pretium erat ipsam viam ac rationem, qua ad novum hoc calculi genus inventor pervenit, innotescere; ea enim hactenus publice ignoratur etiam illis ipsis fortasse, qui in partem inventi venire vellent, quam exponere ipse et progressus studiorum suorum Analyticorum partim ex memoria partim ex scriptis extantibus et veterum schedarum qualibuscunque reliquiis tradere, eaque ratione Historiam profundioris Matheseos artemque ipsam inveniendi justo libello illustrare decreverat. Sed cum id nunc per necessarias occupationes fieri non posset, permisit ut hoc compendium partis dicendorum per amicum conscium in lucem interim daretur et publicae curiositati nonnihil satisfieret.

Autor hujus novae Analyseos in primo aetatis flore studiis historiarum et jurisprudentiae innato quodam genio meditationes profundiores adjunxerat, et inter alia numerorum proprietatibus combinationibusque delectabatur et de Arte etiam Combinatoria A. D. 1666 libellum ediderat, postea ipso inconsulto recusum. Et puer adhuc logicam versans animadverterat ultimam veritatum a ratione pendentium analysin abire in haec duo: definitiones, et veritates identicas, solas necessariarum vere primitivas indemonstrabilesque; et cum objiceretur ipsi, veritates identicas inutiles et nugatorias esse, ipse contrarium etiam experimentis ostendebat, atque inter alia jam tum monstrabat Axioma illud magnum, Totum esse majus parte, demonstrari per syllogismum, cujus major propositio esset definitio, minor esset propositio identica. Nam si duorum unum sit aequale parti alterius, illud *minus*, hoc *majus* appellari, quae sit definitio. Unde, si definitioni isti axioma hoc identicum atque indemonstrabile adjungatur, quod omne magnitudine praeditum sibi ipsi aequale est, seu $A = A$, syllogismus talis nascatur: Quidquid

---

*) Siehe die Beilage.

parti alterius aequale est, id altero minus est (per definitionem); Pars parti totius aequalis est (nempe sibi ipsi, per veritatem identicam); ergo pars toto minor est. Q. E. D. Inde pergens observabat ex hoc $A = A$ vel $A - A = 0$ utique identico et ut prima fronte videri possit prorsus spernendo, oriri pulcherrimam quandam differentiarum proprietatem, nam

$$A - \underbrace{A + B}_{+L} - \underbrace{B + C}_{+M} - \underbrace{C + D}_{+N} - \underbrace{D + E}_{+P} - E \text{ esse} = 0$$

Si jam ponantur A, B, C, D, E esse quantitates crescentes, et differentiae earum proximae $B - A$, $C - B$, $D - C$, $E - D$ vocentur L, M, N, P, hinc fieri

$$A + L + M + N + P - E = 0$$
$$\text{vel } L + M + N + P = E - A$$

id est, summam differentiarum proximarum quotcunque aequari differentiae inter terminos extremos. Exempli causa loco A, B, C, D, E, F sumantur numeri quadrati 0, 1, 4, 9, 16, 25, loco differentiarum prodibunt numeri impares 1, 3, 5, 7, 9,

$$\begin{array}{cccccc} 0 & & 1 & & 4 & & 9 & & 16 & & 25 \\ & 1 & & 3 & & 5 & & 7 & & 9 \end{array}$$

ubi patet fore $1 + 3 + 5 + 7 + 9 = 25 - 0 = 25$ et $3 + 5 + 7 + 9 = 25 - 1 = 24$, idemque locum habere, quantuscunque sit numerus terminorum differentiarumve et quicumque assumantur termini extremi. Atque hac tam facili jucundaque observatione delectatus noster adolescens varias numericas series tentabat, ac progrediebatur etiam ad differentias secundas seu differentias differentiarum, et ad differentias tertias seu differentias inter differentias differentiarum, atque ita porro. Atque ita observabat, evanescere differentias secundas numerorum naturalium seu ordine sumtorum inde a 0, evanescere tertias ab ipsis quadratorum, quartas cuborum, quintas biquadratorum, sextas surdesolidorum, et ita porro; et constantem esse differentiam primam naturalium 1, secundam quadratorum $1 . 2 = 2$, tertiam cuborum $1 . 2 . 3 = 6$, quartam biquadratorum $1 . 2 . 3 . 4 = 24$, quintam surdesolidorum $1 . 2 . 3 . 4 . 5 = 120$; et ita porro; quae aliis licet dudum observata, ipsi nova erant et facili jucunditate sua invitantia ad progressus. Sed combinatorios quos vocabat numeros inprimis meditabatur, quorum nota est haec Tabula, ubi praecedens series horizontalis vel verticalis semper continet

1	1	1	1	1	1
1	2	3	4	5	6
1	3	6	10	15	21
1	4	10	20	35	56
1	5	15	35	70	126
1	6	21	56	126	252
1	7	28	84	210	462
	etc.	etc.			

differentias primas seriei sequentis primae, secundas seriei sequentis, et tertias tertiae etc., et quaevis series horizontalis vel verticalis continet summas seriei praecedentis primae, summas summarum seu summas secundas seriei praecedentis secundae, tertias tertiae. Sed etiam ut addamus aliquod nondum fortasse vulgare, generalia quaedam de differentiis et summis theoremata eruebat, qualia sunt sequentia. Serie a, b, c, d, e etc. decrescente in infinitum, sunt

Termini   a   b   c   d   e   etc.
differentiae 1mae f   g   h   i   k   etc.
      2dae   l   m   n   o   p   etc.
      3tiae   q   r   s   t   u   etc.
      4tae β γ δ ε ϑ etc.
      etc. λ μ ν ϱ σ etc.

posito Termino primo a, ultimo ω, inveniebat

$$a - \omega = 1f + 1g + 1h + 1i + 1k + \text{etc.}$$
$$a - \omega = 1l + 2m + 3n + 4o + 5p + \text{etc.}$$
$$a - \omega = 1q + 3r + 6s + 10t + 15u + \text{etc.}$$
$$a - \omega = 1\beta + 4\gamma + 10\delta + 20\varepsilon + 35\vartheta + \text{etc.}$$
$$\text{etc.}$$

et rursus

$$a - \omega = \begin{cases} +1f & -1l \\ +1f & -2l & +1q \\ +1f & -3l & +3q & -1\beta & +1\lambda \\ +1f & -4l & +6q & -4\beta & \text{etc.} \\ +1f & \text{etc.} & \text{etc.} \\ \text{etc.} \end{cases}$$

Unde loquendo stylo a se postea introducto et terminum seriei vocando y (quo casu etiam est a = y), licebit differentiam primam vocare dy, secundum ddy, tertiam d^3y, quartam d^4y; et terminum alterius seriei vocando x, licebit summam horum vocare $\int x$, et summam summarum seu summam secundam $\int\int x$, et summam tertiam $\int^3 x$, et summam quartam $\int^4 x$. Hinc posito $1 + 1 + 1 + 1 +$ etc. esse $= x$, seu x esse numeros naturales, quorum dx = 1, tunc

$$1 + 2 + 3 + 4 + 5 \text{ etc. fit} = \int x$$
$$\text{et } 1 + 3 + 6 + 10 + \text{ etc. fit} = \int\int x$$
$$\text{et } 1 + 4 + 10 + 20 + \text{ etc. fit} = \int^3 x$$
$$\text{et } 1 + 5 + 15 + 35 + \text{ etc.} = \int^4 x$$

et ita porro. Unde tandem fit:

$$y - \omega = dy \cdot \int x - ddy \cdot \int\int x + d^3y \cdot \int\int x - d^4y \cdot \int^3 x + \text{etc.}$$

quod est $= y$, posito continuari in infinitum seu fieri $\omega = 0$. Unde etiam sequitur summatio ipsius seriei, seu fit:

$$\int y = yx - dy \cdot \int x + ddy \cdot \int\int x - d^3y \cdot \int^3 x + \text{etc.}$$

Quae bina theoremata id habent egregium, ut aeque locum habeant in utroque Calculo differentiali, tam Numerico, quam Infinitesimali, de quorum discrimine infra dicemus.

Numericarum autem veritatum ad Geometriam applicatio, et consideratio etiam serierum infinitarum nostro tunc adolescenti prorsus ignota erat, satisque habebat talia in numerorum seriebus cum voluptate observasse. Nec praeter vulgatissima praecepta practica ipse tunc quicquam de Geometria tenebat, et Euclidem vix satis attente adspexerat, aliis plane studiis intentus. Forte tamen incidit in *Vincentii Leotaudi Amoeniorem Curvilineorum Contemplationem*, ubi autor ille varias tractabat Lunularum Quadraturas, et in *Cavallerii Geometriam Indivisibilium*, quibus nonnihil inspectis facilitate methodorum delectabatur, sed nullo tunc animo in Mathematica illa profundiora se immergendi, tametsi Physicis et Mechanices practicae studiis subinde operam daret, ut ex edito *Hypotheseos physicae* opusculo intelligi potest. Erat tunc ascitus in Revisionum Consilium Eminentissimi Electoris Moguntini, et a gratiosissimo judiciosissimoque Principe (qui transiturum et longius iturum juvenem sibi vindicaverat) permissione continuandae peregrinationis impetrata, Lutetiam Parisiorum A. D. 1672 profectus erat. Ibi in Summi Viri, *Christiani Hugenii*, notitiam venit, cujus exemplo et consiliis se debere semper professus est aditum ad altiorem Mathesin. Is tunc forte suum *de Pendulis* opus edebat. Cujus cum exemplum juveni dono attulisset et inter colloquendum animadvertisset, Centri gravitatis naturam huic non satis cognitam, quid hoc rei esset, et quomodo indagari posset, paucis exposuit. Id nostrum a veterno excitavit, talia a se ignorari indignum putantem. Sed tunc quidem vacare his studiis non potuit, et mox sub exitum anni in Angliam transfretavit in comitatu Legati Moguntini, ibique paucis septimanis cum Legato haesit et ab Henrico quidem Oldenburgio, Societatis Regiae Secretario tunc, in illustre Collegium introductus est, cum nemine autem de Geometria contulit (in qua ipse tunc erat plane proletarius), sed cum chymiam non negligeret, aliquoties illustrem virum *Robertum Boylium* adiit, et cum ibi forte in *Pellium* incidisset et suas quasdam observationes numericas ei narrasset, dixit Pellius haec non esse nova et nuper *Nicolaum Mercatorem* in sua Hyperbolae Quadratura publice monstrasse, differentias potentiarum Numericarum continuatas tandem evanescere. Ea occasio nostro fuit quaerendi libellum Nicolai Mercatoris. *Collinsium* tunc non novit, cum Oldenburgio tantum de rebus literariis, Physicis et Mechanicis collocutus est, de Geometria autem profundiore atque adeo de seriebus illis Newtoni ne verbulum quidem commutavit, et plane in istis hospitem se fuisse nec nisi in numerorum proprietatibus et quidem mediocriter admodum versatum satis ostendit ipsis literis cum Oldenburgio commutatis, quae nuper sunt ab adversariis productae, idemque ex illis haud dubie patebit, quas adhuc in Anglia asservari scribunt, sed suppresserunt, credo forte quod ex ipsis satis appareret, nullum adhuc de rebus Geometricis ei cum Oldenburgio commercium fuisse, cum ipsi tamen credi velint (ne minimo quidem adducto indicio) jam tum ei ab Oldenburgio communicata fuisse, quaecunque inter Collinsium, Gregorium, Newtonum acta is habebat.

Sed reversus ex Anglia in Galliam A. D. 1673, fatis interim functo Eminentissimo Electore Moguntino, cujus gratia Moguntiae obhaeserat, jam liberior hortante Hugenio coepit tractare Analysin Cartesii (antea vix eminus salutatam), et ut in Geometriam Quadraturarum introduceretur, *Honorati Fabri Synopsin Geometricam*, *Gregorium a S. Vincentio*, et *Dettonvillaei* (id est *Pascalii*) libellum consuluit. Porro ex uno quodam exemplo Dettonvillaei lux ei subito oborta est, quam ipse Pascalius (quod mireris) inde non hauserat. Nam dum ille demonstrat Theorema Archimedeum de superficie sphaerae aut ejus partium mensuranda, utitur methodo, qua omnis solidi rotatione circa axem aliquem descripti superficies ad proportionalem figuram planam revocari potest. Tale enim inde noster sibi paravit theorema generale: Rectae perpendicularis ad curvam portiones interceptae inter axem et curvam, ordinatim et normaliter applicatae ad axem, dant figuram momento curvae ex axe proportionalem. Id cum monstrasset Hugenio, valde is probavit, fassusque est, hujus ipsius theorematis ope se superficiem Conoidis Parabolici, aliarumque hujusmodi superficierum in opere *de Horologio oscillatorio* sine demonstratione positarum, ante multos annos reperisse. His noster excitatus, animadversa foecunditate harum meditationum, cum prius infinite parva tantum ut intervalla ordinatarum Cavalleriano more considerasset, commentus est Triangulum quod vocavit characteristicum $_1YD_2Y$ (fig. 155), cujus latera D_1Y, D_2Y aequalia ipsis $_1X_2X$, $_1Z_2Z$ essent portiones coordinatarum seu coabscissarum AX, AZ, et tertium latus $_1Y_2Y$ esset portio tangentis $T\Omega$, si opus productae. Et huic Triangulo, licet inassignabili (seu infinite parvo), videbat semper posse Triangula similia assignabilia. Sunto enim AXX, AZZ condirigentes normales; coabscissae AX, AZ; coordinatae YX, YZ; tangens $T\Theta Y$; perpendicularis $PY\varPi$; subtangentiales XT, $Z\Theta$; subnormales XP, $Z\varPi$; denique ducatur EF parallela axi AX, eique tangens TY occurrat in Ω, unde ad axem agatur normalis ΩH; fient triangula similia $_1YD_2Y$, TXY, $YZ\Theta$, $TA\Theta$, YXP, $\varPi ZY$, $\varPi AP$, $TA\Omega$, aliaque hujusmodi plura si lubet. Hinc verbi gratia ob triangula similia $_1YD_2Y$, $_2Y_2XP$ fit P_2Y . $_1YD = _2Y_2X$. $_2Y_1Y$, id est perpendicularis P_2Y applicata ducta in $_1DY$ seu $_1X_2X$ elementum axis aequatur ipsi ordinatae $_2Y_2X$ ductae in $_1Y_2Y$ elementum curvae, id est momento elementi curvae ex axe. Unde totum momentum curvae per summam perpendicularium axi applicatarum habetur. Et ob triangula similia $_1YD_2Y$ et $TH\Omega$ fit $_1Y_2Y$: $_2YD = T\Omega$: ΩH seu ΩH . $_1Y_2Y = T\Omega$. $_2YD$, id est constans ΩH ducta in elementum curvae $_1Y_1Y$ aequatur ipsi $T\Omega$ ductae in $_2YD$ seu $_2Z_2Z$ elementum coabscissae. Et proinde figura plana orta ex ipsis $T\Omega$ ordinatim normaliter applicatis ad AZ in ZZ aequatur rectangulo sub curva in rectam extensa et constante $H\Omega$. Sic etiam ob triangula similia $_1YD_2Y$ et $_2Y_2XP$ fit $_1YD : D_2Y = _2Y_2X$: $_2XP$, atque adeo $_2XP$. $_1YD = _2Y_2X$. D_2Y, seu subperpendiculares $_2XP$ ordinatim applicatae ad axem seu ad $_1YD$ vel $_1X_2X$ aequantur ordinatis $_2Y_2X$ in sua elementa D_2Y ordinatim ductis. Sed Rectae inde a nihilo crescentes in sua elementa ductae conficiunt triangulum. Esto enim semper AZ = ZL, fiet triangulum rectangulum AZL, quod est dimidium quadrati AZ, itaque figura orta ex subperpendicularibus ordinatim et perpendiculariter axi applicatis semper aequatur dimidio quadrati ordinatae. Et proinde, data figura quadranda, quaeritur figura, cujus subperpendiculares aequentur ordinatis figurae datae, ea erit figurae datae quadratrix. Atque ita ex hac facillima meditatione habemus reductionem ad quadraturas planas superficierum rotatione genitarum, et exstant rectificationes curvarum, et simul ipsas figurarum quadraturas reducimus ad problema tangentium inversum.

His ita repertis, magnam vim theorematum (ex quibus multa erant non inelegantia) in chartam conjecit noster, duarum classium. Pars enim contenta erat quantitatibus assignabilibus more non

Cavallerii tantum et Fermatii et Honorati Fabrii, sed et Gregorii a
S. Vincentio, Guldini et Dettonvillaei tractatis; pars vero pendebat
ab inassignabilibus, multoque longius Geometriam provehebat. Sed
haec postea prosequi neglexit noster, postquam animadvertit eandem
Methodum non tantum ab Hugenio, Wallisio, Wrenno et Heuratio
et Neilio, sed etiam a Jacobo Gregorio et Barrovio usurpatam excul-
tamque fuisse. Exponere tamen hoc loco non inutile visum est, ut
appareat, quibus gradibus ad majora sit perventum, atque etiam ut
velut manu ducantur, qui adhuc tirones in recondita Geometria altius assurgere optant.

   Atque haec A. D. 1673 et parte Anni 1674 Parisiis egit Leibnitius.
Sed Anno 1674 (quantum recordari potest) incidit in Arithmeticum
illum celebrem Tetragonismum, quod qua ratione factum sit exponere operae pretium erit. Solebant Geometrae figuras resolvere in
rectangula per parallelas ordinatim ductas; ipse oblata forte occasione resolvit in triangula per rectas in unum punctum concurrentes, dispexitque quomodo aliquid novi inde commodi duci posset.
Sit (fig. 156) linea AYR, ducantur AY quot lubet, ducatur et axis
quicunque AC, eique normalis vel coaxis AE, hos tangens ipsius
curvae in Y secet in T et Θ. In eam ex A agatur normalis AN,
manifestum est triangulum elementare A_1Y_2Y aequari dimidio rectangulo sub elemento curvae $_1Y_2Y$ et sub ipsa AN. Ducatur jam
triangulum characteristicum supra dictum $_1YD_2Y$, cujus hypotenusa sit portio tangentis vel elementum arcus, latera sint parallela
axi et coaxi; patet ob triangula similia $AN\Theta$ et $_1YD_2Y$ fore $_1Y_2Y$
: $_1YD = A\Theta : AN$ seu $A\Theta . _1YD$ vel $A\Theta . _1X_2X = AN . _1Y_2Y =$ (per
supradicta) duplo triangulo A_1Y_2Y. Itaque si quaevis $A\Theta$ translata intelligatur in XY si opus productam, ita ut in hac sumatur
XZ, fiet inde trilineum $AXZA$ aequale duplo segmenti $AY \smile A$,
comprehensi recta AY et arcu $A\smile Y$. Atque ita habentur quas
vocaverat figuras segmentorum, seu segmentis proportionales. Similis methodus procedit, cum punctum A sumatur extra curvam,
et tunc hac methodo habentur Trilinea sectoribus proportionalia ex
puncto illo concursus abscissis. Quin etsi rectae non in lineam,
sed in curvam (quam ordinatim tangunt) concurrant, non eo minus
hac ratione utilia Theoremata formabuntur, sed talia persequi hujus
loci non est. Sufficit nostro scopo considerare figuram segmentorum
et in Circulo quidem, ubi si punctum A ponatur in initio quadrantis
AYQ, curva $AZQZ$ secabit circulum in fine quadrantis Q, atque inde

descendens basi BP (normali ad diametrum in altero extremo β) asymptota erit; et tamen tota figura infinitae longitudinis inter diametrum AB, basin BP etc. et curvam basi asymptotam AZQZ etc. comprehensa aequabitur circulo circa diametrum AB. Sed ut ad rem veniamus, posito radio unitate, et AX vel ΘZ, x, et AΘ vel XZ, z, fiet $x = 2zz :, 1 + zz$; summa autem ipsarum x ad AΘ applicatarum seu ut hodie loquimur $\int x dz$ est trilineum AΘZA, complementum trilinei AXZA, quod duplo segmento circulari ostendimus aequale. Idem etiam assecutus autor est Methodo transmutationum, quam in Angliam misit. Id agitur ut omnes $\sqrt{1 - xx} = y$ summentur; fiat $y = \pm 1 \mp xz$, unde fit $x = 2z :, 1 + zz$ et $y = \pm zz \mp 1, :, zz + 1$. Ita rursus tantum opus est summari rationales. Nova haec et elegans via visa est etiam Newtono, sed fatendum est, non esse universalem. Caeterum patet, hinc etiam haberi arcum ex sinu, et alia id genus, sed mediate. Quin vero postea intellexit noster, haec inde deducere Newtonum immediate suis extractionibus, id cognoscere desideravit. Hinc statim apparuit, qua methodo Nicolaus Mercator dederat Arithmeticum Hyperbolae Tetragonismum per seriem infinitam, etiam circuli dari, sublata asymmetria, et dividendo per $1 + zz$, ut ille diviserat per $1 + z$. Et mox invenit autor theorema generale pro dimensione figurae conicae centrum habentis. Nempe sector, comprehensus arcu sectionis conicae a vertice incipiente et rectis ex centro ad ejus extrema ductis, aequatur rectangulo sub semilatere transverso et recta $t \pm \frac{1}{3} t^3 + \frac{1}{5} t^5 \mp \frac{1}{7} t^7$ etc., posito t esse portionem tangentis in vertice, interceptam inter verticem et tangentem alterius extremi, et unitatem esse quadratum a semiaxe conjugato seu rectangulum sub dimidiis lateribus recto et transverso, et $\pm$ significare $+$ in Hyperbola, sed $-$ in Circulo et Ellipsi. Unde etiam posito quadrato diametri 1, fiebat circulus $\frac{1}{1} - \frac{1}{3} + \frac{1}{5} - \frac{1}{7} + \frac{1}{9} - \frac{1}{11} +$ etc. Hoc inventum cum noster Hugenio adjecta demonstratione ostendisset, mirifice ille applausit, et cum remitteret dissertationem, literis adjunctis dixit, id inventum semper memorabile apud Geometras futurum, et spem inde nasci, posse aliquando ad solutionem generalem perveniri, nempe aut exhibendo verum valorem aut demonstrando impossibilitatem in quantitatibus receptis. Nempe neque ipse, neque inventor, neque alius quisquam Parisiis, quod constet, aliquid de serie rationali infinita magnitudinem circuli exhibente (quas a Newtono et Gregorio excogitatas postea constitit) quicquam faudo audierat. Certe non Hugenius, ut ex hac ipsa subjuncta ejus epistola . . . . *) data patet; itaque hac prima vice circulum seriei quantitatum rationalium exacte aequalem demonstratum Hugenius credidit. Idem (vel ipsius Hugenii, harum rerum peritissimi, testimonio fretus) credidit inventor, atque ideo epistolas illas binas ad Oldenburgium Anno 1674 scripsit, quas adversarii ipsi edidere, in quibus tanquam rem novam nuntiat, se et quidem primum omnium invenisse magnitudinem circuli serie numerorum rationalium expressam, quod jam in Hyperbola praestitum constabat. Quodsi jam ipsi Londini agenti anno praecedente Oldenburgius series Gregorii et Newtoni communicasset, debebat summa esse ipsius impudentia, hoc ad Oldenburgium scribere audentis, et Oldenburgii obliviositas vel praevaricatio dissimulationem non exprobrantis. Nam ipsi adversarii exhibent responsionem Oldenburgii, qua tantum indicat (ignorare Te nolim, ait) similes series etiam Gregorio et Newtono innotuisse, quas etiam anno demum sequente literis mense Aprili datis (quas ipsi exhibent) communicavit. Unde intelligi potest, quam fuerint vel caeci invidia, vel perfricti malignitate, qui nunc fingere audent, Oldenburgium talia ipsi jam anno praecedente communicasse, quanquam aliquid caecitatis insit malignitati, quod non viderunt edere se, quibus sua figmenta everterent, nec potius has ipsius Oldenburgiique literas ut alias ex toto vel parte suppresserunt. Caeterum ex eo demum coepit ipse cum Oldenburgio communicare de rebus Geometricis, ex quo scilicet ipse sese aliquod communicatione dignum invenisse judicavit, antea in his studiis tiro. Priores autem Parisiis datae 30 Martii, 26 Aprilis, 24 Maji, 8 Juni Anni 1673, quas ipsi adesse ajunt, sed supprimunt cum Oldenburgii responsionibus, haud dubie de aliis rebus egere, nihilque illis praebuere, unde fictitiae illae Oldenburgii communicationes credibiliores reddi possent. Caeterum ubi audivit noster, Newtonum et Gregorium ad series pervenisse per extractiones radicum, agnovit hoc sibi novum esse, neque initio satis intellexit, idque ingenue fassus est ipse et in nonnullis declarationem expetivit, praesertim quando series quaerebantur reciprocae, pro quibus ex infinita serie extrahenda erat radix per aliam seriem infinitam, atque hinc etiam patet falsum esse quod adversarii fingunt, Oldenburgium ei Newtoniana

*) Lücke des Manuscripts.

scripta communicasse; nam ita declarationem petere opus non habuisset, sed postea ubi calculum differentialem detegere coepit, novam excogitavit artem longe universalissimam inveniendi series infinitas sine extractionibus accommodatam quantitatibus tam communibus quam transcendentibus, assumta serie quaesita tanquam inventa; eaque methodo usus est ad absolvendum Quadraturae Arithmeticae opusculum, ubi etiam aliena inventa serierum pro arcu ex sinu, aut ex sinu complementi inserebat, et regressum etiam, dato scilicet arcu sinum vel sinum complementi invenire, nova hac Methodo demonstrabat. Eaque etiam causa est, cur postea methodis alienis non indiguerit. Et tandem hanc suam novam eliciendi series rationem in Actis Eruditorum publicavit. Caeterum cum in eo esset, ut opusculum illud quadraturae Arithmeticae Parisiis ederet, in Germaniam revocatus est, et novi calculi arte exculta, priora minus curavit.

Porro nunc jam exponendum est, quomodo paulatim ad novum Notationis genus pervenerit noster, quod calculum differentialem appellavit. Jam A. D. 1672 de numerorum proprietatibus colloquenti Hugenius proposuerat hoc problema: invenire summam seriei decrescentis fractionum, cujus numeratores sint unitates, denominatores vero sint numeri triangulares, cujus summam ajebat se invenisse inter collationes cum Huddenio de aleae aestimatione. Noster invenit summam esse 2, quod cum Hugeniana propositione consentiebat. Eadem opera invenit summas serierum hujusmodi numericarum, cum denominatores sunt Numeri combinatorii quicunque, idque indicavit Oldenburgio Febr. 1673, quam adversarii edidere. Cum postea Pascalii triangulum Arithmeticum vidisset, ejus exemplo Harmonicum concinnavit.

Triangulum Arithmeticum,
ubi series fundamentalis est progressionis
Arithmeticae, nempe 1, 2, 3, 4, 5, 6, 7.

$$1$$
$$1 \quad 1$$
$$1 \quad 2 \quad 1$$
$$1 \quad 3 \quad 3 \quad 1$$
$$1 \quad 4 \quad 6 \quad 4 \quad 1$$
$$1 \quad 5 \quad 10 \quad 10 \quad 5 \quad 1$$
$$1 \quad 6 \quad 15 \quad 20 \quad 15 \quad 6 \quad 1$$
$$1 \quad 7 \quad 21 \quad 35 \quad 35 \quad 21 \quad 7 \quad 1$$

Triangulum Harmonicum,
ubi series fundamentalis est progressionis
Harmonicae $\frac{1}{1}$, $\frac{1}{2}$, $\frac{1}{3}$, $\frac{1}{4}$, $\frac{1}{5}$, $\frac{1}{6}$, $\frac{1}{7}$.

in quo si denominatores cujuslibet seriei obliquae descendentis in
infinitum, itemque cujuslibet seriei parallelae finitae dividantur per
denominatorem termini in serie prima, prodeunt numeri combinatorii iidem qui in triangulo Arithmetico habentur. Utrique autem triangulo hoc est commune, quod series obliquae sunt invicem
summatrices vel differentiales. In Triangulo Arithmetico series
data est summatrix proxime praecedentis, et est differentialis proxime sequentis; at in Triangulo Harmonico contra series data est
summatoria proxime sequentis et differentialis proxime antecedentis
Ex quibus sequitur esse

$$\frac{1}{1}+\frac{1}{2}+\frac{1}{3}+\frac{1}{4}+\frac{1}{5}+\frac{1}{6}+\frac{1}{7}+\text{etc.}=\frac{1}{0}$$
$$\frac{1}{1}+\frac{1}{3}+\frac{1}{6}+\frac{1}{10}+\frac{1}{15}+\frac{1}{21}+\frac{1}{28}+\text{etc.}=\frac{2}{1}$$
$$\frac{1}{1}+\frac{1}{4}+\frac{1}{10}+\frac{1}{20}+\frac{1}{35}+\frac{1}{56}+\frac{1}{84}+\text{etc.}=\frac{3}{2}$$
$$\frac{1}{1}+\frac{1}{5}+\frac{1}{15}+\frac{1}{35}+\frac{1}{70}+\frac{1}{126}+\frac{1}{210}+\text{etc.}=\frac{4}{3}$$

et ita porro.

Atque haec quidem habebat, cum nondum versatus esset in
Analysi Cartesiana; sed cum hanc adjecisset, consideravit seriei
terminum posse plerumque generali aliqua notatione designari, per
quam ad seriem aliquam simplicem refertur. Verb. gr. si quivis
terminus seriei naturalis 0, 1, 2, 3, 4, 5, 6, 7 etc. vocetur x, quemlibet terminum seriei quadratorum fore xx, vel cuborum fore x^3 etc.,
quemlibet terminum triangularem, velut 0, 1, 3, 6, 10 etc. fore $\frac{x\,.\,x+1}{1\,.\,2}$
seu $\frac{xx+x}{2}$, quemlibet pyramidalem 0, 1, 4, 10, 20 etc. fore
$\frac{x\,.\,x+1\,.\,x+2}{1\,.\,2\,.\,3}$ vel $\frac{x^3+3xx+2x}{6}$, et ita porro. Et hinc per calculum generalem datae seriei posse inveniri seriem differentialem, et
interdum etiam summatoriam, quando eam in numeris capit. Ex.

gr. quadratus est xx, proxime major est xx+2x+1, differentia eorum est 2x+1, id est series numerorum imparium est series differentialis quadratorum. Nam si x sit 0, 1, 2, 3, 4 etc., 2x+1 sunt 1, 3, 5, 7, 9. Eodem modo differentia inter x^3 et x^3+3xx+3x+1 est 3xx+3x+1, itaque talis est terminus pro serie differentiali cuborum. Porro si valor termini seriei propositae possit ita exprimi per variantem x, ut varians neque denominatorem neque exponentem ingrediatur, videbat datae seriei summatricem semper inveniri posse. Ex. gr. si quaereretur summatrix quadratorum, cum constaret eam non posse assurgere ultra gradum cubi, fingebat ejus terminum esse =lx^3+mxx+nx=z, quaeritur dz=xx; fiet dz=ld(x^3)+md(xx)+n (posito dx=1), sed d(xx)=2x+1, et d(x^3)= 3xx+3x+1 (per jam inventa), ergo fiet

$$dz = 3lxx + 3lx + 1$$
$$+2mx + m \approx xx;$$
$$+ n$$

ergo sit l=$\frac{1}{3}$, m=$-\frac{1}{2}$, $\frac{1}{3}-\frac{1}{2}+n=0$ seu n=$\frac{1}{6}$, seu terminus seriei quadratorum summatricis est $\frac{1}{3}x^3-\frac{1}{2}xx+\frac{1}{6}x$ vel $2x^3-3xx+x$, : 6. Exempli causa si quis velit summam novem vel decem primorum quadratorum ab 1 usque 81, vel ab 1 usque ad 100, pro x sumat 10 vel 11 numerum proxime majorem radice ultimi quadrati, et $2x^3$—3xx+x, : 6 erit 2000—300+10, : 6=285, vel 2.1331—3.121 +11, : 6=385. Nec difficilius est multo, centum aut 1000 quadratos per compendium summare. Eademque methodus procedit in potentiis arithmeticorum quibuscunque aut formulis, quae ex potentiis talibus componuntur, ut scilicet semper quotcunque termini seriei talis compendio summari possint. Sed facile videbat noster, hoc non semper procedere, cum varians x ingreditur in denominatorem, ut scilicet summatrix series numerica reperiri possit; prosecuturus tamen hanc ipsam Analysin generaliter invenit atque etiam in Actis Eruditorum Lipsiensibus ostendit, semper posse inveniri seriem summatricem, vel rem reduci ad summandum numerum terminorum fractorum simplicium, velut $\frac{1}{x}$, vel $\frac{1}{xx}$,

vel $\frac{1}{x^3}$ etc. qui numero terminorum finito proposito summari utique possunt, sed nondum compendiose satis; at si de numero terminorum infinito agatur, omnino summari non possunt termini quales $\frac{1}{x}$, quia tota series infiniti talis terminorum numeri est quantitas infinita, sed termini numero infiniti quales $\frac{1}{xx}$ vel $\frac{1}{x^3}$, etsi conficiant quantitatem finitam, tamen hactenus summari non possunt, nisi suppositis quadraturis. Itaque jam A. D. 1682 mense secundo Actorum Lipsiensium observavit, si exponantur numeri 1.3, 3.5, 5.7, 7.9, 9.11 etc. seu 3, 15, 35, 63, 99 etc. atque inde fiat series fractionum

$$\tfrac{1}{3} + \tfrac{1}{15} + \tfrac{1}{35} + \tfrac{1}{63} + \tfrac{1}{99} \text{ etc.}$$

hanc seriem in infinitum descendentem componere non nisi $\tfrac{1}{2}$, sed si inde numeri excerpantur per saltum $\tfrac{1}{3} + \tfrac{1}{15} + \tfrac{1}{35} +$ etc. exprimere magnitudinem semicirculi cujus diametri quadratum est 1. Nempe sit $x = 1$ vel 2 vel 3 etc., terminus seriei $\tfrac{1}{3} + \tfrac{1}{15} + \tfrac{1}{35}$ etc. est $\dfrac{1}{4xx + 8x + 3}$, quaeritur terminus seriei summatricis. Tentetur simplicissima ratione, an possit habere hanc formam $\dfrac{e}{Bx + c}$; erit

$$\frac{e}{Bx + c} - \frac{e}{Bx + b + c} = \frac{eb}{\substack{bbxx + bbx + bc \\ + 2bcx + cc}} = \frac{1}{4xx + 8x + 3},$$ quas duas

formulas identificando fit $b = 2$, $eb = 1$, ergo $e = \tfrac{1}{2}$, $bb + 2bc = 8$ seu $4 + 4c = 8$ vel $c = 1$, et tandem $bc + cc = 3$, quod succedit. Ergo terminus seriei summatoriae est $\dfrac{1 : 2}{2x + 1}$ vel $\dfrac{1}{4x + 2}$; sunt autem $4x + 2$ imparium dupli. Postremo etiam vidit modum aliquem Calculum differentialem adhibendi ad series numericas, quando varians cadit in ipsum exponentem; ut in progressione geometrica, ubi posita radice b, terminus est b^x, existentibus x numeris naturalibus. Ergo terminus seriei differentialis erit $b^{x+1} - b^x = b^x(b-1)$; unde manifestum seriem differentialem datae geometricae esse etiam geometricam datae proportionalem. Unde summa progressionis Geometricae habetur.

Facile autem animadvertit noster Calculum differentialem in Figuris esse mirum in modum facilem prae eo, qui in numeris exercetur, quia in figuris differentiae ipsis differentibus comparari non possunt; quoties autem additione vel subtractione conjunguntur, quae sunt inter se incomparabilia, minora prae majoribus evanescunt; atque hinc etiam irrationales non minus facile differentiari quam surdas, tum ope logarithmorum ipsas quantitates exponentiales. Observabat autem lineas infinite parvas in figuris occurrentes nihil aliud esse quam differentias momentaneas linearum variantium. Et quemadmodum quantitates hactenus consideratae simpliciter apud Analystas habuerant suas functiones, nempe potentias et radices, ita jam quantitates ut variantes habere novas functiones, nempe differentias. Et ut habuimus hactenus x, xx, x³ etc. y, yy, y³ etc., ita posse adhiberi dx, ddx, d³x etc. dy, ddy, d³y etc. Eoque modo jam Curvas etiam, quas Cartesius tanquam Mechanicas ex Geometria exclusit, aequationibus localibus exprimi et calculo tractari posse, animumque a continua ad figuras intentione liberari. Et in applicatione Calculi differentialis ad Geometriam, differentiationes primi gradus nihil aliud esse quam inventiones tangentium, differentiationes secundi gradus esse inventiones osculantium (quorum usum noster introduxit), et ita porro procedi posse. Neque vero haec tantum inservire ad tangentes et quadraturas, sed ad omne genus problematum et theorematum, ubi differentiae cum Terminis integrantibus, ut vocavit ingeniosissimus Bernoullius, varie miscentur, quemadmodum in problematis Physico-Mechanicis fieri solet. Itaque generaliter constituit, si qua series numerorum vel figura linearum proprietatem habeat ex duobus vel tribus vel quatuor etc. terminis proximis pendentem, posse exprimi per aequationem, quam ingrediantur differentiae primi vel secundi vel tertii gradus. Quin etiam theoremata invenit generalia pro gradu differentiae quocunque, uti habebamus theoremata pro gradu quocunque, et miram reperit analogiam inter potentias et differentias in Miscellaneis Berolinensibus publicatam. Quam si novisset aemulus, non adhibuisset puncta pro gradibus differentiarum, quae inepta sunt ad generalem differentiae gradum exprimendum, sed notam d a nostro impositam vel similem retinuisset, ita enim d^e potest exprimere gradum differentiae generalem. Caeterum hinc jam omnia calculo exprimi poterant, quae olim figuris dabantur. Nam $\sqrt{(dxdx + dydy)}$ erat elementum curvae, ydx erat elementum areae, et $\int y dx$ et $\int x dy$ sibi mutuo esse complemento, statim ex eo patet, quod $d(xy) = xdy + ydx$ seu vicissim $xy = \int xdy + \int ydx$, quanquam interdum signa varientur; et ex eo quod $xyz = \int xydz + \int xzdy + \int yzdx$, etiam tria solida exhibentur, quae sibi mutuo sunt complemento. Nec est opus theoremata illa nosse, quae supra ex triangulo characteristico duximus, verb. gr. momentum curvae ex axe sufficit explicari per $x\int \sqrt{dxdx + dydy})$. Et quae Gregorius a S. Vincentio habet de Ductibus, quae ipse aut Pascalius de Ungulis aut Cuneis, omnia statim ex tali calculo nascuntur. Itaque quae antea ab aliis inventa cum applausu, a se detecta cum voluptate viderat, jam magnopere curare desiit, quod omnia jam in tali calculo continentur. Ex. gr. momentum figurae AXYA (fig. 157) ex axe AX est $\frac{1}{2}\int yydx$; momentum figurae ex tangente verticis est $\int xydx$; momentum trilinei complementalis AZYA ex tangente verticis est $\frac{1}{2}\int xxdy$; sed haec duo momenta posteriora simul sumta componunt momentum rectanguli circumscripti AXYZ ex tangente verticis, adeoque mutuo sibi sunt complemento, quod est $\frac{1}{2}xxy$. Sed hoc sine consideratione figurae ostendit etiam calculus, nam $\frac{1}{2}d(xxy) = xydx + \frac{1}{2}xxdy$, ita ut jam non magis tot praeclaris egregiorum virorum theorematis opus sit ad Geometriam Archimedeam, quam illis ab Euclide in libro 2. aut alibi datis plerisque ad Geometriam communem. Pulchre evenit, ut aliquando Calculus Transcendentium ducat ad ordinarias, quod Hugenio imprimis satisfaciebat. Veluti si inveniatur $2\int \dfrac{dy}{y} = 3\int \dfrac{dx}{x}$, eo ipso fit $yy = x^3$, nempe ex natura Logarithmorum cum calculo differentiali combinata, quae etiam ipsamet ex eodem calculo derivatur; esto enim $x^m = y$, fiet $mx^{m-1}dx = dy$, ergo utrinque dividendo per aequalia erit $m\int \dfrac{dx}{x} = \int \dfrac{dy}{y}$; rursus ex aeq. $m\log x = \log y$, ergo $\log x : \log y = \int \dfrac{dx}{\lambda} : \int \dfrac{dy}{y}$. Unde etiam calculus exponentialis tractabilis redditur; esto enim $y^x = z$, fit $x\log y = \log z$, ergo $dx\log y + xdy : y = dz : z$. Et ita exponentes a variante liberamus, aut vicissim utiliter variantem in exponentem pro re nata transferimus. Denique ita ludus jocusque facta sunt, quae olim in admiratione erant. Hujus autem omnis calculi nec vola nec vestigium in aemuli scriptis ante edita a nostro Calculi praecepta extant, neque omnino quicquam quod non Hugenius aut Barrovius praestitissent modo eodem, si eadem tractassent. Sed quantum adjumenti praebeat hic calculus, candide agnovit Hugenius, quod adversarii supprimunt quantum possunt, et alia prorsus agunt, calculi differentiali propria in toto suo scripto non attingentes, tantumque in seriebus infinitis haerentes, quarum methodum aemulum prae aliis provexisse nemo negat. Quae enim sub aenigmate dixerat et tan-

dem explicuit, de Fluxionibus et Fluentibus loquuntur, id est de
quantitatibus finitis et eorum elementis infinite parvis, sed quomodo unum ex alio derivandum sit, nec minimum adjumentum
praebent. Et dum ille rationes nascentes aut evanescentes consi-
derat, prorsus a differentiali calculo abduxit ad methodum exhau-
stionum, quae longe diversa est (etsi suas quoque utilitates habeat)
nec per infinite parvas, sed ordinarias procedit, etsi in illis desinat.

Cum ergo adversarii neque ex Commercio Epistolico, quod
edidere, neque aliunde vel minimum indicium protulerint, unde
constet aemulum tali calculo usum ante edita a nostro; ab his
allata omnia ut aliena sperni possunt. Et usi sunt arte rabularum,
ut judicantes a re de qua agitur ad alia diverterent, nempe ad
series infinitas. Sed in iis nihil afferre potuerunt, unde Nostri
candor gravaretur: nam ipse ingenue professus est, per quem in
illis profecisset, sed tamen ibi quoque ad aliquid excelsius gene-
raliusque tandem pervenit.

Beilage.

Aus der Correspondenz zwischen Leibniz und Christian Wolf
geht hervor, dass Leibniz, der damals in Wien sich aufhielt, die
erste Kunde von dem Erscheinen des schon seit längerer Zeit an-
gekündigten *Commercium epistolicum Joh. Collinsii aliorumque de
Analysi promota* und von der darin ausgesprochenen Sentenz der
Londoner Societät der Wissenschaften in Betreff der Erfindung der
Differentialrechnung durch Wolf erhielt, welchem ein Exemplar der
gedachten Schrift direct aus England zugesandt worden war. Leibniz begriff, dass rücksichtlich seiner in dieser Sache sofort etwas
geschehen müsse; indess entfernt von seinen Papieren, aus denen
er die nöthigen Notizen zu einer vollständigen Entgegnung schö-
pfen konnte, entschloss er sich mit Benutzung der Materialien, die
ihm eben zur Hand waren, zu der folgenden vorläufigen Erwide-
rung, die in Form eines fliegenden Blattes veröffentlicht werden
sollte, und überschickte sie Wolf, um den Druck zu veranlassen
und zu überwachen.

29 Jul. 1713.

Leibnitius nunc Viennae Austriae agens, ob locorum distantiam nondum vidit libellum in Anglia nuper editum, quo *Newtono* primam Inventionem Calculi differentialis vindicare quidam conantur. Ne tamen commentum mora invalescat, quam primum retundi debere visum est. Equidem negare non poterunt novam hanc Analyticam Artem primum a *Leibnitio* fuisse editam (cum diu satis pressisset) et publice cum amicis excultam, et post complures demum annos a *Newtono* aliis notis et nominibus quendam quem vocat Calculum Fluxionum, Differentiali similem, fuisse productam, qui tamen tunc nihil contra *Leibnitium* movere est ausus. Nec apparet, quibus argumentis, nunc velint *Leibnitium* haec a *Newtono* didicisse, qui nihil tale unquam cuiquam quod constet communicavit, antequam ederet. *Leibnitius* tamen ex suo candore alios aestimans libenter fidem habuit Viro, talia ex proprio ingenio sibi fluxisse dictitanti; atque ideo scripsit, *Newtonum* aliquid Calculo differentiali simile habuisse videri. Sed cum postremo intelligeret, facilitatem suam contra se verti, et quosdam in Anglia praepostero gentis studio eousque progressos, ut non *Newtonum* in communionem inventi vocare, sed se excludere non sine vituperii nota vellent, et *Newtonum* ipsum (quod vix credibile erat) illaudabili laudis amore, contra conscientiae dictamen, tandem figmento favere; re attentius considerata, quam alias praeoccupato in *Newtoni* favorem animo, examinaturus non fuerat, ex hoc ipso processu a candore alieno suspicari coepit, Calculum fluxionum ad imitationem Calculi differentialis formatum fuisse. Sed quum ipse per occupationes diversas nunc rem discutere non satis posset, ad judicium primarii Mathematici et harum rerum peritissimi et a partium studio alieni recurrendum sibi putavit. Is vero omnibus excussis ita pronuntiavit literis, 7 Junii 1713 datis:

„Videtur Newtonum occasionem nactus serierum opus mul-
„tum promovisse per Extractiones Radicum, quos primus in usum
„adhibuit, et quidem in iis excolendis ut verisimile est ab initio
„omne suum studium posuit, nec credo tunc temporis vel som-
„niavit adhuc de Calculo suo Fluxionum et Fluentium, vel de
„reductione ejus ad generales Operationes Analyticas, ad instar
„Algorithmi vel regularum Arithmeticarum aut Algebraicarum.
„Ejusque meae conjecturae (primum) validissimum indicium est,

„quod de literis punctatis x, x̄, x̄; ẏ, ÿ etc., quas pro dx, ddx,
„d²x; dy, ddy etc. nunc adhibet, in omnibus istis Epistolis
„(Commercii Epistolici Collinsiani, unde argumenta ducere vo-
„lunt) nec volam nec vestigium invenias; imo ne quidem in
„Principiis Naturae Mathematicis Newtoni, ubi calculo suo flu-
„xionum utendi tam frequentem habuisset occasionem, ejus vel
„verbulo fit mentio, aut notam hujusmodi unicam cernere licet,
„sed omnia fere per lineas figurarum, sine certa analysi, ibi per-
„aguntur more non ipsi tantum, sed et Hugenio, imo jam an-
„tea (in nonnullis) dudum Torricellio, Robervallio, Fermatio,
„Cavallerio, aliis usitato. Prima vice hae literae punctatae com-
„paruerunt in tertio volumine Operum Wallisii, multis annis
„postquam calculus differentialis jam ubique locorum invaluisset.
„*Alterum indicium,* quo conjicere licet calculum fluxionum non
„fuisse natum ante calculum differentialem, hoc est, quod veram
„rationem fluxiones fluxionum capiendi, hoc est differentiandi
„differentialia, Newtonus nondum cognitam habuerit, quod patet
„ex ipsis Princip. Phil. Math., ubi non tantum incrementum con-
„stans ipsius x, quod nunc notaret per x punctatum uno puncto,
„designat per o (more vulgari, qui calculi differentialis commoda
„destruit), sed etiam regulam circa gradus ulteriores falsam de-
„dit (quemadmodum ab eminente quodam Mathematico dudum
„notatum est).... Saltem apparet Newtono rectam Methodum
„differentiandi differentialia non innotuisse, longo tempore post-
„quam aliis fuisset familiaris etc.“ Haec ille.

Ex his intelligitur, *Newtonum,* cum non contentus laude pro-
motae *synthetice* seu linealiter *per infinite parva vel* (ut olim minus recte vocabant) *indivisibilia Geometriae,* etiam inventi *analytici* seu *Calculi differentialis,* a *Leibnitio* in Numeris primum re-
perti et (excogitata Analysi infinitesimalium) ad Geometriam trans-
lati, decus alteri debitum affectavit, adulatoribus rerum anteriorum
imperitis nimis obsecutum fuisse, et pro gloria, cujus partem im-
meritam aliena humanitate obtinuerat, dum totam appetit, notam
animi parum aequi sincerique meruisse: de quo etiam Hookium
circa Hypothesin Planetariam, et Flamstedium circa usum observationum questos ajunt.

Certe aut miram ejus oblivionem esse oportet, aut magnam
contra conscientiae testimonium iniquitatem, si accusationem (ut

ex indulgentia colligas) probat, qua quidem ejus asseclae etiam seriem, quae arcus circularis magnitudinem ex tangente exhibet, a *Gregorio* didicisse *Leibnitium* volunt. Tale quiddam *Gregorium* habuisse, ipsi Angli et Scoti, Wallisius, Hookius, Newtonus et junior Gregorius, prioris credo ex fratre nepos, omnes ad hoc usque tempus, id est ultra triginta sex annos ignorarunt, et *Leibnitianum* esse inventum agnoverunt. Modum quo *Leibnitius* ad seriei Nic. Mercatoris (primi talium inventoris) imitationem invenit seriem suam, ipse statim Hugenio Lutetiae agenti communicavit, qui et per Epistolam laudavit; eundem sibi communicatum laudavit ipse mox *Newtonus*, fassusque est in literis hanc novam esse Methodum pro seriebus ab aliis quod sciret nondum usurpatam. Methodum deinde generalem series inveniendi pro curvarum etiam transcendentium ordinatis tandem in Actis Lipsiensibus editam non per extractiones dedit, quibus *Newtonus* usus est, sed ex ipso fundamento profundiore Calculi differentialis *Leibnitius* deduxit; per hunc enim calculum etiam res serierum ad majorem perfectionem deducta est. Ut taceam Calculi exponentialis, qui Transcendentis perfectissimus est gradus, quem *Leibnitius* primus exercuit, Johannes vero Bernoullius proprio marte etiam assecutus est, nullam *Newtono* aut ejus discipulis notitiam fuisse et horum aliquos, cum etiam ad calculum differentialem accedere vellent, lapsus subinde admisisse, quibus eum parum sibi intellectum fuisse prodiderunt, quemadmodum ex junioris Gregorii circa Catenariam paralogismo patet. Caeterum dubium non est, multos viros praeclaros in Anglia hanc Asseclarum Newtonianorum vanitatem et iniquitatem improbare, nec vitium paucorum genti imputari debet.

Da von dem Streit zwischen Leibniz und Newton die Journale damaliger Zeit wiederhallten, wobei meistens unrichtige Auffassungen in Betreff Leibnizens zu Tage gefördert wurden, so sah sich derselbe veranlasst, überall abwehrend aufzutreten und seine Rechte zu vertheidigen. Von diesen Entgegnungen mögen die beiden folgenden hier eine Stelle finden; die erste ist für das Journal literaire, das im Haag erschien, die zweite für eine deutsche Zeitschrift bestimmt.

I.

REMARQUE SUR LA CONTROVERSE ENTRE M. DE LEIBNIZ ET M. NEWTON.

La Relation mise sur ce sujet dans les Nouvelles literaires qu'on publie à la Haye depuis peu, est pleine d'erreurs de faits palpables, qui viennent d'une tres mauvaise information. Cette controverse n'a jamais été agitée autresfois entre ces deux Messieurs, jamais M. Newton n'avoit donné à connoitre qu'il pretendoit ravir à M. de Leibniz la glorie d'avoir inventé de son chef le calcul des differences. Et M. de Leibniz n'a jamais sçeu que par ceux qui ont vû le *Commercium Epistolicum* publié depuis à Londres (car étant à Vienne maintenant, il ne l'a pas encor vû luy même), que M. Newton prenoit part à la chicane que des personnes malinformées ou envieuses avoient suscitée depuis peu. M. de Leibniz n'a jamais communiqué ses Raisons à la Société Royale d'Angleterre, ne croyant pas en avoir besoin dans une affaire evidente, il avoit seulement écrit qu'il ne doutoit point que la Société et M. Newton luy même ne desapprouvassent ce procedé. Ainsi la Société n'a point pû examiner les Raisons de part et d'autre pour prononcer la-dessus.

Voicy maintenant un rapport veritable. Il y a eu un commerce de lettres entre Messieurs de Leibniz, Oldenbourg, Newton, Collins et autres il y a quarante ans, et un peu avant et après. Quelque chose en a été publiée par feu M. Wallis dans le troisieme Tome de ses Oeuvres Mathematiques. On y voit que M. Newton faisoit un Mystere d'une certaine chose qu'il disoit avoir découverte et qu'il a voulu faire passer par apres pour le calcul des Differences, au lieu que M. de Leibniz luy communiqua franchement le fondement de ce calcul, comme ces mêmes lettres publiées par M. Wallis le temoignent, quoyqu'il se soit trouvé que M. Newton ne l'ait pas bien compris surtout par rapport aux differences des differences. Or depuis on a trouvé encore d'autres lettres echangées par M. Collins et ses amis, et on les a publiées maintenant à Londres avec des Additions, dans lesquelles on a pretendu sur des conjectures frivoles et fausses suppositions que le Calcul des differences etoit dû à M. Newton, et que M. de Leibniz l'avoit appris de luy, quoyque le contraire se voye clairement et en termes exprès dans leur lettres publiées par M. Wallis. L'auteur de ces additions a voulu juger temerairement des choses dont il etoit mal instruit, et il a fort mal rencontré quand il a voulu deviner comment M. de Leibniz étoit parvenu à son invention. Il s'est trouvé de plus, que M. Newton luy même a ignoré encore le veritable Calcul des differences, lorsqu'il a publié son livre intitulé *Principia Philosophiae Naturalis Mathematica*, non seulement en n'en faisant rien paroitre, quoyqu'il y eût des grandes occasions de le faire valoir, mais encore en faisant des fautes capitales, qui ne pouvoient etre compatibles avec la connoissance de ce calcul, ce qu'un illustre Mathematicien fort impartial a remarqué le premier. M. de Leibniz avoit deja publié son calcul quelques années auparavant en 1684, et M. Newton n'a jamais rien communiqué d'approchant à qui que ce soit, autant que l'on sache, ny en public ny en particulier, que longtemps apres la publication de ses Principes Mathematiques de la Nature, c'est à dire lorsque M. Wallis publia ses Oeuvres Mathematiques en trois volumes, quand l'invention de M. de Leibniz etoit deja celebre et practiquée publiquement, sur tout par Messieurs Bernoulli freres, avec un succès et applaudissement qui paroist avoir donné envie à M. Newton (mais un peu trop tard) d'y prendre part. L'on voit d'abord en considerant ce qu'il a publié par M. Wallis que l'invention de M. de Leibniz y paroist sous d'autres noms et d'autres caracteres, mais bien moins convenables. Cependant M. Newton et alors et longtemps apres n'a jamais osé troubler M. de Leibniz dans la possession de l'honneur de sa decouverte. Et lors que Messieurs Hugens et Wallis, juges impartiaux et bien instruits, vivoient encore, il a vû qu'il n'y trouveroit point son compte, et il a attendu un temps, où il ne reste plus personne de ceux qui ont été les temoins des progrés de cette science et même y ont contribué beaucoup, et il a maintenant recours à des novices mal informés de ce qui s'est passé, et qui n'en jugent que par leur preventions ou passions. Un certain nouveau venu a voulu se mettre en reputation en attaquant M. de Leibniz et en luy envoyant une espece de defy par écrit, mais comme cet adversaire ne paroissoit pas d'humeur à se vouloir laisser instruire, M. de Leibniz ne voulut point s'engager en dispute avec luy. Et il a bien fait, car autrement il auroit fourni pretexte à ce chicaneur de dire que le proces avoit été instruit par des raisons de part et d'autre, et qu'on avoit pû prononcer sentence la-dessus, au lieu que maintenant les pretendus juges (qui ne sont nullement la Societé Royale) n'ont vû que les raisons d'un parti. La-dessus on a publié ce *Commercium Epistolicum de M. Collins*, croyant d'y avoir trouvé la pie au nid, quoyqu'il n'y aye rien qui serve à decider cette question du veritable inventeur du Calcul des differences. Et M. Newton a eu la foiblesse de participer à cette mauvaise demarche: *Si tacuisset, particeps inventionis mansisset.* M. de Leibniz ayant eu la facilité de le croire sur sa parole qu'il pouvoit avoir eu quelque chose d'approchant de son chef, mais le contraire se decouvre maintenant à plein, les personnes instruites et neutres se sont moquées d'une pretension si tardive et si mal fondée. Et on a publié la-dessus le jugement impartial d'un illustre Mathematicien, fondé sur le long silence et qui plus est, sur les erreurs de M. Newton, qui font voir qu'il a encore ignoré depuis peu ce qu'il pretend avoir eu avant M. de Leibniz, c'est à dire il y a 40 ans.

II.

Es kommen im Haag wöchentlich gewiſſe Zeitungen von gelehrten Sachen heraus. In das ſtück ſo den 21. Septembr. dieſes jahres gedruckt, hat iemand einen kurzen, aber übelgegründeten bericht einrücken laſſen vom ſtreit zwiſchen Hrn. von Leibniz und Sir Newton, die Erfindung des Calculi differentialis betreffend. Einige vortreffliche Mathematici, ſo die ſache ausm grund verſtehen und unparteyiſch ſeyn, haben vor den erſten geſprochen, und des einen urtheil iſt in öffentlichen druck kommen. Der Hr. Erfinder ſelbſt hat ſich mit zankſüchtigen Leuten nicht einlaſſen wollen, zumahl da Sir Newton ſelbſt nicht erſchienen, aber ein guther freund des Hrn. Erfinders hat ſich geärgert, als er in obgedachten bericht geleſen, wie deſſen urheber der ſach eine ganz falſche geſtalt geben wollen, und hat gemeynet, er könne nicht beſſer thun, wenn er in den Deutſchen Zeitungen der gelehrten beantworte, was man aus dem Engliſchen genommen.

Der Bericht ſagt: Die welt wiſſe, daß M. L. den M. N. die erfindung des Calculi Differentialis ſtreitig machen wolle; allein die welt weis das gegentheil, und es iſt notoriſch, daß etliche anhänger des Hrn. N. von kurzer zeit hehr dem urheber die Ehre der Erfindung zweifelhaft zu machen getrachtet, die er von vielen jahren hehr genießet und daß iederman die neuligkeit ſolcher praetenſion wunderlich vorkommen, die solche leute verschoben, biß Hr. Hugens, Wallis und andere gestorben, die es besser gewust und bey deren lebenszeit sie mit dergleichen herfürzukommen, sich mehr scheuen müssen.

Der Erfinder hat den grund der Erfindung bereits im jahr 167. in einer Epistel dargegeben, die hernach Hr. Wallis ins dritte theil seiner wercke aus eigner bewegniß aus dem original eingerücket. Und hernach hat der Erfinder die Erfindung selbst gemein gemacht in der Actis Eruditorum 168., welche bald darauf von einigen vortreflichen Geometris aufgefasset und mit großem Nuz gebrauchet worden. Als Hr. N. diesen glücklichen fortgang gesehen, hat er auch theil daran nehmen wollen und seine weise im jahr 168. zuerst bekannt gemacht, da er zuvor nicht die geringste anzeige gegeben, daß er eine solche art zu rechnen gebrauchet. Die guthe Meynung die man von ihm gehabt, hat verursachet, daß man gern glauben wollen, er habe etwas dergleichen von sich selbst erhalten; aber nachdem man seines theils den streit erreget, hat ein unpartyeischer Geometra vom ersten rang die sach genauer untersucht und geschlossen, Hr. N. habe etwas gehabt, so dieser Rechnungskunst nahe verwand, aber nicht solche selbst, wie denn sein urtheil davon gedruckt.

Der Bericht sagt ferner: **Hr. von L. habe die gelehrten in Frankreich dergestalt zu bereden gewust, daß sie auf sein wort geglaubet, er sey der Erfinder,** aber die gelehrten in Frankreich sind eben so leichtgläubig nicht. Es hat sich auch der Erfinder seiner erfindung bei ihnen nicht gerühmet, sondern sie haben gesehen, daß er sie herfürgeben, und sie haben sie nach seinem Exempel sich wohl zu nuze gehabt. Die gelehrten in Welschland, Niederland, ja in England selbst (Teutschland zu geschweigen) haben geurtheilet wie Sie.

Letzteres wird in mehrgedachtem bericht vorgegeben, daß man eine gar genaue Nachricht von diesem streit in den philosophischen Transactionen der Engländer des Januarii nnd Februarii dieses jahres finden werde, ganz anders als die so in die ausländischen Tagebücher der gelehrten und sonderlich ins Journal literaire vom Julio und Augusto des jahres 1713 artic. 4 kommen. Allein es haben gleichwohl Leute dieser Parthey selbst solche vermeynte nachricht in das Journal literaire gegeben; aber da die fehler und ausflüchte dieser Leute iedermann, so die sach zu untersuchen bequem und geneigt, in die Augen fallen, so hat man vor unnöthig gehalten sich darauf ferner einzulassen und abermahls zu antworten.

V.   27

Der Hr. Erfinder und die hochgelehrten Leute, die sich seiner Erfindung bedienet, haben schöne sachen herausgegeben, die sie dadurch herfürgebracht, da hingegen des Hrn. N. anhänger nichts sonderliches zu wege gebracht, und fast nur jene abgeschrieben oder in falsche schlüsse gefallen, wenn sie etwa weiter in den text kommen wollen, wie es dem Hrn. Gregori mit der Kettenlinie ergangen, woraus zu sehen, daß was Hr. N. gefunden, mehr seinem genio, als diesem vortheil zuzuschreiben, wie weiter seine anhänger so gar unfähig ihm etwas nachzuthun. Wollen sie zeigen, daß sie diese Rechnungsart recht besitzen, so werden sie wohl thun, wenn sie es darthun nicht mit ihrer vergebenen zänckerey und leeren worthen, sondern mit der that, als zum exempel, wenn sie sich an aufgaben machen, so der tiefsinnige Hr. Bernoulli vorlängst vorgeleget, als nehmlich unter allen Ellipsibus, die umb eine Hauptaxe beschrieben, diejenige zu finden, deren Bogen zwischen dem obern Punct, den sie alle gemein haben, und einer gegebenen rechten Linie, so die Axe durchschneidet, der kürzeste unter allen, und zwar durch einen weg, der nicht nur auf Ellipses, sondern auch auf andere linien eines geschlechts gehe, so einander nicht ähnlich und auf Algebrische weise nicht zu messen. Sie können auch die Geometri nicht wenig vermehren, wenn sie weisen, wie man die kürzeste Linie finden könne, die zwischen zwey gegebenen Puncten auff einem gewissen krummen blate (oder curva superficie) zu ziehen, denn dazu würde ihnen die rechnungserfindung, davon die frage ist, sehr dienen.

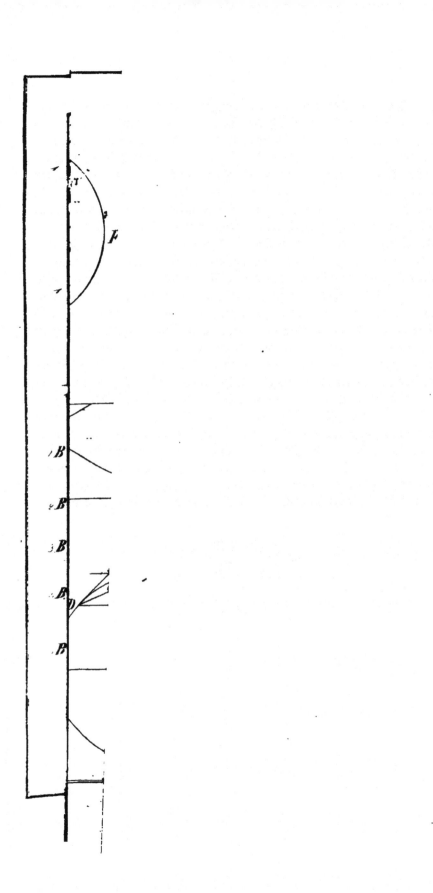

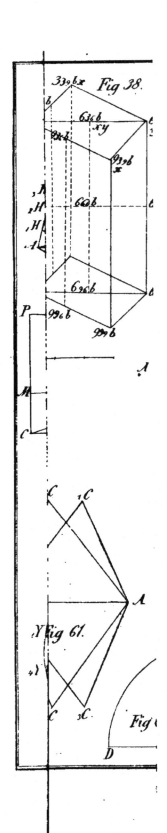

Fig 38.

Fig 61.

Fig

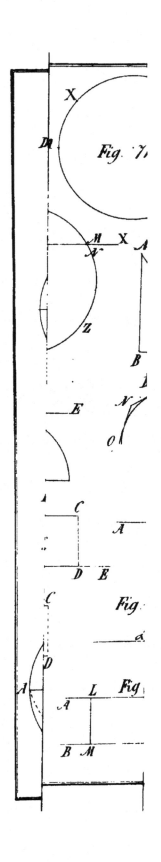

Fig. 7.

Fig.

Fig.

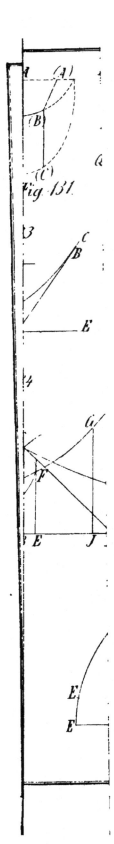

A (A)

(B)

(C)   Q

Fig 131.

3   C
         B

         E

4

         G

      F

      E   J

         E

         E

(C)